**Perthes
Regionalprofile**

Geographische Strukturen, Entwicklungen, Probleme

Herausgeber:
Wolf Dieter Blümel
Hans-Rudolf Bork
Frauke Kraas
Gerhard Fuchs
Detlef Müller-Mahn
Eugen Wirth

Ulrich Jürgens und Jürgen Bähr

Das Südliche Afrika
Gesellschaftliche Umbrüche zu Beginn des 21. Jahrhunderts – Zusammenwachsen einer Region im Schatten Südafrikas

49 Karten und Grafiken sowie 40 Tabellen,
Bildanhang mit 37 Fotos

KLETT-PERTHES
Gotha und Stuttgart

Bibliografische Information Der Deutschen Bibliothek

Die Deutsche Bibliothek verzeichnet diese Publikation in der Deutschen Nationalbibliografie; detaillierte bibliografische Angaben sind im Internet über http://dnb.ddb.de abrufbar.

Anschrift der Autoren:

Dr. Ulrich Jürgens und Prof. Dr. Jürgen Bähr
Geographisches Institut der Universiät Kiel
Olshausenstraße 40
24098 Kiel

Titelfoto:
Malawisee (Foto: Jürgens)

Bildquellen:
Alle Fotos stammen von den Autoren.

Geographisches Institut
der Universität Kiel
ausgesonderte Dublette

Inv.-Nr. 95/A 36 047

ISBN 3-623-00633-5

1. Auflage

© Justus Perthes Verlag Gotha GmbH, Gotha 2002
Alle Rechte vorbehalten.

Fotomechanische Wiedergabe nur mit Genehmigung des Verlages.
Druck und buchbinderische Verarbeitung: Salzland Druck & Verlag, Staßfurt
Einbandgestaltung: Grafikdesign Kerstin Brüning, Erfurt
Redaktion: Stephan Frisch

http://www.klett-verlag.de/klett-perthes

9 783623 006338

Inhalt

1	**Abgrenzung und Bedeutung der Region**	9
1.1	Raumdefinitionen und methodisches Vorgehen	9
1.2	**Naturausstattung und naturräumliche Gliederung**	12
1.2.1	Geologisch-morphologische Strukturen	12
1.2.2	Die Differenzierung von Klima und Vegetation	19
1.2.3	Naturräumliche Gliederung	24
1.3	**Historisch-politische Bedeutung**	26
1.4.	**Sozioökonomische Struktur und wirtschaftliche Verflechtungen**	32
1.5	**Fazit**	36
2	**Gesellschaftspolitische Entwicklungen**	39
2.1	**Besiedlung bis zum Beginn der Kolonialzeit**	39
2.1.1	Urbevölkerung und Bantu-Expansion	39
2.1.2	Frühe Ansatzpunkte europäischer Besiedlung	42
2.2	**Europäisierung und Herausbildung der großräumigen Landaufteilung**	43
2.2.1	Südafrika	43
2.2.1.1	Kapkolonie und Großer Trek	43
2.2.1.2	Reservats- und *homeland*-Politik	46
2.2.2	Die Kolonien Süd-Rhodesien und Südwestafrika	49
2.2.3	Die britischen Protektorate	53
2.2.4	Der portugiesische Einflussbereich	54
2.2.5	Einwanderung von Asiaten	55
2.3	**Unabhängigkeit und politische Transformation**	57
2.3.1	Konflikte im Zuge der Entkolonisierung	57
2.3.2	Demokratisierung und Wahlverhalten	61
3	**Wirtschaftliche Entwicklungen**	65
3.1	**Agrargeographische Strukturen und Prozesse**	65
3.1.1	Bedeutung des agraren Sektors	65
3.1.2	Physische Grundlagen	66
3.1.3	Dualismen der Agrargesellschaft	68

3.1.3.1	Akteure und Produktionsstrukturen: Kleinbauern versus Großfarmer	68
3.1.3.2	Die Bedeutung des agraren Sektors für die Volkswirtschaft	72
3.1.4	Exportgüter	74
3.1.4.1	Beispiel Angola: Kaffee	74
3.1.4.2	Beispiel Simbabwe: Tabak	76
3.1.4.3	Beispiel Swasiland: Zucker	76
3.1.4.4	Beispiel Mosambik: Cashew-Nüsse	77
3.1.4.5	Beispiel Botsuana: Fleischproduktion	78
3.1.4.6	Beispiel Namibia: Karakulfelle	78
3.1.5	Probleme der Landwirtschaft	80
3.2	**Bergbau und Industrie**	**81**
3.2.1	Bedeutung	81
3.2.2	Entwicklungsstränge	83
3.2.2.1	Unternehmertum in Afrika	83
3.2.2.2	Kolonialismus	84
3.2.2.3	Unabhängigkeit	85
3.2.2.4	Destabilisierung und Deinvestition	87
3.2.2.5	Demokratisierung und Liberalisierung	88
3.2.3	Der formelle Sektor	89
3.2.3.1	*Global players*	89
3.2.3.2	Lagerstätten und Abbaumethoden	90
3.2.3.3	Fertigungsindustrie	95
3.2.3.4	Staatsunternehmen	98
3.2.3.5	Mittelstand	99
3.2.4	Der informelle Sektor	100
3.2.5	Prozesse	102
3.2.5.1	Arbeitsbeziehungen und *black empowerment*	102
3.2.5.2	Räumliche Konzentration und Verlagerung	103
3.3	**Dienstleistungen**	**104**
3.3.1	Bedeutung	104
3.3.2	Warum wächst der Dienstleistungssektor?	105
3.3.3	Einzelhandel	107
3.3.3.1	Historische Entwicklung	107
3.3.3.2	Verkaufsformen und Anbieter	109
3.3.3.3	Kunden	111
3.3.4	Illegaler Handel	112
3.3.5	Tourismus	114
3.3.5.1	Bedeutung	114
3.3.5.2	Historische Entwicklung	115
3.3.5.3	Angebote	118
3.3.5.4	Urlauber	120
3.3.6	Persönliche Dienstleistungen	121

3.4	**Infrastrukturelle und wirtschaftliche Verflechtungen**	122
3.4.1	Verkehrsbeziehungen	122
3.4.1.1	Entstehung und Verfall des Eisenbahnnetzes	122
3.4.1.2	Neue Verkehrsprojekte	127
3.4.2	Energie und Telekommunikation	128
3.4.3	Handels- und Kapitalströme	132
3.4.4	Wanderarbeit	136
3.5	**Interregionale Großprojekte**	141
3.5.1	Wasser und Energie	141
3.5.1.1	Lesotho Highlands Water Project	142
3.5.1.2	Kariba	145
3.5.1.3	Cahora Bassa	146
3.5.2	Verkehr	148
3.5.2.1	TAZARA	148
3.5.2.2	Maputo-Korridor	149
3.6	**Nationale Großprojekte**	151
3.6.1	Hauptstadtplanungen	151
3.6.1.1	Zusammengelegte Hauptstadt? Beispiel Südafrika	151
3.6.1.2	Verlagerte Hauptstadt: Lilongwe, Malawi	152
3.6.1.3	Neue Hauptstädte: Gaborone und Mmabatho	154
3.6.2	Sportveranstaltungen	158
3.6.2.1	Bewerbung um die Olympischen Spiele 2004	158
3.6.2.2	Bewerbung um die Fußballweltmeisterschaft 2006	159
3.6.3	Touristische Großprojekte: Nationalparks	160
3.6.3.1	Historische Bedeutung	160
3.6.3.2	Bewirtschaftung und Infrastruktur	163
3.6.3.3	Soziale Konsequenzen: partizipative Tourismusentwicklung	165
3.6.3.4	Internationalisierung: Superparks	166
3.6.4	Kasinos: Sun City	167
3.7	**Ökonomie und Ökologie**	170
3.7.1	Bewusstsein	170
3.7.2	Fallbeispiele	170
3.7.2.1	Santa Lucia	170
3.7.2.2	Elfenbeinhandel	171
4	**Demographische und soziale Entwicklungen**	173
4.1	**Bevölkerungswachstum und -struktur**	173
4.1.1	Grenzüberschreitende Wanderungen	173
4.1.2	Natürliches Wachstum	175
4.1.2.1	Mortalitätsentwicklung unter dem Einfluss von AIDS	176

4.1.2.2	Familienplanung und Geburtenrückgang	181
4.1.3	Altersstruktur und zukünftiges Wachstum	183
4.2	**Ethnizität**	**184**
4.2.1	Definition	184
4.2.2	Ethnische Vielfalt	186
4.2.3	Konzept der Apartheid	187
4.2.4	Ethnien und politische Wahlen	188
4.2.5	Xenophobie	189
4.3	**Religion**	**190**
4.3.1	Christentum	190
4.3.2	Islam	194
4.4	*Gender*	**196**
4.4.1	Formen und Ursachen der Benachteiligung von Frauen	196
4.4.2	Exkurs: Indikatoren	199
4.4.3	Reaktionen	199
4.5	**Kriminalität zwischen Erster und Dritter Welt**	**201**
4.5.1	Formen und Ausmaß	201
4.5.2	Verteilungsmuster	203
4.5.3	Opfer und Täter	204
4.5.4	Ursachen	205
4.5.5	Konsequenzen und Perspektiven	206
4.6	**Verstädterung und Verstädterungsdynamik**	**207**
4.6.1	Indikatoren des Verstädterungsprozesses	207
4.6.2	Land-Stadt-Wanderungen	212
4.6.2.1	Auslöser der Migrationen	213
4.6.2.2	Wanderungsreglementierungen	213
4.6.2.3	Zirkuläre Migrationen	217
4.6.3	Innerstädtische Wanderungen	219
4.7	**Typologie von Städten im Südlichen Afrika**	**223**
4.7.1	Kriterien und Hauptgruppen	223
4.7.2	Die afrikanische Stadt	225
4.7.3	Kolonialstadt und europäische Stadt	228
4.7.3.1	Beispiel Lusaka	231
4.7.3.2	Beispiel Harare	236
4.7.3.3	Beispiel Maputo	239
4.7.4	Die Apartheid-Stadt	241
4.7.4.1	Grundprinzipien	241
4.7.4.2	Beispiel Johannesburg	243
4.7.4.3	Die Post-Apartheid-Stadt als Hybridstadt	245

4.8	**Steuerungsfaktoren und Problembereiche der Stadtentwicklung**	248
4.8.1	Veränderungen der ethnischen Struktur und deren Folgen	248
4.8.2	Wirtschaftliche und soziale Probleme und deren stadtstrukturelle Konsequenzen	254
4.8.2.1	Städtische Landwirtschaft als Ernährungssicherung	254
4.8.2.2	Informelle Lösungen des Wohnungsproblems	258
4.8.2.3	*Gated communities*	264
4.8.3	Wandel der Versorgungsstrukturen	267
4.8.3.1	City und Einkaufszentren	267
4.8.3.2	Beispiel: Aufstieg und Niedergang der City von Johannesburg	272
4.8.4	Belastung der städtischen Infrastruktur und Umweltprobleme	278
4.8.4.1	Verkehrsprobleme	278
4.8.4.2	Umweltbelastungen	281
4.9	**Leben auf dem Land**	289
4.9.1	Nutzungseinschränkung durch Landdegradation	289
4.9.1.1	Landdegradation in Trockenräumen	290
4.9.1.2	Bodenerosion	294
4.9.2	Ernährungssicherung	297
4.9.3	Feuerholzproblematik	300
4.9.4	Landfrage und Landknappheit	302
4.9.5	Lokaler Anbau – globale Abhängigkeit	306
4.9.6	De-Agrarisierung und rurale Industrie	309
5	**Die Region Südliches Afrika nach Ende der Apartheid**	**312**
5.1	**Imageentwicklung Afrikas und der Region**	312
5.2	**Wirtschaftliche Bedeutung**	312
5.3	**Fortbestand der Unterentwicklung?**	314
5.4	**Ausblick**	316
Literatur		319
Register		353
Bildanhang		361

1 Abgrenzung und Bedeutung der Region

1.1 Raumdefinitionen und methodisches Vorgehen

Die Region „Südliches Afrika" wird in der wissenschaftlichen Literatur sehr unterschiedlich abgegrenzt. Unbestritten ist, dass Südafrika (synonym Republik Südafrika; RSA) zusammen mit Botsuana, Lesotho, Swasiland und Namibia (sog. BLSN-Staaten) den Kernraum der Region bilden, weil diese Länder seit jeher besonders eng miteinander verflochten sind und politisch wie wirtschaftlich am stärksten von der RSA dominiert werden. Neben dieser engen Definition, wie sie z.B. KLIMM, SCHNEIDER & WIESE (1980) dem zweibändigen Werk aus der Reihe „Wissenschaftliche Länderkunden" zugrunde legen, findet auch eine weite Definition Verwendung, die die Grenzlinie weiter im N verlaufen lässt. Die Zuordnung der nördlich gelegenen Gebiete wird jedoch nicht einheitlich vorgenommen, und nicht immer fällt die Regionsgrenze mit einer Staatsgrenze zusammen. Dies gilt insbesondere dann, wenn natürliche Ausstattung und Ressourcen als Abgrenzungskriterien herangezogen werden.

Erstaunlich ist, dass die getroffenen Raumgliederungen meist nicht kritisch hinterfragt und die herangezogenen Kriterien nicht offen gelegt werden. So fasst z.B. GROVE (1978) die RSA sowie die BLSN-Staaten zur Region Südliches Afrika zusammen, gliedert aber zusätzlich einen Raum „South Central Africa" aus, der aus Angola, Simbabwe, Sambia, Malawi und Mosambik besteht und offensichtlich einen Übergangsraum darstellt. Beide Großeinheiten zusammen machen sowohl bei WIESE (1997, S. 245) als auch bei ARYEETEY-ATTOH (1997, S. XIX) den Subkontinent Südliches Afrika aus. Dieser wird als funktionale Einheit im wirtschafts- und verkehrsgeographischen Bereich angesehen, allerdings ohne dass dies im Einzelnen belegt wird. Aus konflikttheoretischer Perspektive gelangen MEYNS (in NOHLEN & NUSCHELER 1993) und STOCK (1995) zu einer analogen Abgrenzung, bzw. MEYNS (2000, S. 18) schließt sogar Tansania in die Region ein, was er vor allem mit dem besonderen politischen Engagement dieses Landes während der Befreiungskämpfe begründet. Nur selten wird eine mittlere Position zwischen enger und weiter Definition eingenommen. In einem solchen Fall werden gewöhnlich die portugiesisch geprägten Räume ausgeklammert und anderen Einheiten zugerechnet; so zählt bei SCHIFFERS (1967) Angola zu Mittelafrika und Mosambik zu Ostafrika.

Auch internationale Organisationen gehen von keinem einheitlichen Konzept aus. Ohne dass dies näher begründet wird, liegt den internationalen Vergleichsstatistiken der UN und ihrer Unterorganisationen, aber auch anderen Organisationen (z.B. World Population Reference Bureau) eine enge Definition zugrunde, und das Südliche Afrika wird mit dem oben charakterisierten Kernraum gleichgesetzt, entspricht also dem um Namibia erweiterten „Greater South Africa" (WIESE 1997, S. 245). Die nördlich davon gelegenen Staaten werden mit Ausnahme von Angola (als Teil von „Middle Africa") dem Großraum „Eastern Africa" zugeordnet. Anders hingegen wird die Abgrenzung z.B. von der African Development Bank vorgenommen. Der Kernraum wird hier um Simbabwe sowie Angola und Mosambik erweitert, während Sambia und Malawi zu „Eastern and Central Africa" rechnen. Wieder anders sind die Definitionen der UN Economic Commission for Africa oder der Commonwealth Development Corporation (SIMON in SIMON 1998, S. 244).

Noch größer ist die Vielfalt, wenn man die regionalen Zusammenschlüsse betrachtet (Abb. 1; MICHEL 1989; HUGON 1997; GIBB 1998; HOLDEN 1998). Dabei ist zu unterscheiden zwischen solchen Zusammenschlüssen, bei denen Südafrika im Mittelpunkt steht und die im wesentlichen von der Republik Südafrika initiiert wurden, und anderen, die zur Zeit ihrer Entstehung eher als Gegengewicht zu Südafrika gedacht waren und ursprünglich primär politische Ziele verfolgten (MEYNS in NOHLEN & NUSCHELER 1993, S. 311). Erst nach Beginn des Reformprozesses in Südafrika hat sich dieser Gegensatz mehr und mehr verwischt.

Während sich die 1969 gegründete, in ihren Anfängen aber bereits auf das Jahr 1910 zurückgehende „Südafrikanische Zollunion" (**S**outhern **A**frican **C**ustoms **U**nion; SACU) genau mit der für statistische Zwecke getroffenen Ländereinteilung der UN deckt und die „**C**ommon **M**onetary **A**rea" (CMA) mit Währungen, die fest an den Südafrikanischen Rand gekoppelt sind, sogar noch kleiner ist, weil Botsuana nicht dazu gehört, greifen die meisten anderen Integrationsverträge weit über den Kernraum hinaus, wobei teilweise nahe gelegene Länder nicht eingeschlossen sind, während fernere dazu gehören. Die 1980 (als **S**outhern **A**frican **D**evelopment **C**o-Ordination **C**onference; SADCC) gegründete „**S**outhern **A**frican **D**evelopment **C**ommunity" (SADC; seit 1992) umfasst mittlerweile 14 Staaten, von denen zumindest vier (Tansania, Mauritius sowie die neuen Mitglieder DR Kongo (Zaire) und Seychellen) im Hinblick auf ihre Zugehörigkeit zur Region Südliches Afrika kritisch zu hinterfragen wären. Dies gilt umso mehr, als das sehr viel näher zum Kernraum gelegene Madagaskar nicht einbezogen ist.

Noch stärker regionsübergreifend organisiert ist der „**C**ommon **M**arket for **E**astern and **S**outhern **A**frica" (COMESA; seit 1994), der auf das Jahr 1981 zurückgeht (damals **P**referential **T**rade **A**rea for Eastern and Southern Africa; PTA) und im Sommer 2000 eine rückläufige Zahl von nur noch 20 Mitgliedsstaaten zählt, die vom Sudan bis Namibia reichen. Bereits seit der Gründung gab es Spannungen mit der SADC (GIBB 1998). Aufgrund der Umwandlung der COMESA zu einer Freihandelszone im Oktober 2000 sind deshalb einige Länder des Südlichen Afrika aus der Organisation ausgeschieden. Sie orientieren sich statt dessen an den Zollvereinbarungen, die sie an Südafrika, das niemals Mitglied der COMESA war, binden.

Die Entstehung der beiden zuletzt genannten Organisationen basierte auf dem Bemühen, ein Gegengewicht zum Apartheid-Staat Südafrika zu schaffen. Mittels länderübergreifender Koordination der Produktion und Verstärkung der internen Handelsbeziehungen wollte man die wirtschaftliche Abhängigkeit von Südafrika vermindern. Bei der Gründung der SADCC hat die Gruppe der „Frontstaaten" eine entscheidende Rolle gespielt (vgl. Kap. 1.3). Im Gegensatz zur stärker sektoral- und projektorientierten SADC zielte die PTA in erster Linie auf die Förderung des Handelsaustausches und die Schaffung eines gemeinsamen Marktes als regionalem Teilstück einer angestrebten gesamtafrikanischen Wirtschaftsgemeinschaft (MEYNS in NOHLEN & NUSCHELER 1993, S. 311). Nach der Umwandlung in SADC und COMESA haben sich diese Unterschiede verwischt. Beide Zusammenschlüsse streben heute sowohl die Förderung von Entwicklung und Handel als auch die Verwirklichung einer höheren Form der regionalen Integration an (MEYNS 2000, S. 239). Damit sind sie mehr und mehr zu Konkurrenten geworden. Naturgemäß war Südafrika ursprünglich in beiden Organisationen kein Mitglied, ist jedoch unmittelbar nach den ersten allgemeinen und freien

Raumdefinitionen und methodisches Vorgehen 11

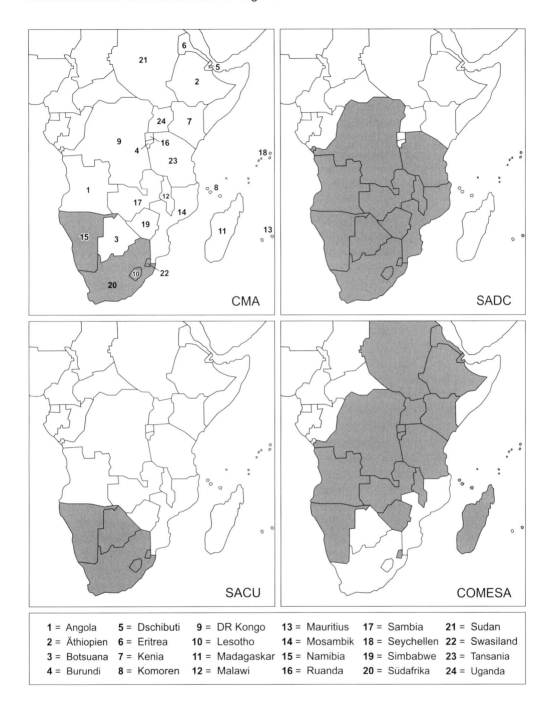

Abb. 1: Wirtschaftliche Zusammenschlüsse im Südlichen Afrika
Quelle: GIBB (1998, S. 43), ergänzt

Wahlen im August 1994 der SADC beigetreten (vgl. SIDAWAY 1998), was die Position der COMESA erheblich geschwächt hat.

Aufgrund des wirtschaftlichen Potenzials Südafrikas rechnet SCHWEICKERT (1996, S. 49) die SADC zum Typ der Nord-Süd-Integration, die COMESA zum Süd-Süd-Typ. Dass Südafrika nach afrikanischen Maßstäben ein „wirtschaftlicher Riese" ist, zeigt sich z. B. daran, dass zwar nur 25,0 % der Bevölkerung der 14 SADC-Staaten, aber 74,6 % des Bruttosozialproduktes auf die Republik Südafrika entfallen und ihr Durchschnittseinkommen den Mittelwert der Region um das 3fache übertrifft (Werte für 1999 nach VON BARATTA 2001). Schon allein deshalb werden Zusammenschlüssen ohne Südafrika nur geringe Erfolgschancen beigemessen (SCHWEICKERT 1996, S. 52 f.), auch wenn einzelne Mitgliedsstaaten der SADC dessen Dominanz mit gewissem Argwohn betrachten (SIDAWAY 1998, S. 568).

In diesem Regionalprofil wird die Region Südliches Afrika weit gefasst, d.h. es wird der gesamte Subkontinent im Sinne von WIESE (1997, S. 245) bzw. SIMON (in SIMON 1998, S. 244) einbezogen. Um statistische Vergleiche zu erleichtern, wird die Nordgrenze von den Staatsgrenzen Angolas, Sambias, Malawis und Mosambiks markiert; nur im Falle des Kupfergürtels wird davon abgewichen und der kongolesische Teil mit behandelt. Die getroffene Einteilung wird in den folgenden Teilkapiteln näher begründet, indem drei Hauptkriterien der Reihe nach betrachtet werden: die physisch-geographische Ausstattung, die historisch-politische Entwicklung sowie die sozioökonomische Struktur und die wirtschaftlichen Verflechtungen. Aus der Überlagerung der sich dabei ergebenden Raummuster wird die getroffene Raumgliederung abgeleitet. Dabei ist zu erwarten, dass sich ein Kernbereich und ein Übergangsgebiet zu anderen Großräumen ergibt. Es wird Aufgabe der späteren Ausführungen sein, die Abgrenzung anhand weiterer Gesichtspunkte zu belegen oder auch in Frage zu stellen. Insofern kann die vorgeschlagene Raumgliederung als Hypothese und Leitlinie für den Aufbau des Buches aufgefasst werden.

1.2   Naturausstattung und naturräumliche Gliederung

1.2.1   Geologisch-morphologische Strukturen

Das Südliche Afrika gehört zu „Hochafrika", das den südöstlichen Teil des Kontinents einnimmt und von den Hochländern Angolas, Namibias und Südafrikas bis zum Hochland von Äthiopien reicht. Zwar liegen weite Bereiche der Region mehr als 1000 m über dem Meeresspiegel und z.T. noch darüber, doch fehlen hier wie überall in Afrika höher aufragende, jüngere Faltengebirge, abgesehen von den Atlasketten ganz im N und den Kapketten im äußersten S. Für die Oberflächengestalt ganz Afrikas wie auch seines südlichen Teiles sind vielmehr weiträumige Verebnungen mit einer Abfolge von Becken und Schwellen charakteristisch (Abb. 2).

Die geomorphologisch-geologische Grundstruktur des Südlichen Afrika lässt sich stark vereinfacht mit dem Bild einer umgestülpten Schüssel beschreiben (HÜSER, BLÜMEL & EITEL 1998, S. 238 f.). Nur in Mosambik wird die Küstenlinie von einer mehr oder weniger breiten Ebene begleitet, ansonsten steigt die Küstenabdachung als „schiefe Ebene" rasch an und

Geologisch-morphologische Strukturen

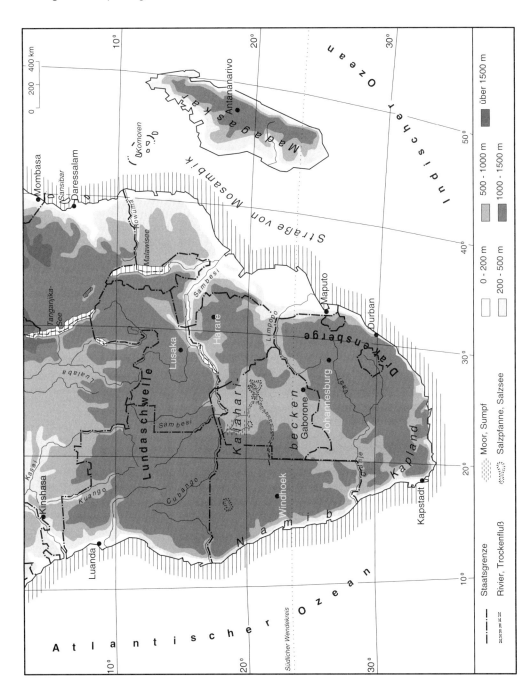

Abb. 2: Physisch-geographische Übersichtskarte des Südlichen Afrika
Quelle: Westermann Schulbuchverlag (1996, S. 127)

endet meist abrupt an einer mauerartigen Steilstufe, die von Rogers (1921) als „Great Escarpment", von JESSEN (1943) als „Randschwelle" und von OBST & KAYSER (1949) als „Große Randstufe" bezeichnet worden ist (vgl. BIRKENHAUER 1991, S. 22 ff.). An diese schließen sich die inneren Hochländer an, deren Abdachung zum Kalahari-Becken sehr allmählich erfolgt; weite, kaum gegliederte Hochlandflächen bestimmen das Bild. Im Unterschied zur Küstenabdachung oder zur Fläche der sog. Randstufenlücke im mittleren Teil Namibias (vgl. Abb. 3) handelt es sich dabei nicht um Fels- oder Rumpfflächen, sondern um Akkumulationsflächen.

Der tiefste Punkt des Kalahari-Beckens liegt in der Makarrikarri-Pfanne bei ca. 900 m. Die Lunda-Schwelle, die das Kalahari- gegen das Kongo-Becken im N abgrenzt, steigt bis auf 1800 m an. Größere Meereshöhen werden in der südwest- und südafrikanischen Randschwelle erreicht, so im *planalto* des südlichen Angola ca. 2600 m und in den Drakensbergen Natals sogar 3400 m (vgl. Abb. 3). Randstufe und Schwellenstruktur erschweren den Zugang von den Küsten in das Landesinnere. Insbesondere fehlen hier wie in weiten Teilen des übrigen Afrika nicht nur geschützte Hafenplätze, sondern auch schiffbare Wasserwege, weil die Flüsse die Randschwellen in Form von Stromschnellen und Wasserfällen durchbrechen (z. B. Ruacana-Fälle am Kunene, Cahora Bassa-Fälle am unteren Sambesi). Hingegen sind die Aufstaumöglichkeiten zur Nutzung des hydroelektrischen Potenzials besonders gut. Allein am Sambesi sind in den 1960er und 1970er Jahren zwei Großprojekte dieser Art entstanden. Kariba- (5230 km^2) und Cahora Bassa-Stausee (2800 km^2) zählen zu den vier größten künstlich geschaffenen Seen in Afrika (vgl. Kap. 3.5.1).

Nicht immer ist das Idealprofil von der Küste ins Beckeninnere so eindeutig ausgebildet wie im Süden Namibias. Teilweise ist die Randstufe als Folge der Zertalung vollständig aufgelöst, und man kann ihre genaue Position kaum mehr erkennen, oder sie fehlt völlig und wird durch eine konvex gespannte Fläche ersetzt (Abb. 3). Gänzlich anders stellt sich die Situation im Kapland dar: Hier erstrecken sich zwischen Küste und Randstufe mehrere Ketten des Kap-Faltengebirges.

Um das Entstehen von Oberflächengestalt und Formenschatz zu erklären, muss man weit in die geologische Vergangenheit zurückgehen (vgl. HÜSER in HÜSER u.a. 2001, S. 13 ff.). Noch heute finden sich im Landschaftsbild Reste uralter Reliefeinheiten, deren Bildung mehrere 100 Mio. Jahre zurückreicht. Vor allem im Bereich der Schwellen sind oft präkambrische und paläozoische Gesteine freigelegt worden oder stehen oberflächennah an. Häufig ist damit das Vorkommen von ergiebigen Minerallagerstätten verbunden (vgl. Kap. 3.2.3.2), die den Reichtum des Subkontinents ausmachen. Aufgrund des ungeheuer langen Zeitmaßstabes des geologischen Geschehens ist es verständlich, dass dieses nur in seinen Grundzügen bekannt ist und viele Einzelheiten noch nicht bearbeitet sind.

Im Kern besteht das Südliche Afrika aus mehreren uralten Kratonen (Abb. 4). Die Gesteine dieser Kratone sind teilweise über 2,5 Mrd. Jahre alt, maximal sogar bis zu 3,8 Mrd. Jahre (PETTERS 1991, S. 14). Ihre Bildung und Metamorphosierung erfolgte in der frühen Erdgeschichte, dem Präkambrium. Damals bestand der Urkontinent Pangäa noch nicht, deshalb nennt man diesen Zeitabschnitt auch Prä-Pangäa. Die Kratone weisen ihrerseits ein unterschiedliches Alter und eine komplizierte Entstehungsgeschichte auf; sie sind zu verschie-

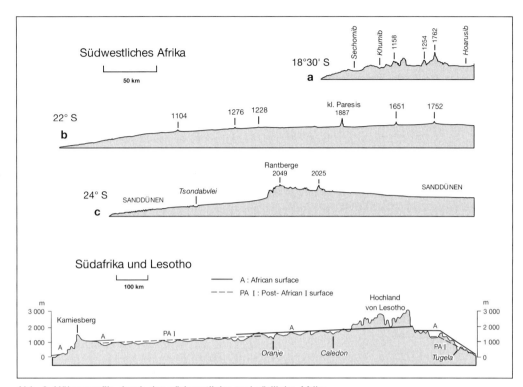

Abb. 3: Höhenprofile durch das südwestliche und südliche Afrika
Quelle: HÜSER, BLÜMEL & EITEL (1998, S. 238); MOON & DARDIS (in MOON & DARDIS 1988, S. 8)

denen Zeitpunkten durch Orogenese miteinander verschweißt worden: Während der Limpopo Belt noch ins Archaikum (älter als 2,5 Mrd. Jahre), der Namaqua-Natal Belt ins frühe bis mittlere Proterozoikum und der Southern Mozambique Belt ins mittlere Proterozoikum datiert werden (PETTERS 1991, S. 56, 153 u. 240), sind Damara und Sambesi Belt Teile der sog. Pan-Afrikanischen Gebirgsbildung an der Wende vom Präkambrium zum Paläozoikum; sie schloss die Lücke zwischen Kongo- und Kalahari-Kraton und formte so einen Bauteil des Urkontinents Pangäa (PETTERS 1991, S. 254 ff.).

Die weitere Oberflächenformung wird, abgesehen vom engeren Bereich des Kaplandes, nicht mehr von großräumigen Vorgängen der Gebirgsbildung bestimmt, sondern von einem Wechsel zwischen Abtragungs- und Akkumulationsphasen. Beispielhaft ist in Tab. 1 die Abfolge für den SW des Subkontinents dargestellt (HÜSER, BLÜMEL & EITEL 1998, S. 240 ff.): Mit der Auffaltung des Damara-Orogens setzte zugleich seine Abtragung ein. Der Schutt wurde vorzugsweise nach S transportiert und als Nama-Deckgebirge auf die Gesteine des Kalahari-Kratons aufgelagert. Noch zur Zeit des Großkontinentes Pangäa begann ein langer Sedimentationszyklus, der fast bis zum Ende des Mesozoikums reichte und das heutige Makrorelief entscheidend prägte, nämlich die nach der südafrikanischen Halbwüste benannte Karoo-Folge. Entsprechende Ablagerungen finden sich in allen Südkontinenten und zeugen vom ehemals zusammenhängenden Gondwanaland (KING 1978, S. 5). Den Anfang der Karoo-Stratigraphie bilden die Dwyka-Sedimente der permokarbonischen Verei-

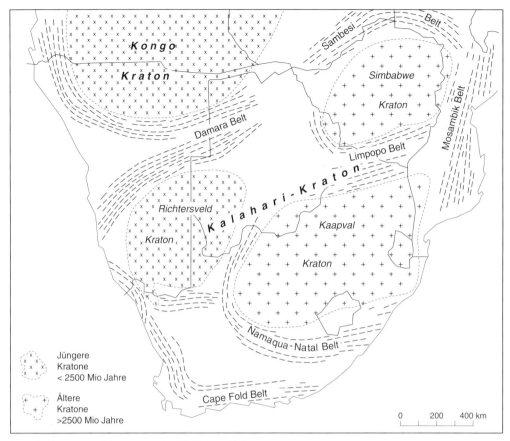

Abb. 4: Kratone und Orogenese im Südlichen Afrika
Quelle: TWIDALE in MOON & DARDIS (1988, S. 211)

sung. Moränenablagerungen und fluvioglaziale Schotter weisen auf eine ausgedehnte Inlandvereisung hin, die daraus zu erklären ist, dass große Teile der Pangäa damals in der Nähe des Südpols gelegen haben. Später sind vorwiegend Sand-, Ton- und Kalksteine abgelagert worden, die z.T. große Mächtigkeiten haben. Sie dokumentieren einen markanten Klimawechsel zu kontinentalen, hochariden Bedingungen, was darauf hindeutet, dass der Superkontinent Pangäa seine Südpollage verlassen haben muss. In der Trias zerbricht Pangäa in den Nordkontinent Laurasia und den Südkontinent Gondwana, und im frühen Jura beginnt auch Gondwana auseinander zu brechen. Die Drift der einzelnen Kontinentalfragmente in ihre heutige Position dauerte über 100 Mio. Jahre; erst am Ende der Kreidezeit hatte sich ungefähr die heutige Küstenlinie herausgebildet.

Der Zerfall von Gondwana in mehrere Fragmente hatte drei wichtige Konsequenzen:

1. Noch ganz am Anfang dieses Prozesses, vom Perm bis zum Jura, kommt es als Folge der Kollision der proto-afrikanischen und -südamerikanischen Platte zur Auffaltung der

Kap-Ketten (Moon & Dardis in Moon & Dardis 1988, S. 3). Diese sind aus Sedimenten der Kap-Folge aufgebaut, die sich im mittleren Paläozoikum in einem flachen Geosynklinalbecken abgelagert hatten (Tab. 1). Bis zur Kreidezeit war die Gebirgsbildung abgeschlossen. Die Kap-Ketten bestehen aus mehreren, überwiegend Ost-West verlaufenden Parallelzügen. Sie erstrecken sich über ca. 800 km und weisen Gipfelhöhen von mehr als 2000 m auf. Im Pleistozän sind sie teilweise vergletschert gewesen (Sänger 1988).

2. Eine intensive vulkanische Aktivität begleitet den Zerfall Gondwanas. Ursprünglich sollen über 2 Mio. km^2 im S Afrikas von z.T. mächtigen vulkanischen Ablagerungen bedeckt gewesen sein (Petters 1991, S. 635). Reste dieser alten Reliefplombierung stehen heute auf ca. 140 000 km^2 oberflächlich an, so im NW Namibias, in großen Teilen Botsuanas und in den Drakensbergen.

3. Die Randbereiche der neu entstandenen Teilkontinente heben sich. Die heutige große Randstufe ist danach als die ehemalige Randschulter eines Grabenbruches zu verstehen, wobei noch ungeklärt ist, ob die Position der heutigen Stufe ungefähr der Position der initialen Grabenschulter entspricht (vgl. Besler u. a. 1994). Auch eine genaue zeitliche Datierung der Randstufenbildung ist noch nicht gelungen. Im Allgemeinen wird sie an die Wende vom Mesozoikum zum Känozoikum gestellt (Eitel 1996, S. 114).

Die jüngere geologische Vergangenheit im Känozoikum wird durch einen mehrfachen Wechsel von Abtragung und Sedimentation geprägt: Unter verwitterungsfördernden tropischen Klimabedingungen setzen weiträumige Denudations- und Verebnungsvorgänge ein und halten bis zum frühen Miozän an (*African erosion*). Dies hat die Herausbildung einer Rumpffläche (*African surface*; vgl. Abb. 3) zur Folge (Moon & Dardis in Moon & Dardis 1988, S. 9; Eitel 1996, S. 115). Nur in einzelnen Hochregionen sind Relikte der Gondwana-Oberfläche erhalten (King 1978, S. 11). Epirogenetische Verbiegungen, verbunden mit Heraushebung und Schrägstellung der *African surface*, z.T. auch mit Bruchtektonik, unterbrechen in der zweiten Hälfte des Tertiärs die Erosionsphase. Die miozänen und (mächtigeren) pliozänen Hebungen summieren sich auf ca. 1000 m im Bereich der Ciskei-Swasiland-Achse, während weiter im W nur 100 bis 200 m erreicht werden. Im Bereich des Kalahari-Beckens bleiben die Hebungsbeträge hinter denen der Umrandung zurück, so dass sich dessen relative Absenkung verstärkt (Partridge & Maud 1987, S. 194 ff.).

Etwa zeitgleich, im mittleren Miozän (Petters 1991, S. 585), setzt im östlichen Afrika die Aufspaltung von kontinentaler Kruste ein und zeigt den Beginn einer neuen Kontinentalverschiebung an. Der westliche Zweig des großen ostafrikanischen Grabenbruches (Driftsystems) zieht sich von Beira über den Malawi-See bis zur Seenkette westlich des Viktoria-Sees. Im Einzelnen ist die Struktur des Grabens recht kompliziert. Vor allem im Bereich der Grabenseen verhinderte die Wasserbedeckung lange Zeit eine genauere Erforschung. Erst der Einsatz moderner Methoden der marinen Seismik hat hier neuere Erkenntnisse erbracht, die mit dem Modell des Halb-Grabens beschrieben werden können. Die asymmetrische Struktur zeigt sich darin, dass nur eine Grabenseite von einer Hauptverwerfungslinie gebildet wird, während die andere aus einer Kombination von Flexuren, Spalten und Stufen besteht (Rosendahl, Kilembe & Kaczmarick 1992).

Tab. 1: Übersicht der paläogeographischen Ereignisse und des paläoklimatischen Milieus im südwestlichen Afrika
Quelle: HÜSER, BLÜMEL & EITEL (1998, S. 239)

Raum- und Zeiteinheiten							Geologisch/paläogeograph. Ereignisse	Paläoklimatisches Milieu
Afrika		Känozoikum	Quartär	Post-Karoo-Folge	Kalahari-Gruppe	Mio. Jahre vor heute	einerseits parzielle Ausräumung der tertiären Füllungen, andererseits Bildung neuer kalkverfestigter Sedimente	Andauern semiarider/arider Verhältnisse, die hygrische Fluktuationen zeitweilig zulassen
			Tertiär				großräumige Verschüttung der Tieflagen des Reliefs durch endorhëische Entwässerung; Zementierung der Sedimente durch Carbonat; Bildung des Namib-Ergs	aride/semiaride Bedingungen im Obermiozän
								zunehmende Aridisierung durch Etablierung der Benguela-Zirkulation
Gondwana		Mesozoikum	Kreide			65	Abtragung und Wiederaufdeckung des präbasaltischen Reliefs, parziell auch Tieferschaltung	hochwahrscheinlich tropoides Feuchtklima mit starkem Lösungsabtrag bzw. Silikatverwitterung
			Jura				Zerbrechen Gondwanas mir Förderung von Flutbasalten (Etendeka); sicherlich regionale, fragliche gänzliche Überdeckung des präbasaltischen Reliefs	sicherlich Feuchtezunahme durch die Bildung des Atlantik und Indischen Ozeans
	Pangäa		Trias	Karoo-Folge		230	Überwiegend terrestrische Sedimente, in Südnamibia als Ecca, in Nordnamibia als Etjo bezeichnet; parzielle Verschüttung des Post-Dwyka-Reliefs	überwiegend kontinentales Trockenklima, bis hin zu hochariden Bedingungen
		Paläozoikum					Permokarbone Vereisung; Bildung der Dwyka-Sedimente (Untere Karoo)	polares Klima mit Inlandeisbildung
						570	Abtragung im Sinne der Einrumpfung des Damara-Gebirges; Bildung des Nama-Deckgebirges in Südnamibia	fraglich bzw. unerheblich für die dargestellte Landschaftsanalyse
"Präpangäa"		Präkambrium		Damara-Folge in Südafrika: Kap-Folge			Auffaltung des Damara-Gebirges	(unerheblich für die dargestellte Landschaftsanalyse)
						>2100	Bildung der Damara-Geosynklinale	(unerheblich für die dargestellte Landschaftsanalyse)
							Konsolidierung des Kongo- und Kalahari-Kratons	(unerheblich für die dargestellte Landschaftsanalyse)

Die Erosionsvorgänge im Anschluss an die miozänen und pliozänen Hebungen formen zwei *Post-African surfaces*, die hauptsächlich in den Schwellengebieten in Erscheinung treten (Abb. 3). Je älter die Flächen, desto ausgelaugter und ärmer sind im Allgemeinen die Böden (KING 1978, S. 17; vgl. Kap. 3.1.2). Die Entstehung und spätere Tieferlegung der Flächen ist oft, vorzugsweise dort, wo Granite anstehen, mit der Bildung von Inselberglandschaften verbunden, die deshalb ein ganz verschiedenes Alter haben können (TWIDALE in MOON & DARDIS 1988, S. 198 ff.). WIRTHMANN (2000) und andere Autoren sprechen vom „Flächen-Treppen-Inselberg-Relief" als dem typischen Formenkomplex auf dem präkambrischen Basement des Gondwana-Kontinentes.

Als Folge des Aufstiegs der Randstufe entwickelt sich das Kalahari-Becken zu einem innerkontinentalen Sedimentationsraum. Nach dem klimatischen Umbruch und der zunehmenden Aridisierung als Folge der Benguela-Zirkulation (stabiles Hochdruckgebiet vor der Westküste; küstenparalleler SE-Passat mit ablandiger Komponente) wird hier seit dem mittleren Tertiär vorwiegend klastisches, Kalk verfestigtes Material abgelagert. Zugleich entsteht die Namib-Küstenwüste, in deren Südteil es zu großflächigen Dünenaufwehungen (Namib-Erg) kommt (BESLER 1972; RUST 1989). Im Quartär sind ausgeprägte Klimaschwankungen belegt. Während der Wechsel von kühlen und warmen Phasen parallel zum Rhythmus der globalen Glazial- und Interglazialzeiten verläuft, sind die Niederschlagsfluktuationen wesentlich komplexer und nur bedingt mit der einfachen Vorstellung von Pluvial- und Interpluvialzeiten in Einklang zu bringen (HEINE 1998, S. 245; MEADOWS 2001, S. 43f.). In den feuchteren Phasen werden die tertiären Sedimente teilweise ausgeräumt, und die Riviere (Trockenflüsse) tiefen sich in Form von Terrassentreppen ein; in trockeneren Phasen nehmen äolische Aktivitäten zu (MEADOWS in MOON & DARDIS 1988, S. 296 ff.; HÜSER, BLÜMEL & EITEL 1998, S. 242 ff.). Während des Höhepunktes der letzten Kaltzeit (ca. 22 000–18 000 vor heute), der trockensten Periode der letzten 30 000 Jahre im südwestlichen Afrika, ist eine verstärkte äolische Dynamik in Namib und Kalahari belegt. In der Nacheiszeit schrumpfte dann die Namib, und die Formung der Kalahari-Dünen ging vor 8000–9000 Jahren zu Ende (TYSON 1999; BLÜMEL, HÜSER & EITEL 2000).

1.2.2 Die Differenzierung von Klima und Vegetation

Klimatisch stellt das Südliche Afrika einen Übergangsraum zwischen Tropen und Außertropen, zwischen Sommer- und Winterregengebieten dar (vgl. WEISCHET & ENDLICHER 2000, S. 302 ff.). Ganz gleich ob man die Tropen solarklimatisch definiert (z.B. LAUER, RAFIQPOOR & FRANKENBERG 1996) oder bestimmte Temperaturschwellenwerte zugrunde legt (z.B. TROLL & PAFFEN 1964), verläuft die Tropengrenze im S Afrikas angenähert entlang des südlichen Wendekreises, greift im W aufgrund des kalten Benguela-Stromes weiter nach N aus und schließt im E auch südlich des Wendekreises gelegene Gebiete ein. Entscheidender als Strahlungs- und Temperaturverhältnisse bestimmt das Niederschlagsregime sowohl die natürliche Vegetation als auch das agrarische Nutzungspotenzial. Dabei ist nicht nur die absolute Höhe der Niederschläge von Bedeutung, sondern ebenso ihre jahreszeitliche Verteilung, ihr Verhältnis zur Verdunstung und ihre Variabilität.

Vom Äquator bis etwa 20^0 S verlaufen die Isohyeten der mittleren Jahresniederschläge nahezu in Ost-West-Richtung; die Niederschläge und auch die Dauer der Regenzeit nehmen mehr oder weniger kontinuierlich ab (HEINE 1988, S. 7). Während sich die jährlichen Niederschlagssummen im N und NW Sambias auf 1000 bis 1400 mm belaufen, erhält der äußerste S des Landes im Jahresdurchschnitt weniger als 800 mm. Entsprechend vermindert sich die Länge der Regenzeit von 180–190 Tagen auf nur 120–130 Tage (SCHULTZ 1983, S. 66 f.). Südlich 20^0 S wandelt sich die Ost-West- in eine Nord-Süd-Abfolge, wobei die 400 mm-Isohyete den Subkontinent in einen feuchteren östlichen und einen arideren westlichen Bereich zweiteilt (Abb. 5). Mit beeinflusst durch die Topographie werden im E teilweise 1000 mm Jahresniederschlag überschritten, und die Zahl der Regentage erreicht mehr als 100, während große Teile des W weniger als 200 mm erhalten und im Durchschnitt

20 und weniger Regentage gezählt werden. In der zentralen Namib kommen gar nur noch episodische Niederschlagsereignisse vor, seien es Ausläufer der tropischen Passat-/Monsun-Zirkulation, die vom Indischen Ozean über die Große Randstufe (Föhneffekt) hinunter in die Namibfläche gelangen, oder - im Südteil der Namib - vereinzelte Winterregen, die an die ektropische Westwind-Zirkulation gebunden sind (BLÜMEL, HÜSER & EITEL 2000). Insgesamt ist die Korrelation zwischen Regentagen und Jahresniederschlagsmengen sehr hoch (HARRISON 1983). Der Ost-West-Gegensatz löst sich erst im äußersten Süden auf: Im Kapland fallen pro Jahr durchschnittlich 600-800 mm Regen, im Gebirge der Kap-Ketten sogar über 1000 mm, und die Zahl der Regentage steigt wieder an (Abb. 5).

In den meisten Gebieten des Südlichen Afrika wird das Niederschlagsregime durch eine ausgeprägte Saisonalität bestimmt. Im gesamten tropischen und randtropischen Bereich herrschen Sommerniederschläge vor. Selbst im N Südafrikas entfallen noch über 90 % der Niederschläge auf den Zeitraum von Oktober bis März. Nach SW nimmt dieser Anteil schnell ab (Abb. 5). Die Sommerregen beginnen an der Ostküste und erreichen im März ihre westlichste Ausbreitung, während sie im April bereits wieder bis zur östlichen Großen Randstufe zurückweichen (TYSON 1986, S. 2). Die Aridität, die in weiten Teilen des Südlichen Afrika vorherrscht, ist nicht nur eine Funktion des Niederschlags, sondern auch der Verdunstung. Im dargestellten Kartenausschnitt von Abb. 5 werden die höchsten Evaporationswerte im NW registriert. Entsprechend niedrig ist hier der Ariditätsindex, bei dem der mittlere Jahresniederschlag zur potenziellen Evapotranspiration in Beziehung gesetzt wird. Nur der E Südafrikas ist danach als humid zu bezeichnen. Gerade in den ariden Gebieten sind die Niederschlagsschwankungen außerordentlich hoch, und damit nimmt die Sicherheit ab, mit einer bestimmten jährlichen Regenmenge rechnen zu können; das stellt die Landwirtschaft vor große Probleme. Die relative Variabilität ist im W Südafrikas mehr als doppelt so groß wie im E; besonders ausgeprägt tritt sie in feuchteren Jahren in Erscheinung.

Zusammenfassend gelangt KING (1963) zu fünf verschiedenen Niederschlagsregimen, die in Abb. 5 zwar nur für den südlichen Teil des Subkontinents dargestellt sind, die sich aber – zumindest was die Sommerregengebiete und ihre Differenzierung anbelangt – nach N fortsetzen. Es wird erkennbar, dass die Zone der Sommerregen weit über die Tropengrenze nach S reicht, wobei nicht nur die Niederschlagshöhe von NE nach SW zurückgeht, sondern sich auch das Maximum von Januar auf März verschiebt. Es schließt sich ein schmales, nur entlang der Küsten breiteres Übergangsgebiet von tropischen Sommerregen zu außertropischen Winterregen an. Hier können zu allen Jahreszeiten Niederschläge fallen. Der äußerste W schließlich gehört zu den Winterregengebieten. Diese Zone erstreckt sich vom Kapland entlang der Küste weit nach N. Allerdings nimmt die absolute Höhe der Niederschläge dabei schnell ab: Im SW Namibias, den WAIBEL schon 1922 als Winterregengebiet beschrieb, sind es weniger als 50 mm, die zwar überwiegend, aber nicht ausschließlich im Winter fallen.

Fügt man Temperatur- und Niederschlagsverhältnisse zusammen und berücksichtigt zugleich die unterschiedliche Höhenlage, so gelangt man zu komplexeren Klimakarten. Schon 1951 hat JACKSON acht Hauptklimaregionen zwischen dem Kap ($35°$ S) und den Hochländern des nördlichen Angola und Sambias ($10°$ S) unterschieden. Bezieht man die

Die Differenzierung von Klima und Vegetation 21

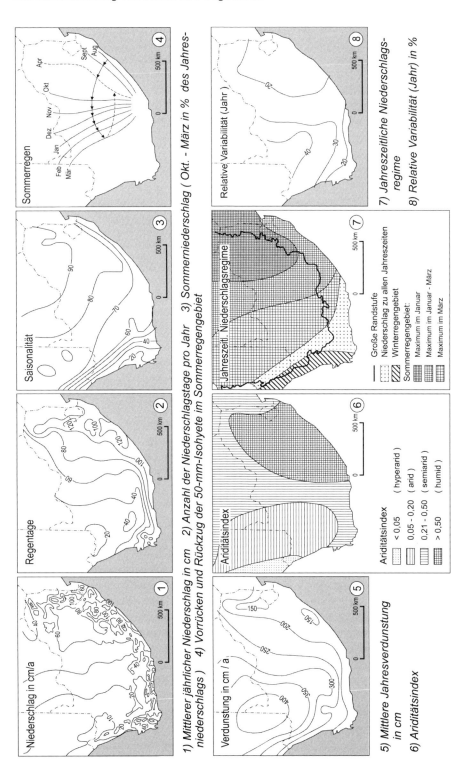

Abb. 5: Niederschlagsverhältnisse im Südlichen Afrika
Quelle: HEINE (1988, S. 7 u. 11); WIESE (1997, S. 47)

Unterteilung einzelner Gebiete mit ein, so sind es sogar 16 Klimaregionen. Die Abgrenzungskriterien werden zwar nicht explizit genannt, aus der Anordnung der einzelnen Regionen ergibt sich jedoch eine enge Anlehnung an den Verlauf der Isohyeten. Weiterführend und besser begründet ist die Klimagliederung nach Troll & Paffen (1964), weil sie sich eng an der Abfolge der natürlichen Vegetation orientiert (Abb. 6; vgl. auch Weischet & Endlicher 2000, S. 318 ff.). Der größte Teil des Südlichen Afrika wird von Trockenklimaten beiderseits der Tropengrenze eingenommen. Auf den breiten Gürtel der wechselfeuchten Trockensavannenklimate mit einer winterlichen Trockenheit von 5–7,5 Monaten folgt ein schmalerer der (ebenfalls wechselfeuchten) Dornsavannenklimate mit einer Trockenzeit von 7,5–10 Monaten. Jenseits der Tropengrenze wird die zonale Anordnung von einer stärker meridionalen abgelöst. Die sommerfeuchten Dornsavannenklimate setzen sich in den sommerfeuchten Dornsteppenklimaten fort, die schließlich in Subtropische bzw. im N Namibias auch Tropische Halbwüsten- und Wüstenklimate übergehen. Der Ostteil Südafrikas wird als lang sommerfeuchte bis ständig feuchte Zone der Gras- und Waldsteppen sowie der Waldklimate gesondert ausgegliedert. Auch der äußerste S gehört zur warmgemäßigten Subtropenzone, jedoch zur winterfeuchten Variante. Dabei wird noch zwischen einem feuchteren und einem trockeneren Typ unterschieden, was dem Verbreitungsgebiet subtropischer Hartlaubgehölze einerseits bzw. Gras- und Strauchsteppen andererseits entspricht.

Diese Abfolge und Anordnung der Klima- und Vegetationszonen stimmen weitgehend mit denjenigen auf einem Idealkontinent überein. Das Relief hat nur im E Südafrikas einen modifizierenden Einfluss; ansonsten fehlen hoch aufragende Gebirge, die Strömungsrichtungen oder Intensität der Niederschläge nachhaltig beeinflussen. Die wechselfeuchten äußeren und Randtropen werden von der passatischen Trockenheit beherrscht. Die sommerliche Regenzeit mit ausgeprägten konvektiven Niederschlägen ist an die Südverlagerung der Innertropischen Konvergenzzone (ITC) gebunden. Mit wachsender Entfernung vom Äquator wird ihr Einfluss schwächer und der der subtropisch-randtropischen Antizyklone stärker. Somit werden die Regenzeiten kürzer, unergiebiger und unsicherer. Während die Westküste nahezu ganzjährig unter dem Einfluss des Südatlantikhochs mit absteigender Luftbewegung steht (Tyson 1986, S. 99), können im E während der Ausbildung des sommerlichen Monsuntiefs ITC und tropischer Zenitalregen wesentlich weiter nach S vordringen, wobei die Hochplateaus Ost- und Südafrikas als Heizflächen wirken. Der Südostpassat ist nach Tyson (1986; zitiert nach Heine 1988, S. 7) nicht für die höheren Niederschläge über dem östlichen Teil des Subkontinents verantwortlich; südlich von Mosambik soll er über den Küsten gar nicht existieren. Eher bringen die sog. *black southeaster*, abgeschnürte Kaltlufttropfen in Form eines Zentraltiefs aus der außertropischen Westwindzirkulation, der Süd- und Südostküste ausgiebige, teilweise exzessive Niederschläge insbesondere im Spätwinter und Frühjahr (Weischet & Endlicher 2000, S. 316). Die Küste Mosambiks zwischen Beira und Maputo wird häufiger von tropischen Wirbelströmen (Mauritius-Orkane) heimgesucht, die sich in den Sommermonaten Januar und Februar über dem warmen Indischen Ozean bilden und extreme Niederschlagsereignisse, verbunden mit Überflutungen, zur Folge haben können (Goudie in Adams, Goudie & Orme 1996, S. 41 f.). So fielen im Februar/März 2000 etwa 500 Menschen den Überschwemmungen zum Opfer, und mehr als 300000 Personen mussten vor den Wassermassen flüchten. Der Kontrast zwischen Ost- und Westseite wird durch den warmen, südwärts gerichteten Agulhas-Strom im Indischen Ozean und den kühlen nordwärts gerichteten Benguela-Strom im Atlantik ver-

Die Differenzierung von Klima und Vegetation

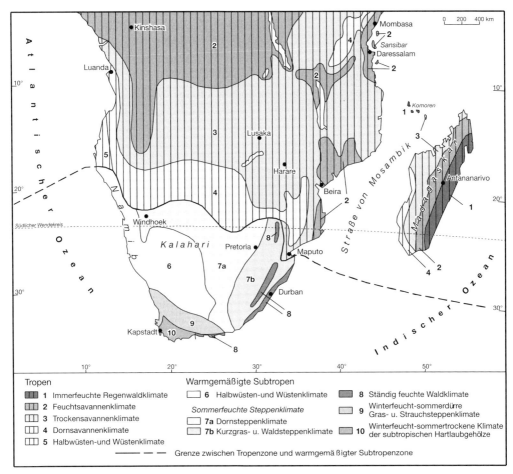

Abb. 6: Klimazonen im Südlichen Afrika nach Troll & Paffen
Quelle: Schultze (1988, S. 6f.)

stärkt. Kaltes Auftriebswasser, das von warmer Luft überströmt wird, begünstigt an der Westküste die Nebelbildung. Pro Jahr werden hier mehr als 80 Nebeltage gezählt.

Im Südwinter gerät die Südspitze des Kontinents in den Auswirkungsbereich zyklonaler Winterregen. Die Westwinddrift verlagert sich so weit nach N, dass das Kapland regelmäßig, die weiter landeinwärts gelegenen Bereiche unregelmäßig von außertropischen Zyklonen und deren Frontensystemen überquert werden. Damit ist ein häufiger Wechsel zwischen relativ strahlungsreichem Hochdruckwetter und Kaltlufteinbrüchen mit Zyklonendurchzug verbunden. Der größte Teil der Niederschläge tritt in Verbindung mit instabilen nordwestlichen Winden auf der Vorderseite der Fronten auf (Heine 1988, S. 8).

1.2.3 Naturräumliche Gliederung

Aus der topographisch-morphologischen Grundstruktur und der klimatischen Zonierung lässt sich ableiten, dass der Übergang zwischen den einzelnen Naturräumen nicht abrupt erfolgt, sondern breite Übergangszonen auftreten, in denen sich die physisch-geographische Ausstattung nur allmählich ändert. Eine scharfe Grenze markiert im Allgemeinen nur die Große Randstufe, die – mehr oder weniger weit landeinwärts – den Küstenverlauf des gesamten Subkontinents begleitet. Schon WELLINGTON, der 1946 eine detaillierte naturräumliche Gliederung des Südlichen Afrika vorlegte, die von PAFFEN (1950) referiert und kritisch kommentiert worden ist, hat bei der Gestaltung der diesbezüglichen Karte berücksichtigt, dass die Grenzen zwischen den ausgegliederten physiographic regions und deren Subregionen nur selten linienhaft scharf ausgebildet sind, sondern einen „übergangssaumhaften, undeutlichen Charakter" haben (PAFFEN 1950, S. 97; Abb. 7). Die Abgrenzung der ausgewiesenen Einheiten basiert bei WELLINGTON (1946) in erster Linie auf Höhenlage und Oberflächenformen, was auch in den gewählten Bezeichnungen, z.B. *highveld* (über 1200 m), *middleveld* (600–1200 m) und *lowveld*, zum Ausdruck kommt. Das mag in der Regel gerechtfertigt sein, weil im Südlichen Afrika Relief, Boden und Klima in ihrer räumlichen Differenzierung verhältnismäßig gut übereinstimmen; bei der (in Abb. 7 nicht dargestellten) feineren Untergliederung hätte aber klimatischen Faktoren ein stärkeres Gewicht gegeben werden müssen, zumal diese die wirtschaftlichen Nutzungsmöglichkeiten nachhaltiger bestimmen als eine formenkundliche Differenzierung (PAFFEN 1950, S. 96).

Die Frage nach der Nordgrenze des Südlichen Afrika wird von WELLINGTON (1946) nicht diskutiert. Als Grund kann man nur vermuten, dass die Reliefverhältnisse eine solche Grenzziehung kaum zulassen. Die Lunda-Schwelle, die das Kongo- vom Kalahari-Becken trennt, steigt nur sanft aus den Beckenlandschaften an und ist physiognomisch kaum als Grenze wahrnehmbar. Auch die Wasserscheide zwischen dem Kongo- und Sambesi-System stellt sich eher als breiter, wenig ausgebildeter Saum dar und verläuft insbesondere in Angola sehr unregelmäßig, weil die Quellgebiete einzelner nach N bzw. nach S entwässernde Flüsse weit in die entgegengesetzte Richtung ausgreifen. Gleichwohl lassen verschiedene Autoren, wie schon PASSARGE (1908), das Südliche Afrika mit der Südabdachung der Lunda-Schwelle beginnen (z. B. WELLINGTON 1955). Auf einzelne Staaten bezogen, würde dies der eingangs vorgestellten weiten Definition entsprechen, nur der Nordteil Angolas wäre nicht hinzuzurechnen.

Die Grenzziehung im Verlauf der Lunda-Schwelle wird von klimatischen Gegebenheiten nicht gestützt. Die Tropengrenze liegt sehr viel weiter südlich, und die tropischen Sommerregen reichen polwärts sogar noch weit darüber hinaus. Die Südabdachung der Lunda-Schwelle gehört gänzlich zum Bereich des Trockensavannenklimas. Wollte man das Südliche Afrika als ausgeprägten Trockenraum charakterisieren, böte sich der Übergang von den Trocken- zu den Dornsavannenlandschaften als Grenze an. Diese Argumentation würde im Einklang mit einer engen Definition stehen. Dabei muss man allerdings in Rechnung stellen, dass der Übergang zwischen den einzelnen Vegetationsformationen sehr allmählich erfolgt und der gesamte E keine ariden Verhältnisse aufweist, was WELLINGTON (1955, S. 2) dazu veranlasst hat, auf klimatische Faktoren bei der Nordabgrenzung des Subkontinents zu verzichten.

Naturräumliche Gliederung

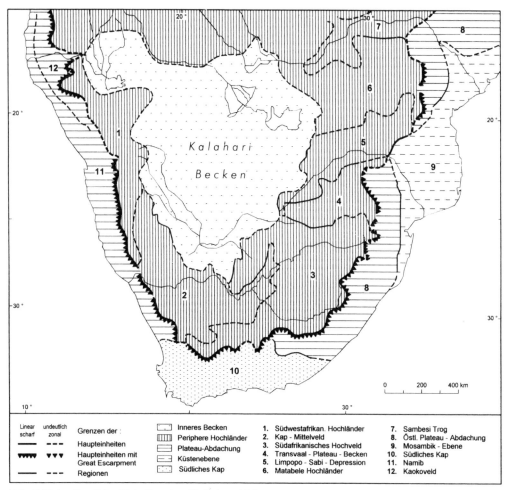

Abb. 7: Naturräumliche Einheiten des Südlichen Afrika
Quelle: PAFFEN (1950, S. 95)

Auch die vielfach vorgeschlagene Kunene-Sambesi-Linie (z. B. JÄGER 1954, S. 164) deckt sich nur sehr bedingt mit anderen naturräumlichen Grenzen und verläuft zwischen Kunene und Sambesi mehr oder weniger willkürlich entlang von Staatsgrenzen. Im Allgemeinen ist der Landschaftscharakter diesseits und jenseits der teilweise tief eingeschnittenen und daher sehr markant in Erscheinung tretenden Flussläufe recht ähnlich. Es sind, wie KLIMM, SCHNEIDER & WIESE (1980, S. 3) zu Recht bemerken, nicht so sehr die physischen Elemente, die sich südlich Kunene und Sambesi grundlegend ändern, sondern die sozioökonomischen Verhältnisse. In Übereinstimmung mit HEINE (1988, S. 6), der lapidar feststellt, dass das Südliche Afrika kein natürlich abgegrenzter Raum ist, müssen deshalb diese in erster Linie untersucht und als Abgrenzungskriterien herangezogen werden.

1.3 Historisch-politische Bedeutung

Aus der vorkolonialen Geschichte lassen sich kaum Kriterien zur Abgrenzung einer Region Südliches Afrika ableiten. Die Urbevölkerung der *khoisan* ist durch Bantugruppen, die nach Christi Geburt in einem westlichen und östlichen Strom den S Afrikas erreichten, überlagert und in Rückzugsgebiete abgedrängt worden. Diese Besiedlung im Zuge der Bantu-Expansion erfolgte in mehreren Schüben, und noch bis ins 17. und 18. Jh. sind großräumige Wanderungen belegt. Das hatte zur Folge, dass sehr oft unterschiedliche Ethnien auf engem Raum zusammenleben (vgl. Abb. 11). Wo immer es im Laufe der Geschichte Ansätze der Staatsbildung gegeben hat, waren diese eher regionaler Natur (vgl. Kap. 2.1).

Abgesehen von der Sonderstellung der Kapkolonie, die auf die Gründung von Kapstadt als Versorgungsstation der Holländisch-Ostindischen Kompanie durch Jan von Riebeeck zurückgeht und bis 1795 von Beamten der Kompanie verwaltet wurde, begann die Kolonialzeit im Sinne einer großflächigen Okkupation des Landes erst zu Beginn, vielfach sogar erst Ende des 19. Jhs. Das Südliche Afrika war aber nie Teil eines einheitlichen Kolonialreiches, sondern es haben hier ganz verschiedene Mächte Einfluss ausgeübt. Zwar ist eine dominierende Position Großbritanniens festzustellen, das die Kapkolonie endgültig 1806 annektierte, 1843 auch Natal unter seine Kontrolle brachte und weite Bereiche des Binnenlandes als Protektorate und im Falle des ehemaligen Süd-Rhodesiens als Kolonie verwaltete (Abb. 8 u. 9); aber auch die Portugiesen als älteste europäische Macht im Südlichen Afrika dehnten in Angola und Mosambik ihren Einflussbereich von ersten Stützpunkten an der Küste immer weiter ins Landesinnere aus, und schließlich wurde Südwestafrika (ohne die britische Walfischbucht) seit 1884 deutsches Schutzgebiet. Die Grenze zwischen den jeweiligen Einflusssphären sind überwiegend erst auf der Berliner Konferenz von 1884/85 festgelegt worden. Damit war der Wunsch Portugals endgültig gescheitert, seine afrikanischen Besitzungen miteinander zu verbinden.

Bei der Grenzziehung ist auf vorhandene Strukturen und Beziehungsgeflechte wenig Rücksicht genommen worden; der Grenzverlauf richtete sich vielmehr entweder nach physisch-geographischen Gegebenheiten (z.B. Flussläufen, Seen, Wasserscheiden), oder es wurden einzelne Punkte des Gradnetzes miteinander verbunden, so dass sog. Reißbrettgrenzen entstanden (vgl. DEMHARDT 1997; BARNARD 2000). Trotzdem haben die willkürlich gezogenen Grenzen die Kolonialzeit und auch die Unabhängigkeit der Länder überdauert (Abb. 9 u. 10). Einerseits sind dadurch sehr verschiedene ethnische und sprachliche Gruppen in einem Staat zusammengefasst worden, andererseits wurden einheitliche Siedlungs- und Wirtschaftsräume zerschnitten (Abb. 11). So leben beispielsweise auf dem Territorium Sambias rund 70 verschiedene Ethnien, die auch voneinander abweichende Sprachen sprechen, von denen sich keine als *lingua franca* durchsetzen konnte (SCHULTZ 1983, S. 2). Hingegen trennt die Grenze zwischen Angola und Namibia den Siedlungsraum eng miteinander verwandter, Ackerbau treibender Bantustämme (NIEMANN 2000, S. 66ff.), während die weiter im S Namibias siedelnden Gruppen zu vollständig anderen Ethnien zählen und auch eine ganz andere Kulturtradition als Viehzüchter haben. Manche inner- und zwischenstaatlichen Konflikte der Gegenwart sind auf die ausschließlich an den Interessen europäischer Mächte orientierte Absteckung der jeweiligen Einflusssphären zurückzuführen, auch wenn die Konflikte im Südlichen Afrika, z.B. zwischen Namibia und Botsuana um eine

Historisch-politische Bedeutung

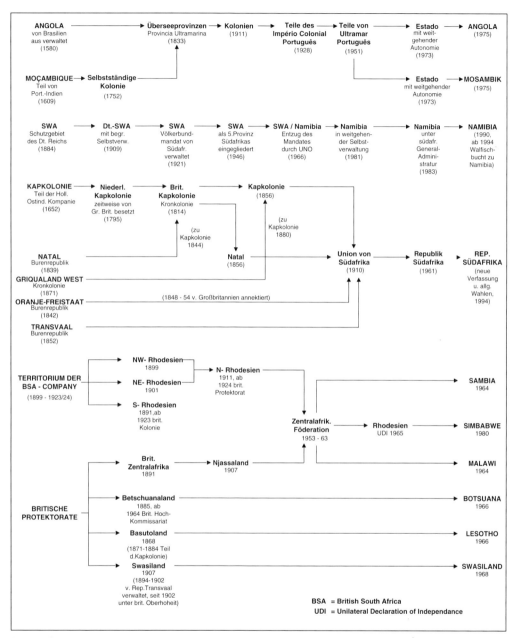

Abb. 8: Staatenentwicklung im Südlichen Afrika
Quelle: Eigener Entwurf

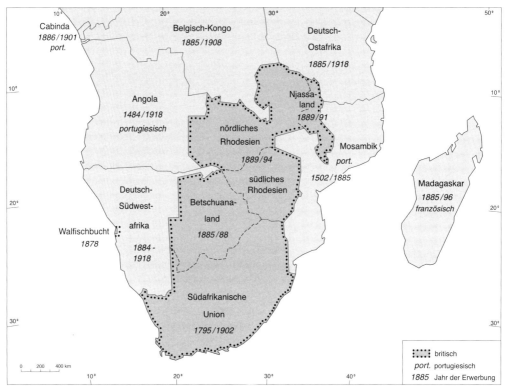

Abb. 9: Politisch-administrative Gliederung des Südlichen Afrika, 1914/1919
Quelle: Westermann Schulbuchverlag (1996, S. 126)

Flussinsel, bei weitem nicht die Dimension anderer afrikanischer Staaten erreichen. Die 1994 erfolgte Rückgabe des Hafens Walfischbucht von Südafrika an Namibia stellt eines der wenigen Beispiele dar, dass unsinnige Gebietsunterteilungen der Vergangenheit auf dem Verhandlungsweg überwunden werden können.

Die Aufteilung des Südlichen Afrika auf verschiedene europäische Mächte brachte es mit sich, dass ganz unterschiedliche Verwaltungsstrukturen aufgebaut wurden. Im britischen Hoheitsbereich ist zwischen den Gebieten nördlich und südlich des Sambesi zu unterscheiden. In den nördlichen Gebieten, die als Protektorate verwaltet wurden, bediente man sich des Systems der *indirect rule*, d.h. die afrikanische Stammestradition wurde weitgehend respektiert und die Macht mit Hilfe lokaler Autoritäten ausgeübt. In der Kolonie Süd-Rhodesien und auch in den südafrikanischen Kolonien, lag die Macht von Anfang an in Händen der weißen Siedler. Das Deutsche Reich, das erst verhältnismäßig spät als Kolonialmacht auftrat, strebte zunächst an, das Land nach britischem Vorbild von großen Kolonialgesellschaften erschließen zu lassen. Nach den mit großer Grausamkeit geführten Kämpfen gegen die aufständischen Herero und Nama (1904–07) gelangte der Südteil des Landes, jenseits der südlich der Etoscha-Pfanne verlaufenden *red line*, unter direkte Verwaltung der Kolonialmacht, während die Strukturen im N nicht angetastet wurden. Die seit

Historisch-politische Bedeutung

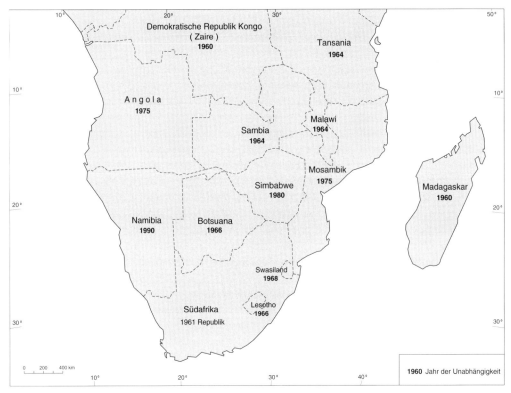

Abb. 10: Politisch-administrative Gliederung des Südlichen Afrika, 2000
Quelle: Westermann Schulbuchverlag (1996, S. 126), ergänzt

1909 bestehende begrenzte Selbstverwaltung bezog sich faktisch nur auf diesen Südteil und lag ganz in den Händen der weißen Siedler und Kaufleute.

Wieder anders sah die Kolonialpolitik in den portugiesischen Besitzungen aus. Schon zu Beginn des 19. Jh. erhielten sie den Status von Überseeprovinzen. Angestrebt wurde eine möglichst enge Integration in das Mutterland. Anders als in den britischen Protektoraten sind deshalb Unabhängigkeitsbestrebungen rigoros unterdrückt worden. Erst 1973 erhielten sowohl Angola als auch Mosambik weitreichende innere Autonomie und wurden nach dem Ende der Salazar/Caetano-Diktatur überstürzt und völlig unvorbereitet in die Unabhängigkeit entlassen. Ethnisch-rassische Gesichtspunkte spielten bei der Vergabe der Bürgerrechte in den portugiesischen Einflusssphären vordergründig nie eine entscheidende Rolle. Vollwertige Bürger mit allen Rechten und Pflichten konnten nicht nur Weiße, sondern auch Afrikaner werden, wenn sie die portugiesische Sprache beherrschten, christlich getauft waren, den Militärdienst geleistet hatten, eine europäische Lebensweise führten und eine Familie unterhalten konnten, so die Definition der „zivilisierten Person" aus dem Jahre 1927. Die *indígena* waren demgegenüber keine portugiesischen Bürger, wohl aber unterstanden sie dem Schutz des Staates. 1961 ist diese Unterscheidung aufgehoben worden; seitdem waren alle Bewohner formell portugiesische Staatsbürger (KUDER 1975, S. 74).

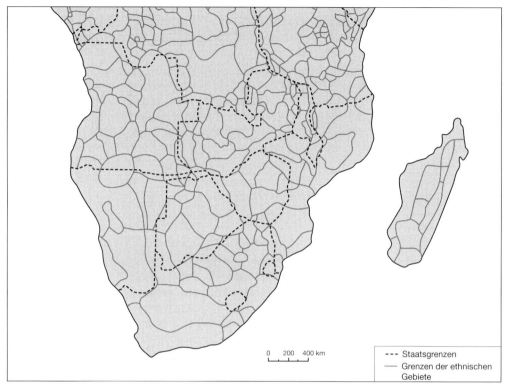

Abb. 11: Ethnische Territorien und Staatsgrenzen im Südlichen Afrika
Quelle: ÖBERG (1994, S. 368)

Trotz unterschiedlicher kolonialer Zugehörigkeit und unterschiedlicher Regierungs- und Verwaltungssysteme gibt es ein Erbe jener Zeit, das – mehr oder weniger ausgeprägt – allen Ländern des Südlichen Afrika gemeinsam ist: Überall sind ausgedehnte Räume, vorwiegend die infrastrukturell am besten erschlossenen Gebiete mit dem höchsten Nutzungspotenzial, an weiße Siedler vergeben worden, die bis heute einen erheblichen wirtschaftlichen Einfluss ausüben, selbst wenn sie ihre politische Vorherrschaft spätestens 1994 verloren haben, als in Südafrika die ersten freien und allgemeinen Wahlen stattfanden. Zwar gab es auch im nördlich angrenzenden Tansania, dem früheren Deutsch-Ostafrika, einzelne Siedlungsschwerpunkte europäischer Großfarmer (WEIGT 1955), diese sind aber größtenteils schon 1967 enteignet worden.

Flächenmäßig ist die Landkonzentration in den Händen der weißen Siedler allerdings sehr verschieden, z.T. konnte sie auch nach der Unabhängigkeit etwas abgebaut werden. Trotzdem ist in den meisten Staaten die Landfrage bis heute ein brennendes Thema. Die Spanne reicht von Südafrika, wo die ursprünglichen Reservate und späteren *homelands* und Autonomstaaten trotz gewisser Arrondierungen nur knapp 15% der Landesfläche ausmachten, über Namibia und Simbabwe, wo das „weiße" Farmland zum Zeitpunkt der Unabhängigkeit etwa die Hälfte der jeweiligen Landesfläche umfasste, bis zu Sambia und

Malawi, wo nur ungefähr 5–6 % des Landes in das Eigentum von Weißen übergegangen waren. Dieses umfasste jedoch die wertvollsten Areale entlang der *line of rail* einerseits und im Shire-Hochland andererseits. Im portugiesischen Bereich waren die Verhältnisse etwas anders, zum einen deshalb, weil eine systematische Ansiedlung von Kolonisten sehr viel später, in größerem Maßstab erst nach dem Zweiten Weltkrieg begann, und zum zweiten, weil es neben rein weißen auch gemischtrassige Kolonate gab, wo eingewanderte Portugiesen und einheimische Schwarze Seite an Seite wohnten (vgl. Kap. 2.2.4).

Im S Afrikas ist die Kolonialzeit erst verhältnismäßig spät zu Ende gegangen. Überdies erstreckte sich der Unabhängigkeitsprozess über einen langen Zeitraum und war von inner- und zwischenstaatlichen Konflikten begleitet, bei denen Südafrika eine Schlüsselstellung einnahm. Einerseits hat das Fortbestehen der Apartheid-Politik in Südafrika und in abgewandelter Form auch in SWA/Namibia und Rhodesien die unabhängigen Staaten (seit 1974) zur Allianz der Frontstaaten zusammengeführt, deren gemeinsames Ziel in der Ablösung der letzten Bastionen der weißen Herrschaft gemäß dem Lusaka-Manifest von 1969 bestand (vgl. MEYNS 2000, S. 221ff.). Andererseits hat Südafrika direkt oder indirekt in innerstaatliche Auseinandersetzungen eingegriffen, um mittels Destabilisierung der Region seine Vormachtstellung abzusichern (vgl. Kap. 2.3.1).

Noch bis in die späten 1980er Jahre war die geopolitische Situation im Südlichen Afrika durch den Gegensatz zwischen Frontstaaten und „weißer Allianz" bestimmt. Zu den Gründungsmitgliedern der (informellen) Gruppe der Frontstaaten gehörten zunächst nur Botsuana, Sambia, Mosambik und Tansania, schon 1976 kam Angola hinzu, und nach den Unabhängigkeitswahlen in Simbabwe (1980) und Namibia (1990) traten auch diese Staaten bei. Aufgrund der übergroßen Abhängigkeit von Südafrika verzichteten Lesotho und Swasiland, obwohl seit 1966 bzw. 1968 unabhängig, auf einen Beitritt, und auch Malawi hielt sich fern, um die vielfältige wirtschaftliche Unterstützung von Seiten Südafrikas, z. B. beim Bau der neuen Hauptstadt Lilongwe, nicht zu gefährden.

Eine Abgrenzung des Südlichen Afrika aus konflikttheoretischer Perspektive ist mit dem politischen Wandel in Südafrika hinfällig geworden. Dieser begann mit der Freilassung Nelson Mandelas 1990 und kam mit den ersten freien und allgemeinen Wahlen 1994 zum Abschluss. Aus konfliktiven Formen der Zusammenarbeit beginnen sich neue kooperative Strukturen zu entwickeln (MEYNS in NOHLEN & NUSCHELER 1993, S. 308). Der Kampf gegen die weiße Vorherrschaft bildet heute nicht mehr das Band, das die Staaten des Südlichen Afrika zusammenhält. Die Gruppe der Frontstaaten hat sich aufgelöst; an ihre Stelle sind Staatengruppen getreten, deren Gemeinsamkeiten weniger in politischen Zielen als in wirtschaftlichen Verflechtungen zum Ausdruck kommen (vgl. Kap. 1.1). Die wenigen Versuche, die Zusammenarbeit auch im politischen und militärischen Bereich neu zu gestalten, waren nicht sehr erfolgreich. So hat das 1996 von der SADC gegründete „Organ for Politics, Defence and Security" keine größere Bedeutung erlangt. Das zeigt sich nicht nur an dem seit 1997 andauernden Kampf um die Macht in der DR Kongo (Zaire), wo Allianzen und Konfliktlinien quer durch den Subkontinent verlaufen, sondern auch an der direkten militärischen Intervention der neuen Mittelmacht (VAN DER WESTHUIZEN 1998) Südafrika im Nachbarland Lesotho (1998), um die dortige innenpolitische Krise zu beenden und die Ordnung wieder herzustellen.

1.4. Sozioökonomische Struktur und wirtschaftliche Verflechtungen

Die Staaten des Südlichen Afrika sind hinsichtlich ihrer sozioökonomischen Struktur wenig homogen, auch wenn sie in weltweiter Perspektive allesamt zu den „armen Ländern" gerechnet werden müssen. Verwendet man das Bruttosozialprodukt pro Kopf trotz aller damit verbundenen Unzulänglichkeiten als Maßstab für Wirtschaftskraft und Einkommensverhältnisse, so wird der weltweite Mittelwert von US$ 4890 (1998) nur von einem Land aus der SADC-Gruppe übertroffen, und zwar von den Seychellen (US$ 6420). Ebenso hebt sich Mauritius von den übrigen Ländern durch ein höheres BSP/Kopf ab, dessen Wert den der „Regionalmacht" Südafrika noch übersteigt (Tab. 2). Sieht man von der Sonderstellung der beiden Inselstaaten ab, lässt sich ein ausgeprägter Süd-Nord-Gegensatz erkennen: Der Schwellenwert von US$ 1000 wird in Botsuana, Südafrika, Namibia und Swasiland überschritten, Lesotho und Simbabwe nehmen mit Werten um US$ 600 eine mittlere Position ein; alle anderen Staaten liegen mehr oder weniger deutlich darunter, wobei die DR Kongo (Zaire), Malawi und Mosambik nach diesem Indikator zu den allerärmsten Ländern der Erde zählen. Ein wenig verschieben sich die Relationen, wenn man in Kaufkraftparitäten umrechnet (Tab. 2), ohne dass sich jedoch das Bild grundsätzlich ändert.

Es ist immer wieder betont worden, dass wirtschaftliche Kennziffern allein kein ausreichendes Maß für den mehr oder weniger hohen Entwicklungsstand eines Landes sein können. Die Vereinten Nationen haben deshalb 1990 einen „**H**uman **D**evelopment **I**ndex" (HDI) vorgestellt, in den neben dem BSP/Kopf nach Kaufkraft auch die Lebenserwartung bei Geburt sowie ein komplexer Ausbildungsindikator eingehen. Legt man den HDI für eine Rangfolge der Länder im Südlichen Afrika zugrunde, so ist die „Rückschrittlichkeit" in den meisten Fällen sogar noch größer als bei einer rein wirtschaftlichen Perspektive. Gerade die ökonomisch weiter fortgeschrittenen Länder der Region weisen vergleichsweise niedrige Werte auf; vor allem gilt dies für Südafrika, Botsuana und Namibia, wie die hohen negativen Differenzen zwischen BSP/Kopf nach Kaufkraft und HDI in Tab. 2 nachdrücklich unterstreichen. Der Hauptgrund dafür liegt in der zurückgehenden Lebenserwartung als Folge von AIDS (vgl. Kap. 4.1.2.1).

Stärkere Gemeinsamkeiten zwischen den SADC-Staaten ergeben sich, wenn man die Ausrichtung der Wirtschaft und die daraus ableitbare Exportstruktur betrachtet. Wie in allen Entwicklungsländern steht die Erzeugung agrarischer und bergbaulicher Produkte im Vordergrund. Ausnahmen, wie die Bekleidungsindustrie in Lesotho und die Automontage (Hyundai) in Botsuana erklären sich aus dem freien Zugang dieser Länder zum südafrikanischen Markt im Rahmen der SACU-Abkommen (McGowan & Ahwireng-Obeng 1998, S. 180). In vielen Ländern wird die Wirtschaft außerhalb des Subsistenzbereichs von der Erzeugung einiger weniger Rohstoffe dominiert, die dann auch an der Spitze der Exportliste stehen (Tab. 3). Die Besonderheit des Südlichen Afrika kann darin gesehen werden, dass bergbauliche Produkte oft eine herausragende Rolle spielen. Abgesehen von den Klein- und Inselstaaten trifft das nur für Tansania, Malawi und Mosambik nicht zu. Letztere waren und sind jedoch mit den Bergbauregionen insofern eng verflochten, als sie große Teile der „Wanderarbeiter" stellen und teilweise die Häfen und Transportwege Südafrikas für die Abwicklung ihrer Exporte in Anspruch nehmen (vgl. Kap. 3.4).

Sehr viel besser als strukturelle Merkmale sind Verflechtungsmerkmale dazu geeignet, eine Region Südliches Afrika zu definieren. Seit der Entdeckung der reichen Diamanten- (1867 bei Kimberley) und Goldvorkommen (1886 am Witwatersrand) entwickelte sich das heutige Südafrika immer mehr zum wirtschaftlichen Kernraum der Region. Lange Zeit waren die Wirtschaftsbeziehungen zu den Nachbarstaaten von politischen Konflikten überlagert und konnten sich nicht frei entfalten. Aber selbst die Frontstaaten konnten es sich nicht leisten, gänzlich auf Südafrika als Wirtschaftspartner zu verzichten. So hat das System der Wanderarbeit, das auf die Frühzeit der bergbaulichen Erschließung zurückgeht und insbesondere auf die Goldminen am Witwatersrand gerichtet war, die Apartheid-Zeit überdauert und ist erst in den letzten Jahren einem Wandlungsprozess unterworfen. Bis in die zweite Hälfte der 1960er Jahre waren alle Länder des Südlichen Afrika bis hin nach Angola, das südliche Zaire und Tansania in das System eingebunden, dessen Modalitäten in der Regel auf zwischenstaatlichen Verträgen beruhten. Einzelne der späteren Frontstaaten haben zwar schon in den 1960er und 1970er Jahren ihren Staatsbürgern eine Arbeitsaufnahme in Südafrika verboten, aber bis in die 1990er Jahre blieb die Zahl ausländischer Kontraktarbeiter hoch. Diese wurden nicht nur an die großen Bergbaugesellschaften, sondern auch an die Landwirtschaft vermittelt und kamen zumeist aus den unmittelbar angrenzenden Staaten, insbesondere aus Lesotho und Mosambik. Erst seit den politischen Veränderungen der 1990er Jahre zeichnet sich das Ende der traditionellen Wanderarbeit ab, bzw. diese wird durch andere Formen der Arbeitsbeziehungen ergänzt (vgl. Kap. 3.4.4).

Tab. 2: Indikatoren zum sozioökonomischen Entwicklungsstand der SADC-Staaten, 1998

Rang nach HDI-Index (von 174 Ländern)	Land	Bruttosozialprodukt/ Kopf (US-$)	Bruttosozialprodukt/ Kopf nach Kaufkraftparität (US-$)	HDI-Wert	Differenz Rang-BSP (Kaufkraft) – HDI-Rang
53	Seychellen	6 420	10 600	0,786	-12
71	Mauritius	3 730	8 312	0,761	-21
103	Südafrika	3 310	8 488	0,697	-54
112	Swasiland	1 400	3 816	0,655	-19
115	Namibia	1 940	5 176	0,632	-40
122	Botsuana	3 070	6 103	0,593	-57
127	Lesotho	570	1 626	0,569	6
130	Simbabwe	620	2 669	0,555	-18
152	Kongo (Zaire)	110	822	0,430	8
153	Sambia	330	719	0,420	12
156	Tansania	220	480	0,415	17
160	Angola	380	1 821	0,405	-34
163	Malawi	210	523	0,385	9
168	Mosambik	210	782	0,331	-6
	alle Entwicklungsländer	1 260	3 270	0,642	
	Afrika südl. der Sahara	520	1 607	0,464	
	Welt	4 890	6 526	0,712	

Quelle: UNDP (2000); Population Reference Bureau (2000)

Tab. 3: Die wichtigsten Exportprodukte der SADC-Staaten
(Quelle: AHWIRENG-OBENG & MCGOWAN (1998); VON BARATTA (2001), ergänzt)

Land	Gesamtwert der Exporte in Mio. US-$	Außenhandelsbilanz in Mio. US-$	Hauptexportprodukte (%)
Angola	1994: 3 000	1 120	1990: Rohöl (90%), Diamanten (6%)
Botsuana	1997: 2 932	602	1997: Diamanten (74%), Fahrzeuge (11%), Cu-Nickel-Konzentrate (5%)
DR Kongo (Zaire)	1996: 1 629	708	1994: Diamanten (23%), Rohöl (10%), Kobalt (11%), Kaffee (12%)
Lesotho	1997: 216	−800	1993: Bekleidung (57%), Maschinen u. Transportausrüstungen (6%)
Malawi	1996: 435	−186	1994: Tabak (70%), Tee (7%), Zucker (7%)
Mauritius	1999: 1 750	−380	1998: Textilien (61%), Zucker (21%)
Mosambik	1996: 234	−549	1995: Krustentiere (43%), Rohbaumwolle (12%), Cashew-Nüsse (6%)
Namibia	1997: 1 359	−316	1997: Diamanten (40%), Agrarprodukte (35%)
RSA (Südafrika)	1998: 24 088	766	1994: Gold (25%), andere mineral. Rohstoffe (32%), Industrieerzeugnisse (25%), Agrarprod. (6%)
Sambia	1995: 1 233	136	1995: Kupfer (69%), Kobalt (11%)
Seychellen	1996: 139	−208	1996: Maschinen u. Transportausrüstungen (46%) Fisch- u. Fischprodukte (29%), Raffinerieprodukte (22%)
Simbabwe	2000: 1 800	250	1999: Agrargüter (44%; 32% Tabak), Verarbeitete Güter (33%), mineral. Rohstoffe (19%; 12% Gold)
Swasiland	1996: 878	−290	1996: Früchte und Fruchtkonzentrate (22%), Zucker (17%), Holz und -prod. (10%), Kühlschränke (7%)
Tansania	1997: 717	−621	1997: Kaffee (16%), Baumwolle (16%), Mineralien (13%), Cashew-Nüsse (10%)

Sozioökonomische Struktur und wirtschaftliche Verflechtungen

Die Verkehrsbeziehungen sind ebenfalls seit langem Ausdruck intensiver Verflechtungen im Südlichen Afrika. Viele Staaten der Region sind *landlocked countries*, die ihre Im- und Exporte über Häfen der Nachbarländer abwickeln und zumindest teilweise deren Straßen- und Schienennetz nutzen müssen. Vor allem für den Abtransport bergbaulicher Produkte spielt die Eisenbahn seit jeher eine entscheidende Rolle. Wie in anderen Teilen Afrikas sind auch im S des Kontinents die meisten Eisenbahnlinien zunächst als Stichbahnen entstanden, wobei die Initiative häufig von großen Minengesellschaften ausgegangen ist. Aber auch strategische Überlegungen und der Wunsch, die Ansiedlung von Kolonisten zu fördern, standen hinter den Projekten. Erst im Laufe der Zeit sind die Stichbahnen wenigstens teilweise zu einem Netz zusammengefügt worden. Die Unabhängigkeitskämpfe und nachfolgenden Bürgerkriege in Angola und Mosambik haben zum Zerfall dieses Netzes geführt. Selbst nach Wiederherstellung einzelner Linien wird das Eisenbahnsystem nicht mehr die Bedeutung wie zur Kolonialzeit erlangen, weil sich die Transportströme mehr und mehr auf die Straße verlagern (vgl. Kap. 3.4.1).

Tab. 4: Außenhandelsverflechtungen der SADC-Staaten mit Südafrika (jeweils neueste Angaben)
Quelle: VON BARATTA (2001), ergänzt

Land	% der Importe	% der Exporte
Lesotho	90 (SACU)[1]	65 (SACU)
Namibia	84	27
Swasiland	83	58
Botsuana	72 (SACU)	14 (SACU)
Simbabwe	46	10
Malawi	44	16
Mosambik	38	17
Sambia	27	./.
Mauritius	11	./.
Seychellen	11 (SACU)	./.
DR Kongo (Zaire)	7	./.
Angola	./.	./.
Tansania	./.	./.

[1] SACU = Im- bzw. Exporte aus Südafrikanischer Zollunion
./. = unbedeutend bzw. keine Angabe

Am deutlichsten kommen die wirtschaftlichen Verflechtungen im Südlichen Afrika heute in Richtung und Intensität der Handelsströme zum Ausdruck. Dazu haben die politischen Veränderungen der jüngeren Vergangenheit entscheidende Voraussetzungen geliefert. Die „Regionalmacht" Südafrika, die schon immer die Im- und Exportstruktur der BLSN-Staaten dominiert hat, konnte ihre Stellung als Handelspartner für die übrigen SADC-Staaten in der Nach-Apartheid-Zeit erheblich ausweiten, wenngleich bezüglich der Verflechtungsintensität noch immer eine große Variationsbreite besteht. Selbst wenn man von den ganz auf die RSA ausgerichteten Sonderfällen der SACU-Staaten absieht (Tab. 4), macht der innerregionale Warenaustausch in einzelnen Ländern, so in Malawi (66 %) und Mosambik (53 %), mehr als die Hälfte des Gesamthandels aus (1995). Auch in Simbabwe (35%) und Sambia (16 %) hat er noch einen hohen Stellenwert (VAN DEN BOOM 1998, S. 177). Südafrika wickelt zwar nur 5% seines Außenhandels mit den SADC-Staaten ab, ist aber trotzdem für die Mehrzahl dieser Länder der Haupthandelspartner. Dabei spricht Tab. 4 für eine Einteilung in drei Ländergruppen: Die engsten Verflechtungen mit Südafrika bestehen in den SACU-Staaten: 80 % und mehr der Importe und zwischen 15 und über 50 % der Exporte sind auf Südafrika bezogen. In einer zweiten Gruppe sind die Importbeziehungen ebenfalls noch sehr eng und erreichen im Falle Simbabwes fast 50%; wenn man die Einkäufe von Touristen und Tagesbesuchern einrechnet, sind es nach AHWIRENG-OBENG & MCGOWAN (1998, S. 23) sogar über 50 %. Hingegen spielt Südafrika als Exportmarkt eine geringere Rolle. Das trifft in besonderem Maße für die monostrukturierte Exportwirtschaft Sambias zu, dessen Hauptausfuhrgut, das Kupfer (1996: 52 % des Exportwertes), in Südafrika aufgrund eigener Vorkommen nicht nachgefragt wird. Die dritte Gruppe schließlich ist sowohl hinsichtlich der Exporte als auch der Importe nur in geringem Maße auf Südafrika ausgerichtet, d.h. die Inselstaaten Mauritius und Seychellen sowie Angola, DR Kongo (Zaire) und Tansania zählen nach diesem und anderen Indikatoren nicht zum engeren Wirtschaftsraum Südliches Afrika (vgl. MAYER & THOMAS 1997).

Es ist eine noch offene Frage, ob das „neue Südafrika" die wirtschaftliche Überlegenheit zur partnerschaftlichen Zusammenarbeit mit den Nachbarstaaten nutzen oder erneut – wenn auch unter anderen Vorzeichen – als Hegemonialmacht auftreten und vorwiegend eigene Interessen verfolgen wird. Die noch laufenden Gespräche über eine Modifizierung der SACU-Verträge und die vorgesehene Weiterentwicklung der SADC zu einer Freihandelszone werden eine erste Antwort darauf geben (vgl. MAYER & THOMAS 1997).

1.5 Fazit

Auch nach der Analyse von Naturraum, historischer und politischer Entwicklung sowie Wirtschaftsstruktur und -verflechtungen fällt eine eindeutige Antwort auf die Frage nach der Abgrenzung der Region Südliches Afrika schwer. Aus der naturräumlichen Gliederung lässt sich keine scharfe Grenze zwischen dem Südlichen Afrika und den nördlich angrenzenden Gebieten ableiten, so dass HEINE (1988, S. 6) zum Schluss kommt, das Südliche Afrika sei kein natürlich abgegrenzter Raum. Selbst wenn man sich auf die Wasserscheide zwischen dem Kongo- und Kalahari-Becken oder die Kunene-Sambesi-Linie als Grenze einigt, vollzieht sich der Übergang im Naturraum nicht abrupt, sondern allmählich. Es erscheint daher gerechtfertigt, die Länder zwischen Angola und Mosambik, die von einer oder beiden dieser Linien durchschnitten werden, in ihrer Gesamtzeit zum Südlichen Afrika zu rechnen. Nur Malawi, dessen Territorium Teil des großen ostafrikanischen Grabenbruchsystems ist, wäre nicht dazu zu zählen. Der Reichtum an Bodenschätzen, der in engem Zusammenhang mit dem hohen geologischen Alter des Subkontinents steht, trifft zwar für die Region als Ganzes zu, nicht jedoch für jedes einzelne Land. Insbesondere Malawi und Mosambik haben keine weltwirtschaftlich bedeutsamen Vorkommen; allerdings waren sie von Anfang an als „Arbeitskraftreservoire" in die bergbauliche Erschließung des Subkontinents eingebunden.

Fazit

Die historisch-politische Entwicklung hat einerseits die Herausbildung heterogener Strukturen gefördert. So ist die ethnische Zusammensetzung der Bevölkerung eher durch Vielfalt als Einheitlichkeit gekennzeichnet, und die Zugehörigkeit zu unterschiedlichen Kolonialreichen ist über den Unabhängigkeitsprozess hinaus wirksam geblieben. Auch die heutigen Regierungssysteme sind sehr verschieden; nicht überall kann man von einer Demokratie im europäischen Sinne sprechen. Andererseits ergeben sich Gemeinsamkeiten daraus, dass abgesehen von den Kleinstaaten die wertvollsten und infrastrukturell am besten erschlossenen Räume zu Siedlungskolonien für Europäer geworden sind und deshalb die „Landfrage" bis heute ein zentrales innenpolitisches Problemfeld darstellt. In den portugiesischen Kolonien Angola und Mosambik hat zwar ebenfalls eine planmäßige Ansiedlungspolitik stattgefunden, auf eine strikte ethnische Trennung ist dabei jedoch verzichtet worden; der langjährige Unabhängigkeitskampf und nachfolgende Bürgerkrieg hat überdies die Spuren jener Epoche nahezu vollständig verwischt.

Mittlerweile hat sich die geopolitische Situation grundlegend gewandelt, und der Kampf gegen die letzten Bastionen der weißen Herrschaft und insbesondere die Apartheid-Politik, die die Länder von Botsuana im S bis Tansania im N in der Gruppe der Frontstaaten zusammengeführt hatte, bildet keine verbindende Klammer mehr. Gemeinsame politische Ziele lassen sich heute nur schwer erkennen; vielmehr hat der Kampf um die Macht in der DR Kongo (Zaire) gezeigt, dass sich die Außenpolitik in erster Linie an nationalen Interessen orientiert und die Bruchlinien und Koalitionen quer durch das Südliche Afrika verlaufen. Der Weg der SADC von einem vergleichsweise losen wirtschaftlichen Zusammenschluss zu einer Sicherheitspartnerschaft ist noch weit (ZACARIAS 1998).

Wenn geopolitische Konstellationen in der Gegenwart kaum mehr zur Abgrenzung einer Region Südliches Afrika dienen können, so stellt sich die Frage, inwieweit an deren Stelle sozioökonomische Faktoren getreten sind. Nach Homogenitätskriterien wird man mit CILLIERS (1997) darauf eine negative Antwort geben müssen: Zu verschieden sind die Staaten hinsichtlich wirtschaftlicher Leistungsfähigkeit und -struktur, aber auch hinsichtlich Lebensbedingungen und Lebensstandard. Sehr eng sind hingegen die wirtschaftlichen und die damit verknüpften infrastrukturellen Verflechtungen. Diese reichen bis in die frühe Kolonialzeit zurück, als z. B. die Grundlagen des Verkehrsnetzes gelegt wurden und die Erschließung der bergbaulichen Ressourcen weiträumige Arbeiterwanderungen nach sich zog. Die Wirtschaftsbeziehungen der Gegenwart sind dadurch geprägt, dass Südafrika den Kern des Beziehungsgefüges bildet und auch die meisten wirtschaftlichen Zusammenschlüsse dominiert. Die Überprüfung der Verflechtungsintensität zwischen den SADC-Staaten hat ergeben, dass nach diesem Kriterium nicht nur die Inselstaaten Mauritius und Seychellen, sondern auch die DR Kongo (Zaire), Tansania und Angola nicht zur Wirtschaftsregion des Südlichen Afrika zählen.

Alles in allem wird die eingangs getroffene Abgrenzung durch die Einzelanalyse weitgehend bestätigt: An den Kernraum, der aus Südafrika, den BLSN-Staaten und bei vielen Indikatoren auch noch Simbabwe besteht, schließt sich ein Übergangsraum an, der Angola, Sambia, Malawi und Mosambik umfasst. Davon hat Angola die geringsten wirtschaftlichen Verflechtungen mit den übrigen Staaten der Region, weist aber in historischer Perspektive engere Beziehungen auf als z. B. Tansania oder DR Kongo (Zaire). Diese werden daher nicht mit einbezogen, obwohl sie Mitglieder der SADC sind. Eine solche Einteilung schließt nicht aus, dass in einzelnen Feldern von Politik und Wirtschaft die Zusammenarbeit auch über den so abgegrenzten Raum hinausgreift. Das war in der Vergangenheit der Fall, als z.B. Tansania eine führende Rolle innerhalb der Frontstaaten spielte, und gilt auch für die Gegenwart, wie die große Bedeutung, die der Mitwirkung der DR Kongo (Zaire) im südafrikanischen Stromverbund beigemessen wird, unterstreicht. Die Kritiker der hier getroffenen Einteilung haben sicher recht, wenn sie das Südliche Afrika in dem Sinne als eine „schwache Region" (SIMON in SIMON 1998, S. 245) bezeichnen, weil die zwischenstaatliche Kooperation erst in den Anfängen steht und es auch innerhalb der Region zahlreiche Interessengegensätze gibt. Erst die Zukunft wird zeigen, ob die Staaten des Südlichen Afrika politisch wie wirtschaftlich weiter zusammenwachsen.

2 Gesellschaftspolitische Entwicklungen

2.1 Besiedlung bis zum Beginn der Kolonialzeit

2.1.1 Urbevölkerung und Bantu-Expansion

Bis nach Christi Geburt gehörte das Südliche Afrika ausschließlich zum Siedlungsgebiet wildbeuterischer Gruppen, wie nicht zuletzt die vielen Felszeichnungen und -gravuren dokumentieren. Aufgrund von Skelett- und Steinwerkzeugfunden wissen wir, dass die Region mit zur „Wiege der Menschheit" zählt und hominide (menschenartige) Gruppen bereits vor ca. 2 Mio. Jahren – nach neuesten Funden aus den Jahren 1996 und 1999 sogar seit 3,3-3,5 Mio. Jahren – das Land durchstreiften. Diese ernährten sich vorwiegend vom Sammeln von Pflanzen, später vermehrt auch von der Jagd. Die ältesten Funde werden zur Gruppe der später ausgestorbenen Australopithecinen gerechnet. In einem Zeitraum von mehr als 1 Mio. Jahren vollzog sich nicht nur die Abspaltung der Gattung Homo von den Australopithecinen, sondern auch deren allmähliche Entwicklung von den Frühformen des Menschen (Homo habilis, Homo erectus) zum Homo sapiens sapiens, der seit über 100 000 Jahren im Südlichen Afrika nachgewiesen ist.

Während die San (Buschmänner) bis zur Ankunft der ersten Europäer reine Sammler und Jäger geblieben sind, vereinigten die Khoikhoi (Mensch-Menschen, d. h. die eigentlichen Menschen), von den ersten Weißen als Hottentotten bezeichnet, in ihrer traditionellen Lebensweise Nomadismus und Wildbeutertum. Sie konzentrierten sich vorwiegend auf die küstennahen Bereiche des Kaplandes. Möglicherweise sind sie aus frühen Verbindungen der San mit hamitischen Hirtenvölkern Ostafrikas hervorgegangen. In der anthropologischen Literatur werden sie zusammen mit den San zu den Khoisaniden zusammengefasst, die verwandte, durch Schnalzlaute charakterisierte Sprachen sprechen.

Schon vor Christi Geburt begann die große Wanderungsbewegung von Bantuvölkern aus einem Kerngebiet, das nördlich des Kongobeckens im heutigen Kamerun vermutet wird, nach Ost- und Südafrika (Abb. 12). Im Zuge dieser Bantu-Expansion ist die feuchtere Ostseite des Südlichen Afrika seit 300 n. Chr. von zumeist Ackerbau treibenden Stämmen erreicht worden, die auch die Eisenverarbeitung und eine hoch entwickelte Töpferei mitbrachten. Da schriftliche Quellen fehlen, ist die Geschichte der bantusprachigen Völker nur in Umrissen bekannt (vgl. PARSONS 1993, S. 5 ff.). Gewisse staatliche Organisationsformen im Sinne einer Häuptlingsherrschaft (*chiefdom*) reichen weit in die Vergangenheit zurück; größere Reiche (*kingdoms*), die mehrere *chiefdoms* umfassten, sind aber erst seit dem 13./14. Jh. nachgewiesen (PARSONS 1993, S. 3). Spätestens seit dem 14. Jh. bezeugen die Steinbauten der Great Zimbabwe Ruins das Zentrum eines Shona-Reiches, das Teile der heutigen Staaten Simbabwe und Mosambik umfasste. Nördlich davon hatte sich seit Ende des 15. Jh. das *kingdom* von Monomotapa (= Herr der Bergwerke) entwickelt. Die Bezeichnung deutet darauf hin, dass der Goldbergbau, der seit 900 belegt ist, die Basis von Reichtum und Macht bildete. Anfang des 16. Jhs. gab es erste Berührungen mit den Portugiesen, deren Oberhoheit Monomotapa 1629 anerkennen musste. Der letzte Nachfahre des

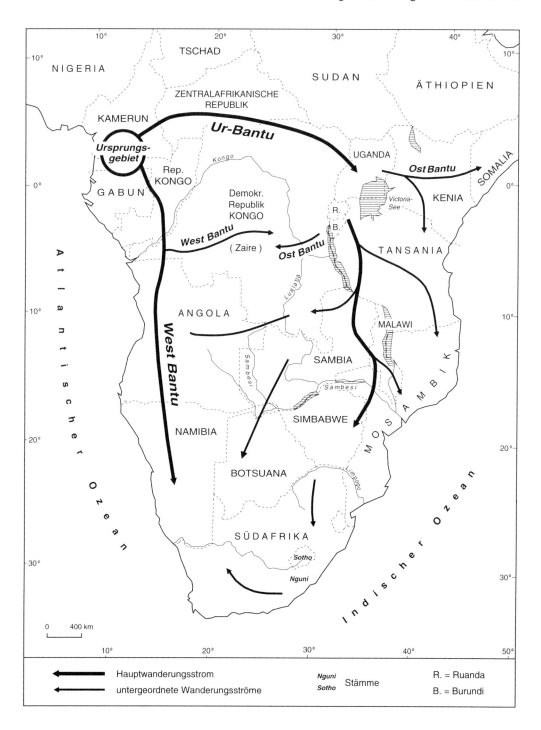

Abb. 12: Bantuwanderung in das Südliche Afrika
Quelle: Vansina in Middleton (1997, Vol. 1, S. 157)

Urbevölkerung und Bantu-Expansion

Herrschers ist erst 1917 von den Portugiesen abgesetzt worden, das Reich selbst aber schon um 1700 zusammengebrochen.

Von den verschiedenen Bantuvölkern sind die Nguni (u. a. Xhosa, Zulu, Swasi und Ndebele) am weitesten nach S vorgedrungen und hatten um ca. 1500 n. Chr. etwa die Linie zwischen den heutigen Städten East London und Bloemfontein erreicht (WIESE 1999, S. 88). Diese wurden deshalb auch zuerst in Auseinandersetzungen mit weißen Siedlern verwickelt. Seit 1770 ist es im Gebiet des Großen Fischflusses, der damals die Grenze der Kapkolonie bildete (Abb. 12), immer wieder zu Grenzkriegen mit den Xhosa gekommen, die auch im ganzen 19. Jh. anhielten. Erst 1894 konnten die Engländer die Transkei der Kapkolonie einverleiben.

Größere zusammenhängende Reiche sind in der Spätzeit der Bantu-Expansion nicht mehr entstanden; eher war der Zerfall in einzelne Stämme kennzeichnend, die sich gegenseitig bekriegten. Nur dem Zulu-Häuptling Tschaka gelang es seit 1816 vorübergehend, größere Gebiete unter seine Kontrolle zu bringen und benachbarte Stämme zu unterjochen. Die Schlacht am Bloedrivier gegen die waffentechnisch überlegenen Voortrekker leitete aber sehr bald das Ende des Zulureiches ein. 1887 annektierte Großbritannien das Zululand und gliederte es 1897 in die Kolonie Natal ein.

Eine andere Bantugruppe, die Sotho, zog im Laufe der Zeit weiter nach W. Davon gelangten die halbnomadischen Tswana seit Beginn des 18. Jh. in das Gebiet des Witwatersrandes sowie in das heutige Botsuana und gewannen hier die Oberhoheit über verschiedene andere Völker. Die sog. Tswana-Staaten verloren jedoch zu Beginn des 19. Jh. aufgrund interner Streitigkeiten und Auseinandersetzungen mit benachbarten Stämmen an Bedeutung (PARSONS 1993, S. 43ff.). Die zu den Süd-Sotho zählenden Basuto konnten in der Berglandschaft des heutigen Lesotho alle Angriffe benachbarter Stämme abwehren und den burischen Voortrekkern Widerstand leisten, auch weil sie sich 1868 unter britischen Schutz stellten (PARSONS 1993, S. 130f.). Seit 1870 bildet der Caledon-Fluss die Westgrenze des Königreiches von Lesotho, das seit 1884 selbstständiges britisches Protektorat war.

Die Westseite des Südlichen Afrika ist vorwiegend von N, aber auch von E aus besiedelt worden. Das gegenwärtige Verteilungsmuster der einzelnen Ethnien hat sich erst zwischen dem 14. und 17. Jh. herausgebildet. Im heutigen Angola lebt eine Vielzahl von Bantustämmen, von denen die im mittleren Küstengebiet und dem zentralen *planalto* siedelnden Ovimbundu (Sprache: Umbundu) zahlenmäßig am stärksten sind (ca. 37 % der Bevölkerung) und die Mbundu (Sprache: Kimbundu), die sich auf Luanda und sein Hinterland konzentrieren, die zweitstärkste Gruppe bilden (25 %; TVEDTEN 1997, S. 107); beiderseits der Grenze zu Namibia liegt das Siedlungsgebiet der Ovambo (Ambo) und Okavango. Im Gegensatz zu diesen ackerbautreibenden Völkern sind die bantusprachigen Herero, deren Ursprungsgebiet im Bereich der großen ostafrikanischen Seen vermutet wird, als nomadisierende Großviehhalter über die Lundaschwelle nach Angola und Namibia gezogen. Diese Migration soll bis in das 17. Jh. angedauert haben (FLEISCH in KUDER & MÖHLIG 1994, S. 111). Auch in vielen anderen Regionen ist es noch bis ins 19. Jh. zu beträchtlichen Bevölkerungsverschiebungen gekommen, die jedoch nur selten gut dokumentiert sind (vgl. NORTHRUP 1986 für Malawi).

Als Folge der großen Bantuwanderung wurden die ursprünglichen Bewohner immer stärker in Rückzugsgebiete abgedrängt. Den San verblieb schließlich nur die zentrale Kalahari als Lebensraum. Die fortschreitende Verarmung und Marginalisierung dieser Bevölkerungsgruppe ist weniger auf natürliche Ursachen zurückzuführen; sie beruht auf ihrer Ausbeutung durch die politischen und wirtschaftlichen Eliten (GOOD 1999). Von den Khoikhoi hat sich lediglich der Stamm der Nama, der seit 1800 in den S Namibias gewandert war, bis heute gehalten; die übrigen sind seit dem 17. Jh. von den Buren versklavt und aus ihren Siedlungsgebieten vertrieben worden. Durch eingeschleppte Krankheiten (z. B. Pocken) und Kriege wurden sie weiter dezimiert, und viele haben sich auch mit Weißen und Bantu vermischt.

2.1.2 Frühe Ansatzpunkte europäischer Besiedlung

Europäische Siedler sind erst nach der Gründung von Kapstadt als Versorgungsstation der Holländisch-Ostindischen Kompanie (1652) in größerer Zahl ins Land gekommen. Zwar war Diego Cão bereits 1486 auf dem Seeweg bis Cape Cross nördlich von Swakopmund (Namibia) vorgedrungen, und Bartolomeu Dias hatte 1488 das Kap auf dem Weg nach Indien umfahren, das schließlich Vasco da Gama 1498 auf der gleichen Route erreichte. Größere Vorstöße ins Landesinnere fanden in der Frühzeit der europäischen Eroberung jedoch nicht statt. Die Portugiesen festigten ihre Position an der Westküste, indem sie zahlreiche Städte sowohl an der Küste als auch entlang der ins Innere führenden Flussläufe gründeten, so 1576 Luanda und 1617 Benguela. Lukrativ war vor allem der Sklavenhandel, der in erster Linie auf Brasilien ausgerichtet war. Von dort wurden die westafrikanischen Besitzungen Portugals, die man in Anlehnung an das Königreich N'Gola am Mittel- und Unterlauf des Cuanza „Angola" nannte, lange Zeit auch verwaltet (KUDER 1971, S. 28 ff.). An der afrikanischen Ostküste machten die Portugiesen die Insel Mosambik (südlich Nacala) seit 1498 zu ihrem Hauptsitz. Sie trafen dort und auch weiter im S bis zur Inhambane Bucht auf zahlreiche arabische Handelsposten, die teilweise schon jahrhundertelang bestanden und den Warenaustausch mit Arabien und Persien kontrollierten. Deren Einfluss zurückdrängend, richteten die Portugiesen entlang der Küste zahlreiche Stützpunkte ein, darunter 1544 das nach dem Erforscher der Delagoa Bucht benannte Lourenço Marques, das heutige Maputo (KUDER 1975, S. 45 ff.). Das Landesinnere gehörte zum Reich Monomotapa, mit dem ein reger Handel betrieben wurde (Gold, Elfenbein, Sklaven). Bis 1761 war das portugiesische Gebiet an der Ostküste Außenposten des Vizekönigreiches Portugiesisch-Indien und wurde auch von dort verwaltet; in der Kirchenverwaltung blieb die Anbindung an die Erzdiözese Goa sogar bis 1912 bestehen.

Zunächst war gar nicht daran gedacht, die Station der Holländisch-Ostindischen Kompanie am Kap als Siedlungskolonie zu entwickeln; man ging davon aus, dass einige wenige Farmen und Gärten, die sog. Freibürger bewirtschafteten, zur Versorgung der Schiffe genügen würden. Das benötigte Vieh erhoffte man im Tauschhandel mit den Khoikhoi erhalten zu können. Dass die Kapkolonie dennoch kontinuierlich expandierte und auch darüber hinaus das Hinterland schrittweise erforscht wurde, liegt zum einen daran, dass vermehrt Siedler aus Europa ins Land kamen, darunter seit 1688 viele Hugenotten. Zum anderen wurden Expeditionen ausgeschickt, um mehr Vieh eintauschen zu können und Vorkommen von Bodenschätzen zu erkunden. Auch Missionare zogen vom Kapland in das Landesinnere, errichteten dort Stationen und brachten der einheimischen Bevölkerung nicht nur die Kunde vom christlichen Glauben, sondern auch von der europäischen Zivilisation (vgl. Abb. 32). Überdies nahm seit Beginn des 18. Jhs. die Abwanderung aus dem Kernraum der Kolonie ins Binnenland zu. Dabei konkurrierten die später „Trekburen" genannten halbnomadischen Viehzüchter mit den San um Weidegründe und kamen im letzten Viertel des 18. Jh. im E erstmals mit den Xhosa in Berührung. Nur allmählich und eher widerwillig folgte die Amtsgewalt der Kolonie diesen Pionieren und verschob ihre Grenze weiter nach N und E (Abb. 13).

Schon in den frühen Tagen der Kapkolonie wurde die Grundlage für das Entstehen einer neuen Bevölkerungsgruppe gelegt, die bis heute zur ethnischen Vielfalt im Südlichen Afrika beiträgt. Einerseits sind bereits 1657 Sklaven aus Java und Madagaskar ins Land gebracht worden, weil sich die Khoikhoi nur schwer für körperliche Arbeiten heranziehen ließen und die Bevölkerungszahl der Kolonie damals noch recht klein war. Etwa zur gleichen Zeit ging die Kompanie dazu über, politisch unliebsame Personen aus den ostindischen Besitzungen ans Kap zu deportieren. Darunter waren viele Sklaven, aber auch freie Handwerker, die die islamische Religion mitbrachten und noch heute als „Kapmalaien" eine Bevölkerungsgruppe mit eigenständiger Kultur bilden. Sie sind zur Apartheid-Zeit mit zu den *Coloureds* gerechnet worden, die in ihrer Mehrzahl jedoch aus frühen Verbindungen europäischer Siedler mit christlichen Sklaven oder einheimischen Frauen hervorgegangen sind (vgl. THOMAS 1980). Solche Ehen waren zunächst erlaubt, wurden aber schon bald nicht mehr gern gesehen und schließlich offiziell verboten (PARSONS 1993, S. 61).

2.2 Europäisierung und Herausbildung der großräumigen Landaufteilung

2.2.1 Südafrika

2.2.1.1 Kapkolonie und Großer Trek

Das heutige Südafrika ist erst seit 1910 ein einheitlicher Staat. Die Landnahme durch weiße Siedler erfolgte in den vier Teilen, die sich in diesem Jahr zur Union von Südafrika zusammenschlossen, nicht einheitlich. In der ehemals niederländischen Kapkolonie hatten die aus Europa gekommenen Freibürger und deren Nachkommen zwar den größten Teil des Landes unter ihre Kontrolle gebracht; allerdings war die Kolonie, als sie 1814 als Folge des Wiener Kongresses endgültig zu Großbritannien kam, keineswegs flächendeckend von Weißen besiedelt. Vor allem in den Randgebieten gab es nach wie vor größere geschlossene Lebensräume der Khoikhoi. Es wird geschätzt, dass zu diesem Zeitpunkt am Kap ca. 26 000 Weiße, 30 000 Sklaven und 20 000 Khoikhoi lebten. Die Weißen sprachen überwiegend eine Abwandlung des Niederländischen, das sich im Laufe der Zeit zur eigenständigen Sprache Afrikaans fortentwickelte. Englischsprachige Siedler kamen in größerem Umfang erst nach 1820 ins Land (*1820 settlers*): 4500 in den Jahren 1820/1821 sowie nochmals 9000 zwischen 1837 und 1851. Die meisten von ihnen wurden in der östlichen Grenzregion in Wehrdörfern angesiedelt (Reader's Digest Association 1994, S. 38). Diese neue Einwanderungswelle markiert gleichzeitig den Beginn einer Aufsplitterung der weißen

44 Europäisierung und Herausbildung der großräumigen Landaufteilung

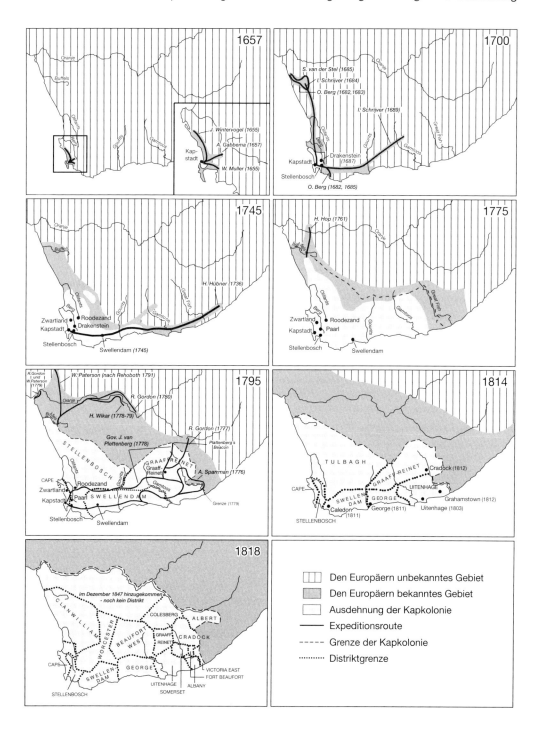

Abb. 13: Räumliche Ausweitung der Kapkolonie, 1657–1848
Quelle: Reader's Digest Association (1994, S. 37f.)

Südafrika

Bevölkerung in zwei Sprachgruppen, wovon zunächst nur das Englische Amtssprache war. Erst mit der Gründung der Union von Südafrika (1910) ist Afrikaans diesem gleichgestellt worden (BARBER 1999, S. 56).

Jenseits der Grenze der Kapkolonie gab es nur einzelne Handels- und Missionsstationen, die sich im Allgemeinen an Siedlungskonzentrationen der ansässigen Bevölkerung anlehnten. Diese bereiteten jedoch vielfach die spätere koloniale Eroberung vor. In den 1830er und 1840er Jahren baute die britische Regierung im S Afrikas ein Vertragsstaaten-System auf: Verträge zwischen der britischen Regierung und unabhängigen afrikanischen Staaten (z. B. Sotho-*kingdom*, Griqualand, Ciskei, Pondoland) sollten den Frieden sichern und den Handel erleichtern, wobei gewöhnlich ein britischer Missionar als Vermittler zwischen den beiden Regierungen fungierte (PARSONS 1993, S. 115). Auch im späteren Deutsch-Südwestafrika gingen Missionsstationen der politischen Inbesitznahme voraus. Die ersten Niederlassungen im S wurden von der Londoner Missionsgesellschaft gegründet, zu deren Zentrum nördlich des Oranje sich seit 1821 Kuruman entwickelt hatte (PARSONS 1993, S. 129). Später war es vorwiegend die Rheinische Mission, die – von der Küste ausgehend – eine große Zahl von Stationen im mittleren und nördlichen Teil des Landes anlegte (vgl. BÄHR 1968, Abb. 51).

Unter englischem Einfluss fasste liberales Gedankengut mehr und mehr auch in Südafrika Fuß. Schon 1828 waren die Khoikhoi auf Drängen der Londoner Missionsgesellschaft formell den Weißen gleichgestellt worden, 1834 wurde die Sklaverei abgeschafft, und schließlich wurden 1872 alle Sklaven befreit. Zwar erhielt die Kolonie bereits 1834 beschränkte legislative Gewalt und 1853 eine eigene Verfassung; die örtliche Selbstverwaltung in Gestalt des *landdrost* (Magistrat), die aus der Zeit der Holländisch-Ostindischen Kompanie stammte, schaffte man hingegen ab. Vor allem die „Buren", die in den Grenzregionen der Kolonie siedelten, sahen ihre Interessen von der britischen Regierung nicht genügend gewahrt. Die Anglisierung des öffentlichen Lebens und die weitreichende Gleichstellung von Weißen und Nicht-Weißen waren weitere Gründe, die Kolonie zu verlassen, um im damals noch weitgehend unbekannten Inneren neue Siedlungsgebiete zu suchen und so ihre eigene Identität zu bewahren. Diese Wanderungsbewegung ist als „Großer Trek der Buren" in die Geschichte eingegangen (WAIBEL 1933, S. 35f.). Die ersten Ochsenwagen verließen 1835 die Kapkolonie, weitere folgten in den 1840er und beginnenden 1850er Jahren. Der Heldenmut der Voortrekker, ihre Leiden und ihr späterer Erfolg sind zu einem Mythos verklärt worden, aus denen große Teile der weißen Südafrikaner ihr Nationalbewusstsein lange Zeit abgeleitet haben. Das Voortrekkerdenkmal bei Pretoria hält die Erinnerung an diese Zeit wach. Allerdings haben sich weniger als 10% der gesamten weißen Bevölkerung am Trek beteiligt. Vor allem diejenigen, die in den zentralen und westlichen Teilen der Kolonie lebten, schlossen sich den Ochsenwagenzügen im Allgemeinen nicht an (GRÜTTER 1990, S. 26). Unter Umgehung der Siedlungsgebiete der Xhosa und anderer Bantugruppen gelangten die Voortrekker auf das *highveld* des späteren Oranje-Freistaates und des südlichen Transvaal. Die Namen ihrer Führer, wie Louis Trichardt, Hans van Rensburg, Andries Potgieter, Gert Maritz, Piet Retief und Andries Pretorius, kehren in vielen Orts- und anderen Lokalbezeichnungen wieder. Vorübergehend zog ein Teil der Voortrekker auch nach Natal, das jedoch schon 1844 unter britischen Einfluss kam und der Kapkolonie einverleibt wurde. Von den zahlreichen Republiken, die die Voortrekker gründeten, hatten nur der Oranje-Freistaat (seit

1845) und Transvaal (seit 1852, vorübergehend auch als Südafrikanische Republik bezeichnet), längeren Bestand. Allerdings war der eroberte Raum kein menschenleeres Gebiet, sondern Stammesterritorium verschiedener Bantuvölker. Aufgrund ihrer waffentechnischen Überlegenheit konnten die Voortrekker aber die schwarze Bevölkerung weitgehend zurückdrängen und unterwerfen. Die späteren Passgesetze und die Einrichtungen von „Reservaten" hatten ihre Vorläufer bereits in dieser Zeit (PARSONS 1993, S. 109ff.).

Die Entdeckung von Diamanten bei Kimberley (1867) und von Gold am Witwatersrand (1886) ließen die armen und isoliert am Ende der Welt gelegenen Burenrepubliken in den Blickpunkt der Weltöffentlichkeit treten. Nicht nur dass sie vom Diamantenfieber und Goldrausch erfasst wurden und Tausende von *uitlanders* anzogen; am neuen Reichtum und der Kontrolle über die Bodenschätze entzündeten sich auch Konflikte mit Großbritannien. „Ohm" Krüger, seit 1883 Präsident der Republik Transvaal, und Cecil Rhodes, Diamantenkönig und seit 1890 Premierminister am Kap, waren in dieser Zeit die entscheidenden Gegenspieler. Cecil Rhodes wollte nicht nur die burischen Republiken unter britische Kontrolle bringen, sondern sein Interesse richtete sich auch auf die weiter nördlich gelegenen Gebiete, die er mittels der 1889 gegründeten British South Africa Company zu erschließen und dem britischen Imperium einzuverleiben trachtete. Trotz vielfältiger Versuche, einen Krieg zu verhindern, und zahlreicher diesbezüglicher Abkommen kam es 1899 zum sog. Burenkrieg (South African War), den die militärisch weit überlegenen Engländer nur unter großen Schwierigkeiten und nach anfänglichen Rückschlägen für sich entscheiden konnten. Der Krieg und insbesondere die Einrichtung von Konzentrationslagern, in die große Teile der Zivilbevölkerung gebracht worden waren, um den Widerstand der Buren zu brechen und den Guerillakrieg zu beenden, hat die Beziehungen zwischen Weißen englischer und burischer Abstammung auf lange Zeit belastet. Immerhin sind fast 28 000 Buren, zumeist Frauen und Kinder, und auch ungefähr 14 000 Schwarze, die auf burischen Farmen gearbeitet hatten und ebenfalls interniert worden waren, in den Konzentrationslagern umgekommen (PARSONS 1993, S. 199f.; Reader's Digest Association 1994, S. 41).

Der Frieden von Vereeniging (1902) bedeutete formell das Ende der Burenrepubliken; der englische Imperialismus hatte sich vorläufig durchgesetzt. Etwas später (1906) wurde Swasiland aus Transvaal herausgelöst und als britisches Protektorat unabhängig von der 1910 gebildeten Union von Südafrika (Kapland, Natal, Oranje-Freistaat, Transvaal) verwaltet.

2.2.1.2 Reservats- und *homeland*-Politik

Schon in der Anfangszeit der Union machte sich wieder ein starker burischer Einfluss bemerkbar. Die „Eingeborenenfrage" wurde schließlich im Sinne der Buren „gelöst": Die bestehenden, wenn auch eingeschränkten Wahlrechte der nicht-weißen Bevölkerung sind nach und nach abgeschafft worden, und mit dem Native Land Act von 1913 wurde ein erster Schritt in Richtung Apartheid im Sinne einer räumlichen Trennung getan (vgl. ISERT 1997, S. 45 ff.; BARBER 1999, S. 67 ff.). Die damals eingerichteten *native reserves* umfassten 7,3 % der Landesfläche. Ein Verkauf dieses Landes an Weiße war verboten, wie auch umgekehrt Schwarze kein Land im „weißen" Gebiet erwerben durften. Selbst wenn man in Rechnung stellt, dass sich die Reservate auf die besser beregnete und somit landwirtschaftlich intensiver nutzbare Osthälfte Südafrikas konzentrierten, erwies sich die zur Verfügung gestellte Fläche von Anfang an als zu klein. Der zunehmende Bevölkerungsdruck hat diese Schwierigkeiten noch verstärkt. Überdies waren die ersten Reservate räumlich extrem zersplittert (Abb. 14), was die wirtschaftliche Entwicklung zusätzlich erschwert hat. Schon damals zeichnete sich ihre Funktion als *dormitories* für billige Arbeitskräfte ab (BINSWANGER & DEININGER 1993, S. 1461). Mit dem Native Trust and Land Act von 1936 ist ein erster Versuch unternommen worden, die Reservate zu konsolidieren. Der Flächenanteil sollte mittels Landaufkauf auf 12,4 % gebracht werden; tatsächlich belief er sich 1945 aber nur auf 9,6 %, und auch die Aufsplitterung blieb groß. Erstmals erhielt der Staat jetzt das Recht, Umsiedlungen vorzunehmen. Vor allem nach 1948 sind zahlreiche *black spots*, d. h. Land im Eigentum von Schwarzen aus der Zeit vor 1936, das innerhalb des „weißen" Gebietes lag, aufgelöst und die Bewohner in die Reservate umgesiedelt worden. Die Gesamtzahl der Zwangsumsiedlungen belief sich allein zwischen 1960-82/83 auf 3,5 Mio. (ISERT 1997, S. 217 ff.).

Die Einführung des *homeland*-Konzeptes nach 1948 war im Grunde genommen nichts anderes als die Fortschreibung der Reservatspolitik (vgl. Kap. 4.2.3). Der Bantu Authorities Act von 1951 und der Promotion of Bantu Self Government Act von 1959 wiesen zunächst acht, später zehn *homelands* aus und schafften gleichzeitig die letzte Vertretung der Schwarzen im „weißen" Parlament ab. In den 1960er und 1970er Jahren setzten sich die Konsolidierungsbemühungen und Grenzverschiebungen der *homelands* fort. Kurz vor dem Ende der Apartheid stellte sich die Landverteilung wie folgt dar: Auf die vier aus südafrikanischer Sicht selbstständigen sog. TBVC-Staaten **T**ranskei (seit 1976), **B**ophuthatswana (1977), **V**enda (1979) und **C**iskei (1981) entfielen 97 700 km², auf die sechs „Autonomstaaten" weitere 73 000 km², was sich auf ziemlich genau 14 % der Landesfläche aufsummierte (Abb. 14). Die Zahl der Gebietseinheiten war immerhin von 114 (1973) auf „nur" noch 37 zurückgegangen; mit zehn Gebietseinheiten war KwaZulu am stärksten zersplittert, während Ciskei, Qwaqwa und Kwandebele über ein zusammenhängendes Territorium verfügten (HALBACH 1988, S. 73). In den *homelands* lebten 1990 ca. 16,2 Mio. Menschen (ISERT 1997, S. 234). Die de-jure Bevölkerung ist sogar noch deutlich höher anzusetzen: Mindestens 1,6 Mio. zumeist männliche Personen waren 1990 als Wanderarbeiter außerhalb ihrer *homelands* tätig. Dass die wirtschaftliche Basis der *homelands* aufs Ganze gesehen unzureichend war, dokumentiert auch die Zahl von ca. 800 000 Pendlern, die täglich, z. T. über weite Strecken in das „weiße" Gebiet fuhren (ISERT 1997, S. 567). Zusammen mit den Wanderarbeitern stellten sie über 50 % der im „weißen" Südafrika tätigen schwarzen Arbeitskräfte (HALBACH 1988, S. 53). Trotzdem wurden sie dort nur als *temporary sojourners* angesehen, was nur unterstreicht, dass auf der Basis des *homeland*-Konzeptes keine wirkliche Unabhängigkeit der schwarzen Bevölkerung möglich und wohl auch nicht gewollt war.

Die Regierung des „neuen Südafrika" sieht sich seit 1994 vor der Aufgabe, die gravierende Ungerechtigkeit in der Verteilung von Grund und Boden rückgängig zu machen, ohne die wirtschaftliche Leistungsfähigkeit zu gefährden. Eine Bodenreform soll auf drei Ebenen erfolgen, der Landrückgabe (*restitution*), der Landumverteilung (*redistribution*) sowie der Reform des Bodenrechts (*tenure reform*) und der Pachtverhältnisse (*reform of labour tenancy*). Davon hat die Rückgabe von enteignetem Land an die Alteigentümer höchste Priorität; ein

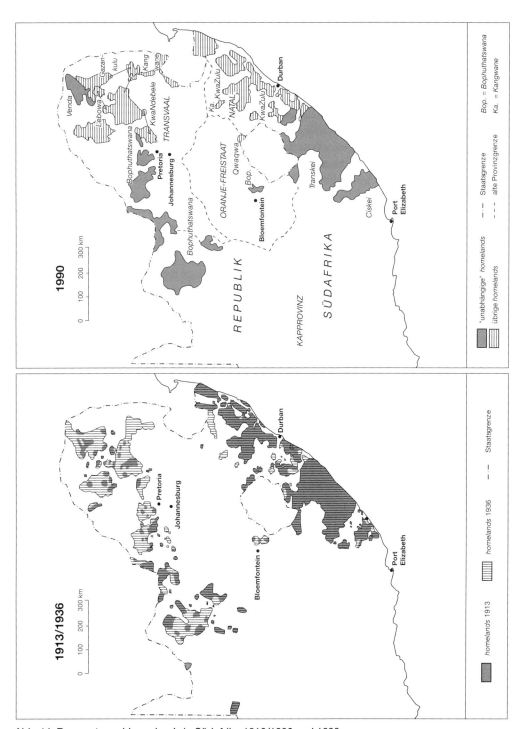

Abb. 14: Reservate und *homelands* in Südafrika, 1913/1936 und 1990
Quelle: Reader's Digest Association (1994, S. 42)

entsprechendes Gesetz zur Landrückgabe wurde 1994 verabschiedet (vgl. Kap. 4.9.4; WILLIAMS 1998, S. 82; WIESE 1999, S. 189). Sowohl beim Rückgabe- als auch beim Umverteilungsprogramm wird ein Ankauf zum Marktwert angestrebt, sofern sich die Flächen nicht ohnehin in staatlichem Eigentum befinden. Bewirtschaftetes Farmland ist vorerst geschützt, um Produktionseinbußen zu vermeiden, aber es gibt genügend verlassene Farmen, die zum Verkauf angeboten werden. Eher fehlt es an Geld, um in großem Stile Land zu erwerben und anschließend zu verteilen. Immerhin sind zwischen 1994 und 1999 fast 50 Mio. ha, ungefähr zur Hälfte in den Trockengebieten des nördlichen Kaplandes, aufgekauft und an 40 000 Haushalte vergeben worden (SAIRR 1999, S. 155). Trotz aller Anstrengungen wird es nicht leicht sein, einen Ausgleich zu finden zwischen den hohen Erwartungen der landlosen Bevölkerung, den Interessen der weißen Farmer und den finanziellen Möglichkeiten des Staates.

Die beiden Kleinstaaten Lesotho und Swasiland sind zwar ethnisch homogen und weisen aufgrund ihrer starken Abhängigkeit vom „großen Nachbarn" strukturell, wenn auch nicht politisch, Ähnlichkeiten mit den *homelands* auf. Hinsichtlich ihrer Landbesitzstruktur bestehen jedoch große Unterschiede. In Lesotho ist das Landeigentum in Händen von Weißen verschwindend gering, da nur wenige Flächen für eine marktorientierte Landwirtschaft in Frage kommen und schon 1876 bei der Festlegung der Westgrenze am Caledon River ein Flächenaustausch mit den Voortrekkern vorgenommen worden war. Hingegen geriet das Swasiland im letzten Viertel des 19. Jh. unter starken Einfluss Transvaals, und es wurden großzügige Land- und Bergbaukonzessionen vergeben, so dass die Swasi-Bevölkerung um 1900 auf 32 kleine Reservate zurückgedrängt war, die weniger als 40 % der Gesamtfläche ausmachten (PARSONS 1993, S. 224). Noch zu Beginn der 1970er Jahre waren ca. 44 % der Ländereien im Eigentum weißer Farmer und europäischer Gesellschaften, die u. a. die großen Forst- und Zuckerrohrplantagen kontrollierten (KLIMM, SCHNEIDER & WIESE 1980, S. 270).

2.2.2 Die Kolonien Süd-Rhodesien und Südwestafrika

Im späteren Süd-Rhodesien sind die ersten Reservate sogar noch wesentlich früher als in Südafrika eingerichtet worden (KAY 1970, S. 47 ff.). Der 1889 von Rhodes gegründeten British South Africa Company gelang es, die größten Teile des Mashona-Landes (um Harare) und des Matabele-Landes (um Bulawayo) mittels Verhandlungen und Verträgen, aber auch mit militärischem Druck unter Kontrolle zu bringen. Endgültig wurde der Widerstand der Ndebele und Shona 1896/97 gebrochen, als diese sich gegen die zunehmende Landaneignung durch weiße Farmer und gegen Steuereintreibungen zur Wehr setzten (PARSONS 1993, S. 184f.). Schon zuvor hatte die 1894 eingerichtete Lands Commission die Ausweisung von zwei großen Reservaten mit zusammen 860 000 ha für die besiegten Ndebele vorgeschlagen; weitere wurden in der Folgezeit von den *native commissioners* der einzelnen Distrikte eingerichtet. Im Ergebnis führte das zu sehr vielen Klein- und Kleinstreservaten mit teilweise nur wenigen tausend ha. Eine neuerliche Landkommission empfahl im Jahre 1913, die bestehenden 104 Reservate durch Flächentausch auf 83 zu reduzieren. Angesichts der geringen Bevölkerungszahl von 800 000 Afrikanern wurde die Gesamtfläche von 8,5 Mio. ha (= 22 % des Landes) als ausreichend angesehen. Formell sind diese

Reservate 1920 proklamiert und 1923 in die Southern Rhodesia Constitution aufgenommen worden. Zwar gab es bei den Landverkäufen, die die BSA-Company tätigte, keine rassenspezifischen Klauseln, dennoch waren von den 12,5 Mio. ha, die bis zum Beginn der Protektoratszeit verkauft worden waren, nur 0,1 % in die Hände von Schwarzen gelangt. Es schien daher nur eine Frage der Zeit zu sein, bis auch die letzten im Staatsbesitz verbliebenen Ländereien von Weißen aufgekauft waren. Um dies zu verhindern, ist 1931 als zusätzliche Kategorie die *native purchase area* (NPA) eingeführt worden (Abb. 15): Hier konnten Afrikaner individuell Eigentum erwerben; die *European area* war von jetzt ab aber nur noch Weißen vorbehalten; alle dort lebenden Afrikaner sollten umgesiedelt werden. Dafür ist 1950 die *special native area* (SNA) geschaffen worden. Sonderregelungen gab es seit 1960 für die *townships*, wo, im Gegensatz zu Südafrika, der Kauf von Grund und Boden für Afrikaner erlaubt war.

Nach der einseitigen Unabhängigkeitserklärung Rhodesiens (1965) verfolgte die Regierung das Ziel, trotz der mittlerweile auf 4,8 Mio. gestiegenen schwarzen Bevölkerung, denen lediglich 228 000 weiße Bewohner (Zensus 1969) gegenüberstanden, und trotz wachsender Landknappheit in den *tribal trust areas*, eine Gleichverteilung des Landes zwischen der eu-

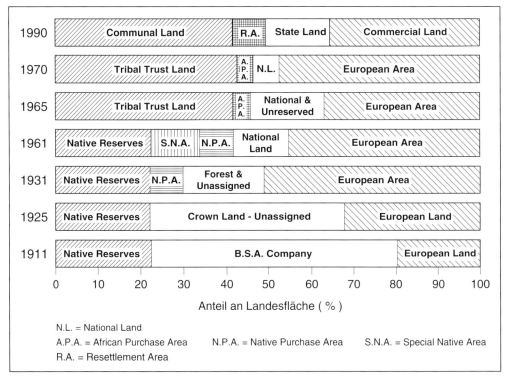

Abb. 15: Landaufteilung in Rhodesien und Simbabwe, 1911-1990
Quelle: KAY (1970, S. 50); RAKODI (1995, S. 143)

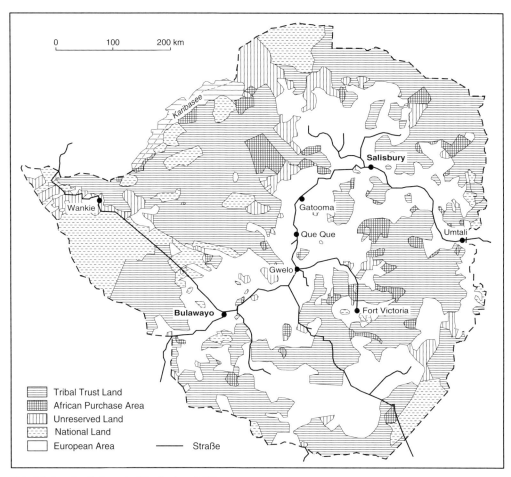

Abb. 16: Landaufteilung in Rhodesien, 1968
Quelle: KAY (1970, S. 52)

ropäischen und afrikanischen Bevölkerung vorzunehmen und alle „ethnischen Inseln" aufzulösen. Der Land Tenure Act von 1970 hat dies festgeschrieben: 46,6 % des Landes entfielen auf *European areas*, ebenfalls 46,6 % auf *African areas* (einschl. der *African purchase areas*), der Rest verblieb in Regierungshand (ZINYAMA & WHITLOW 1986, S. 368f.). Das Missverhältnis zwischen Landzuweisung und Bevölkerungszahl verschärfte sich noch dadurch, dass die infrastrukturell besser erschlossenen und hochwertigeren Areale nahezu ausnahmslos zum europäischen Sektor gehörten, so alle großen Städte und ihre Umgebung, weite Streifen entlang der Eisenbahnlinien und Hauptverkehrsstraßen sowie fast alle ertragreichen Gebiete auf dem *highveld* (Abb. 16). Eine Bestandsaufnahme des agrarischen Nutzungspotenzials hatte schon 1962 ergeben, dass von den intensiver nutzbaren Flächen ca. 80 % zur *European area* gehörten (KAY 1970, S. 53). Die extrem ungleiche Landverteilung trug entscheidend zur Verschärfung der Spannungen zwischen der „weißen" Regierung und der schwarzen Mehrheitsbevölkerung bei, die Anfang der 1970er Jahre in einen Guerilakrieg mündeten.

Die geschaffenen Strukturen hatten allerdings weit über die Unabhängigkeit hinaus Bestand (LADO 1999, S. 151ff.). Nach wie vor liegt die Produktion von Tabak, Tee, Kaffee und Zucker, die mehr als ein Drittel des Exportwertes ausmachen, nahezu vollständig in den Händen der überwiegend weißen *commercial farmers*. In den Entkolonialisierungsverhandlungen mit Großbritannien war den ca. 5000 weißen Farmern auf zehn Jahre das Privateigentum an ihren kommerziell geführten Agrarbetrieben zugesichert worden (ANSPRENGER 1999, S. 123). Nicht zuletzt deshalb war das *resettlement program* nur langsam vorangekommen (LADO 1999, S. 160). Zwar sah dann der Land Acquisition Act von 1992 vor, dass die Regierung zwangsweise Land erwerben konnte, doch wurde erst Ende 1997 ein Konzept für eine grundlegende Landumverteilung vorgelegt. Danach sollen fast 1500 Farmen enteignet und aufgesiedelt werden. Die von der Regierung tolerierten, wenn nicht gar initiierten Farmbesetzungen im Wahljahr 2000 haben die politische und wirtschaftliche Krise des Landes verschärft. Eine „Lösung" der Landfrage außerhalb des Gesetzes würde Simbabwe vollends in den Staatsbankrott führen, worunter alle Bevölkerungsgruppen zu leiden hätten. Insofern ist die angekündigte und teilweise bereits durchgeführte entschädigungslose Enteignung von ca. 3000 Farmen mit 5 Mio. ha Fläche zwar populär, aber nicht im längerfristigen Interesse des Landes.

Auch das ehemalige Deutsch-Südwestafrika (SWA) hat schon früh eine Aufteilung des Landes in Reservate einerseits und europäisches Farmland andererseits vorgenommen (BÄHR 1968, S. 30 ff.). Nach der Niederwerfung der Herero und Nama (1904-07) sind große Teile des ehemaligen Stammeslandes zu Kronland erklärt und an Siedler, die überwiegend aus Deutschland kamen, vergeben worden. Bereits damals war vorgesehen, nur den Südteil der Kolonie für Ansiedlungszwecke zur Verfügung zu stellen. Die dichter besiedelten Gebiete entlang der Grenze zu Angola sollten nach Möglichkeit keinen größeren Außeneinflüssen ausgesetzt werden, um die traditionellen Strukturen zu bewahren und diese in das Kontrollsystem der Kolonialmacht einzubeziehen. Um die *red line* als nördliche Begrenzung der 1908 ausgewiesenen Polizeizone überqueren zu können, bedurfte es noch bis in die 1960er Jahre einer besonderen Erlaubnis.

Bis zum Ausbruch des Ersten Weltkrieges ist allerdings nur ein geringer Teil der für Ansiedlungszwecke ausgewiesenen Flächen wirklich besiedelt worden. Das Farmland, das 1910 ca. 13% der Gesamtfläche ausmachte, konzentrierte sich auf einen mehr oder weniger breiten Streifen entlang der Bahnlinien und der Riviere (Trockenflüsse). Bis heute ist der Anteil deutschstämmiger Farmer in diesen Räumen sehr hoch (WEIGEND 1985; BÄHR 1989). Die Namib und deren Randgebiete im Westen sowie ein breiter Streifen entlang der Ostgrenze waren weitgehend unbesiedelt.

Die Mandatsverwaltung (1915, offiziell seit 1920) hat die Politik der räumlichen Trennung von Siedlungsgebieten für Weiße und Schwarze nahtlos fortgesetzt (MELBER 1985). SWA war sog. C-Mandat, was bedeutete, dass es nach den Gesetzen der Mandatsmacht und als integraler Teil ihres Territoriums verwaltet werden sollte. Als Siedler kamen jetzt vorwiegend Südafrikaner und kaum noch Deutsche ins Land. Um der Nachfrage nach Farmland gerecht zu werden, ist 1950 sogar die Polizeizone nochmals nach N verschoben worden. Mitte der 1960er Jahre nahm das „weiße" Farmland ziemlich genau die Hälfte der Landesfläche ein; die ca. 5200 Farmen waren im Durchschnitt 7500 ha groß. Von Südafrika übernommen wurde die Idee, die Reservate zu *homelands* weiter zu entwickeln und zu konsolidieren. Der Odendaal-Plan aus dem Jahre 1963 sah die Schaffung von 11 „Heimatländern" vor; dazu sollten die Reservatsflächen um 50 % aufgestockt und verstreut liegende Reservatsteile aufgelöst bzw. in größere Einheiten integriert werden. Der Plan ist schrittweise auch umgesetzt worden; u. a. sind ca. 3,4 Mio. ha Farmland vom Staat aufgekauft und einzelnen *homelands* zugeschlagen worden. Zum Zeitpunkt der Unabhängigkeit waren 45 % der Landes in Individualeigentum ganz überwiegend weißer Personen, 40% waren in kommunalem Eigentum und 15% Staatsland (u. a. Wildreservate, Diamantensperrgebiet; KLIMM, SCHNEIDER & VON HATTEN 1994, S. 56). Die Landfrage ist daher bis heute ein zentrales innenpolitisches Problem geblieben; eine Lösung liegt auch ein Jahrzehnt nach der Unabhängigkeit noch in weiter Ferne. Zwar gibt es genügend Farmen, die zum Verkauf stehen; aufgrund der hohen Kosten hat die Regierung zwischen 1991 und 1998 aber lediglich 49 Farmen aufgekauft und auf 28 davon Kleinbauern angesiedelt. Dieser Weg der Landumverteilung wird wohl auch deshalb nur zögernd beschritten, weil die Produktivität der Flächen sehr gering ist und maximal 1–2 % der Kleinbauern auf ehemals kommerziellen Farmen eine neue Existenz finden könnten (HALBACH 2000, S. 102f.).

2.2.3 Die britischen Protektorate

Die britischen Protektorate Nord-Rhodesien, Nyassaland und Betschuanaland (vgl. Abb. 8) waren ursprünglich nicht für eine Landvergabe an europäische Siedler in größerem Stile gedacht. Eher zielte die Politik darauf ab, das traditionelle System zu erhalten und mittels Kopf- oder Hüttensteuer gewisse Erträge abzuschöpfen. Dadurch wurde gleichzeitig ein starker indirekter Zwang ausgeübt, als Arbeitskraftreservoir für die Plantagenlandwirtschaft oder den Bergbau zur Verfügung zu stehen und sich in das System der Wanderarbeit (vgl. Kap. 3.4.4) einzugliedern. Im heutigen Sambia ist genau nach diesem Muster vorgegangen worden: 1900 ist die Kopfsteuer in Nordost-Rhodesien und 1904 in Nordwest-Rhodesien eingeführt worden. Seit 1905 musste die Steuer überall in Geld entrichtet werden. Da es zu dieser Zeit kaum Märkte gab, auf denen die Afrikaner ihre Produkte verkaufen konnten, blieb nur die Aufnahme einer Lohnarbeit, um zu Geldeinnahmen zu kommen (SCHULTZ 1983, S. 99).

Erst nach Beendigung des Bahnbaus wandelte sich die Politik der BSA-Company: Die Siedlungen entlang der Eisenbahnlinie und die Zentren des Bergbaus mussten versorgt werden, und diese Aufgabe sollten europäische Farmer übernehmen, die man deshalb mit großzügigen Angeboten ins Land zu holen versuchte. Die bis heute bestehende dualistische Wirtschaft Sambias hat hier ihre Ursachen. Ab 1911 und nochmals nach dem Ersten Weltkrieg sind große Flächen, überwiegend entlang der *line of rail*, in Eigentum (*freehold*) oder Pacht (*leasehold*) von Weißen gelangt, die hier eine kommerzielle Landwirtschaft aufbauten. In den bahnfernen Räumen blieb es weitgehend bei der traditionellen Subsistenzlandwirtschaft. Teilweise sind der afrikanischen Bevölkerung auch Reservate zugewiesen worden (erstmals 1904, endgültige Festlegung 1928), oder sie lebte im (späteren) *trust land*, eine Art Landreserve. Diese Landaufteilung hat sich bis zum Zeitpunkt der Unabhängigkeit wenig verändert: Damals waren 58 % der Fläche Sambias *trust land*, 36 % *reserves* und 6 % *state land*, das ursprünglich weißen Farmern vorbehalten war.

In Malawi, dem früheren Nyassaland, bestanden zunächst zwar Pläne, das Shire-Hochland im äußersten SE zum Kern einer europäischen Besiedlung zu machen. Angesichts der beschränkten wirtschaftlichen Möglichkeiten und der Abseitslage ging man davon jedoch sehr bald ab, und der Landerwerb durch Europäer wurde streng kontrolliert (LIENAU 1981, S. 25). Aufgrund des starken Bevölkerungsdrucks und daraus resultierender Spannungen begann die Protektoratsverwaltung nach 1946 sogar damit, Land von Europäern zurückzukaufen und an Afrikaner zu verteilen. Trotzdem betrug auch 1948 der Landbesitz europäischer Farmer noch 500 000 ha, was mehr als 5 % der Landesfläche entsprach. Bis 1964 hatte sich dieser Anteil auf knapp 3 % vermindert, wovon etwa zwei Drittel in Eigentum und der Rest als Pacht gehalten wurden. Nahezu der gesamte Ausländerbesitz lag im fruchtbaren S, wo er einen Großteil der für den Teeanbau geeigneten Flächen einnahm. Während der gesamten Protektoratszeit hat es aber nie mehr als 500 europäische Siedler gegeben (ERHARD 1994, S. 19).

Eine noch geringere Rolle spielte die Landvergabe an weiße Siedler im Protektorat Betschuanaland. Dessen Entwicklungspotenzial ist von Anfang an als nicht sehr hoch eingeschätzt worden, das Interesse der Kolonialmacht war daher vergleichsweise gering. Dass trotzdem einige Landstriche an weiße Siedler gelangt sind, hatte eher strategische Gründe und sollte zur Absicherung der Grenzen dienen. Einzelne Blöcke an der Grenze zur (damaligen) Südafrikanischen Republik sind schon sehr früh vergeben worden, und nach 1920 setzten die Tswana-Häuptlinge diese Politik der Grenzsicherung fort und verpachteten entlang des östlichen Grenzraumes am Ngotwana und Limpopo Farmland auf 99 Jahre an weiße Siedler. Ebenso ist die Westgrenze wenigstens teilweise durch eine Pufferzone abgesichert worden. Mit Unterstützung der Protektoratsverwaltung durften sich bei Ghanzi weiße Farmer ansiedeln, um eine mögliche deutsche Expansion aus Südwestafrika zu verhindern (KLIMM, SCHNEIDER & VON HATTEN 1994, S. 193 f.).

2.2.4 Der portugiesische Einflussbereich

Obwohl sich die Portugiesen besonders früh an der West- und Ostküste des Südlichen Afrika festgesetzt hatten, ist eine systematische Ansiedlungspolitik erst recht spät eingeleitet worden. Die frühe Landvergabe der Krone in einer Art von Erblehen (*prazos da coroa*) sollte den portugiesischen Einfluss im Hinterland der Häfen sichern und ist mit dem *fazenda*-System Brasiliens vergleichbar (1832 abgeschafft). Daneben haben auch einzelne zugewanderte Portugiesen Land von Häuptlingen gekauft oder eingetauscht und später oft mit mehr oder weniger illegalen Praktiken erweitert. Kleinere Ansiedlungsprojekte z. B. für entlassene Soldaten gab es schon in den 1830er Jahren nach dem Verlust des südamerikanischen Kolonialreiches. Aufgrund der geringen Wirtschaftskraft des Mutterlandes war aber an eine flächenhafte infrastrukturelle Erschließung der afrikanischen Kolonien nicht zu denken. Abhilfe wurde von Landgesellschaften erwartet, die hoheitliche Rechte erhielten und sowohl Bodenschätze explorieren und ausbeuten als auch Kolonisten ansiedeln sollten. Davon hat jedoch nur die 1891 gegründete Companhia de Moçambique einen gewissen Beitrag zur Ansiedlung geleistet (Chimoio-Hochland in Mittelmosambik; KUDER 1975, S. 86). Insgesamt haben die afrikanischen Besitzungen nur einen geringen Teil des portugiesischen Auswanderungsstromes auf sich lenken können. Noch Anfang des 20. Jh. waren die Eigentums-

und Besitzverhältnisse ziemlich verwickelt. Weder waren das Stammesland noch viele Grenzen des Individualeigentums katastermäßig genau erfasst. Erst 1919 wurde eine Klasse von Ländereien offiziell eingeführt, die als *reserva indígena* dem ausschließlichen Nutzen der einheimischen Bevölkerung vorbehalten war. Mit der völligen Gleichstellung der Afrikaner sind 1961 die Reservate formell wieder aufgelöst worden.

Eine aktive Agrarkolonisation sowohl im Sinne einer Erschließung von Neuland (z. B. in Überschwemmungsgebieten) als auch einer qualitativen Verbesserung und Produktionssteigerung bestehender landwirtschaftlicher Nutzung ist erst seit den 1950er Jahren betrieben worden, vor allem um armen Landarbeiterfamilien aus dem Mutterland neue Chancen zu eröffnen. Den Anfang machte 1951 das Kolonat Cela im zentralen *planalto* Angolas, das immerhin aus 13 Dörfern von je 24-28 Kleinbauern und ca. 70 *fazendas* mit Viehhaltung bestand (BORCHERT 1961). Zahlreiche weitere Kolonate mit ebenfalls planmäßig angelegten zentralen Orten (MATZNETTER 1965) folgten hier und auch in Mosambik. Insbesondere seit der angolanischen Rebellion von 1961 hat der portugiesische Staat seine Erschließungsbemühungen verstärkt und die einheimische Bevölkerung vermehrt in entsprechende Programme integriert. Weiße und schwarze Kolonisten sind nun in der Regel nicht mehr getrennt angesiedelt worden (vgl. NIEMEIER 1966), weil dies der Assimilationsideologie (MEYNS 1997, S. 113) widersprochen hätte. In Angola gab es nach KUDER (in KUDER & MÖHLIG 1994, S. 170) 25 größere und 20 kleinere Kolonate, die zwar über das ganze Land verteilt waren, sich aber jeweils auf die verkehrsmäßig besser erschlossenen Bereiche und neu geschaffenen Bewässerungsareale konzentrierten, um eine marktorientierte Produktion zu erleichtern. Für Mosambik nennt WEBER (1970, S. 119) eine Gesamtzahl von fast 20 000 Siedlerstellen, von denen mehr als zwei Drittel im Distrikt Gaza am Limpopo lagen, wo der Bau eines Staudammes eine erhebliche Ausweitung der Bewässerungsflächen ermöglicht hatte. Um 1970 lebten in Angola ca. 500 000 Weiße (8,5 % der Bevölkerung), wovon allerdings nur ein kleiner Teil zu den Kolonisten zählte. Allein ein Viertel wohnte in Luanda und ca. 80 % im Umkreis der drei Eisenbahnlinien (KUDER 1971, S. 226 u. 228). In Mosambik war die Zahl der Weißen wesentlich geringer (ca. 250 000, 3 % der Bevölkerung) und die Konzentration auf die Hauptstadt noch ausgeprägter (über 30 % nach KUDER 1975, S. 314). Der größte Teil der Portugiesen ist schon während der Unabhängigkeitskämpfe in das Mutterland zurückgekehrt (*retornados*); der nachfolgende Bürgerkrieg hat ein Übriges getan, um die Spuren der portugiesischen Ansiedlung zu verwischen. Im Unterschied zu den anderen Staaten des Südlichen Afrika gibt es heute keine augenfällige Landkonzentration in den Händen der weißen Bevölkerung.

2.2.5 Einwanderung von Asiaten

Die Kolonialmächte haben nicht nur die Einwanderung von Europäern z. T. massiv gefördert, sondern auch asiatische, vornehmlich indische Arbeitskräfte ins Land geholt und damit zur weiteren Ausbreitung dieser Bevölkerungsgruppe beigetragen, die in den Küstenstädten Ostafrikas schon seit langem ansässig war (DAS GUPTA 1997). In den meisten Ländern des Subkontinents hat die gezielte Anwerbung von Indern keine größere Dimension erreicht, in Angola und Namibia spielt das indische Bevölkerungselement überhaupt keine Rolle. LIENAU (1981, S. 25) berichtet davon, dass der erste Kommissar des Protektorats Nyassaland 100 Sikhs für seine Truppe aus Indien geholt hatte. Die meisten Inder kamen jedoch hier wie auch in Sambia, Simbabwe und Mosambik ohne Arbeitsvertrag ins Land und ließen sich vorwiegend in großen Städten, aber auch in kleineren zentralen Orten als Händler nieder. Teilweise waren sie vorher in Kenia oder Uganda im Eisenbahnbau beschäftigt gewesen. In Mosambik geht diese „freie Einwanderung" sogar bis auf das 17. Jh. zurück (KUDER 1975, S. 48), was nicht zuletzt mit dem portugiesischen Kolonialbesitz in Indien (Goa bis 1961) zusammenhängt. In den übrigen der genannten Staaten treten Inder erst Ende des 19./Anfang des 20. Jh. in nennenswerter Zahl als „koloniale Zwischenschicht" auf, die den Kleinhandel und Teile des Großhandels in ihrer Hand hatte und dank Unterstützung der Kolonialherren auch in der Verwaltung einflussreiche Positionen einnehmen konnte (vgl. DOTSON & DOTSON 1968). Nach dem Zweiten Weltkrieg ist überall nochmals ein Anstieg der indischen Bevölkerung zu beobachten; ihr Anteil an der Gesamtbevölkerung blieb jedoch unter 1 %, und ihr wirtschaftlicher Einfluss war wesentlich geringer als in weiten Teilen Ostafrikas (vgl. KIEM 1993). Die indische Bevölkerung hatte deshalb nach der Unabhängigkeit weniger unter öffentlicher Diskriminierung und staatlicher Repression zu leiden, wenn es auch in einzelnen Ländern Einschränkungen ihres Betätigungsfeldes und Ausweisungen gegeben hat. So ist die Niederlassungsfreiheit der Inder im unabhängigen Malawi auf die drei größten Städte Blantyre, Lilongwe und Zomba beschränkt worden (1974), und im Zuge der Afrikanisierungspolitik haben viele Inder unter mehr oder weniger starkem Druck das Land verlassen, so dass sich ihre Zahl von ca. 14 000 (1967) auf lediglich 4000 (1975) reduzierte (LIENAU 1981, S. 126 u. 211).

Nur in Südafrika ist der Einwanderungsstrom aus Indien sehr viel größer gewesen. Heute lebt hier die größte indische Minorität außerhalb Südasiens (SCHNEIDER 1977; ARKIN, MAGGYAR & PILLAY 1989; JÜRGENS & BÄHR 1996). Die Einführung des großflächigen Zuckerrohranbaus, die Ausweitung der bergbaulichen Aktivitäten und der beginnende Eisenbahnbau ließen um die Mitte des 19. Jh. in Natal den Arbeitskräftebedarf stark ansteigen. Dieser wurde seit 1860 wenigstens teilweise durch die Anwerbung von Indern gedeckt. Zwischen 1860 und 1911 sind über 100 000 *indentured labourers* im Rahmen eines fünfjährigen Arbeitsvertrages verpflichtet worden. Ein großer Teil von ihnen ist nach Ablauf des Kontraktes als *free Indians* im Lande geblieben. Als Bürger des britischen Imperiums hatten sie in Natal das Recht auf Niederlassungsfreiheit und konnten einem Gewerbe nachgehen. Diese Gruppe ist seit den 1870er Jahren durch sog. *passenger Indians* verstärkt worden, die keinen Arbeitsvertrag hatten, ihre Überfahrt selbst bezahlten und vorwiegend Gewerbetreibende waren. Während bei den *indentured Indians* bei weitem das männliche Bevölkerungselement dominierte, brachten die *passenger Indians* häufig ihre Frauen mit nach Südafrika. Aber auch nach Religion, Sprache und Kastenzugehörigkeit bildeten die zugewanderten Inder keine homogene Bevölkerungsgruppe. In ihrer Mehrheit waren sie Hindus und kamen eher aus niederen Kasten. Unter den Sprachen waren ursprünglich Tamil, Hindi und Gujerati am weitesten verbreitet; in neuerer Zeit ist Englisch zur *lingua franca* geworden.

Im Laufe der Zeit sind die meisten Inder aus der Landwirtschaft in städtische Berufsgruppen übergewechselt. Die Konzentration auf den Handel ist in Südafrika aber weniger ausgeprägt als in anderen afrikanischen Staaten (DOTSON & DOTSON 1968, S. 58); viele Inder sind heute auch in der verarbeitenden Industrie tätig. Entsprechend groß sind deshalb die Einkommensunterschiede (JÜRGENS & BÄHR 1996, S. 362). Wenig verändert hat sich hingegen das räumliche Verteilungsmuster. Nicht zuletzt aufgrund einschränkender Gesetze in den Vorläuferstaaten der Union von Südafrika, die teilweise nach 1910 auf die Union übertragen worden waren, lebt der bei weitem größte Teil der indischen Bevölkerung bis heute in Natal. Aufs Ganze gesehen sind die Inder in Südafrika eine verhältnismäßig kleine Minderheit (2001: 2,5 %), in der Provinz KwaZulu-Natal beträgt ihr Anteil hingegen 8,7 %. Im System der Apartheid sind die Inder seit 1959 als getrennte Bevölkerungsgruppe (zunächst als Sonderkategorie der *Coloureds*) ausgewiesen worden und unterlagen ähnlichen Restriktionen wie die anderen nicht-weißen Bevölkerungsgruppen. Insbesondere hatten sie unter Zwangsumsiedlungen von Bewohnern und Gewerbetreibenden zu leiden. Zwar gab es in Südafrika keine Ausweisungen von Indern; Spannungen zwischen der indischen und schwarzen Bevölkerung bestanden aber auch hier und schlugen zeitweise in Gewalt um, wie in den Jahren 1949 und 1985, als latent vorhandener Neid zu Ausschreitungen schwarzer Bewohner gegen indisches Eigentum führte.

2.3 Unabhängigkeit und politische Transformation

2.3.1 Konflikte im Zuge der Entkolonisierung

In keinem anderen Teil Afrikas hat sich die Beendigung der Kolonialherrschaft über einen so langen Zeitraum erstreckt und hat so spät begonnen wie im S des Kontinents. Während Ghana schon 1957 als erstes schwarzafrikanisches Land in die Unabhängigkeit entlassen worden war, wurde im Südlichen Afrika das Ende der Kolonialzeit erst Mitte der 1960er Jahre eingeleitet. Der Widerstand gegen die Kolonialmacht wurde im Allgemeinen von einer kleinen Schicht Intellektueller getragen, die in der Regel in Missionsschulen ausgebildet worden waren und häufig in Europa oder Nordamerika studiert hatten. Diese afrikanische städtische Mittelschicht war immer weniger bereit, ihre Rolle als „Bürger zweiter Klasse" auf Dauer hinzunehmen. Der „Wind des Wandels" erfasste zunächst nur die britischen Protektorate, die zwischen 1964 und 1968 nacheinander unabhängig wurden (vgl. Abb. 8). Dabei gestaltete sich die Auflösung der Zentralafrikanischen Föderation nicht einfach. Die Selbstständigkeitsbestrebungen in Nord-Rhodesien und im Nyassaland, die sich schon in den 1950er Jahren immer stärker bemerkbar gemacht hatten, veranlassten Großbritannien 1964, den beiden Protektoraten unter den Namen Sambia und Malawi die Unabhängigkeit zu gewähren; der Kolonie Süd-Rhodesien blieb dieser Schritt verwehrt, weil sich die politisch bestimmende weiße Minderheit weigerte, die Macht an die schwarze Bevölkerungsmehrheit abzutreten. Als sich bei den Verhandlungen mit Großbritannien kein zufriedenstellendes Ergebnis abzeichnete, erklärte Süd-Rhodesien am 11.11.1965 einseitig seine Unabhängigkeit (**U**nilateral **D**eclaration of **I**ndependence; UDI), was weltweite Proteste und Sanktionen sowie seit den 1970er Jahren eine wachsende Guerillatätigkeit zur Folge hatte.

Bis Mitte der 1970er Jahre war das Kräfteverhältnis im Südlichen Afrika durch eine „weiße Allianz" zwischen Südafrika, das auch Namibia kontrollierte, Portugal und dem Smith-Regime in Rhodesien bestimmt. Für Südafrika war eine solche Konstellation insofern günstig, als das Land von einem *cordon sanitaire* umgeben und so gegen mögliche Angriffe und Aktivitäten von Befreiungsbewegungen besser geschützt war (MEYNS in NOHLEN & NUSCHELER 1993, S. 296). Diese Allianz verdeckte aber die Tatsache, dass im Untergrund mindestens vier politische Konflikte schwelten, die noch einer Lösung harrten: Angola und Mosambik waren zwar offiziell Teile von Ultramar Português, faktisch bestand jedoch die portugiesische Kolonialherrschaft fort, die sich seit Beginn der 1960er Jahre in bewaffnete Befreiungskämpfe verwickelt sah. In Rhodesien waren die weißen Siedler vorerst an der Macht geblieben; sie konnten ihre Herrschaft aber nur mit hohem Aufwand aufrecht erhalten. Namibia wurde zwar weiterhin wie ein Teil Südafrikas verwaltet, aber auch hier hatte die Befreiungsbewegung „**S**outh **W**est **A**frica **P**eople's **O**rganisation" (SWAPO) den bewaffneten Kampf aufgenommen, der – auch ohne Aussicht auf einen militärischen Sieg – starke südafrikanische Kräfte band. In Südafrika selbst erlebte der Widerstand gegen die Apartheid einen neuen Aufschwung, der in den Soweto-Unruhen von 1976 gipfelte.

Die geopolitische Situation änderte sich grundlegend, als 1974/75 das portugiesische Kolonialregime zusammenbrach und damit zwei Eckpunkte des *cordon sanitaire* um Südafrika die Seiten gewechselt hatten (MEYNS 2000, S. 54f.). Die bestehenden Konflikte waren damit zwar nicht gelöst, wurden aber auf eine andere Ebene verlagert oder erhielten eine andere Dimension: Mehr und mehr wurden die regionalen Konflikte globalisiert und Teil der Auseinandersetzung zwischen den Supermächten USA und Sowjetunion, die ihre jeweiligen Einflusssphären mittels „Stellvertreterkriegen" auszuweiten trachteten. Damit verbunden war eine massive Militärhilfe für verschiedene Befreiungsbewegungen, wie es die Frontstaaten während der gesamten Zeit ihres Bestehens nicht zu leisten vermochten (ANSPRENGER 1999, S. 71). Ausgelöst wurde diese Internationalisierung durch den Kampf um die Macht im unabhängigen Angola. Hier hatten sich seit Beginn des bewaffneten Kampfes gegen die Kolonialmacht mehrere Befreiungsbewegungen etabliert (KUDER in KUDER & MÖHLIG 1994, S. 186 ff.). Neben der MPLA (**M**ovimento **P**opular de **L**ibertação de **A**ngola), die streng anti-imperialistisch, später sozialistisch eingestellt war und ihre Basis in erster Linie im assimilierten Kleinbürgertum der Hauptstadt Luandas hatte, gab es die FNLA (**F**rente **N**acional de **L**ibertação de **A**ngola), die vor allem in den ländlichen Gebieten des Nordens Unterstützung fand und stärker in traditionellen Strukturen verwurzelt war. Aus einer Abspaltung von der FNLA bildete sich 1966 die UNITA (**U**nião **N**acional para a **I**ndependência **T**otal de **A**ngola), deren Führer Jonas Savimbi bis zu seinem Tod im Februar 2002 die zentrale Figur der Auseinandersetzungen war. Die UNITA hatte ihre Gefolgschaft zunächst vorwiegend im E, später im zentralen Hochland (MEYNS 1997, S. 114). Dank massiver kubanischer und sowjetischer Militärhilfe gelang es der MPLA, nach dem überstürzten Rückzug Portugals 1976 die alleinige Macht zu erringen und mit einer beträchtlichen Truppenpräsenz an Kubanern abzusichern. Aus westlicher Sicht war dies nicht hinnehmbar, galt es doch zu verhindern, dass die Sowjetunion Kontrolle über die für die Erdöl-Versorgung der westlichen Welt wichtige Kaproute und die südafrikanischen Rohstoffe erlangte. Südafrika hat diese Position immer wieder für sich nutzen können und die USA veranlasst, trotz verbaler Ablehnung der Apartheid mit ihr zu kooperieren und sich stärker auf der Seite antikommunistischer Rebellenbewegungen zu engagieren. Wie schon einmal 1975/76 griff daher Südafrika mit Billigung und zeitweiliger Unterstützung durch die USA in den internen Machtkampf in Angola auf Seiten der UNITA ein, die sich im SE neu formiert hatte und den Guerillakrieg gegen die Machthaber in Luanda fortsetzte.

Um die Vormachtstellung in der Region abzusichern und ein Übergreifen bewaffneter Kämpfe auf das eigene Territorium zu verhindern, hatte Südafrika schon in den 1970er, verstärkt dann in den 1980er Jahren eine Destabilisierungspolitik betrieben. Mittels wirtschaftlicher und politischer Maßnahmen sollten die Nachbarstaaten in die Defensive gedrängt und in Sicherheitsfragen zur Zusammenarbeit gebracht werden. Pretoria war insbesondere durch die Entwicklung in Simbabwe aufgeschreckt worden; hier war der Versuch gescheitert, die weiße Minderheitsregierung durch eine südafrikafreundliche Regierung zu ersetzen. Die nach den Lancaster House-Verhandlungen anberaumten Unabhängigkeitswahlen von 1980 gewann die stärkste Befreiungsbewegung, die eher sozialistisch orientierte ZANU (**Z**imbabwe **A**frican **N**ational **U**nion) unter Führung von Robert Mugabe. Destabilisierung bedeutete zum einen, wirtschaftliche Macht für politische Zwecke einzusetzen, zum anderen eine Unterstützung der Rebellenbewegungen in den „unliebsamen Staaten" bis hin zu direktem militärischen Eingreifen. Zur ersteren Maßnahmengruppe gehört z. B. die „Transportdiplomatie", die darauf abzielte, die Im- und Exportströme der Binnenstaaten über südafrikanisches Territorium zu lenken. Der wirtschaftliche Druck ist durch Sabotageakte verstärkt worden, so dass in den 1980er Jahren alle drei durch Mosambik verlaufenden Eisenbahnstrecken vorübergehend nicht benutzbar waren. Die Benguela-Bahn hatte schon 1975 ihren Betrieb eingestellt, und die TAZARA-Bahn war nur sehr bedingt eine Alternative (vgl. Kap. 3.4.1). Militärisch hatte Südafrika direkt und indirekt interveniert; indirekt durch finanzielle und logistische Unterstützung der Widerstandsgruppen RENAMO (**Re**sistência **Na**cional **Mo**çambicana) in Mosambik und UNITA in Angola, direkt durch das Eingreifen regulärer Truppen in die Kämpfe um Angola.

Die Politik der Destabilisierung hatte insofern Erfolg, als Mosambik – obwohl einer der Frontstaaten – 1984 das Nichtangriffsabkommen von Nkomati unterzeichnen musste und Simbabwe und Botsuana, ebenfalls zur Gruppe der Frontstaaten zählend, der südafrikanischen Befreiungsbewegung ANC Rückzugsbasen auf ihren Territorien verweigerten. Freilich ist der Erfolg mit immensen Kosten erkauft worden. Diese betrafen weniger Südafrika, obwohl auch hier steigende Militärlasten zu tragen waren, sondern vor allem die Nachbarstaaten. Neben Kriegsschäden, zusätzlichen Verteidigungsausgaben und Belastungen durch Flüchtlingsströme schlug insbesondere der wirtschaftliche Niedergang zu Buche. Nach konservativen Schätzungen sollen sich die Gesamtverluste der Region auf bis zu US$ 60 Mrd. allein zwischen 1980 und 1988 belaufen haben, wovon etwa die Hälfte auf Angola entfällt (Meyns in Nohlen & Nuscheler 1993, S. 302).

Die Konfliktlösung der 1990er Jahre ist durch das Ende des Kalten Krieges und die politischen Veränderungen in Osteuropa erleichtert worden. Einerseits musste Russland, nicht zuletzt aufgrund der Schwierigkeiten im eigenen Land, auf weltpolitische Ambitionen weitgehend verzichten und gab das Engagement im Südlichen Afrika auf. Andererseits bestand für westliche Staaten nun keine Veranlassung mehr, repressive Regierungen nur deshalb zu stützen, weil sie antikommunistisch ausgerichtet waren. Erste positive Signale gingen von den Friedensgesprächen zwischen Angola, Kuba und Südafrika aus, die unter der Schirmherrschaft der USA 1980 aufgenommen wurden und letztendlich zum Rückzug fremder Truppen aus Angola (Südafrika schon 1980, Kuba bis Mitte 1991) und zum Beginn des Unabhängigkeitsprozesses in Namibia führten, der im März 1990 zum Abschluss kam (vgl. Meyns 2000, S. 70ff.). Schließlich gelang es auch, die internen Kontrahenten in Angola und Mosambik an einen Tisch zu bringen, wobei Portugal als Vermittler auftrat: 1991 wurde ein Friedensabkommen bezüglich Angola, 1992 bezüglich Mosambik unterzeichnet.

In Mosambik konnten nach der Parlamentswahl des Jahres 1994 ca. 1 Mio. Flüchtlinge vorwiegend aus Malawi zurückgeführt werden. Mit Unterstützung der Weltbank ist auch ein Wiederaufbauprogramm eingeleitet worden, das sich insbesondere auf die Verbesserung der Infrastruktur konzentriert. Der Boykott der 1998er Kommunalwahlen von Seiten der wichtigsten Oppositionspartei, der RENAMO, zeigt jedoch, dass der Demokratisierungsprozess und die Versöhnung der einstigen Gegner noch längst nicht abgeschlossen ist. Überdies hat die Überschwemmungskatastrophe des Jahres 2000 den Wiederaufbau um Jahre zurückgeworfen.

Noch schwieriger stellt sich die Situation in Angola dar. Hier war der Friede nur von kurzer Dauer, so dass eine der Krisen aus den 1970er und 1980er Jahren weiterhin ungelöst ist. Zwar sind 1992 Parlaments- und Präsidentschaftswahlen abgehalten worden, die die MPLA für sich entscheiden konnte. Offenbar hatte die UNITA aufgrund der weit verbreiteten Misswirtschaft damit nicht gerechnet; sie erkannte das Wahlergebnis deshalb nicht an und nahm auch an der notwendig gewordenen Stichwahl um das Präsidentenamt nicht teil, sondern entschloss sich zur Fortsetzung des bewaffneten Kampfes. Vor dem Hintergrund der politischen Veränderungen in Südafrika und der Anerkennung der MPLA-Regierung durch die USA kam es 1996 wieder zu Verhandlungen und zur Unterzeichnung des Lusaka-Protokolls, das eine Machtteilung und eine Überwachung des Friedensprozesses durch UN-Kontingente vorsah. Letztendlich hat die 1997 gebildete „Regierung der Einheit und nationalen Versöhnung" ihr Ziel nicht erreicht: 1998 flammten die Kämpfe wieder auf, und die UN musste sich 1999 aus Angola zurückziehen. UNITA und MPLA stehen sich unversöhnlicher denn je gegenüber.

Die Ausplünderung der reichen Vorkommen an Diamanten einerseits und Erdöl andererseits ermöglichen die Finanzierung der Kriegsmaschinerie auch ohne nennenswerte Unterstützung aus dem Ausland (vgl. MALAQUIAS 2001). Ein ressourcenreiches Land mit großem Wirtschaftspotenzial ist durch den fast 40jährigen Krieg zugrunde gerichtet worden. Die Menschen sind entwurzelt, etwa 3-4 Mio. *deslocados* haben ihren angestammten Wohnsitz verlassen müssen und sind innerhalb des Landes geflohen (BIRKELAND 2000). Die Infrastruktur ist fast vollständig zerstört; um die Verbindungen zwischen den einzelnen Provinzen wiederherzustellen, müssten allein 130 Straßen- und Eisenbahnbrücken repariert oder gänzlich neu errichtet werden (KUDER in KUDER & MÖHLIG 1994, S. 289). Eine weitere schwere Hypothek für den Wiederaufbau stellen die ca. 10 Mio. Landminen dar.

In Südafrika hatte Ende der 1980er Jahre ebenfalls ein Umdenken begonnen. Die Regierung musste einsehen, dass eine militärische Lösung weder in Angola noch anderswo zum Ziele führen würde. Die hohen Militärausgaben waren zu einer zunehmenden Belastung geworden und hätten in Zukunft auch von der weißen Bevölkerung größere Opfer gefordert. Zudem drohte die Gefahr, sich außenpolitisch vollständig zu isolieren. Der 1989 zum Staatspräsidenten gewählte F. W. de Klerk erkannte die Notwendigkeit tiefgreifender politischer Reformen und begann damit, diese zügig voranzutreiben. 1991 wurden die wichtigsten Apartheid-Gesetze abgeschafft und Verfassungsgespräche eingeleitet, die den Weg zu den ersten freien Wahlen im Jahre 1994 frei machten. Aus ihnen ist der schon 1912 gegründete „**A**frican **N**ational **C**ongress" (ANC), der sich zum Hauptträger des Befreiungskampfes entwickelt hatte, als eindeutiger Sieger hervorgegangen. Mit fast zwei Drittel aller

Stimmen konnte der ANC ebenfalls die zweiten Wahlen des Jahres 1999 für sich entscheiden, obwohl damit der Rückzug von Nelson Mandela aus der aktuellen Politik verbunden war.

So hatten schließlich alle Befreiungsbewegungen ihr Ziel erreicht, sei es schon in den 1960er Jahren auf mehr oder weniger gewaltfreiem Weg oder erst nach langen Kämpfen. Zwar ist in keinem Fall ein militärischer Sieg über die Kolonialmacht gelungen, und die Phase des „Kleinkrieges" ist im Befreiungskampf nirgends überschritten worden; jedoch hat der Umschwung in der öffentlichen Meinung der kolonialen Mutterländer (z. B. Lancaster House-Verhandlungen für Simbabwe, „Nelken-Revolution" in Portugal) und der Verschleiß des Machtbehauptungswillens in Südafrika letztendlich zum Sieg geführt. Schon in den 1970er und 1980er Jahren sind in Westeuropa und Nordamerika flexible Netzwerke von Unterstützungsgruppen für die Befreiung des Südlichen Afrika entstanden, die diesen Prozess gefördert haben (vgl. ANSPRENGER 1999, S. 73ff.). Zur Beschleunigung haben schließlich die weltpolitischen Veränderungen und das Ende des Ost-West-Konfliktes beigetragen.

2.3.2 Demokratisierung und Wahlverhalten

Der politische Umschwung in Südafrika ist das wohl spektakulärste Ereignis einer politischen Transformation, die hin zu demokratischen Verhältnissen und Mehrparteiensystem führt und fast alle Staaten des Südlichen Afrika seit Beginn der 90er Jahre erfasst hat. Gewöhnlich hatten sich die Befreiungsbewegungen nach ihrem Sieg als Einparteien-Systeme festgesetzt und dies damit begründet, tribalistische Tendenzen oder gar Sezessionen abzuwehren und den Prozess des *nation building* zu fördern. Neben Südafrika sind nur Botsuana und Namibia bislang Ausnahmen geblieben, was auch damit zusammenhängen mag, dass bisher immer die „richtigen Parteien", d. h. die Freunde der amtierenden Staatsgewalt, die Wahlen gewannen (ANSPRENGER 1999, S. 138).

Die Demokratisierungswelle, verbunden mit dem Ende der Einparteien-Herrschaft, begann 1991 und erfasste ganz Afrika. Um die Bedeutung dieses Wandels zu betonen, wird teilweise von „zweiter Unabhängigkeit" oder „zweiter Befreiung" gesprochen (MEYNS 2000, S. 148). ANSPRENGER (1999, S. 137) sieht die politische Transformation nicht als Nebenprodukt des westlichen Sieges im Kalten Krieg oder einer Beeinflussung aus dem N, sondern betont den genuinen afrikanischen Ursprung, wobei insbesondere kirchliche Gruppen, einflussreiche Juristenverbände und die seit 1990 aufblühende freie Presse entscheidend am Aufbau einer Bürgergesellschaft (*civil society*) mitgewirkt haben. Im S Afrikas ist das Abtreten von Kaunda in Sambia (1991) und von Banda in Malawi (1994) sowie das Ende der Militärherrschaft in Lesotho (1993) Teil dieser politischen Transformation, wobei aber nicht in jedem Fall sicher ist, ob sich nicht doch die „Ein-Mann-Herrschaft" unter anderem Vorzeichen fortsetzt (MEYNS 2000, S. 176). Nur in Simbabwe hält Robert Mugabe als Präsident mit umfassenden Vollmachten nach wie vor die Macht in seinen Händen, wenn er auch zunehmend unter innenpolitischen Druck gerät und die Opposition in den Parlamentswahlen des Jahres 2000 erstmals einen bedeutsamen Stimmenanteil erringen konnte. In Swasiland besteht die absolute Monarchie fort. Atypisch für die Region ist die Entwicklung in Angola, wo die Regierung nur noch einen kleinen Teil des Territoriums kontrolliert und der Staatszerfall ähnlich wie in der DR Kongo (Zaire) oder in der Republik Kongo weit fortgeschritten ist (Abb. 17).

Konfliktabbau oder sogar Konfliktlösung haben eine „militärische Transition" (WILLET in SIMON 1998) nach sich gezogen, die am deutlichsten darin zum Ausdruck kommt, dass die Militärausgaben in der Region allein zwischen 1993 und 1996 um über 30 % zurückgingen (SIMON in SIMON 1998, S. 9). Besonders auffällig ist der Rückgang in Mosambik, wo sich der Anteil der Militärausgaben am BIP von 10,1 (1990) auf (immer noch vergleichsweise hohe) 2,4 % (1999) verminderte. Prozentual ähnlich war der Rückgang in Südafrika, und zwar von 3,8 auf 1,3 %. Nur Angola macht eine Ausnahme: Hier stiegen die Rüstungsausgaben von 5,8 auf 23,5 % erheblich an (http://www.undp.org/hdr2001).

Wenn auch die Staaten des Südlichen Afrika in der jüngeren Vergangenheit eine beachtliche Entwicklung hin zu demokratischen Verfassungen gemacht haben, so ist in den meisten Ländern doch ein erdrückendes Übergewicht einer Partei erkennbar. Das gilt sowohl

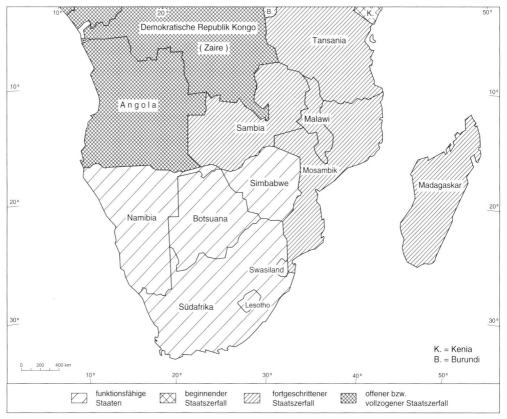

Abb. 17: Staatszerfall in Afrika
Quelle: Die Zeit 18.05.2000

für Südafrika, wo sich der ANC als neue hegemoniale Kraft etablieren und seinen Stimmenanteil von 62,6 (1994) auf 66,5 % (1999) steigern konnte (vgl. REYNOLDS 1999), als auch für Simbabwe, Namibia und Botsuana, wo die jeweilige Regierungspartei in allen bisherigen Wahlen mehr als die Hälfte der Stimmen und eine überwältigende Mehrheit der Sitze auf sich vereinigt hat. In den übrigen Staaten sind die Verhältnisse weniger eindeutig, sei es dass ein einmaliger oder mehrfacher parteipolitischer Machtwechsel stattgefunden hat (Sambia, Lesotho, Malawi) oder dass auch die Oppositionspartei größere Bevölkerungsgruppen hinter sich vereinigt (Mosambik, Angola). Hierdurch können ausgeprägte räumliche Unterschiede auftreten, was dazu führt, dass auf der regionalen Ebene in der Regel nur eine einzige Partei dominiert (vgl. MEYNS 2000, S. 147ff.).

Ein wichtiger Erklärungsfaktor für diese Strukturen ist darin zu sehen, dass das Wahlverhalten der Bevölkerung nach wie vor ganz wesentlich von der Zugehörigkeit zu einer bestimmten Ethnie gesteuert wird (vgl. Kap. 4.2.4). So gibt es in Namibia, Botsuana und Simbabwe, die RULE (1998) im Hinblick auf eine regionale Differenzierung der Wahlergebnisse näher untersucht hat, zahlenmäßig dominante Ethnien, die die nationale Politik völlig beherrschen und sich auch als Katalysator für die Herausbildung einer nationalen Identität verstehen. Individuen, die diesen Ethnien zuzurechnen sind, verhalten sich generell wie ein Wahlblock. In Namibia konnte beispielsweise für die Wahlen von 1989 eine fast vollständige Korrelation zwischen der Anzahl der Ovambo in einem Wahlbezirk und den Stimmen für die SWAPO nachgewiesen werden.

Aber auch die politische Opposition ist meist mehr oder weniger stark ethnisch geprägt. Ihre Wählerschaft rekrutiert sich in erster Linie aus Minoritätenethnien, die ihr „Anderssein" in Bezug auf Sprache, Hautfarbe, Tradition oder sozioökonomische Situation auch parteipolitisch kundtun (RULE 1998, S. 198). Weil sich ethnische Minderheiten oft in einzelnen Provinzen oder Regionen konzentrieren, weichen hier die Wahlergebnisse vielfach stark vom nationalen Durchschnittswert ab. So gibt es in Südafrika nur zwei Regionen, in denen der ANC nach der Wahl von 1999 nicht die absolute Mehrheit erreichte: In KwaZulu-Natal blieb die Inkatha Freedom Party, die den größten Teil der ländlichen Zulu-Bevölkerung hinter sich vereinigen konnte, die stärkste politische Kraft, und im West-Kap, wo Weiße und *Coloureds* 75 % der Bevölkerung ausmachen, konnten **N**ational **P**arty (NP) und **D**emocratic **P**arty (DP) zusammen die Regierung bilden (REYNOLDS 1999, S. 173 ff.). Noch größer waren die regionalen Unterschiede bei der Präsidentschaftswahl des Jahres 1994 in Malawi: In jeder der drei Großregionen (Nord, Zentral, Süd) erzielte ein anderer Kandidat eine deutliche Mehrheit. Nur die größere Bevölkerungszahl der Südregion sicherte Präsident Muluzi schließlich den Sieg. OSEI-HWEDIE (1998) macht dafür sowohl die ethnische Struktur und lokale Verankerung der Kandidaten als auch Spannungen zwischen den Regionen aufgrund unterschiedlicher Förderung während der Kolonialzeit und des Banda-Regimes verantwortlich.

Aus der Tatsache, dass in Gegenden hoher ethnischer Homogenität auch eine politische Homogenität vorherrscht, lässt sich allerdings nicht schließen, dass bestimmte ethnische Gruppen immer bestimmte Parteien wählen; denn auf die wachsende Zahl städtischer Wähler können ethnische Autoritäten weniger Einfluss ausüben als auf die Wähler in ländlichen Regionen. In den Städten werden Stammesbindungen durch eine fortschreitende Individualisierung relativiert, so dass für das Wahlverhalten zunehmend die Schichtzugehörigkeit und nicht so sehr die ethnische Solidarität die entscheidende Rolle spielt (RULE 1998, S. 200). Ein Beispiel dafür ist die Geschichte der MMD (**M**ovement for **M**ulti-Party **D**emocracy) in Sambia, die 1991 die Ablösung Kaundas erreichen konnte. Die MMD rekrutierte ihre Gefolgschaft zunächst unter den Wählern im Kupfergürtel und in den beiden anderen großen Städten Lusaka und Livingstone: Bergarbeiter, Gewerkschafter und Geschäftsleute waren ihre Hauptanhänger; erst die weit verbreitete Unzufriedenheit mit der Kaunda-Regierung führte ihr auch Stimmen in ländlichen Gebieten zu. Nur in den Ostprovinzen behielt die Partei Kaundas die Stimmenmehrheit und gewann sämtliche Parlamentssitze, was nach RULE (1998, S. 200) weniger an einer ethnisch begründeten Loyalität liegt, sondern eher an einer „räumlich begrenzten Vetternwirtschaft", die die Herkunftsregion Kaundas bei der Vergabe staatlicher Mittel und anderer wirtschaftlicher Aktivitäten begünstigte. In ähnlicher Weise sind die abweichenden Wahlergebnisse in einzelnen ehemaligen *homelands* Südafrikas zu deuten (FOX & LEMON 2000, S. 355). Auch in Namibia ist das Wahlverhalten in den Städten anders, als man es nach der ethnischen Zusammensetzung erwarten sollte. Auf der Basis der Anti-Apartheid-Solidarität erhielt die SWAPO in städtischen Zentren und insbesondere in Windhoek die Unterstützung vieler anderer ethnischer Gruppen. Mit der überall schnell fortschreitenden Verstädterung dürften sich derartige Tendenzen weiter verstärken und den Einfluss der ethnischen Bindung auf das Wahlverhalten abschwächen. Wie CHERRY (1994) am Beispiel der Transkei und Ciskei gezeigt hat, beginnt sich die ethnische Identifikation auch in ländlichen Räumen mehr und mehr aufzulösen und wird durch den Gegensatz zwischen „Kapital" und „Arbeit" abgelöst.

3 Wirtschaftliche Entwicklungen

3.1 Agrargeographische Strukturen und Prozesse

3.1.1 Bedeutung des agraren Sektors

Wie in allen Ländern der Dritten Welt basieren auch im Südlichen Afrika die sozialen Strukturen und die Überlebensfähigkeit von Familie, Gemeinschaft oder Staat weitestgehend auf den Entwicklungen im sog. primären Sektor. Obwohl alle Länder in unterschiedlichem Ausmaß Verstädterungsprozessen unterliegen, lebt die Mehrheit der Bevölkerung noch immer auf dem Land. Wirtschaftliche Handlungsmuster werden ähnlich wie religiöse oder mythische Verhaltensweisen von Ernterhythmen bestimmt. Sozialer Status oder Heiratsverhalten (Brautpreis) hängen vom Erfolg der Ernte ab. Selbst bei einer Abwanderung in die Stadt – sei es freiwillig oder unfreiwillig (Bürgerkriegsflüchtlinge in Angola oder Mosambik) –, werden traditionelle Verhaltensweisen in Form kleinstflächigen Landbaus beibehalten und die Städte somit „ruralisiert" (vgl. Kap. 4.8.2.1). Im Falle der vornehmlich im Bergbau tätigen Wanderarbeiter wird das Dilemma der Verträglichkeit zweier unterschiedlicher Lebenskonzepte als „townsmen or tribesmen" (MAYER 1961) bzw. als „men of two worlds" (LIPTON 1980) besonders deutlich (vgl. Kap. 3.4.4).

Die Ernährungssicherung gewinnt nationale politische Bedeutung, wenn – wie in den letzten Jahrzehnten episodisch geschehen – das Südliche Afrika von Dürrekatastrophen heimgesucht wird. Nahrungsmittelrationierungen, staatliche Preissubventionen oder gar Preissteigerungen für Grundnahrungsmittel wie Brot werden zu entscheidenden Parametern für die Popularität und politische Stabilität von Regierungssystemen. Ausländische Lebensmittelhilfen, die auch schon zur Apartheid-Zeit vornehmlich aus Südafrika stammten oder über deren Verkehrssysteme abgewickelt wurden, müssen nach großflächigen Ernteausfällen die Lücken stopfen.

Entscheidende innenpolitische Konflikte eröffnen sich, wenn die Regierungen den Spagat zwischen individueller Ernährungssicherung und sozialer Gerechtigkeit einerseits (häufig in Form von Subsistenzwirtschaft) und nationalem wirtschaftlichen Erfolg durch Exporterlöse andererseits überbrücken wollen. Allen Ländern ist aus kolonialer Zeit gemeinsam das Konzept der *dual economy*, dem Gegensatz aus Selbstversorgern sowie ländlichen oder städtischen Marktbeschickern auf Kleinparzellen und dem für den Weltmarkt produzierenden Großfarmen. Weil im Gegensatz zu anderen Teilen Afrikas die südliche Region aber vornehmlich als weiße *settler colonies* angelegt war (vgl. Kap. 2.2), haben die mit der Landfrage verbundenen Konflikte neben der sozialen in der Regel auch eine ethnische Komponente. Zumeist weiße Farmer in Namibia, Simbabwe, Südafrika oder Swasiland stehen einer großen Zahl schwarzer Kleinbauern gegenüber. Die Frage nach einer Landenteignung in Simbabwe, Proteste aus Europa und seitens der Weltbank hierauf oder die Landrestitution im Falle Südafrikas machen deutlich, welche soziale, wirtschaftliche und gesellschaftspolitische Bedeutung der Agrarsektor immer noch hat. „Africa is an agricultural continent" (SUTTON in MIDDLETON 1997, Vol. 1, S. 13). Das trifft nicht weniger auf den Teilbereich des Südlichen Afrika zu.

3.1.2 Physische Grundlagen

Art der Landnutzung und Ernteerfolg hängen sowohl von sozialen und technischen Bedingungen als auch von naturräumlichen Grundlagen ab:

Relief: Wie der Rest Afrikas ist auch das Südliche Afrika physiographisch sehr gleichförmig. Die weitverbreiteten präkambrischen Formationen sind über Jahrmillionen sowohl gleichzeitig als auch großflächig wirkenden tektonischen und klimatischen Prozessen ausgesetzt gewesen, so dass sich entgegen der Kleinkammerung anderer Kontinente eine einfache Zweiteilung in „low Africa" und „high Africa" ergibt (STOCK 1995, S. 25). Geprägt wird das Südliche Afrika weitestgehend von Plateaus und Hochebenen, die 1000 bis 2000 Meter über dem Meeresspiegel liegen und in steilen Abfällen den Küstenverlauf von Angola bis Mosambik als *Great Escarpment* begleiten (vgl. Kap. 1.2.1).

Klima und Wasser: Sowohl die Oberflächenformen als auch die geringen Regenfälle und hohen Temperaturen erklären, dass das Südliche Afrika mit Ausnahme von Oranje, Limpopo und Sambesi nur kleine als Wasserreservoir für die Landwirtschaft zur Verfügung stehende Flüsse aufweist. Letztere entspringen zumeist nahe den Küsten und haben aufgrund der steil abfallenden Randgebirge ein hohes Gefälle. Selbst bei den navigierbaren Flusssystemen ist ein Abfall von 60 cm pro km immer noch doppelt so groß wie bei vergleichbaren europäischen Flüssen (Reader's Digest Association 1994, S. 20). Hohe Abflussgeschwindigkeit bei großer Niederschlagsvarianz machen es notwendig, Wasserbassins zu errichten, um eine landwirtschaftliche Bewässerung zu ermöglichen und sich vor Flutkatastrophen zu schützen. Das ist dort möglich und nötig, wo der *run-off* (d. h. der Anteil Regen, der in den Vorfluter gelangt), z. B. im Eastern Cape und KwaZulu-Natal, bis zu 40 % und nicht wie bei anderen Flüssen aufgrund von Evaporation weniger als 2 % beträgt (Reader's Digest Association 1994, S. 20). Die Verfügbarkeit an Wasser als abhängige Größe der Topographie und des Klimas wird zum entscheidensten limitierenden Faktor für die Landwirtschaft (vgl. Kap. 1.2.2). Ein einigermaßen gesicherter Regenfeldbau existiert nur bei durchschnittlichen Jahresniederschlägen von mehr als 500 mm. Die 500 mm-Isohyete durchschneidet Südafrika und bezieht Simbabwe, Sambia und große Teile Angolas ein, schließt hingegen das wüstenartig geprägte Northern Cape, Botsuana und Namibia weitestgehend aus. Rekordregenfälle für die Region verzeichnen hingegen die Hochflächen in Malawi oder Sambia, deren durchschnittlicher Niederschlag allein im Januar mehr als 400 mm betragen kann (STOCK 1995, S. 31). Deshalb beläuft sich der Anteil des Ackerlandes an der Landesfläche nur in Malawi auf mehr als 30 %, in allen anderen Staaten liegt er bei 10 % oder darunter (http://www.odci.gov/cia/publications/factbook).

Boden: Klimatische und orographische Faktoren finden auch ihren Niederschlag in der Bodenbildung. Entgegen der breitenparallelen Abfolge in Zentralafrika erstrecken sich die Bodenzonen im Südlichen Afrika eher längenparallel (WIESE 1997, S. 55). Im trockenen Westen sind rote und graue Wüstenböden weit verbreitet, die in Botsuana ca. 70 % der Oberfläche bedecken. Sowohl der Humusgehalt (aufgrund geringer Vegetationsbedeckung) als auch der Anteil wichtiger Mineralien ist sehr gering. Auf diesen Yermosolen oder Xerosolen ist unter semiariden bis ariden Klimabedingungen keine Landnutzung außer extensiver Viehhaltung möglich. Letztere kann sogar von der hohen Salinität der Böden profitieren, die sich

Physische Grundlagen 67

durch fehlende Bodenauswaschung einstellt und Gips- oder Salzkrusten in den *pans* zurücklässt. Denn das Vieh kann direkt Minerale und Salze aufnehmen, die es ansonsten über die schüttere Vegetationsdecke nur unzureichend findet (SILITSHENA & MCLEOD 1998, S. 65). Fluss- und Wasserarmut stehen einer größeren Verbreitung fruchtbarer Alluvial- oder Flußauenböden entgegen. Diese sog. Fluvisole lagern sich als feine Schlamme und Tone entlang perennierender und periodisch über die Ufer tretender Flüsse ab, in Botsuana z. B. entlang des Chobe und des Okavango oder auch in Mosambik an allen großen Flüssen (KUDER 1975, S. 37). Größte Verbreitung erfahren die sog. Nitosole, Acrisole und Luvisole, die sich aufgrund des jahreszeitlichen Wechsels von Auswaschung in der Sommerregenzeit und Anreicherung von Tonmineralen in der Trockenzeit einen mit den tropischen Ferralsolen vergleichbaren hohen Nährstoffgehalt bewahren können (WIESE 1997, S. 58). Lateritisierung, d. h. der Abbau und die „Abnutzung" des an der Bodenoberfläche angereicherten Humus unter Zurücklassung unfruchtbarer Aluminium- und Eisenverbindungen, die über Trockenphasen verkrusten und die Infiltration von Niederschlagswasser verhindern, ist jedoch infolge Vegetationsvernichtung durch Rodung, Brennholzeinschlag oder zu lange Bodennutzung in der gesamten Region verbreitet (MANSHARD 1988, S. 11 f.). Als letzte dominante Bodenzone kommen im mediterran geprägten westlichen Kapland humusarme rötliche Boden mit mäßiger Versauerung vor, auf denen mit die höchsten wirtschaftlichen Erträge erzielt werden (zur weiteren Ausdifferenzierung der Böden gerade in der westlichen Kapregion vgl. MEADOWS 1998).

Flora und Fauna: Vegetation und Tierwelt passen sich den klimatischen und pedologischen Bedingungen an, aus denen sich sehr unterschiedliche Probleme für die Landwirtschaft ergeben. Weitestgehend wird das Südliche Afrika von baumlosen Halbwüsten und Trockensavannen mit Miombowäldern bedeckt. Nur im äußersten N der Region in Angola und Malawi sowie entlang der Südostküste in Natal und Mosambik findet sich Feuchtsavanne. Mediterrane natürliche Vegetation im westlichen Kapland und Graslandschaft auf dem südafrikanischen *highveld* (STOCK 1995, S. 37) bilden nur vergleichsweise kleine Vegetationsinseln. Konsequenzen für die Landwirtschaft ergeben sich, wenn Vegetationsarmut und damit auch Armut an Mineralien in der Nahrung charakteristische Krankheitsbilder beim Vieh hervorruft. SILITSHENA & MCLEOD (1998, S. 64 f.) beschreiben den sog. Botulismus, der aufgrund von Phosphorarmut in der unzureichend vorhandenen Vegetation dazu führt, dass das Vieh an den Knochen toter Tiere leckt, um die fehlenden Mineralien aufzunehmen, sich dadurch aber mit der Krankheit infiziert. Vor allem die nördlichen Bereiche der Region (Angola, Sambia, Mosambik) gehören zum Verbreitungsgebiet der Tsetsefliege, die die Nagana-Krankheit auf das Vieh bzw. die Schlafkrankheit auf den Menschen überträgt (SHANTZ 1940, S. 375 ff.). Deshalb ist Viehzucht auf wenige Landstriche beschränkt (KUDER 1975, S. 148 ff.). Andere Krankheitsbilder mit katastrophenartigen Folgen waren in der Vergangenheit die Rinderpest, die Ende des 19. Jh. in der Kapkolonie bis zu 35 % des Viehbestandes tötete, oder aber in neuester Zeit die afrikanische Pferdekrankheit (AHS). Letztere wird in Verbindung gebracht mit der Klimaanomalie El Niño, in deren Verlauf extrem trockene Phasen mit heftigen Regenfällen abwechseln. In den sich bildenden Wasserpfützen können sich Insekten, die den AHS-Virus tragen, dramatisch vermehren. Wenn der vornehmlich bei Zebras auftretende Virus auf Nutztiere überspringt, könnten 40 % des gesamten Pferdebestandes in Südafrika der Krankheit zum Opfer fallen (Die Welt 12.03.1999). Zumindest was den Heuschrecken- und Grashüpferbefall anbelangt, ist das

Südliche Afrika hiervon ausgenommen (FAO 1998). Fazit ist, dass die Inwertsetzung des Lebensraumes durch den Menschen vielfältigen natürlichen Risiken in Form epidemiologischer Begrenzungen unterliegt (vgl. MANSHARD 1988, S. 9).

3.1.3 Dualismen der Agrargesellschaft

Die Agrarwirtschaft des Südlichen Afrika wird von mehreren Dualismen geprägt, die einerseits eine individuelle und kommunale, andererseits eine nationale und internationale „Bedeutung" haben.

1. Erstens handelt es sich um den Gegensatz von Kleinbauern, die Subsistenzwirtschaft betreiben oder für lokale Märkte produzieren, und Großfarmern, die in der Regel weltmarktorientiert wirtschaften.
2. Damit verbunden ist der zweite Dualismus, der den ethnischen Gegensatz weißer Großfarmer und schwarzer Kleinbauern erfasst. Selbst dort, wo weiße Farmer aufgrund von Flucht oder Enteignung nicht mehr präsent sind, wirkt ihr Einfluss durch koloniale Landaufteilung und Spezialisierung auf typische *cash crops* bis in die Gegenwart nach, in Angola z. B. beim Kaffeeanbau, in Malawi beim Anbau von Tee und Tabak. Die politische Bedeutung der weißen Farmer zeigt sich darin, dass Landwirtschaftsminister auch nach der Unabhängigkeit vielfach aus der weißen Bevölkerungsgruppe stammen.
3. Sowohl die jeweiligen Anbausysteme als auch die Verteilung der Anbauflächen auf agrare Gunst- oder Ungunsträume haben häufig einen kolonialen Hintergrund. Überschussproduktion aus *commercial farming*, die in einigen Ländern die nationale Wertschöpfung dominiert, konkurriert mit Anbaumethoden, die vornehmlich der individuellen Ernährungssicherung dienen.

Die drei Dualismen treten in verschiedenen Kombinationen als Dicho- oder Trichotomien in Erscheinung. Das heißt, die Gegensatzpaare kommen räumlich und zeitlich parallel vor, weil sie unterschiedliche Ausdrucksformen desselben strukturellen Gegensatzes sind.

3.1.3.1 Akteure und Produktionsstrukturen: Kleinbauern versus Großfarmer

Tab. 5 vermittelt den Stellenwert, den die Landwirtschaft für den Lebensunterhalt eines Großteils der Bevölkerung einnimmt. Diese Bedeutung ist nicht nur wirtschaftlicher, sondern auch sozialer und politischer Natur; sie ist sowohl Ausdruck des technologischen Entwicklungsstandes einer Gesellschaft als auch der Fähigkeiten, sich an physisch-geographische Bedingungen anzupassen (OBIA 1997, S. 287).

Kleinbauern: Strukturell zeichnen sich die Kleinbauern durch Klein- und Kleinstanbauflächen, geringe Mechanisierung und niedrigen Düngereinsatz aus. Profitieren können sie jedoch von ihrem autochthonen „durch generationenlanges Experimentieren" fundierten Agrarwissen (KRINGS 1992, S. 90). So tragen sie in Form von Gründüngung, Kompostverwendung, Erosionsschutz oder Hausgartensystemen zur Bodenfruchtbarkeit und Ernährungsvielfalt bei. Die Auswahl der Anbaufrüchte hängt naturgemäß von klima-

Dualismen der Agrargesellschaft 69

tischen und pedologischen Voraussetzungen sowie vom Arbeitsaufwand ab. Viele der heutigen Grundnahrungsmittel wie Cassava, Mais, Bohnen oder Erdnuss sind von anderen Kontinenten eingeführt und hier „afrikanisiert" worden (SUTTON in MIDDLETON 1997, Vol. 1, S. 15).

Aufgrund der kolonial bedingten Zonierung und Abzäunung kommerzieller von traditioneller Landwirtschaft und des starken schwarzen Bevölkerungswachstums in den letzten Jahrzehnten hat unter den bekannten Anbauregimen *shifting cultivation* eine nur noch geringe Bedeutung. *Shifting cultivation* ist ein sehr flächenextensives Bodenrotationssystem, in dessen Verlauf ausgelaugte Böden brachfallen und neue Flächen häufig mittels Brandrodung kultiviert werden. Diesem episodischen Wechsel von Anbau- und Siedlungsflächen stehen Konzepte einer Mehrfelderwirtschaft oder permanente Anbaustrukturen gegenüber, die nicht selten in Form von *compound farming* betrieben werden (OBIA 1997, S. 293). SCOONES (1997, S. 625) beschreibt die Situation im südlichen Simbabwe, wo Felder abgezäunt werden, „first with brushwood and later with barbed wire", um hierauf einen arbeitsintensiven Gartenbau zu betreiben. Obwohl die bewirtschafteten Flächen im Durchschnitt sehr klein und damit eher dem „traditionellen" Agrarsektor zuzurechnen sind, ist diese Betriebsform durch die lokale Vermarktung von Gemüse und Feldfrüchten nicht mehr nur subsistenzwirtschaftlich, sondern auch marktbezogen ausgerichtet (KNEIPP & SCHWENZFEIER 1988, S. 361). Aufgrund des hohen Bevölkerungsdrucks wächst die Anzahl landloser Haushalte, die somit nicht einmal mehr Subsistenzwirtschaft im ureigensten Sinne betreiben können. So nahm z. B. deren Anzahl in Lesotho von 8,5 % im Jahre 1960 auf über 20 % 1980 und 24,4 % 1986/87 zu (JOHNSTON 1996, S. 123). Hierfür lassen sich verschiedene Gründe anführen: Boden ist physisch nicht vermehrbar; aufgrund von Übernutzung wird Boden durch Erosion zerstört; das traditionelle kommunale Landrecht schließt trotz gegenteiliger staatlicher Rechtssprechung ledige oder verwitwete Frauen, die in wachsender Zahl einen eigenen Haushalt führen, von der Landnutzung weiterhin aus (JOHNSTON 1996, S. 124).

Analog zur *shifting cultivation* im Landbau ist auch der traditionelle Viehnomadismus in den semiariden und ariden Bereichen des Südlichen Afrika (z. B. in Botsuana und Simbabwe) modernen Restriktionen unterworfen. Die Ausweisung von *rangelands* im System der Nationalparks begrenzt die Pastoralisten in ihrem Wanderverhalten (OBIA 1997, S. 295). Ökologische Probleme wie Überweidung und Desertifikation haben langfristig dazu beigetragen, dass z. B. in Botsuana nur noch eine Minderheit unter den Bauern überhaupt Großvieh besitzt: 1993/94 waren es 43 % aller Haushalte (SILITSHENA & MCLEOD 1998, S. 127).

Großfarmer: In allen Ländern der Region ist die koloniale Durchdringung mit einer flächenextensiven landwirtschaftlichen Inbesitznahme einhergegangen (vgl. Kap. 2.2). Das Siedlungsmuster orientierte sich vielfach an ökologischen Gunstfaktoren (Klima, Boden, Wasserzugang), bevorzugter Verkehrserschließung durch Bahn und Hauptstraßen sowie an der Möglichkeit polizeilicher Sicherungsmaßnahmen gegenüber schwarzen Bevölkerungsgruppen. Bis heute konzentrieren sich deshalb die kommerziellen Farmen – trotz Fortzug, Flucht oder Enteignung ursprünglich weißer Farmer in Folge der Entkolonisierung – in Sambia entlang der *line of rail* (MEYNS in NOHLEN & NUSCHELER 1993, S. 485), in Namibia in der ursprünglich im Jahre 1907 proklamierten „Polizeizone" (BÄHR 1968, S. 32) oder in Simbabwe und Swasiland auf dem klimatisch bevorzugten *highveld*. Die Ausbreitung der weißen Farmer in Südafrika ist im Vergleich dazu ein eher untypischer Fall. Zumindest was die physisch-geographische Gunst anbelangt, konzentrieren sich diese gegenüber den traditionellen schwarzen Siedlungsbereichen auf klimatisch sehr viel trockenere Regionen. Ausgeglichen wird dieser Nachteil durch die Farmgröße, die mehrere tausend ha umfassen kann. Entgegen dem traditionellen kommunalen Landrecht Afrikas, das nur Bodenbesitz kennt, wurden die Großfarmen als individuelles Bodeneigentum von kolonialer Seite zugeteilt (*freehold*) und somit ursprünglichen Nutzern zwangsweise entzogen. Die Konsequenzen hieraus zeigen sich bis in die Gegenwart in Form von Restitutionsansprüchen schwarzer Alteigentümer in Südafrika (KHOSA 1994).

Auch nach dem Fortzug weißer Farmer in Malawi, Sambia, Botsuana oder Simbabwe sind die Farmgrößen häufig beibehalten worden. Die Betriebe sind entweder von der neuen Nomenklatura (Politiker, höhere Beamte, Militärs) oder von Ausländern übernommen worden. Im Falle von Angola und Mosambik wurden ab Mitte der 1970er Jahre aus den Großbetrieben neue staatliche Güter gebildet, die von den *economies of scale* der früheren Eigentümer profitieren wollten. Darüber hinaus gibt es aber auch die Möglichkeit, von *absentee landlords* oder vom Staat (wie in Malawi) große Landflächen zu pachten (*leasehold*) und zu bewirtschaften. Eine weitere Unterverpachtung von Kleinparzellen an die eigenen Farmarbeiter ist hierbei üblich.

Charakteristisch für die Großbetriebe sind eine relativ hohe Mechanisierung, sofern sie nicht durch manuelle Arbeit kompensiert wird, Düngemitteleinsatz und systematische Zuchtverbesserung unter Anwendung biologisch-genetischer Erkenntnisse. Der Absatz der in Monokulturen angebauten Früchte erfolgt in der Regel nicht auf den heimischen Märkten. In Zusammenarbeit mit ausländischen Großabnehmern und den häufig noch immer von Weißen kontrollierten lokalen Börsen oder *control boards* werden die Produkte internationalen Märkten zugeführt. Diese nach außen gerichtete Entwicklung der kommerziellen Großfarmer trägt deshalb nur mittelbar über die Exporterlöse zur Ernährungssicherung der lokalen Bevölkerung bei. Das große wirtschaftliche und damit auch politische Gewicht der Großfarmer hat z. B. dazu geführt, dass in Malawi schwarze (Klein-) Bauern bis Anfang der 1990er Jahre keine Möglichkeit hatten, ihre Produktion auf der nationalen Tabakbörse anzubieten. Vor allem in ariden und semiariden Gebieten haben große Rinder- und Schaffarmen von 5000 bis 20 000 ha im letzten Jahrzehnt den Übergang zum *game ranching* geschafft. Weil die Viehhaltung allein nicht mehr rentabel ist, versucht man mit der Aussetzung und Nutzung von freilebenden Wildpopulationen verschiedene Formen des (Übersee)-Tourismus (Landsafaris, Ballonsafaris) anzusprechen (KRUG 1999).

Farmarbeiter: Landlosigkeit, Armut und der aus kolonialen Steuergesetzen (Hüttensteuer, Kopfsteuer) resultierende Zwang, Geld zu verdienen, sind für viele Schwarze und *Coloureds* Grund gewesen, sich als Farmarbeiter zu verdingen. Entweder wohnen sie ständig auf der Farm, oder sie arbeiten auf Kontraktbasis als eine Art Wanderarbeiter und leben als Squatter auf dem Farmland. Im Falle Südafrikas handelt es sich vielfach um illegal aus dem Ausland zugewanderte Arbeitskräfte (vor allem aus Mosambik), die deshalb in Agrarzensen nicht erfasst werden (Tab. 6). Oder sie werden falsch erfasst, weil sie von den Farmern selbst als Bürger Südafrikas ausgewiesen werden, um keinen Ärger mit Staatsorganen zu bekommen. Mosambikaner werden häufig den „locals" sogar vorgezogen, weil ihnen die

Dualismen der Agrargesellschaft

Tab. 5: Bedeutung des kommerziellen Agrarsektors nach Ländern

Land	Anzahl kommerzieller Agrarbetriebe	Anteil an vermarkteter Agrarproduktion	Anzahl traditioneller landwirtschaftlicher Kleinbetriebe
Angola[1]	bis Mitte 1970er Jahre ca. 2500 Großbetriebe im Kaffeeanbau (durchschnittl. ca. 106 ha); ab Mitte 1970er Jahre Verstaatlichung zu 33 staatl. Unternehmen mit Kaffeeplantagen		Anfang 1970er Jahre Kaffeeanbau auf durchschnittl. ca. 0,8 ha
Botsuana[2]	- Konzessionsfarmen im Feldbau - ca. 360 kommerzielle Viehfarmen	ca. 40 % der ges. Erntemenge an Sorghum, Mais, Hirse u. a.; 20 % des nationalen Viehbestandes	etwa 80 % aller Bauern auf Kleinfarmen; ca. ein Drittel weniger als 3 ha Anbaufläche
Malawi[3]	2950 Plantagenbetriebe; davon ca. 1650 Großbetriebe mit über 100 ha (1998)	ca. 90 % aller für den Export bestimmten Produkte	2,3 Mio. Betriebe mit durchschnittl. 1 ha
Namibia[4]	6327 kommerzielle Viehgroßbetriebe (1989) durchschnittl. 5514 ha je Farm	etwa 75 % der landwirtschaftlich nutzbaren Fläche entfallen auf kommerzielles Farmgebiet	120 000–150 000
Sambia[5]	1090 (1970/71) 2251 (1977/78)	ca. 50 %	
Simbabwe[6]	ca. 4500 Mitglieder in Commercial Farmer's Union (davon ca. 75 % Weiße)	25–35 % aller ausländischen Erlöse aus Tabakernte	ca. 600 000
Südafrika[7]	ca. 60 000 weiße Großfarmen auf ca. 80 % der ges. landwirtschaftl. Nutzfläche	ca. 95 % der einheimischen Nahrungsmittelproduktion	ca. 200–300 000 schwarze Kleinbauern, die über den Eigenbedarf hinaus anbauen
Swasiland[8]	300 (1987/88) (durchschnittl. ca. 1432 ha)		ca. 40 000 (durchschnittl. ca. 3 ha)

Quellen: [1] Statistisches Bundesamt (Länderbericht Angola 1993, S. 55f.); [2] Statistisches Bundesamt (Länderbericht Botsuana 1992, S. 49f.); [3] SCHMIDT-KALLERT (2000, S. 162); [4] Statistisches Bundesamt (Länderbericht Namibia 1992, S. 76); [5] Statistisches Bundesamt (Länderbericht Sambia 1995, S. 51); [6] Business Day online 24.11.1997; Financial Mail 27.02.1998; [7] Statistisches Bundesamt (Länderbericht Südafrika 1995, S. 78); [8] Statistisches Bundesamt (Länderbericht Swasiland 1993, S. 49)

Tab. 6: Landeigentümer und bezahlte Arbeitskräfte in der Landwirtschaft Südafrikas, 1993

	Weiße	Inder	*Coloureds*	Schwarze
Landeigentümer, Pächter und Familienangehörige	66 653	895	731	395
Festangestellte	15 039	1 733	119 563	511 504
Gelegenheits- und Saisonarbeiter	897	282	114 977	375 432
Quelle: Südafrikanischer Agrarzensus 1993, in: SAIRR (1998, S. 234f.)				

Reputation hart arbeitender Menschen anhaftet. Vielfach sind die Farmen jedoch nur „refuelling station" für diejenigen, die in die großen Zentren Pretoria und Johannesburg ziehen wollen. Entsprechend kurzfristig sind zuweilen die Arbeitsbeziehungen zwischen Landarbeiter und Farmer, die teilweise nur wenige Tage bis zur ersten Gehaltszahlung halten (MATHER 2000, S. 429 f.). Ihren Lohn bekommen sie nicht selten in Naturalien, im Western und Northern Cape häufig als Weinabgabe, was Armut, Alkoholismus und Gewalttätigkeit fördert (SHAW & LOUW 1997). Sofern sie nicht nur Gelegenheits- oder Saisonarbeiter sind, haben sie sich dem Farmer und seiner Macht (auch zur körperlichen Züchtigung) über Generationen hinweg patriarchalisch unterordnen müssen (SEEDAT 1966). In die Arbeit sind nicht nur Männer, sondern auch Frauen und Kinder unter Vernachlässigung des Schulbesuches eingebunden (SENDER & JOHNSTON 1996).

Konzentration und Abwanderung aus der Landwirtschaft: Mit Ausnahme der „weißen" Farmwirtschaft kennt das Südliche Afrika keine Eigentumskonzentration an Land. Nahm die Anzahl weißer Farmen in Südafrika im 20. Jh. dramatisch ab und die durchschnittliche Flächengröße um ein Vielfaches zu, schwankt die Hofgröße in kommunalen Gebieten von Lesotho oder Simbabwe zwischen 1–7 ha. Trotz Bevölkerungsabwanderung in die Städte besteht die Landarmut fort. Obwohl sich Wanderarbeiter periodisch in den Städten aufhalten, bleibt der nunmehr von Frauen geführte Haushalt auf dem Land zurück, der mit dem städtischen Geldlohn unterstützt wird. Als Element der sozialen Absicherung im Alter spielen Bodenanteile und Viehbesitz eine elementare Bedeutung, auf die nicht ohne weiteres verzichtet wird (vgl. Kap. 4.6.2.3).

3.1.3.2 Die Bedeutung des agraren Sektors für die Volkswirtschaft

Die Bedeutung und damit auch die Abhängigkeit der Volkswirtschaft vom agraren Sektor ist in den einzelnen Ländern sehr unterschiedlich (vgl. Tab. 7). Malawi und Sambia sind sehr viel stärker vom Ernteerfolg und von Preisentwicklungen auf dem Weltmarkt abhängig als Länder wie Südafrika, Botsuana und Namibia, die entweder stark diversifizierte Volkswirtschaften haben oder aber vornehmlich Bergbauprodukte vermarkten.

Die Arbeitsproduktivität in der Landwirtschaft hat sich zwischen 1961 und 1998 durch verbessertes Saatgut, Mechanisierung und Düngung deutlich erhöht, so z. B. in Südafrika von

57,8 Punkten 1961 auf 100,6 Punkte 1998 oder in Simbabwe von 45,8 auf 103,6 Punkte (Basis 100: 1989–91), ist allerdings im weltweiten Vergleich noch immer außerordentlich niedrig (v. a. in Angola, Mosambik, Malawi und Sambia; nach Weltbank 2001). Was die Produktivität pro Kopf anbelangt, sind die Indizes jedoch für alle Länder mehr oder weniger deutlich gefallen (Tab. 9). Die Bevölkerungsexplosion einerseits, die in einigen Ländern phasenweise zu beobachtende vollständige Auflösung politischer Macht und wirtschaftlicher Infrastruktur (Angola und Mosambik) oder episodische Naturkatastrophen in Form von Dürren andererseits können diese Entwicklung erklären. Um konkurrenzfähig produzieren zu können, wird sich die Freisetzung von Arbeitskräften im Agrarsektor zukünftig verstärken. In Südafrika ist dieser Prozess seit längerem im Gang. Man schätzt, dass zwischen 1970 und 1995 ca. 1,5 Mio. Arbeitsplätze verloren gegangen sind (BHORAT 2000). Davon war ganz überwiegend die schwarze Bevölkerung betroffen. Das hat einerseits die Abwanderung verstärkt, andererseits zum Anstieg der Arbeitslosigkeit in den Städten beigetragen, weil diese Gruppe aufgrund von Ausbildungsdefiziten nur schwer eine Beschäftigung im sekundären und tertiären Sektor finden konnte.

Tab. 7: Anteil der Landwirtschaft am Bruttoinlandsprodukt, 1991–2000 (in %)

Land	1991	1992	1993	1994	1995	1996	2000[1]
Angola	24,1	19,5	19,5	12,2	./.	./.	6
Botsuana	4,5	4,4	4,2	3,9	3,6	./.	4
Lesotho	13,5	./.	./.	./.	9,6	./.	18
Malawi	./.	28,3	39,1	31,3	36,8	43,4	40
Mosambik	./.	./.	26,4	24,2	25,5	./.	33
Namibia	./.	7,0	6,9	7,8	7,4	7,7	11
Sambia	16,9	22,6	28,5	26,7	17,1	./.	24
Simbabwe	./.	13,1	16,3	16,6	15,5	17,5	11
Südafrika	./.	4,2	5,1	5,5	4,6	5,6	3
Swasiland	13,8	10,6	9,8	9,8	8,8	./.	./.

./. = keine Angabe
Quelle: SADC (1998a); [1]World Bank (2002)

Tab. 8: Anteil der Exporterlöse landwirtschaftlicher Produkte am Gesamtexport (in %)

Land (Produkt)	1991	1992	1993	1994	1995	1996
Angola (Kaffee)	0,1	0,08	0,07	./.	./.	./.
Botsuana (Fleisch)	./.	3,5	3,7	3,7	3,0	2,5
Lesotho (Vieh und Lebensmittel)	21,6	22,9	25,9	26,0	35,1	./.
Malawi (Tabak)	./.	./.	67,2	60,3	63,3	62,6
Mosambik (Shrimps)	37,4	46,4	52,2	40,4	43,2	./.
Namibia (Tierprodukte)	./.	8,2	7,6	10,4	10,9	12,0
Sambia (Tabak)	./.	0,6	0,8	0,6	./.	./.
Simbabwe (Getränke und Tabak)	./.	30,8	25,1	22,5	22,9	30,6
Südafrika (Nahrungs-/Genussmittel)	./.	9,7	8,7	11,1	9,5	8,2
Swasiland (Zucker)	./.	./.	./.	./.	15,7	./.

./. = keine Angabe
Quelle: SADC (1998a)

Tab. 9: Entwicklung der landwirtschaftlichen Produktivität pro Kopf (Basis 1989-91)

Land	1961	1965	1970	1975	1980	1985	1990	1995	1998
Angola	197,5	218,7	232,7	198,5	129,3	112,1	97,9	100,5	105,8
Botsuana	154,5	171,2	167,4	145,7	103,0	114,2	99,8	93,1	73,2
Lesotho	146,7	133,0	144,2	123,9	114,6	104,7	111,3	88,0	87,5
Malawi	106,1	115,6	111,3	121,6	121,6	116,1	97,3	105,1	104,7
Mosambik	157,1	155,2	169,4	151,6	123,2	96,6	105,8	89,9	106,7
Namibia	169,1	165,6	176,6	132,3	146,2	95,6	96,9	97,0	97,1
Sambia	103,8	101,2	95,7	122,3	92,6	92,4	92,8	81,0	82,2
Simbabwe	114,5	103,3	103,2	122,3	106,0	118,9	99,9	72,1	85,6
Südafrika	120,0	114,9	112,2	116,2	116,7	100,7	98,0	76,2	84,2
Swasiland	89,1	77,9	98,5	106,3	108,5	104,7	96,2	73,4	73,8

Quelle: FAOSTAT Database (1990-1998) (http://apps.fao.org)

3.1.4 Exportgüter

Die kolonial begründete und zuweilen bis heute währende Abhängigkeit der Volkswirtschaften von einzelnen landwirtschaftlichen Exportprodukten wird anhand der extremen Bandbreite von Fallbeispielen deutlich. Nur dort, wo politische Katastrophen wie in Angola oder globale Marktanpassungen wie im Falle der Cashew-Nuss-Produktion erfolgt sind, ist die volkswirtschaftliche Bedeutung von *cash crops* rapide gesunken, ohne dass der Bevölkerung Beschäftigungsalternativen angeboten werden könnten.

3.1.4.1 Beispiel Angola: Kaffee

Als Beispiel des kompletten Niederganges einer Plantagenwirtschaft infolge des Bürgerkrieges steht die Kaffeeproduktion in Angola. Um 1837 wurde die Kaffeepflanze aus Brasilien in das portugiesische Angola gebracht und dort in den Hochlandbereichen angebaut. Vor der Unabhängigkeit 1975 war Angola viertgrößter Kaffeeproduzent der Welt und zweitgrößter Afrikas. Kaffee wurde sowohl von ca. 250 000 afrikanischen Kleinpflanzern, deren Produktion von fahrenden portugiesischen Zwischenhändlern aufgekauft wurde, als auch von etwa 2500 kommerziellen Großfarmern auf ca. 600 000 ha angebaut (http://www.angola.org/business). Letztere arbeiteten vorwiegend mit zur Kontraktarbeit gezwungenen Afrikanern. Nach 1975 haben weiße Fachkräfte und Händler sowie 120 000 schwarze Wanderarbeiter das Hochland verlassen (KUDER in KUDER & MÖHLIG 1994, S. 243), so dass es zu einem vollständigen Zusammenbruch des herkömmlichen Arbeitsmarktes kam. Die großen Kaffeeplantagen wurden von der neuen Regierung nationalisiert. 1985 existierten 34 staatliche Kaffeegesellschaften, die nur noch etwa 8 % des Produktionsergebnisses von 1973 erwirtschaften konnten (http://www.angola.org/business). Bis 1990 ging die Exportmenge noch weiter auf nur noch 5 % zurück (MEYNS in NOHLEN & NUSCHELER 1993, S. 327). Nicht nur fehlten die internationalen Vermarktungstechniken, sondern auch Meliorationsmaßnahmen in den überalterten Kaffeebaumbeständen. Dadurch haben sich der Ernteertrag und die Qualität verschlechtert. Zudem können die Kaffeepreise in Abhängigkeit von den Welternteerträgen kurzfristig starken Schwankungen unterliegen, wie es 1986/87

Exportgüter 75

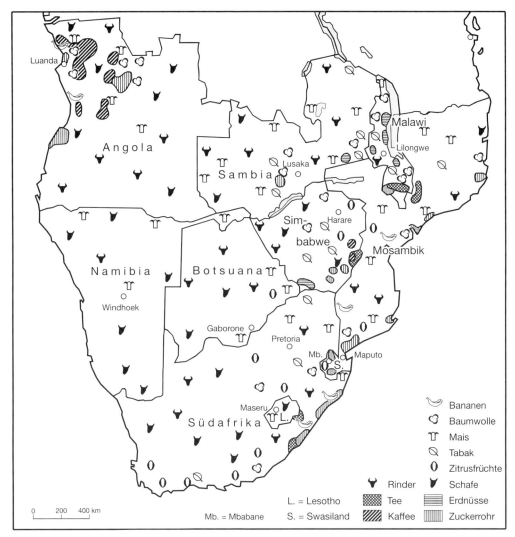

Abb. 18: Landwirtschaftliche Produktion im Südlichen Afrika
Quelle: Shuter & Shooter (1995, S. 47)

der Fall war, als die Preise der International Coffee Organization um mehr als 20 % fielen (http://www.angola.org/business). Ab 1991 stand die Regierung in Verhandlungen mit britischen, portugiesischen und amerikanischen Gesellschaften, um die staatlichen Kaffeeplantagen zu reprivatisieren. Ausländisches Eigentum sollte jedoch auf 30–40 % der gesamten Kaffeeproduktion beschränkt sein. Der sporadisch aufflammende Bürgerkrieg (letztmalig seit Ende 1998) hat eine Verwirklichung des Programms bislang verhindert. Zum Positiven gewendet wird das Kriegs- und Landminenproblem in einer Kaffeeanalyse, die auf einer Veranstaltung der EU und der UNDP (Brüssel September 1995) zu Angola folgendes Fazit fand: „One advantage here is that due to the war, farming lands in Angola have been left fallow and thus ecologically sound (...) and they could therefore join the bandwagon of green products grown on a truly sound ecological environment, that are enjoying tremendous success with market entry particularly in Europe" (http://www.angola.org/business/sector/agriculture/coffee.html)

3.1.4.2 Beispiel Simbabwe: Tabak

Zum wichtigsten Anbauprodukt hat sich in Simbabwe als drittgrößtem Weltexporteur der Tabak entwickelt. 1998 machte die Tabakernte etwa 35 % aller Exporterlöse aus. Auf 96 000 ha Land wurden 1998 etwa 230 000 t Tabak geerntet, der vor allem von 1400 in der Regel weißen Großfarmern angebaut wird. Nur etwa 2 % der gesamten Ernte entfallen auf schwarze Pflanzer (Financial Mail 27.02.1998). Die Regierung unterstützt Maßnahmen, den Anteil schwarzer Bauern unter den Tabakpflanzern zu steigern. Die Erfahrungen, Boden- und Klimaeigenschaften, Pflanzenzucht und Trockentechniken effizient zu kombinieren, haben den weißen Farmern jedoch einen jahrzehntelangen Vorsprung verschafft. Dazu gehören auch das personelle Netzwerk zu Vertretern internationaler Großkonzerne, die vor Ort einkaufen, und das Vorhandensein von Transportkapazitäten zur Börse einerseits als auch zu den Exporthäfen (vor allem Durban) andererseits. Allein die EU kaufte 1997 etwa 48% der gesamten Exporte auf (Financial Mail 27.02.1998). Um den rassischen Gegensatz aufzulösen und die zu Beginn der Unabhängigkeit versprochene Landreform zu realisieren, ist es die Absicht der Regierung, auch 550 Tabakfarmen an Kleinbauern umzuverteilen, die etwa 25% der Tabakproduktion ausmachen. Erkennbar ist das Dilemma, einerseits schwarzen Kleinbauern soziale Gerechtigkeit widerfahren zu lassen, andererseits die Haupteinnahmequelle des Staates nicht zu verschließen (vgl. Kap. 4.9.4).

3.1.4.3 Beispiel Swasiland: Zucker

Wichtigstes Exportgut und größter Arbeitgeber Swasilands ist der Zucker. Etwa 53 % der landwirtschaftlichen Produktion und 34 % aller Lohnarbeit entfallen auf den Zuckerrohranbau (MORRISSEY 1999, S. 47). Die Verarbeitung in Zuckermühlen und weiterverarbeitenden Betrieben (Marmelade, Schokolade, Fruchtsäfte, Coca Cola-Konzentrat) haben dazu geführt, dass Zucker und Zuckerprodukte 1992 mehr als 50 % aller Exporterlöse ausmachten (ATKINS & TERRY 1998, S. 131). Erst 1957 wurde mit dem Zuckerrohranbau begonnen. Weil das Zuckerrohr hohe Niederschläge benötigt, muss es in weiten Teilen, insbesondere im *lowveld*, bewässert werden (LEISTNER & SMIT 1969, S. 153 f.). Hohe Nebeninvestitionen – so auch der Transportaufwand zu den Zuckermühlen – hatten zur Folge, dass sich die Zuckerproduktion auf wenige Farmer konzentrierte. Ende der 1960er Jahre kontrollierten zwei Gesellschaften etwa die Hälfte der gesamten Zuckerproduktion. Hinzu kamen weiße Farmer aus Südafrika oder Großbritannien.

Seit den 1980er Jahren wird der europäische Einfluss in den Zuckergesellschaften zurückgedrängt, so dass 47 % des Anbaus und 51 % der Zuckermühlen in Händen von Swasis liegen (MORRISSEY 1999, S. 47). Im Intra-SADC-Handel ist Swasiland der größte Zuckerexporteur; fast die Hälfte der Exporte geht nach Südafrika. Eine Diversifizierung sei-

Exportgüter

ner Produktion konnte das Land durch die Weiterverarbeitung und Veredelung des Zuckerrohstoffes erreichen. So stellt Coca Cola in Swasiland für 15 weitere afrikanische Länder das entsprechende Konzentrat her. Die Häufung internationaler Großkonzerne wie Cadbury-Schweppes, Nestlé und Coca Cola ist aber auch das Langzeitergebnis der Deinvestition dieser Firmen im Apartheid-Südafrika (ATKINS & TERRY 1998, S. 135). Als Mitglied der AKP-Staaten profitiert Swasiland bei seinen Exporten von Zuckerquoten der EU und Garantiepreisen, die Ende der 1990er Jahre fast dreimal so hoch waren wie auf dem Weltmarkt (MORRISSEY 1999, S. 48). Diese Sonderkonditionen entsprachen – gemessen am BIP zwischen 1980 und 1990 – einem zusätzlichen Transfer von etwa 7 % (ATKINS & TERRY 1998, S. 135). Sowohl die EU als auch die USA und die SACU-Staaten absorbierten 1997 und 1998 die gesamte Ernte, so dass man von Schwankungen auf dem Weltmarkt vollständig unabhängig ist (REIN 1998). Unklar bleibt, ob – ähnlich wie bei den Tabakproduzenten, die immer häufiger mit Antiraucherkampagnen in den Hauptabnahmeländern konfrontiert sind – längerfristig Zuckerersatzstoffe das Zuckerrohr (und die Zuckerrübe in Europa) ersetzen und Swasiland wirtschaftlich ins Abseits steuern.

3.1.4.4 Beispiel Mosambik: Cashew-Nüsse

Eines der wenigen Beispiele, wo Exportprodukte traditionell von Zehntausenden von Kleinbauern angebaut und an 14 lokale Fabriken zur Weiterverarbeitung verkauft wurden, ist die Cashew-Nuss in Mosambik. Sie war noch Anfang der 1990er Jahre zweitwichtigster Exportartikel des Landes. Bis in die 1960er Jahre produzierte das Land die Hälfte der Welternte. Die Bedeutung der Cashew-Nuss zeigt sich darin, dass nach einer Erhebung von 1996/97 26 % aller Familien im ländlichen Raum Cashew-Bäume besaßen, 16 % sogar mehr als 10 Bäume. Sogar 10 % der städtischen Haushalte nannten Cashew-Bäume ihr Eigentum. Man schätzt, dass es etwa 26 Mio. Cashew-Bäume in Mosambik gibt (HANLON 1999). Mit mehr als 10 000 Arbeitskräften in der Verarbeitung war die Cashew-Produktion einer der wichtigsten Arbeitgeber im formellen Sektor vor allem für Frauen, die die Kerne aus den Nüssen herausschälten. 1994/95 wurden die Fabriken privatisiert. Um die Weiterverarbeitung der Nüsse im Land selbst zu garantieren – noch bis Anfang der 1990er Jahre war es per Gesetz verboten, Rohnüsse zu exportieren, sofern die lokale Industrie nicht ausgelastet war – wurde die Ausfuhr von Rohnüssen mit einer ca. 20 %igen Abgabe belegt. Aufgrund der Intervention der Weltbank erhielten die Cashew-Verarbeiter (vor allem Mosambikaner indischer Abstammung, Portugiesen, Südafrikaner) seit 1995 immer geringere Subventionen seitens der Regierung, die damit die Auflagen für Weltbankkredite erfüllen wollte. Ergebnis war ein fast vollständiger Zusammenbruch der Cashew-Verarbeitung, die nunmehr in Indien erfolgt, weil die Bauern im Direktexport höhere Erlöse erzielen können. Im Gegensatz zu Mosambik ist die Aufbereitung der Nüsse in Indien durch die Auslagerung von Arbeiten auf einzelne Familien kostengünstiger (HANLON 1999). 7000 der 9000 Fabrikarbeiter in Mosambik haben deshalb ihren Arbeitsplatz verloren (Mozambique... 1998, S. 7). Eine Parlamentariergruppe der regierenden Frelimo-Partei kommt zu dem Ergebnis, dass Regierung und Weltbank mehr zur Zerstörung der Cashew-Verarbeitung beigetragen hätten als der jahrelange Bürgerkrieg (afrika süd (1) 1999, S. 6). Der Anteil an der Weltproduktion ist auf 5 % zurückgegangen.

3.1.4.5 Beispiel Botsuana: Fleischproduktion

Obwohl der landwirtschaftliche Sektor in Botsuana eine relativ geringe Bedeutung am BIP einnimmt, entfallen ca. 80 % dieses Anteils allein auf die kommerzielle Viehzucht (SADC 1998a, S. 144). Als drittgrößter Devisenbringer des Landes wird ihre außenwirtschaftliche Bedeutung klar unterstrichen. Hier schlägt weniger der auf Tradition und gesellschaftliches Ansehen zielende Streubesitz von Vieh zu Buche als die Herdenhaltung weniger Besitzer. Nur etwa 5 % der Haushalte in Botsuana besaßen Anfang der 1990er Jahre über die Hälfte aller Rinder (CLAUS in NOHLEN & NUSCHELER 1993, S. 342). Auf die kommerziellen *freehold farmer* entfielen etwa 15 % aller Rinder. Den Gegensatz zwischen Viehhaltung auf traditionellem Gemeineigentum und Eigentümerparzellen vermittelt Tab. 10. Letztere sind eingezäunt und in *paddocks* untergliedert. Während traditionelle Viehhalter nach wie vor eine möglichst große Kopfzahl anstreben, sind Großfarmen darauf bedacht, die Viehqualität und ökologische Belastungen besser kontrollieren zu können. In ihrer Betriebsführung ähneln sie den großen Viehfarmen Südafrikas und Namibias, in denen eine „Umtriebsweide" unter hohem Kapitalaufwand schon seit mehreren Jahrzehnten eingeführt worden ist (vgl. BÄHR 1981).

Tab. 10: Produktionssysteme der Viehhaltung in Botsuana, 1993

	Traditionell	*Freehold*
Gesamtzahl Vieh	1 562 200,0	258 533,0
Durchschnittl. Anzahl Vieh pro Haltung	29,2	572,0
Ratio of births to total cows	57,0	56,1
Ratio of deaths to total cattle	32,0	6,7
Ratio of sales to total cattle	9,6	31,6
Quelle: SILITSHENA & MCLEOD (1998, S. 126)		

Die Auslandsvermarktung wird monopolistisch von der Botswana Meat Commission (BMC) vorgenommen, die als Kooperative fungiert und ihr Fleisch vornehmlich in Europa vermarktet. Als Vertragspartner des Lomé-Abkommens profitiert Botsuana von Exportquoten und Garantiepreisen seitens der EU. Insgesamt werden über 95% der Produktion exportiert (SADC 1998a, S. 144). Im internationalen Vergleich ist die Produktivität (Fleischgewicht pro Tier) jedoch eher niedrig, so dass bei einer Liberalisierung der Weltmärkte der Fleischabsatz absehbar zurückgehen würde. Neue Marktchancen ergeben sich möglicherweise durch die europäische BSE-Krise.

3.1.4.6 Beispiel Namibia: Karakulfelle

Karakulschafe sind bereits 1908 auf Anregung des damaligen Gouverneurs von Lindequist aus der Buchara (Usbekistan) nach Südwestafrika (SWA) gebracht worden. Man bemühte sich damals darum, möglichst viele Tier- und Pflanzenarten aus anderen ariden Gebieten in der Kolonie zu erproben, um die Besiedlung mit deutschen Farmern auf eine sichere wirtschaftliche Grundlage zu stellen (BÄHR 1968, S. 39 ff.; KLIMM, SCHNEIDER & VON HATTEN 1994, S. 106 ff.).

Exportgüter

Sowohl die Karakulschafe wie die später eingekreuzten einheimischen Rassen gehören zur Gruppe der Fettschwanzschafe, die Depotfett im Unterhautbindegewebe des Schwanzes speichern und dadurch auch längere Perioden mit unzureichendem Nahrungsangebot überstehen können. Als weiterer Vorteil kommt hinzu, dass sich der Schafbestand vergleichsweise leicht an wechselnde Weideverhältnisse anpassen lässt, indem man in Zeiten des Futtermangels nur wenig Junglämmer am Leben lässt und später zur Aufstockung der Herden entsprechend mehr Neugeborene aufzieht. Größere finanzielle Einbußen entstehen dadurch nicht, weil jedes gleich nach der Geburt geschlachtete Karakullamm durch den Verkauf des Felles Geld einbringt.

Vermarktet wurden die Felle bis in die 1930er Jahre vorwiegend in Leipzig, später in New York, London und (seit 1988) in Frankfurt/M. Während lange Zeit die runde Röhrenlocke als Zuchtziel dominierte, stellte man sich später aufgrund einer gewandelten Nachfrage auf dünnledriges, kurzhaariges, flaches und seidig glänzendes Fell um (Breitschwanztyp), das den Markennamen Swakara erhielt. Die sog. Persianermäntel und -jacken waren über viele Jahrzehnte ein begehrter Modeartikel. Es war deshalb kein Wunder, dass die Karakulzucht in den voll ariden Gebieten des südlichen Landesteils mit weniger als 250 mm Niederschlag einen unglaublichen Aufschwung nahm. Auch im nördlichen Kapland stellten sich viele Farmer auf die Karakulhaltung um. Während zu Beginn der 1930er Jahre nur etwas über 100 000 Felle aus SWA exportiert wurden, waren Anfang der 1960er Jahre die 2 Mio.-Grenze und 10 Jahre später gar die 5 Mio.-Grenze überschritten (Karakul Breeders' Society 2000). Diese Steigerung basierte einerseits darauf, dass bis nach dem Zweiten Weltkrieg ständig neues Farmland, jetzt vorwiegend an Siedler aus Südafrika, vergeben wurde und die Karakulzucht so in die Randnamib im W sowie die Kalahari im E vordrang; andererseits eröffneten sich durch die Umstellung der Bewirtschaftungsmethoden auf den bestehenden Farmen neue Möglichkeiten. Das Erbohren neuer Wasserstellen, die (schakalsichere) Einzäunung der Betriebe und ihre Unterteilung in einzelne Kampe (Weideblocks) erlaubten die Abkehr vom traditionellen „Wächtersystem", bei dem die Herden von einem Hirten begleitet wurden (BÄHR 1981, S. 277 ff.). Durch die Einführung der Umtriebsweide konnte die Farmfläche zudem sehr viel rationeller genutzt und auch eine gewisse Vorsorge für Dürreperioden betrieben werden. Diese Umstellung ist vom Staat durch hohe Subventionen unterstützt worden.

Auch gesamtwirtschaftlich hatte die Karakulzucht lange Zeit eine erhebliche Bedeutung. 1939 machte sie 37 % aller Exporte aus und auch 1965 – trotz der gestiegenen Bedeutung von Bergbau und Fischereiwirtschaft – immerhin noch 7 % (BÄHR 1968, S. 41 f.).

Ein dramatischer Rückgang des Absatzes von Karakulfellen setzte zu Beginn der 1980er Jahre ein. Schon Mitte der 1980er Jahre wurden nur noch 1 Mio. Felle exportiert, und heute sind es weniger als 100 000. Gleichzeitig verfielen die Preise, so dass sich der Anteil der Karakulfelle an den gesamten Ausfuhren auf nahezu null verminderte. Die Gründe sind nicht so sehr in einer Übernutzung der Naturweide zu suchen, auch wenn die Dürreperiode zu Beginn der 1980er Jahre den Verkaufsdruck erhöht hatte und zu einer „Überschwemmung" des wenig aufnahmefähigen Marktes führte, weil zum gleichen Zeitpunkt die Wirtschaft der Industriestaaten stagnierte oder sogar rückläufig war. Der weitere Abwärtstrend setzte sich jedoch unabhängig von guten oder schlechten Regenjahren kontinuierlich fort.

Dafür ist ein radikaler Wandel der Pelzmode, verbunden mit Anti-Pelz-Kampagnen, verantwortlich zu machen. Erst in jüngster Zeit haben sich die Preise wieder etwas stabilisiert.

Der Einbruch auf der Nachfrageseite hatte für die Karakulfarmen katastrophale Auswirkungen; ihnen war sozusagen über Nacht die Lebensgrundlage entzogen. In ihrer Mehrzahl haben sie die Karakulhaltung vollständig aufgegeben, weil die Einnahmen nicht mehr die Produktionskosten deckten. Nur mit Hilfe staatlicher Unterstützung konnten wenigstens einzelne „Kernherden" erhalten werden, um die Erfolge einer langjährigen Zucht nicht aufs Spiel zu setzen (KLIMM, SCHNEIDER & VON HATTEN 1994, S. 108). Alternativen zu finden war nicht ganz einfach. Zwar hat vor allem die Haltung von Fleischschafen an Bedeutung gewonnen, die Verluste aus dem fehlenden Absatz von Karakulfellen konnte dadurch aber nicht ausgeglichen werden. Heute werden auf den kommerziellen Farmen Namibias nur noch knapp 3 Mio. Kleinvieheinheiten gehalten, im Vergleich zu fast 5 Mio. zu Beginn der 1970er Jahre (LANGE, BARNES & MOTINGA 1998, S. 556). Auch der Übergang zur Straußenzucht oder zur Wildbewirtschaftung (*game farming*) war nicht in jedem Falle eine Lösung. Bessere Chancen haben sich durch die Umstellung auf Gästefarmen mit Tierbeobachtung oder auf Jagdfarmen ergeben. Mitte der 1990er Jahre waren im ganzen Land immerhin 450 Einrichtungen dieser Art registriert (LAMPING 1996, S. 63); die wirkliche Zahl dürfte sogar noch deutlich höher liegen. Trotzdem ist es in den südlichen Landesteilen zu einer gewissen Entsiedlung gekommen, dadurch dass einzelne Farmen aufgegeben wurden, in größeren Einheiten aufgingen oder nur noch im Nebenerwerb geführt werden. Für eine Umverteilung im Rahmen der angestrebten Landreform (vgl. Kap. 4.9.4) eignen sich solche Betriebe kaum, weil die Tragkraft der Naturweiden außerordentlich niedrig ist und jede Unterteilung zur weiteren Schädigung der natürlichen Vegetation beitragen würde.

3.1.5 Probleme der Landwirtschaft

Die Probleme der Landwirtschaft (nicht nur) im Südlichen Afrika, die sich in der Regel nur auf einen Bruchteil der jeweiligen Landflächen beziehen, sollen anhand der nachfolgenden Übersicht typisiert werden (Tab. 11). Es werden verschiedene Ebenen unterschieden, die sowohl einzeln als auch in ihrer Vernetzung die Schwierigkeiten der landwirtschaftlichen Produktion erklären. Auf der politischen Ebene geht es z. B. um die Machtfrage, wer die Zuweisung und Nutzung landwirtschaftlicher Flächen kontrollieren kann (hierzu Kap. 4.9.4). Soziale und demographische Probleme, die sich vor allem aus traditionellen Verhaltensweisen herleiten, werden in Kap. 4.1 und 4.6 detaillierter aufgegriffen. „Lösungen" ergeben sich insbesondere
– durch die Züchtung ergiebigeren Saatgutes als in der Vergangenheit (Grüne Revolution);
– durch die Erkenntnis, dass eine unkritische Übernahme „westlicher" Techniken für den afrikanischen Kontext „unangepasst" ist („appropriate solutions");
– durch ökologische Aufklärung und Bildung, was die Folgewirkungen von Überstockung oder Abholzung anbelangt (*sustainability*);
– durch die soziale Emanzipation der Frauen, die aufgrund von Tradition vielfach kein Land besitzen oder Kredite aufnehmen können (OBIA 1997, S. 312);
– durch die Demokratisierung der Gesellschaft, um ethnische Gegensätze und Vetternwirtschaft auszuräumen.

Tab. 11: Problemfelder in der Landwirtschaft

Problemfeld	Problem	Problemlösung
Physisch-geographische Ebene	a) episodische Dürren (El Niño?) b) Erosion (*gullys*) (Kap. 4.9.1) c) Abholzung (Kap. 4.9.3)	„angepasste" Technologien, *sustainability* (Kap. 4.9.2)
Demographische, medizinische Ebene	a) Dominanz frauengeführter Haushalte (Kap. 4.6.2) b) Bevölkerungsexplosion (Kap. 4.1) c) Krankheiten	Bildung, Aufklärung
Gesellschaftlich-soziale Ebene	a) Status durch Viehreichtum (Kap. 4.9.2) b) Land zur Altersabsicherung	Wanderarbeit (Kap. 3.4.4) Verstädterung (Kap. 4.6)
Wirtschaftliche Ebene	Armut durch Unwissenheit	Grüne Revolution
Technische Ebene	a) mangelhaftes technisches *know how* b) fehlende Infrastruktur	Melioration, Bewässerung, Düngung, Verwissenschaftlichung
Politische Ebene	a) Privat- vs Kommunalrecht b) Tradition vs „Fortschritt" c) Autokratie d) ethnische Gegensätze	Landumverteilung Demokratisierung, Liberalisierung, Gerechtigkeit (Kap. 4.9.4)

3.2 Bergbau und Industrie

3.2.1 Bedeutung

Afrika ist ein ländlich geprägter Kontinent und wird insbesondere von informellem Wirtschaften bestimmt. Nicht anders sieht die Situation unter afrikanischen Unternehmern und Handwerkern aus (*indigenous entrepreneurs*), die keine große Bedeutung im formellen Wirtschaftsbereich haben (Beitrag am BIP zwischen 3 und 8 % Ende der 1980er Jahre/Anfang der 1990er Jahre; McDADE 1997, S. 337); sie treten vor allem als Mikrounternehmer und nicht als mittelständischer oder Großbetrieb auf. Letztere werden, sofern sie nach der Dekolonisierung nicht verstaatlicht worden sind, traditionell von Weißen und Indern oder multinationalen Konzernen kontrolliert. Schwarze Unternehmer wurden dabei sowohl von den „weißen" Kolonialverwaltungen als auch von neuen „schwarzen" und vielfach sozialistisch orientierten Regierungen als lästige Konkurrenten oder „agents of European merchants" (CUMMINGS in MIDDLETON 1997, Vol. 1, S. 241) diffamiert und erhielten in politisch-ideologischer, finanzieller und sozialer Hinsicht lange Zeit keinen Rückhalt seitens der Mächtigen, so dass sie in den informellen Sektor abgedrängt wurden. Die wirtschaftliche Bedeutung des industriellen Sektors am BIP und an der Wohlfahrtssteigerung wurde von staatlichen Stellen deshalb aber nicht negiert: Importsubstitution und protektionistische Maßnahmen sollten aus Autarkie- und Prestigegründen sowie erwarteten Multiplikatoreffekten die einheimische Industrie stärken.

Bis heute verharren Industrie und verarbeitendes Gewerbe jedoch in einem sehr frühen Stadium der Industrialisierung, die vornehmlich auf die Gewinnung von Rohstoffen (Tab. 12) und die Produktion von eher einfachen Konsumgütern zielt (McDADE 1997, S. 329). Hierbei handelt es sich vornehmlich um die Bereiche Lebensmittel, Getränke, Tabak und Textil, die etwa die Hälfte der regionalen Wertschöpfung der verarbeitenden Industrie ausmachen (issa 1998, S. 2). Der Anteil der Industrie (hierunter auch Bergbau, Wasser- und Stromproduktion) am BIP betrug 1999 für Botsuana 45 %, für Namibia 33 % und für Südafrika 32 %, der Anteil des verarbeitenden Gewerbes am BIP jedoch lediglich 5, 15 und 19 % (Weltbank 2001), wobei nur Südafrika auch als Exporteur von Hochtechnologieprodukten auftritt. Allen Ländern gemeinsam ist, dass Industrie und Gewerbe (mit Ausnahme einzelner, infrastrukturell aber gut angebundener Rohstoffzentren) sich auf die wenigen städtischen Wohlstandsinseln konzentrieren. Mitte der 1980er Jahre befanden sich 42 % der 743 Industriebetriebe von Mosambik in der Hauptstadt Maputo (JÜRGENS 1996, S. 733) und 75 % aller Betriebe des produzierenden Sektors Simbabwes in Harare und Bulawayo (McDADE 1997, S. 329). Nur einige wenige und in der Regel in internationale Verträge der SADC-Staaten eingebundene Bauprojekte wie Staudämme und Korridorplanungen haben außerhalb der Großstädte regionalpolitische Akzente setzen können.

Tab. 12: Anteil einzelner Länder an der Weltförderung von Rohstoffen (in %)

Rohstoff	Rang 1	Rang 2	Rang 3
Diamanten (1995)	Botsuana (15)	Südafrika (9)	Angola (3)
Gold (1995)	Südafrika (23)	Simbabwe (1)	
Platin (1995)	Südafrika (48)		
Uran (1994)	Namibia (6)	Südafrika (2)	
Chrom (1995)	Südafrika (41)	Simbabwe (5)	
Kupfer (1995)	Sambia (4)	Südafrika (2)	
Vanadium (1995)	Südafrika (52)		
Aluminium-Silikate (1994)	Südafrika (34)		
Vermikulite (1993)	Südafrika (46)		
Quelle: Africa Institute of South Africa (1998, S. 67)			

Dabei ist das Interesse ausländischer Investoren am Südlichen Afrika im weltweiten Vergleich gering. 1996 zogen die 14 SADC-Staaten, die insgesamt einen kleineren Anteil am Welt-BSP hatten als die City of London, nur 1 % oder US-$ 1,2 Mrd. aller in die Entwicklungsländer geflossenen Direktinvestitionen an. Nur drei Länder hierunter (Südafrika, Angola, Tansania) teilten sich wiederum zwei Drittel dieser Summe (Business Day 28.11.1997). Sowohl die globale Randlage und das abnehmende Interesse an Rohstoffen aus dieser Region (Gold, Kupfer, Diamanten) als auch die Öffnung neuer Marktregionen vor allem in Osteuropa mögen Gründe für das Desinteresse internationaler Investoren sein. Darüber hinaus haben folgende Gründe dazu beigetragen, die marktorientierten industriellen Entwicklungen mit Ausnahme einiger weniger Enklaven (z. B. hochtechnisierte *offshore*-Erdölförderung vor der angolanischen Küste) vom *global mainstream* abzuschneiden:
– jahrzehntelange Kriegszerstörungen und Vernachlässigung verkehrlicher und sozialer Infrastruktur in Mosambik und Angola;

- Vetternwirtschaft und Korruption unter den Langzeitregimen Kaunda in Sambia, Banda in Malawi und Mugabe in Simbabwe;
- die Zollunion SACU, die Botsuana, Lesotho, Namibia und Swasiland untersagte, Industriezweige aufzubauen, die in direktem Wettbewerb zu südafrikanischen Unternehmen stehen könnten (issa 1998, S. 2)
- und der sog. Burensozialismus im südafrikanischen Apartheid-System.

Paradoxerweise hat dies die wirtschaftliche Integration der SADC-Staaten untereinander keineswegs gefördert. Vielmehr haben ideologische Gründe (Kalter Krieg) und rudimentäre Verkehrsinfrastruktur bis Anfang der 1990er Jahre dazu geführt, dass nur 4 % des gesamten Exporthandels der SADC-Staaten intraregional abgewickelt wurden (Europa Publ. Ltd. 1998, S. 11). Typisch für die wichtigsten Bereiche der Devisenerwirtschaftung, der die gesamte politische Aufmerksamkeit gilt, sind eine relativ hohe Effizienz und geringe Beschäftigtenzahlen, die infolge von Privatisierung, Liberalisierung und Deregulierung in den 1990er Jahren in vielen Ländern noch weiter rückläufig sind (z. B. in Südafrika, Mosambik, Sambia).

Der formelle Sektor vermag damit nicht die sozialen Probleme der Bevölkerung auf der Suche nach Arbeit zu lösen. Schätzungen gehen davon aus, dass in Südafrika pro Jahr nur eine von 30 neu auf den Arbeitsmarkt drängenden Personen in diesem Bereich einen Arbeitsplatz finden wird (Daily News Durban 05.08.1999). Weil sich der Staat zuweilen gänzlich „dematerialisiert" wie in der DR Kongo (Zaire), treten anstelle formeller und legalisierter Erwerbsformen immer häufiger informelle auf, seien sie
- legal, „egal" (d. h. geduldet) oder illegal;
- in kleinem oder großem Maßstab;
- im ländlichen oder städtischen Raum;
- national oder international agierend.

Weite Teile der Bevölkerung suchen ihr Auskommen deshalb als sog. Mikrounternehmer in den Städten, aber auch auf dem Lande, wo sich landwirtschaftliche und nicht-landwirtschaftliche Erwerbsformen in Form ruralen Handwerks mischen (SCHAMP 1993; TELLEGEN 1997 zu Malawi).

3.2.2 Entwicklungsstränge

3.2.2.1 Unternehmertum in Afrika

Das im Schumpeterschen Sinne verstandene Bild des individuell agierenden Unternehmers als Inventor/Innovator technischer und technologischer Entwicklungen, um gewinnbringend auf dem Markt zu expandieren, ist zumindest in historischer Sicht für den afrikanischen Kontext unbrauchbar. CUMMINGS (in MIDDLETON 1997, Vol.1, S. 238 ff.) erfasst vier Gründe, die die Entwicklung eines kapitalistischen Geistes behindert haben:

1. Individualismus und Streben nach Erfolg und Gewinn fanden dort ihre Begrenzung, wo sie den Zusammenhalt der Gemeinschaft gefährdeten.

2. Die Errungenschaften der nordamerikanischen und europäischen industriellen Revolution haben afrikanische Unternehmer gar nicht oder zeitlich sehr viel später erreicht. Aufgrund mangelhafter Distributionssysteme und Verkehrseinrichtungen konnten sich Innovationen räumlich nur schwer ausbreiten. Das Fehlen arbeitssparender Techniken hat sowohl eine Massenproduktion als auch die Philosophie der Zeitrationalisierung verhindert.
3. Nur sehr eingeschränkt existierten nationale und transnationale Gebilde, die Händlern verwaltungstechnisch Rechtssicherheit hätten gewähren können.
4. Das Fehlen navigierbarer Flüsse und die Verbreitung von Tsetsefliege und Mosquitos haben die wirtschaftliche Durchdringung weiter Teile des Kontinents verhindert. Damit haben sie aber auch bewirkt, dass einzelne afrikanische Unternehmertraditionen refugiengleich überleben konnten („handcuffed to its Middle Ages"; CUMMINGS in MIDDLETON 1997, Vol. 1, S. 239), weil diese Räume weder von europäischen Kolonisten noch von Händlerethnien wie Indern und Arabern durchdrungen wurden.

3.2.2.2 Kolonialismus

Eine industrielle Revolution setzte im Südlichen Afrika zaghaft seit Ende des 19. Jh. ein. Sie zielte jedoch weniger darauf, die einzelnen Kolonien, sofern es sich nicht um die wenigen *settler colonies* handelte, als eigenständige Märkte zu entwickeln, sondern durch den Abbau mineralischer Rohstoffe die jeweiligen Mutterländer im internationalen Machtwettbewerb um den „Platz an der Sonne" zu stärken. Am umfangreichsten war die wirtschaftliche Erschließung in den Burenrepubliken sowie den britischen Konzessionsgebieten und Kolonien. Vom imperialen Traum der Kap-Kairo-Verbindung geleitet, schritt die britische Durchdringung durch Missionare und Kompanien von S nach N voran (vgl. 2.2). Ähnlich wie bei den Gold- und Diamantenfunden im Merensky-Reef in Südafrika, die einen *gold rush* und einen Bauboom auslösten, bewirkten Kupfer-, Gold-, Platin- oder Asbestfunde in Northern und Southern Rhodesia, im Copperbelt und entlang des Great Dyke einen größeren Zuzug weißer Siedler. Zwischen 1901 und 1911 verdoppelte sich die europäische Bevölkerung in Süd-Rhodesien von 11 000 auf über 23 000 (BURDETTE 1990, S. 78) und stieg bis 1923 bereits auf 35 000. Erschlossen wurden die Gebiete durch Eisenbahnverbindungen, deren Weitmaschigkeit sich bis heute nicht geändert hat und die Rückgrat aller Massentransporte geblieben sind (vgl. Kap. 3.4.1). Insbesondere die Kriegsindustrien Europas und der USA förderten während des Zweiten Weltkrieges die Nachfrage nach Kupfer, das ab den 1930er Jahren vorverarbeitet und Grundlage für Sekundärindustrien wurde. Letztere gewannen auch aufgrund von Importsubstitution stärkere Bedeutung. Dennoch betrug der Anteil der weiterverarbeitenden Industrie am BIP für Northern Rhodesia 1954 nur 3 %, für Southern Rhodesia 1952 16 % (BURDETTE 1990, S. 87 f.). Die Einbindung der Mineindustrie in südafrikanische und britische Großkonzerne führte dazu, dass sich der auf Minentechnologie und Fahrzeugbau spezialisierte sekundäre Sektor als Folgeindustrie des südafrikanischen Bergbaus vornehmlich entlang des Witwatersrandes konzentrierte.

Sowohl in Südafrika als auch in den britischen und portugiesischen Kolonien konnte dieses auf die Bedürfnisse der weißen Bevölkerung zugeschnittene Wirtschaftssystem nur dann funktionieren, wenn billige Arbeitskräfte ganzjährig zur Verfügung standen. Landenteignungen, Monetarisierung des alltäglichen Lebens, Steuergesetzgebung, Kleidervorschriften, Landstreicherparagraphen und die weiße öffentliche Moral, dass der „faule Neger" (GRONEMEYER 1991) dem europäischen Zivilisationsanspruch nicht genügte, banden die schwarze Bevölkerung in ein System der Wanderarbeit ein (vgl. Kap. 3.4.4). Rassendiskriminierende Maßnahmen wie *job reservation*, die einige Berufsfelder nur Weißen öffnete, und die sog. *influx control* regulierten jedoch die Migration regional, sektoral und zeitlich. Dabei standen die Industriekonzerne in Opposition zur herrschenden völkischen Politik in Südafrika und den Forderungen der weißen Arbeiterschaft in den nördlich angrenzenden Territorien. In ihrem eigenen Interesse traten die Konzerne für eine kostensparende Liberalisierung des Arbeitsmarktes ein und konnten zumindest in Nord-Rhodesien die Abschaffung der *job reservation* durchsetzen (BURDETTE 1990, S. 97).

Andere Kolonien wie Betschuanaland, Lesotho und Swasiland verblieben bis zu ihrer Unabhängigkeit in einer Art Dornröschenschlaf und wurden als *low expenditure protectorate* (CLAUS in NOHLEN & NUSCHELER 1993, S. 340) bzw. über ihre Einbindung in das Wanderarbeitersystem als „Appendix" der südafrikanischen Wirtschaft charakterisiert (MAYER in NOHLEN & NUSCHELER 1993, S. 466). Aufgrund der geringen weißen Bevölkerungsanteile war der politische Druck auf die Kolonialverwaltung eher unbedeutend, die Protektorate wirtschaftlich und infrastrukturell zu erschließen. Bis zur Unabhängigkeit 1966 existierten in Betschuanaland auf einer Fläche von 581 730 km^2 nur 6 km Teerstraße (CLAUS in NOHLEN & NUSCHELER 1993, S. 339f.). Ganz anders war die Situation im südafrikanischen Protektorat Südwestafrika, das in weiten Bereichen zu einer „Bergbaukolonie" entwickelt wurde und aufgrund der Übernahme von Apartheid-Gesetzgebungen sein eigenes kleinräumiges Wanderarbeitersystem schuf (MELBER in NOHLEN & NUSCHELER 1993, S. 405 f.; KLIMM, SCHNEIDER & VON HATTEN 1994, S. 79 f.)

Waren die britischen Kolonialherren nach der Unabhängigkeit Ghanas im Jahre 1957 darauf vorbereitet, dass sich auch der Status ihrer Kolonien im Südlichen Afrika ändern könnte, entdeckte Portugal den Wert seines Imperiums erst nach dem Zweiten Weltkrieg. Internationale Investitionen und eine eigenständige Industrialisierung der „Überseeprovinzen" wurden gefördert, um die soziale und demographische Basis (Zuzug von Portugiesen) gegenüber dem antikolonialen Befreiungskampf zu stärken. Lange Zeit war diese Entwicklung von Wirtschaftsinteressen im Mutterland verhindert worden, die keine Konkurrenz in den Kolonien dulden wollten (NEWITT 1995, S. 468). Die Erschließung der angolanischen Erdölvorkommen, die bis heute Hauptdevisenbringer sind, und der Bau des Cahora Bassa-Staudamms in Mosambik wurden erst in den 1960er Jahren in Angriff genommen. Noch zur Zeit des Dekolonisierungskrieges verdoppelte sich die weiße Bevölkerung, die als Hauptnachfrager der Konsumgüterindustrie einen Wirtschaftsboom bescherte (MEYNS in NOHLEN & NUSCHELER 1993, S. 322).

3.2.2.3 Unabhängigkeit

Tendenziell breitete sich die Welle der Unabhängigkeit im Südlichen Afrika seit Mitte der 1960er bis Ende der 1980er Jahre von N nach S aus (vgl. Kap. 2.3.1). Die einzelnen Länder waren hierauf sehr unterschiedlich vorbereitet. Entscheidend war zudem, ob der Übergang friedlich oder kriegerisch erfolgte und ob die wirtschaftliche Basis zunächst intakt blieb. War die Ausstattung mit Straßen, Schulen und industriellen Einrichtungen in Botsuana, Malawi, Lesotho oder Swasiland weitestgehend rudimentär, profitierten andere Länder von der Infrastruktur der weißen *settler colonies*, die sich allerdings auf einzelne Inseln oder Korridore beschränkte und den Interessen der weißen Bevölkerung diente. Im Gegensatz zur letztendlich friedlich ausgehandelten Unabhängigkeit bzw. gesellschaftlichen Transformation in Simbabwe, Namibia und Südafrika, war der Übergang in Mosambik und Angola begleitet von Flucht, Demontage und Zerstörung von Produktionsmitteln durch die portugiesischen Alteigentümer sowie einem sich anschließenden langwierigen Bürgerkrieg. Resultat ist, dass die einzelnen Staaten aufgrund ihres Erbes bis heute einen sehr unterschiedlichen Industrialisierungsgrad aufweisen. Jedoch hat die Industrie in vielen Ländern an Gewicht gewonnen, obwohl die Ausgangsbasis zum Beispiel in Lesotho oder Malawi gegen Null tendierte (Tab. 13).

Seit den 1980er Jahren basiert die industrielle Entwicklung nicht mehr auf Importsubstitution, sondern stärker auf Exportförderung. Länder wie Swasiland haben von der internationalen Deinvestitionspolitik gegenüber dem Apartheid-System und der Verlagerung von Produktionsstätten in die Nachbarstaaten profitieren können. Der hohe Grad der Industrialisierung Simbabwes resultiert aus den jahrelangen internationalen Sanktionen gegen Rhodesien und den daraus folgenden Autarkiebestrebungen. In beschäftigungspolitischer Hinsicht spielt der Industriesektor jedoch eine minimale Rolle: Anfang der 1990er Jahre arbeiteten nur 3 % der erwerbsfähigen Bevölkerung Malawis in diesem Bereich (Taube in Nohlen & Nuscheler 1993, S. 375). Der relative Bedeutungsverlust des produzierenden Sektors in den höher industrialisierten Staaten wie Südafrika und Sambia verweist auf ein anderes Problem: die Monostruktur der Produktion und die gefährliche Abhängigkeit von Weltmarktpreisen insbesondere für Mineralien. Die wachsenden Anteile einzelner Zweige des verarbeitenden Sektors, sei es in der Investitions- oder Konsumgüterbranche, haben den Bedeutungsverlust der Industrie nicht auffangen können.

Einer der wichtigsten Gründe, warum sich in einzelnen Ländern der für die Erwirtschaftung von Devisen so wichtige Industriesektor nicht weiter entwickelte, war die bis in die 1980er Jahre verfolgte Maxime, die Wirtschaft politisch zu steuern. Ausdruck hierfür waren der „sambische Humanismus" von Kenneth Kaunda oder der „afrikanische Sozialismus" in Simbabwe, die auf eine Nationalisierung der Wirtschaft (insbesondere der Minen) zielten und ausländische Investoren verschreckten. Mit Ausnahme einer *petty bourgeoisie*, die sich zur Kolonialzeit entfalten konnte, und Partei- und Militäreliten, gab es keine einheimischen Investoren, die die fehlenden ausländischen Direktinvestitionen hätten ausgleichen können. Insbesondere die Gleichsetzung von Kapitalismus mit kolonialen Erfahrungen wirtschaftlicher Ausbeutung und dem repressiven Apartheid-System machten den „afrikanischen Sozialismus" als dritten Weg zwischen Kapitalismus und Marxismus-Leninismus (wie in Angola und Mosambik) in den 1960er und 1970er Jahren so attraktiv. Doch selbst das südafrikanische System war nicht ursprünglich ein marktwirtschaftliches, sondern höchstens ein Klientelkapitalismus zur Absicherung eines „welfare state for Whites that undermined free enterprise" (Williams 1994 zitiert nach McDade 1997, S. 333).

Tab. 13: Bruttoinlandsprodukt nach Wirtschaftssektoren (in %)

	Landwirtschaft			Industrie			Verarbeitender Sektor			Dienstleistungen		
	1970	1995	1999[3]	1970	1995	1999[3]	1970	1995	1999[3]	1970	1995	1999[3]
Angola[1]	23	12	7	21	59	70	./.	3	63	56	28	23
Botsuana	33	5	4	28	46	45	6	4	5	39	48	51
Lesotho	35	10	8	9	56	38	4	18	./.	56	34	44
Malawi	44	42	38	17	27	18	./.	18	14	39	31	45
Mosambik	37[2]	33	32	31[2]	13	24	./.	./.	13	./.	55	44
Namibia	10	14	13	52	29	33	4	9	15	38	56	55
Sambia	11	22	17	55	40	26	10	30	11	35	37	57
Simbabwe	15	15	19	36	36	24	21	30	17	49	48	56
Südafrika	8	5	4	40	31	32	24	24	19	52	64	64
Swasiland	31	13	./.	30	49	./.	21	46	./.	39	38	./.

[1] Zahlen für 1970 aus KUDER (in KUDER & MÖHLIG 1994, S. 259)
[2] Zahl für 1980
[3] Weltbank (2001): Werte um das Jahr 1999
./. = keine Angabe
Quelle: Africa Institute of South Africa (1998, S. 45)

3.2.2.4 Destabilisierung und Deinvestition

Nicht nur interne, sondern auch vielfältige externe Probleme wie kriegerische Auseinandersetzungen, Blockbildung zur Zeit des „Kalten Krieges" und Versuche einer Abnabelung von der infrastrukturellen Abhängigkeit weißer Minderheitsregierungen haben eine wirtschaftliche Vernetzung der Region weitestgehend verhindert. Im Zentrum ihres Handelns stand für die *landlocked countries* an der südafrikanischen Peripherie vor allem der ideologische Grundsatz, die koloniale Geopolitik in eine Geopolitik der Anti-Apartheid zu transformieren (PIRIE in MIDDLETON 1997, Vol. 4, S. 267). Import- und Exportströme sollten unabhängig gemacht werden von den Eisenbahn- und Straßenverbindungen, die durch Rhodesien und Südafrika führten. Vereinzelt wurden neue Eisenbahntrassen gebaut (Richtung Tansania), die jedoch ineffektiv blieben (vgl. Kap. 3.5.2.1). Die Abhängigkeit von Lokomotiven, Güterwaggons, Eisenbahnpersonal und Hafenumschlagkapazitäten existierte fort und wurde den schwarzafrikanischen Regierungen phasenweise durch eine aktive Destabilisierungspolitik Südafrikas vor Augen geführt. Sabotageakte zerstörten Anfang der 1980er Jahre die Eisenbahnverbindungen zu den mosambikanischen Häfen Beira und Lobito (NEWITT 1995, S. 562). Maputo war aufgrund des Bürgerkrieges seines Hinterlandes beraubt. Rollendes Material wurde von südafrikanischer Seite zeitweise zurückgezogen. Grenzschließungen schnürten Lesotho auf dem Landweg mehrfach von der Außenwelt ab. Auf der anderen Seite schloss Simbabwe Anfang der 1980er Jahre Rekrutierungsbüros für Wanderarbeiter nach Südafrika (BOWMAN, BRATTON & MURAPA 1983, S. 340). Somit stiegen – zuweilen selbstgewählt – die wirtschaftlichen und sozialen Kosten, die auch in der wirtschaftlichen und politischen Integration der SADCC-Staaten nicht aufgefangen werden konnten.

Ein anderes Instrument der gegenseitigen wirtschaftlichen Selbstzerstörung war die von internationaler Seite geforderte Deinvestitions- und Embargopolitik gegenüber Südafrika. Einerseits förderte sie sogar die industrielle Diversifizierung des Landes, andererseits verteuerten sich aber die produzierten Waren für die Anrainerstaaten, die bevorzugt aus Südafrika importierten. Zwischen 1984 und 1988 stoppten 76 britische und zwischen 1986 und 1988 149 amerikanische und kanadische Unternehmen ihre Direktinvestitionen (SAIRR 1990, S. 270). In einigen Fällen umgingen ausländische Unternehmen die US- und EG-Sanktionen dadurch, dass sie in Nachbarländer auswichen (vor allem Swasiland) und sich so zudem den präferenziellen Marktzugang zu den PTA-Staaten, zu den USA oder zur EG (AKP-Staaten-Regelung) sicherten. Die wirtschaftlichen Impulse für Swasiland und Lesotho wurden jedoch damit erkauft, dass die Betriebe fast ausschließlich in ausländischer Hand lagen (POST in NOHLEN & NUSCHELER 1993, S. 360; BAYLIES & WRIGHT 1993, S. 583).

3.2.2.5 Demokratisierung und Liberalisierung

Die politische Ausrichtung wirtschaftlichen Handelns hat seit Mitte der 1980er Jahre in allen Ländern (mit der Ausnahme Simbabwes) an Bedeutung eingebüßt und ist von einer Privatisierung, Liberalisierung und Deregulierung der ökonomischen Rahmenbedingungen geprägt. Vorreiter waren paradoxerweise die ursprünglich marxistisch-leninistisch ausgerichteten Regime in Angola und Mosambik, die ab 1984/85 staatlich festgesetzte Preise lockerten und ausländische Investitionen zu fördern begannen. Umfangreiche fiskalpolitische Maßnahmen zum kontrollierten Geldmengenwachstum, Abbau der Auslandsschulden und Ausgleich von Zahlungsbilanzdefiziten lagen im Einklang mit den von Weltbank und Internationalem Währungsfonds geforderten Strukturanpassungsprogrammen, um sich für internationale Darlehen zu qualifizieren. Bis März 1997 wurden in Mosambik ca. 740 und in Sambia 209 Unternehmen (nach dem Privatisation Act of 1992) privatisiert (SADC 1998a). Die angolanische Regierung verfügte verschiedene Anpassungsprogramme, die jedoch nicht verhindern konnten, dass die Inflation 1995 auf 3700 % anstieg (TVEDTEN 1997, S. 76).

Im Wettbewerb um internationale Investoren wirkt die Privatisierung zuweilen als „reentry niche" für die Alteigentümer (HIMBARA in MIDDLETON 1997, Vol.1, S. 244). Im Falle von Sambia kaufte Unilever sein Firmengelände in Lusaka zurück. Auch andere Unternehmen knüpfen an ihre früheren Engagements an (BARRACLOUGH 1998, S. 49). Botsuana hat zum Beispiel Anfang 1999 seine Devisenkontrollen abgeschafft, um ausländische Investoren anzulocken, die im Bereich der Textilindustrie insbesondere aus Indien und Mauritius stammen (Business Day 11.08.1999). Traditionell hohe Arbeitslosigkeit, das Freisetzen weiterer Arbeitskräfte durch Privatisierung und der Niedergang einiger Minenindustriezweige (weltweiter Preisverfall bei Gold, Kupfer und Diamanten; hoher Kapitalaufwand bei tiefgründigen Minen; Substitute; neue und günstigere Lagerstätten außerhalb des Südlichen Afrika) machen es für viele Länder zwingend notwendig, immer wieder neue Investitionsanreize auszusprechen. Sog. *export processing zones* (EPZ) werben u. a. mit Steuerbefreiungen und Zollvergünstigungen. Darüber hinaus eröffnen sich einige Länder (wie z. B. Swasiland) aufgrund ihrer Mitgliedschaft in COMESA, SADC und SACU die Möglichkeit, den gesamten süd- und südostafrikanischen Markt präferenziell zu erschließen. Auch Südafrika hat mit seinem Programm zu „Wachstum, Arbeitsplätzen und Umverteilung" (GEAR) von Mitte 1996 auf den sog. Washington-Konsensus reagiert, der eine neoliberale Wirtschaftspolitik – jedoch unter hohen sozialen Kosten – propagiert (BOND 1999).

3.2.3 Der formelle Sektor

3.2.3.1 *Global players*

Vielfältige Gründe haben in der Vergangenheit dazu geführt, dass multinationale Gesellschaften eine überragende Bedeutung bei der industriellen Erschließung des Südlichen Afrika haben. Insbesondere im Bergbau müssen häufig umfangreiche geologische Prospektionen zu Land und aus der Luft in Gebieten durchgeführt werden, die infrastrukturell wenig erschlossen sind und wo unklare politische Machtverhältnisse herrschen. Außergewöhnlich hohe Vorinvestitionen fließen in den Straßen-, Eisenbahn- und Wohnungsbau, um sowohl den Transport von Mineralien oder Abraum als auch die Unterbringung der Arbeitskräfte sicherzustellen. Es entstehen Hochtechnologieinseln in einer teilweise lebensfeindlichen Umwelt (Beispiel Namib-Wüste), die als Langfristinvestition die Verhandlungsmacht großer Konzerne erfordern, um sich gegenüber politischer Instabilität – teilweise als Staat im Staate – zu behaupten. Gefahren drohen hierbei von Nationalisierung des Eigentums und der Fraktionierung staatlicher Macht in Form regionaler Kriegsfürsten (Beispiel DR Kongo-Zaire). Darüber hinaus erfordern *off-shore*-Vorkommen (Erdöl im Falle Angolas; Diamantenschürfung im Falle Namibias) und Lagerstätten mit besonders großer Teufe (wie bei Gold und Diamanten im Falle Südafrikas) den Einsatz aufwendiger Gewinnungstechniken, um trotz der Schwankungen von Weltmarktpreisen profitabel arbeiten zu können.

Führende Konzerne im Bergbausektor sind die Anglo American Corporation, die als bedeutendster Goldproduzent der Welt 1997 unter den 500 größten Firmen weltweit Platz 208 einnahm, und De Beers als größter Diamantenproduzent, die ihre Ursprünge in Südafrika haben. Im Falle von Anglo American wurde der Firmensitz erst im März 1998 von Johannesburg nach London verlegt. Tab. 14 zeigt die überragende Position südafrikanischer Firmen unter den größten Aktiengesellschaften Afrikas. Diese fungieren in der Regel als Mischkonzerne, kontrollieren die Förderung, Verarbeitung und Vermarktung ihrer Produkte (vertikale Diversifizierung) und investieren in Landwirtschaft, Einzelhandel oder Hotelwesen (horizontale Diversifizierung). Schon zur Apartheid-Zeit 1985 arbeiteten mindestens 381 südafrikanische Tochtergesellschaften im Südlichen Afrika, die den technischen und Ausrüstungsstandards ihrer Mutterkonzerne gefolgt sind, wovon die südafrikanische Zulieferindustrie an Maschinen und Ersatzteilen bis heute profitieren kann (ESTERHUYSEN 1994, S. 66).

Global players aus Übersee sind nach dem Ende der Deinvestitionspolitik seitens der USA, der EU und Japans nach Südafrika zurückgekehrt oder haben ihr Engagement ausgebaut. 80% der ausländischen Direktinvestitionen von US-$ 665 Mio. sind 1994/95 allein in die Provinz Gauteng geflossen. Zwischen Mai 1994 und Mai 1996 entfielen aber nur 2% der FDI auf den Bergbausektor, 24 % auf die verarbeitende Industrie (vor allem Automobilbau, Lebensmittelindustrie), jedoch 74 % auf den Dienstleistungsbereich (UN 1997, S. 57). Insbesondere die Automobilindustrie spiegelt die Dominanz ausländischen Kapitals wider, das sich seit den 1970er Jahren immer stärker „japanisiert" hat. Der Anteil japanischer Wagen an der südafrikanischen Produktion stieg von Null im Jahre 1960 auf 20,4 % 1970 bis auf 55,5 % Mitte der 1980er Jahre an. Von sieben Produzenten 1989 landesweit waren mit Ausnahme von Volkswagen und BMW alle mit Lizenzen japanischer Firmen ausgestattet (ROGERSON 1993a, S. 104).

Tab. 14: Die größten Aktiengesellschaften in Südafrika und anderen Teilen Afrikas, September 1996

Unternehmen	Branche	Firmensitz	Börsenwert in Mio. US$
Anglo American Corporation	Bergbau	Südafrika	14 442
De Beers Consolidated Mines	Bergbau	Südafrika	11 914
South African Breweries	Getränke	Südafrika	8 086
Liberty Life Ass. of Africa	Versicherung	Südafrika	7 564
Sasol	Energie	Südafrika	7 183
Gencor Ltd.	Bergbau	Südafrika	5 383
Ashanti Goldfields[1]	Bergbau	Ghana	1 252
Delta Corp.	Getränke	Simbabwe	421
Lonrho Sugar	Nahrungsmittel	Swasiland	345

[1] Größte notierte Aktiengesellschaft Afrikas außerhalb Südafrikas
Quelle: Afrika-Post (1997, H. 3–4, S. V)

3.2.3.2 Lagerstätten und Abbaumethoden

Der Reichtum des Südlichen Afrika an Bodenschätzen (Abb. 19) resultiert aus seinem hohen geologischen Alter (vgl. Kap. 1.2.1). In präkambrischen Formationen, die teilweise mehr als 2 Mrd. Jahre alt sind, finden sich ökonomisch bedeutende gebänderte Eisensteine, Gold-, Eisen- und Asbestvorkommen in der südafrikanischen Provinz Mpumalanga sowie Chromlagerstätten in Simbabwe. Aus dem jüngeren Präkambrium stammt eines der weltweit ergiebigsten erzhaltigen Systeme, der sog. Bushveld-Komplex im nördlichen Südafrika (um Witbank). Es handelt sich um einen mächtigen Pluton, der zwischen die Sedimente der obersten Transvaal-Formation eindrang. Der Bushveld-Komplex nimmt eine Fläche von etwa 66 000 km² ein. Auf etwa 30 000 km² hiervon finden sich wichtige Lagerstätten für Nickel, Eisen, Chrom, Titan, Vanadium und Platin (KLIMM, SCHNEIDER & WIESE 1980, S. 117; HUTCHISON 1983, S. 105). Die Funde konzentrieren sich auf mehrere mineralhaltige Schichten, deren bedeutendster der Merensky-Reef ist. Seine Dicke schwankt zwischen 26 und wenigen Metern, von denen durchschnittlich nur etwa 0,8 m abgebaut werden. Weil der Einfallswinkel 12° beträgt und die geothermische Tiefenstufe bei 20 °C/km (in Mitteleuropa 30 °C) liegt, ist ein Abbau in bis zu 1200 m Tiefe möglich. Noch günstigere Tiefenstufen von nur 10 °C/km findet man am Witwatersrand im sog. Goldenen Bogen, die einen Tiefbergbau nach Gold in mehr als 3000 m Tiefe zulassen. Erst ein hoher Kapitalaufwand, die Schürfung von Nebenprodukten wie z. B. Uranerze beim Goldabbau und die traditionell kostengünstige Struktur schwarzer Wanderarbeiter machen diesen Abbau ökonomisch sinnvoll (WIESE 1999, S. 158 ff.).

In der North West und Northern Province (seit 2002 Limpopo Province) werden Bergbauinseln betrieben, aus denen u. a. Eisen und Mangan sowohl für den Binnen- als auch für den Weltmarkt abgebaut werden. In der Northern Province befindet sich mit der Sishen Mine eine der größten offenen Eisenerzminen der Welt. Im Umfeld dieser Mine ist seit 1972 Kathu als *company town* entstanden (vgl. Abb. 34). Ähnliche Konsequenzen im Siedlungs-

Der formelle Sektor

bild ergeben sich auch aus der punkthaften Verteilung des Diamantenbergbaus, der sich auf wenige schlotförmige Intrusionskörper begrenzt. Die bekanntesten Fundstätten liegen im Umfeld von Kimberley, dessen „big hole" auf jene Zeit verweist, als der Diamantenbergbau noch oberirdisch und wenig kapitalintensiv durchgeführt wurde. Die Energie hierfür kommt traditionell aus den Kohlevorkommen, die der sog. Karru-Formation (Karbon-Jura) zugeordnet werden. Sie befinden sich vor allem in Mpumalanga, im Free State und im nördlichen KwaZulu-Natal. Ihre Inwertsetzung erfolgte nach den ersten Goldfunden am Witwatersrand. Betrug der Abbau 1913 8,8 Mio. t (CHRISTOPHER 1982, S. 128), stieg er bis Ende der 1990er Jahre auf 220 Mio. t an, von denen bis zu 50 % im kostengünstigen Tagebau gefördert werden. Ein Großteil dieser Kohle wird zur Verstromung in Kohlekraftwerken und für die Kohleverflüssigung in den SASOL-Werken bei Sasolburg und Secunda eingesetzt. Sie zusammen verbrauchen allein etwa 70 % der südafrikanischen Steinkohleproduktion (WIESE 1999, S. 162 f.); der Rest wird weltweit exportiert. Damit ist Südafrika 1999 mit 64 Mio. t weltweit immer noch der zweitwichtigste Exporteur von Steinkohle hinter Australien.

Auch der Great Dyke in Simbabwe, ein Nord-Süd verlaufender linearer Intrusionskörper, ist mindestens 2,5 Mrd. Jahre alt. Er ist 480 km lang, hat eine durchschnittliche Breite von 5,8 km und zeichnet sich als weltweit drittwichtigste Chromlagerstätte aus (HUTCHISON 1983, S. 113 f.). Kohlefunde bei Hwange (früher Wankie), im nördlichen Matabeleland und im Sambesital sind auch hier die Energiegrundlage für Gold- und Diamantenbergbau. Letzterer dominiert die Minenindustrie in Botsuana und Namibia. In Orapa, Botsuana, befindet sich einer der größten Diamantenschlote der Welt, der an der Oberfläche auf mehr als 110 ha ausstreicht (SILITSHENA & MCLEOD 1998, S. 142). Es entstand eine neue Siedlung am Rande der Mine, deren Zugang strikt kontrolliert wird, um Diamantenschmuggel zu minimieren.

Ein Großteil namibischer Diamanten stammt aus Alluviallagerstätten. Der Förderaufwand ist wie in Botsuana gigantisch. So beträgt das Gewichtsverhältnis von Abraum zu Diamanten 200 Mio. : 1 (KLIMM, SCHNEIDER & VON HATTEN 1994, S. 79). Andere Lagerstättentypen Namibias sind ähnlich wie in Südafrika in den Gesteinen des präkambrischen Sockels zu finden. Zu nennen sind insbesondere die Funde von Blei, Kupfer, Zink und Vanadium im Raum Tsumeb sowie von uranhaltigem Granit, der in der Rössing-Mine bei Swakopmund gefördert wird. Aufgrund der Erschöpfung von Erzreserven und abnehmender Erzkonzentrationen wurde die Tsumeb-Mine aber Ende der 1990er Jahre geschlossen (SADC 1998a, S. 232).

Ein anderes zentrales Abbaugebiet mineralischer Rohstoffe ist der Copperbelt, der sich von Sambia bis in die südliche DR Kongo (Zaire) auf einer Länge von 200 km und einer Breite von 60-80 km erstreckt. Vor allem Kupfererze, deren Kupfergehalt von 3,5–6 % teilweise mehr als doppelt so hoch liegt wie in den USA und Chile, aber auch Blei, Zink, Mangan und Kobalt werden vorwiegend im Tiefbau gewonnen. Im Gegensatz zu Katanga – wo eine sehr intensive Orogenese die erzführenden Schichten steil gestellt hat, die später von der Abtragungsfläche geschnitten wurden und an der Oberfläche ausstreichen – müssen in Sambia häufig mächtige überlagernde Sedimente durchteuft werden (Westermann Verlag 1973, S. 1051). Ein anderes Problem ist der gewaltige Strombedarf, der sich aus der Kupferelektrolyse ergibt. Ursprünglich waren die in den 1930er Jahren eröffneten Minen von den Kohleförderungen aus Wankie (Hwange) abhängig. Heute kommt der Strom vor allem vom Kariba-Staudamm.

Einziger Erdölproduzent der Region ist Angola, das etwa 99 % aller Reserven besitzt, die *off-shore* oder in der Exklave Cabinda gefördert werden. 93 % werden hiervon außerhalb der Region verbraucht, die 86 % des gesamten Bedarfs der SADC abdecken könnten (SADC 1998a, S. 119). Aufgrund des Bürgerkrieges sind Lagerstätten anderer Rohstoffe im Binnenland weitestgehend unerschlossen. Eine ähnliche Situation trifft für Mosambik zu, wo aber nach der Befriedung zumindest die Prospektion vorankommt. Kohlevorkommen in der Provinz Tete und Erdgasfelder bei Pande, deren Anbindung an den Maputo-Korridor geplant ist, sollen in Zukunft erschlossen werden. Ohne Bedeutung sind die Lagerstätten in den kleinsten Ländern der Region, deren Grundinfrastruktur zuweilen nicht ausreicht, um eine wirtschaftliche Ausbeutung sicherzustellen (SADC 1998a).

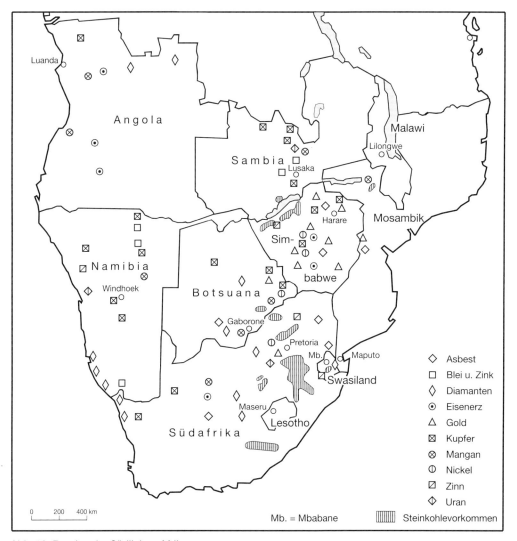

Abb. 19: Bergbau im Südlichen Afrika
Quelle: Shuter & Shooter (1995, S. 47)

Der formelle Sektor 93

Diamanten: Besonders augenfällig ist die Monopolisierung von Produktion und Vermarktung im Diamantensektor, der eine der einträglichsten Einnahmequellen für die Volkswirtschaften im Südlichen Afrika bildet. In Botsuana werden zum Beispiel bis zu 80 % aller Exporteinnahmen durch Diamanten erwirtschaftet. Kontrolliert werden 75 % des weltweiten Geschäfts von der **C**entral **S**elling **O**rganization (CSO), die ein Ableger des südafrikanischen De Beers-Konzerns und seiner ausländischen Interessen darstellt (vgl. Tab. 15). Einerseits werden Produktionsquoten für die Kartellmitglieder festgelegt, die den Erfordernissen stabiler Preise für die Diamantenzentren New York, Tel Aviv, Bombay und Antwerpen entsprechen, andererseits kann Überproduktion als Marktreserve zurückgehalten werden (O. V. 1984, S. 40 ff.; Europa Publ. Ltd. 1998, S. 40). Der Erfolg dieses Systems hängt davon ab, dass sich möglichst viele Länder und Minen daran beteiligen und den Markt nicht mit Schmuggeldiamanten bedienen, wie das im Falle der DR Kongo (Zaire) und Angolas in den 1990er Jahren nach dem Zerfall der staatlichen Autorität bzw. infolge Bürgerkriegs eingetreten ist. Für die DR Kongo (Zaire) schätzt man, dass der offiziellen Diamantenproduktion von 132 Mio. eine illegale von 1,15 Mrd. DM gegenübersteht, für Angola sind es 133 Mio. gegenüber 775 Mio. DM (Welt am Sonntag 29.08.1999). Sofern sich Produzenten in der Vergangenheit der CSO entziehen wollten, um ihre eigene Vermarktung vorzunehmen, hat De Beers wie 1981 im Falle von Zaire den Markt kurzfristig selbst mit Diamanten überschwemmt und so Zaire in das Kartell zurückgezwungen (KEMPTON & PREEZ 1997, S. 589).

Tab. 15: Verträge von Ländern mit De Beers zum Diamantenbergbau

Land	Vereinbarung	Zeitrahmen
Angola	Marketingvereinbarungen	bis 1985 und 1990–1996; seitdem indirekte Vermarktung
Botsuana	50 %-Anteil Regierung und 50 %-Anteil De Beers an Debswana Diamond Co.	Stand 1998
DR Kongo (Zaire)	Marketingvereinbarung Auftrag für Luft-Exploration entlang angolanischer Grenze	gekündigt Mitte 1997 1998
Namibia	50 %-Anteil Regierung und 50 %-Anteil De Beers an Namdeb Diamond Corp.	vereinbart 1994
Quelle: Europa Publ. Ltd. (1998, S. 39 f.)		

Gold: Seit den 70er Jahren des 19. Jh. wird in Südafrika Gold industriell gefördert. Vielfach handelt es sich jedoch – wie am Beispiel von Simbabwe nachgewiesen werden konnte – um antike Abbaustellen, die durch die Einführung fortgeschrittenerer Bergbaumethoden neu in Wert gesetzt wurden (OKUJENI & WALSH 1997, S. 23). Umfangreiche Aufbereitungstechniken wie die Cyanidlaugung, um Gold aus Sulfiderzen zu gewinnen, das Abpumpen von Untergrundwasser, um goldführende Gesteinsschichten zu erreichen, und die Ausschachtung und Abstützung von Bergwerksstollen führten zu einer Explosion der Abbaukosten. Sog. *randlords* konsolidierten den Markt schon Ende der 80er Jahre des 19. Jh., kauften *claims* auf und gründeten Minengesellschaften und Finanzhäuser, die bis heute den

Goldbergbau in großen Teilen des Südlichen Afrika kontrollieren (z. B. De Beers Consolidated Mines, Johannesburg Consolidated Investment Company, Gencor, Anglo American Corporation). Vor allem Südafrika hat sich als weltweit führender Goldproduzent über die Jahrzehnte profiliert: 24 % der Weltförderung (außerhalb des früheren Ostblocks; im Gegensatz zu 34 % Ende der 1980er Jahre) und 78 % des in Afrika gewonnenen Goldes entfielen 1997 auf Südafrika. Deutlich rückläufig waren jedoch die Produktionszahlen: von mehr als 1000 t 1970, auf 605 t 1987 und nur noch 451 t 1999 (SCANNELL 1993, S. 22; Europa Publ. Ltd. 1999, S. 41). Sie sind das Ergebnis

– einer zunehmenden Zahl internationaler Wettbewerber vor allem nach Auflösung der Sowjetunion und der Aufhebung des staatlichen Verkaufsmonopols in Russland 1997;
– der Erschließung weltweit neuer Goldminen, die aufgrund ihrer Goldanteile und geologischen Gegebenheiten kostengünstiger produzieren als südafrikanische Bergwerke. Deren Verhältnis von Abraum- zu Goldanteilen hat sich deutlich verschlechtert. Zugleich sind diese Bergwerke von besonders aufwendigen Techniken im Tiefenabbau abhängig. Goldhaltige Schichten werden bereits jetzt in bis zu 3700 m Tiefe abgebaut. Ein Abbau in bis zu 5000 m wird angestrebt (ADDISON 1998, S. 50);
– eines beispiellosen Preisverfalls auf den internationalen Goldmärkten von US-$ 612 je Feinunze 1980 auf 383 1990 und weniger als US-$ 300 Ende der 1990er Jahre, nachdem Gold seine Bedeutung als strategische Finanzreserve verloren hat (vgl. CRUSH u. a. 1991, S. 16 f.);
– des Abbaus internationaler Goldreserven seitens der IWF, um Schulden von Dritte-Welt-Staaten zu bedienen.

Folge sind die Schließung marginaler Minen, der Verlust von 180 000 Arbeitsplätzen allein im südafrikanischen Bergbau in den 1990er Jahren (Die Zeit 22.08.1997) bzw. ein Rückgang der Beschäftigtenzahlen zwischen 1987 und 1999 um 57,9 % (BINNS & NEL 2001, S. 256), die Verarmung ländlicher Gebiete, die vom traditionellen Wanderarbeitersystem abhängig waren, und eine weitere Monopolisierung, nachdem einige Minenhäuser schließen mussten. Dennoch errechnete der World Gold Council für die erste Jahreshälfte 1999 einen Anstieg der Nachfrage um 35 %, der insbesondere von asiatischen Käufern herrührt. Sie entgehen dem Vertrauensverlust in ihre Währungen als Folge der sog. Asienkrise durch das Horten von Gold (Süddeutsche Zeitung 23.08.1999).

Kupfer: Ursprünglich auf der Suche nach Gold wurden in Nord-Rhodesien zu Beginn des 20. Jh. umfangreiche Kupfervorkommen entdeckt, die vor allem von der von Cecil Rhodes begründeten British South Africa Company und der späteren Anglo American abgebaut wurden. Eine finanziell aufwendige Prospektion dieser Lagerstätten förderte die Kapitalkonzentration. Erschlossen wurden die Funde im sog. Kupfergürtel durch die Verlängerung einer Eisenbahnlinie von Rhodesien bis in den südlichen Kongo. Ab Ende der 1960er Jahre wurde der Staat infolge seiner Nationalisierungspolitik Hauptanteilseigner der Minen. 60,3 % der **Z**ambia **C**onsolidated **C**opper **M**ines (ZCCM) waren regierungseigen, 27 % wurden von Tochtergesellschaften der südafrikanischen Anglo American Corporation kontrolliert (Statistisches Bundesamt Länderbericht Sambia 1995, S. 66). In der Vergangenheit beliefen sich die Kupferverkäufe auf bis zu 85% der sambischen Exporteinnahmen (Europa Publ. Ltd. 1999, S. 36). Der weltweite Verfall der Kupferpreise, eine Politik der Planwirtschaft und fehlende Investitionen führten jedoch zur Schließung einer Reihe von Minen während der 1980er Jahre. Seit 1991 förderte die neue Regierung eine Privatisierung des Bergbaus. Hauptinteressenten waren zunächst die Anglo American, aber auch die chilenische CODELCO. Diese Verhandlungen zerschlugen sich im August 1999. Neue Vertragspartner kommen aus der Schweiz und Kanada (CRAIG 2001, S. 407). Eine wachsende Internationalisierung und Fusionierung mit Konkurrenten sollen zu einer Stützung der Kupferpreise beitragen, die 1999 niedriger lagen als vor 100 Jahren (Süddeutsche Zeitung 23.08.1999). Im Ergebnis sind die Deviseneinnahmen Sambias aus den Kupferverkäufen von 93 % 1991 auf 52 % 1996 gefallen, und die Förderung ist von 747 500 t Ende der 1960er Jahre auf weniger als 300 000 t 1997 zurückgegangen (Europa Publ. Ltd. 1999, S. 1142). Erst Anfang 2000 konnte die letzte Mine der ZCCM verkauft werden, deren Schuldenlast zu jenem Zeitpunkt etwa 4 % des sambischen BIP entsprach (Financial Mail 05.01.2001).

3.2.3.3 Fertigungsindustrie

Zentrum eines breiten Spektrums der verarbeitenden Industrie ist Südafrika, das den größten und kaufkraftstärksten Binnenmarkt für entsprechende Güter besitzt (Abb. 20). Die industrielle Produktion entwickelte sich als „Ergänzungsbedarf" zur Minenförderung seit Ende des 19. Jh. In den folgenden Jahrzehnten ist sie das Ergebnis einer Importsubstitutionspolitik und Antwort auf internationale Boykotte gegen das Apartheid-System gewesen. Ein entsprechend großes Gewicht besitzt die Grundstoff- und Produktionsgüterindustrie im Bereich Chemie und Montanindustrie, die von (ursprünglich) staatlichen Konzernen wie ISCOR, ALUSAF und SASOL betrieben wird und zur Apartheid-Zeit vielen weißen Arbeitern Beschäftigung gab. Eine Standortkonzentration ergibt sich bis heute im Großraum Johannesburg, Vaaldreieck und East Rand, wo die industrielle Revolution ihren historischen Anfang nahm. Das Hüttenwerk bei Saldanha Bay nördlich von Kapstadt und eine Aluminiumschmelze bei Richards Bay durchbrechen seit Mitte der 1990er Jahre das Muster einer traditionell binnenländischen Konzentration der Schwerindustrie (WIESE 1999, S. 170 f.).

Einer der wichtigsten Industriezweige ist der Kraftfahrzeugbau (Tab. 16). Anfang der 1980er Jahre wurde geschätzt, dass ein Achtel aller wirtschaftlichen Aktivitäten in Südafrika mit der Autoindustrie in Verbindung stand. 1998 trug dieser Industriezweig samt Zubehörindustrie 14 % zum BIP bei (RSA 2000 Ausg. Sept. 2000, S. 4). Die Expansion internationaler Pkw-Hersteller erreichte das Land zu Beginn der 1920er Jahre. Billige Arbeitskräfte und ein lohnender Binnenmarkt machten Südafrika für US-Konzerne interessant. 1924 eröffnete Ford, 1927 General Motors ein Produktionswerk bei Port Elizabeth. Um 1930 waren 96 % der registrierten Autos US-Modelle (OBERHAUSER 1993, S. 195). Weitere Produzenten folgten nach dem Zweiten Weltkrieg, hierunter die späteren Niederlassungen von Mercedes, Toyota und Volkswagen, die vor allem importierte Teile montieren ließen und deshalb Küstenstandorte wie East London, Durban und Uitenhage bei Port Elizabeth bevorzugten. Die in den 1960er und 70er Jahren staatlich forcierte Importsubstitution förderte den Ausbau lokaler Zulieferer.

Um die protektionistische Politik der Regierung zu umgehen, investierten die Autoproduzenten auch in den folgenden Jahren in Südafrika. Die Region Eastern Cape entwickelte sich zum Zentrum der Pkw-Produktion, wo sich bis heute mehrere Anbieter konzentrieren. Die Transportstrecken zu den Hauptabnehmern im Großraum Johannesburg sind hingegen lang und können aufgrund der Reliefunterschiede nicht mit Pkw-Transportern bewerkstelligt werden. Die individuelle Überführung in langen Kolonnen ist deshalb nicht ungewöhnlich. Deshalb haben sich ab den 1960er Jahren Produzenten wie BMW und Nissan Binnenstandorte gewählt, die im Raum Pretoria zuweilen als *border industries* unter Nutzung billiger Tagespendler aus angrenzenden *homelands* fungierten. Die Expansion europäischer und japanischer Firmen führte dazu, dass der US-Marktanteil 1975 nur noch 35,6 % betrug (OBERHAUSER 1993, S. 108). Die Deinvestition amerikanischer Firmen in den 1980er Jahren

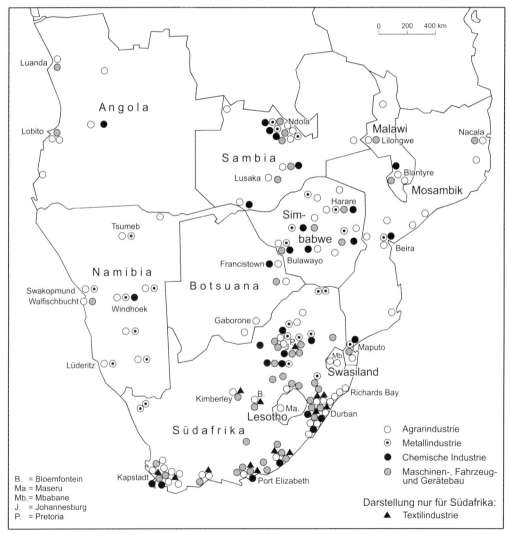

Abb. 20: Verarbeitende Industrie im Südlichen Afrika
Quelle: NASOU & HarperCollins Publ. (1997, S. 20); Longman (Pty) Ltd. (1999, S. 15)

Der formelle Sektor

verstärkte die Dominanz japanischer und deutscher Autoproduzenten, die im letzten Jahrzehnt Kooperationen eingegangen sind, so dass sich die Anzahl der Produzenten halbiert hat (ROGERSON 1993a, S. 104). Seit Ende der Apartheid setzen die Produzenten wieder auf Expansion, weil sie eine wachsende Motorisierung der aufstrebenden schwarzen Mittelschicht prognostizieren (WIESE 1999, S. 171). Hilfreich sind auch die zunehmende Integration der südafrikanischen Automobilbauer in die globalen Fertigungs- und Beschaffungsnetze ihrer multinationalen Konzerne sowie der Abbau protektionistischer Maßnahmen für den Import ausländischer Pkw gewesen (BARNES & KAPLINSKY 2000). Letztere verpflichten dazu, die Produktionsabläufe sehr viel effizienter als zur Phase der Importsubstitutionspolitik zu gestalten. Damit sollen die Kraftfahrzeugexporte von 1999 bis 2002 auf ca. 130 000 verdoppelt werden (RSA 2000 Ausg. Sept. 2000, S. 4).

Konsequenz des politischen Wandels in Südafrika ist, dass mittelständische Firmen vornehmlich aus der Textil- und Bekleidungsindustrie in Nachbarländer abwandern, um hier von niedrigeren Löhnen und der geringeren gewerkschaftlichen Organisation zu profitieren. Zwischen März 1995 und Mai 1998 flossen etwa 0,5 Mrd. € aus Südafrika in verschiedene Wirtschaftssektoren der SADC (HORTON 1999, S. 47). Einen ähnlichen Nutzen versprechen sich Investoren aus Fernost, den USA und Europa, die z. B. in die Textil- und Schuhindustrie von Lesotho investieren, um damit vor allem den südafrikanischen Markt zu bedienen. Doch selbst die Niedriglohnperipherie wird von asiatischen Billig- und europäischen und nordamerikanischen Altkleiderimporten bedroht. Der Anteil hieran am Gesamttextilmarkt wird für Mosambik zwischen 32 und 50 % geschätzt (HÜTZ 1994, S. 35).

Tab. 16: Pkw- und Karosseriebau-Industrie

Land	Firma	Anzahl der Beschäftigten	Jahr der Firmengründung
Botsuana	Swedish Motor Corp. Gaborone	150	
Mosambik	A Forjadora – Fabrica de Equipamentos Industriais Maputo	./.	
Namibia	Tata Namibia Windhoek	./.	
Simbabwe	Quest Motor Corp. Harare	./.	
Südafrika[1]	ARMSCOR Pretoria	900	1948
Südafrika	Nissan SA Rosslyn	./.	
Südafrika	BMW SA Pretoria	./.	
Südafrika	Ass. Automotive Distributors Johannesburg	500	
Südafrika	Delta Motor Corp. Port Elizabeth (Opel, Isuzu, Suzuki, Saab)	4200	1987
Südafrika	Mercedes-Benz of SA Pretoria (Mercedes, Honda, Colt, Freightliner)	4000	
Südafrika	Toyota SA Johannesburg	9000	1964
Südafrika	VW of SA Uitenhage	6500	1966
Südafrika	Karosseriebau Port Elizabeth (u. a. Tanks)	750	1982

[1] Auswahl der größten Firmen bzw. Firmengruppen
./. = keine Angabe
Quelle: BUTLER & BENTLEY (1999)

Die Industrien im Südlichen Afrika leiden unter den zu kleinen Binnenmärkten und unzureichender verkehrlicher Infrastruktur. Weil Eigenkapital fehlt, sollen deshalb *export processing zones* wie in Malawi oder Namibia Ausländern Anreize geben, in die Weiterverarbeitung vor allem lokaler Agrarprodukte zu investieren, sei es in Form von Tee- und Tabakfabriken, Säge- und Zuckermühlen. Obwohl Sambia eine relativ breite Industriebasis besitzt, muss z. B. die Tabakproduktion zunächst exportiert werden, um anderweitig aufbereitet und für die lokale Zigarettenproduktion reimportiert zu werden (SADC 1998a, S. 313). Auch Simbabwe verfügt als Ergebnis der UDI in den 1960er Jahren über eine relativ breite Industriebasis, die 60 % der eigenen landwirtschaftlichen und 26 % der Minenproduktion weiterverarbeitet (SADC 1998a, S. 329). Die Verarbeitung und Veredelung von Lebensmitteln decken in Namibia wertmäßig allein etwa 80 % der Industrieproduktion ab.

High tech cluster in der Region lassen sich in der Provinz Gauteng/East Rand, im Großraum Durban und Kapstadt nachweisen. In Gauteng konzentrieren sich allein etwa 71 % aller Beschäftigten, die in Südafrika in der *high tech*-Produktion arbeiten (ROGERSON 1998, S. 889). Häufig handelt es sich hierbei um militärisch-industrielle Komplexe mit einer hohen Konzentration von F & E-Einrichtungen. Nicht immer muss jedoch – wie HODGE (1998) im Falle des Midrand zwischen Johannesburg und Pretoria nachweist – eine hohe räumliche Konzentration von *high tech*-Firmen mit größeren F & E-Aktivitäten einhergehen.

3.2.3.4 Staatsunternehmen

Bis Mitte der 1980er Jahre wurde Produktions- und Finanzkapital in vielen afrikanischen Ländern staatlich kontrolliert. Damit wandte man sich nach der Unabhängigkeit bewusst vom kolonialen Kapitalismus ab, der Schwarze im Gegensatz zu Europäern und Asiaten mit diskriminierenden Gesetzen aus dem formellen Wirtschaftskreislauf ausgeschlossen hatte. Zugleich widersprach das kapitalistische und individuelle Gewinnstreben „traditionellen" afrikanischen Werten von Kommunalismus (MCDADE 1997, S. 332 f.), so dass einige Länder ein sozialistisches Gesellschaftssystem anstrebten (Angola, Mosambik), andere eine Nationalisierung und Afrikanisierung von Schlüsselindustrien verfolgten (Sambia, in begrenztem Umfang auch Simbabwe). Die gewaltigen Investitionen, die z. B. für die *off-shore*-Ölförderung vor Angola und deren weltweite Vermarktung notwendig sind, haben jedoch selbst zu Zeiten des Kalten Krieges dazu geführt, dass sozialistische Regime *joint ventures* mit ausländischen Konzernen eingingen (MEYNS in NOHLEN & NUSCHELER 1993, S. 326). In kleineren Ländern wie Malawi und Swasiland sind wirtschaftliche Pfründe bis in jüngste Zeit in Händen der staatstragenden Familie oder Aristokratie verblieben, so dass hier eine ganz eigene Form von „Staats-" im Sinne von Familienunternehmen entstanden ist.

Auch in Südafrika bildete sich unter den restriktiven Vorgaben der Apartheid kein wirklicher Kapitalismus aus, sondern ein sog. Volkskapitalismus (*volkskapitalisme*). Ziel der (weißen) Afrikaaner war es, nicht nur die politische Macht zu besitzen, sondern auch am wirtschaftlichen Wohlstand zu partizipieren, dessen Entwicklung traditionell von englischen Weißen kontrolliert wurde. Analog zu der heute verfolgten *black empowerment*, um schwarze Anteilseigner am Produktionskapital zu stärken, konnte man von einer *Afrikaaner empowerment* sprechen. Mittels der Gründung staatlicher Unternehmen sollte einerseits Südafrika

Der formelle Sektor

gegenüber ausländischen Sanktionen autark gemacht werden; andererseits sollten Weiße aufgrund ihrer bevorzugten Einstellung (*civilized labour policy*) in den formellen Arbeitsmarkt aufgesogen werden. Gegründet wurden 1928 ISCOR bei Pretoria (South Africa Iron & Steel Corporation), 1950 SASOL (Anlagen zur Kohleverflüssigung) und Anfang der 1960er Jahre ARMSCOR (Armaments Development and Manfacturing Corporation) als ursprünglich mit staatlichem Kapital finanzierte Produktionsstätten (LIEBENBERG 1988, S. 418 f.; CROSS 1994). 1973 arbeiteten allein bei ISCOR ca. 350 000 Personen (CALLINICOS 1987, S. 137), die mit ihren Werken in Pretoria, Newcastle und Vereeniging positive *spreading*-Effekte für den gesamten produzierenden Sektor auslöste. Die Notwendigkeit, auch ohne staatliche Subventionen zu marktgerechten Preisen zu produzieren, führte im Laufe der nächsten Jahrzehnte zur schrittweisen Privatisierung dieser Unternehmen. Vor allem nach Aufhebung der Wirtschaftssanktionen gegen Südafrika ist die politisch-strategische Bedeutung der Großunternehmen deutlich gesunken.

3.2.3.5 Mittelstand

Bis zur Dekolonisierung wurde die Entwicklung einer schwarzen Unternehmerschicht durch gesetzliche Restriktionen weitestgehend blockiert. Das Verbot, Grundeigentum zu erwerben, Kapitalmangel, niedriger Bildungsstand und mangelhafte Infrastruktur verhinderten, dass Schwarze zu Fabrik- oder Minenbesitzern aufsteigen konnten. Nach der Unabhängigkeit waren diese Positionen entweder bereits von einer „Gastethnie" besetzt, oder die neue Regierung verfolgte eher den Grundsatz des „big push" als „small is beautiful".

In der Literatur wird zwischen „survivalist" bzw. „micro enterprises" unterschieden, die dem informellen Sektor zugeordnet werden (Kap. 3.2.4), und „very small" (bis zu zehn bezahlte Angestellte), „small" (bis zu 50 Angestellte) und „medium enterprises" (bis zu 100 Angestellte), die den formellen *small business sector* umfassen. 1995 existierten in Südafrika 700 Minenbetriebe und 43 050 Unternehmen des produzierenden Sektors im mittelständischen Bereich. Je größer der Betrieb, um so geringer ist die Anzahl schwarzer Unternehmer (SAIRR 1998, S. 358). Auch der Bergbau in Simbabwe, der immer noch zu 75 % von multinationalen Konzernen aus Südafrika, Großbritannien und den USA kontrolliert wird, eröffnet Nischen im *small scale sector*, der bis zu 40 000 Beschäftigte umfassen soll (SCHRÖDER 1994). Vor 1980 lag der Bergbau ausschließlich in weißer Hand; seitdem sind die meisten Kleinminen in schwarzen Besitz übergegangen (OKUJENI & WALSH 1997, S. 23). In Mosambik beispielsweise hängt der Erfolg privater Bauunternehmer vor allem von öffentlichen Aufträgen ab, die zumeist von ausländischer Seite finanziert werden. Jahrzehntelanger Krieg und Verarmung haben dazu geführt, dass private Anbieter auf eine immer noch nicht ausreichende Zahl privater Abnehmer treffen (O. V. 1998, S. 19) und bei Versiegen ausländischer Gelder unweigerlich schließen müssten. In Südafrika lässt sich die Ausweitung des mittelständischen Bereiches anhand des Registrar of Companies statistisch nachweisen, wonach Mitte 1999 die Anzahl neuer Betriebe um 3.000 höher lag als im Vorjahr. Immobilienmakler bestätigen diesen Trend anhand der gestiegenen Nachfrage nach kleinen Flächen für „industrial mini-units" von bis zu 200 m^2 (The Star – Business Report 31.07.1999).

Geographisches Institut der Universität Kiel

Unklar bleibt, inwieweit das „Gründungswunder" auch Arbeitsplätze in ausreichender Zahl schaffen kann. Weil Unternehmer trotz Arbeitslosenquoten von 20–30 % über schlechte Arbeitsmoral klagen, mechanisieren und automatisieren sie ihre Produktionsabläufe, um nicht nur Lohnneben-, sondern auch die Lohnkosten selbst einzusparen. Bereits 1990 waren nur noch 16 % des Produktionsausstoßes im verarbeitenden Sektor arbeitsintensiv geprägt (NORDAS 1996, S. 719). Aufgrund umfangreicher Arbeitsschutzbestimmungen und relativ hoher Löhne in Südafrika lagern Unternehmer arbeitsintensive Produktionsprozesse in die Peripherie wie z. B. nach Lesotho aus (FUES 1983), wo besonders der Textilsektor stark vertreten ist (BAYLIES & WRIGHT 1993). Politische Instabilitäten wie solche vom Oktober 1998, die eine weitgehende Zerstörung der Infrastruktur in Lesotho zur Folge hatten, können jedoch kurzfristig auch wieder zur Schließung dieser „verlängerten Werkbänke" führen. Gegenüber 1970 hatte sich der Anteil des produzierenden Sektors am BIP für Lesotho von 4 auf 18 % im Jahre 1995 gesteigert.

3.2.4 Der informelle Sektor

Als wirtschaftliches und politisches Ventil hat sich in allen Ländern der informelle Sektor stark ausgebreitet, der sowohl legal geduldete als auch immer häufiger illegale Tätigkeiten umfasst. Zuweilen fungiert der informelle Sektor als Überlebensstrategie für einzelne Familien. In anderen Fällen sind komplexe (auch mafiose) Organisationsformen und Filialsysteme entstanden, die eine gesamte Volkswirtschaft in Form von Schwarzmärkten und (nichtmonetären) Tauschgeschäften am Leben erhalten können. Unter Aufhebung des Prinzips der Arbeitsteilung einer „modernen" Ökonomie bringen sich Personen mit ihren Fähigkeiten überall dort ein, wo sie Gewinne erwarten. In Personalunion sind sie sowohl am Anfang als auch am Ende einer Produktionskette tätig, weshalb sich primäre, sekundäre und tertiäre Tätigkeiten zuweilen vermischen. Weil die statistische Abschätzung des informellen Sektors insgesamt bereits große Probleme aufwirft, ist die Aufgliederung dieser Aktivitäten nach einzelnen Wirtschaftssektoren in der Literatur nur selten vorgenommen worden. In der nachfolgenden Diskussion kann deshalb eine Quantifizierung des Phänomens allein für den sekundären Sektor nur in Einzelfällen erfolgen.

Kriegsökonomie: Trotz der Friedensbemühungen in den 1990er Jahren bestehen die kriegerischen Verwicklungen fort und haben einzelne Regionen über unterschiedlich lange Zeiträume von einer staatlich organisierten Verwaltung sowie nationalen und internationalen Transportströmen abgeschnitten. Große Teile Angolas unterliegen bis heute einer ausgeprägten Kriegsökonomie, die im Falle des von der Rebellenbewegung UNITA kontrollierten Gebietes durch Schmuggelwirtschaft und den Gebrauch von Ersatzwährungen gekennzeichnet wird. Diamanten und Edelhölzer werden gegen Lebensmittel, Maschinen, Werkzeuge oder Rüstungsgüter getauscht. Vor Ort reparieren und produzieren Werkstätten und kleinere Firmen mit einfachsten Mitteln standardisierte Waren. MISSER (1990, S. 23) beschreibt die Situation 1990, als der Handel von Tauschbeziehungen bestimmt war, deren Umrechnung auf südafrikanischen Marktpreisen beruhte: „For instance, one pair of trousers costs an average of 20 South African Rand, while a kilo of maize costs 50 South African cents. Thus, an Angolan trades a 40 kg bag of maize for a pair of trousers".

Der informelle Sektor

Kriminalität: Die gesellschaftliche Transformation Südafrikas, die zu einer Liberalisierung nach innen und einer Öffnung der Grenzen nach außen führte, und die Beendigung des Kalten Krieges, die zu einer Demilitarisierung beitrug, haben neuen illegalen Betätigungsfeldern Vorschub geleistet. Einerseits ist das Südliche Afrika durch die Anbindung Südafrikas an den internationalen Luftverkehr in das Interessenfeld global agierender Verbrechersyndikate geraten, andererseits sind viele Waffen unkontrolliert in Umlauf gekommen. WARDROP (1998) beschreibt die lokalen Auswirkungen dieser Entwicklung anhand der sprunghaften Zunahme sog. *chop-shops* in Soweto. Es handelt sich um „stripping locations", d. h. einer Art von Werkstätten, die in Hinterhöfen, aber auch im *veld* oder auf einem Schulgrund – zuweilen sehr kurzzeitig – existieren, um die im Auftrag gestohlenen Autos umzurüsten oder zu zerlegen. Danach werden sie in das gesamte Südliche Afrika verschoben – Drehscheibe ist Lusaka in Sambia – und auch über Afrika hinaus verschifft. Produktionsstätten zur Verarbeitung von Rauschgiften, die davon profitieren, dass das Südliche Afrika ins Zentrum internationaler Schmuggelwege geraten ist (VENTER 1998), der Betrieb illegaler Minen zum Abbau von Gold, Platin und Diamanten und „Kupfergewinnung" durch kilometerlanges Ausgraben von Telefonleitungen sind andere Beispiele kriminellen Handelns.

„Traditioneller" informeller Sektor: Industrielle/verarbeitende Produktion nimmt im informellen Sektor insgesamt eine eher geringe Bedeutung ein. Für Angola schätzte die Weltbank Anfang der 1990er Jahre einen Anteil von 2–3 % an allen informellen Aktivitäten (TVEDTEN 1997, S. 77). Nach südafrikanischen Schätzungen für das Jahr 1997 entfielen 10 % aller Unternehmen im informellen Sektor (*survivalist* und *micro enterprises* mit bis zu vier Angestellten) auf den verarbeitenden Bereich (SAIRR 2001a, S. 409). Ergebnisse des sog. GEMINI-Projekts relativieren aber die weitverbreitete Auffassung, dass der informelle Sektor insbesondere von Handelsdienstleistungen geprägt ist (LIEDHOLM & MEAD 1998). In einer Untersuchung, die in sechs Ländern des Südlichen Afrika erfolgte, wurden sog. MSEs (*micro and small enterprises*) mit Aktivitäten im nicht-primären Sektor untersucht. Weil die größten Einheiten hierunter bis zu 40 oder 50 Arbeiter haben können, sind die GEMINI-Daten nicht ausschließlich dem informellen Bereich zuzuordnen (Tab. 17).

Tab. 17: Bedeutung von MSEs in ausgewählten Ländern (in %)

	Botsuana	Lesotho	Malawi	Simbabwe	Südafrika	Swasiland
MSE-Beschäftigungsrate an der Bevölkerung 15–64 Jahre alt	17	17	23	27	./.	26
Ein-Personen-Betriebe	65	79	61	69	47	69
MSEs mit 10–50 Beschäftigten	3	1	1	2	1	2
Sektoraler Schwerpunkt in Städten Verarbeitung Handel	15 71	35 41	29 62	64 30	17 70	33 56
Sektoraler Schwerpunkt auf dem Land Verarbeitung Handel	34 64	62 27	36 60	75 16	./. ./.	70 24
./. = keine Angabe, Quelle: LIEDHOLM & MEAD (1998, S. 127)						

Die Untersuchung weist nach, dass fast ein Viertel der Bevölkerung zwischen 15 und 64 Jahren in MSEs Beschäftigung findet. In der Mehrheit handelt es sich um Ein-Personen-Betriebe. Der produzierende Sektor gewinnt insbesondere im ländlichen Raum größere Bedeutung und konzentriert sich vor allem auf Textil-, Lebensmittel- und Holzverarbeitung. Im städtischen Raum entfallen fast 75 %, im ländlichen Raum bis zu 90 % aller produzierenden MSEs auf diese drei Kategorien (LIEDHOLM & MEAD 1998, S. 129). In ihrer Analyse über ländliche Unternehmer in Malawi zeigt TELLEGEN (1997), dass wirtschaftliche Aktivitäten vor allem dort stattfinden, wo Anfangsinvestitionen niedrig liegen und kompliziertere Werkzeuge oder gar Elektrizität über manuelle Fertigkeiten hinaus nicht zum Einsatz kommen müssen. Regelfall ist, dass bäuerliche Subsistenzwirtschaft und die Beschäftigung in einem weiteren Bereich des informellen Sektors Basis für ein ausreichendes Einkommen sind.

Vornehmlich in Südafrika macht sich der Trend bemerkbar, aus größeren Firmen Arbeitsschritte auszulagern und in Zusammenarbeit mit Mikro-Subkontraktoren und Heimarbeitern Teile der Produktion zu informalisieren. Einerseits fördert dies die Überlebensfähigkeit der insbesondere von schwarzen Unternehmern geleiteten Minibetriebe, andererseits versuchen große Betriebe ihre Arbeitskosten zu senken und sich sozialen Verpflichtungen und Absprachen mit Gewerkschaften zu entziehen (ROGERSON 1993b, S. 48).

3.2.5 Prozesse

3.2.5.1 Arbeitsbeziehungen und *black empowerment*

Ihre Verhandlungsmacht gegenüber Politik und Großwirtschaft versuchen Mikrounternehmer durch einen Zusammenschluss in Interessenorganisationen zu stärken. Auch Gewerkschaften, die der Gefahr der Informalisierung des Wirtschaftsgeschehens ausgesetzt sind und an Mitgliedern verlieren, öffnen sich Arbeitern des informellen Sektors, die im Falle Sambias innerhalb des Gewerkschaftsverbandes eigene Interessenvertretungen bilden können (O. V. 1999a). Doch in absoluten wie in relativen Zahlen sind die Mitgliederzahlen der Gewerkschaften rückläufig. Im Falle Sambias, das 1995 den höchsten Organisationsgrad im formellen Sektor mit 56 % auswies (alle anderen Länder lagen im Durchschnitt bei etwa 20 %), war der Rückgang der Mitgliederzahlen im Vergleich von 1990 zu 1995 um 42 % besonders dramatisch (O. V. 1999a). Obwohl die Zahlen für Südafrika angestiegen sind, nahm auch hier die Bedeutung von Mitgliedern gemessen an der Anzahl der Erwerbsfähigen ab. Das liegt einerseits an der wachsenden Bevölkerung, andererseits aber an Rationalisierungszwängen. Seit den 1980er Jahren unterziehen sich die Regierungen Strukturanpassungsprogrammen, die seitens des IWF und der Weltbank zu Auflagen für weitere Kreditgewährungen gemacht worden waren. Folgen sind eine weitreichende Liberalisierung (Abbau von Subventionen, aber zugleich Preiserhöhungen) und Privatisierung staatlicher Unternehmen.

Umfassend wurde dieser Prozess in Sambia, Mosambik und Angola verfolgt, die aufgrund ihrer sozialistischen Vorgängersysteme eine besonders große Zahl staatlicher Betriebe besaßen (World Bank 1998, Tab. 10–10). Bis 1998 waren allein in Mosambik von 1254 Staatsunternehmen 900 kleine und mittlere sowie 85 Großbetriebe privatisiert worden (O. V.

1999b), bei denen es sich hauptsächlich um Einrichtungen des produzierenden Sektors handelte. Die Auswirkungen auf die zuweilen aufgeblähten Beschäftigtenzahlen im formellen Sektor, der sich dem internationalen Wettbewerb stellen will, sind hingegen verheerend. Bis Mitte 1999 privatisierte beispielsweise Lesotho fünf Staatsbetriebe, darunter die Luftfahrtlinie Lesotho Airways, die die südafrikanische Ross Air erwarb. Letztere verkaufte wenige Monate später das Fluggerät und stellte ihre Operationen im Land ein (Mail & Guardian 03.09.1999). Auch die Privatisierung der Kupferindustrie in Sambia hat, sofern Minen nicht ganz geschlossen wurden, Tausende von Arbeitsplätzen gekostet (BARRACLOUGH 1998). Den Gewerkschaften wird nicht nur ihre Funktion als wirtschaftlicher Verhandlungsführer, sondern in einigen Ländern auch die der einzigen ernstzunehmenden politischen Opposition genommen.

Darüber hinaus behindert zuweilen die Ideologisierung, wer investiert – „schwarzes" versus „weißes" Kapital – oder wer die betriebliche Kontrolle ausübt, marktwirtschaftliche Erfolge. Die südafrikanische Regierung verfolgt ein Konzept des *b*lack *e*conomic *e*mpowerment (BEE), um „schwarzen" Einfluss mit Hilfe gesetzlicher Regelungen und bevorzugter Auftragsvergabe in der weiß dominierten Wirtschaft zu vergrößern. Bis Januar 1999 waren 35 schwarz kontrollierte Firmen an der Johannesburger Börse notiert, die einen Kapitalwert von 5,5 % aller notierten Aktiengesellschaften besaßen (Mail & Guardian 03.05.1999). Hierunter ist der verarbeitende Sektor aber deutlich unterrepräsentiert (CARGILL, BROWN & SEGAL 1998, S. 19).

3.2.5.2 Räumliche Konzentration und Verlagerung

Allen Ländern der Region gemeinsam ist die hohe räumliche Konzentration des produzierenden Sektors. Industrielle Cluster befinden sich beinahe ausschließlich im Umfeld der großen Städte. BAGACHWA & STEWART (1992, S. 147 f.) zitieren Zahlen für Harare und Bulawayo, wonach sich hier 1982 16 % der Bevölkerung, jedoch 74 % der industriellen Produktion und 74 % der Industriearbeiter konzentrierten. Gemessen an den knapp über 2000 Industriebetrieben waren es Ende der 1960er Jahre sogar über 95 % aller Firmen (HOLZNER 1972, S. 202). Ähnlich sah es zu Beginn der 1960er Jahre in Südafrika aus: Auf die vier industriellen Ballungszentren um Kapstadt, Port Elizabeth/Uitenhage, Durban/Pinetown und Pretoria-Witwatersrand-Vereeniging, die nur 3 % der Landfläche ausmachen, entfielen mehr als 60 % aller Industriebetriebe, 80 % der industriellen Bruttoproduktion und 80 % aller in der Industrie tätigen Personen (HALBACH 1975, S. 16).

Gründe für diese räumliche Konzentration lagen in der kolonialen Logik begründet, zwischen entwickelten „weißen" und nicht-entwickelten „Stammes"-Bereichen zu differenzieren. Gute Infrastruktur und Agglomerationsvorteile zogen in einem Selbstverstärkungseffekt neue Investitionen an, ohne dass sich in dieser Phase eine *polarization-reversal* abzeichnete. Wo in Südafrika eine industrielle Dezentralisation in Form von *border industries* (am Rande der *homelands*) oder *growth points* (in den *homelands*) geplant war, wurde sie seit den 1960er Jahren als Instrument eingesetzt, Bantustans eine vermeintlich eigenständige Wirtschaftsbasis zuzugestehen und billige schwarze Arbeitskräfte an den Grenzen der *homelands* zu binden (WELLINGS & BLACK 1986). Mitte 1973 waren ca. 152 000 Schwarze in Grenz- und *homeland*-Industrien beschäftigt, was jedoch nur etwa 5 % aller wirtschaftlich tätigen männlichen Schwarzen in den *homelands* entsprach (HALBACH 1975, S. 19). Auch in den nachfolgenden Jahren waren Dekonzentrationsbemühungen enge Grenzen gesetzt. 1993 entfielen allein auf die Provinz Gauteng (Großraum Johannesburg / Pretoria) immer noch 43,6 % aller Aktivitäten im produzierenden Sektor. Von den 47 größten Rüstungsfirmen haben Mitte der 1990er Jahre sogar 81 % ihren Sitz in Gauteng (HODGE 1998, S. 860). Auch neuere Untersuchungen von ROGERSON & ROGERSON (1999) gehen weniger der Frage großräumiger Dekonzentration als kleinräumiger Umschichtung innerhalb der Region Witwatersrand nach. Sie zeigen anhand der Anzahl von Industriebeschäftigten und -betrieben, dass der CBD-Rand von Johannesburg aufgrund ungeeigneter mehrgeschossiger Bauten bei der industriellen Produktion zwischen 1980 und 1994 stark an Bedeutung verloren hat. „Gewinner" sind die südlich und östlich an Johannesburg anschließenden Bereiche, in denen sich in Industrieparks und flächenextensiver Bauweise Leichtindustrie und *high tech*-Produktion (z. B. Elektronikbausteine, Messinstrumente) ansiedeln. Diese (möglicherweise als *polarization-reversal* zu deutenden) Prozesse tragen aber nicht dazu bei, großräumige regionale Disparitäten abzubauen. Erst im Rahmen von sog. ***s**patial **d**evelopment **i**nitiatives* (SDI) sollen Entwicklungskorridore quer durch den Kontinent geschaffen werden, damit auch ursprünglich peripher gelegene Räume von neuen Industrieansiedlungen profitieren können (vgl. Kap. 3.5.2.2).

3.3 Dienstleistungen

3.3.1 Bedeutung

Untersuchungen von TØRRES (1998) zu den SADC-Staaten zeigen, dass immer noch 70-75 % aller Beschäftigten im landwirtschaftlichen Sektor tätig sind. Die Differenzen zwischen den weiter- (Südafrika, Botsuana, Sambia) und unterentwickelten Ländergruppen sind hierbei aber beträchtlich und liegen zwischen 13 (Südafrika) und 87 % (Malawi; Stand 1992; Arbeitsbeziehungen... 1999). Der industrielle Sektor nimmt weitere 5–25 % der Beschäftigten auf. Als Residualgröße gewinnt aber der Dienstleistungssektor immer größere Bedeutung. So hatte er Anfang der 1990er Jahre in Südafrika einen Anteil von über 60 %, in Malawi und Mosambik lag er hingegen immer noch unter 10 % (World Bank 1998; Arbeitsbeziehungen... 1999). Während der Anteil der landwirtschaftlich Beschäftigten zwischen 1970 und 1990 in allen Ländern rückläufig und der im industriellen Sektor Tätigen fast gleichbleibend ist, wächst der Dienstleistungssektor stetig und verdoppelte sich im Falle von Simbabwe von 12 auf 24 % (SADC 1998a; World Bank 1998). Aufgrund einer unzureichenden Arbeitsmarktstatistik handelt es sich zuweilen nur um vage Schätzungen, die ausschließlich Größenordnungen und Trends vermitteln können. Die seit Anfang der 1990er Jahre stichprobenweise und jährlich durchgeführten Haushaltserhebungen in Südafrika gehören hierbei neben den eigentlichen Volkszählungen zu den weitestentwickelten Instrumentarien einer fortlaufenden Raum-/Strukturbeobachtung. Insbesondere in Ländern wie Angola, Mosambik und DR Kongo (Zaire), in denen die Staatsmacht ihre Souveränität zeitweise nur noch inselartig ausüben konnte, müssen dagegen die Angaben als fiktive Fortschreibung interpretiert werden. Die Vermischung von primären, sekundären und tertiären Einnahmequellen vieler Haushalte im formellen und informellen Sektor macht es darüber hinaus schwierig, die „Bedeutung" des Dienstleistungssektors entweder am BIP oder an der Beschäftigtenzahl zu messen. Auch die Kriterien der Datenerhebung sind in den einzelnen Ländern unterschiedlich: So schwanken die Grenzen für das erwerbsfähige Alter zwischen 10 bis 15 Jahren nach unten und 60 bis 65 Jahren nach oben, sofern überhaupt eine Spanne definiert wird (Arbeitsbeziehungen... 1999).

Der Dienstleistungsmarkt wird charakterisiert durch seine große Heterogenität an Beschäftigungsformen. Neben dem öffentlichen Sektor, der in Verwaltung, Polizei, Militär, Transport und Kommunikation zu einem der wichtigsten Arbeitgeber im formellen Bereich zählt (in Südafrika waren es 2000 34 %; SAIRR 2001b, S. 206), ist der private Sektor häufig informalisiert und von irregulären Formen der Beschäftigung wie „Teilzeitarbeit, Kontraktarbeit, Heimarbeit, Gelegenheitsarbeit, Schwarzarbeit und ähnlichem" gekennzeichnet (Arbeitsbeziehungen... 1999). Überproportional beteiligt hieran ist die Frauenarbeit. In Ländern wie Mosambik und Malawi gehen mehr als 80 % der Beschäftigten informellen Tätigkeiten nach. Eine Untersuchung aus der North West Province Südafrikas macht deutlich, dass diese Arbeiten in der Regel, nämlich zu ca. 73 % (NAUDÉ 1998, S. 139), auf „services, trade and transport" entfallen. 30 % aller informellen Tätigkeiten in Südafrika waren 1999 allein dem Bereich „domestic service" zuzurechnen (SAIRR 2001a, S. 356). Unberücksichtigt bleibt bei diesen Angaben die Bedeutung der Subsistenzlandwirtschaft.

Für Ende der 1980er Jahre wurde geschätzt, dass die Wertschöpfung der Parallelmärkte in Angola das Zweieinhalbfache des staatlichen BIP ausmachte. Etwa 300.000 Personen arbeiteten landesweit für diese Märkte, auf denen die Bevölkerung im Falle der Hauptstadt Luanda etwa 90% ihrer Einkommen verausgabte (TVEDTEN 1997, S. 78). Ähnlich sieht es in Simbabwe aus, wo der informelle Sektor (insbesondere im Kleinhandelsgewerbe) bis zu 1,6 Mio. Arbeitsplätze schafft und damit etwa 15–20 % der Gesamtbevölkerung eine Beschäftigung bietet (Schätzungen Beginn 1990er Jahre; MUPEDZISWA 1999, S. 9). Nach TØRRES (1998) wird die Bedeutung dieser Zahlen noch dadurch unterstrichen, dass nur eine von zehn Personen in den SADC-Staaten überhaupt im formellen Sektor arbeitet und nur etwa 20 % der ökonomisch aktiven Bevölkerung eine Beschäftigung vorweisen können.

3.3.2 Warum wächst der Dienstleistungssektor?

Soziale, politische und wirtschaftliche Veränderungen haben in den letzten Jahrzehnten dazu geführt, dass der Dienstleistungssektor für die Schaffung von Arbeitsplätzen stark an Bedeutung gewonnen hat: Analog zur Deindustrialisierung in den entwickelten Ländern ist im Südlichen Afrika ein Prozess der Deagrarisierung zu beobachten. BRYCESON (1997, S. 4) definiert diesen Vorgang anhand sich verändernder Berufsbilder und Einkommensquellen, anhand der Aufkündigung traditioneller und sozialer Identifikationsmuster mit dem ländlichen Raum, ohne diesen bereits physisch verlassen zu haben, sowie anhand der räumlichen Umorientierung in Richtung von ländlichen Märkten oder Städten. Das Ausmaß des Wachstums von in der Regel informellen nicht-landwirtschaftlichen Tätigkeiten zeigt PEDERSEN (1997, S. 173) für Simbabwe auf: Insbesondere Handelsaktivitäten nahmen unter den *rural non-agricultural activities* zwischen 1986 (8 %) und 1993 (25 %) sprunghaft zu, um Einnahmeausfälle aus naturräumlichen (Dürre), Markt- (Preisschwankungen) und politischen Gefahren (Landreformen, Bürgerkriege) mit Hilfe von Erwerbskombination und -differenzierung zu minimieren. Manuelle Kenntnisse und vergleichsweise hohe Ausgangsinvestitionen in Form von Werkzeugen und Rohmaterialien, wie sie im verarbeitenden Sektor notwendig sind, können im Dienstleistungsbereich entfallen, so dass der Markteintritt relativ unkompliziert ist.

Die politische Seite unterstützt die Informalisierung der Wirtschaft, die sich vor allem in den Städten zu einer augenfälligen Tertiärisierung entwickelt (vgl. J. ROGERSON 1995 zu Johannesburg), weil der formelle Sektor immer weniger die neu auf den Arbeitsmarkt drängenden Personen absorbieren kann (SAIRR 1999, S. 310; Arbeitsbeziehungen... 1999):

1. Deregulierungspraktiken in Südafrika senken die Barrieren für den Marktzugang, indem keine speziellen Bildungsabschlüsse für die Ausübung eines Gewerbes gefordert werden oder das Ausüben einer Dienstleistung keine geschlossenen Räume benötigt. Zuweilen regiert auch ein vollständiger laissez-faire wie im Falle der Bürgerkriegsökonomien von DR Kongo (Zaire) und Angola (BAYART u. a. 1999), wo es keine zivilen Verwaltungsstrukturen mehr gibt.
2. Fast alle Staaten durchlaufen eine Phase der Privatisierung ihrer Wirtschaft, die in den vergangenen Jahrzehnten vielfach sozialistischen oder marxistischen Planungskriterien unterlag (MUSAMBACHIME 1999 für Sambia). Forderungen internationaler Kreditgeber nach „Strukturanpassung" und „schlankem Staat" tragen zum Arbeitsplatzabbau sowohl im privaten als auch im öffentlichen (Verwaltungs-) Sektor bei. Für Mosambik rechnet man mit einer Reduzierung der Stellen im formellen Sektor um 25–50 % (Arbeitsbeziehungen... 1999).
3. Die Liberalisierung und Globalisierung nach Ende der Apartheid infolge von Grenzöffnungen und der Einbindung in interkontinentale Verkehrsnetze haben sowohl dem formellen (Tourismus) als auch dem informellen und zuweilen illegalen Dienstleistungssektor (Schmuggel) neue Entwicklungsschübe gebracht. Entgegen den Erfahrungen, dass Inlandsmärkte isoliert voneinander funktionieren, internationalisiert sich nunmehr selbst der informelle Dienstleistungssektor. Für den gesamten afrikanischen Kontinent ist Südafrika zum Jobmagneten geworden.
4. Der Abbau repressiver Gesetzgebungen aus der Kolonial- und Apartheid-Zeit hat zu einer „Afrikanisierung" der Gesellschaften geführt. Verändert hat sich die rassische Struktur der ursprünglich „weißen" zu einer „schwarzen" öffentlichen Verwaltung. Abgeschafft wurden aber auch Gewerbe- und Mobilitätsbeschränkungen für nicht-weiße Personen, wodurch sich der Dienstleistungsbereich stark ausdehnen konnte.

Formeller und informeller Sektor verschmelzen zuweilen miteinander. Beispiele aus Südafrika zeigen, dass einerseits formelle Anbieter informelle Außenstellen unterhalten, andererseits informelle Dienstleister eigene Filialsysteme mit einer Vielzahl von Angestellten betreiben. Wo der formelle Sektor als Großlieferant für den atomistisch organisierten informellen Bereich auftritt, ist er an dessen staatlicher Reregulierung nicht interessiert (z. B. Taxiverkehr in Südafrika). Eine Konkurrenzsituation stellt sich jedoch dann ein, wenn beide Sektoren kleinräumig aufeinander treffen und ein Verdrängungswettbewerb um unterschiedliche Verkaufsatmosphären einsetzt (Crackdown on street vendors in Lusaka: Daily Mail & Guardian 23.06.1999).

3.3.3 Einzelhandel

Die bedeutendste verbrauchsorientierte Dienstleistung ist der Einzelhandel, der in seiner Mischung von formellen und informellen Angebotsformen eine große Bandbreite beinhaltet. Im formellen Sektor existieren:
- im ländlichen Raum „Handelsposten" und Tankstellen, die als Gemischtwarenläden und monopolistische Anbieter ihre Angebotspalette so weit wie möglich fassen;
- im städtischen Bereich fast rund um die Uhr geöffnete Cafés und *take-aways*, die als Einbetriebsunternehmen und eine Art Nachbarschaftsläden fungieren;
- Lebensmittel- und *non-food*-Filialisten, die bevorzugt aus Südafrika stammen und im gesamten Subkontinent expandieren;
- Einkaufszentren, die von SB-Warenhausketten, Banken und Versicherungen geplant und finanziert werden.

Der informelle Sektor umfasst einerseits stationäre Händler, die sowohl selbst produzierte als auch vom Großhändler eingekaufte Waren in Eigenregie oder als „Filialisten" anbieten. Die Präsentation erfolgt von Verkaufswagen, Bretterbuden, Schiffscontainern oder einfach vom Straßenrand aus. Andererseits zählen dazu mobile Händler, die ihre Nischen vielfach als „Filialisten" und „Kommissionäre" des formellen Sektors (Blumen, Zeitungen, Textilien) besetzen und keine Konkurrenz für die stationären informellen Händler darstellen.

3.3.3.1 Historische Entwicklung

Infolge der umfassenden wirtschaftlichen Erschließung und Urbanisierung des Südlichen Afrika seit Ende des 19. Jh. breitete sich ein am europäischen Lebensstil orientiertes Versorgungsnetz aus. Kaufhäuser, Fachgeschäfte und Boutiquen entstanden und wurden in der Regel von weißen Inhabern geführt. Informelle, aber gesellschaftlich akzeptierte rassische Segregation schloss aus, dass weiße und nicht-weiße Kunden von denselben Tresen aus bedient wurden. Wo Weiße nicht als Händler auftraten, waren es vor allem zugewanderte Inder, die in diesem Sektor – insbesondere als Zwischenhändler im ländlichen Raum gegenüber schwarzen Kleingewerbetreibenden – neue Beschäftigungsnischen fanden. 1936 waren 26,9 % der ökonomisch aktiven Inder Südafrikas im Gegensatz zu 16,3 % der Weißen, 5,1 % der *Coloureds* und 0,2 % der Schwarzen im Handel tätig (JÜRGENS & BÄHR 1996, S. 360). In den britischen Kolonien Rhodesien und Nyassaland arbeiteten sogar bis zu 80 % der männlichen Inder im Handelssektor, wohingegen in Angola und Mosambik Portugiesen die Positionen als ambulante Händler im ländlichen Raum einnahmen. Sie brachten den ansässigen Stämmen die Marktwirtschaft näher (KUDER in KUDER & MÖHLIG 1994, S. 164) und banden Einheimische in den Geldkreislauf der Kolonialmacht ein. Folge dieser Entwicklung war, dass der lokale Wirtschaftsgeist aufgrund importierter Waren und Ästhetik („moderne" versus „primitive" Produkte) verkümmerte. Preise, Löhne, Art der Produkte und Distributionslinien wurden von den dominanten weißen oder indischen Händlergesellschaften fast vollständig kontrolliert (CUMMINGS in MIDDLETON 1997, Vol. 1, S. 240).

Zumindest im städtischen Raum war die „kritische Masse" der potenziellen schwarzen Kunden kleinräumig so groß geworden, dass schwarze Gewerbetreibende in nennenswerter Zahl eigene Geschäfte eröffneten, die sich bevorzugt innerhalb von native trading areas konzentrierten. Damit verbunden war lange Zeit auch die Möglichkeit, Grundeigentum zu erwerben (Beispiel Salisbury; WILD 1991). Die von weißen Händlern und Steuerzahlern geforderte politische Repression gegenüber „unfairen" Handelspraktiken von Indern (Asiatic menace) und Schwarzen führte jedoch dazu, dass Handelslizenzen in den folgenden Jahrzehnten nur noch restriktiv von der weißen Kolonialverwaltung vergeben wurden. Die rassische Segregation nach Wohn- und Gewerbegebieten in Südafrika und Rhodesien ab den 1930er Jahren tat ein übriges, die Expansion nicht-weißer Händler räumlich zu beschränken. Weil städtische Schwarze im System der Apartheid zudem nur als temporary sojourners klassifiziert waren, konnten sie selbst in den townships oder locations zuweilen nur illegal operieren.

Eine erste umfassende Afrikanisierung des Einzelhandels setzte ab Mitte der 1970er Jahre in Angola und Mosambik ein, wo die weiße Bevölkerung aus Furcht vor einer sozialistischen Zukunft die ehemals portugiesischen Kolonien zu Hunderttausenden kurzfristig verließ und ihr Grundeigentum teilweise zerstörte, sofern es nicht von Einheimischen geplündert wurde. Wichtige Posten in der Wirtschaft waren deshalb zeitweise unbesetzt. KAPUCINSKI (1988) beschreibt die Situation für Luanda, die sich bereits Wochen vor der Unabhängigkeit zur Geisterstadt entwickelte. Anstelle der von Portugiesen und in Mosambik in nennenswerter Anzahl auch von Indern betriebenen privaten Geschäfte entstanden die Läden von Konsumgenossenschaften, staatliche Rationierungssysteme, legale „Volksmärkte" und Schwarzmärkte (candongas). Darüber hinaus wurden lojas francas eingerichtet, die ähnlich den Intershops nur konvertierbare Währung akzeptierten (JÜRGENS 1996, S. 733). Durch die Flucht der weißen Bevölkerung sanken die Kaufkraftpotenziale und änderten sich die Angebotsprofile der Geschäfte.

Auch in Simbabwe mussten viele weiße Kaufleute in den 1980er Jahren aufgeben bzw. ihren Laden an schwarze Interessenten verkaufen, weil die ursprünglich weiße Klientel aufgrund der Emigration stark geschrumpft war (ZINYAMA 1990). Andere versuchten, sich neue Kundengruppen wie die aufstrebende schwarze Mittelklasse zu erschließen. Am erfolgreichsten hierbei waren Filialisten, die vielfach südafrikanischen Ursprungs sind und auch außerhalb der CBDs in den traditionell unterversorgten townships Geschäfte eröffnet haben. Die rechtliche Festlegung von Mindestlöhnen im formellen Sektor erhöhte die Kaufkraft im unteren Marktsegment. Darüber hinaus förderten die räumliche Ausdehnung und Dezentralisierung öffentlicher Dienste eine flächendeckende Nachfrage (seitens staatlicher Angestellter) nach „städtischen" Produkten und den Bekanntheitsgrad dieser Artikel auch außerhalb der großen Städte (ZINYAMA 1990, S. 34).

Ähnliche Entwicklungen einer langsam fortschreitenden „Afrikanisierung" wollten die weißen Kommunen Südafrikas mittels einer rigiden Implementierung von Apartheid-Gesetzen verhindern. Unter Vernachlässigung des infrastrukturellen Ausbaus der townships sollten die wirtschaftlichen Aktivitäten der schwarzen Bevölkerung auf die homelands gelenkt werden. Ergebnis war eine eklatante Unterversorgung der städtischen schwarzen Wohnbereiche mit Dienstleistungen jeglicher Art. Diese Lücke wurde zumindest teilweise in Form von informell und illegal betriebenen spaza shops (spaza = „hidden" (versteckt) in township-Slang) und shebeens (Kneipen) ausgefüllt (Soweto Spaza 1997). In der Regel handelte es sich um kleinste Verkaufseinrichtungen, die in einer Erhebung in Port Elizabeth Anfang der 1970er Jahre zu 44 % weniger als 14 m² Verkaufsfläche umfassten (LUCAS 1974, S. 179).

3.3.3.2 Verkaufsformen und Anbieter

Im Südlichen Afrika, wo die Bevölkerungsdichten zuweilen sehr gering sind, haben isoliert gelegene Handelsposten größte Bedeutung für eine flächendeckende Versorgung der Menschen erlangt. In der Kolonialzeit waren Handelsniederlassungen aus Verteidigungsgründen häufig nur dort erlaubt, wo sich Verwaltungs- und Militärposten befanden, die bis zu 500 km auseinanderliegen konnten. Nach KUDER (in KUDER & MÖHLIG 1994, S. 164) existierten Ende des 19. Jh. in der Provinz Cuanza-Sul in Angola auf einer Fläche von mehr als 52 000 km² nur etwa 18 Handelseinrichtungen. In den ländlichen Räumen Namibias (BÄHR 1968) und Südafrikas unterhalten Farmer als Nebenbeschäftigung kleine Läden und Tankstationen, über die sie die Grundversorgung ihrer eigenen Arbeiterschaft und umliegender Farmen abdecken. Die Waren werden einerseits verkauft, andererseits dienen sie aber auch zur Bezahlung der Beschäftigten in Form von Naturalien. Die Verkaufsstellen sind in der Regel nur wenige Tage oder Stunden geöffnet und strahlen deshalb nur episodisch oder periodisch Zentralität aus. Als Gemischtwarenläden bieten sie vor allem eine Palette von langfristig haltbaren Lebensmitteln sowie Haushaltswaren („1000 kleine Dinge") an. Nachlieferungen erfolgen zumeist durch Großeinkäufe des Ladenbesitzers in der nächstgelegenen Stadt, die mehrere 100 km entfernt sein kann. Über die *farmstores* hinaus existieren an wichtigen Straßenkreuzungen und über gewisse Distanzintervalle Tankstellen, Restaurants, *take-aways* und Motels, die rar gesäte Arbeitsstellen für die ländliche Bevölkerung außerhalb der Farmwirtschaft bieten und in ihrer Kombination Versorgungs-"zentren" auf der niedrigsten Ebene darstellen. Kleinsthändler komplettieren das System von Anbietern im ländlichen Raum. Wie Untersuchungen in Botsuana zeigen, verkaufen diese vor allem Lebensmittel und Obst/Gemüse (bis zu 90 % des gesamten Warenbestandes) aus selbstgefertigten Unterständen (*stalls*) heraus. Auch hier handelt es sich häufig um Teilzeithändler, die ansonsten in der Landwirtschaft tätig sind. Der gesamte Warenwert beträgt durchschnittlich nur wenige hundert Euro (SILITSHENA & MCLEOD 1998, S. 219). Der Verkaufserfolg variiert infolge von Erntezeit- oder Wanderarbeiterrhythmen, wenn saisonale Farmarbeiter oder zurückkehrende Familienangehörige die Kundenzahlen ansteigen lassen.

In Dörfern oder Kleinstädten existieren über *stalls* und Gemischtwarenläden hinaus:

1. Supermärkte, in denen sich die Kunden selbst bedienen und auf eine breite Palette von *food*- und *non-food*-Artikeln treffen. Hier sind die Preise häufig niedriger als in den traditionellen Läden, weil die Waren in großen Mengen eingekauft werden;
2. Fachgeschäfte, die nicht mehr auf Sortimentsbreite, sondern auf Angebotstiefe zielen;
3. Filialen von Textil-, Schuh- oder Möbelanbietern, die ein gewisses städtisches Flair in die Dörfer bringen;
4. Shopping Center, die sich als baulich einfache *strip center* entlang der Hauptstraße hinziehen. Sie kombinieren vor allem großflächige und filialisierte Anbieter, die hierdurch zu lokalen Einkaufsmagneten werden und an ihrer Peripherie informelle Händler anziehen;

5. Verkehrsterminals wie Bahn-, Bus- und Taxistationen oder Haltestellen, die ein besonders hohes Passantenaufkommen induzieren und die Entstehung informeller Märkte bewirken.

Ergebnis ist ein im Vergleich zu den Farmgebieten engmaschiges Versorgungsnetz. Im Falle von Botsuana sind die Dörfer in der Regel sehr groß und zentriert, so dass die meisten Haushalte einen Laden in 3 km Fußentfernung erreichen können. Dagegen müssen in den Farmregionen mehr als 10 km zurückgelegt werden (SILITSHENA & McLEOD 1998, S. 219). Deshalb pendelt die Bevölkerung aus den Farmgebieten (sei es in Namibia, Südafrika, Simbabwe oder Botsuana) unterschiedlich häufig in die „zentralen" Dörfer und Kleinstädte, um hier speziellere Besorgungen und Dienste nachzufragen (BÄHR 1968, S. 84f.; SILITSHENA & McLEOD 1998, S. 217) oder sich mit Bekannten und Nachbarn zu treffen.

Über die bereits diskutierten Verkaufsformen hinaus dominiert in den urbanen Zentren der Ausbau von Shopping Centern, die die Bedürfnisse der weißen Bevölkerung in Südafrika sowie der wachsenden motorisierten schwarzen Mittelschicht im gesamten Südlichen Afrika befriedigen sollen. Ende der 1960er Jahre gab es in Südafrika 12 (etwa 200 000 m² Verkaufsfläche), Ende 1999 etwa 230 (geplante) Einkaufszentren (etwa 5,54 Mio. m² Verkaufsfläche), die jeweils mehr als 10 000 m² Verkaufsfläche aufweisen (SAPOA 1999) und parallel zur fortschreitenden „Unwirtlichkeit" der südafrikanischen CBDs entstanden sind. Zusätzlich wurden Mitte der 1990er Jahre 450 kleinere Zentren zwischen 2500 und 10 000 m² gezählt (SKINNER 1995). Neue Projekte sind in Vorbereitung, die seit Ende der Apartheid vermehrt auch internationale Mieter anziehen. Das ist um so wichtiger, weil die Anzahl südafrikanischer „Verkaufsanker" – insbesondere SB-Warenhäuser – infolge der hohen Monopolisierung im Einzelhandel äußerst begrenzt ist. Eine weitergehende Flächenexpansion von Einkaufszentren ist aufgrund der Siedlungsstrukturen (häufig noch ländlich geprägte Bevölkerung, geringe Kaufkraft) nur bedingt vorstellbar. Neue Investitionen zielen vor allem auf ehemals schwarze *townships* wie Soweto, wobei die bisherigen Erfolge eher ernüchternd sind, oder das benachbarte Ausland (vgl. Kap. 4.8.3.1).

Ein ähnlicher Verdrängungswettbewerb wie zwischen groß- und kleinräumigen Anbietern ist auch zwischen formellem und informellen Sektor zu beobachten. In Soweto müssen viele kleine Gemischtwarenläden aufgrund der Ausbreitung von Einkaufszentren an der städtischen Peripherie und von *spaza shops* innerhalb des *townships* schließen (MKHUMA 1999). *Spaza*-Betreiber reagieren in ihren Sortimenten und Preisen häufig flexibler auf veränderte Bevölkerungsstrukturen als Ladenbesitzer; sie passen sich der durch den Fortzug der schwarzen Mittelschicht in die ehemals „weißen" Stadtteile und der Ausbreitung von Squattern gesunkenen Kaufkraft besser an. Die atomisierte Wettbewerbsstruktur unter den *spaza shops* wird erkennbar, wenn ungefähr auf jedes sechste Haus in Orange Farm, einem *township* 35 km südlich von Johannesburg, 1991 ein *spaza shop* entfiel (Eskom ca. 1991, S. 4). Eine Untersuchung des Bureau of Market Research in Tembisa (Gauteng) Mitte der 1990er Jahre zeigte, dass in formellen Wohngebieten auf je 47, in informellen Wohnbereichen auf je 37 Grundstücke ein *spaza shop* entfiel (SAIRR 1999, S. 501). Landesweit sollen es Ende der 1980er/Anfang der 1990er Jahre 67 000 *spaza shops* gewesen sein (SKINNER 1995). Insgesamt ist die Wirtschaftskraft all dieser Verkaufsstätten jedoch nicht zu unterschätzen. So konnte Coca Cola 1996 fast ein Fünftel seines landesweiten Umsatzes über *spaza shops* tätigen (Business Day 04.02.1997). Hochrechnungen des Bureau of Market Research weisen darauf hin, dass etwa ein Viertel aller Einzelhandelsumsätze im informellen Sektor getätigt wird (SAIRR 1999, S. 501). Diese liegen damit anderthalb mal so hoch wie die der drei größten südafrikanischen Einzelhandelsgruppen (Pick'n Pay, Shoprite-Checkers / OK und Spar) zusammen. Damit verbinden sich aber auch hohe Folgekosten, die für Südafrika auf mehrere Milliarden Rand geschätzt werden: Formelle Infrastruktur wird zweckentfremdet oder bleibt ungenutzt; formelle Dienstleistungen werden aus den CBDs verdrängt und fördern den *urban sprawl* infolge der Duplizierung von Shopping Center und Bürogebäuden an der städtischen Peripherie (Business Day 27.05.1998).

3.3.3.3 Kunden

Große Kaufkraftdifferenzen, politisch-wirtschaftliche Instabilitäten und Multikulturalität der Bevölkerung bewirken ein breites Spektrum von Angebot und Nachfrage:

1. Kriegsökonomie: TVEDTEN (1997) beschreibt die Situation informeller Märkte in Luanda, deren größter bis zu 500 000 Menschen pro Tag anzieht, um die gewaltige Bandbreite an Waren in Augenschein zu nehmen, die von Lebensmitteln über Elektroartikel bis zu Autos reicht. Die Bezahlung kann sowohl monetär als auch in Naturalien in Form von Tauschgeschäften erfolgen. In der Regel ist es das Suchen nach dem noch Bezahlbaren in einem System ausgeprägter Mangelwirtschaft, das alle sozialen Schichten einbezieht. Legale und illegale Angebote auf den Parallelmärkten fungieren zugleich als soziales Ventil für die Bevölkerung, dass „doch alles vorhanden" sei.
2. Tradition: Mutizentren und Herbalisten (d. h. Anbieter traditioneller Heilmittel), die ihre Waren aufgrund hoher Spezialisierung aus dem gesamten Südlichen Afrika beziehen müssen (CUNNINGHAM 1991), orientieren sich an animistischen Traditionen ihrer Kundschaft, die sich durch den Verzehr von Wurzeln, Blättern, Früchten und Säften Gesundheit und Erfolg versprechen.
3. Ethnizität: Der Grey Street Komplex in Durban zieht vor allem indische Käufer an. Spezialisieren sich einige Anbieter auf Billiggüter und Kleinstmengen für schwarze Laufkundschaft, ist der Großteil der Geschäfte auf indische Lebensmittel, Textilien/Mode und Schmuck ausgerichtet. Weil eine Trennung exklusiver und weniger teurer Geschäfte nicht existiert, werden die unterschiedlichsten sozialen Schichten der indischen Bevölkerung in der Grey Street zusammengeführt. Die Vermischung von Geschäften mit sozialen und kulturellen Einrichtungen wie Schulen, Moscheen und Kinos (für indische Filme) stärken den ghettoartigen Charakter dieses Stadtteils, aber auch die Attraktivität und das Kopplungspotenzial für die indischen Kunden (JÜRGENS & BÄHR 1996). SPANOUDES (1989) analysiert die *cafés* – eine Kombination von Nachbarschaftsladen, Kiosk und Imbiss – von portugiesisch- oder griechischsprachigen Händlern in Johannesburg und verweist darauf, wie diese Einrichtungen in Namensgebung, Warenangeboten (z. B. Zeitungen) und Küche auf ethnisch-kulturelle Besonderheiten ihrer Klientel eingehen. Viele dieser Einrichtungen sind als Familienbetriebe fast rund um die Uhr geöffnet und von ihrer Lage her für die Kunden häufig die einzigen fußläufig erreichbaren Geschäfte.

4. Moderne: Einkaufszentren sind auch im Südlichen Afrika Treffpunkte derjenigen, die motorisiert sind, hohe Kaufkraft haben und europäisch-amerikanisch geprägte Verkaufsatmosphäre in sicherer Umgebung nachfragen. Nicht nur unter der weißen, sondern auch unter immer größeren Teilen der schwarzen Bevölkerung ist dieses Konzept populär: Die Demokratisierung der Gesellschaften in Südafrika, Namibia und Simbabwe hat dazu geführt, dass die schwarze Mittelschicht und schwarze Eliten stark zugenommen haben. Die Kaufkraft ist in der Bevölkerung über die verschiedenen rassischen Gruppen sehr viel gleichmäßiger verteilt als zur Zeit der Segregation/Apartheid.

Viele Einkaufsmuster der schwarzen Bevölkerung sind aber auch nach der Expansion „weißer" Ladenketten in südafrikanische *townships* unverändert geblieben. Immer noch wird bevorzugt in ehemals „weißen" Gebieten (außerhalb der Einkaufszentren) eingekauft, weil
– viele Menschen weiterhin außerhalb des *township* arbeiten müssen und im Umfeld der Arbeitsstätte Mittags- oder Feierabendeinkäufe tätigen;
– die Preise von Sammeltaxen bei einer Fahrt innerhalb des *township* gleich oder zumindest ähnlich hoch sind wie für eine Fahrt in den CBD;
– z. B. nur 20 % der Haushalte in Soweto 1995 über einen privaten Pkw verfügten, um hiermit (Groß-) Einkäufe in Einkaufszentren zu erledigen, während alle anderen weitestgehend von öffentlichen Transportmitteln abhängig sind;
– das Image verbreitet ist, dass die Qualität einzelner Waren in den *townships* minderwertig oder die Preise höher als im CBD sind.

3.3.4 Illegaler Handel

Seit Ende der Apartheid und der Öffnung des Südlichen Afrika zur Welt haben illegale Handelsaktivitäten stark an Bedeutung gewonnen. Handelte es sich bis Ende der 1980er Jahre bei Schmuggelaktionen und illegalen Verkäufen (z. B. für Schwarze verbotener Bierhandel in Südafrika) um politischen Widerstand gegen repressive Rassengesetze oder im Falle von Bürgerkriegen um die Sicherstellung der überlebensnotwendigen Versorgung (häufig in Form sog. Ameisenkarawanen, in denen viele Einzelpersonen das Schmuggelgut transportieren), hat sich die Situation aus folgenden Gründen verändert:

Das Südliche Afrika erlebt einen Freihandelsboom; Aus- und Einreisevorschriften sind liberalisiert worden; die Befriedung fördert den Austausch von Menschen und Waren; Verkehrssysteme sind kurzfristig in ein globales Netz eingebunden worden; die Bürokratie unterliegt einer Transformation (z. B. in Südafrika Austausch weißer zugunsten schwarzer Beamter) und ist auf den Wandel nicht vorbereitet (BAYNHAM 1998a, S. 104 f.).

Hiervon profitiert hat die Ausbreitung der Kriminalität im Allgemeinen und von lokal und weltweit agierenden Syndikaten im Besonderen, die ihre eigenen „global commodity chains" (Anbau bzw. Abbau von Rohstoffen, Verarbeitung, Vermarktung/Verkauf) kontrollieren. Unter den etwa 300 Syndikaten sind 1996 allein 136 im Drogenschmuggel aktiv gewesen. Als Anbaugebiete von Cannabis, als Transit- oder Zielregionen sind fast alle SADC-Länder in diesen Handel eingebunden (Abb. 21; VENTER 1998). Ein ähnliches Problem stellt

Illegaler Handel

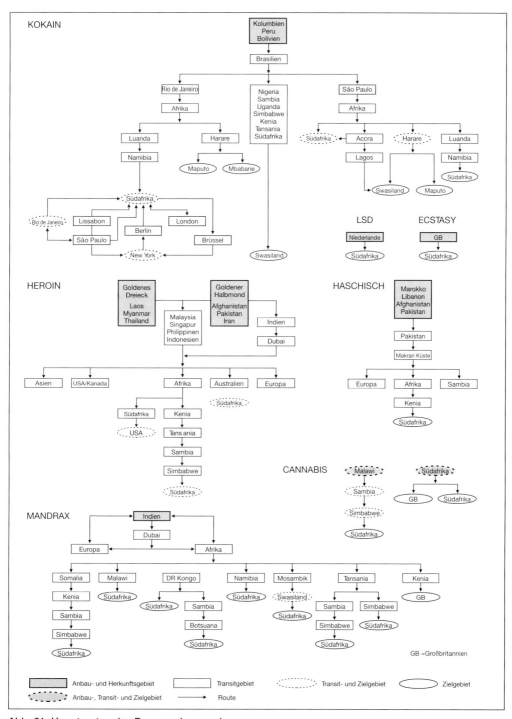

Abb. 21: Hauptrouten des Drogenschmuggels
Quelle: VENTER (1998, S. 190 ff.)

der Verkauf von Waffen dar, die aus den Beständen jahrzehntelang geführter Befreiungs- und Bürgerkriege der Region stammen (COCK 1998). WARDROP (1998, S. 53) führt fünf weitere Warengruppen auf, die den illegalen Handel bestimmen: gefälschte Marken, Gold und Diamanten, gestohlene Waren aus Fabriken, Lastwagen, Autos und Autoteile sowie Menschen (insbesondere eingeschmuggelte Ausländer). Gestohlene Autos, die vor allem aus Südafrika kommen, werden über Sambia bis in die DR Kongo (Zaire), über Swasiland nach Mosambik und in einem bekannt gewordenen Fall sogar bis nach Neuseeland umgeschlagen. Von WARDROP (1998) noch unberücksichtigt bleibt der Import nicht deklarierter Waren. Es wird geschätzt, dass Mitte der 1990er Jahre allein etwa 10 Mio. Paar Schuhe nach Südafrika geschmuggelt worden sind (SAIRR 1997, S. 302).

3.3.5 Tourismus

3.3.5.1 Bedeutung

Die Länder des Südlichen Afrika versuchen, den Tourismus als Boomindustrie und Arbeitsplatz-„beschaffer" zu fördern. Hochrechnungen von SATOUR (South African Tourism Board) gehen davon aus, dass auf etwa zehn Touristen ein Arbeitsplatz entfällt (WIESE 1999, S. 183). Urlauber aus Nordamerika, Japan und Europa sollen von der naturräumlichen Vielfalt an Wüsten, Gebirgen, Sümpfen und Stränden, von einem angenehmen Klima, der Unterschiedlichkeit in Flora und Fauna sowie dem kulturellen Erbe angezogen werden (SADC 1998a, S. 110). Die SADC-Staaten profitieren davon, dass:

1. in den 1990er Jahren die Fluganbindungen an alle potenziellen Urlaubermärkten sprunghaft gestiegen sind, hierunter vor allem nach Johannesburg, dem wichtigsten Transitflughafen für die Region, und nach Kapstadt. So nahm zum Beispiel die Anzahl der internationalen Flüge nach Kapstadt von 148 (Saison 1989/90) auf 572 (Saison 1990/91) und ca. 1750 im Jahre 1995 zu (JÜRGENS 1998, S. 214);
2. nach der Demokratisierung des Subkontinents die Stigmatisierung von Urlaubsreisen nach Südafrika weltweit entfiel, wovon auch die Nachbarstaaten in Form von Anschlussaufenthalten profitieren. Im Gegensatz zur Apartheid-Zeit kann sich Südafrika auf internationalen Tourismusmessen als „sympathisches" Land verkaufen; die Region ist nicht mehr „international trouble spot" wie in den 1980er Jahren, als die Anzahl der Besucher mit weniger als 300 000 im Jahr auf das Niveau zu Beginn der 1970er Jahre zurückgefallen war (RASSOOL & WITZ 1996, S. 339);
3. Demokratisierung auch *economic empowerment* der schwarzen Bevölkerung beinhaltet, so dass nicht allein die Anzahl weißer Besucher aus Übersee oder aus Südafrika selbst, sondern auch die der schwarzen Touristen intra- und international in den letzten Jahren deutlich zugenommen hat;
4. alle Länder aktiv um Investoren im Tourismusbereich werben und mit steuerlichen Vergünstigungen, Landkonzessionen, dem Ausbau von Infrastruktur (Straßenbau) oder der Vergabe begrenzt verfügbarer (Kasino-)Lizenzen locken;
5. aufgrund des Währungsverfalls gegenüber den internationalen Leitwährungen Reisen in das Südliche Afrika vergleichsweise günstig sind; das könnte sich ändern, wenn immer mehr Hotels ihre Preise auf US-$-Basis umstellen.

Tourismus

Nach Angaben der World Tourism Organization (WTO 2001) konnte das Südliche Afrika (nach WTO-Definition nur Botsuana, Lesotho, Namibia, Südafrika und Swasiland) seinen Anteil an den internationalen Ankünften von Touristen (intraregional als auch interkontinental; ohne Tagesgäste) in Gesamtafrika von 11 % im Jahre 1988 auf 30 % (absolut 8,0 Mio. in 2000 steigern. Die Zuwachsrate pro Jahr betrug 1988–97 fast 20 % gegenüber 7,1 % für Gesamtafrika, die der Einnahmen 15,5 % (gegenüber 7,4 %). Innerhalb des Südlichen Afrika entfielen 1999 allein 75 % der Ankünfte und 82 % der Einnahmen auf Südafrika (WTO 2001). Damit konnte es sich unter den Top-Zwanzig-Tourismuszielen Afrikas vom vierten Platz 1985 auf den ersten Platz Ende der 1990er Jahre verbessern. Für 1999 wird die Zahl ausländischer Besucher auf mehr als 6,5 Mio. geschätzt gegenüber noch 3,6 Mio. 1994 (RSA 2000 Ausg. Mai 2000). Auch Simbabwe (4. Stelle), Botsuana (6. Stelle), Namibia (11. Stelle), Swasiland (15. Stelle), Sambia (17. Stelle) und Malawi (19. Stelle) platzieren sich unter den 20 wichtigsten Reisezielen Afrikas, konnten jedoch 1997 insgesamt nur etwa 70 % der südafrikanischen Ankünfte auf sich vereinigen. Weltweit lag Südafrika 1999 nach der Zahl der Ankünfte auf dem 25. Platz im Vergleich zur 55. Stelle 1989 (Independent online 09.02.2000). Dennoch trägt der südafrikanische Tourismus 1998 nur mit 8,2 % zum BIP bei, was noch unter dem Weltdurchschnitt von 11% liegt (Financial Mail 10.09.1999).

3.3.5.2 Historische Entwicklung

Die Tourismusentwicklung ist traditionell von den Nachfragemustern der weißen Bevölkerung bestimmt worden. Weiße Südafrikaner reisten gerne nach Mosambik, um im kolonialen Pomp des Polana-Hotels von Lourenço Marques ihre Flitterwochen zu verleben oder lusophon-mediterranes Ambiente zu genießen. Weiße aus Rhodesien stellten bis in die 1970er Jahre die Mehrzahl „afrikanischer" Besucher in Südafrika (KLIMM, SCHNEIDER & WIESE 1980, S. 209). Erst ab 1975 kamen mehr Gäste aus Übersee als aus Afrika, was auch mit der Entwicklung des Flugverkehrs und dem Ausbau des Flughafens Johannesburg von 1968 bis 1972 zu tun hatte. Anfang der 1950er Jahre reisten noch mehr als 50 % der ausländischen Gäste per Schiff nach Südafrika, 1972 waren es nur noch 4,9 % (KLIMM, SCHNEIDER & WIESE 1980, S. 213). Zu Hauptferiengebieten für weiße Südafrikaner und Ausländer entwickelten sich die westliche und südliche Kapprovinz, der Küstensaum der Provinz Natal und für eher kürzere Ausflüge der Krüger-Nationalpark. Als Folgeinfrastruktur entstanden Hotels, Ferienhäuser (*rondavels*), Campingplätze und Sporteinrichtungen, die sowohl den intra- als auch den internationalen Tourismus ansprechen wollten. Gemäß den Vorgaben des Social Amenities Act waren diese Anlagen bis weit in die 1980er Jahre hinein nach ethnischen Gruppen getrennt. So reservierte die sog. *beach apartheid* der weißen Bevölkerung den Strandabschnitt an der *golden mile* von Durban, einer Hotelzeile entlang der Küste. Auch Karawanparks und Campingplätze waren nach rassischen Kriterien segregiert. Nur solche Hotels und Restaurants unterlagen nicht der Rassentrennung, die einen „internationalen" Status besaßen. Als eines der ersten zählte dazu das Carlton Hotel in Johannesburg.

Ende der 1950er bis Anfang der 1960er Jahre haben auch die anderen Länder bzw. Kolonien an der Peripherie Südafrikas den Tourismus als wichtigen wirtschaftlichen Faktor entdeckt. 1959 wurde das Tourismusmarketing in Mosambik in einer staatlichen Behörde zentralisiert. Seebäder, Sportfischerei und Großwildjagd in 17 Konzessionsgebieten oder auch nur sog. Autowandern lockten 1971 548 000 ausländische Gäste an, die mehr als 1,4 Mio. Übernachtungen tätigten (KUDER 1975, S. 197). Gegenüber 1967 mit 292 000 Gästen hatte sich diese Zahl trotz Kolonialkrieges damit beinahe verdoppelt, was dem Land US-$ 180 Mio. an Devisen einbrachte (MASSINGA 1996, S. 33). Auch in Sambia ist die Beobachtung von Tieren in Nationalparks eine Hauptattraktion, die bis Mitte der 1960er Jahre vor allem weiße Gäste aus Südafrika und Rhodesien und auch im Lande wohnende *expatriates* (zumeist weiße Nichtsambier) anzog. Politische Spannungen mit Rhodesien nach der einseitig ausgerufenen Unabhängigkeit von 1965 und mit Südafrika aufgrund der Apartheid-Politik, worauf die sambische Seite mit Visabeschränkungen reagierte, ließen die Gästezahlen drastisch zurückgehen. In den 1970er Jahren wurden die südafrikanischen und rhodesischen Besucher durch Überseetouristen aus Europa und Nordamerika ersetzt, die in der Regel per Flugzeug anreisten und sich vom früheren Urlaubertyp dadurch unterschieden, dass sie Wohnkomfort in Hotels anstelle von Campingplätzen und *lodges* bevorzugten.

In der Regel suchten die Überseetouristen nur noch ganz wenige touristische Höhepunkte auf (insbesondere Victoriafälle), weil sie als organisiert Reisende weder die Zeit (Sambia als Zwischenetappe) noch die Möglichkeit hatten (kein eigener Pkw), das Land individuell zu bereisen. 1970 kamen nach unterschiedlichen Angaben nur noch etwa 10 000 bis 20 000 ausländische Touristen nach Sambia (SCHULTZ 1983, S. 242 f.). Das Bild änderte sich auch in den folgenden Jahren kaum. Bürgerkriege in den benachbarten Ländern Rhodesien und Angola, die Rolle Lusakas als Hauptstadt der Frontstaaten und innenpolitische Autokratie und Mangelwirtschaft unter Kenneth Kaunda machten Sambia zum potenziellen *trouble spot* für Touristen. Bis heute sind Kameras unerwünscht. Über Jahrzehnte wurde das Straßennetz nur unzureichend instandgehalten, so dass Fahrten über Land nach wie vor unbequem und langwierig sind („Pool roads hamper growth of tourism in Zambia"; Panafrican News Agency 10.01.2000).

Hiervon profitierten andere Länder wie SWA/Namibia, Malawi, Botsuana, Swasiland und Lesotho, sofern sie, was die Entwicklung der südafrikanischen Gäste anbelangte, phasenweise nicht in außenpolitische Spannungen zu Südafrika gerieten. So war Südwestafrika als südafrikanisches Protektorat bis zur Unabhängigkeit Namibias 1990 eines der Hauptzielgebiete für Südafrikaner selbst an Wochenenden. Ende der 1980er Jahre kamen ca. 60 % der Besucher aus Südafrika, weitere 35 % aus der Bundesrepublik Deutschland. Letztere reisten vor allem in Form organisierter Gruppen und verbanden den Aufenthalt häufig mit Verwandten- und Bekanntenbesuchen (KLIMM, SCHNEIDER & VON HATTEN 1994, S. 140). Nationalparks, Gästefarmen, deutsche Kolonialarchitektur und „Landessprache" sowie ein gut ausgebautes Straßennetz machten Südwestafrika als Reiseziel attraktiv. Die nördlichen Gebiete, in denen die schwarze Befreiungsbewegung SWAPO ihren größten Rückhalt fand, wurden bei diesen Reisen in der Regel ausgelassen, was sich nach 1990 aber ändern sollte. Auch Malawi lockte als eines der wenigen afrikanischen Länder, die diplomatische Beziehungen zu Südafrika unterhielten, südafrikanische Touristen an. Südafrikanisches Kapital investierte in Hotelanlagen am Malawi-See, die den „gehobenen" Tourismus bedienen sollten. Als in sich geschlossene „Lebenswelten", die selbst die Mahlzeiten aus dem Ausland importieren lassen, bringen sie bis heute nur geringe wirtschaftliche Effekte für die heimische Bevölkerung. Autokratische Vorschriften des Staates in

Tourismus 117

Bezug auf kurze Haartracht bei Männern oder Rockbekleidung bei Frauen schlossen bis Anfang der 1990er Jahre „alternative" Rucksackreisende zudem bewusst aus.

Auf eine besondere Form des Vergnügungstourismus, der im puritanischen Südafrika verboten war, spezialisierten sich Swasiland, Lesotho und Botsuana. Noch zur britischen Kolonialzeit im Jahre 1965 eröffnete ein erstes Spielkasino in Swasiland. 1970 folgte ein von südafrikanischem Kapital finanziertes Hotel-Kasino in Maseru. Ein weiteres entstand in Gaborone. Kamen Anfang der 1960er Jahre nur etwa 10 000 Gäste nach Swasiland, waren es 1976 immerhin 669 000. Im selben Jahr besuchten etwa 411 000 Personen Lesotho (CRUSH

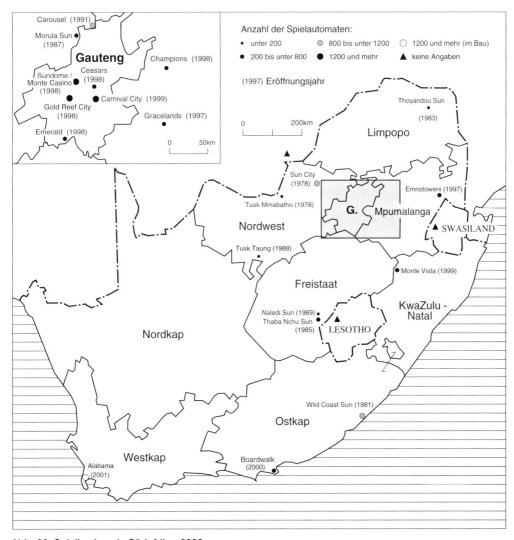

Abb. 22: Spielkasinos in Südafrika, 2000
Quelle: National Gambling Board – RSA

& WELLINGS 1983, S. 677). Für viele Gäste, die in der Regel per Auto aus Südafrika einreisten, handelte es sich nur um Wochenendausflüge. Die Zerstörung von ANC-Büros in Maseru durch südafrikanisches Militär Anfang der 1980er Jahre sowie Grenzschließungen gegenüber Lesotho haben der Wachstumseuphorie dieser Branche jedoch geschadet. Grund hierfür ist auch der zunehmende Wettbewerb unter den Kasinos gewesen, die seit Ende der 1970er Jahre ebenfalls in den TBVC-Staaten (Transkei, Bophuthatswana, Venda, Ciskei) entstanden waren (CRUSH & WELLINGS 1983). Bekannteste Einrichtung ist Sun City im früheren Bophuthatswana, das sich zu einer Kombination von Kasino, Hotels, Kongreßzentrum und Sporteinrichtungen im Pendlereinzugsbereich von Pretoria und Johannesburg entwickelt hat und 1981 1,5 Mio. Besucher anzog (CRUSH & WELLINGS 1983, S. 695). 1991 sollen es sogar mehr als 3 Mio. Gäste gewesen sein. Für die TBVC-Staaten waren diese Hotelkomplexe eine der wenigen Möglichkeiten, formelle Arbeitsplätze innerhalb der *homelands* zu schaffen. Die Sunbop-Gruppe allein beschäftigte in ihren Anlagen in Bophuthatswana Anfang der 1990er Jahre mehr als 10 000 Personen (Pretoria News 14.02.1992). Aufgrund der Liberalisierung des Glücksspielgesetzes von Südafrika ist seit Mitte der 1990er Jahre eine Reihe weiterer Kasinos eröffnet worden (Abb. 22).

3.3.5.3 Angebote

In fast allen Ländern des Südlichen Afrika existieren nur wenige Hotels internationalen Standards; sie konzentrieren sich auf die Hauptstadt, einige große Städte und besonders populäre Reiseziele. In der Regel gehören sie zu internationalen Hotelketten wie Holiday Inn und Southern Sun, die von ihrer Ausstattung und Repräsentativität her gleichermaßen als Hotel, Gästehaus und Empfangszentrum von Regierungsdelegationen sowie als Tagungsstätte nationaler und internationaler Kongresse dienen. Allein 1995 sollen 80 000 Konferenzen in Südafrika stattgefunden haben, die etwa 60.000 Personen beschäftigten und einen Umsatz von R 2,6 Mrd. erwirtschafteten (Financial Mail 02.02.1996).

Aufgrund des Übergangs der meisten Länder zur Marktwirtschaft sind Hotels privatisiert und renoviert worden, um zuweilen an koloniale „Glanzzeiten" anzuknüpfen (Beispiel Polana und Cardoso in Maputo). Funktional ausgestattete Business-Hotels werden gebaut, um die wachsende Anzahl an Geschäftsreisenden aufnehmen zu können. Vor allem in Südafrika haben ab Mitte der 1990er Jahre viele neue Hotels eröffnet, die zu international operierenden Ketten gehören. Nach Abschaffung der UN-Wirtschaftssanktionen wollten sie diesen Markt erobern, der zur Zeit der Apartheid weitestgehend abgeschottet war und keinen Wettbewerb für die lokalen Anbieter kannte. Hyatt International eröffnete sein erstes Hotel 1995, Best Western 1995 und Hilton 1997. Weitere Franchise-Geber wie Holiday Inn (vertreten von der Southern Sun Group), Days Inn und Etap decken die unterschiedlichen Preissegmente ab. Hierauf haben auch südafrikanische Ketten reagiert: Protea Hotels öffnete zwischen 1994 und 1998 allein 12 neue Hotels, vier weitere waren im Bau. Ende der 1990er Jahre machten die Ketten über 50 % des Zimmerangebotes aus. Der Hotelboom betraf insbesondere die Regionen Western Cape und Gauteng (vor allem nördliches Johannesburg), wobei hier nicht nur eine Expansion, sondern auch eine räumliche Verlagerung aus dem CBD stattfand (vgl. Kap. 4.8.3.2). 1997 waren landesweit weitere 115 Hotelprojekte bekannt (AHMED, HELLER & HUGHES 1999, S. 76 ff.).

Lodges – d. h. Camps von Ferienhäusern, die sowohl hotelähnlich organisiert sein können als auch Selbstversorgern Unterkunft bieten – findet man als Pendant zu den Hotels hauptsächlich in den Nationalparks. Zu nennen sind hier vor allem der Krüger-Nationalpark in Südafrika, der Chobe-Nationalpark und das Okavango-Delta in Botsuana, der Etoscha-Nationalpark in Namibia sowie der Kafue-Nationalpark in Sambia. Ein Netz von Camping- oder Karawanplätzen, Motels, Pensionen oder *bed & breakfast*-Angeboten, wie es in Südafrika verbreitet ist, existiert in den meisten Ländern der Region jedoch nicht. Einen gewissen Ersatz bieten sog. Gästefarmen, wie sie in Namibia sehr populär geworden sind. Hier werden Privatzimmer vermietet und den Gästen die Möglichkeit eröffnet, Tiere in freier Wildbahn zu beobachten. Rinder- und Schafhaltung, die ursprünglichen Einnahmequellen von Farmen zwischen 5000 und 20 000 ha, sind zugunsten von wildlebenden Tierarten eingeschränkt worden, so dass über 90 % der größeren Wildsäugetierarten Namibias heute auf privatem Land leben (KRUG 1999, S. 266). Auch nach der Apartheid wird dieser Dienstleistungssektor aber fast ausschließlich von Weißen kontrolliert. In Südafrika befindet sich der Tourismus in einem „apartheid time warp" und hat sich der gesellschaftlichen Transformation bisher weitestgehend entzogen (The Star - Business Report 19.07.2000).

Neben dem Fototourismus in Form von Jeepsafaris oder Ballonrundflügen bieten Farmen und Safariunternehmer Trophäenjagden an, die staatlicherseits konzessioniert und kontrolliert werden. Die Einnahmen hieraus kommen in großen Teilen der Finanzierung von Nationalparks und im Rahmen des sog. CAMPFIRE-Programms (**C**ommunal **A**reas **M**anagement **P**rogramme **f**or **I**ndigenous **Re**sources), das in Simbabwe weite Verbreitung gefunden hat (BAKER 1997; SUHR 1998), örtlichen Organisationen zum Ausbau sozialer Infrastruktur und zur Förderung lokaler Verantwortung gegenüber der Natur zugute. Die Erlöse könnten noch größer sein, wenn der Verkauf von Elfenbein aus dem Abschuss überzähliger Elefanten internationale Anerkennung fände. Die wirtschaftliche Bedeutung der Trophäenjagd ist erheblich: In Simbabwe betrugen die Abschussgebühr für einen Elefanten Ende der 1990er Jahre 7500 €, die Jagdkosten pro Tag für einen Jäger 900 €, für nichtjagende Begleitpersonen 115 € bei einer Mindestjagddauer von 21 Tagen (ELLENBERG 1999, S. 29), so dass Gesamtkosten von 50 000–100 000 € anfallen können (BAKER 1997, S. 309). Dem stehen dennoch geringere Ansprüche an Unterkunft und Infrastruktur gegenüber. BAKER (1997, S. 308) zitiert einen früheren tansanischen Offiziellen des staatlichen Wildlife Department „that one hunter is worth 100 tourists to the local economy".

Neben den Wünschen der Touristen nach Abenteuer, Interaktion und Exotik, die in Südafrika zuweilen nur als Stereotypen in Form von „tribalism, primitivism, beauty, wildlife and nature" bedient werden (RASSOOL & WITZ 1996, S. 365), wird auch die Suche nach Authentizität von Kultur und Lebensweisen immer wichtiger. Hierauf haben sich sog. *township* tours spezialisiert, die Überseetouristen und weiße Südafrikaner zum Besuch schwarzer Wohngebiete einladen. Gefördert werden soll das Verständnis für das kulturelle Erbe traditionell marginalisierter Bevölkerungsgruppen. Gleichzeitig sollen dadurch „schwarze" Gemeinden am Tourismusgeschäft partizipieren (vgl. GOUDIE, KHAN & KILIAN 1999).

3.3.5.4 Urlauber

Überseetouristen: Die Zahlen europäischer Ankünfte sind zwischen 1988 und 1997 im Jahresdurchschnitt um 13,2 % auf 1,062 Mio. gestiegen (gemäß der Definition des Südlichen Afrika seitens der WTO; WTO 1998, S. 37). In Südafrika machte diese besonders zahlungskräftige Klientel 1996 einen Anteil von 24 % der ausländischen Gäste aus (FUTTER & WOOD 1997a, S. 55). Hierunter dominieren Besucher aus Großbritannien und Deutschland, die einerseits Pauschalreisen buchen, andererseits aber auch „nur" Verwandte treffen. Aufwendige infrastrukturelle Vorleistungen sind für die Besucher aus Übersee zu erbringen, die auch auf kulturelle Besonderheiten bei Gastronomie und Zimmerausstattung z. B. bei asiatischen Gästen abgestimmt sein müssen. Ein Problem besteht darin, dass sich das Interesse der Touristen räumlich sehr ungleichmäßig verteilt. In Südafrika profitierten 1996 nur drei von neun Provinzen zu 83 % von den Einnahmen des ausländischen Tourismusmarktes (FUTTER & WOOD 1997a, S. 57). In Simbabwe konzentrieren sich die Touristen an lediglich drei bis vier Standorten (Victoriafälle, Hwange National Park, Karibasee, Great Zimbabwe Ruins), die sie häufig per Flugzeug erreichen. Mitte der 1990er Jahre waren fast 80 % der Fluggäste von Harare zu den Victoriafällen und zum Hwange National Park Touristen (TURTON & MUTAMBIRWA 1996, S. 458). Internationale Sportveranstaltungen und Kongresse ziehen weitere Besucher in das Südliche Afrika. Die Attraktivität der Region hängt jedoch zuweilen von der politischen Großwetterlage ab und kann kurzfristigen Schwankungen ausgesetzt sein. So profitierte Südafrika vom Zusammenbruch des Urlaubsmarktes Ostafrika (Kenia und Tansania) Ende der 1990er Jahre nach Bombenanschlägen auf US-Botschaften, muss sich aber selbst um das schlechte Image zu hoher Kriminalität sorgen (FERREIRA 1999).

Touristen aus Afrika: Quantitativ sehr viel bedeutsamer als die Fernreisenden, von denen weltweit auf Südafrika trotz steigender Zahlen weniger als 1 % entfällt (Financial Mail 10.09.1999), sind die Gäste aus anderen afrikanischen Ländern. Sie machten 1998 etwa 72 % der 5,7 Mio. ausländischen Gäste aus. Viele hierunter – wie die 1,6 Mio. Besucher aus Lesotho – sind jedoch Arbeitsmigranten und wohnen bei Verwandten oder Freunden. Ihre touristischen Ausgaben sind deshalb unbedeutend. Nur etwa 180 000 Besucher (etwa 5–6 %) kamen Anfang der 1990er Jahre per Flugzeug aus Afrika nach Südafrika, und zwar bevorzugt aus Namibia und Simbabwe (Kessel Feinstein Consulting 1996, S. 7). Anders als diejenigen, die über Land einreisen, unterscheiden sie sich in ihrem Aufenthaltsmuster und Ausgabenverhalten nicht von Überseetouristen. Viele afrikanische Reisende kommen als Geschäftsleute oder aufgrund der Unterausstattung an Einkaufszentren in ihren Heimatländern zum Einkaufen in die südafrikanischen Metropolen und z. T. auch nach Harare. Relativ günstige Wohnhotels im Zentrum von Johannesburg, die keiner internationalen Hotelkette angehören, nehmen viele afrikanische Gruppenreisende auf.

Binnentourismus: Der binnenländische Tourismus in den früheren Kolonien und im Südafrika der Apartheid war vor allem von weißen Reisenden geprägt. Sie besaßen hohe Einkommen, waren motorisiert und in ihrer räumlichen Mobilität gesetzlich nicht eingeschränkt. Trotz formeller oder informeller Rassensegregation in Freizeiteinrichtungen konnten Weiße unter einer großen Anzahl von Reisezielen wählen. Für die schwarze oder indische Bevölkerung wurden eigene *holiday resorts* und Strände reserviert. Eines der größten

Ferienzentren in Umgababa südlich von Durban zog in den 1970er Jahren bis zu 140 000 schwarze Besucher pro Jahr an (KLIMM, SCHNEIDER & WIESE 1980, S. 227). Die Entstehung einer breiten schwarzen Mittelschicht in Simbabwe, Namibia und Südafrika und ihre Akkulturierung an europäisch-amerikanische Freizeitmuster haben seit Anfang der 1990er Jahre dem Binnentourismus eine neue Dynamik verliehen. Nach Schätzungen des Durban Metropolitan Council's Urban Strategy Department nimmt der Anteil der schwarzen Bevölkerung am Binnentourismus zwischen 1990 und 2000 um 18 % zu, der Anteil der weißen um 17 % ab (FUTTER & WOOD 1997b, S. 59). In anderen Ländern der Region bleiben nicht auf Arbeit oder Versorgung bezogene Raumbewegungen weiterhin ein Privileg der wirtschaftlichen und politischen Eliten. In Südafrika geht man davon aus, dass die ärmsten Einkommensgruppen, die 25 % der Bevölkerung ausmachen, nur etwa 2 % zu den binnenländischen Tourismuseinnahmen beitragen (Stand 1995; zitiert nach FUTTER & WOOD 1997b, S. 61).

3.3.6   Persönliche Dienstleistungen

Weitverbreitetes Berufsbild im Südlichen Afrika ist bis heute das der Hausbediensteten, die in der Regel schwarz und überwiegend weiblich sind. Im informellen Sektor Südafrikas stellen sie den größten Anteil mit etwa 30 % oder 799 000 Personen, von denen 697 000 schwarzer Hautfarbe und 763 000 Frauen sind (SAIRR 2001, S. 356 f.). Häufig leben sie von ihren Familien getrennt in weißen, aber vermehrt auch in indischen und schwarzen Haushalten, weil sich letztere nach der politischen Unabhängigkeit sozial haben verbessern können. Neue Einkommensmöglichkeiten wurden auch für Frauen im öffentlichen und privaten Sektor geschaffen, so dass *servants* die Funktionen von Haushaltshilfen und Kindermädchen einnehmen mussten. Das mag die starke Feminisierung der Hausangestellten ab den 1980er Jahren gefördert haben (HANSEN 1989 für Sambia; PAPE 1993 für Simbabwe; MILES 1998 für Swasiland).

An Wochenenden oder über längere Zeiträume pendeln die *servants* in *townships, squatter*-Gebiete oder in den ländlichen Raum, aus denen sie ursprünglich stammen. In der Vergangenheit wurden sie vielfach ausgebeutet, weil die Arbeitszeiten zu lang waren, Essen und Logis als Naturallohn verrechnet wurden und sie zuweilen nur sehr wenig Bargeld erhielten (PAPE 1993, S. 388). Nach der Unabhängigkeit Simbabwes 1980 sollten sich die Arbeitsbedingungen dadurch verbessern, dass sich Hausangestellte gewerkschaftlich zusammenschließen konnten, die Arbeitsbeziehungen rechtlich fixiert und die Mindestlöhne angehoben wurden (PAPE 1993; HANSEN in MIDDLETON 1997, Vol. 2, S. 492). Auch in Südafrika wurde 1986 eine entsprechende Gewerkschaft gegründet. Sie verhindert aber nicht, dass viele Arbeitgeber keine Beiträge in Pensionskassen, wie sie in Südafrika und Sambia existieren, einzahlen. Inflation und hohe Arbeitslosigkeit sowie eher noch zunehmende Wohnungsknappheit in den *townships* nach Aufhebung von Zuzugsbeschränkungen haben den Wettbewerb um knappe Arbeitsplätze und den Wohnwert von *servants' quarters* dermaßen gesteigert, dass sich die Arbeitsbedingungen in den letzten Jahren wieder verschlechtert haben.

3.4 Infrastrukturelle und wirtschaftliche Verflechtungen

3.4 1 Verkehrsbeziehungen

3.4.1.1 Entstehung und Verfall des Eisenbahnnetzes

Um den südafrikanischen Binnenraum mit der Küste zu verbinden, bieten sich drei Möglichkeiten an: Verbindungen in westliche Richtung zu den Häfen an der Südwestküste zwischen Lüderitz im S Namibias und Luanda im N Angolas, Verbindungen nach S zu den Häfen Südafrikas, vor allem nach Kapstadt, Port Elizabeth und Durban sowie Verbindungen nach E zu den mosambikanischen Häfen Maputo, Beira und Nacala (Abb. 23a u. b).

Wenn auch die älteste Eisenbahnstrecke bereits 1863 von Kapstadt aus ins bergige Hinterland bis Wellington geführt worden ist, erhielt der Eisenbahnbau erst durch die Entdeckung der reichen Lagerstätten im Inneren des Subkontinents entscheidende Impulse; galt es doch jetzt, die Diamantenminen bei Kimberley, die Goldregionen am Witwatersrand und in Süd-Rhodesien sowie die Kupferlagerstätten in Katanga und Sambia an den Seeverkehr anzuschließen. Allein zwischen 1870 und 1915 sind in der Region ca. 17 000 km Schienen-

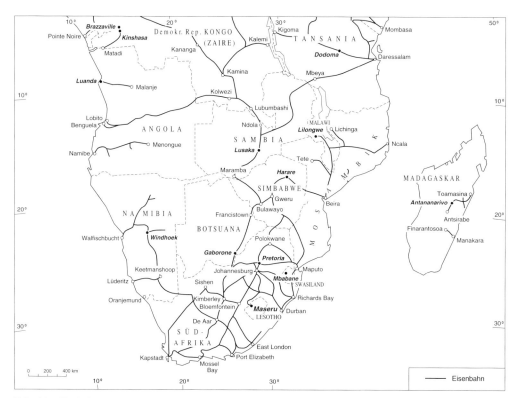

Abb. 23a: Funktionale Verflechtungen im Südlichen Afrika – Eisenbahnen
Quelle: Südafrikanische Botschaft (1993); ABSA-Bank (1995); African Connexion 13 (2), 1998, S. 61

Verkehrsbeziehungen 123

wege gebaut worden (MEYNS 2000, S. 30). Die sog. Kapspur (1,067 m im Vergleich zu 1,435 m der Normalspur), die auf der ersten Strecke zur Anwendung kam, hat sich später überall durchgesetzt; zum Teil sind Strecken, die ursprünglich eine andere Spurweite hatten, im Nachhinein auf Kapspur umgestellt worden, um zusätzliche Umladevorgänge zu vermeiden. Schon 1885 war Kimberley mit Kapstadt verbunden, und es lag nahe, diese Strecke bis zum Witwatersrand zu verlängern. Damals war jedoch Transvaal eine selbstständige Burenrepublik, die eine zu enge infrastrukturelle Verzahnung mit der britischen Kolonie ablehnte und statt dessen eine Eisenbahnverbindung zwischen Pretoria und der Delagoa-Bucht, der heutigen Bucht von Maputo, favorisierte. Die Nordeisenbahn wurde daher am Rande der Kalahari durch das heutige Botsuana geführt: 1897 war Bulawayo, 1900 Salisbury, das spätere Harare, erreicht, das kurz darauf auch an die Beira-Bahn angeschlossen war.

Nachdem die Republik Transvaal ihren Widerstand gegen die Weiterführung der aus dem Kapland und aus Natal kommenden Linien aufgegeben hatte, nicht zuletzt auch weil sich die Fertigstellung einer Alternativroute zur Küste durch portugiesisches Gebiet abzeichnete (1894), konnte schon 1892 der Verkehr zwischen Johannesburg und Kapstadt bzw. Port Elizabeth aufgenommen werden, und 1895 war auch die Linie nach Durban befahrbar. Kurz

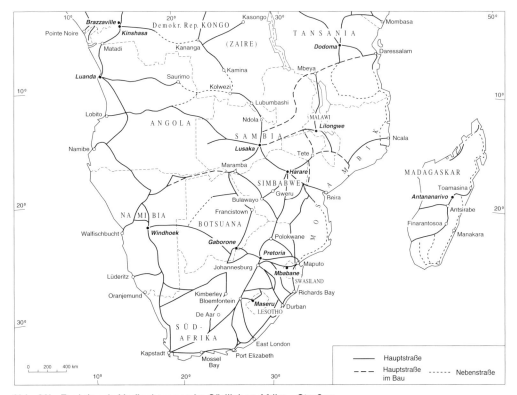

Abb. 23b: Funktionale Verflechtungen im Südlichen Afrika – Straßen
Quelle: Südafrikanische Botschaft (1993); ABSA-Bank (1995); African Connexion 13 (2), 1998, S. 61

nach der Jahrhundertwende begannen schließlich die Arbeiten an der Strecke zwischen Bulawayo und dem Kupfergürtel; sie konnten 1909 zum Abschluss gebracht werden. Damit war die Voraussetzung zum Abtransport der 1901 entdeckten Kupfererze geschaffen, entweder nach Beira oder zu den südafrikanischen Häfen, die allerdings wesentlich weiter entfernt liegen (z. B. Ndola-Beira 2334 km, Ndola-Durban 3130 km). Die später entstandenen Linien nach Maputo (2353 km) und Lobito (2361 km) haben, abgesehen von der TAZARA-Route nach Daressalam (1993 km), keine weiteren Streckenersparnisse gebracht (MICHEL 1989, S. 93).

Einzelne Eisenbahnverbindungen aus den Binnenräumen zu den mosambikanischen Häfen am Indischen Ozean sind ebenfalls schon recht alt; vor allem der Export über Beira bildete schon früh eine Alternative zu südafrikanischen Häfen. Die Struktur des Eisenbahnnetzes von Mosambik lässt den Entstehungshintergrund des Bahnbaus noch deutlich erkennen (KUDER 1975, S. 183 ff.). Es ging nicht darum, die einzelnen Landesteile miteinander zu verbinden, sondern den Abtransport weltwirtschaftlich wichtiger Güter aus dem Hinterland der Häfen und aus den Nachbarstaaten sicherzustellen. Ursprünglich waren alle drei Teilnetze Stichbahnen, die erst im Laufe der Zeit zusammengeschlossen worden sind. Die Verbindungsstücke verlaufen allerdings nicht innerhalb von Mosambik, sondern nutzen die

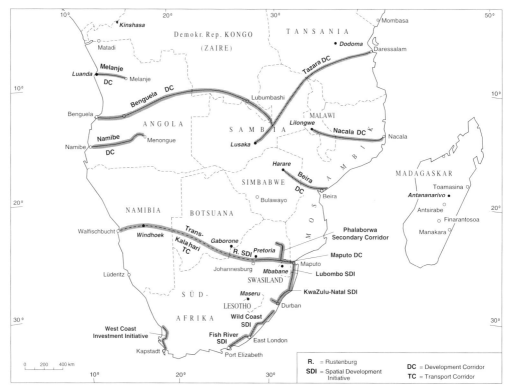

Abb. 23c: Funktionale Verflechtungen im Südlichen Afrika – Entwicklungskorridore
Quelle: Südafrikanische Botschaft (1993); ABSA-Bank (1995); African Connexion 13 (2), 1998, S. 61

Verkehrsbeziehungen 125

Streckennetze der Nachbarstaaten. Trotzdem hatte die Eisenbahn sowohl für den Personen- als auch für den Güterverkehr innerhalb des Landes lange Zeit eine erstrangige Bedeutung; denn eine durchgehende Nord-Süd-Straße ist erst 1971 fertiggestellt worden.

Bis nach dem Zweiten Weltkrieg war das auf Beira ausgerichtete Mittelnetz (996 km) am wichtigsten. Die älteste Strecke (Beira-Bahn 318 km) führt zur Grenze des damaligen Süd-Rhodesien und ist schon 1899 dem Verkehr übergeben worden. Gebaut von einer britisch-südafrikanischen Gesellschaft, diente sie in erster Linie Exporten aus dem Kupfergürtel, aber auch von Agrarprodukten wie Tabak, Getreide und Gefrierfleisch. Seit den 1930er Jahren hat Malawi über die Trans-Sambesi-Bahn, die 30 km landeinwärts von der Hauptstrecke abzweigt, ebenfalls eine Verbindung zum Indischen Ozean. Erst seit 1970 ist Malawi auch an das auf Nacala bezogene Nordnetz (920 km) angeschlossen, das bis dahin nur aus verschiedenen Stich- und Zweigbahnen bestand. Den Kern des Südnetzes (814 km) bildet die Verbindungsstrecke nach Transvaal, die schon 1886–94 gebaut worden ist. Sehr viel jünger ist die sog. Limpopo-Bahn, die zur Entlastung der Beira-Bahn dienen sollte und seit 1955 den Binnenstaaten auch einen Zugang zum Hafen von Maputo, dem damaligen Lourenço Marques, ermöglicht.

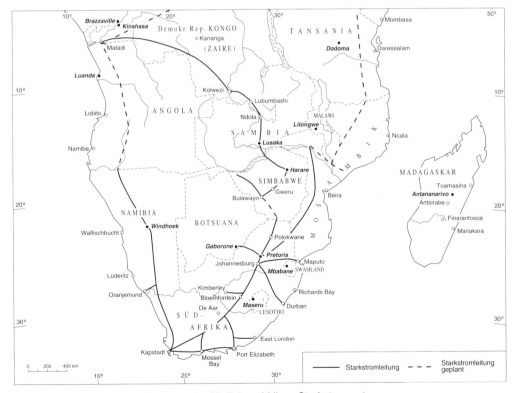

Abb. 23d: Funktionale Verflechtungen im Südlichen Afrika – Starkstromnetz
Quelle: Südafrikanische Botschaft (1993); ABSA-Bank (1995); African Connexion 13 (2), 1998, S. 61

Noch stärker als in Mosambik ist in Angola und Namibia der Stichbahncharakter des Netzes erhalten geblieben. In Angola gehen die drei Hauptlinien in ihren Anfängen auf die Zeit um die Jahrhundertwende zurück; zum Teil dauerte es aber mehrere Jahrzehnte, bis die heutigen Endpunkte erreicht waren (KUDER 1971, S. 122 ff.). Während Luanda-Bahn (426 km) und Namibe-(früher Moçamedes)-Bahn (756 km) Stichbahnen geblieben sind, deren wichtigste Funktion im Abtransport von Erzen und agrarischen Gütern für den Weltmarkt bestand, wurde die ab 1903 gebaute Benguela-Bahn (1348 km) zur einzigen transkontinentalen Bahnlinie in Afrika, als 1931 die sambische Grenze und damit der Anschluss an die große Süd-Nord-Strecke mit der Abzweigung nach Beira erreicht war.

In Namibia hat keine Bahnstrecke überregionale Bedeutung erlangen können (BÄHR 1968, S. 91 ff.). Die meisten Linien sind aus strategischen Gründen gebaut worden, so die Verbindung der Hauptstadt zum damals größten Hafen Swakopmund (seit 1902; 1915 bis Walfischbucht verlängert) und die vom zweitwichtigsten Hafen Lüderitz ins Inland führende Strecke, mit der während des Nama-Aufstandes begonnen worden war und die zeitgleich mit der Entdeckung von Diamanten in der südlichen Namib (1908) bis Keetmanshoop in Betrieb genommen werden konnte. Um die bei Tsumeb entdeckten Kupfererze abtransportieren zu können, war schon 1905 eine private Linie von dort nach Swakopmund eingeweiht worden. Erst gegen Ende der deutschen Kolonialherrschaft sind Nord- und Südstrecken zu einem Gesamtnetz von 2100 km zusammengeführt worden (KLIMM, SCHNEIDER & VON HATTEN 1994, S. 43 f.). Der Anschluss an das südafrikanische Netz ist erst während des Ersten Weltkrieges, wiederum aus strategischen Gründen, zustandegekommen. Die Regierung der Union von Südafrika trieb den Bahnbau von De Aar aus voran, um den Vormarsch ihrer Truppen zu erleichtern und den reibungslosen Ablauf des Nachschubes sicherzustellen. Bereits ein Jahr nach Kriegsausbruch war der Anschluss an das bestehende Netz vollzogen. Eine ursprünglich geplante Verlängerung der Strecke nach N ist nicht zustande gekommen, und die in den 1920er Jahren erbaute Ostbahn (229 km) endet bis heute in Gobabis. Die Häfen an der Westküste Namibias spielen daher als Exporthäfen für andere Länder keine Rolle, und selbst ihre Bedeutung als Importhäfen ist gering, da die meisten Güter auf dem Landweg aus Südafrika kommen. Überdies werden diese kaum noch mit der Eisenbahn transportiert (PHILIPPI 1993, S. 69). Die Hauptverbindungsstraßen sind bereits seit den 1960er Jahren größtenteils geteert und generell in gutem Zustand, so dass der Transport über die Straße wesentlich schneller ist.

Im Gegensatz zum übrigen Afrika bestand also zu Beginn der 1970er Jahre im Südteil des Kontinents ein einheitliches, auf der Kapspur aufgebautes Eisenbahnsystem, das alle Länder der Region von Angola über Zaire, Sambia, Malawi und Rhodesien bis Mosambik miteinander verknüpfte und das (zunächst über Botsuana, seit 1974 auch direkt) an das südafrikanische Netz angeschlossen war. Neben den südafrikanischen Häfen boten sich daher die Überseehäfen Lobito, Nacala, Beira und Maputo als Exportalternativen an (WALLER 1988, S. 45). Der spätere Zerfall des Netzes hängt eng mit der politischen Entwicklung und der südafrikanischen Destabilisierungspolitik zusammen (vgl. Kap. 2.3.1). Aufgrund der Bürgerkriege in Angola, Mosambik und neuerdings auch in der DR Kongo (Zaire) ist die Transportinfrastruktur dieser Staaten erheblich in Mitleidenschaft gezogen worden: Die Benguela-Bahn ist seit langem geschlossen; der ohnehin schwierige und mit mehrfachem Umladen von Eisenbahn zu Schiff verbundene Transport quer durch die DR Kongo (Zaire) zur Atlantikküste ist zu unsicher geworden, und auch die Routen durch Mosambik waren während des Bürgerkrieges immer wieder unterbrochen; sie bedürfen heute ebenso wie die Hafenanlagen einer grundlegenden Erneuerung, womit gerade erst begonnen worden ist. Die Destabilisierungspolitik, die Südafrika in den 1980er Jahren betrieb, hat ein Übriges getan, um die Nachbarländer in Abhängigkeit zu halten und deren Ausrichtung auf südafrikanische Häfen als „Tore zur Welt" zu fördern. Daran hat auch das TAZARA-Projekt, eine Eisenbahnverbindung von Sambia zum Hafen Daressalam, nichts Entscheidendes geändert (vgl. Kap. 3.5.2.1). Während z. B. Malawi noch 1982 65 % der Güter über Beira und 30 % über Nacala exportierte, wurden 1986 zu 95 % südafrikanische Häfen in Anspruch genommen (MICHEL 1989, S. 92). Bis heute wickeln die meisten SADC-Staaten einen größeren Teil ihrer Außenhandels über südafrikanische Häfen ab als im Jahr der Gründung des Zusammenschlusses (AHWIRENG-OBENG & MCGOWAN 1998, S. 14). Mittlerweile ist der technologische Vorsprung Südafrikas so groß geworden, dass es die anderen Länder schwer haben dürften, Anschluss zu halten. So ist z. B. die „Containerisierung", die alle Transportvorgänge erheblich beschleunigt und verbilligt, in Südafrika schon seit den 1970er Jahren vorangetrieben worden, während sich die anderen Staaten der Region erst in der Gegenwart darauf umstellen. Auch ohne politischen Druck, allein aus wirtschaftlichen Überlegungen nutzen daher alle SADC-Mitglieder in mehr oder weniger großem Umfang das *know how* Südafrikas im Transportwesen.

3.4.1.2 Neue Verkehrsprojekte

Da die südafrikanischen Häfen teilweise schon jetzt überlastet sind, liegt es im Interesse Südafrikas wie auch der Nachbarstaaten, die über potenzielle Hafenstandorte verfügen, diese stärker in das Transportsystem einzugliedern und gleichzeitig besser mit den Hauptwirtschaftsräumen der Region zu verbinden. Mehrere Großprojekte könnten zu einer Diversifizierung der Güterströme beitragen, wobei nicht länger auf Eisenbahn-, sondern vermehrt auf Straßenverbindungen gesetzt wird (Abb. 23c):

1. 1998 ist die Trans-Kalahari-Verbindung als Allwetterstraße zwischen Lobatse (Botsuana) und Gobabis (Namibia) fertiggestellt worden; die Straße von Johannesburg nach Lobatse einerseits und von Gobabis über Windhoek nach Walfischbucht andererseits ist schon seit längerem durchgängig geteert. Damit ist das wirtschaftliche Zentrum Südafrikas 500 km näher an die südwestafrikanische Küste gerückt. Namibia bemüht sich darum, südafrikanische Firmen davon zu überzeugen, dass es vorteilhaft ist, ihre Exporte nach Europa und Nordamerika über Walfischbucht, seit 1994 Teil des namibischen Territoriums, abzuwickeln. Im Entstehen begriffen ist auch eine *export processing zone* in Walfischbucht, für die in erster Linie südafrikanische Unternehmen gewonnen werden sollen (SIMON in SIMON 1998).
2. In Bezug auf Simbabwe und Sambia soll der Trans-Caprivi-Highway, der als Teerstraße von Katima Mulilo bis Rundu (525 km) und weiter nach Walfischbucht (960 km) führt, eine ähnliche Funktion erfüllen. Dies wird allerdings eher skeptisch eingeschätzt, weil er überwiegend durch sehr dünn besiedelte Gebiete führt und die Wirtschaftskraft der an den Caprivi-Zipfel angrenzenden Regionen nur gering ist (BECKER & BUTZIN 1998, S. 219 f.; HALBACH 2000, S. 164 ff.).

3. Im Rahmen des sog. Maputo-Korridor-Projektes (vgl. Kap. 3.5.2.2) sollen die Straßen- und Eisenbahnverbindungen nach Südafrika verbessert und der Hafen von Maputo modernisiert werden. Das Projekt böte Maputo die Chance, seine Lagevorteile auszuspielen und an die 1970er Jahre anzuknüpfen, als immerhin 16 % des südafrikanischen Handels über Maputo abgewickelt wurden (AHIWIRENG-OBENG & MCGOWAN 1998, S. 16). Weitere quer durch Mosambik verlaufende Korridore sind bislang noch nicht über das Diskussionsstadium hinausgekommen.

Die neuen Verkehrsverbindungen werden die wirtschaftlichen Verflechtungen zwischen Südafrika und seinen Nachbarstaaten begünstigen. Das Transportsystem wird zwar dann nicht mehr so einseitig auf südafrikanische Häfen ausgerichtet, insgesamt aber stärker vernetzt sein. Auch ohne politischen Druck dürfte es für die Binnenstaaten attraktiv sein, sich in ein solches grenzüberschreitendes System zu integrieren. Ein südafrikanischer Verkehrsverbund würde – abgesehen von den Inselstaaten Mauritius und Seychellen – nahezu alle SADC-Länder umfassen. Selbst der zairische Teil des Kupfergürtels wäre einbezogen; nur Angola würde – jedenfalls solange der Bürgerkrieg andauert – nicht dazu gehören.

Die politische Transformation hat auch dem Luftverkehr und speziell der Luftfracht neue Impulse verliehen; innerhalb weniger Jahre sind viele neue Strecken eröffnet worden. Daran partizipieren insbesondere die südafrikanische Luftverkehrsgesellschaft SAA und die südafrikanischen Flughäfen. Zwischen 1990 und Mitte 2000 nahm die Zahl der ausländischen Gesellschaften, die die drei internationalen Flughäfen Südafrikas (Johannesburg, Kapstadt, Durban) bedienen, von 20 auf 79 zu, und Johannesburg ist sowohl hinsichtlich des Personen- als auch des Güterverkehrs eindeutig dominierendes Drehkreuz im Südlichen Afrika, ja in ganz Afrika südlich der Sahara (Abb. 24).

3.4.2 Energie und Telekommunikation

Zunehmende Verflechtungen zwischen den SADC-Staaten zeigen sich aber nicht nur in der Verkehrsinfrastruktur; auch die Versorgung mit elektrischer Energie ist schon heute länderübergreifend organisiert und soll zu einem geschlossenen Verbundsystem weiter entwickelt werden. Dazu ist 1995 der „Southern African Power Pool", an dem die Energieversorger aller SADC-Staaten einschließlich DR Kongo (Zaire) beteiligt sind, ins Leben gerufen worden (vgl. HORREI in SIMON 1998, S. 146 ff.). Ein solcher Zusammenschluss liegt sowohl im Interesse Südafrikas als dem bei weitem größten Stromverbraucher als auch der anderen Staaten, die über große und noch ungenutzte (vorwiegend hydroelektrische) Energiepotenziale verfügen. Diese könnten mit südafrikanischer Hilfe erschlossen werden und sich zu einem Aktivposten der Handelsbilanz entwickeln. Zur Zeit werden 85% des in den SADC-Staaten verkauften Stromes in Südafrika verbraucht. Noch erzeugt Südafrika den größten Teil davon selbst, ist dabei aber fast ausschließlich auf Kohlekraftwerke angewiesen. Die enormen hydroelektrischen Potenziale der Nachbarstaaten werden erst zu einem kleinen Teil genutzt. Es wird geschätzt, dass in den SADC-Staaten ca. 140 000 MW mittels Wasserkraftwerken (vor allem am Kongo) erzeugt werden könnten, das ist dreimal mehr als die heutige Gesamtkapazität.

Energie und Telekommunikation

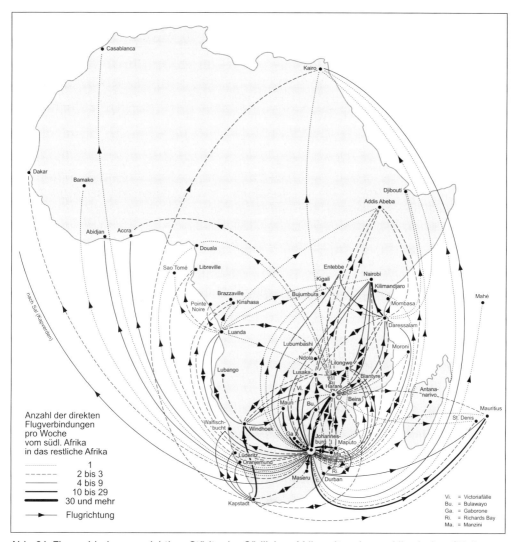

Abb. 24: Flugverbindungen wichtiger Städte des Südlichen Afrika mit anderen afrikanischen Städten, 1998/99
Quelle: Reed Travel Group Ltd. (1998)

Da die größten Potenziale weit von den Hauptverbraucherzentren entfernt liegen, muss die erzeugte Energie über große Strecken „transportiert" werden. Schon das heutige Netz, das vorwiegend von der südafrikanischen Eskom, einem der weltweit größten Stromkonzerne, gemanagt wird, ist in seinem südlichen Teil ein Verbundsystem. Die wichtige Verbindung vom Cahora Bassa-Staudamm in Mosambik nach Südafrika, die durch den Bürgerkrieg unterbrochen war, konnte 1997 wieder in Betrieb genommen werden (vgl. Kap. 3.5.1.3). Wenn die ehrgeizigen Pläne realisiert werden können, werden in Zukunft die noch bestehenden

Lücken geschlossen. Der südafrikanische Stromverbund wird dann auch Angola, DR Kongo (Zaire), Tansania und sogar Kenia einschließen (Abb. 23d). Das würde nicht nur die Bereitstellung von billiger und umweltfreundlich erzeugter Energie für industrielle Zwecke verbessern und als Standortfaktor für die Ansiedlung energieintensiver Betriebe wirken, sondern auch die Ausweitung der Stromversorgung für städtische und (eingeschränkt auch) ländliche Haushalte ermöglichen. Gegenwärtig haben selbst in Südafrika nur 55 % aller Haushalte Zugang zu elektrischer Energie; in den anderen festländischen SADC-Staaten liegt die Quote unter 20 %, teilweise sogar unter 10 %.

Die digitale Revolution und die Einbindung in globale Informationsnetze finden bisher fast ausschließlich in Südafrika statt. Von etwa 12 Mio. Telefonanschlüssen im sub-saharischen Afrika – weniger als in Tokio – entfallen allein etwa 5 Mio. auf Südafrika (CARR 1998, S. 34). Weiterführende Technologien wie ISDN und Möglichkeiten zu Videokonferenzen sind ebenfalls nur in Südafrika verfügbar. Weil unterirdische Festinstallationen über große Entfernungen nicht finanzierbar sind, haben sich in den letzten Jahren Alternativen herausgebildet, wie die Verbreitung von Mobiltelefonen zeigt. Die internationale Zusammenarbeit mit malaysischen (in Malawi), mit schwedischen (in Namibia) und französischen Anbietern (in Botsuana) belegt, dass dem Mobiltelefonmarkt ein großes Wachstumspotenzial eingeräumt wird. 1998 gab es mehr als 2 Mio. Mobiltelefonverträge in Afrika, die mehrheitlich auf Südafrika entfielen (CARR 1998, S. 35).

Der Übergang von der güterproduzierenden Industrie- zur modernen Informationsgesellschaft wird gekennzeichnet von der Ausbreitung des Internet und der *internet economy*. Bereits zu Beginn der 1980er Jahre verwies die International Telecommunications Union auf die Gefahr einer neuen Aufteilung der Welt in „over-communicators" und „under-communicators" (zitiert nach BOLLERHEY 2000, S. II). Tab. 18 gibt einen Überblick zur Bedeutung des Internet im Südlichen Afrika. Sowohl die Internet-Anbieter als auch die Nutzer konzentrieren sich überproportional auf Südafrika. Grund hierfür sind auch die prohibitiv hohen Zugangsgebühren in einigen Ländern wie in Angola, wo allein die Internetgrundgebühr pro Jahr etwa US-\$ 1700 beträgt (BOLLERHEY 2000, S. III). Grundgebühren und Telefonkosten liegen in Afrika fast viermal höher als im weltweiten Durchschnitt (JENSEN 2000). Obwohl die Expansion des Internets auch in Afrika fortschreitet und die Anzahl sog. *host sites* von 290 im Jahre 1995 auf 6510 1998 und bis Anfang 2000 auf 25 000 bis 30 000 zunahm (JENSEN 2000), ist der Abstand zu Südafrika mit seinen 129 000 *sites* (1998) nach wie vor gewaltig. Im weltweiten Vergleich ist der Anteil Afrikas an den *host sites* zwischen 1997 und 1998 sogar von 0,025 auf 0,022 % zurückgegangen (Business in Africa 2000, S. 45); der Anteil der Internet-*user* wird im November 2000 auf 0,7 % geschätzt (ISHAQ 2001, S. 45). Weil die Durchleitungsgeschwindigkeiten unzureichend sind und *web hosting* sehr teuer sein kann, wird eine immer größere Anzahl von Internetseiten über günstigere oder kostenlose europäische oder US-amerikanische *server* angeboten (JENSEN 2000). Ausnahme ist Südafrika, das eigene leistungsstarke ISPs (Internet Service Providers) besitzt, die Lesotho, Namibia und Swasiland mitversorgen.

Etwa zwei Drittel aller Internetnutzer Afrikas konzentrieren sich auf Südafrika. Ist in Nordamerika oder Europa fast jeder vierte *online*, ist es selbst in Südafrika nur jeder 134ste Bürger. Untersuchungen ergaben, dass davon etwa 90 % einen *high school*- oder Universitäts-

Tab. 18: Südliches Afrika im Internet, Mai 1999

	Anzahl Internet-Konten	Kosten in US-$/h	Bevölkerung pro Internet-User	Internet Service Providers
Angola	4 000	6.00	2 992	5
Botsuana	1 000	0.60	1 551	6
Lesotho	200	k. A.	10 920	1
Malawi	2 000	1.56	5 189	3
Mosambik	4 000	0.80	4 673	6
Namibia	3 000	1.00	551	6
Sambia	3 000	1.60	2 897	3
Simbabwe	10 000	4.00	1 192	17
Südafrika	330 000	1.60	134	75
Swasiland	900	0.95	1 036	3
Afrika ohne Südafrika	248 175	2.80	2 958	264
Afrika mit Südafrika	578 175	2.40	1 346	339

Quelle: http://demiurge.wn.apc.org/africa/afrmain.htm

abschluss besitzen, im Durchschnitt zwischen 26 und 30 Jahre alt und englischsprachig sind und über ein jährliches Einkommen zwischen US-$ 24 000 und 45 000 verfügen. Auch in Sambia besitzen 87 % aller Nutzer einen Universitätsabschluss. In der Regel konzentrieren sich die Anschlüsse auf NGOs, Universitäten und Privatunternehmen in städtischen Ballungszentren; sie perpetuieren elitäre und traditionell von Männern dominierte Gesellschaftsmuster. In Sambia sind 64 % aller Nutzer männlich, sogar nur 44 % *nationals* (JENSEN 2000).

Die wirtschaftliche Bedeutung von Internet wird an folgendem Beispiel deutlich: Telefonkosten über eine Stunde an Geschäftstagen von Mosambik nach Großbritannien würden sich jährlich auf etwa US-$ 38 250 belaufen. Um dieselben Informationen zu faxen, müsste man US-$ 7650 ausgeben. E-mail-Zugang über Internet würde die Kosten auf US-$ 1328 senken (Business in Africa 2000, S. 48). Die Vermarktung von Produkten botsuanischer Handwerker über das UN International Trade Center's Virtual Handicraft Exhibition Center oder die Veröffentlichung von Tageszeitungen sind andere Anwendungen des Internet, die einerseits wirtschaftlichen Erfolg versprechen, andererseits die Demokratisierung Afrikas vorantreiben. GRILL (in: Die Zeit 10.01.2000) spricht von der „Invasion der Meinungen", die sich dem Zugriff staatlicher Zensur wie in Simbabwe oder Angola entzieht. Skeptiker betonen, dass „die Datenautobahn eine Einbahnstraße sei, auf der die Entwicklungsländer wie bei allen Transfers zwischen Nord und Süd mit eigennützigen, ja schädlichen Informationen aus den Industrieländern überrollt würden. Die mächtige südafrikanische Dachgewerkschaft Cosatu sieht gar einen ‚Techno-Imperialismus' heraufdämmern".

In Afrika selbst hat man den Rückstand der Vernetzung als Problem erkannt. Mit Hilfe der sog. **A**frica **I**nformation **S**ociety **I**nitiative (AISI) wird versucht, den Kontinent an den *information highway* anzuschließen. Vision ist, dass bis zum Jahre 2010 alle Menschen Zugriff auf Computer und Telekommunikation haben (Electronic Mail & Guardian 16.05.1997). Um diese Vision umzusetzen, wird zur Zeit ein US-$ 600 Mio. teures und 28 000 km langes

Glasfaserkabelsystem submarin verlegt, das 15 Länder in Afrika, Europa und Asien direkt verbindet und die Vernetzung mit weiteren afrikanischen Staaten vorsieht. Insgesamt sind 42 Telefonanbieter an dem Projekt beteiligt. Für die nächsten fünf Jahre wird vorausgesagt, dass sich die Tele-Verbindungen von und nach Afrika um das bis zu 60fache steigern werden. Besonders wichtig ist aber, dass die afrikanischen Land-Land-Verbindungen nicht mehr über ausländische *operators* in den USA, Frankreich oder Großbritannien verlaufen, sondern vor Ort abgerechnet werden können (POGGIOLINI 2000, S. 7).

3.4.3 Handels- und Kapitalströme

Die Export- und Importverflechtungen Südafrikas mit den SADC-Staaten sind in Kap. 1.4 als entscheidendes Kriterium der Abgrenzung der Region Südliches Afrika in funktionaler Hinsicht herangezogen worden (vgl. Tab. 4). Zieht man ergänzend die Importmatrix für sämtliche SADC-Staaten heran (Tab. 19), so wird deutlich, dass neben Südafrika nur noch Simbabwe als Herkunftsland der Importe eine nennenswerte Bedeutung hat. Zwar sind auch die Handelsverflechtungen von Mauritius weit gestreut, die jeweiligen Anteilswerte sind aber außerordentlich klein. Erstaunlich ist die große Zahl der „Leerstellen" in der Matrix, die bei der nicht dargestellten Exportmatrix sogar noch wesentlich größer ist. Das deutet darauf hin, dass die Handelsbeziehungen selbst zwischen benachbarten Staaten nach wie vor nur gering entwickelt sind. Bei den Werten für 1983 muss in Rechnung gestellt werden, dass der Handel mit Südafrika sich damals z. T. in einer „Grauzone" abspielte. Dennoch musste die SADCC selbstkritisch feststellen, dass sogar zwischen 1983–86, der Hochphase militärischer Auseinandersetzung mit der RSA, fünfmal mehr aus Südafrika importiert als nach Südafrika exportiert wurde. Als einziger Erfolg der damaligen Abgrenzungspolitik kann gelten, dass das Handelsaufkommen mit Südafrika gemessen am Gesamthandelsvolumen der seinerzeit neun SADCC-Staaten rückläufig war (WELLMER 2000, S. 24).

Seitdem sich die SADCC 1992 in die SADC umwandelte (vgl. Kap. 1.1) und Südafrika 1994 beitrat, nahm der intraregionale Warenaustausch erheblich zu, und zwar von 4% des gesamten Handelsvolumens der SADCC Ende der 1980er Jahre auf 14,5 % 1995 (HAWKINS 1998, S. 57). Davon profitierten hauptsächlich die SACU-Staaten: Botsuana steigerte seine Exporte in die Region allein zwischen 1994 und 1995 um 10 %, und für Swasiland wurde die SADC sogar zum wichtigsten Absatzmarkt seiner Produkte (WELLMER 2000, S. 32). Trotz der gewachsenen Bedeutung afrikanischer Handelspartner spielen diese in den Außenwirtschaftsbeziehungen Südafrikas nach wie vor eine untergeordnete Rolle (Tab. 20). Die USA, Großbritannien, Deutschland und Japan sind in dieser Reihenfolge die mit Abstand wichtigsten Partner. Abgesehen von kleineren Verschiebungen hat sich das Bild gegenüber den 1960er Jahren kaum verändert (KLIMM, SCHNEIDER & WIESE 1980, S. 280). Auf den ersten 15 Plätzen der Rangliste findet sich kein SADC-Staat. Andere afrikanische Länder liegen noch weiter zurück, wenn auch der Aufholprozess in vollem Gange ist. Immerhin haben sich die südafrikanischen Exporte in afrikanische Länder außerhalb der Zollunion zwischen 1987 und 1994 verfünffacht.

Auffällig ist das starke Ungleichgewicht zwischen Im- und Exporten, deren Richtung länder- und regionsweise allerdings sehr verschieden ist. Einer negativen Handelsbilanz mit allen Industrieländern und auch einzelnen südostasiatischen Staaten steht eine positive beim innerafrikanischen Handel gegenüber. Südafrikanische Produkte werden in alle Nachbarstaaten in mehr oder weniger großem Umfang abgesetzt; Importgüter aus den jeweiligen Ländern haben hingegen auf dem südafrikanischen bzw. SACU-Markt keine größeren Chancen (Tab. 19). Vielfach, so in Botsuana, Lesotho, Angola, Mauritius, Mosambik, Tansania und Sambia, belaufen sich die Exporte nach Südafrika auf weniger als 10% des Importwertes. Für dieses Handelsungleichgewicht werden protektionistische Maßnahmen und Exportförderungsstrategien Südafrikas verantwortlich gemacht. Weil jedoch über 50 % der Importe aus Südafrika aus hochwertigen Maschinen bestehen, die von der Wirtschaft der Nachbarländer nicht geliefert werden können (vgl. hierzu Tab. 8), helfen auch keine bilateralen Handelsverträge, um die Import-Export-Lücke zu schließen.

Unter allen SADC-Staaten weist allein Südafrika eine stärker diversifizierte Exportstruktur auf. McGowan & Ahwireng-Obeng (1998) bezeichnen das Land daher als „Macht der Semiperipherie". Nach Auffassung der Autoren ist eine solche dadurch gekennzeichnet, dass *peripheral-like goods* in die Kernregionen der Weltwirtschaft exportiert werden und *core-like goods* in die Peripherie. Im Austausch werden Rohstoffe sowie mit hoher Arbeitsintensität erzeugte Güter aus der Peripherie und kapitalintensive, technologisch anspruchsvolle Güter aus dem Kern importiert. In diesem Zusammenhang ist es interessant, die Handelsbeziehungen Südafrikas mit afrikanischen Staaten (außerhalb der SACU) und der Europäischen Union getrennt zu betrachten: Maschinen einschließlich Kfz und anderen Transportausrüstungen machen allein 53 % der Importe aus der EU aus, dagegen nur 8 % der Einfuhren aus anderen afrikanischen Ländern. Bei den Exporten in das übrige Afrika beläuft sich hingegen der Anteil an Maschinen auf ca. 25 %, während bei den Exporten in die EU nur 12 % darauf entfallen. Eine spiegelbildliche Situation ergibt sich z. B. für die Kategorie der mineralischen Rohstoffe. Diese haben besonders bei dem Export in die EU und abgeschwächt bei den Importen aus anderen afrikanischen Staaten einen hohen Stellenwert, spielen hingegen bei Exporten nach Afrika und Importen aus Europa kaum eine Rolle (McGowan & Ahwireng-Obeng 1998, S. 174).

Die Gründung der SADC-Freihandelszone im September 2000 und der COMESA-Freihandelszone im Oktober 2000 sollen den Warenaustausch innerhalb der Region weiter verbessern. Durch den Abbau von Zöllen setzt man sich aber auch dem direkten internationalen Wettbewerb aus. Aufgrund hoher Produktionskosten und Steuern sowie des Risikos von Währungsschwankungen werden in vielen Ländern Befürchtungen laut, dass einige Wirtschaftssektoren nicht überlebensfähig sind, weshalb sich nicht alle Staaten den Freihandelszonen bisher angeschlossen haben (Nevin 2000a; Kunda 2001). Auch in den Wirtschaftswissenschaften wird die These, dass zunehmende Integration allen Beteiligten zum Vorteil gereicht, neuerdings kontrovers diskutiert. Vertreter der „New Economic Geography" gehen davon aus, dass es in diesem Prozess durchaus Gewinner und Verlierer geben kann und die Gefahr besteht, dass Industrie und Dienstleistungen aus strukturschwachen Regionen/Nationen in die strukturstarken abwandern (vgl. Storper 1997; Osmanovic 2000). Im Falle der SADC sollen die Zölle bis 2012 langsam gesenkt werden, um wettbewerbsschwachen Industrien die Möglichkeit zu geben, sich an die neuen Marktbedingungen zu gewöhnen. In der Konkurrenz zwischen SADC und COMESA ist eine Auflösung der letzteren Organisation nicht auszuschließen. Bereits jetzt gibt es Interessenten aus Ostafrika, die

Mitglied der SADC werden möchten, um von der Wirtschaftsstärke Südafrikas zu profitieren. Ein Pendant hierzu existiert in der COMESA nicht.

Südafrika tritt in den meisten Nachbarstaaten nicht nur als „Hauptlieferant" auf; mittels Direktinvestitionen üben südafrikanische Unternehmen auch einen direkten Einfluss auf die Wirtschaft der jeweiligen Länder aus. Gegenwärtig belaufen sich die Direktinvestitionen Südafrikas im Ausland auf US-$ 21,1 Mrd. (1997), was 86 % aller Auslandsinvestitionen afrikanischer Länder ausmacht. Die von AHWIRENG-OBENG & MCGOWAN (1998) und HALBACH & RÖHM (1998) publizierten Listen von Einzelprojekten aus jüngerer Zeit dokumentieren den starken Regionalbezug der Auslandsinvestitionen. So haben südafrikanische Handelsketten ihre Aktivitäten nicht nur auf Botsuana und Namibia, sondern auch auf Simbabwe, Sambia und Kenia ausgeweitet. „Game Discount Stores" hat sich zum Ziel gesetzt, bis 2006 85 Filialen im Südlichen Afrika zu unterhalten (African Business (June) 1997, S. 11). Weil der südafrikanische Binnenmarkt weitestgehend „ausgereizt" ist, expandieren Filialketten und Franchiser in die Nachbarländer, wo in einzelnen Einzelhandelssparten die Gewinnspannen bis zu viermal höher liegen als in Südafrika (SAUNDERS 1999, S. 253). South African Breweries operieren in den BLS-Staaten, in Angola und Mosambik, in Sambia und Tansania; die Südafrikanische Standard Bank unterhält mittlerweile Niederlassungen in 14 afrikanischen Ländern, und Protea-Hotels sind zur größten Hotelgruppe in Afrika aufgestiegen, die bis Marokko und Ägypten vertreten ist. Auch die Erdöl- und Erdgasfelder in Namibia, Angola und Mosambik sollen mit Hilfe südafrikanischen Kapitals erschlossen werden (MILLS in SIMON 1998, S. 83). Größte Bedeutung haben die südafrikanischen Minengesellschaften, die Kapitalbeteiligungen, häufig in *joint ventures* mit US-amerikanischen, kanadischen oder britischen Partnern, in fast allen Ländern Afrikas (z. B. Mali, Ghana, Äthiopien, Liberia) eingegangen sind.

Die wirtschaftliche Dominanz südafrikanischer Konzerngruppen wird von den restlichen SADC-Ländern mit Besorgnis aufgenommen. Südafrikanische Unternehmen werden als „the new colonisers from the south" bezeichnet, die ein „Godzilla image" des Übermächtigen und Unangreifbaren besitzen (Financial Mail 11.12.1998). Ihr Interesse an dem weiteren Afrika hat naturgemäß erst zu Beginn der 1990er Jahre stark zugenommen; zwischen 1991-94 haben sich die Direktinvestitionen in den benachbarten SADC-Staaten mehr als verdreifacht (Afrika-Post (1-2) 1998, S. V). Mehrere Firmen haben sich ihre früheren, zuweilen noch auf die Kolonialzeit zurückgehenden Beteiligungen zurückgekauft. Einige wenige Megaprojekte wie die Aluminiumschmelze Mozal oder der Bau eines Stahlwerks bei Maputo machen deutlich, dass die Nehmerländer sektoral und regional nur punktuell von den Investitionen profitieren und die Direktinvestitionen wie in Mosambik zwischen US-$ 45 Mio. für 1994-96 und US$ 700 Mio. für 1997/98 kurzfristig dramatisch schwanken können. Trotz dieses Anstiegs, von dem alle SADC-Partner profitiert haben, ist die Bedeutung von FDIs (Foreign Direct Investment) weiterhin eher gering: 1985-95 übertraf die Entwicklungshilfe die FDIs noch um das Sechsfache (ausgenommen Südafrika) (HAWKINS 1998, S. 56).

Gründe und Konsequenzen der Verlagerung südafrikanischer Unternehmen an die Peripherie diskutiert HORTON (1999) anhand der Textil- und Bekleidungsindustrie. Trotz niedriger Produktivität investieren Mittelständler in Fabriken in Malawi und Mosambik, um hier Waren für den südafrikanischen Markt zu produzieren. Infolge niedriger Lohnkosten und gerin-

Tab. 19: Importbeziehungen der SADC-Staaten, 1983 und 1995 (in % ihrer Gesamtimporte)

Importeure / Exporteure	Angola	DR Kongo	Malawi	Mauritius	Mosambik	Südafrika	Seychellen	Tansania	Sambia	Simbabwe
Angola	• •									
DR Kongo		• •								
Malawi		0,49 / 0,05	• •	0,04 / 0,04	1,43 / 0,51	0,18	0,03	0,55 / 0,34	2,66 / 0,47	3,09 / 0,27
Mauritius		0,00	0,00 / 0,13	• •	0,02	0,03	2,43 / 1,96	0,00 / 0,06	0,00 / 0,03	0,00 / 0,30
Mosambik	0,01	0,00	0,62	0,01	• •	0,17		0,01	0,01	0,27
SACU (1983) / RSA (1995)	5,50 / 7,42	16,60 / 18,45	47,48 / 45,82	11,78 / 11,73	25,55 / 58,00	• •	15,77 / 17,37	0,84 / 11,92	39,69 / 40,86	37,26 / 57,07
Seychellen			0,00 / 0,01		0,00 / 0,00		• •	0,00		0,00
Tansania								• •		
Sambia	0,02	2,53	2,05		0,01	0,10		1,52	• •	1,45
Simbabwe	0,70	0,80	11,90	0,37	4,84	1,45	0,48	0,67	10,05	• •
Afrika südl. der Sahara	2,72 / 1,27	2,04 / 8,41	0,97 / 15,41	2,98 / 1,86	3,21 / 5,64	0,33 / 2,19	5,96 / 3,41	2,05 / 17,52	3,35 / 10,96	3,41 / 2,47

Quelle: World Bank (1996 u. 2000)

gerer Bedeutung von Gewerkschaften als in Südafrika sowie präferenzieller Handelsvereinbarungen, die die Exportzölle nach Südafrika auf Null senken, lohnt sich die Auslagerung von Arbeiten. So lag der Lohn eines qualifizierten Maschinisten im Juni 1998 in Lesotho bei 30–40 %, in Malawi bei 8–13 % und in Mosambik bei 12 % des südafrikanischen Wertes (HORTON 1999, S. 48). In Südafrika selbst haben sich viele Arbeitskräfte auf Kurzarbeit oder Entlassung einstellen müssen. Die Verlagerung der Produktion erfolgt in drei Formen: Entweder werden Unterverträge mit ausländischen Firmen abgeschlossen oder ein *joint venture* eingegangen, oder die Firma verlegt ihre Niederlassung ins Ausland. Geschaffen werden „verlängerte Werkbänke", bei denen Aus- und Fortbildung lokaler Arbeitskräfte keine Rolle spielen. Die Managementfunktionen liegen in Händen von *expatriates*, Entscheidungen werden von der südafrikanischen Zentrale getroffen.

Tab. 20: Die wichtigsten Handelspartner Südafrikas, 2000

Rang	Land	Importe in Mrd. R	Exporte in Mrd. R	Gesamt in Mrd. R
1	USA	22,4	25,8	48,1
2	Großbritannien	16,5	29,8	46,2
3	Deutschland	24,9	16,2	41,2
4	Japan	14,9	17,0	31,9
5	Saudi-Arabien	14,1	1,0	15,1
6	Italien	6,9	6,1	13,0
7	Frankreich	8,0	4,0	12,0
8	Schweiz	4,5	6,3	10,7
9	Niederlande	3,6	7,1	10,7
10	Belgien	2,9	6,6	9,5
11	China (einschl. (Hongkong)	7,0	2,4	9,4
12	Iran	8,1	0,5	8,6
13	Australien	4,7	3,5	8,2

Quelle: SAIRR (2001b, S. 164)

3.4.4 Wanderarbeit

Die Entdeckung reicher Bodenschätze an verschiedenen Stellen des Südlichen Afrika hatte nicht nur für die jeweilige Region weitreichende Folgen und hat deren Wirtschaftsstruktur entscheidend verändert, sondern sie wirkte sich auch auf entferntere Gebiete aus. Da der Arbeitskräftebedarf an den Bergbaustandorten und deren Umland nicht gedeckt werden konnte, sind die benötigten Kräfte sehr bald von außerhalb angeworben worden bzw. wanderten auch ohne feste Kontrakte in die Zentren des Bergbaus, um hier eine Beschäftigung zu suchen. Die größte Attraktivität übten zweifellos die Goldminen am Witwatersrand aus. Das darauf bezogene System der Wanderarbeit griff weit über Staatsgrenzen hinaus und tut es z. T. bis heute. Vor allem dichter besiedelte Regionen in den Nachbarländern, die über keine bergbaulichen Ressourcen verfügten, sind zu wichtigen „Arbeitskraftreservoiren" geworden, wobei diese Entwicklung von den Kolonialverwaltungen aktiv unterstützt worden ist. Dauerhafte und vorübergehende Arbeiterwanderungen waren aber nicht nur auf die Standorte der großen Minen gerichtet; auch die Plantagenlandwirtschaft und der Bereich der häuslichen Dienste hatten einen zunehmenden Bedarf an Arbeitskräften, wenngleich letztere Bewegungen quantitativ weniger gut dokumentiert sind (vgl. z. B. COCKERTON 1996). Noch 1994 waren ca. 20 000 Kontraktarbeiter aus Mosambik auf Farmen in der südafrikanischen Nordprovinz und der Provinz Mpumalanga beschäftigt (PEBERDY in SIMON 1998, S. 193). Auch lässt sich der Begriff der Wanderarbeit nicht auf grenzüberschreitende Bewegungen einschränken; Kontraktarbeiter für Bergbau und Landwirtschaft sind ebenso innerhalb der einzelnen Länder angeworben worden – im ehemaligen Südwestafrika beispielsweise durch die 1943 aus zwei Vorgängerinstitutionen entstandene „South West Africa Native Labour Association" (SWANLA), die Arbeitskräfte aus dem dicht besiedelten Ovambo- und Okavangogebiet an Diamantenminen und Farmen vermittelte (GORDON 1978). Zeitweise hielten sich bis zu 45.000 Wanderarbeiter aus den nördlichen Landesteilen in der Polizeizone auf (HALBACH 2000, S. 184). In Angola war bis in die 1970er Jahre ein schriftlicher Vertrag Voraussetzung für eine Arbeitsaufnahme in größerer Entfernung vom Wohnort

Wanderarbeit

(KUDER 1971, S. 51). Hier wie auch in Mosambik übte die Kolonialmacht lange Zeit erheblichen Druck auf die einheimische Bevölkerung aus, um sie zur Arbeitsaufnahme außerhalb des Subsistenzsektors zu bewegen; erst 1961 wurde das nach Verbot der Sklaverei eingeführte System der *forced labour*, das pro Jahr sechs Monate Arbeit z. B. bei Hafen- oder Eisenbahnbau oder in den Diamantenminen vorsah und auf dem Arbeitsgesetz von 1899 beruhte, nach Intervention der Internationalen Arbeitsorganisation offiziell abgeschafft (KUDER in KUDER & MÖHLIG 1994, S. 174 f.; ISHEMO 1995, S. 164).

In der Frühzeit des Bergbaus erfolgte die Zuwanderung mehr oder weniger ungeregelt, wenn auch schon damals z. T. sehr weite Distanzen überwunden wurden. So verließen bereits 1897 die ersten Wanderarbeiter das damalige Nyassaland, um sich zu Fuß auf den Weg zu den Minen Rhodesiens und Südafrikas zu machen (LIENAU 1981, S. 163 ff.; vgl. auch BÄHR & JÜRGENS 1995). Aus Mosambik war der Strom der Arbeitssuchenden noch ungleich größer: Schon 1889 sollen 8550 mosambikanische Arbeiter in den Minen Transvaals beschäftigt gewesen sein, 1898 über 50 000 (MATZNETTER 1962, S. 101). Eine stärkere Reglementierung der Wanderarbeit war aus Sicht der Zielgebiete wünschenswert, um „wilde" Ansiedlungen größeren Ausmaßes im Umkreis der Minen zu verhindern, wie sie aus der Frühzeit des Bergbaus beschrieben worden sind (CRUSH & JAMES 1995, S. 54 f.). Aber auch in den Herkunftsgebieten forderten vor allem die Plantagenbesitzer administrative Kontrollen, weil sie Arbeitsengpässe befürchteten (ERHARD 1994, S. 21). Unmittelbar nach der Jahrhundertwende begann deshalb die systematische Anwerbung von Arbeitskräften durch verschiedene Organisationen. Für die südafrikanischen Minen übernahm die 1912 gegründete „**N**ative **R**ecruitment **C**orporation" (NRC) die Rekrutierung in Südafrika selbst sowie in den Protektoraten Botsuana, Lesotho und Swasiland; die 1901 entstandene „**W**itwatersrand **N**ative **L**abour **A**ssociation" (WNLA; später: The Employment Bureau of Africa (TEBA)) war im übrigen Südlichen Afrika, ja bis hin nach Ostafrika tätig. Die süd-rhodesischen Minen versorgten sich seit 1903 mittels des „**R**hodesia **N**ative **L**abour **B**ureau" (RNLB; VAN ONSELEN 1976, S. 25).

Ein dichtes Netz von Anwerbestationen überzog in der Folgezeit den gesamten Süden Afrikas, wenn auch mit deutlichem Schwerpunkt in Malawi und Mosambik. Um der heimischen Plantagenwirtschaft im Shire-Hochland keine Konkurrenz zu machen, konzentrierte sich die Anwerbung im Nyassaland zunächst auf die dichter besiedelten zentralen und nördlichen Landesteile (WEYL 1980, S. 58), und in Mosambik beschränkte sich die Rekrutierung für Südafrika auf den Bereich südlich des 22. Breitengrades, für Süd-Rhodesien auf einzelne Provinzen der Landesmitte (MATZNETTER 1962; ISHEMO 1995). Anfangs mussten bei der Rekrutierung der Arbeitskräfte verschiedene Formen direkter und indirekter Gewalt angewendet werden, da die Bereitschaft, auf längere Zeit im Ausland einer Lohnarbeit nachzugehen, zu gering war. Um die Lücken aufzufüllen, sind 1904/05 sogar 63 000 Kulis aus China für die Goldminen am Witwatersrand angeworben worden, die aber nach Ablauf ihrer Verträge bis Ende 1909 sämtlich wieder in ihre Heimat zurückgeführt wurden (MATZNETTER 1962, S. 101; PARSONS 1993, S. 201). Im Laufe der Jahre entwickelte sich die Wanderarbeit zu einem festen Bestandteil im Leben der Stammesgesellschaften, weil man nur so zu Bargeld kommen und den steigenden Bedarf an westlichen Konsumgütern decken konnte (CRUSH 1995, S. 173). Alternativen gab es kaum; die im eigenen Land gezahlten Löhne waren meist noch niedriger als im Ausland.

Zum Schutz der weißen Minenarbeiter ist in Südafrika schon 1918 eine *colour bar* in dem Sinne definiert worden, dass höherwertige Tätigkeiten nicht von Schwarzen übernommen werden durften. Als die Bergwerksgesellschaften dies aus Kostengründen aufzuweichen versuchten, kam es 1922 zu einem gewaltsam ausgetragenen Arbeitskampf (*Rand miners revolt*), der nur durch das Eingreifen des Militärs beendet werden konnte. Der Goldboom der 1930er Jahre hat das Problem dann gelöst: Die Minen konnten es sich sogar leisten, die *colour bar* abzusenken (PARSONS 1993, S. 241 f.).

Die Modalitäten der Wanderarbeit waren sowohl in zwischenstaatlichen Verträgen als auch in individuellen Kontrakten genau festgelegt. Das betraf sowohl den Arbeitgeber, den Wohnort und den Vertragszeitraum (im Allgemeinen 12–24 Monate mit der Möglichkeit einer mehrfachen Anwerbung) als auch Unterkunft (meist in *compounds* bzw. *hostels*) und Bezahlung (z. T. direkt, z. T. erst nach Rückkehr). Ebenso ist der Transport von der Anwerbeagentur übernommen worden, wobei die Begleitung von Familienangehörigen untersagt war. Da überdies vorwiegend (gesunde) junge Männer im Alter zwischen 20 und 30 Jahren angeworben wurden und über 40jährige anfangs gänzlich ausgeschlossen waren (vgl. MILAZI 1995, S. 524), resultierte daraus eine höchst einseitige Alters- und Geschlechtsstruktur. Das brachte nicht nur Probleme des Zusammenlebens am Arbeitsort mit sich (vgl. CRUSH & JAMES 1995, S. 36 ff.); schwerwiegender noch waren die Folgen für die Herkunftsräume. So waren im kleinen Binnenstaat Lesotho Mitte der 1980er Jahre ca. 40 % der männlichen Erwerbspersonen in südafrikanischen Minen tätig, in der Altersgruppe der 20- bis 44jährigen sogar fast 60 % (BÄHR & KÖHLI 1988, S. 32 f.). Daran hat sich bis heute nur wenig geändert (vgl. CRUSH & JAMES 1995, S. 139 ff.; Sechaba Consultants 1997). Damit befindet sich das Land in einer verhängnisvollen Falle: Einerseits bildet die Wanderarbeit eine unentbehrliche Lebensgrundlage für große Teile der Bevölkerung und ist für den Waren- und Geldmarkt sowie für den Staatshaushalt von entscheidender Bedeutung (MILAZI 1998, S. 149); andererseits fehlen vor allem in der Landwirtschaft Arbeitskräfte, und es gibt nur geringe Impulse, die heimische Wirtschaft zu verbessern. Denn Wanderarbeiter sind im Allgemeinen eher an einer Stabilisierung des traditionellen gesellschaftlichen Systems interessiert, weil nur dieses ihnen Sicherheit und Lebensmöglichkeiten nach ihrer Rückkehr bietet (GEIST 1986, S. 45).

Das System der grenzüberschreitenden Wanderarbeit erreichte in den 1960er Jahren seine „Reifephase" (Abb. 25). Alle Länder des Südlichen Afrika bis hin nach Angola, das südliche Zaire und Tansania waren in dieses System eingebunden. In letzteren Ländern gab es aber keine offiziellen Niederlassungen der WNLA; die Anwerbung erfolgte von grenznahen Stationen im Nyassaland sowie entlang des Okavango und Sambesi (TAYLOR 1982, S. 216). Die stärksten Wanderungsströme waren auf die Goldminen am Witwatersrand gerichtet; sekundäre Zielgebiete waren die Bergbauregionen und die kommerzielle Landwirtschaft in Nord- und Süd-Rhodesien sowie Namibia. Nach der Unabhängigkeit stellten Sambia und Rhodesien die systematische Rekrutierung von Arbeitskräften im Ausland ein und erschwerten generell die Beschäftigung von Ausländern.

Genauere Angaben zur Beschäftigung von Kontraktarbeitern liegen nur für die südafrikanischen Gold- und Kohleminen der Chamber of Mines vor: Von 62 000 (1906) und 119 000 (1926) stieg die Zahl verhältnismäßig kontinuierlich auf 252 000 (1966; TAYLOR 1982, S. 215).

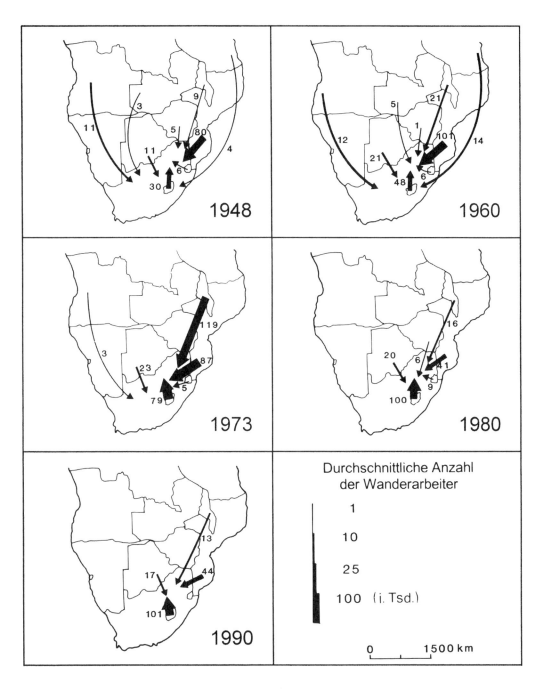

Abb. 25: Wanderarbeiter im Südlichen Afrika, 1948-1990
Quelle: CHRISTOPHER (1994, S. 194)

Die für Anfang der 1970er Jahre genannte Höchstzahl von etwas über 300 000 Wanderarbeitern aus dem Ausland (Tab. 21) ist dahingehend zu relativieren, dass auch andere Minen und ebenso die Farmwirtschaft Arbeitskräfte aus dem Ausland beschäftigt haben, so dass die Gesamtzahl eher bei 500.000 Personen gelegen haben dürfte. Hinzugerechnet werden muss darüber hinaus eine schwer zu quantifizierende Zahl nicht-registrierter Wanderarbeiter. Unter den Herkunftsgebieten standen damals Malawi und Mosambik bei weitem an erster Stelle. Gegenüber den 1960er Jahren hatte sich das Einzugsgebiet der Minen dadurch verkleinert, dass Sambia und Tansania 1966 bzw. 1967 ihren Staatsbürgern die Arbeitsaufnahme in Südafrika verboten. Später sind auch Simbabwe und Malawi diesem Schritt gefolgt, so dass sich Lesotho zum wichtigsten Herkunftsgebiet entwickelte. Arbeitskräfte aus Angola und Namibia hatten seit jeher nur eine geringe Bedeutung.

Die Gesamtzahl der ausländischen Wanderarbeiter in Südafrika ist seit längerem rückläufig (Tab. 21). Schon Ende der 1970er Jahre begannen die Bemühungen, Ausländer durch heimische Kräfte zu ersetzen, um der Arbeitslosigkeit in den *homelands* entgegenzuwirken. Außerdem war man bestrebt, die Wanderarbeit zu „verstetigen", weil sich das ständige Anlernen neuer Kräfte als zu kostenaufwendig erwiesen hatte. Zum einen wurden vermehrt Verträge über die maximale Laufzeit von 24 Monaten abgeschlossen, zum anderen bevorzugte man bei der Einstellung Arbeiter mit Minenerfahrung; das Durchschnittsalter ist daher im Laufe der Zeit auf fast 40 Jahre angestiegen (Sechaba Consultants 1997, S. 35; VLETTER 1998, S. 12). Schließlich haben auch die fortschreitende Mechanisierung und Technisierung und der Produktionsrückgang aufgrund fallender Goldpreise zu einem geringeren Arbeitskräftebedarf und zu einer Verlagerung einzelner Tätigkeiten auf Subunternehmer geführt.

Der politische Wandel in Südafrika hat die Wanderarbeit stärker in die innenpolitische Diskussion gerückt. Einerseits ist der Druck groß, anstelle von Ausländern Kräfte aus dem eigenen Land zu beschäftigen, andererseits wird die weitreichende Reglementierung mit Rücksicht auf die Nachbarstaaten als nicht mehr zeitgemäß angesehen. Bislang sind deshalb zahlreiche Anwerbebüros geschlossen worden - oft mit dramatischen Folgen für die betroffene Region. Während die TEBA Mitte der 1950er Jahre noch ca. 130 Stationen unterhielt, waren es zu Beginn der 1990er Jahre nur noch 70, die außerdem keine Rekrutierung im engeren Sinne mehr vornahmen, sondern eher als Vermittlungsbüros fungierten (DAVIES & HEAD 1995, S. 442). Die „Kasernierung" in *hostels*, wie sie noch 1987 für 98 % der Wanderarbeiter üblich war (CRUSH & JAMES 1995, S. 17), wird sich ebenfalls nicht aufrecht erhalten lassen; es gibt zahlreiche Pläne, diese in Familienunterkünfte umzuwandeln. Dies ist auch deswegen nötig, weil alle Bürger von SADC-Staaten, die fünf und mehr Jahre in Südafrika gearbeitet haben, im Rahmen einer 1996 verkündeten, in der südafrikanischen Öffentlichkeit allerdings stark kritisierten Amnestie eine dauerhafte Aufenthaltserlaubnis erhalten können (CRUSH 1999, S. 9; MATTES u. a. in McDONALD 2000, S. 203). Von der Möglichkeit der Antragstellung haben 201 600 Personen, davon 51 500 Minenarbeiter Gebrauch gemacht (SAIRR 1998, S. 110).

In Zukunft wird die organisierte Wanderarbeit nicht mehr alleiniger Ausdruck der Arbeitsbeziehungen zwischen Südafrika und ihren Nachbarstaaten sein; mittlerweile hat die illegale Zuwanderung eine weit größere Bedeutung als die offizielle (CRUSH & JAMES 1995, S. 202 ff.). Aus dem System der Wanderarbeit beginnt sich ein regionaler Arbeitsmarkt zu entwickeln (O'LOUGHLIN 1998, S. 4), in dem die Rekrutierung von Arbeitskräften im Ausland nur noch eine untergeordnete Rolle spielt. Dieser neue Arbeitsmarkt greift aber räumlich ebenso weit, wenn nicht noch weiter aus, denn neuerdings halten sich auch viele Migranten aus dem französischsprachigen Westafrika in Südafrika auf.

Tab. 21: Gesamtbeschäftigte und ausländische Beschäftigte der Chamber of Mines of South Africa, 1971-1994[1]

	1971-74	1975-79	1980-84	1985-89	1990-93	1994
Beschäftigte aus Südafrika im Jahresdurchschnitt (Anzahl)	92 269	206 799	301 458	344 736	253 592	202 653
Beschäftigte aus Südafrika (%)	23,0	49,1	60,3	61,4	58,6	55,0
Beschäftigte aus dem Ausland (Anzahl)	308 394	214 114	198 845	216 679	178 881	165 810
davon in % aus Botsuana	6,3	8,7	9,0	9,0	8,2	7,2
Lesotho	25,7	47,2	54,8	52,2	54,4	52,7
Malawi	32,7	5,7	7,5	7,3	0,0	–
Mosambik	32,3	27,6	22,1	24,0	27,9	30,5
Simbabwe	0,0	5,3	0,9	0,0	0,0	0,0
Swasiland	1,7	4,2	5,2	7,6	9,4	9,3
Andere	1,2	1,4	0,5	0,0	0,2	0,3
Gesamtzahl	400 663	420 913	500 303	561 415	432 472	368 463

[1] 1995 ist die entsprechende Statistik eingestellt worden, so dass keine neueren Zahlen vorliegen.

Quelle: ZLOTNIK (1998, S. 458); SAIRR (1998)

3.5 Interregionale Großprojekte

3.5.1 Wasser und Energie

Die Konzentration von Menschen und Wohlstand auf den südlichen und von Wasserressourcen eher auf den nördlichen Bereich des weitgehend ariden Subkontinents hat dazu geführt, dass die Region über Ländergrenzen hinweg Kooperationen eingehen muss. So wohnt in Südafrika ein gutes Drittel der regionalen Bevölkerung, und das Land verfügt über 10 % der Wasserressourcen, verbraucht aber 80 % des Wassers. Auch andere Länder wie Botsuana und Namibia haben aufgrund ihres wüstenähnlichen Charakters akute Wasserprobleme (VAN WYK 1998, S. 59; NIEMANN 2000). Die Verwundbarkeit Botsuanas ergibt sich aus der Tatsache, dass 94 % des Frischwassers von außerhalb des Landes kommen. Projektionen bis 2025 gehen davon aus, dass sich selbst in humiden Gebieten wie Malawi, Lesotho und Mosambik die Wasserverfügbarkeit pro Kopf dramatisch verschlechtern wird (VAN WYK 1998, S. 63). Das liegt einerseits an der noch wachsenden Bevölkerung und an steigendem Bedarf aufgrund „verbesserter" Lebenshaltung, andererseits an episodischen Dürrephasen und einer zunehmenden räumlichen Konzentration der Bevölkerung auf nur eine oder wenige Städte. Schuld sind aber auch unangepasste Landnutzung, mangelhafte Abdichtung von Dämmen, Abholzung und hohe Verdunstungsraten. Konsequenz hieraus ist, dass Wasser interregionale Verhandlungslösungen und Transferrouten benötigt, von denen sowohl Flussanrainer als „Eigentümer" und Verkäufer von Wasser als auch die Nutzer und Einkäufer von Wasser profitieren können. BUZAN (zitiert nach VAN WYK 1998, S. 61) spricht vom „hydropolitical security complex", der die SADC-Staaten beim Problemfeld Wasser dermaßen vernetzt, „that their national securities cannot realistically be considered apart from one another".

Eine ausgeprägte Wasserdiplomatie, die sich im Sambesi-Aktionsplan Mitte der 1980er Jahre zur nachhaltigen und umweltverträglichen Nutzung des gesamten Flusslaufs und im SADC-Wasserprotokoll von August 1994 niederschlägt, zeugt davon, dass man sich des Konfliktpotenzials bewusst ist (issa 1994; SWATUK 1997). So legt das Wasserprotokoll den Rahmen fest, wie Flusswasser auf mehrere Anrainerstaaten zu verteilen ist; es enthält auch Bestimmungen für Wassertransfer und -verkauf an entferntere Länder. Der am Rande einer militärischen Auseinandersetzung verlaufende Konflikt zwischen Namibia und Botsuana Mitte der 1990er Jahre aufgrund von Streitigkeiten um das Okavango-Wasser und eine Insel im Chobe River macht aber deutlich, dass auch die regionale Wasserdiplomatie an Grenzen stößt. Denn in diesem Fall ist der Internationale Gerichtshof als Schlichter angerufen worden.

Dieser Grenz-/Wasserkonflikt ist bisher die Ausnahme geblieben. Sowohl zur Apartheid-Zeit als auch danach haben sich die Länder in verschiedenen Konstellationen bi- oder multilateral auf Wasserbau-Großprojekte verständigt, um ungleichgewichtige Angebote und Nachfrage von Wasser per Transfer auszuhandeln (Tab. 22).

Tab. 22: Große Wasserprojekte im Südlichen Afrika in Planung

Projekt	Quelle	Nutzer
Lesotho Highlands Water Project	Oranje (Lesotho)	Südafrika
Eastern National Water Carrier	Okavango	Namibia
North-South Carrier	Motloutse River	Botsuana
Matabeleland Zambezi Water Project	Sambesi	Simbabwe
North-South Carrier Extension	Sambesi	Botsuana, Südafrika, Simbabwe
Okapi	Pipeline vom Kongo in das Südl. Afrika	DR Kongo (Zaire), Angola, Botsuana, Namibia
Zimbabwe Water Supply	Sambesi, Karibasee	Simbabwe

Quelle: VAN WYK (1998, S. 66) zitiert nach SARDC (Southern African Research and Documentation Centre, Harare 1994); afrika süd (4) 2000, S. 7

3.5.1.1 Lesotho Highlands Water Project

Überlegungen, Wasser von Lesotho nach Südafrika umzuleiten, gehen bis in die frühen 1950er Jahre zurück. Doch erst am 24.10.1986 wurde nach 30 Jahren Verhandlungen und nach dem Sturz des gegenüber der Apartheid eher starren Systems Jonathan im Januar 1986 eine Vereinbarung zwischen Südafrika und Lesotho zum **L**esotho **H**ighlands **W**ater **P**roject (LHWP) unterzeichnet. Die neue Militärregierung von Lesotho suchte im Gegensatz zu ihrem Vorgänger einen pragmatischeren Umgang mit Südafrika, das in der Vergangenheit den landumschlossenen Staat mit Hilfe von Grenzschließungen mehrfach unter Druck gesetzt hatte. So war es sowohl das Bestreben des neuen Militärregimes, dieser Spirale politischer und wirtschaftlicher Einschüchterung ein Ende zu setzen, als auch der Versuch, sich mit südafrikanischer Hilfe innenpolitisch zu stabilisieren und internationale Kritik erträglicher zu machen.

In technischer und finanzieller Hinsicht umfasst das Projekt vier Bauphasen, die – sofern sie alle realisiert werden – ein Volumen von US-$ 8 Mrd. über 30 Jahre erfordern (NEL & ILLGNER 2001). Das Projekt beinhaltet den Bau von sechs großen Dämmen und mehr als 200 km Tunnelröhren, durch die Wasser in die Region Gauteng gepumpt werden soll. Anfang 1998 wurde der Wassertransfer offiziell eingeweiht. Ziel ist es, den wachsenden Bedarf an Trink- und Brauchwasser des Gebietes um **P**retoria/**W**itwatersrand/**V**ereeniging (PWV) sicherzustellen. Anfang der 1990er Jahre gingen Projektionen davon aus, dass der Wasserverbrauch dieser Region von 979 Mio. m^3 pro Jahr auf 3,8 Mrd. m^3 pro Jahr im Jahr 2010 bei einer jährlichen Zuwachsrate von 4,6 % steigen könnte (COETZEE 1994, S. 48). Im Jahr 2010 wird mit einer Bevölkerung von etwa 12 Mio. allein in der Provinz Gauteng gerechnet (WAITES 2000, S. 370). Die erste Bauphase ist dafür ausgelegt, bis zu 18 m^3 Wasser pro Sekunde oder 567 Mio. m^3 jährlich zu liefern. Hierfür wurde der 185 m hohe Katse-Damm in 2000 m Höhe in Lesotho errichtet. Zugleich entstand dort ein Wasserkraftwerk, das erstmals eigene und nicht aus Südafrika importierte Energie bereitstellen kann.

Die Auswirkungen für Lesotho diskutiert MATLOSA (1998) anhand von wirtschaftlichen, ökologischen und sozialen Kriterien:

1. In volkswirtschaftlicher Hinsicht machen die Wasserlieferungen rund 25% aller Exporterlöse oder 5 % des BIP aus. Die südafrikanischen Überweisungen und Zahlungen der SACU fließen in einen Entwicklungsfonds, der vor allem zum Ausbau öffentlicher Infrastruktur und zur finanziellen Unterstützung lokal betroffener Bevölkerungsgruppen eingesetzt werden soll, was in der Vergangenheit in der „Einparteiendemokratie" Lesothos nicht immer der Fall war. Regierungsamtliche Kontrollmechanismen existieren nur in einem unzureichenden Maß (MATLOSA 1998, S. 34f.).
2. In der ersten Ausbaubaustufe (Phase 1A) fanden etwa 7000 Personen Arbeit, von denen etwa 50 % aus dem lokalen Bereich rekrutiert werden konnten (MATLOSA 1998, S. 35). Berücksichtigt man jedoch, dass der gesamte Arbeitsmarkt Lesothos etwa 635 000 Personen umfasst, sind die Beschäftigungseffekte eher gering geblieben. Zudem wurden südafrikanische und philippinische Arbeiter bevorzugt behandelt und bezahlt. Streiks von gewerkschaftlich organisierten Arbeitern hat die Polizei z. T. mit Gewalt unterdrückt (POST in NOHLEN & NUSCHELER 1993, S. 363).
3. Parallel zu den Wasserbauten entstanden Straßen, Elektrizitäts- und Telefonverbindungen sowie ein Wasserkraftwerk, die die Erschließung und Versorgung des Landes insbesondere für den erhofften internationalen Tourismus verbessert haben. Damit wird auch die Erwartung verbunden, die Land-Stadt-Wanderung stoppen zu können. Der

Bürgerkrieg Ende 1998 und die Invasion südafrikanischer Truppen haben dies aber zur Illusion werden lassen.

4. Verlorengegangen ist landwirtschaftliche Nutzfläche von insgesamt etwa 4800 ha für Anbau oder Beweidung. Die Phase 1A betrifft etwa 3000 Haushalte, von denen mehr als 300 – u. a. aufgrund der Staufläche des neuen Katse-Damms – umgesiedelt werden mussten. POST (in NOHLEN & NUSCHELER 1993, S. 363) schätzt die Anzahl der betroffenen Personen auf 20 000. Die Auswirkungen sind deshalb so fatal, weil die vielfach als Subsistenzbauern lebende Bevölkerung die traditionelle Basis ihrer Ernährungssicherung verliert. Davon betroffen ist auch der illegale Anbau von Dagga (Cannabispflanze), das als wichtige Einkommensbasis dient und keiner Entschädigung unterliegt (NÜSSER 2001). Da zugleich die Bedeutung der Wanderarbeit in südafrikanischen Minen schwindet (vgl. Kap. 3.4.4), fallen fast zeitgleich die beiden wichtigsten Erwerbsquellen fort (WAITES 2000, S. 372).

5. Die Kompensationszahlungen sind nach Ansicht der lokalen Bevölkerung unzureichend geblieben. Nach Befragungen der NGO Highlands Church Action Group waren nur 2 von 93 umgesiedelten Haushalten mit ihren Ausgleichszahlungen zufrieden (Business Day 22.01.1998). Diese erfolgen sowohl in Form von Getreide und Hülsenfrüchten (über einen Zeitraum von 15 Jahren), Futterzahlungen (5 Jahre lang) und Baumsetzlingen als auch in Form von Barzahlungen oder der Bereitstellung von Ersatzhäusern – teilweise mit erheblichen zeitlichen Verzögerungen. Landbesitzer, deren Flächen durch Felssprengungen entwertet worden sind, blieben bei Kompensationen unberücksichtigt. Die Bewohner fordern eine Kompensation Land gegen Land, um der gesamten dörflichen Gemeinschaft an anderer Stelle ihre soziale Kontinuität zu garantieren (MATLOSA 1998, S. 40). Mitte der 1990er Jahre existierten hierzu mehrere Optionen, Land von Südafrika zu erwerben, Regierungsland zu kaufen oder die Bevölkerung in städtische Räume umzusiedeln, womit sie letztlich ihrer angestammten landwirtschaftlichen Wurzeln beraubt würden.

6. Naturschutzvertreter bemängeln, dass Wasserabnahme und Regulierung der Zuflüsse zum Oranje-Fluss bzw. Senqu (Abschnitt des Oranje in Lesotho) die lokalen ökologischen Bedingungen verändern und selbst noch Auswirkungen auf Namibia als Endnutzer des Oranje haben werden. Die in den letzten Jahren erzielten positiven Wassersspareffekte (*efficiency*) vor allem in der Provinz Gauteng infolge von Aufklärungsmaßnahmen, der Reparatur von Zuleitungssystemen, der Regulierung über Wassergebühren und der Einführung wassersparender Installationen könnten unterlaufen werden von zukünftigen Großplanungen wie der Realisierung der Phase 1B. Auch wird die Gefahr gesehen, dass die Kosten der gewaltigen Wasserbauprojekte auf die Kunden umgelegt werden und sich die Versorgung traditionell benachteiligter Bevölkerungsgruppen verschlechtern könnte (*equity*).

7. Bisher unbekannte soziale Probleme sind in den von den Bauarbeiten betroffenen Gebieten entstanden. Das Auseinanderbrechen von Familien- und dörflichen Strukturen („Störung des Dorffriedens"), die Anbindung dieser peripheren Räume an die „Außenwelt" und unterschiedlich „erfolgreiche" Allianzbildungen von Dorfbewohnern mit Entscheidungsträgern innerhalb und außerhalb der *communities* haben dazu geführt, dass die soziale Transformation Gewinner- und Verlierergruppen hervorgebracht hat. Kriminelle Handlungen und die Ausbreitung kommerzieller Prostitution haben als „Überlebensökonomien" stark zugenommen. Übermäßiger Alkoholkonsum, der Zerfall von

Familienstrukturen und Machtmissbrauch traditioneller Institutionen, die mit den Baubehörden zusammenarbeiten, sind andere Beispiele für soziale Deformierung (SEIFFERT 1997, S. 215f.).

Doch auch das Lesothoprojekt wird den Wasserverbrauch von Gauteng nicht abschließend decken können. Planungen sehen vor, Teile des Oranje, des Tugela und des Umzimvubu umzuleiten oder eine Pipeline vom Sambesi westlich der Victoriafälle bis nach Johannesburg zu bauen. Die Entfernung hierfür beträgt 1800 km. Das Wasser müsste über aufwendige Pumpwerke von einer Höhe des Sambesi von 600 auf 1800 m gehoben werden. Internationale Verträge wären notwendig, weil andere Länder wie Sambia, Botsuana und Simbabwe vom Sambesiwasser entscheidend abhängen (GLEASON & LIBERA 1995, S. 33; SWATUK 1997). Weitere Planungen eines US-amerikanischen Konzerns mit einem Investitionsvolumen von US-$ 9 Mrd. sehen vor, im Rahmen des sog. Okapi-Projektes Wasser aus dem Kongo in das Südliche Afrika einerseits und in den Nahen Osten andererseits zu pumpen. Der südliche Ast der Pipeline würde über 1000 km von der DR Kongo (Zaire) über Angola, Botsuana und Namibia verlaufen (afrika süd (4) 2000, S. 7).

3.5.1.2 Kariba

Im Mittelpunkt anderer Großprojekte steht weniger die Versorgung mit Wasser als die Gewinnung von Wasserkraft. Ein Beispiel hierfür ist der Kariba-Damm und der damit aufgestaute Karibasee, der mit seiner Fläche von 5200 km^2 der drittgrößte künstliche See der Welt ist (MCINTYRE 1996, S. 165; DRESCHER 1998, S. 152). Gebaut wurde der Damm zwischen 1956 und 1959 in einem gemeinschaftlichen Projekt zur Energiegewinnung zwischen dem früheren Nord- und Süd-Rhodesien für die Kupferminen in Sambia und die verarbeitenden Industrien in Simbabwe. Selbst nach dem Zerfall der Föderation und der UDI von Rhodesien Mitte der 1960er Jahre waren beide Länder weiter an einer gemeinsamen Stromproduktion interessiert. Verbale politische Spannungen korrelierten nicht mit wirtschaftlichem Pragmatismus, was die gemeinsame Nutzung des Sambesi anbelangte. Das erste Kraftwerk produzierte etwa 600 MW. Eine weitere Station ist 1976 in Betrieb genommen worden, die die Leistung auf 900 MW erhöht hat (SCHULTZ 1983, S. 218; NAIDOO & BWALYA 1995, S. 91). Die Anlage wird von der Central African Power Corporation verwaltet, an der beide Länder zu gleichen Teilen beteiligt sind. Aufgestaut wird der Sambesi auf etwa 280 km Länge, was weitreichende ökologische und soziale Konsequenzen zur Folge gehabt hat:

1. Mehr als 100 000 BaTonga mussten ihre Siedlungsgebiete verlassen (ROGERS 1996, S. 53). Im Gegensatz zu ihren angestammten Wohnbereichen im fruchtbaren Gwembe Valley, das während der 1960er Jahre langsam überflutet wurde, leben sie nunmehr in vergleichsweise trockenen Gebieten. Die Menschen müssen sich mit einer ihnen unbekannten Vegetation vertraut machen, und die Nahrungsvielfalt aus der Sammelwirtschaft ist geringer geworden (DRESCHER 1998, S. 153).
2. Der Sambesi hat sich in seinem Abflussverhalten geändert. Saisonale Überschwemmungen bleiben aus. Flussnahe Wintergärten sind durch den Dammbau verlorengegangen. Andere Flächen werden daraufhin intensiver genutzt. Dadurch wird die natürliche Vegetation zurückgedrängt, und die Erosionsgefahren erhöhen sich (DRESCHER 1998, S. 153 f.).

3. Operation Noah konnte dazu beitragen, dass Tiere aus den langsam steigenden Fluten gerettet wurden. Seitdem hat sich ein völlig neues und fischreiches Ökosystem entwickelt. Fische wie der sardinenähnliche Kapenta aus dem Tanganyikasee wurden in den 1960er Jahren im Kariba ausgesetzt (McIntyre 1996, S. 171).

Es ergeben sich aber auch wirtschaftliche Konsequenzen, die sowohl die Ausweitung großflächiger Bewässerungslandwirtschaft, die Nutzung des Sees zum Fischfang (und die industrielle Weiterverarbeitung der Fische, in der mehrere tausend Menschen tätig sind) als auch die Erschließung des Karibasees für Freizeit und Tourismus umfassen. So nutzt die Gwembe Valley Development Company den Karibasee, um mehrere tausend ha Land für den Anbau von Weizen und Baumwolle zu bewässern (Swatuk 1997, S. 35). Im Bereich des Tourismus sind Hotels und *lodges* entstanden, die bevorzugt auf simbabwischer Seite liegen. Besucher können täglich zweimal von Harare und von den Victoriafällen und vom Hwange National Park nach Kariba fliegen (Stand 2002). Die Angebote beziehen sich auf Safaritouren, Wassersport wie Surfing, Paragliding und Wasserski, Angeln oder Touren auf Hausbooten (Nel 1996, S. 44). Die Abschottungspolitik gegenüber westlichen Besuchern unter Kenneth Kaunda bis Anfang der 1990er Jahre und das bereits etablierte Angebot auf der simbabwischen Seite haben dazu geführt, dass Sambia bisher nur relativ wenig Gäste anlocken kann.

3.5.1.3 Cahora Bassa

Ähnlich wie der Kariba-Damm ist auch der Cahora Bassa-Staudamm als fünftgrößter Damm der Welt noch während der Kolonialzeit gebaut worden. Bereits zu Beginn der 1950er Jahre gab es Pläne, in der Nordwestprovinz Tete der portugiesischen Kolonie Mosambik das hydroelektrische Potenzial des Sambesi zur Entwicklung des Bergbaus und der Landwirtschaft zu nutzen. Ziel war es, das Sambesital zu bewässern und bis zu 1 Mio. Neuansiedler aus dem Mutterland anzuziehen (Berger 1997, S. 27). Im Verlauf des späteren Kolonialkrieges sollte der hinter dem Damm entstehende See zugleich eine militärische Barriere gegenüber den Frelimo-Guerillas darstellen (Newitt 1995, S. 529). Der im Jahre 1969 unterzeichnete Vertrag zwischen Portugal und Südafrika sowie Zamco, einem internationalen Konsortium, das den Bau durchführen sollte, gab der Planung letztlich aber eine andere Zielrichtung, was auch mit der Ausweitung des Kolonialkrieges Ende der 1960er Jahre zu tun hatte. Im Mittelpunkt stand nur noch die Stromproduktion. Fast die gesamte Stromerzeugung des Kraftwerks von etwa 2000 MW, das Anfang 1975 erstmals Strom lieferte, wurde nach Südafrika exportiert. Die Stromzahlungen erfolgten direkt an Portugal. Kritiker erblickten damals in der Anlage ein „koloniales Ungetüm", das der Metropole Portugal und dem Apartheid-Staat Südafrika, nicht aber der Kolonie und dem nur wenig später im Juni 1975 in die Unabhängigkeit entlassenen Staat Mosambik Vorteile bringen könnte. Der Damm würde die „Verbreitung von Apartheid unterstützen" und den „portugiesischen Kolonialismus festigen" (Kenneth Kaunda zitiert nach Berger 1997, S. 27).

Zwischen 1970 und 1975 wurden umfangreiche Konstruktionsarbeiten durchgeführt, an denen Firmen aus Westdeutschland, Frankreich, Italien, Portugal und Südafrika beteiligt waren. Ein Netz von Hochspannungsmasten transportierte den Strom über 1400 km bis nach Pretoria (Eskom 1997, S. 4). Mehrere Städte entlang dieser Trasse waren geplant, um die Stromleitungen vor Angriffen zu schützen. Ursprünglich liefen die Pläne sogar darauf hinaus, mehr als zehn Staudämme entlang der 830 km des Sambesiflusses in Mosambik mit einer Gesamtproduktion von mehr als 50 Mio. kWh zu errichten (Wess 1999, S. 6). Obwohl die Befreiungsbewegung Frelimo gegen das Projekt war, sabotierte sie die Anlagen nicht, weil sie in den postkolonialen Wirtschaftskreislauf eingebunden werden sollten. Trotz der Verstaatlichungspolitik der neuen Regierung behielt Portugal in der neu gegründeten Betreiberorganisation einen Kapitalanteil von 81 %. Und trotz seiner feindlichen Haltung gegenüber Südafrika arrangierte sich Mosambik mit seinem Nachbarn über Stromlieferungen, die Ende der 1970er/Anfang der 1980er Jahre etwa 7 % des südafrikanischen Gesamtverbrauchs bzw. 1983 98 % der Gesamtleistung von Cahora Bassa ausmachten (Berger 1997, S. 27). Der neue Bürgerkrieg und die internationale Destabilisierungspolitik Südafrikas hatten jedoch zur Folge, dass das Kraftwerk seit Mitte der 1980er Jahre nur noch zu einem Prozent seiner Kapazität ausgelastet war, die für den Eigenbetrieb und zur Versorgung nahegelegener Städte diente. Mehr als 50 % der Leitungsmasten wurden während des Bürgerkrieges zerstört (Wess 1999, S. 8).

Die Befriedung des Landes im Jahre 1991 führte zu Plänen, Cahora Bassa zu revitalisieren. Seit August 1998 produziert es wieder Energie, die nicht mehr allein von Südafrika, sondern auch von Simbabwe und Mosambiks Süden aufgenommen wird. Botsuana, Malawi und Sambia sind weitere potenzielle Kunden (Wess 1999, S. 8). Letztere bleiben aber abhängig von der südafrikanischen Eskom, die bis zu 85 % der gesamten Energie im Südlichen Afrika produziert und Cahora Bassa nur noch als Ergänzungslieferanten sieht (Berger 1997, S. 28). Stromdurchleitungen in andere Länder und selbst nach Maputo erfolgen bis heute über Eskomleitungen. Entsprechend groß ist der Einfluss Südafrikas auf Abnahmemengen und die Festsetzung von Strompreisen. Ziel von Portugal und Mosambik als Betreiber ist es deshalb, auch „andere Partner in der südafrikanischen Region" zu finden (portugiesischer Außenminister zitiert nach Wess 1999, S. 8).

Die Auswirkungen von Cahora Bassa sind vielfältiger Natur:

1. Aufgrund der Stauwirkung wurden 2700 km² Fläche auf einer Länge von 250 km überschwemmt. 25 000 Menschen mussten umgesiedelt werden (Kuder 1975, S. 244).
2. Frühere Überschwemmungsebenen des Sambesi sind ersetzt worden durch weite versandete Inseln. Verkrautung der Ufer und Veralgung des Wassers sind sichtbare Zeichen der ökologischen Konsequenzen eines „regulierten" Flusses (Berger 1997, S. 28).
3. Als stehendes Gewässer begünstigt der Stausee (ebenso wie der Kariba) die Ausbreitung von Malaria und Bilharziose.
4. Nur wenige Jahre nach Beendigung des Bürgerkrieges bleibt ungewiss, ob der Stausee ein touristisches Potenzial besitzt. Bisher wird nur von Sportfischern aus Südafrika berichtet (Wess 1999, S. 7).

Zumindest wirtschaftlich könnte Cahora Bassa in Zukunft Erfolg haben. Einerseits steigt die Nachfrage nach Energie im Land selbst, insbesondere nachdem eine Aluminiumschmelze bei Maputo errichtet worden ist. Andererseits ergibt sich in Südafrika das Problem zunehmender Luftverschmutzung aufgrund der Nutzung von Kohlekraftwerken. Das könnte dazu führen, dass der größte Betreiber und Abnehmer der Region Eskom auf „saubere" Energie auch in Nachbarländern ausweichen möchte. Hinweise hierauf gibt es bereits, wonach Eskom zusammen mit der Stromversorgergesellschaft von Mosambik einen weiteren Staudamm stromabwärts von Cahora Bassa plant (BERGER 1997, S. 28).

3.5.2 Verkehr

3.5.2.1 TAZARA

Um die Abhängigkeit von den Transportsystemen der weißen Minderheitenregime aufzubrechen, verfolgte Sambia nach seiner Unabhängigkeit 1964 das Ziel, zusammen mit dem politisch befreundeten Tansania alternative Transportrouten zum Indischen Ozean zu realisieren. In Form der TAZAMA-Pipeline für Rohöltransporte, die 1968 fertiggestellt, und des TANZAM-Highway, der 1972 zwischen Daressalam und dem Copperbelt eröffnet wurde, konnte das nach der UDI von einem internationalen Embargo betroffene Rhodesien umfahren werden (MWASE 1987, S. 193). Obwohl von internationalen Organisationen und Ländern wie Großbritannien und USA als unökonomisch eingestuft, sollte die sog. TAZARA-Bahn (**Ta**nzania-**Za**mbia **Ra**ilway) den Abschluss dieser Autarkiemaßnahmen gegenüber Rhodesien und Südafrika darstellen. Die Linie wird deshalb auch als Uhuru-Bahn (Suaheli = Freiheit) bezeichnet. Zugleich suchten Sambia und Tansania hierdurch eine engere wirtschaftliche Kooperation, um die mineralischen und landwirtschaftlichen Potenziale der betroffenen Provinzen stärker nutzen zu können. Unterstützt wurden sie bei ihrem Vorhaben von der Volksrepublik China, mit der sie 1967 einen Vertrag zum Bau der TAZARA abschlossen. In Teilen sollte die Rückzahlung der chinesischen Kredite in Form von Tauschgeschäften erfolgen, nämlich durch den Verkauf chinesischer Waren in Sambia und Tansania.

Die Bauarbeiten an der 1860 km langen und weitgehend parallel zum TANZAM-Highway verlaufenden Bahnstrecke wurden 1970 begonnen und im Oktober 1975 beendet (MWASE 1987, S. 194). In Kapiri Mposhi fand die TAZARA ihren Anschluss an das bestehende sambische Netz. Gebaut wurde die Strecke in der Kapspurbreite, so dass zu jenem Zeitpunkt rein theoretisch – aber politisch unerwünscht – eine direkte Transportverbindung ohne Umladen zwischen Daressalam und Kapstadt bestanden hätte. Die Fertigstellung dieser Bahn war um so zwingender geworden, als Rhodesien 1973 seine Grenzen zu Sambia geschlossen hatte und auch die Alternativroute zum Hafen Lobito nach Ausbruch des angolanischen Bürgerkrieges nicht mehr genutzt werden konnte. Im Gegensatz zu den frühen 1970er Jahren, als Sambia etwa 50 % seiner Im- und Exporte über Rhodesien abwickelte, wurden 1977 etwa 60 % der Außenhandelsgüter über die TAZARA transportiert (MWASE 1987, S. 197). Ursprünglich ausgelegt war die Bahn für eine Transportkapazität von 7 Mio. t pro Jahr (SCHULTZ 1983, S. 43) und 17 Zügen pro Tag. Tatsächlich waren es 1978 lediglich 856 000 t bei nur 2 Zügen aufgrund von Unfällen, Sabotage, fehlenden Lokomotiven und Transportwagen sowie unzureichenden Verladekapazitäten im Zielhafen Daressalam (MWASE 1987, S. 197). Sambia musste deshalb seine Transportbeziehungen zu Rhodesien und Südafrika wieder aufnehmen.

Nach der Unabhängigkeit Simbabwes 1980 war diese Lösung auch politisch wieder opportun. Obwohl Kupferexporte über Südafrika 1986 mit Hilfe des 1983 nach Tansania zurückgekehrten chinesischen Bahnmanagements eingestellt werden konnten, waren die Importe über südafrikanische Häfen aber von 43 % 1980 auf 67 % 1985 gestiegen (GIBB 1991, S. 30). Auch in den folgenden Jahren nahm der Transport auf der TAZARA weiter ab. Im Fiskaljahr 1996/97 waren es nur noch 550 000 t. Das ist vor allem auf den Bedeutungsverlust des sambischen Kupferbergbaus zurückzuführen. Die Ineffizienz der Bahn zeigt sich darin, dass der Transport auf der sehr viel kürzeren Strecke nach Daressalam Ende der 1990er Jahre immer noch länger dauert als bis East London oder zu jedem anderen südafrikanischen Hafen (Weekly Mail & Guardian 31.08.1999). Obwohl die Transportzahlen stark zurückgegangen sind, beschäftigt die Bahn (nach unterschiedlichen Angaben) unverändert zwischen 6000 und 9000 Mitarbeiter. Bis zu 4000 stehen zur Disposition, wenn es zu einer Privatisierung der Bahn kommen sollte (Weekly Mail & Guardian 05.07.1996 u. 31.08.1999). Die Bedeutung dieser Linie als „lifeline to villagers living along its route" ist dabei nicht zu unterschätzen. „They live for those ten minutes during which the train stops alongside the station to change tracks or locomotives on its three-day journey between Dar es Salaam in Tanzania and the Zambian town of New Kapiri Mposhi" (Daily Mail & Guardian 05.07.1996).

Unabsehbare Folgen wird die Liberalisierung des COMESA-Marktes mit sich bringen, wonach nationale Zölle abgebaut werden. TAZARA wird sich dann einer zunehmenden Konkurrenz von Straßentransporten stellen müssen, weshalb erstmals in der Geschichte der Bahn „Marketingstrategien" erwogen werden (The Times of Zambia 03.12.1999). Auch die Liberalisierung Südafrikas und die Revitalisierung des Hafens Maputo werden den Kostendruck vergrößern, Transporte trotz sehr viel längerer Strecken wieder Richtung S umzuleiten. Der Erfolg der TAZARA war und ist bis heute ambivalent: Einerseits konnte sich Sambia politisch von Südafrika emanzipieren, andererseits musste es aber wirtschaftlich den Preis in Form langfristiger internationaler Verschuldung (Anleihe von US-$ 5 Mrd. aus China) und transportbedingter Ineffizienz zahlen.

3.5.2.2 Maputo-Korridor

War die Politik der SADC-Länder bis zur Abschaffung der Apartheid davon geprägt, die wirtschaftlichen Abhängigkeiten von Südafrika zu reduzieren, verfolgt man seitdem regionale und sektorale Kooperationen (MITCHELL 1998, S. 758). Das wichtigste Beispiel hierfür ist der sog. Maputo-Korridor, den die Regierungen von Mosambik und Südafrika 1995 als Entwicklungsachse zwischen Maputo und dem Großraum Gauteng verabredeten und im Mai 1996 offiziell vorstellten. Ziel ist es, an die traditionellen, bis in das 19. Jh. zurückgehenden Austauschbeziehungen zwischen dem revitalisierten Hafen von Maputo und dem industriellen Kernland der früheren PWV-Region anzuknüpfen. Neben elf weiteren Zonen ist der Maputo-Korridor auf südafrikanischem Territorium als sog. SDI (*spatial development initiative*) definiert, die Investoren steuerliche Vorteile, günstige Abschreibungsmöglichkeiten und Subventionen anbietet (JOURDAN 1998, S. 717; ROGERSON 2002). Der Hauptkorridor verläuft etwa 20 km westlich von Witbank bis nach Maputo und besitzt Abzweigungen nach S und N, die weitere als Wachstumspole deklarierte Siedlungen oder Städte in das

Projekt integrieren. Zentrale Achse ist jedoch der N4-Highway, der zu beiden Seiten von einem 50 km breiten Entwicklungsband gesäumt ist und damit die Provinz Mpumalanga zu etwa zwei Drittel in den Korridor einbezieht.

Dieser umfasst als Teilprojekte den Bau einer mautpflichtigen und zu 90 % von privater Seite finanzierten Straße zwischen Maputo und Witbank mit Anschluss nach Johannesburg, den Ausbau und die Erneuerung der Hafenanlagen von Maputo mit Vertiefung des Hafenbeckens, den Ausbau der Bahnanschlüsse nach Südafrika sowie die Erneuerung von Telekommunikationsnetzen zwischen beiden Ländern. Folgende Ziele werden damit verbunden:
– Verringerung der südafrikanischen Transportkosten für Rohstoffe um 15–30 % gegenüber den Häfen in Durban und Richards Bay; Verkürzung der Wege um bis zu 150 km gegenüber Durban;
– Erschließung bisher ungenutzter Mineral- und Energiequellen (z. B. Pande-Gasfelder nördlich Maputo, Phosphatvorkommen bei Phalaborwa) über sog. Subkorridore;
– günstiger Abtransport von Agrarprodukten wie Zucker aus Swasiland oder Zitrusfrüchte aus dem Gebiet Nelspruit;
- Förderung des Tourismus und sonstiger Dienstleistungen bis nach Ponto do Ouro und Xai Xai im Großraum Maputo.

Doch ergeben sich auch ernst zu nehmende Kritikpunkte. Die als Mautstraße gebaute Hauptverbindung, die etwa in 100 km-Intervallen fünf *toll plazas* aufweist, erhöht die Fracht- und Personenkosten und senkt sie nicht, wie ursprünglich propagiert. Davon wird nicht nur der Fern-, sondern auch der lokale Verkehr betroffen sein. Geht man von Investitionssummen von bis zu US-$ 1,5 Mrd. aus, die in der Provinz Mpumalanga erwartet werden, sind die prognostizierten Arbeitsmarkteffekte von etwa 7000 Stellen bei etwa 350 000 Arbeitslosen in der Provinz minimal (Mitchell 1998, S. 764). Die Provinzregierung verweist auf 35 000–40 000 mögliche Arbeitsplätze (Electronic Mail & Guardian 01.06.1998). Darüber hinaus wird kritisiert, dass sog. PDCs (*previously disadvantaged communities*) infolge des Korridorverlaufs, der eher die städtischen als die ländlichen Räume integriert, auch weiter benachteiligt bleiben. Neben diesem *urban bias* belegt eine Studie auch einen *racial bias*, weil sich nicht eine einzige von 1000 touristischen Einrichtungen im Korridor in den Händen schwarzer Eigentümer befindet (Mitchell 1998, S. 766).

Auch andere Probleme lassen an dem kurzfristigen Erfolg dieses Projektes zweifeln, das auch Swasiland, Botsuana und Namibia über einen Walfischbucht-Kalahari-Korridor einbinden soll (vgl. Kap. 3.4.1.2). So ist das Endstück des Korridors, der Hafen von Maputo, noch Mitte der 1990er Jahre von Misswirtschaft, Korruption und Diebstahlsraten von bis zu 30 % bei einzelnen Ladungen geprägt. Die Hafenanlagen stammen teilweise aus den 1930er Jahren. Die Umschlagzahlen von 3 Mio. t im Jahre 1996 (1975 waren es 14 Mio. t) gegenüber 26 Mio. t (1995) in Durban lassen den Rückstand von Maputo erkennen (Jürgens 1996, S. 734). Es stellt sich die Frage, ob das Korridormodell vor allem die Metropolen untereinander besser vernetzt, „servicing adjacent rural areas in 'the shadow'", und großräumige regionale Disparitäten zwischen Gewinner- und Verliererprovinzen in Südafrika sowie Maputo und Rest-Mosambik verschärft (vgl. Harrison & Todes 1996, S. 74 f.).

3.6 Nationale Großprojekte

3.6.1 Hauptstadtplanungen

Nicht in allen Ländern sind die Metropolen politischer und wirtschaftlicher Macht identisch. Das betrifft insbesondere Südafrika, das aus historischen Gründen gleich drei Hauptstädte jeweils für die Legislative (Kapstadt), Exekutive (Pretoria) und Judikative (Bloemfontein) kennt, das Wirtschaftszentrum Johannesburg aber ausklammert. Weil diese Funktionenteilung zum Erbe der Apartheid gehört, wird ab Mitte der 1990er Jahre darüber diskutiert, die Hauptstadtfunktionen an einem einzigen, entweder neuen oder bestehenden Standort zusammenzufassen.

Eine ähnliche Entwicklung zeigt sich in Malawi, wo sich Verwaltung (in Zomba) und Wirtschaft (in Blantyre) bis in die 1970er Jahre auf unterschiedliche Städte konzentrierten. Dies war regionalplanerisch unerwünscht, weil beide Städte im S von Malawi liegen. Ziel war es deshalb, mit der Planung der neuen Hauptstadt Lilongwe einen Wachstumspol im Landeszentrum zu initiieren.

Eine dritte Variante von Hauptstadtplanungen ist die Errichtung von Zentren in völlig neu abgegrenzten Territorien, die bis dahin keinen autonomen Verwaltungsapparat besaßen. Hierunter fallen die sog. TBVC-Staaten, die als *homelands* im System der Großen Apartheid in eine international nicht anerkannte Unabhängigkeit entlassen worden waren. Hierunter fällt auch Botsuana, das als Britisch-Betschuanaland kurioserweise bis 1965 nicht vom eigenen Territorium, sondern von Mafeking im südafrikanischen Transvaal aus verwaltet wurde. Die Unabhängigkeit Botsuanas 1966 machte den Bau einer eigenen Hauptstadt erforderlich.

3.6.1.1 Zusammengelegte Hauptstadt? Beispiel Südafrika

Seit 1834 ist in Südafrika Kapstadt ununterbrochen Sitz einer Gesetzgebenden Versammlung, zunächst für die frühere britische Kapkolonie und ab 1910 als Sitz des südafrikanischen Parlaments. Im Verlauf der Gründung der Südafrikanischen Union wurden 1910 für die Exekutive Pretoria (ehemalige Provinz Transvaal) und die Judikative Bloemfontein (ehemalige Provinz Oranje-Freistaat) als Sitz gewählt. Bis heute existiert diese von Kritikern als Erbe des Kolonialismus und der Apartheid gesehene Konstellation fort. Verschiedene Gründe sprechen dafür, das Parlament in die Provinz Gauteng zu verlegen:

1. R 140 Mio. können jährlich gespart werden, wenn Minister und Beamte der Regierung nicht mehr zwischen Pretoria und Kapstadt zeitaufwendig pendeln und Büros doppelt bereitgestellt werden müssen.
2. Das gleiche Problem betrifft die diplomatischen Missionen. In einer Befragung der Universität Potchefstroom von 103 Missionen und internationalen Organisationen, von denen 65 antworteten, gaben nur 5 % an, sowohl in Kapstadt als auch in Pretoria voll repräsentiert zu sein; 19 % sind in Kapstadt tätig, wenn das Parlament dort tagt; 74 % entsenden Diplomaten nur zu wichtigen Anlässen (The Star 24.01.1997).

3. Als Element des *nation building* und als Triumph der Demokratie über die Apartheid sollen Legislative und Exekutive in einer Hauptstadt zusammengefasst werden, weshalb sich Pretoria als Hauptwettbewerber um den Parlamentssitz sieht (Cape Argus 06.02.1997).
4. Wohnen in einem Radius von 200 km um Pretoria ca. 40 % der südafrikanischen Bevölkerung, sind es um Kapstadt nur 7 %.
5. Western Cape wird von den Oppositionsparteien regiert und ist damit aus Sicht von Vertretern der Regierungspartei ANC „not really SA" (Business Day 22.08.1997).

Die möglichen Konsequenzen für Kapstadt wären folgende (The Star 03.07.1997; Cape Times 20. und 25.08.1997):

1. Die Cape Town's Citizen's Alliance for Parliament rechnete vor, dass Kapstadt etwa 10 000 Arbeitsplätze verlieren, der Umzug dem Land aber ca. R 4 Mrd. kosten würde.
2. Die Provinz Western Cape würde national und international politisch marginalisiert werden. Sog. Polittourismus in Form von Staatsbesuchen nähme an Bedeutung ab.
3. „The whole industry surrounding Parliament" wie Übersetzer, Rechtsanwälte, Lobbyisten aus der Wirtschaft und Medienvertreter würden der Stadt in nennenswerter Zahl verloren gehen.
4. Der gehobene Wohnungsmarkt würde eine wichtige Klientel abgeben müssen. 50 % aller Hotelbetten, die nur für Regierungsangestellte gebucht sind, müssten eine andere – möglichst touristische – Nutzung erfahren.
5. 788 Einrichtungen wie Büro- und Wohnkomplexe gehören direkt oder indirekt zum parlamentarischen Apparat und müssten ebenfalls einer neuen Nutzung zugeführt werden.

Zu Recht fragt WIESE (1999, S. 22), ob „sich das Land angesichts des Finanzbedarfs für Entwicklungsvorhaben" den Luxus einer Hauptstadtverlagerung leisten kann. Sowohl die absehbaren Nachteile für Kapstadt als auch für das gesamte Land infolge einer politisch noch forcierten Megalopolis Pretoria-Midrand-Johannesburg haben dazu geführt, dass die Entscheidung über den Parlamentssitz Kapstadt um zehn Jahre verschoben worden ist (SAIRR 1999, S.507).

3.6.1.2 Verlagerte Hauptstadt: Lilongwe, Malawi

Malawi ist ein langgestreckter und landumschlossener Staat, der als britische Kolonie nur „Ergänzungsfunktion" in Form eines schwarzen Arbeitsreservoirs für politisch und wirtschaftlich bedeutsamere *settler colonies* (Nord- und Süd-Rhodesien) besaß (VAIL 1975). Weitestgehend landwirtschaftlich geprägt, konzentrieren sich weiße Siedlungstätigkeit, Handel, Administration und Verkehrserschließung auf den südlichsten Bereich im für Europäer klimatisch angenehmen Shire-Hochland. Blantyre entwickelte sich während dieser Phase zur einzigen Wirtschaftsmetropole und besaß 1966 109 461 Einwohner. Die Primatstruktur des Städtesystems zeigte sich daran, dass Blantyre fünfmal größer war als die in der Stadthierarchie nachfolgenden beiden Orte. Das lässt jedoch keine Aussage über nationale Zentralität zu, weil viele Hauptgeschäftsstellen oder Entscheidungsträger der in Nyassaland operierenden Firmen in Salisbury oder Beira beheimatet waren (POTTS 1985, S.

184). Als Resultat dieser internationalen Abhängigkeit und regionalpolitisch sehr ungünstigen Struktur entschied die Regierung von Malawi 1965, die Hauptstadt von Zomba (das jedoch Parlamentssitz bleiben sollte) nach Lilongwe zu verlagern. Folgende Motive lassen sich anführen:

1. Als Erbe des Kolonialismus war Zomba ungeeignet, zu einem nationalen Symbol für die Afrikanisierung der Gesellschaft zu werden. Demgegenüber sollte Lilongwe politischen Neubeginn signalisieren und in Form einer gemeinsamen Aufbauleistung sog. *nation building* fördern. Der kultartig verehrte Präsident Banda setzte sich damit zugleich sein eigenes Denkmal (PFAFF 1988, S. 193 u. 196).
2. Die Möglichkeiten räumlicher Ausdehnung waren in Zomba aufgrund des landwirtschaftlich geprägten Umfeldes an Grenzen gestoßen. Einige Regierungsstellen mussten bereits in das 65 km entfernte Blantyre ausweichen. Verwaltungsstrukturen wurden hierdurch auseinandergerissen (Lilongwe becomes... 1975, S. 7).
3. Wirtschaftliches und soziales Wachstum sollten auch der Zentral- und Nordregion zugute kommen und den Bevölkerungsdruck in der Südregion abschwächen (MANSHARD 1986, S. 8f.).
4. Im Gegensatz zum peripheren Zomba erleichtert die zentrale Lage von Lilongwe eine wirksame und effektive Verwaltung und Machtkontrolle.

1902 als britischer Verwaltungsposten gegründet, besaß Lilongwe 1910 130 Einwohner. 1947 bekam es *township*-Statut (OPPENHEIMER 1977; MCDOW in MIDDLETON 1997, Vol. 2, S. 578). Bis 1966 wuchs es bereits zur größten Stadt der Zentralregion, deren wirtschaftliche Basis vor allem die Landwirtschaft war. Mit Hilfe südafrikanischer Planung und Finanzmittel wurde Lilongwe ab Ende der 1960er Jahre zu einem multifunktionalen Zentrum von Regierungsbehörden, halbstaatlichen Organisationen, Privatbetrieben und gartenähnlichen Wohnanlagen ausgebaut (MANSHARD 1986, S. 9). 1975 wurde es offiziell Hauptstadt und nahm sowohl die diplomatischen Missionen als auch die Hauptquartiere von Polizei und Militär auf. 1983 stand der Kamuzu International Airport vor der Eröffnung, der in seiner Bedeutung den Internationalen Flughafen von Blantyre ablöste. Angelegt wurde Lilongwe als eine von repräsentativen Ausfallstraßen, von Alleen und Parkanlagen gekennzeichnete Planstadt, die weder eine funktionale Durchmischung noch eine bauliche Verdichtung im Zentrum zu erkennen gibt (POTTS 1985, S. 191). Im Gegensatz zu einer organischen Stadtentwicklung befinden sich höher verdichtete Wohnbereiche eher am Stadtrand, weniger verdichtete Gebiete eher im Zentrum der Stadt.

Folgende Konsequenzen dieser Planung ergeben sich:

1. Räumliche Struktur: Lilongwe entwickelt sich zu einer dualen Stadt, in der altes und neues Zentrum unverbunden nebeneinander stehen. Unrealistische Planvorgaben Ende der 1960er Jahre, „that nearly every family in Lilongwe will eventually own a motor-car" (Masterplan Lilongwe zitiert nach POTTS 1985, S. 192), trugen dazu bei, dass die Stadt sehr weitflächig gebaut wurde und Pendlerbeziehungen zeit- und kostenintensiv sind.
2. Demographische Struktur: Nicht nur aufgrund der natürlichen Bevölkerungsentwicklung mit jährlichen Wachstumsraten von mehr als 3 % in den 1970er und 1980er Jahren, sondern auch als Ergebnis regionalplanerisch erwünschter Zuwanderung aus anderen

Landesteilen nahm die Bevölkerung von Lilongwe rapide zu. Gegenüber 1966 verfünffachte sich die Zahl bis 1977 auf 102 924, bis 1987 auf 223 000 und bis 1998 auf 440 000. Zur Volkszählung 1987 war Blantyre damit nur noch um ein Drittel, zu derjenigen von 1998 nur noch um 14% größer als Lilongwe (www.nso.malawi.net). Das macht den Übergang von der Primat- zur Rank-Size-Struktur des Städtesystems deutlich (BÄHR & JÜRGENS 1995, S. 65). Die Bedeutung von Lilongwe als Zuwanderungsmagnet zeigt sich bereits im Vergleich der beiden Volkszählungen 1966 und 1977: Nahm 1966 die Nordregion auf Kosten der Zentral- und Südregion ab, war 1977 die Zentralregion einziges Netto-Zuwanderungsgebiet mit 58 000 Personen (WALLER 1986, S. 188). Zum ersten Mal seit 1911 konnte damit die Zentralregion auch ihren Anteil an der Gesamtbevölkerung steigern (MLIA 1982, S. 236). Zwischen 1977 und 1987 wuchs die Bevölkerung von Lilongwe um insgesamt 126 % gegenüber Zomba von 79 % und Blantyre von 52 % (Malawi Government 1991, S. 7). Dieser Trend setzte sich bis zur nächsten Volkszählung von 1998 fort: Lilongwe 97%, Zomba 53% und Blantyre 51% (Wachstumsraten 1987–98 nach www.nso.malawi.net). Der Ausbau der Stadt mit Dienstleistungen konnte dem Bevölkerungswachstum allerdings nicht folgen. Deshalb sind einerseits die Lebenshaltungskosten hoch, andererseits zeigen sich soziale Probleme auch in Form von Kriminalität und Prostitution (vgl. Malawi News Online), wie sie im autoritären Banda-System bis Anfang der 1990er Jahre unterdrückt worden waren.
3. Wirtschaftsstruktur: Die steigende Wirtschaftskraft von Lilongwe hat LIENAU (1981, S. 181) für die 1970er Jahre im Sinne der Christallerschen Telefonmethode gemessen. Weil sich die Verbreitung von Telefonen weitgehend auf den tertiären Sektor beschränkte, war die Zunahme der Anschlüsse um fast 10 % zwischen 1974 und 1979 bzw. der Anschlüsse von Regierungsstellen an der Gesamtzahl der Anschlüsse von öffentlichen Ämtern um über 20 % Ausdruck der gestiegenen Zentralität. Hat auch der Verwaltungssektor viele neue Arbeitsplätze geschaffen, ist der Bedeutungszuwachs in den Bereichen Industrie, Handel und Tourismus eher gering geblieben. Die industrielle Produktion beschränkte sich überwiegend auf die Weiterverarbeitung landwirtschaftlicher Produkte. Noch Mitte der 1980er Jahre lagen 71 % aller Industriebetriebe in der Südregion (MCCLINTOCK 1992, S. 98). Auch die Touristen aus dem Ausland fanden bis Anfang der 1990er Jahre im Gegensatz zu Blantyre und entlang des Malawi-Sees keine adäquate Hotelinfrastruktur vor. Die regionalpolitische Funktion eines Wachstumspols übt Lilongwe demnach nur sektoral aus.

3.6.1.3 Neue Hauptstädte: Gaborone und Mmabatho

Bis 1965 war Betschuanaland, das heutige Botsuana, von Verstädterung weitestgehend ausgeschlossen geblieben. Es existierten nur zwei kleinere Städte, Lobatse (1964: 7500 Einwohner) und Francistown (1964: 9500 Einwohner), die als die beiden einzigen europäischen Stadtgründungen eine vergleichsweise gut ausgebaute Infrastruktur und zentrale Bedeutung besaßen (KRÜGER 1997, S. 133). Die koloniale Hauptstadt Mafeking lag außerhalb des Territoriums. Das heutige Zentrum des Landes Gaborone hatte zum Zeitpunkt der Unabhängigkeit gerade einmal 3800 Bewohner (MOLEBATSI 1996, S. 127). Dessen Ausstattung mit einem kleinen kolonialen Verwaltungsposten, dem Polizei-Hauptquartier und Zentralgefängnis von Betschuanaland, einer Bahnstation, einer Landebahn und drei Läden

Hauptstadtplanungen

ließen nicht erkennen, dass gerade Gaborone sich für den Hauptstadtstatus qualifizieren könnte.

Nachdem seit Ende der 1950er Jahre absehbar war, dass auch Betschuanaland mittelfristig in die Unabhängigkeit zu entlassen sei, wurde ein Komitee eingerichtet, um aus neun Vorschlägen den Standort einer künftigen Hauptstadt zu bestimmen (BEST 1970, S. 2). Folgende Gründe führten dazu, dass die Wahl auf Gaborone fiel:

1. vergleichsweise günstige Wasservorräte in einem der aridesten Länder Afrikas, die für eine noch nicht absehbare Siedlungsexpansion ausreichen mussten. 1965 wurde hierfür zugleich ein Damm gebaut, der 1985 erweitert werden musste (EVANS 1996, S.56);
2. eine zentrale Lage und gute Erreichbarkeit in Anbetracht der Bevölkerungskonzentration im SE des Landes. So leben sechs der acht größten in Botsuana ansässigen Tswanastämme im näheren Umfeld (BEST 1970, S. 4). In extremer Peripherlage hätte hingegen Maun am Rande des Okavango-Deltas gelegen (etwa 350 km Entfernung von der Nord-Süd-Hauptstraße des Landes), das kurzzeitig als Konkurrenz zu Gaborone in der Diskussion war;
3. Landreserven, die als sog. *crown land* der britischen Kolonialmacht direkt unterstellt waren und die für die Bebauung deshalb nicht gekauft werden mussten. Wäre die Wahl auf Stammesland (*tribal land*) gefallen, wären neben dem finanziellen Ausgleich auch intertribale Eifersüchteleien denkbar gewesen (BEST 1970, S. 3);
4. ähnlich wie in Malawi sollte auch Gaborone nicht nur zum Symbol politischen, sondern auch gesellschaftlichen Neubeginns werden. So wurde Francistown auch aufgrund seiner europäischen Tradition als Hauptstadt verworfen. Ähnliches galt für den sog. Tuli Block im äußersten E des Landes, wo weiße Farmer eine pro-südafrikanische Haltung einnahmen (BEST 1970, S. 3 f.). Deshalb gewann Gaborone die größte politische Akzeptanz (KRÜGER 1997, S. 135).

In den folgenden Jahren entstand Gaborone halbkreisförmig entlang der bereits bestehenden Eisenbahnlinie nach E (Abb. 26). Im innersten Halbkreis liegt die sog. *government enclave* mit Nationalversammlung, Präsidialamt, Ministerien und Staatsbank. Entlang einer Ost-West-Achse schließt sich das als Fußgängerzone angelegte Geschäftszentrum „The Mall" an. In den äußeren Halbkreisen folgen Wohnbereiche unterschiedlicher Baudichte und unterschiedlichen Status (KLIMM, SCHNEIDER & VON HATTEN 1994, S. 255 f.). Bis 1968 stieg die Bevölkerung auf 13 000, bis 1980 auf 40 000, bis 1991 auf 133 500 und bis 1999 auf 254 000 Personen (MOLEBATSI 1996, S. 127; EVANS 1996, S. 54; UN 2000b). Neben einer hohen Geburtenrate ist dafür Landflucht aufgrund von Trockenheit verantwortlich, die die ländliche Bevölkerung in die Stadt gedrängt hat, um hier eine Beschäftigung zu finden. Ergebnis ist, dass Mitte der 1980er Jahre 80 % der landesweiten Bevölkerung in einem Radius von 200 km, Mitte der 1990er Jahre nur noch in einem Radius von 100 km um Gaborone lebten (EVANS 1996, S. 55).

Gemessen an der Bevölkerung der vier nächstgrößten Städte wuchs der Anteil Gaborones zwischen 1981 und 1991 von 41 auf 48 %. Hält dieser Trend an, lebt im Jahr 2025 jeder zweite Bürger von Botsuana in Gaborone (MOLEBATSI 1996, S. 129), was bereits jetzt zu gewaltigen Problemen auf dem Wohnungsmarkt geführt hat (*site-and-service*, „selbstverdichtete" Wohngebiete; KRÜGER 1997). Entgegen den Erfahrungen in Malawi ist in Botsuana eine selbstgeplante Primatstadtstruktur entstanden. Hier konzentrieren sich Industrie (der Anteil landesweiter Lizenzen im verarbeitenden Sektor lag zwischen 1985 und 1990 bei 31,6 %), die Hauptsitze nationaler und multinationaler Firmen (insbesondere der Minenindustrie) sowie der internationale Flughafen als *gateway* in das benachbarte Ausland (MOLEBATSI 1996, S. 129). Als Sitz des Sekretariats der SADC hat Gaborone über seine Hauptstadtfunktion hinaus auch internationale Zentralität gewinnen können.

Auch in Südafrika sind Ende der 1970er und Anfang der 1980er Jahre neue „Hauptstädte" entstanden, die als Verwaltungssitze für die in eine Pseudo-Unabhängigkeit entlassenen TBVC-Staaten dienen sollten. Im Falle von Mmabatho (Bophuthatswana), Bisho (Ciskei) und Thohoyandou (Venda) wurden sie auf der „grünen Wiese" errichtet und mit den für eine Hauptstadt wichtigen Einrichtungen wie Regierungsstellen, Stadion, Oberster Gerichtshof, Shopping Center und Hotel/Kasino-Komplex ausgestattet. Hinzu kamen Wohngebäude für in der Regel schwarze Regierungsangestellte und Militärpersonal. Die Anlage dieser Städte erfolgte kurzfristig, weil sie sich den Vorgaben der Apartheid-Politik Pretorias unterzuordnen hatte.

Bophuthatswana wurde 1977 unabhängig. Im Dezember 1976 hatte man sich entschieden, die neue Hauptstadt Mmabatho 7 km nordwestlich von dem auf südafrikanischen Territorium gelegenen Mafeking/Mafikeng zu bauen. Kurzfristig profitierte vor allem Mafeking von dem Bauboom, indem sich qualifizierte Arbeitskräfte aus der Region Johannesburg oder gar von Übersee in der Region niederließen und die Grundstückspreise inflationierten (COWLEY 1985, S. 49; PARNELL 1986, S. 206 f.). Längerfristig wäre Mafeking aber aufgrund seiner Grenzlage benachteiligt gewesen, weil Bophuthatswana alle Waren von der in Südafrika gängigen 13 %igen Verkaufssteuer befreite. Mmabatho wurde hierdurch zum Einkaufsparadies für das nordwestliche Transvaal und das südliche Botsuana (DRUMMOND & PARNELL 1991, S. 172). Deshalb unterstützte insbesondere die Geschäftswelt die Eingliederung von Mafikeng nach Bophuthatswana im Jahre 1980. Mafikeng-Mmabatho wuchs zu einem Komplex zusammen, das sowohl einen „internationalen" Flughafen als auch ein großes Kasino (Mmabatho Sun) erhielt. Zwischen 1976 und 1983 verdoppelte sich die Bevölkerung von 35 000 auf mehr als 80 000 (COWLEY 1985, S. 49). Aufgrund der Abseitslage und des vor allem aus ideologischen Gründen erfolgten Gründungsbooms wurden die Zukunftsaussichten der Stadt eher als schlecht eingestuft (GRAAFF 1986, S. 7–4). Nach Rückeingliederung Bophuthatswanas nach Südafrika verlor die Stadt ihre ursprüngliche Funktion. Erst die Neugliederung Südafrikas in neun Provinzen 1994 bewirkte, dass Städte wie Mmabatho (North West Province), Bisho (Eastern Cape) oder Ulundi (KwaZulu-Natal) mit ihrer zur Apartheid-Zeit entstandenen „Hauptstadt"-Infrastruktur nunmehr als Zentren von Provinzen fungieren können.

Dass eine Hauptstadt zuweilen nach recht strengen naturwissenschaftlichen Kriterien ausgewählt werden kann, zeigt das Beispiel der Provinz Mpumalanga. Zur Diskussion standen Nelspruit, Secunda, Witbank-Middelburg, Bethal und Ermelo, die alle fünf zur Apartheid-Zeit noch keine Hauptstadtfunktion ausgefüllt hatten. Anhand von 17 Merkmalen, die u. a. Lage, Zentralität, wirtschaftliche und soziale Infrastruktur, Erreichbarkeit sowie Finanzkraft erfassen sollten, wurde jeder Aspekt auf einer Skala zwischen 0 und 5 Punkten bewertet.

Hauptstadtplanungen 157

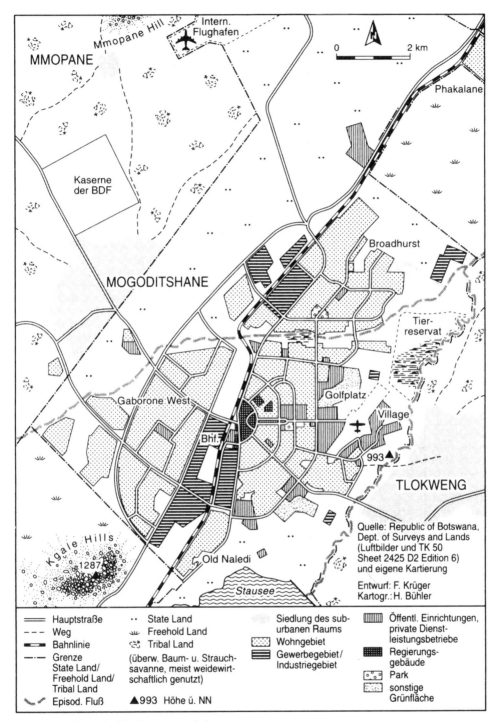

Abb. 26: Funktionale Gliederung von Gaborone
Quelle: KRÜGER (1997, S. 146)

Die Kriterien wurden drei Kategorien zugeordnet (*economic factors, collective consumption, organization*), die wiederum eine unterschiedliche Gewichtung erhielten. Je größer die von einem dreiköpfigen Komitee vergebene aggregierte Punktzahl war, desto eher sollte sich der Ort als Hauptstadt qualifizieren. Weil Nelspruit, Secunda und Witbank-Middelburg trotz der aufwendigen Prozedur sehr ähnliche Ergebnisse aufwiesen, mussten weitere eher politische (Grenzlage zu Mosambik und Swasiland) und „philosophische" Gründe (traditionelle Randlage gegenüber wirtschaftlich etablierten Regionen) Berücksichtigung finden. Letztlich fiel der Zuschlag seitens des Komitees auf Nelspruit (HATTINGH 1994). Diese Entscheidung wurde auch von politischer Seite bestätigt.

3.6.2 Sportveranstaltungen

3.6.2.1 Bewerbung um die Olympischen Spielen 2004

Die im September 1997 gescheiterte Bewerbung Kapstadts um die Olympischen Sommerspiele 2004 sollte dazu dienen, die räumliche und soziale Transformation der Stadt, des gesamten Landes sowie des afrikanischen Kontinents zu beschleunigen.

Der Stadt sollten die Spiele einen wirtschaftlichen Boom von 90 000–100 000 zusätzlichen Arbeitsplätzen, ein verbessertes öffentliches Transportsystem (SCHADOMSKY 1997, S. 15), Steuereinnahmen in Milliardenhöhe, umfassende Investitionen in der Tourismusbranche, sozialen Frieden (kurzzeitige „Olympic Peace Initiative" zwischen öffentlicher Seite und Gangstern) und als „by-product of the overall scheme" auch neue multifunktional nutzbare Sporteinrichtungen bringen (Cape Argus 08.05.1997). Um die Disparitäten in der räumlichen Entwicklung zur Apartheid-Zeit auszugleichen, war vorgesehen, dass letztere vor allem in „disadvantaged areas", d. h. in den *townships* der schwarzen und *Coloured*-Bevölkerung zu bauen seien. Von 77 Trainingseinrichtungen sollten allein 66 auf diese Gebiete entfallen (HILLER 2000, S. 445). Ziel war es, die *townships* (hierunter vor allem die sog. Cape Flats am östlichen Rand der Stadt) erstmalig in ein gesamtstädtisches Planungskonzept einzubinden. Bei der Vergabe von Aufträgen sollten in Form von *black empowerment* nicht-weiße Unternehmen zu mindestens 50 % partizipieren (HILLER 2000, S. 448). Kapstadt hätte sich zu einem „cosmopolitan centre of the southern hemisphere" entwickeln können (Cape Argus 13.06.1997).

Die Akzeptanz der Spiele war unter der Bevölkerung je nach Hautfarbe und aufgrund der absehbaren finanziellen Steuerbelastung zur Finanzierung des Großereignisses sehr unterschiedlich. Vor allem Weiße standen dem Projekt kritisch gegenüber (Business Day online 24.06.1997). Über Baumaßnahmen, die für die Bewerbung durchgeführt werden mussten, blieben betroffene Bürger zuweilen uninformiert. Gruppierungen wie die **C**oncerned **C**itizens for the **O**lympics (CCO), das Stop the 2004 Olympic Bid Forum und die **D**evelopment **A**ction **G**roup (DAG) rechneten vor, dass die prognostizierten Einnahmen über- und die Kosten von staatlicher Seite klar unterschätzt würden. Für das Land hätte es eine nationale Aufgabe werden können, „growing racial divide" (Financial Mail 15.08.1997) mit Hilfe eines sportlichen Großereignisses entgegenzusteuern, wie es bereits zuvor internationale südafrikanische Sporterfolge zur Förderung des Gedankens einer *rainbow nation* bewiesen hatten. Darüber hinaus zeigten Schätzungen der Development Bank of Southern Africa, dass 60 % der Einkommenszuwächse und 50 % der neuen Arbeitsplätze außerhalb des Western Cape hätten erwartet werden können (Republic of South Africa 1996).

Auch für den Kontinent sollten die Spiele zu einem Symbol für die Wiedergeburt und internationale Anerkennung Afrikas werden. Diese Sicht wurde jedoch eher von Südafrikanern als von Afrikanern außerhalb des Landes vorgetragen. Letztere kritisierten die Bewerbung als zu „weiß" und eurozentriert. „Kapstadt ist von Afrika ungefähr so weit weg wie Rom. Nur deshalb konnte sich die europäischste Stadt des Kontinents überhaupt bewerben" (Die Tageszeitung 05.09.1997).

Völlig unklar wäre zudem geblieben, wer die zuweilen sehr speziellen Sportstätten für in Südafrika kaum bekannte Sportarten nach Ende der Spiele hätte nutzen können. Umstritten war auch, inwieweit die Sportlerunterkünfte anschließend als Sozialwohnungen umzuwidmen seien. Der hohe Ausstattungsgrad der Gebäude, die für internationale Sportler und Medienvertreter gedacht waren, und die Erfahrungen steigender Immobilienpreise bei anderen Spielen sprachen eher gegen eine solche Möglichkeit. Trotz der vielfältigen Kritik ist eine neue Bewerbung Südafrikas für die Jahre 2008 oder 2012 nicht ausgeschlossen. Gute Erfahrungen hat man übrigens bei der Nachnutzung einer anderen Großveranstaltung gemacht: Das Athletendorf der All Africa Games im September 1999 (in Alexandra) konnte einer „nachhaltigen" Nutzung für 1700 lokale Familien zugeführt werden.

3.6.2.2 Bewerbung um die Fußballweltmeisterschaft 2006

Die Bewerbung um die Fußballweltmeisterschaft 2006 diente als neue Plattform, Südafrika auf der sportpolitischen Bühne globale Anerkennung zu verleihen. Nach dem Gewinn der Rugbyweltmeisterschaft 1995 und des African Cup of Nations im Fußball 1996, die zum Symbol eines multirassischen Selbstwertgefühls hochstilisiert wurden, sollte die Fußballweltmeisterschaft an diesen Erfolg anknüpfen. Einerseits konnte die erstmalige Ausrichtung dieser Veranstaltung auf dem afrikanischen Kontinent dem OAU-Gedanken einer *African renaissance*, dem Einläuten eines „afrikanischen Jahrhunderts", förderlich sein (OLUWASANMI 2000). Andererseits erhoffte sich Südafrika weitreichende wirtschaftliche und soziale Vorteile:

1. Die Ausrichter prognostizierten bis zu 129 000 Arbeitsplätze und Einnahmen von bis zu R 30 Mrd. aus TV-Übertragungrechten und etwa 500 000 „Fußballtouristen" aus dem Ausland (Business Day 08.03.2000).
2. Die Tourismusindustrie erhoffte sich *spill over*-Effekte, wenn Besucher der Sportveranstaltung als Touristen wiederkommen und den Bekanntheitsgrad des Landes in ihren Heimatländern vergrößern.
3. Die gemäß den FIFA-Statuten notwendige Infrastruktur in Form von internationalen Flughäfen, acht (vielen ursprünglich für den Rugbysport angelegten) Stadien mit einem Fassungsvermögen von mehr als 40 000 Personen und einer Hotelkapazität von mehr als 200 000 Betten existiert bereits. Geringere Baukosten erlauben es deshalb, die Turniereinnahmen zum Ausbau der Sportinfrastruktur in den ehemaligen *townships* einzu-

setzen, um aus der Veranstaltung „a long-lasting benefit for the people" (Mail & Guardian 13.08.1999) zu ziehen.
4. Mit Hilfe eines Rabattkartensystems, dem sich Supermärkte und Tankstellen landesweit anschließen wollten und das bereits einige Jahre vor der Veranstaltung starten sollte, wären auch arme Bevölkerungsschichten in die Lage versetzt worden, für Eintrittskarten langfristig zu sparen (Mail & Guardian 13.08.1999). Damit sollte verhindert werden, dass nur elitäre Zuschauergruppen die Veranstaltungen besuchen können. Zugleich förderte dieses System die gesellschaftliche und politische Akzeptanz der Bewerbung auch unter so einflussreichen Gruppen wie der United Democratic Movement sowie der African National Congress Womens und Youth League (Business Day 08.03.2000).

Auf der Tagung der FIFA am 06.07.2000 unterlag Südafrika gegenüber Deutschland als Ausrichter für die WM 2006, obwohl es alle Delegiertenstimmen vom afrikanischen und amerikanischen Kontinent auf sich vereinigen konnte. Sowohl in der nationalen Presse als auch von höchster politischer Seite wurde das Ergebnis als Ausdruck europäischer Überheblichkeit (europäische Delegierte dominieren in der FIFA) und „globaler Apartheid" gegenüber dem afrikanischen Kontinent kritisiert („Robbed by the greedy north"; Mail & Guardian 14.–20.07.2000).

3.6.3 Touristische Großprojekte: Nationalparks

3.6.3.1 Historische Bedeutung

Im touristischen Sektor haben sich Nationalparks (Abb. 27), Wildschutzgebiete und private Parks - sofern sie nicht in einigen Ländern durch Bürgerkriege verwüstet worden sind - zu entscheidenden Einnahmequellen entwickelt, die vor allem zahlungskräftige internationale Besucher anlocken. Von staatlicher Seite überwacht, handelt es sich bei den Nationalparks nach internationaler Definition um Gebiete von weltweit einmaligem Charakter, in denen wirtschaftliche Nutzung und Verkehr stark eingeschränkt sind (DÜNCKMANN 1999, S. 34 f.). Wildschutzgebiete dienen in Südafrika der Sicherstellung der Wasserversorgung in naturnahen Landschaften (WIESE 1999, S. 73). Private Parks sind häufig zu Zwecken des Jagdtourismus eingerichtet worden.

Neben der vordergründig wirtschaftlichen Bedeutung waren es aber ursprünglich religiöse (Schöpfung Gottes) oder ideologisch-politische Gründe sowie ein romantisches Natur- und Landschaftsverständnis (LUIG 1999, S. 24), die zur Einrichtung von Parks führten. Sie waren letztlich die Krönung des sich im 19. Jh. ausweitenden europäisch geprägten Naturschutzgedankens, der religiöse und wissenschaftliche Vorstellungen von Natur gleichermaßen umfasste. Kriegerische Auseinandersetzungen und die zunehmende Siedlungstätigkeit von Weißen und Schwarzen erhöhten den Druck auf die natürlichen Ressourcen. So förderten z. B. der Bergbau am Witwatersrand und die Entstehung von Städten den Holzeinschlag im südlichen Kapland dramatisch. Verordnungen gegen unkontrollierten Holzschlag, Aufforstungsprogramme und im Falle des Tsitsikamma-Forest die Erklärung zum Nationalpark im Jahre 1964 waren deshalb Elemente, den einheimischen Wald zu schützen. Doch entwickelte sich der Ressourcenschutz auch zu einem Instrument für „policy of space and place".

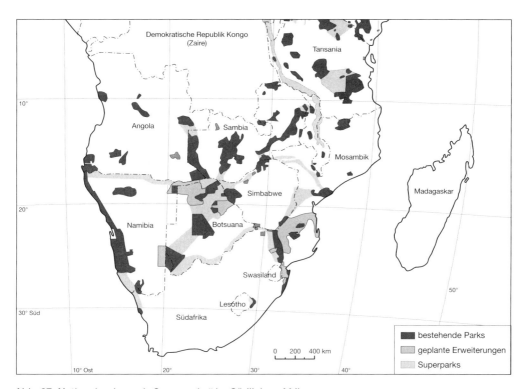

Abb. 27: Nationalparks und „Superparks" im Südlichen Afrika
Quelle: PINNOCK (1996, S. 94 f.)

Dieser Schutz erlaubte es, autochthone schwarze Bevölkerung umzusiedeln und in neu geschaffenen Reservaten einer administrativen Kontrolle zu unterstellen (LUIG 1999, S. 20 f.).

Als „Stolz der Nation" und „kostbare Juwelen" werden die Nationalparks noch 1987 im Falle Südafrikas tituliert (GOOSEN 1987, S. 3). Zum „Kronjuwel" wird der Krüger-Nationalpark, der auf einer Fläche von mehr als 19 000 km^2 der größte Nationalpark Südafrikas ist und 16 verschiedene Ökosysteme in sich vereinigt (FERREIRA & HARMSE 1999, S. 325). Vordenker seiner Gründung im Jahre 1926 war Paul Krüger, Präsident der Südafrikanischen Republik, der 1898 mit der Einrichtung des Sabie Game Reserve den Grundstein für den späteren Krüger-Park legte. Ähnlich wie bei der Erklärung des Yellowstone-Parks in den USA zum ersten Nationalpark der Welt 1872, in der es hieß, dass der Park „ein Stück Land zur Freude der Menschen" sein solle, wollte Krüger ein „kleines Stück des lowveld" für nachfolgende Generationen unter Schutz stellen. Politische Einwände von „freiheitsliebenden" und jagdbegeisterten Buren waren ihm gewiss. Denn Naturschutz war in diesem Fall gleichbedeutend mit Jagdverbot und bezog sich vornehmlich auf Großwild, das in Form von Accessoires die europäische Mode gewinnträchtig zu beeinflussen begann (PANSEGRAU & BERG 1997, S. 34). Vernetzte Abhängigkeiten von Pflanzen und Tieren in bewahrenswerten Ökosystemen waren noch unbekannt und sollten den „ganzheitlichen" Naturschutz erst viel später prägen (GORDON & BANNISTER 1985, S. 21).

Der Burenkrieg, der Erste Weltkrieg, Landeigentümer, Minenbetreiber und „Eingeborenenstämme", die auf den Ländereien arbeiteten oder lebten, verhinderten zunächst die Umwandlung des Transvaal Game Reserve (ehem. Sabie und Singwitsi Game Reserves) zum Krüger-Park. Doch auf der Suche nach einer „white South African national identity" wurden ähnlich wie in den USA und Australien Nationalparks zum Symbol nationalistischer Ideologie überhöht. Die Natur wurde als sentimentale und ästhetische Größe verstanden (immer häufiger auch von englischsprachigen Hobbyjägern) und von afrikaansen Kulturschaffenden in Form von Büchern und Bildern entsprechend propagiert. Von Vorteil war auch, dass *poor whites*, die traditionell auf Jagd gingen, starker Urbanisierung ausgesetzt waren und somit als „Störfaktor" bei der Ausweisung von Nationalparks ausfielen (CARRUTHERS 1989, S. 189). Im Sinne eines politischen Ausgleichs fanden englisch- und afrikaanssprachige Weiße trotz ihrer kulturellen Unterschiede in der Diskussion um den Krüger-Park eine gemeinsame Basis von „white heritage" in Südafrika. Die passive Rolle schwarzer Grundeigentümer fügte sich in die „systematic domination of Africans by whites" in allen Lebenslagen ein (CARRUTHERS 1989, S. 189). Die Zwangsumsiedlung der Makuleke-Gemeinde aus dem nördlichen Randgebiet des Krüger-Parks und damit der Verlust von etwa 75% der früheren Siedlungsfläche im Jahre 1969 ist ein Beispiel hierfür, sich nicht nur der Apartheid, sondern auch dem „weißen" Naturschutz geschlagen zu geben (TAPELA & OMARA-OJUNGU 1999, S. 149).

Ganz ähnliche Entwicklungen waren in Süd-Rhodesien zu beobachten. Am Beispiel des Matobo Nationalparks südlich von Bulawayo diskutieren RANGER (1989) und LUIG (1999, S. 27 f.) die „Erfindung einer Wildnis", „was und wie Afrika sein sollte". Ausgehend vom Vermächtnis Cecil Rhodes', in den Matopos-Bergen begraben zu werden, um den weißen Herrschaftsanspruch gegenüber dem Ndebele-Volk symbolisch zu untermauern, und hier einen Nationalpark anzulegen, wurden sowohl die dort lebenden schwarzen Familien bis in die 1960er Jahre zu drei Viertel zwangsumgesiedelt, aber auch kommerziellen weißen Farmern die Möglichkeit genommen, sich auf den fruchtbaren Böden dieses Gebietes auszubreiten. Großwild wurde aus anderen Parks „importiert" und die ursprünglich landwirtschaftlich genutzte Region künstlich in eine „wilderness area" überführt (RANGER 1989, S. 233; LUIG 1999, S. 27). Nach der Unabhängigkeit Simbabwes änderte sich am Status des Matobo National Park nichts: „It would discredit Zimbabwe internationally were we to embark upon a programme of reducing our parks and wildlife estate" (Member of Parliament Joseph Msika zitiert nach RANGER 1989, S. 248). Auch die Tatsache, dass die neue Regierung Mugabe im Matabeleland (hierunter fällt auch der Matobo District) eine besonders hohe Zahl von „Dissidenten" vermutete, erleichterte nicht die Abänderung des Status quo.

In anderen Ländern wie in Botsuana und Sambia sind ebenfalls Nationalparks und Wildreservate angelegt worden. Sie sollen den volkswirtschaftlichen Gewinn aus den Wildbeständen über Fremdenverkehr maximieren (KLIMM, SCHNEIDER & VON HATTEN 1994, S. 216). Der Chobe National Park bedeckt eine Fläche von 11 000 km^2, erhält vergleichsweise hohe Niederschläge und Zuflüsse, weshalb hier große Tierherden zu beobachten sind. Als „Kontrastprogramm" erstreckt sich der Gemsbok National Park in einer sehr ariden Umgebung über mehr als 28 000 km^2. Die Okavango-Region, die sich als Binnendelta öffnet, vermittelt aufgrund des im Südlichen Afrika ungewohnten Wasserreichtums die Beobachtung einer einmaligen Flora und Fauna. Insgesamt umfassten die drei Nationalparks und fünf Wildschutzgebiete zu Beginn der 1990er Jahre ca. 25 % der Landesfläche (KLIMM, SCHNEIDER & VON HATTEN 1994, S. 216); in Sambia sind es etwa 8 % (DRESCHER 1998, S. 62), in Namibia 13,5 % (WEAVER & ELLIOTT 1996, S. 211) und in Südafrika etwa 10 % der Landesfläche, die als Schutzgebiete ausgewiesen sind (WIESE 1999, S. 72). Sie ermöglichten im Falle des Krüger-Parks seit 1926 einen zunehmenden individual motorisierten Touristenstrom, der 1928 ca. 650, 1938 bereits 38 000 und bis 1997 fast 955 000 Besucher ausmachte (FERREIRA & HARMSE 1999, S. 329). Zum Vergleich wurden für alle namibischen Parks und Reservate 1991 etwa 318 000 Besucher gezählt (WEAVER & ELLIOTT 1996, S. 211). Damit ist der Krüger-Park der mit Abstand populärste Park im Südlichen Afrika. Das zeigt sich sowohl an der Anzahl der Besucher (hierunter fast die Hälfte Tagesgäste) als auch an der Tatsache, dass die meisten Gäste Inländer sind (1996 waren nur 18 % der Besucher Ausländer; PANSEGRAU & BERG 1997, S. 36). Im Gegensatz zu anderen Ländern der Region, deren binnenländischer Tourismus unterentwickelt ist, ist der Krüger-Park Wochenendausflugsziel für eine hochmobile und für *outdoor*-Aktivitäten zu begeisternde vor allem weiße einheimische Bevölkerung. In seiner 400 km langen Nord-Süd-Erstreckung erschließt der Park ganz unterschiedliche Pflanzenformationen von Trockenwäldern, Grassavannen bis hin zu Galeriewäldern (WIESE 1999, S. 74), die die Beobachtung der sog. *big five* (Elefanten, Löwen, Nashörner, Leoparden und Büffel) ermöglichen. Schätzungen der Parkbehörde für 1997 verweisen u. a. auf 7500 Elefanten, 1600 Löwen, 1300 weiße Nashörner, 900 Leoparden, 30 000 Büffel, 32 000 Zebras und 123 000 Impala-Antilopen (PANSEGRAU & BERG 1997, S. 36).

Auch Länder wie Mosambik versuchen nach jahrzehntelangem Bürgerkrieg vom Ökotourismus zu profitieren. So wird seit mehreren Jahren darüber diskutiert, mit Hilfe von US- oder südafrikanischen Investoren südlich von Maputo einen Wildpark von etwa 2364 km^2 anzulegen, der den gehobenen Ansprüchen des internationalen Tourismus gerecht werden soll. Dem entgegen steht das Landnutzungsrecht von etwa 10 000 Menschen, die in diesem Gebiet leben, und die bisher fehlende Möglichkeit für Investoren, in Mosambik Grundeigentum erwerben zu können (Financial Mail 06.03.1998). Die Lage des Parks am östlichen Ende des sog. Maputo-Korridors (vgl. Kap. 3.5.2.2) verspräche zumindest eine gute Anbindung an potenzielle Urlauberströme aus Südafrika. Im Gegensatz zu dieser positiven Entwicklung in Mosambik sind die Nationalparks in der DR Kongo (Zaire) und in Angola vollständig zerstört: Allein im Virunga-Nationalpark in der DR Kongo (Zaire) nahm die Anzahl der Großtiere von 76 000 (1959) auf knapp 17 000 (1995) ab (NZUZI 1999, S. 55). Bürgerkrieg, Flüchtlingsströme aus Ruanda und Burundi, die damit verbundene Entwaldung und in neuerer Zeit der Raubbau nach Coltan (Grundmaterial für die Elektronikindustrie) sind Grund für diese katastrophale Entwicklung.

3.6.3.2 Bewirtschaftung und Infrastruktur

Der wirtschaftliche Erfolg von Nationalparks basiert auf umfangreichen infrastrukturellen Vorleistungen, die zugleich eines Parkmanagements bedürfen, das die Besucherströme zum Wohle von Flora und Fauna zeitlich und räumlich kontingentiert. Im Falle des Krüger-Parks existieren zur Zeit 2300 km Straßen, von denen 980 km geteert sind. Zeltplätze, Rundhütten und Luxuscamps decken zusammen mit Restaurants, Geschäften und Konferenzzentren unterschiedliche Preisniveaus ab. 43 % aller Besucherbetten und 66 % der

Unterkünfte für Mitarbeiter konzentrieren sich Ende der 1990er Jahre auf den südlichen Bereich des Parks (FERREIRA & HARMSE 1999, S. 333). Entsprechend inakzetabel hat sich die verkehrliche Belastung einzelner Teilgebiete entwickelt, die man mit Hilfe von Vorabbuchungen seit den 1960er Jahren und Pkw-Quoten kontrollieren will. Richtlinie war dabei, dass 75 Pkw pro 100 km ökologisch noch tragbar seien. Neuere Untersuchungen zeigen aber, dass Touristen Teerstraßen bevorzugen, insbesondere in den südlichen Abschnitt (aus dem Großraum Pretoria/Johannesburg) einreisen und hier auch die meisten Camps vorfinden. In einigen Gebieten ergibt sich bereits eine Fahrtfolge von einem Pkw je Minute und an Beobachtungs- oder Picknikplätzen gar Staugefahr. FERREIRA & HARMSE (1999, S. 339) schlagen vor, mehr Straßen zu teeren, Einbahnstraßenregelungen zu schaffen, Picknikplätze zu dekonzentrieren und Tagesgästen nur bestimmte Camps anzubieten, um die Besucherströme zu entflechten. Voraussetzung muss aber sein, die Besucherkapazitäten weitestgehend auf dem jetzigen Stand einzufrieren, um eine Entzerrung tatsächlich zu erreichen. So wurde das Gästelimit von 5 530 Touristen pro Tag 1981 auf 10 552 1998 gesteigert, was die verbesserte Situation der Unterkünfte, nicht aber die des Straßennetzes (1877 km 1981 versus 2300 km 1998) widerspiegelt (FERREIRA & HARMSE 1999, S. 332). Zwar bleibt der Naturschutz in staatlicher Hand, doch werden seit 1999 Dienstleistungen in den südafrikanischen Parks privatisiert. Wie in allen Bereichen der Post-Apartheid-Wirtschaft sollen sog. *black empowerment companies* auch in den traditionell „weißen" Parks als Anbieter operieren können (Sunday Tribune 23.10.1999).

Lässt sich für den Krüger-Park die infrastrukturelle Überausstattung als Problem charakterisieren, liegen die Schwierigkeiten der Nationalparks in Sambia oder Botsuana auf einer ganz anderen Ebene: Sehr große Entfernungen, fehlende Straßen oder Straßen im Zerfall (wie der Zubringer zum Kafue National Park in Sambia) und unzureichende oder viel zu teure Unterkünfte führen dazu, dass nur wenige Touristen den Weg in diese Parks finden (KLIMM, SCHNEIDER & VON HATTEN 1994, S. 222).

Die Aktiva der Parks konzentrieren sich nicht mehr nur auf die eher „passive" Wildbeobachtung. Allein 80 % aller südafrikanischen Elefanten findet man dabei allein im Krüger-Park (CHADWICK & JOHNS 1996, S. 20), der aufgrund seiner besonders großen Popularität andere und weniger bekannte Parks mitfinanziert. Entlang sog. *wilderness trails* nehmen Besucher unter der Leitung bewaffneter *rangers* an Wanderungen in freier Wildbahn teil, die im Krüger-Park fast immer ausgebucht sind. 1997 wurden 4654 Gäste an dieser „nature experience" gezählt (FERREIRA & HARMSE 1999, S. 338). Darüber hinaus ist der Jagdtourismus im gesamten Südlichen Afrika in Naturschutzgebieten, privaten Parks und kommunalen Siedlungsbereichen sehr populär geworden. Trophäenjagd wird einerseits als Devisenbringer gesehen, andererseits als „nachhaltiger" Wildschutz von staatlicher Seite propagiert. „Schützen durch Nützen" lautet der in der Verfassung Namibias verankerte Gedanke, der vorsieht, dass Wildtiere auch von staatlichen Parks an private Jagdfarmen und Tierparks verkauft werden (KAINBACHER 1997, S. 106). Im Zentrum der heutigen Diskussion steht die Schaffung von *multiple use management areas*, die sowohl die Belange des Naturschutzes als auch der Bevölkerung vor Ort berücksichtigen.

3.6.3.3 Soziale Konsequenzen: partizipative Tourismusentwicklung

In einem umfassenden Verständnis von Umweltmanagement sollte die autochthone Bevölkerung in die ökologische und wirtschaftliche Verantwortung für die Nationalparks einbezogen werden. Im Falle von Maputaland (KwaZulu-Natal) können die Einwohner *game farming* (Wild als Ersatz für Ziegen und Schafe) und kontrollierte Subsistenzfischerei/Subsistenzlandwirtschaft mit den Einkommensmöglichkeiten eines „wilderness wonderland" verbinden, das in Form von Wassersport, Angeln, Wandern und Tierbeobachtung eine breite Angebotspalette für Aktivurlauber bereithält (MOUNTAIN 1990, S. 109ff.). „Partizipative Tourismusentwicklung" (VIEREGGE 1998) lautet das Schlagwort, das die „Lokalisierung" touristischer Planung, sozialer Verantwortung und der Teilhabe am wirtschaftlichen Erfolg beinhaltet. Die bisherigen Ergebnisse sind jedoch eher ernüchternd. CHADWICK & JOHNS (1996, S. 33) zitieren einen Arbeiter, der im Ndumu Game Reserve im nördlichen KwaZulu-Natal tätig ist: „My family lived in Ndumu until around 1960. They were moved outside when the park brought in rhinos. There is not enough land for everyone outside now and not enough water, especially in droughts. But the park has plenty of water and game. Why can't we come back inside to build homes and live?"

Im Falle Namibias müssen Konzessionäre Abgaben aus der Trophäenjagd direkt an die Zentralregierung abführen. Die lokale Bevölkerung erhält nichts. Gleichermaßen ist sie nicht in die Entscheidung bei der Vergabe von Jagdkonzessionen eingebunden, die von der Regierung direkt vergeben werden (KAINBACHER 1997, S. 107). Erwartet wird aber, dass die Konzessionäre viele *locals* beschäftigen. Eine „Lösung" ganz anderer Art verfolgte die Regierung von Botsuana 1998, als sie die Khwe Buschmänner aus dem Central Kalahari Game Reserve, das bereits 1961 angelegt worden war, zugunsten von Diamantenbergbau und Luxustourismus herausdrängte. Die Khwe, die dort traditionell und in „angepasster" Weise als Jäger und Sammler lebten und akzeptiert waren, wurden in einem Dorf außerhalb des Reservates angesiedelt. Bereits 1986 war ihnen nahegelegt worden, dass „the authorities would 'rescue' them from their miserable life 'among animals' and integrate them into Botswanan society" (Daily Mail & Guardian 09.06.1999). Mit Hilfe von Menschenrechtsorganisationen konnten sie aber ihre Vertreibung damals noch verhindern.

Im Falle der Makuleke, die 1969 aus dem Krüger-Park umgesiedelt worden waren, boten sich neue Formen partizipativer Tourismusentwicklung an, nachdem diese 1996 auf Landrestitution klagten. Ergebnis war 1998 ein Vertrag zwischen dem Krüger-Nationalpark und der Makuleke Communal Property Association, der ein Co-Ressourcenmanagement beider Partner im nördlichsten Bereich des Parks vorsieht. Dabei bleibt das sog. Pafuri-Gebiet an der Grenze zu Simbabwe ein ökologisch schützenswerter Raum, der aber den Makuleke eigene Entwicklungsrechte (kein Bergbau; keine Landwirtschaft) zugesteht. Hierunter fallen die Vorschläge der Makuleke, erstmals im Krüger-Park (ähnlich wie in angrenzenden *game reserves*) Jagdlizenzen für den Abschuss einzelner Tiere zu verkaufen. Das Problem des Pafuri-Gebietes besteht darin, dass es infrastrukturell schlecht erschlossen ist, kein eigenes *rest camp* besitzt und aufgrund eines ungünstigen Klimas die niedrigsten Besucherzahlen im Krüger-Park anzieht (VILLIERS 1999, S. 65). Die Erwartungen der schwarzen Gemeinde hinsichtlich zukünftiger Gewinne und Beschäftigungsmöglichkeiten im Parkmanagement und Tourismus dürften sich deshalb als unrealistisch hoch erweisen.

Auch auf andere Parks wie den Kalahari Gemsbok National Park, Augrabies Falls National Park oder St Lucia haben lokale Gemeinden Landansprüche gestellt. Im Falle des Richtersveld National Park wurden ein „contractual national park under daily management of SANP (**S**outh **A**frican **N**ational **P**arks)" und ein *joint management committee* zwischen Gemeinde und Parkverwaltung eingerichtet (VILLIERS 1999, S. 92 f.). Sind die Erfahrungen in Südafrika noch sehr kurzen Datums, flossen bereits in den 1940er Jahren Einnahmen aus dem Tourismus des Nsefu Game Reserve in Sambia zurück in die Hände lokaler *chiefs*. Das *auxiliary game guard system* beteiligt die lokale Bevölkerung im nördlichen Namibia gegen Geld und das Stellen einer Uniform am Landschafts-Monitoring, um Wilderei zu verhindern (MACGREGOR 1989, S. 209).

Ähnliche Ziele verfolgte Operation Windfall in Simbabwe. Hier wurden Maßnahmen gegen das Abschlachten von Wildtieren regionalisiert, und Gewinne hieraus flossen den jeweils beteiligen Distrikten zu. Einen Schritt weiter, lokale Entwicklungen auch lokal entscheiden zu lassen, war 1985 die Einführung des CAMPFIRE-Programms in Simbabwe (**C**ommunal **A**rea **M**anagement **P**lan **f**or **I**ndigenous **Re**sources). Die lokale Bevölkerung kann auf ihren eigenen kommunalen Ländereien die Nutzung von Naturressourcen weitestgehend selbst kontrollieren (z. B. durch Leasingverträge mit Safariunternehmen; VIEREGGE 1998, S. 135) und die Einnahmen hieraus in den Ausbau der lokalen Infrastruktur investieren. Im Falle des Pilotprojektes zum CAMPFIRE-Programm 1987 konnte aus dem Gewinn der Bau von sechs Schulen und einer Klinik finanziert werden (MACGREGOR 1989, S. 210). Doch es gibt in jüngster Zeit auch schwerwiegende negative Erfahrungen: Es ist gerade die fehlende lokale Selbstbestimmung, über Sinn und Unsinn eines CAMPFIRE-Projektes in Simbabwe diskutieren zu dürfen und dabei nicht von der Geheimpolizei bedroht zu werden. Viele Dorfbewohner fordern eigene landwirtschaftliche Nutzflächen, die sie nicht den Wildtieren opfern wollen (ALEXANDER & MCGREGOR 2000).

3.6.3.4 Internationalisierung: Superparks

Als Modell des 21. Jh. fungiert die Einrichtung von „Superparks", die als länderübergreifende Parks das Naturschutz-Management internationalisieren (Abb. 27). Obwohl entsprechende Ideen bereits in den 1940er Jahren verfolgt wurden, jedoch aufgrund der Einsprüche von Minenbetreibern und Farmern (Furcht vor Ausbreitung von Viehkrankheiten) nicht realisiert werden konnten (DUFFY 1997, S. 443), wurde der erste Park dieser Art im Mai 2000 eröffnet. Der sog. Kgalagadi Transfrontier Park fasst den Gemsbok National Park von Botsuana mit seinen 28 400 km^2 und den südafrikanischen Kalahari Gemsbok National Park mit seinen 9591 km^2 zu einer ökologischen und touristischen Einheit zusammen. Damit ist der Park fast doppelt so groß wie der Staat Israel. Obwohl beide Parks auch zuvor schon faktisch eine Einheit waren, weil keine Zäune sie durchtrennt haben, erleichtert der Superpark den Besuch von Touristen. Denn die Besucher müssen nicht länger mehrere 100 km fahren, um über die offiziellen Grenzzugänge in den jeweils anderen Teil des Parks zu gelangen. Seit Mai 2000 reicht eine Zugangsberechtigung aus. Die erzielten Eintritte werden zwischen beiden Staaten geteilt. Einnahmen aus Unterkünften verbleiben jedoch auf der jeweiligen Anbieterseite. Obwohl der Park umzäunt ist, erlaubt er aufgrund seiner gewaltigen

Ausdehnung nomadische und saisonale Bewegungen großer Tierherden, die relativ ungestört von menschlichen Einflüssen erfolgen (Cape Argus 12.05.2000).

Auch im Grenzgebiet von Südafrika, Mosambik und Simbabwe ist ein sog. Friedenspark, der Great Limpopo Transfrontier Park, geschaffen worden. Die Hoffnungen, von zukünftigen Investitionen und vom Ausbau der Infrastruktur zu profitieren, liegen dabei eher auf Seiten von Mosambik und Simbabwe, weil der Krüger-Park seine „tourist carrying capacity" erreicht hat (CHAPMAN 1993, S. 18). Darüber hinaus ermöglichen es Superparks, dass alte Wildpfade und Wanderrouten wieder genutzt werden und sich die genetische Diversität erhöht. Umstritten bleiben aber Fragen wie nationale Souveränität in einem gemeinsam zu verwaltenden Park, Kommerzialisierung des Naturschutzes (als Plan der Weltbank) und Einbindung der lokalen Bevölkerung in den Naturschutz („empower rural people"; DUFFY 1997, S. 444). Zumindest in Simbabwe wird darüber hinaus die Frage gestellt, ob der Superpark „racially unequal distribution of land and resources" weiter verstärkt (DUFFY 1997, S. 447). In Südafrika stellt man sich im ANC sogar die Frage, ob die Nationalparks als „Relikte einer bourgeoisen Apartheidgesellschaft" nicht gleich ganz abzuschaffen seien (WIESE 1997, S. 97). Unklar bleibt auch, ob die politisch heikle und jahrzehntelange strategische Funktion des südafrikanischen Krüger-Parks als „extensive cordon sanitaire" gegen illegale Zuwanderung damit überwunden oder eher noch verbreitert wird (BALLARD 1997, S. 627). Im November 2000 wurde ein Vertrag zwischen den drei Staaten unterzeichnet, der vorsieht, dass bis 2003 der Superpark auf etwa 36 000 km^2 (ursprünglich geplant waren 100 000 km^2) realisiert wird. Naturschutz und Tourismus sind somit nur einige von vielen Facetten bei der Diskussion von National- und Superparks.

3.6.4 Kasinos: Sun City

Eine der größten und luxuriösesten Hotelanlagen des Südlichen Afrika liegt in der heutigen Nord-West-Provinz bzw. im früheren *homeland* Bophuthatswana. Sie besteht aus fünf Hotels, zwei Golfplätzen, einem Wasserpark, einem künstlich angelegten Regenwald, Kasino- und Entertainmenteinrichtungen (Abb. 28) und liegt im Pendeleinzugsbereich von Pretoria und Johannesburg per Pkw oder Sonderzug. Der erste Komplex von Sun City wurde 1979 kurz nach der international nicht anerkannten Unabhängigkeit von Bophuthatswana eröffnet. Mit Hilfe des Glücksspiels, das in Südafrika verboten war, wollte sich die Regierung des *homeland* eine wichtige Einnahmequelle erschließen. In ihrem Anliegen unterstützt wurde sie von der südafrikanischen Southern Sun-Hotelgruppe, die im Wettbewerb zu ganz ähnlichen Anlagen der Holiday Inn-Kette in Lesotho, Swasiland und Botsuana expandieren wollte. In den 1980er Jahren entstand eine ausgeprägte *pleasure periphery* um den puritanischen Apartheid-Staat (CRUSH & WELLINGS 1983), dessen bekannteste Einrichtung Sun City wurde. Um sich einen größeren Besucherkreis als nur Glücksspieler zu sichern, wurde 1980 ein weiteres Hotel für Familien gebaut. Unterschiedliche Freizeit- und Vergnügungseinrichtungen folgten, die verschiedene Altersgruppen und Interessen nach körperlicher Bewegung ansprechen sollten, so z. B. der angrenzende Pilanesberg National Park auf 55 000 ha Fläche. Das in der Caldera eines erloschenen Vulkans gelegene Gebiet war ursprünglich Tswana-Farmland und besaß keine Wildtiere. Auf Druck der *homeland*-Regierung wurden die Tswana an den Rand des Parks umgesiedelt und mehr als 6000 Tiere erfolgreich ausgesetzt (BALLARD 1997, S. 588). 1980 war auch der Startpunkt für eine Reihe von Sport- und Kulturveranstaltungen, die unter Umgehung internationaler Sanktionen gegen Südafrika der Region ein gewisses „Weltflair" verliehen. Die Sun City Million Dollar Golf Challenge für die besten Golfer der Welt, Tennisturniere, Schönheitswettbewerbe und Auftritte weltbekannter Künstler waren unvergleichliche *events*, für die im (multirassischen) Sun City vor allem weiße Südafrikaner bereit waren, viel Geld auszugeben. Eine landschaftsplanerische Gestaltung versah die Anlage mit Wasserfällen, Katarakten, Skulpturen und künstlichen Felsen. 1992 eröffnete das letzte Hotel, der sog. Palace of the Lost City, dem sich ein Wald von 25 ha Fläche und eine Badeanlage mit bis zu 2 m hohen künstlichen Wellen anschließen. Der Kontrast zum ariden Umland der Anlage könnte nicht größer ausfallen. Die infrastrukturellen Voraussetzungen wie Wasser- und Energieanbindung, Müllentsorgung sowie der Anschluss an Schnellstraßen erforderten jedoch gewaltige Investitionen. Mitte der 1980er Jahre beschäftigte die Anlage etwa 3300 Personen (JOYCE 1987), Mitte der 1990er Jahre waren es etwa 4400.

Die politischen Entwicklungen seit Anfang der 1990er Jahre stellen jedoch den zukünftigen wirtschaftlichen Erfolg von Sun City in Frage. Die Ausbreitung kleinerer illegaler Kasinos – 1997 existierten allein in KwaZulu-Natal ca. 2000 Einrichtungen dieser Art (Weekly Mail & Guardian 07.02.1997) –, dazu die kontrollierte Liberalisierung des Glücksspiels in Südafrika, die Reinkorporation von Bophuthatswana nach Südafrika, die Abschaffung internationaler Sanktionen und die Verkehrsanbindung der Region an die Welt haben dazu geführt, dass Sun City mit neuen Wettbewerbern um Touristen und Tagesgäste konkurrieren muss (KIM, CROMPTON & BOTHA 2000). Auch in den Nachbarländern wie Botsuana eröffneten neue Kasinos, z. B. in Francistown und Selebi-Phikwe, so dass die Einzugsgebiete sowohl national als auch international immer kleiner werden (Weekly Mail & Guardian 17.10.1997).

Landesweit wurden in den letzten Jahren mehrere Kasinos eröffnet. Weitere sind geplant, die in der Nähe der großen Ballungszentren liegen und längere Anfahrtswege am Wochenende – wie in die frühere *pleasure periphery* – unnötig machen. „It does not make sense to drive to Sun City any more to spend R 200" (The Sunday Independent 20.09.1998). Eine der größten Einrichtungen ist Caesars in der Nähe des Internationalen Flughafens Johannesburg, das in seiner Anlage eine Kombination von Monte Carlo und Caesars Palace in Las Vegas darstellen soll. Es ist als großes Entertainment Center entstanden, das die Kasinoeinrichtungen mit mehreren Hotels, Restaurants, Shopping-Angeboten, Kinos und Kongresszentrum verbindet. Die Betreiber Global Resorts prognostizieren, dass das Potenzial aus Glücksspielen im Jahre 2000 allein in Gauteng bei R 1,9 Mrd. liegt (ProjectPro 1998, S. 13). Hieraus können sich Steuereinnahmen in Millionenhöhe für Zentral- und Provinzregierungen ergeben. Entsprechend stark ist der interprovinzielle Wettbewerb um entsprechende Einrichtungen. Weitere *entertainment malls* im Midrand sind geplant. Es gibt jedoch Warnungen, dass das Nachfragepotenzial insbesondere in Zeiten wirtschaftlicher Rezession überschätzt worden ist. RULE & SIBANYONI (2000) zeigen in ihrer nationalen Studie zudem die sozialen Konsequenzen der Spielleidenschaft auf, die neue Formen von Armut hervorbringen.

Verlierer dieser Expansion von Freizeitzentren und Kasinos (neben illegal betriebenem Glücksspiel) ist Sun City, das 1997 etwa 20 % (absolut 900) seiner Arbeitskräfte entlassen

Kasinos: Sun City 169

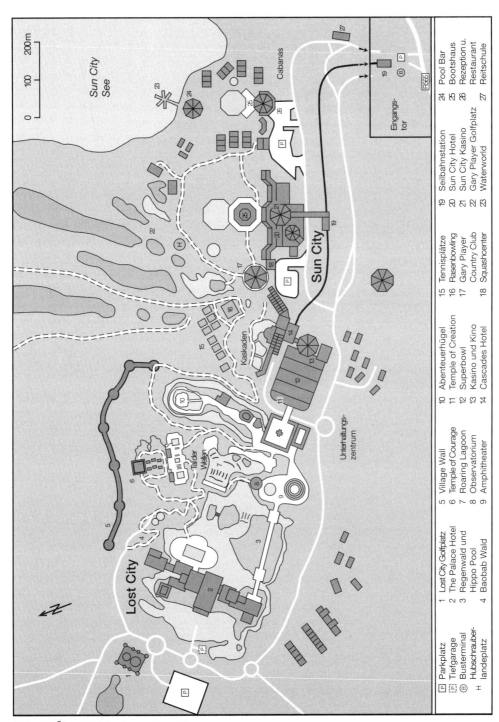

Abb. 28: Übersichtskarte von Sun City
Quelle: Map Studio (o. J.)

musste (The Star 01.08.1997). Hinzu kommt die Einführung einer staatlichen Lotterie, die die Einnahmen aus Glücksspielen weiter aufsplittert. Dementsprechend versuchen die Betreiber, Sun City zu einem Urlaubszentrum zu restrukturieren. Im Mittelpunkt eines Aufenthaltes steht nicht mehr das Spielgeschehen, sondern wenn möglich ein mehrtägiger Aktiv-Urlaub, für den insbesondere ausländische Gäste gewonnen werden sollen. Nach Aussagen der UK Travel Trade Gazette ist Sun City Mitte der 1990er Jahre nach Kapstadt und Krüger-Park immer noch der drittwichtigste Standort, den Touristen aus dem Ausland in Südafrika besuchen. Deshalb ist die weitere Expansion von Hotelanlagen nicht ausgeschlossen. Weil Sun City einer der wichtigsten Arbeitgeber und Steuerzahler in der durchweg ländlich geprägten Nord-West-Provinz ist, wäre die Schließung dieses Komplexes „a tragedy for the whole country" (Business Day 03.09.1997).

3.7 Ökonomie und Ökologie

3.7.1 Bewusstsein

Die Frage nach Umweltschutz und Lebensqualität ist erst in den 1990er Jahren zu einem Thema für die Region geworden. Die SADC hat hierfür ein eigenes Sekretariat zu „Environment and Land Management" unter dem Vorsitz von Lesotho eingerichtet. Seit Mitte der 1990er Jahre ist ein Umweltnetzwerk im Aufbau, um Informationen über Länder- und Institutionengrenzen hinweg auszutauschen. Eine funktionierende Umwelt wird als Voraussetzung für wirtschaftliche, soziale und politische Sicherheit begriffen, die nicht nur Krieg und Aggression, sondern auch Hunger und Krankheit verhindern. Weil bis zu 70 % der Bevölkerung der SADC-Region in ihrem Lebensunterhalt von natürlichen Ressourcen abhängig sind, nimmt der politische Stellenwert von Umweltmanagement, Nahrungssicherung und nachhaltigem Wirtschaften ständig zu. Knappe Ressourcen an Wasser, Energie und Anbauflächen haben in der Region bereits zu zwischenstaatlichen Konflikten geführt und Flüchtlingsströme ausgelöst (Moyo & Tevera 2000). Ein effektiver Umweltschutz, der auch Veränderungen bewirkt, setzt aber voraus, dass er im Bewusstsein der Bevölkerung verankert ist. Fazit von Behrens (in: Süddeutsche Zeitung 08.01.1998) ist: „Am Kap sind alle Grünen weiß – Natur gilt als Hobby der Öko-Kolonialisten", die durch ihre Einwände der notleidenden schwarzen Bevölkerung potenzielle Arbeitsplätze vorenthalten. Ökologie wird somit auch zu einer neuen Plattform ethnischer Spannungen.

3.7.2 Fallbeispiele

3.7.2.1 Santa Lucia

Eines der bekanntesten Beispiele, wo ökonomische und ökologische Ziele in der Vergangenheit aufeinander prallten, ist der Greater St Lucia Wetland Park am Indischen Ozean. Es handelt sich um ein System ursprünglich voneinander getrennter Naturreservate und Staatswälder, das vor allem vom seeähnlichen St Lucia-Ästuar geprägt wird. In den 1970er Jahren wurde einem Minenkonzern vom Staat die Lizenz erteilt, auf einer Länge von 17 km entlang der Küste die Dünen nach Titanerz auszubeuten. Die Zustimmung erfolgte, obwohl

sich Südafrika bereits 1971 international verpflichtet hatte, seine Feuchtgebiete zu schützen. 1989 wurde der Antrag auf Minenrechte seitens der Richards Bay Minerals dahingehend erweitert, dass der Abbau auch im Feuchtgebiet durchgeführt werden konnte. Naturschutzexperten befürchteten, dass sich die Hydrologie des Gebietes dadurch weitreichend ändern könnte (MOUNTAIN 1990, S. 104). Andere Einwände bezogen sich auf folgende Eingriffe:
- tiefgründiges Baggern von bis zu 80 m Tiefe, das die Landformen und Bodenstrukturen zerstört;
- Rodung der Vegetation, Zerstörung der Biodiversität von Flora und Fauna;
- Zerstörung eines einzigartigen „ökologischen Systems";
- Renaturierungsmaßnahmen des Minenbetreibers können den ursprünglichen Zustand nicht wiederherstellen (STANFORD 1991, S. 18 f.).

Ziel der Naturschützer war es, die UNESCO zu veranlassen, den Park zum Weltkulturerbe zu erklären. Dies geschah auch im Dezember 1999 mit Unterstützung der neuen südafrikanischen Regierung. Damit unterblieben bergbauliche Investitionen in Höhe von ca. R 6 Mrd. (ca. 1 Mrd. Euro) wurde deshalb nicht realisiert (BALLARD 1997, S. 445). Unzufrieden hierüber ist die lokale schwarze Bevölkerung, die teilweise bereits in den 1950er Jahren zur Vorbereitung des Abbaus zwangsumgesiedelt worden war und bis heute in den benachbarten Wäldern in *squatter*-Siedlungen lebt. Entweder hätte sie bei der Minengesellschaft Anstellung finden oder aber Restitutionsansprüche auf Grund und Boden stellen können. Um die Situation nicht eskalieren zu lassen und neue Zwangsumsiedlungen infolge der Arrondierung der *world heritage site* zu vermeiden, wurde der Dukuduku-Wald, in dem Tausende von Menschen leben, aus den Planungen des Naturschutzes herausgenommen. Neue Erwerbsmöglichkeiten für die heimische Bevölkerung verspricht man sich nunmehr im touristischen Sektor, der im Rahmen der Lubombo-SDI (*spatial development initiative*) von St Lucia nach Maputo besondere wirtschaftspolitische Unterstützung erfährt. Bis 2006 soll die Anzahl der Arbeitsplätze in diesem Sektor versiebenfacht werden, obwohl ungeklärte Landansprüche und die Ausbreitung der Malaria entscheidende Hindernisse einer solchen Entwicklung sind (Financial Mail 10.11.2000). Erst weiter südlich bei Richards Bay wird neuerdings ein alternatives Titanerz-Projekt realisiert, das dort etwa 900 direkte Arbeitsplätze schaffen soll (Business Day 16.09.2000).

3.7.2.2 Elfenbeinhandel

Die Frage, ob die Finanzierung von Naturschutz durch *animal/wildlife management* ethisch vertretbar ist, weil sie die Tötung von Tieren und die Vermarktung von Tierprodukten einschließt, findet ihren größten internationalen Widerhall beim Elfenbeinhandel. Obwohl die **C**onvention on **I**nternational **T**rade in **E**ndangered **S**pecies (CITES) seit 1989 den internationalen Handel mit Elfenbein verbietet, um damit die Wilderei einzudämmen, fordern Botsuana, Namibia, Südafrika und Simbabwe die Genehmigung, aus dem kontrollierten Abschuss wachsender Elefantenpopulationen finanziellen Gewinn für ihren Naturschutz zu ziehen. 1997 wurde den Ländern im Rahmen von CITES eine einmalige Quote zugestanden, ca. 60 t eingelagerten Elfenbeins nach Japan zu verschiffen (Daily Mail & Guardian 13.04.1999). Die endgültige Zustimmung von CITES erfolgte aber erst im März 1999 im

Rahmen eines neu eingeführten Systems, das die Konsequenzen einer Wiederaufnahme des Handels abschätzen soll und sich „**m**onitoring **i**llegal **k**illing of **e**lephants" (MIKE) nennt.

Die Forderungen der Länder im Südlichen Afrika gehen aber weiter: Sie wollen jährliche Quoten durchsetzen, so dass zumindest das Elfenbein natürlich gestorbener Tiere kontinuierlich vermarktet werden darf. Auch Bestände, die sich aus der gezielten, von offiziellen Stellen durchgeführten Tötung ergeben, sollen auf speziellen Auktionen verkauft werden dürfen (GONÇALVES 2000, S. 5). Ebenso könnten Häute und Lederartikel als Einnahmequelle verwendet werden. Der Abschuss von Elefanten erscheint nötig, weil sie aufgrund ihres Platz- und Wanderbedürfnisses die Ernten der lokalen Bevölkerung vernichten und Schäden an der natürlichen Vegetation anrichten. Nach Schätzungen von South African National Parks liegen die Elefantenpopulationen in den meisten Ländern der Region über der natürlichen Tragfähigkeit. Zwischen 1987 und 1999 wuchsen die Bestände erheblich an: so in Botsuana von 51 000 auf 106 000, in Namibia von 5000 auf 10 000, in Simbabwe von 43 000 auf 70 000 und in Südafrika von 9200 auf 12 000 (RSA 2000 Ausg. April 2000).

Für Gesamtafrika ist diese Entwicklung jedoch eher untypisch: In den 1980er Jahren halbierte sich die Zahl der afrikanischen Elefanten vielfach infolge von Kriegseinwirkungen. Die Bezahlung von Raketen oder Militärberatern mit Elfenbein war in den Bürgerkriegen von Mosambik und Rhodesien nicht ungewöhnlich (KOCH 1998, S. 57). Aus dem Verkauf von Elfenbein werden aber auch lokale Management-Programme wie CAMPFIRE finanziert. Von den 20 t simbabwischen Elfenbeins, die 1999 nach Japan verkauft wurden, stammten allein 40 % aus der CAMPFIRE-Initiative, hierunter auch aus touristischer Trophäenjagd. Im Falle von Kommunen am Rande des Hwange National Park konnten aus diesen Einnahmen Kliniken, Schulen und Brunnen finanziert werden (ALLEN 2000, S. 5).

Der Standpunkt, den die Länder im Südlichen Afrika vertreten, ist international bisher nicht mehrheitsfähig gewesen. Vor allem Kenia und Indien, westliche Industriestaaten und weltweit agierende NGOs hegen die Befürchtung, dass der Artenschutz infolge der Kommerzialisierung des Elefanten-„schutzes" demontiert werden könnte (Frankfurter Allgemeine Zeitung 08.04.2000). Andere Organisationen wie der World Wide Fund for Nature betonen, dass infolge des Populationsanstiegs in den 1990er Jahren ein absolutes Handelsverbot nicht mehr vertretbar sei. Erwirtschaftete Gelder könnten zur Speziespflege, zum umfassenden Naturschutz und zum Ausbau sozialer Infrastruktur auf dem Land eingesetzt werden (MACGREGOR 1989, S. 210).

4 Demographische und soziale Entwicklungen

4.1 Bevölkerungswachstum und -struktur

In allen Ländern des Südlichen Afrika nimmt die Bevölkerung sehr schnell zu. Nach UN-Angaben für die Periode 1995–2000 lagen sowohl die Einzelwerte für die jeweiligen Staaten (zwischen 1,4 und 3,2 %/J.) als auch der Durchschnittswert für die Region (2,1 %/J.) deutlich über dem Mittelwert aller Entwicklungsländer (1,6 %/J.). Das Südliche Afrika unterscheidet sich daher nicht grundlegend von den anderen Ländern Afrikas südlich der Sahara, die (mit 2,5 %/J.) das weltweit höchste Bevölkerungswachstum aufweisen; dies entspricht einer (theoretischen) Verdopplungszeit von nur 25 Jahren (Tab. 23).

4.1.1 Grenzüberschreitende Wanderungen

Unter den beiden Einflussgrößen, die die Bevölkerungsentwicklung eines Gebietes bestimmen – das natürliche Wachstum und die Wanderungen –, kommt den Veränderungen durch Geburten- und Sterbefälle die bei weitem größere Bedeutung zu, solange man Großräume oder einzelne Staaten betrachtet. Grenzüberschreitende Migrationen tragen nur vergleichsweise selten zu einer merklichen Veränderung der Wachstumsraten bei. In den näher betrachteten Ländern trifft letzteres ausschließlich für Malawi und Mosambik zu und hängt mit der Aufnahme und späteren Rückführung von Flüchtlingen zusammen. Malawi hatte den größten Teil der Bürgerkriegsflüchtlinge aus Mosambik aufgenommen. Seit Beendigung der Kämpfe und den Friedensvereinbarungen von 1992 sind ca. 1,7 Mio. Flüchtlinge aus Mosambik, die in die Nachbarländer, allen voran nach Malawi, geflohen waren, z. T. spontan, z. T. in einer der größten Repatriierungsaktionen des UNHCR in ihre Heimat zurückgekehrt (WENZEL 1998, S. 234). Trotz Unterstützung und Starthilfe von Seiten internationaler Organisationen stellt deren Re-Integration das vom Bürgerkrieg zerstörte und wirtschaftlich weit zurückgeworfene Land vor kaum lösbare Aufgaben. Auch in Angola sind als Folge der Kämpfe zwischen MPLA-Regierung und der Rebellenbewegung UNITA ca. 300 000 Menschen in die Nachbarländer DR Kongo (Zaire) und Sambia geflüchtet. Weit größer war jedoch hier wie auch in Mosambik die Zahl der intern entwurzelten Binnenflüchtlinge, die auf jeweils ca. 2 Mio. geschätzt wird (MEYNS 2000, S. 126).

In den anderen Ländern des Großraumes ist die Bedeutung (legaler) grenzüberschreitender Wanderungen tendenziell rückläufig. In Südafrika, dem traditionellen Hauptzielgebiet, ist seit dem Machtwechsel von 1994 nicht nur die Einwanderung auf Dauer erschwert worden, sondern es wurden auch die schon vorher eingeleiteten Bemühungen fortgesetzt, die Wanderarbeit aus den Nachbarstaaten zu reduzieren (vgl. Kap. 3.4.4). Die offizielle Wanderungsbilanz weist für den Zeitraum 1940–93 einen Überschuss von 687 000 Personen aus, die vorwiegend aus Europa und dabei nach 1990 zu einem großen Teil aus den Staaten des ehemaligen Ostblocks gekommen sind. Der Unabhängigkeitsprozess ließ den Zustrom von Weißen aus anderen afrikanischen Ländern in den 1970er und 1980er Jahren sprunghaft ansteigen. So nahm allein die Zahl der in Rhodesien bzw. Simbabwe geborenen Personen von ca. 10 000 im Jahre 1960 auf mehr als 90 000 in 1991 zu (CRUSH in MCDONALD 2000, S. 20).

Seit 1994 ist die offizielle Wanderungsbilanz negativ (1994–2000: –33 621). Zum einen liegt das daran, dass eine dauerhafte Aufenthaltsgenehmigung nur dann erteilt wird, wenn der Antragsteller Qualifikationen mitbringt, die im Lande selbst nicht verfügbar sind; zum anderen verlassen vermehrt hochqualifizierte Weiße das Land, weil sie befürchten, unter der neuen Regierung ihren bisherigen sozialen Status und ihre Privilegien zu verlieren. Die Politik der *affirmative action* und *empowerment*, die auf eine Bevorzugung von bislang benachteiligten Gruppen bei der Stellenbesetzung sowohl im öffentlichen Dienst als auch in der Privatwirtschaft abzielt, hat die Auswanderungsbereitschaft noch erhöht. So müssen nach dem Employment Equity Act 80 % aller Jobs (mit Ausnahme kleinerer Betriebe) mit schwarzen Interessenten besetzt werden (GILIOMEE 2001, S. 29). Recht spektakulär sind Pläne zur Ansiedlung weißer Farmer in den Nachbarländern, denen dort bereitwillig Land zur Verfügung gestellt wird, weil man sich davon einen Aufschwung der heimischen Landwirtschaft verspricht (CHOSSUDOVSKY 1995). Größere Zahlen erreicht hingegen die Auswanderung nach Australien, Neuseeland, in die USA und nach Kanada oder auch (zurück) nach Europa, vor allem nach Großbritannien. Diese liegt deutlich höher, als es die amtlichen südafrikanischen Zahlen ausweisen, weil die Ausreise vielfach als „Tourist" erfolgt. Allein die Einwanderungsstatistiken der genannten Länder verzeichneten zwischen 1989 und 1997 234 000 Immigranten aus Südafrika (vgl. RULE 1994; HALDENWANG 1996; LEMON 2000). Von einem merklichen *brain drain* kann aber noch nicht gesprochen werden (MEYER 1998), zumal eine gewisse Kompensation dadurch eintritt, dass hochqualifizierte Kräfte aus Süd- und Ostasien, Osteuropa sowie anderen afrikanischen Staaten (Sambia, Simbabwe bis hin nach Westafrika) nach Südafrika und in geringerem Umfang auch nach Botsuana und Namibia zuwandern (MATTES, CRUSH & RICHMOND 2000; OUCHO 2000). Insbesondere die ungleich besseren Verdienstmöglichkeiten reizen hier als *pull*-Faktor.

Die Anwerbung von Kontraktarbeitern, vorwiegend durch die großen Bergbaugesellschaften, ist in den offiziellen Migrationsstatistiken nicht enthalten, weil damit kein dauerhafter, sondern nur ein vorübergehender Aufenthalt verbunden ist. Die Zahl dieser „Wanderarbeiter" ist schon seit längerem rückläufig: Einerseits sind ausländische Kräfte vermehrt durch Einheimische ersetzt worden; andererseits sind in den Minen selbst viele Arbeitsplätze verloren gegangen (vgl. Kap. 3.4.4 u. Tab. 21). Sprunghaft zugenommen hat hingegen die illegale Zuwanderung, deren Umfang naturgemäß nicht genau bekannt ist. Die Liberalisierung der Einreisebestimmungen und -kontrollen, die auch mit Rücksicht auf die Nachbarstaaten erfolgte, die den ANC in der Zeit des Kampfes unterstützt hatten, erleichtert den Grenzübertritt. So hat sich die Zahl der Besucher aus SADC-Ländern zwischen 1990 und 1995 mehr als versechsfacht; sie beläuft sich auf mehr als 3 Mio. pro Jahr (CRUSH 1999, S. 2). Obwohl Südafrika selbst mit schwerwiegenden wirtschaftlichen Problemen und einer hohen Arbeitslosigkeit zu kämpfen hat, wirkt das Land aufgrund seiner vergleichsweise großen Wirtschaftskraft für Arbeitssuchende aus anderen afrikanischen Staaten noch immer als Magnet. Schätzungen gehen von 2,5–9 Mio. (vorwiegend männlichen) Ausländern aus, die sich ohne Genehmigung in Südafrika aufhalten (MCDONALD 1998, S. 449). Davon sollen 75–85 % aus Mosambik, 10–15 % aus Simbabwe und ca. 5 % aus Lesotho stammen (MEYNS 2000, S. 128).

Über die Hintergründe der Migration, die Wanderungsmotive sowie die sozioökonomische Struktur der Migranten informieren verschiedene Befragungen (vgl. MCDONALD 2000). Von der einheimischen Bevölkerung werden die illegalen Zuwanderer nicht nur als Konkurrenten auf dem Arbeits- und Wohnungsmarkt angesehen, sondern auch – zu Recht oder zu Unrecht – für die Ausbreitung von Krankheiten und den Anstieg der Kriminalität verantwortlich gemacht (MORRIS 1998). Teile der Politik und Presse versuchen, diese Wahrnehmung zu instrumentalisieren, wobei auch offensichtlich überhöhte Zahlen von bis zu 12 Mio. „Illegalen" genannt werden (CROUCHER 1998). Der öffentliche Druck ist mittlerweile so groß, dass in den Städten verstärkt Kontrollen durchgeführt und Personen, die sich ohne Genehmigung im Lande aufhalten, abgeschoben werden. Seit 1990 waren davon über 1 Mio. Illegale (allein 2000 ca. 146 000), überwiegend aus Mosambik, betroffen (SAIRR 2001b, S. 141). Da Besuchervisa für Südafrika verhältnismäßig großzügig ausgegeben werden und überdies die langen Grenzen nicht lückenlos zu überwachen sind, versucht ein großer Teil der Abgeschobenen später erneut, nach Südafrika zu kommen, und zieht bei Erfolg weitere Interessenten nach sich. Deshalb ist auch auf längere Sicht mit einer größeren Zahl illegaler Migranten und einer Unterschätzung der offiziellen Einwohnerzahlen zu rechnen.

4.1.2 Natürliches Wachstum

Die Dynamik der Bevölkerungsentwicklung resultiert in allen näher betrachteten südafrikanischen Staaten analog zur Situation im gesamten Afrika aus einer besonders weiten Öffnung der „Schere" zwischen Geburten- und Sterberate. Die Geburtenraten erreichen teilweise noch 40 ‰ und mehr, während die Sterberaten vereinzelt bereits auf 13–14 ‰ abgesunken sind. Allerdings sind die Unterschiede zwischen den einzelnen Ländern beträchtlich: Vorwiegend in den im N des Großraums gelegenen Staaten von Angola über Sambia und Malawi bis nach Mosambik hat der demographische Übergang gerade erst begonnen (vgl. z. B. KALIPENI 1997 für Malawi); hingegen lässt sich der bevölkerungsreichste Staat, Südafrika, bereits in eine Phase mit merklichem Geburtenrückgang und stark abgesunkener Sterblichkeit einordnen. Die übrigen Länder nehmen eine mittlere Position zwischen diesen Extremen ein. Einen Sonderfall stellen die Bürgerkriegsstaaten Angola und Mosambik dar. Direkte und indirekte Kriegsfolgen haben deren Bevölkerungsentwicklung merklich beeinflusst. In Angola rechnet man mit mehr als 500 000, in Mosambik sogar mit mehr als 1 Mio. Kriegstoten; etwa 0,5 Mio. Kinder sind hier Kriegswaisen oder wurden von ihren Eltern getrennt und haben allein deshalb geringere Überlebenschancen. Darüber hinaus sind 40 % der Bildungs- und Gesundheitseinrichtungen zerstört worden. Gesundheits- und Familienplanungsprogramme sind daher zum Erliegen gekommen, und aufgrund der fortbestehenden Landminengefahr können viele ländliche Räume nur schwer erreicht werden (Population Today 25 (9), 1997; LUANSI 1998).

Vergleicht man die gegenwärtige Situation mit derjenigen Anfang der 1970er Jahre, so ist zweierlei bemerkenswert (UN 2000a):

1. Im Gegensatz zu den meisten größeren Staaten des übrigen Afrika verzeichnen einzelne Länder im S des Kontinents einen überraschend hohen Rückgang der Geburtenzahlen. So hat z. B. die durchschnittliche Kinderzahl pro Frau (Total Fertility Rate = TFR) im betrachteten Zeitraum in Simbabwe von 7,2 auf 3,8, in Botsuana von 6,6 auf 4,4 und in Südafrika von 4,8 auf 3,3 abgenommen.

2. Ganz anders als erwartet und vorausberechnet hat sich demgegenüber der Sterblichkeitsrückgang seit Ende der 1980er, Anfang der 1990er Jahre nicht weiter fortgesetzt. In der Mehrzahl der Staaten ist sogar eine merkliche Verschlechterung eingetreten, die sich in stagnierenden bis ansteigenden Sterberaten und einem erschreckend großen Rückgang der Lebenserwartung äußert. Diese ist z. B. in Malawi und Sambia von ca. 50 Jahren am Ende der 1980er Jahre auf nur noch ca. 40 Jahre Ende der 1990er Jahre gefallen. Aber auch in Südafrika sind weitere Fortschritte ausgeblieben, und die Lebenserwartung liegt mit 55 Jahren noch unter dem Stand von Ende der 1970er Jahre. Überspitzt kann daher davon gesprochen werden, dass sich einzelne Länder hinsichtlich ihrer Stellung im demographischen Übergangsmodell wieder zurückentwickelt haben und heute einen Zustand ähnlich der vortransformativen Phase mit hohen Geburten- und Sterbezahlen zeigen, was weltweit ohne Beispiel ist und auch dem Grundgedanken des Übergangsmodells als regelhaftem Ablaufschema widerspricht.

4.1.2.1 Mortalitätsentwicklung unter dem Einfluss von AIDS

Analysiert man die Mortalitätstransformation genauer und schlüsselt, wo immer möglich, die Sterbefälle nach Todesursachen auf, so lassen sich zwei Entwicklungsphasen herausstellen:

Seit den 1960er Jahren, in Südafrika bereits etwas früher, begann eine schnelle Sterblichkeitssenkung von einem Niveau der Lebenserwartung von unter oder nur wenig über 40 Jahren bis zu einem Maximum, das um 1990 bei einer Lebenserwartung von 55 bis mehr als 60 Jahren lag; dabei bilden wiederum die Staaten im N des Großraums mit deutlich weniger als 50 Jahren eine Ausnahme. Diese Verbesserung der Überlebenschancen, die – wie überall in Afrika – weniger spektakulär als in einzelnen asiatischen und lateinamerikanischen Staaten verlief und auf einem noch immer hohen Sterblichkeitsniveau zum Stillstand gekommen ist, wird in erster Linie als Resultat exogener Einwirkungen erklärt. Damit ist gemeint, dass billige medizinisch-hygienische Mittel und Praktiken aus den Industrieländern importiert wurden und – z. T. mit internationaler Unterstützung – auf breiter Basis zur Anwendung kamen. Viele Infektionskrankheiten konnten damit teilweise unter Kontrolle gebracht, in Einzelfällen sogar ganz ausgerottet werden. Beispiele dafür sind das weltweite Malaria-Bekämpfungsprogramm, das die WHO mit Hilfe mehrerer Stiftungen ab 1955 ins Leben rief, und die Anstrengungen der gleichen Organisation zur Ausrottung der Pocken, die 1967, als das Projekt begann, noch in allen Ländern des Südlichen Afrika verbreitet waren, fünf Jahre später nur noch in Botsuana auftraten und 1977 weltweit nicht mehr vorkamen (OLSHANSKY u. a. 1997). Am Beispiel des Ovambolandes haben NOTKOLA, TIMAEUS & SIISKONEN (2000) den Prozess der Mortalitätstransformation genauer dokumentiert. Dabei erwies sich auch die rasche Hilfe bei Hungersnöten, in erster Linie durch die Finnische Mission organisiert, als wesentlicher Faktor bei der Reduzierung der „Krisenmortalität".

Dass in den weiter südlich gelegenen Ländern Afrikas die Fortschritte größer als in den nördlicheren waren, ist auf eine Kombination mehrerer Faktoren zurückzuführen:
– Viele tropische Krankheiten treten im S entweder gar nicht auf oder beschränken sich auf randliche Gebiete (vgl. PROTHERO 2000). So sind z. B. alle Trockengebiete und Höhenlagen über 1500 m weitgehend malariafrei, und auch die Tsetsefliege als Überträgerin der

Schlafkrankheit bei Menschen und der Nagana-Seuche bei Rindern findet erst in den wechselfeuchten Tropen günstigere Ausbreitungsbedingungen. Mangelernährung und chronische Diarrhoe, die die Widerstandsfähigkeit der Menschen schwächen und sie damit anfällig für andere Krankheiten machen, kommen zwar auch in den südlichen Staaten vor, jedoch in geringerem Ausmaß.
- Aufgrund der infrastrukturellen Bedingungen sind abgelegene Gebiete von allen Programmen weniger gut erreicht worden. Der lang anhaltende Bürgerkrieg in Angola und Mosambik hat die Zugänglichkeit weiter Räume zusätzlich erschwert oder unmöglich gemacht.
- In einzelnen Ländern und Regionen gibt es erste Ansätze für den Übergang von der exogenen zur endogenen Sterblichkeitsbekämpfung, von der allerdings vielfach nur Teile der Bevölkerung profitieren. Diese reicht von einer Verbesserung der Ernährungslage und der öffentlichen und privaten Hygiene bis hin zu Fortschritten des Bildungswesens und zu einer Veränderung der gesellschaftlichen Stellung der Frau.

Gegen Ende der 1980er und in den beginnenden 1990er Jahren nimmt die Sterblichkeit überall wieder zu. Dieser Einbruch, der alle Länder des Großraums in mehr oder weniger starkem Maße betrifft, ist weltweit ohne Beispiel. Nach jüngsten Schätzungen ist die Lebenserwartung in einzelnen Staaten auf 40 Jahre oder nur wenig mehr gefallen. Selbst in Südafrika wird die Schwelle von 60 Jahren neuerdings wieder deutlich unterschritten (Tab. 23).

Einerseits breiten sich viele der zurückgedrängten Infektionskrankheiten erneut aus, sei es, dass Erreger immun geworden sind oder eine erfolgreiche Krankheitsbekämpfung an den Lebensumständen der Bevölkerung scheitert. Bestes Beispiel ist die Wiederausbreitung der Malaria: In den feuchteren Savannen und Waldgebieten Afrikas sind schätzungsweise 50 % der Bevölkerung infiziert, und Malaria ist die Haupttodesursache bei Kindern (DIESFELD 1997, S. 232). Auch außerhalb der Endemiegebiete kommt es immer wieder zu unerwarteten Epidemien, wie jüngst in Botsuana und im östlichen Teil Südafrikas; die Zahl der Todesfälle ist dann meist hoch, weil die Bevölkerung über keine Teilimmunität verfügt. Besonders stark gestiegen ist das Malariarisiko in vielen Städten; unter anderem stellen Brackwasserbereiche ideale Brutgebiete für die Anopheles-Mücke, den Überträger der Malaria, dar (vgl. THOMPSON u. a. 1997 für Maputo). Als Folge des Bürgerkrieges ist in Angola auch die Schlafkrankheit, die in portugiesischer Zeit fast ausgerottet war, erneut zum Problem geworden. KwaZulu-Natal wurde erstmals seit 15 Jahren ab Mitte 2000 wieder von einer Cholera-Epidemie heimgesucht, was sehr nachdrücklich dokumentiert, dass in vielen ländlichen Räumen die sanitären Verhältnisse nach wie vor unzureichend sind (SAIRR-Fast Facts (2) 2001, S. 1).

Andererseits treten neue Krankheiten auf, deren Erreger man vielfach nicht kennt und die daher kaum behandelt werden können. In einzelnen großen Städten wird die Sterblichkeit auch von der immer stärker um sich greifenden Kriminalität merklich beeinflusst. GILBERT (1996) berichtet z. B., dass in Kapstadt die Liste der häufigsten Todesursachen bei der schwarzen Bevölkerung mittlerweile von Todesfällen in Folge von Gewaltanwendung angeführt wird (vgl. Kap. 4.5). Diese Faktoren zusammengenommen bedingen, dass das räumliche Muster von Krankheit und Tod auch innerhalb eines Landes sehr komplex ist und sich einer einfachen Erklärung entzieht. Das gilt selbst für Botsuana, einem vergleichsweise homogenen Raum ohne größere Ballungszentren (CHANDA 1997).

Bei weitem am einschneidendsten sind jedoch die demographischen Konsequenzen der AIDS-Pandemie. Nach Schätzungen der WHO sind Ende 1999 weltweit ca. 33,6 Mio. Menschen mit dem HIV-Virus infiziert, davon allein 23,3 Mio. in Afrika südlich der Sahara (UNAIDS & WHO 1999). In der Länderliste mit den höchsten Verbreitungsraten von HIV/AIDS unter der Erwachsenenbevölkerung (15–49 J.) nehmen südafrikanische Staaten traurige Spitzenplätze ein (vgl. auch Abb. 29): Botsuana mit 36 %, Swasiland, Simbabwe und Lesotho mit ca. 25 %, Südafrika, Namibia und Sambia mit knapp 20 %. Einzelne Bevölkerungsgruppen sind sogar noch wesentlich stärker von der Seuche betroffen: Unter Prostituierten sollen es beispielsweise in den größeren Städten Simbabwes 86 % sein, unter den Angehörigen der Streitkräfte in Angola und der DR Kongo (Zaire) 40–60 % (Die Zeit 05.10.2000). Auch Fernfahrer und Wanderarbeiter zählen zu den Personen mit hohem Ansteckungsrisiko und tragen gleichzeitig zur weiteren Ausbreitung bei (vgl. MARCUS 1997). Noch bedenklicher stimmt, dass z. B. in Francistown (Botsuana) 1997 ca. 43 % der schwangeren Frauen HIV-positiv waren, in Beit Bridge (Simbabwe) sogar 59 %. Damit ist die Gefahr groß, dass die Krankheit auf die Neugeborenen übertragen wird, sei es noch im Mutterleib oder durch das Stillen (UNAIDS & WHO 1998 u. 1999). In Simbabwe bildet AIDS schon heute die Haupttodesursache bei Kindern unter 5 Jahren (Population Today 26 (10), 1998).

	Einwohner 2001 (in Mio.)	Bev. < 15 J. (in %)	Geburtenrate ca. 1995-2000 (in ‰)	Sterberate ca. 1995-2000 (in ‰)	natürl. Wachstum ca. 1995-2000 (in %)	TFR 1995-2000	Lebenserwartung (J.) 1995-2000	Entwicklung Lebenserwartung 1970-75 bis 1995-00 (J.)	Säuglingssterblichkeit 1995-2000 (in ‰)
Angola	12,3	48	50	25	2,4	6,80	46,5	8,5	125
Botsuana	1,6	41	31	20	1,0	4,35	47,4	-5,8	58
Lesotho	2,2	40	33	13	2,0	4,75	56,0	6,5	93
Malawi	10,5	47	46	23	2,3	6,75	39,3	-1,7	138
Mosambik	19,4	44	43	22	2,1	6,25	45,2	2,7	114
Namibia	1,8	43	36	17	1,9	4,90	52,4	3,7	65
Sambia	9,8	45	45	22	2,3	5,55	40,1	-7,2	82
Simbabwe	11,4	44	29	20	0,9	3,80	44,1	-7,4	69
Südafrika	43,6	34	25	14	1,2	3,25	54,7	1,1	59
Swasiland	1,1	46	41	20	2,0	4,70	60,2	12,9	65
Südl. Afrika	113,7	41	35	19	1,7	4,80	48,4	0,6	87
Afrika	818	44	38	14	2,4	5,06	51,4	5,3	87

Quelle: UN (2000a); Population Reference Bureau (2001)

Tab. 23: Grunddaten der Bevölkerungsentwicklung der Staaten des Südlichen Afrika, 1995–2000

Natürliches Wachstum 179

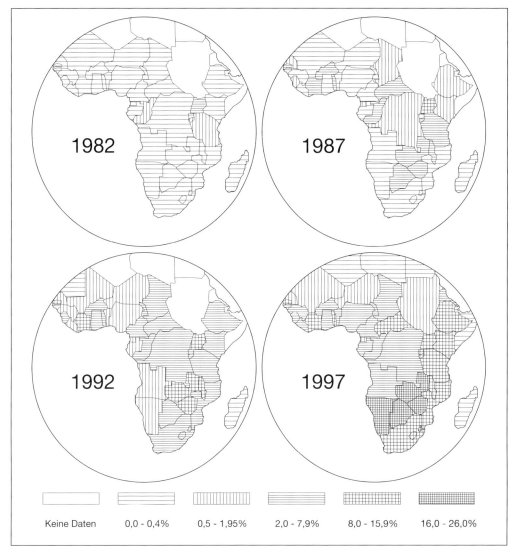

Abb. 29: AIDS-Ausbreitung in Afrika südlich der Sahara, 1982–1997
Quelle: New York Times 24.06.1998

Die schnelle Diffusion von HIV/AIDS, zunächst von West- nach Ostafrika und seit kurzem weiter nach S, ist durch eine Reihe sich überlagernder und verstärkender Faktoren gefördert worden. Einerseits haben bestimmte sexuelle Verhaltensweisen wie Prostitution und häufig wechselnde Sexualkontakte, aber auch ein schlechter Gesundheitszustand und das Vorkommen anderer Geschlechtskrankheiten die Ansteckungsgefahr deutlich erhöht – so z. B. bei Geschlechtskrankheiten, unter denen in einzelnen Ländern mehr als ein Viertel der erwachsenen Bevölkerung im Alter von 15–44 Jahren leidet, um das zwei- bis neunfache. Andererseits haben massive Land-Stadt-Migrationen und großräumige Arbeiterwanderungen sowie auch die vielen inner- und zwischenstaatlichen Konflikte, verbunden mit enormen Flüchtlingsströmen, die schnelle Distanzüberwindung und flächenhafte Verbreitung begünstigt. Deshalb sind heute die städtische und ländliche Bevölkerung gleichermaßen betroffen, wobei die extremsten Werte in Grenzstädten auftreten, weil sich hier Verkehrsströme und grenzüberschreitender Handel bündeln. In Francistown (Botsuana) waren schon 1994 fast 40 % der erwachsenen Bevölkerung HIV-positiv, in Livingstone (Sambia) 32 % und selbst im entlegenen Katima Mulilo (Caprivi-Zipfel, Namibia) 24 % (WEBB in SIMON 1998, S. 227). Inwieweit die von LECLERC-MADLALA (1997) in Bezug auf Natal formulierte These, wonach der HIV-Virus auch vorsätzlich weiter verbreitet wird, zu verallgemeinern ist, lässt sich nur schwer sagen. Da die Ansteckung ganz überwiegend durch heterosexuelle Kontakte erfolgt, ist HIV/AIDS im Gegensatz zu Europa und Nordamerika nicht auf einzelne Problemgruppen (Drogenabhängige, Homosexuelle) beschränkt. Auch besser ausgebildete, vergleichsweise wohlhabende Bevölkerungsschichten sind nicht ausgenommen, sondern der Gefahr, an AIDS zu erkranken, eher noch stärker ausgesetzt. Ganz offensichtlich haben sozialer Wandel und eine gehobene ökonomische Position Verhaltensweisen mit sich gebracht, die eine Ansteckung begünstigen (UNAIDS & WHO 1998, S. 21 f.).

Eine systematische Aufklärung über das Risiko einer AIDS-Infektion findet entweder überhaupt nicht oder nur vereinzelt statt. So stellte der für alle Schulkinder ab dem 9./10. Lebensjahr verpflichtende Unterricht in „Life skills and AIDS", wie ihn Simbabwe 1993 eingeführt hat, lange Zeit eine Ausnahme dar (UN 1998, S. 133). In anderen Ländern mussten massive Widerstände politischer und gesellschaftlicher Gruppen überwunden werden, bevor sie sich diesem Schritt anschlossen (BROWN & BARRETT 2001). Außerdem ändert sich das Sexualverhalten trotz Kenntnis der AIDS/HIV-Gefahren häufig nicht (vgl. MACHEKE & CAMPBELL 1998). So schützen sich z. B. nur ca. 30 % der Prostituierten in Malawi mit Kondomen. Das Ansteckungsrisiko wird verdrängt oder für unvermeidbar erklärt, weil es keine Einkommensalternativen gibt (FORSTER 2000).

Trotz des vor kurzem erstrittenen Gerichtsurteils gegen die Pharmamultis, das den Weg für billige AIDS-Medikamente frei gemacht hat (Die Zeit 17.05.2001), fehlt das Geld für deren flächendeckenden Einsatz. Bei der Prävention werden auch deshalb nur langsame Fortschritte erzielt, weil Regierungen sowie kirchliche und weltliche Führungspersönlichkeiten das Problem eher verschweigen, als gezielt dagegen anzukämpfen (CALDWELL 2000; DILGER u.a. 2001). Deshalb wird sich der Einfluss von AIDS auf die Sterblichkeit weiter verstärken. Experten rechnen damit, dass die Zahl der Todesfälle in den meisten Ländern der Region nach der Jahrtausendwende dramatisch ansteigen wird, weil die Zeit zwischen Ansteckung und Ausbruch der Krankheit 3–10 Jahre beträgt. Für Simbabwe hat man berechnet, dass vom Ausbruch der Seuche bis 1995 ca. 200 000 Menschen an AIDS gestorben sind; im Jahrzehnt zwischen 1995 und 2005 werden es hingegen 1,7 Mio. sein.

AIDS wirkt aber nicht nur direkt auf die Sterblichkeit ein, sondern hat auch indirekte Effekte, die aus einer Verschlechterung des allgemeinen Gesundheitszustandes, dem Ausbruch anderer Krankheiten (z. B. Tuberkulose) und dem frühen Tod der gewöhnlich schlecht versorgten „AIDS-Waisen" resultieren. In Simbabwe wird damit gerechnet, dass im Jahre 2010 etwa ein Drittel aller Kinder als Folge von AIDS zu Waisen wird (Population Today 26 (10),

1998). Schätzungen des U.S. Bureau of Census aus dem Jahre 1997 gehen dahin, dass sich die Überlebenschancen in allen Ländern Afrikas südlich der Sahara, ganz besonders aber in einzelnen südafrikanischen Staaten, drastisch vermindern werden. Danach wird die Lebenserwartung bis zum Jahre 2010 in Südafrika auf 48 Jahre, in Botsuana und Simbabwe gar auf 33 Jahre sinken; ohne AIDS würde sie mindestens doppelt so hoch sein (OLSHANSKY u. a. 1997, S. 20). Nicht minder einschneidend werden die ökonomischen Konsequenzen aufgrund des Verlustes von Humankapital und dramatisch ansteigender Gesundheitskosten sein (WEBB in SIMON 1998, S. 231 ff.). Wenn schon heute für jeden höheren Posten teilweise drei Personen ausgebildet werden müssen, um Vorsorge für Leistungsabfall und Tod infolge von AIDS zu treffen und viele Firmen über erodierte Arbeitsmoral und gestörte Produktionsabläufe klagen, so sind das Warnzeichen, die sich schon bald in makroökonomischen Daten niederschlagen könnten. Einzelne Analysten rechnen mit einer dramatischen Schrumpfung des BIP. In Südafrika könnte sich dieses innerhalb der nächsten zehn Jahre um 17 % vermindern, falls sich die Seuche weiterhin ungebremst ausbreitet (Die Zeit 31.05.2001). Eine Überwindung der Massenarmut und eine Besserstellung der lange Zeit benachteiligten Bevölkerungsgruppen wären damit in weite Ferne gerückt.

4.1.2.2 Familienplanung und Geburtenrückgang

Wie bereits festgestellt, weist nicht nur die Mortalitäts-, sondern auch die Fertilitätstransformation im Südlichen Afrika einige Besonderheiten auf und entspricht damit, abgesehen von den Staaten der nördlichen Peripherie, nur bedingt dem „afrikanischen Typ" des Übergangs. Zwar ist die Ausgangssituation mit einer sehr hohen Fruchtbarkeit ähnlich (im Durchschnitt ungefähr 6 Kinder pro Frau zu Beginn der 1970er Jahre); eine extreme Verzögerung des Rückganges und teilweise sogar ein leichter Anstieg der Fertilität ist hingegen in vielen Staaten des Südlichen Afrika nicht zu beobachten. Selbst im Durchschnitt aller Länder liegt die TFR heute nur noch um 5 bei einem Minimum von 3,3 in Südafrika und einem Maximum von 6,8 in Angola; im übrigen Afrika südlich der Sahara wird der Schwellenwert von 6 nach wie vor meist überschritten (UN 2000a). Der Anteil verheirateter Frauen zwischen 15 und 49 Jahren, die moderne Kontrazeptiva benutzen, ist in Südafrika und Simbabwe mit 55 % bzw. 50 % sehr viel höher als in fast allen anderen afrikanischen Flächenstaaten. Nur in Angola und Mosambik hat die Geburtenkontrolle noch kaum eine Bedeutung (Population Reference Bureau 2001).

Die angeführten Zahlen dokumentieren den Erfolg von Familienplanungsprogrammen und deren gezielte Förderung von Seiten des Staates. In Südafrika begannen solche Programme bereits in den 1960er Jahren. Damals zeichnete sich ab, dass nur die weiße Bevölkerung und mit einer zeitlichen Verzögerung auch noch die Inder und *Coloureds* einen demographischen Übergang annähernd nach europäischem Muster durchlaufen würden (vgl. SIMKINS & VAN HEYNINGEN 1989; Abb. 30), während eine Verminderung des schnellen Wachstums der schwarzen Bevölkerung nicht zu erkennen war. Trotz massiv geförderter Einwanderungen drohte damit eine Verminderung des Anteils der Weißen an der Gesamtbevölkerung. Um diesem Trend entgegenzusteuern, begann die Apartheid-Regierung damit, die Familienplanung massiv zu unterstützen, u. a. durch das 1974 begründete National Family Planning Programme (vgl. CALDWELL & CALDWELL 1993; ISERT 1997, S. 224 ff.). Trotz des politischen Hintergrundes der Maßnahmen sind die Angebote weitgehend akzeptiert worden. Zum einen wird das darauf zurückgeführt, dass die Rahmenbedingungen für einen Fertilitätsrückgang vergleichsweise günstig waren (u. a. höhere Einkommen, höherer Anteil städtischer Bevölkerung); zum anderen haben sich viele schwarze Frauen aufgrund vielfältiger sozialer und ökonomischer *constraints* der Apartheid-Politik für die Familienplanung entschieden, weil Schwangerschaft und Kindererziehung ihre Beschäftigungsmöglichkeiten in den Städten stark geschmälert hätten (GOLIBER 1997, S. 23; KAUFMAN 2000). Die Regierung des neuen Südafrika kann an diese Erfolge anknüpfen. Allerdings stehen heute hinter der Familienplanung nicht mehr politische Ziele, sondern sie ist in ein umfassendes Gesundheitsprogramm eingebettet (CALDWELL & CALDWELL 1993, S. 258).

Vergleichbare Maßnahmen sind in anderen Ländern wesentlich später eingeleitet worden. So beginnen die „Erfolgsgeschichten" von Simbabwe und Botsuana erst seit Anfang der 1980er Jahre. Damals betrug die durchschnittliche Kinderzahl je Frau noch über 6, und moderne Kontrazeptiva waren kaum verbreitet. Das nach der Unabhängigkeit Simbabwes (1980) ins Leben gerufene National Family Planning Programme ist massiv von internationalen Organisationen unterstützt worden. Botsuana konnte sich aufgrund der Diamantenfunde und damit verknüpfter höherer Staatseinnahmen eine nationale Förderung dieser

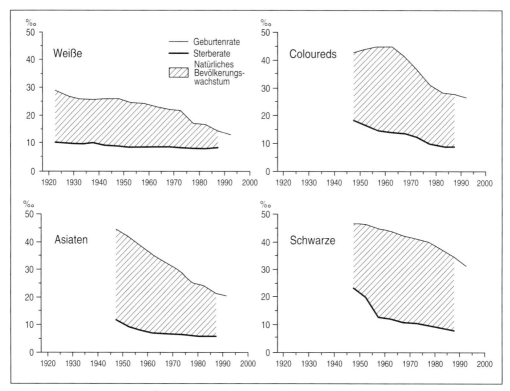

Abb. 30: Der demographische Übergang in Südafrika nach ethnischen Gruppen
Quelle: MOSTERT u. a. (1998, S. 76 u. 124); SIMKINS & VAN HEYNINGEN (1989, S. 107)

und anderer Projekte im sozialen Bereich leisten (GOLIBER 1997, S. 24); es hat schon 1975 die Familienplanung in die staatlichen Gesundheitsleistungen integriert. Die Fruchtbarkeit ist allerdings, gemessen an der TFR, hier (4,4) wie auch in Simbabwe (3,8) noch deutlich höher als in Südafrika (vgl. GUILKEY 1997; GAISIE 1998; VAN DER POST in KRÜGER, RAKELMANN & SCHIERHOLZ 2000, S. 75ff.).

In den übrigen Staaten des Subkontinents herrschte lange Zeit eine pro-natalistische bis *laissez-faire*-Haltung vor. Bestes Beispiel dafür ist Sambia. Angesichts des flächengroßen Landes hielt man das Bevölkerungswachstum nicht für besorgniserregend. Erst in den 1980er Jahren erfolgte ein Umdenken, weil die Wirtschaft stagnierte und selbst die Nahrungsmittelversorgung nicht mehr sichergestellt werden konnte. Nach langer Diskussion wurden 1989 Grundsätze einer anti-natalistischen Bevölkerungspolitik verabschiedet (GOLIBER 1989, S. 31 f.) mit dem Ziel, die TFR von 7,2 auf 6 im Jahre 2000 und 4 im Jahre 2015 zu reduzieren.

Hier und in anderen Ländern wird eine solche Politik nur dann erfolgreich sein, wenn es gelingt, mittels eines verbesserten Zugangs zu empfängnisverhütenden Mitteln „unerwünschte Kinder" zu verhindern und gleichzeitig infolge gesellschaftlicher Veränderungen die Motivation für eine nachhaltige Reduzierung der Geburtenzahlen zu erhöhen. Solange aus der Sicht des Einzelnen der „Nutzen" von Kindern in wirtschaftlicher und sozialer Hinsicht hoch und die „Kosten" der Kinderaufzucht gering bleiben und damit der „Reichtumstransfer" im Sinne von CALDWELL (1982) von der Kinder- zur Elterngeneration verläuft, wie es in vielen ländlichen Gebieten noch immer der Fall ist, wird sich das generative Verhalten nicht entscheidend verändern. Unumstritten ist, dass eine bessere Ausbildung der Frau einen positiven Einfluss auf die Verminderung der Kinderzahlen hat (LLOYD, KAUFMAN & HEWETT 2000). Die Bildung des Mannes ist von geringerer Bedeutung, z. T. wurde sogar, wie in KwaZulu, ein gegensätzlicher Effekt nachgewiesen (NIEUWOUDT & FAIRLAMB 1990). Oft steht eine frühe Schwangerschaft einem erfolgreichen Schulabschluss entgegen. Für Botsuana wird geschätzt, dass 10 % einer Kohorte wegen einer Schwangerschaft nicht den Abschluss der Primary School und 25 % nicht den der Secondary School erreichen. Die Information über Kontrazeptiva sollte nach Ansicht von MEEKERS & AHMED (1999) daher möglichst früh erfolgen. Die Gefahr, dass dies zu einem erhöhten Schwangerschaftsrisiko führt, besteht nach den vorliegenden Untersuchungen nicht. Der Erfolg von Familienplanungsprogrammen ließe sich dadurch noch steigern, dass auch Ehemänner in die Beratungen einbezogen würden. Diese lehnen vielfach jegliche Verhütungsmethoden ab, was z. B. zur Folge hat, dass in den Städten Sambias 6–20 % aller modernen Kontrazeptiva ohne Wissen des Ehemannes zur Anwendung kommen (BIDDLECOM & FAPOHUNDA 1998).

4.1.3 Altersstruktur und zukünftiges Wachstum

Noch hat sich der Fertilitätsrückgang nur geringfügig auf die Altersstruktur ausgewirkt (Abb. 31). Abgesehen von Südafrika sind überall deutlich mehr als 40 % der Bevölkerung jünger als 15 Jahre, und der Anteil der 65jährigen und älteren überschreitet nirgends die 5 %-Schwelle. 20 Jahre zuvor sah die Situation nicht wesentlich anders aus. Der „Sonderfall" Südafrika mit einem Jugendlichen-Anteil von nur noch 34 % ist zum einen dadurch bedingt, dass immerhin 21 % (2001) der Bevölkerung zu ethnischen Gruppen gehören (Weiße, *Coloureds*, Inder), die die Fertilitätstransformation schon weitgehend durchlaufen haben (vgl. Abb. 30); zum anderen wirkt sich aus, dass auch die schwarze Bevölkerung, namentlich in den Städten, vergleichsweise niedrige Geburtenzahlen aufweist.

Um die Belastungen einer Volkswirtschaft abschätzen zu können, die dadurch entstehen, dass von der erwerbstätigen Bevölkerung sowohl Kinder als auch alte Menschen unterhalten werden müssen, berechnet man den sog. Abhängigkeitsindex (Bevölkerung jünger 15 J. und Bevölkerung älter 64 J. bezogen auf 100 der Bevölkerung 15–64 J.). Er erreicht in den meisten Ländern extrem hohe Werte. In Angola und Malawi wird sogar die Schwelle von 100 überschritten, d. h. 100 Menschen im erwerbsfähigen Alter müssen für ca. 100 Kinder und alte Menschen sorgen und insbesondere die Ernährung, Schul- und Berufsausbildung der nachwachsenden Generation sicherstellen. Diese Aufgabe wird dadurch noch erschwert, dass die Sterblichkeit als Folge von AIDS gerade die ökonomisch aktiven Jahrgänge und auch besser ausgebildete und in leitenden Positionen stehende Personen betrifft. Abgesehen von persönlichem Leid, resultiert daraus auch ein großer volkswirtschaftlicher Schaden (Krankheitskosten, verlorene Ausbildungsinvestitionen), der die „Gewinne" aus einem sich verlangsamenden Bevölkerungswachstum wieder zunichte macht (vgl. Kap. 4.1.2.1).

Vorhersagen über das zukünftige Bevölkerungswachstum sind außerordentlich schwierig. Dabei ist nicht nur die weitere Entwicklung des generativen Verhaltens und der sog. Echo- oder Momentumeffekt zu berücksichtigen, der dadurch entsteht, dass eine große Zahl von Kindern und Jugendlichen in das zeugungsfähige Alter nachwächst, sondern es muss auch der Einfluss von AIDS auf die Sterblichkeit und die Fruchtbarkeit abgeschätzt werden. Die Meinungen darüber gehen weit auseinander; sicher scheint nur, dass sich im ersten Jahrzehnt des neuen Jahrtausends die durchschnittliche jährliche Wachstumsrate auf nur noch 0,5–1,0 % vermindern und damit gegenüber den 1990er Jahren mehr als halbieren wird. Pessimistische Prognosen erwarten in einzelnen Ländern, z. B. in Simbabwe, sogar einen Bevölkerungsrückgang und nehmen für die Zeit um 2010 eine negative Wachstumsrate von -0,5 % / J. an (OLSHANSKY u. a. 1997, S. 20; DANIEL 2000, S. 53). Ein „Schließen" der Bevölkerungsschere aufgrund stark ansteigender Sterblichkeit wäre weltweit einmalig; eine „Lösung" des Bevölkerungsproblems wäre damit aber nicht verbunden. Vielmehr würden sich neue Probleme sowohl auf volkswirtschaftlicher als auch auf der Ebene der einzelnen Familie stellen, auf die man bislang noch keine Antworten weiß.

4.2 Ethnizität

4.2.1 Definition

Ethnizität, zuweilen auch mit dem altertümlichen Begriff Tribalismus umschrieben, ist bis heute ein ganz entscheidendes Element, die politischen, wirtschaftlichen und sozialen Entwicklungen einzelner Länder und Regionen zu erklären. Ethnien vermitteln ein Zugehörigkeitsgefühl, das vor allem auf rassisch-anthropologischen, sprachlich-kulturellen oder religiösen Merkmalen basiert. Es existiert eine Gruppenidentität bzw. -loyalität, die so-

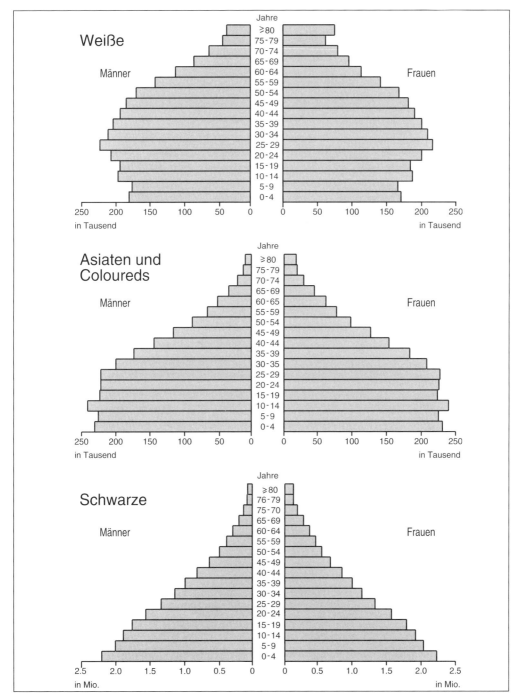

Abb. 31: Altersstruktur der Bevölkerung im Südlichen Afrika (Botsuana, Lesotho, Simbabwe, Südafrika) nach ethnischen Gruppen, 1997
Quelle: BiB-Nachrichten 19 (1), 1998, S. 27

wohl einen realen als auch „künstlichen" Hintergrund haben kann. Letzterer ist häufig das Ergebnis kolonialer Einflüsse: Mit Hilfe einer Tribalisierungspolitik sollte die europäische Machtposition gestärkt und die einheimische Bevölkerung differenziert und zuweilen auch räumlich separiert werden (STOCK 1995, S. 45). In einigen Fällen wurden die Gruppen danach charakterisiert, welche Funktion sie innerhalb des kolonialen Wirtschaftssystems, z. B. in ihrer Eignung als Wanderarbeiter, einnehmen konnten. Einige galten als „faul" oder „widerspenstig", andere als besonders geeignet für die Beschäftigung im Bergbau oder als *domestic servants*. Traditionelle Institutionen wie die des *chief* wurden im Rahmen der britischen *indirect rule* gefördert, um damit der Gefahr einer Detribalisierung zu begegnen. Hiermit sollten eine Verwestlichung und eine Politisierung der schwarzen Bevölkerung außerhalb ihrer fixierten institutionellen und räumlichen Grenzen verhindert werden. An diesem Ziel beteiligten sich nicht nur koloniale Politiker, sondern auch Missionare, Historiker und Anthropologen, die mit der Kodifizierung von Sprachen und einer Geschichtsschreibung den Ethnien ihr kulturelles Erbe erst „schufen" (MCALLISTER in MIDDLETON 1997, Bd. 2, S. 99). Auch schwarze Bildungseliten als Abgänger von Missionsschulen waren bereit, die Ideologie getrennter Ethnien zu propagieren, um sie im Falle eigener Regierungsverantwortung als Machtinstrument zu nutzen.

4.2.2 Ethnische Vielfalt

Die Länder im Südlichen Afrika unterscheiden sich deutlich bezüglich ihrer ethnischen Vielfalt. Im Falle von Lesotho, Swasiland und Botsuana dominieren die Sotho mit 99,7 %, die Swasi mit ca. 90 % und die Tswana mit 95 % an der jeweiligen Gesamtbevölkerung. Entsprechend ist (neben Englisch) nur eine afrikanische Sprache offizielle Landessprache. Demgegenüber existieren Länder wie Simbabwe und Namibia, in denen unter mehreren Ethnien eine Bevölkerungsgruppe zahlenmäßig und machtpolitisch die Mehrheit stellt. Im Falle von Simbabwe stehen z. B. 71 % Shona 16 % Ndebele gegenüber, in Namibia majorisieren die Ovambo mit ca. 50 % an der Gesamtbevölkerung die restlichen Ethnien, die jeweils weniger als 10 % umfassen. Noch viel differenzierter ist die Situation in den anderen Ländern der Region, wo keine ethnische Gruppe die restliche Bevölkerung zahlenmäßig und damit in der Regel auch gesellschaftlich dominiert. In der DR Kongo (Zaire) existieren mehr als 200 Ethnien, von denen jedoch die größten vier ca. 45 % der Gesamtbevölkerung ausmachen. Für Malawi werden 13 Kultur- und Sprachgruppen (hierunter die Chewa mit 28 %), für Sambia ca. 70 Bevölkerungsgruppen unterschieden (hierunter die Bemba mit ca. 40 %) (Angaben nach CIA World Handbook 2000). Hinzu kommen nicht-afrikanische Ethnien, die mit Ausnahme von Südafrika, Namibia und Simbabwe zahlenmäßig nur eine sehr geringe Bedeutung aufweisen. So liegt der Anteil von Indern in Mosambik bei lediglich 0,08 %, was jedoch die große wirtschaftliche Macht dieser Gruppe auch nicht annähernd widerspiegelt (vgl. Kap. 2.2.5). Neben der ethnolinguistischen und rassischen Ausdifferenzierung der Bevölkerung, die in Südafrika im Rahmen der Apartheid-Doktrin forciert wurden, spielen auch religiöse Gegensätze zwischen Christentum und Islam eine immer größere Rolle, je weiter nördlich man in die Region des Südlichen Afrika kommt. Der Anteil von Muslims in Malawi oder Mosambik liegt bei bis zu 20 % und konzentriert sich auf bestimmte Ethnien, Sprachgruppen und Regionen (vgl. Kap. 4.3.2).

In der jüngeren Vergangenheit haben einige Länder mit „Erfolg" versucht, ethnisch-regionale Loyalitäten auszuhöhlen und damit eine nationale und nicht mehr nur lokale Identität zu schaffen (*nation building*). Im Falle Sambias verstand es Staatspräsident Kaunda, mit der Einführung einer „partizipatorischen Einparteiendemokratie" und der Ausbalancierung ethnischer Gruppen bei der Vergabe politischer Ämter frühere tribal gesteuerte Parteien abzulösen (MEYNS in NOHLEN & NUSCHELER 1993, S. 480). In Malawi hat es ein autoritäres Regime jahrzehntelang vermocht, ethnische oder religiöse Differenzen zu minimieren. Eine gewisse Detribalisierung erfuhren Angola, Mosambik und Simbabwe, die vor dem Hintergrund eines antikolonialen Befreiungskrieges in die Unabhängigkeit strebten (vgl. Kap. 2.3.1). Weil die Guerillagruppen aber zuweilen regional voneinander getrennt waren – im Falle von Angola gab es gleich drei rivalisierende Organisationen – und sich somit aus unterschiedlichen Landesteilen rekrutierten, herrschen jeweils andere Ethnien vor. Ähnlich ist es bei ZAPU (vor allem unter Ndebele) und ZANU (vor allem unter Shona) in Rhodesien / Simbabwe, deren Einbindung in den sino-sowjetischen Konflikt in den 1960er und 1970er Jahren ein zunächst viel größeres Problem darstellte als ihr möglicher ethnischer Gegensatz beim gemeinsamen Widerstand gegen das weiße Minderheitenregime.

Nach der Unabhängigkeit dieser Länder hat sich das Feindbild gewandelt. Verteilungskämpfe um Machtressourcen richten sich nicht mehr gegen externe Kolonialherren, sondern gegen interne „andere" Machteliten. Die RENAMO retribalisierte den Bürgerkrieg in Mosambik, um erfolgreich Soldaten anzuwerben. In Simbabwe ging die Regierung massiv gegen die „Dissidenten" der Ndebele vor, um sie in einen Einparteienstaat zu zwingen. Auch in Südafrika zeichnet sich nach der Demokratisierung ein widersprüchliches Bild ab, was den Stellenwert ethnischer Zugehörigkeit im gesellschaftlichen Geschehen anbelangt. Auf der einen Seite wurden alle rassendiskriminierenden Gesetze abgeschafft; auf der anderen Seite dient dieselbe Rassenklassifizierung heute dazu, das Ausmaß der sozioökonomischen Angleichung zwischen den Ethnien zu messen. Tatsächliche oder vermeintliche Verlierer einer Politik der *affirmative action* gegenüber der schwarzen Bevölkerung haben mit einem *ethnic revival* reagiert. (Weiße) Afrikaaner forderten eigene *homelands*, in denen sie ihre „kulturelle Identität" verwirklichen wollten. Ein Beispiel hierfür ist die Afrikaaner-Stadt Orania in der Provinz Northern Cape, die 1991 als private Wohnsiedlung gegründet wurde. Auch afrikaanssprachige *Coloureds* sehen sich eher als Verlierer der neuen Wirtschafts- und Sozialpolitik, die sie im Gegensatz zur Apartheid nicht mehr als Privilegierte gegenüber der schwarzen Bevölkerung behandelt (DU PRÉ 1997).

4.2.3 Konzept der Apartheid

Die umfassendste Politisierung von „Ethnizität" erfolgte im System der Apartheid. Ziel dieser von der weißen Bevölkerungsminderheit Südafrikas entwickelten Ideologie war es, ethnische Gruppen nach ihrem kulturellen Erbe wie Sprache, Sitten und Gebräuche zu unterscheiden und sie zum Schutz ihrer jeweiligen kulturellen Identität territorial voneinander zu segregieren (SHARP 1988, S. 79). Man nahm an, dass traditionelle diskriminierende Praktiken von Weißen gegenüber Schwarzen im wirtschaftlichen und politischen Bereich infolge von Separation verschwinden könnten. Gemäß dem christlichen Standpunkt weißer Buren würde damit nicht etwa Ungleichheit zwischen Weißen und Nicht-Weißen, sondern

„inevitable equality" hergestellt (BARKER 1949, S. 24), wenn Schwarze und Weiße „on the basis of an all-black and an all-white economy" (STUBBS 1955, S. 5) „self-sufficient socio-economic units" bilden könnten (EISELEN 1948, S. 80). Die schwarze Bevölkerung würde sich durch Selbstverwaltung und politische Unabhängigkeit von der weißen Superiorität lösen.

Wichtigstes Unterscheidungselement zur Definition von „Gruppen" wurden Hautfarbe und andere phänotypische Merkmale, die in den 1950er Jahren zu einer gesetzlich verankerten Ausdifferenzierung der Bevölkerung in Weiße, Schwarze, *Coloureds* und Asiaten führten. Damit verbunden war eine gezielte politische, soziale und wirtschaftliche Diskriminierung von Personen nicht-weißer Hautfarbe in einem von der weißen Bevölkerung dominierten Staatswesen. Der Unterschied zu den damals noch existierenden britischen und portugiesischen Kolonien im Südlichen Afrika mit ihren Formen ethnischer Segregation, die sich zuweilen zum Gewohnheitsrecht entwickelt hatte, war die Rigidität der gesetzlichen Regelungen, die alle Lebensbereiche auf unterschiedlichen Raumebenen (Mikro-, Meso-, Makroebene) abdecken sollten. Hierdurch war nicht nur die Gefahr gebannt, machtpolitisch von der schwarzen Bevölkerung majorisiert zu werden („black peril"), sondern man konnte auch im Wirtschaftsleben Wettbewerber um Geschäfte und Arbeitsplätze kontrollieren. Insbesondere die weitere gesetzlich forcierte Fragmentierung der schwarzen Bevölkerung nach ethnolinguistisch definierten „Nationen", die ihren räumlichen Bezug in sog. *homelands* finden sollten, entlarvte das Konzept der Ethnizität als ein ausschließlich politisches Konstrukt, um der weißen Minderheit zur demographischen und nunmehr auch politisch legitimierten Mehrheit zu verhelfen. Eine ähnliche Politik verfolgte Südafrika im Mandatsgebiet Südwestafrika, in dem ein vergleichbarer *homeland*-Plan für die schwarzen Ethnien ausgearbeitet wurde. Eine konsequente Ausdifferenzierung der weißen multikulturellen Minderheit, die seit Mitte des 19. Jhs. vor allem vom britisch-burischen Gegensatz geprägt war, erfolgte hingegen nicht: Die Theoretiker der Apartheid sahen im europäischen Zivilisationsbegriff eine ausreichende Klammer, die weiße Bevölkerung als eine einzige Bevölkerungsgruppe zu erfassen. Für die schwarzen Nachbarstaaten der Region wurde die Ablehnung dieses politischen Systems zur Prämisse ihrer eigenen Blockbildung. Über ideologische Gegensätze im Ost-West-Konflikt hinweg arrangierten sich die Länder im Südlichen Afrika, um als Frontstaaten und auf Kosten eigener wirtschaftlicher Vorteile das Apartheid-System Südafrikas zu isolieren (vgl. Kap. 3.2.2.4).

4.2.4 Ethnien und politische Wahlen

Die ethnische Zugehörigkeit spiegelt sich häufig in Wahlergebnissen wider. Bei den südafrikanischen Parlamentswahlen von 1999 zeigte sich, dass die großen Parteien in ihrer Wählerklientel rassisch noch stark segregiert sind. 90 % aller Wähler des ANC sind schwarz (1994 waren es noch 94 %); 77 % aller Wähler der Democratic Party DP sind weiß, wohingegen die New National Party NNP 44 % ihrer Stimmen von *Coloureds* erhält. Im Vergleich zu 1994 konnte die DP ihren Anteil unter allen weißen Wählern damit mehr als verfünffachen auf insgesamt 55 %. Lokal verankerte Parteien im Eastern Cape und in der Nord-West-Provinz konnten allein 51 % aller Stimmen von Xhosas bzw. 78 % von Tswanas erringen (REYNOLDS 1999, S. 181 ff.). Ein ähnliches Bild ergibt sich für die Zulupartei IFP, die

87 % ihrer Stimmen in KwaZulu-Natal gewinnen konnte. Eine vor allem ländlich geprägte Klientel und ein starker Regionalismus, der auf die Strukturen des traditionellen Zulu-Königreichs zurückgeht, erklären dieses Wahlergebnis (REYNOLDS 1999, S. 101 ff.; FOX & LEMON 2000).

Obwohl das Konzept der Ethnien zuweilen als „künstlich" bezeichnet wird, ist die Bedeutung lokaler Autoritäten für ein persistentes Wahlverhalten der Bevölkerung nicht zu unterschätzen. Gegensätze zwischen „regierenden" und „oppositionellen" Ethnien lassen sich in Simbabwe, Namibia und in Sambia nach der Demokratisierung zu Beginn der 1990er Jahre nachweisen (vgl. Kap. 2.3.2). So gab es in Simbabwe einen deutlichen Gegensatz zwischen den von Robert Mugabe einerseits und Joshua Nkomo andererseits geführten Parteien, die die Shona und die Minorität der Ndebele/Matabele präsentierten. Nachdem sich beide Parteien 1987 zusammenschlossen, um ähnlich wie im Sambia Kenneth Kaundas das Nationalbewußtsein zu fördern, wandten sich viele Wähler der Matabele in den 1990er Jahren der neuen Oppositionspartei ZUM zu, um dem repressiven System Robert Mugabes zu widerstehen. In Namibia profitiert die regierende SWAPO-Partei davon, dass sie bereits eine fast vollständige Unterstützung von Ovambos und Okavangos erfährt, die die Mehrheit der Bevölkerung im Lande stellen.

Unklar ist, ob es sich bei dieser Form von Parteienbindung eher um eine Form politischen und ländlich geprägten Regionalismus handelt, der aufgrund lokaler Konzentrationen einzelner Bevölkerungsgruppen auch einen ethnischen Charakter erhält. Es läßt sich nämlich zeigen, dass ethnische Bindungen im städtischen Umfeld, wo soziale Ausdifferenzierung und urbane Lebensformen wie Individualisierung, Anonymität und Mobilität eine größere Rolle spielen, an Bedeutung verlieren (RULE 1998, S. 200). So konnte z. B. die regierende Partei ZANU (PF) in Simbabwe bei den Wahlen 2000 kein einziges Mandat unter ganz unterschiedlichen Ethnien in der Hauptstadt Harare gewinnen.

4.2.5 Xenophobie

Obwohl bei jeder politischen Wahl in Südafrika das Ausmaß ethnischer Unterstützung für die einzelnen Parteien diskutiert wird, versuchen Analysten einen langsamen Trend zur Multiethnizität und zur *rainbow nation* zu erkennen. Damit steht Südafrika entgegen den negativen Erfahrungen in Simbabwe auf dem Prüfstand, ob multirassisches und -ethnisches Zusammenleben friedfertig verlaufen kann, nachdem die historische Aufarbeitung der Apartheid durch die sog. Truth Commission unter Desmond Tutu bereits entsprechende Vorarbeiten geleistet hat.

Die „Lösung" des Problems Ethnizität ist dabei eher verblüffend, weil es durch eine neue Form überhöhten Nationalismus ersetzt worden ist. Über alle demographischen und sozialen Gruppen hinweg existiert die Auffassung, dass schwarze Nicht-Südafrikaner Einheimischen Arbeitsplätze wegnehmen sowie Krankheiten und Kriminalität importieren (GOEBEL 1999; MAGARDIE 2000). Von dieser Xenophobie sind Immigranten aus allen Teilen Afrikas betroffen, die aufgrund ihrer Sprache (Portugiesisch oder Französisch) oder ihrer Hautfarbe rassistischen Angriffen ausgesetzt sind (DIOP 2000, S. 9f.). PÉROUSE DE MONTCLOS (1999) beschreibt die Situation von Mosambikanern, die illegal in einer Hüttensiedlung im *township* Alexandra bei Johannesburg leben. Aufgrund ihres illegalen Status wagen sie es nicht, medizinische/soziale Einrichtungen aufzusuchen. Sie sind polizeilicher Willkür, aber auch politischen Verdächtigungen ausgesetzt, (zu Beginn der 1990er Jahre) Kollaborateure der Opposition zu sein. Ergebnis ist eine tiefe Verunsicherung afrikanischer Intellektueller, wenn es darum geht, was Südafrika der Region und dem Kontinent aufgrund ihrer jahrzehntelangen Unterstützung des Anti-Apartheid-Kampfes schuldig ist.

4.3 Religion

Vielerorts wird das soziale Zusammenleben noch stark von religiösen Bindungen geprägt. Animistische „autochthone" Religionen sind im ländlichen Raum und dort, wo sich städtisches und ländliches Denken miteinander verzahnen, nach wie vor verbreitet. Im Gegensatz zu den eher als monolithisch zu begreifenden Weltreligionen sind sie jedoch in ihrer kleinräumigen Vielfalt „systems of thought and action of particular societies in particular social and historical contexts" (MIDDLETON in MIDDLETON 1997, Vol. 3, S. 562). Sie definieren traditionell die soziale Organisation und den Status des Individuums in Machtfragen, im sozialen Wettbewerb oder in der Familie. Bis heute sind *muti* (Heilmittel zuweilen mystischer Natur), *witchcraft* (Hexerei) und *sangomas* (Heilpriester) die am deutlichsten erkennbaren Relikte dieser „Eingeborenen"-Religionen, die seit dem 18. und 19. Jh. von Christentum und Islam zurückgedrängt worden sind. Die sozialen Konsequenzen hieraus sind immens.

4.3.1 Christentum

Zusammen mit Kolonialismus und Imperialismus breitete sich das Christentum im Gefolge der weißen Siedler im Südlichen Afrika aus (Abb. 32; vgl. Kap. 2.1.1). Dreifaches Ziel war es, christlichen Glauben, westliche Zivilisation und Arbeitsethos unter der schwarzen Bevölkerung zu verbreiten (PIRIE 1985, S. 15). Vor allem evangelische Kirchen aus Großbritannien (als einer der bekanntesten Missionare David Livingstone), Deutschland (z. B. Rheinische Mission, Berliner Mission) und den skandinavischen Ländern waren in der Mission aktiv, um zu Beginn des 19. Jh. im Zeichen europäischer Aufklärung gegen die Sklaverei einzutreten. Besonders engagiert hierunter waren Lutheraner, die mehr als ein Drittel aller Missionen im Südlichen Afrika und 70 % derjenigen in Natal und Transvaal unterhielten (SCRIBA & LISLERUD 1997, S. 173). Katholische Missionen blieben in der vor allem von Engländern geprägten Erschließung des Südlichen Afrika, die im protestantischen Mutterland medienwirksam kommentiert wurde, fast ohne Bedeutung. Auf den Einfluß der Missionstätigkeit ist es zurückzuführen, dass die Staaten der Region, abgesehen von Mosambik und Botsuana, heute eine mehrheitlich christliche Bevölkerung haben. Um eine gewaltsame Unterwerfung der autochthonen Bevölkerung zu verhindern, die „Wilden" aber zu bekehren, arbeiteten die Missionen mit subtilen Methoden. Diese höhlten die „schädlichen" Denkweisen schwarzer Bevölkerungsgruppen langsam aus und machten die Missionen zum Wegbereiter ihrer Akkulturation (PIRIE 1985; SIMENSEN 1987): in restriktiver Form mittels Kleidervorschriften, Hochzeitsbräuchen, Verbot der Beschneidung, von Biertrinken und Tanzen; in affirmativer Form durch Bildungs- und Ausbildungsangebote, sonstige soziale

Christentum

Dienstleistungen wie Kranken- und Altenpflege, landwirtschaftliche Melioration mittels verbesserter Anbaumethoden und Bewässerungstechniken, Förderung von Landeigentum, Angebot bezahlter Arbeit auf der Mission und Einbindung in den europäischen Geldkreislauf.

Verschiedene Konsequenzen ergaben sich hieraus, die die zwiespältige Position der Missionen zwischen der Verteidigung des weißen Herrschaftsanspruchs einerseits und dem von christlicher Nächstenliebe gekennzeichneten Schutz der schwarzen Bevölkerung vor weißer Anfeindung andererseits kennzeichneten. Missionen entwickelten sich bewusst oder unbewusst zu einer Zuflucht derjenigen, die sich der Rekrutierung als Arbeitskräfte auf Farmen der Weißen oder aber der Unterordnung gegenüber traditionellen Hierarchien entzogen:

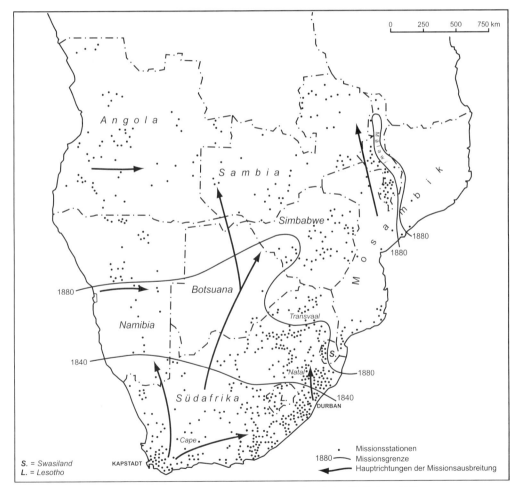

Abb. 32: Missionsstationen und Ausbreitung der Missionstätigkeit im Südlichen Afrika
Quelle: PIRIE (1985, S. 17)

Im ersten Fall entstand ein Interessengegensatz zu den Kolonialverwaltungen und den weißen Farmern. Diese sahen die „Eigenbrötelei" der Missionare als abträglich für die Erschließung des Landes an, weil ihnen dadurch die dringend benötigten schwarzen Hilfskräfte streitig gemacht wurden (ANSPRENGER 1999, S. 34). Mit Hilfe repressiver Regularien wie die Einführung von Hüttensteuern und Kleiderordnungen sowie Abgaben auf Werkzeuge oder Decken sollten der Verschuldungsgrad der einheimischen Bevölkerung gesteigert und ihre räumliche Mobilität beschränkt werden.

Im zweiten Fall verloren die *chiefs* und die spirituellen Führer Einfluss, weil Missionen mit ihrem von der Kolonialmacht bestätigten Landbesitz Grund und Boden für landlose Schwarze bereithielten. Missionare dienten als Vertrauenspersonen und Vermittler bei Streitigkeiten und förderten zudem die Verwissenschaftlichung landwirtschaftlicher Verhaltensweisen, wodurch z. B. die Bedeutung eines Regenmachers spürbar abnahm. SIMENSEN (1987, S. 92f.) stellt gleichsam die Extra-Territorialität von Missionen in Zululand heraus, wo sie vielfach Auffangbecken von jungen Frauen wurden, die „in love with men at the stations", auf der Flucht vor Zwangsheirat oder mit der Aussicht auf materielle Verbesserung von den Missionen angezogen wurden. Auch ältere Frauen, „often neglected, maltreated or accused of witchcraft", konnten sich durch Konvertierung der traditionellen Mystik und dem sicheren Tod entziehen. Männer hingegen entflohen dem Militärdienst, weshalb Missionen von Außenstehenden als Brutstätte für Oppositionelle und Kriminelle gesehen wurden. Jahrzehnte später finden sich Analogien bei weißen Kritikern, weil die Bildungsangebote der Missionen langfristig Ausgangspunkt waren für die Herausbildung einer politisch ambitionierten schwarzen Mittelschicht, die die weiße Superiorität herausfordern sollte.

Ergebnis war, dass die Missionen zu einem entscheidenden Herrschaftselement wurden, was die Einbindung der schwarzen Bevölkerung in europäische Glaubens- und Moralvorstellungen sowie in kapitalistische Arbeitsweisen, in Gewinnstreben und Zeitrhythmen anbelangt. PIRIE (1985, S. 21) verweist jedoch auf das Paradoxon, dass die *chiefs* nicht nur infolge der Missionsarbeit, sondern auch in ihren Diensten *für* die Kolonialverwaltung im Rahmen der *indirect rule* (Durchführung von Zensen; Eintreiben von Steuern) geschwächt wurden. Nicht verhindern konnten die Missionen zudem, dass sie in ihrer aufklärerischen multirassischen Arbeit Inseln blieben in einem von rassischer Exklusivität der weißen Bevölkerung geprägten Zeitgeist. In allen Kolonien fand diese Entwicklung ihren Niederschlag in der Existenz ethnisch segregierter Denominationen. So wurde die Kombination von Religion, Sprache und Herkunft für die reformierten Buren zur Grundlage ihres elitären Gruppenbewusstseins. 97,6 % aller Lutheraner in Südafrika waren 1991 hingegen schwarzer Hautfarbe (SCRIBA & LISLERUD 1997, S. 173). Vielen dieser eher kleinen protestantischen Kirchen standen in der Vergangenheit medienwirksame schwarze Persönlichkeiten wie z. B. Erzbischof Tutu vor, die das System der Apartheid scharf verurteilten und eine wichtige moralische Opposition darstellten.

Um der Entafrikanisierung schwarzer Afrikaner zu begegnen und sich der Unterordnung in weiß dominierten Kirchen, die sich selbst als multirassisch verstanden, zu entziehen, entstanden seit Ende des 19. Jh. kirchliche Abspaltungen in Form sog. **A**frican **I**ndependent oder **I**ndigenous **C**hurches (AIC). Die erste im Südlichen Afrika war die Thembu Church, die 1884 gegründet wurde und sich als eine Befreiungsbewegung „to free the Native from European control and for the ultimate supremacy of the Coloured races throughout South Africa" darstellte (OOSTHUIZEN 1985, S. 72). 1912 gab es bereits 76 unabhängige Kirchen, die häufig von Glaubensgemeinschaften aus den USA beeinflusst und von panafrikanischen Idealen bestimmt waren (PARSONS 1993, S. 209ff.). Nur schwarze Geistliche waren zugelassen, um Gottesdienste abzuhalten. Christliche und traditionelle spirituelle Elemente sollten in den AICs eine Symbiose eingehen, um die Sterilität der überintellektualisierten und überinstitutionalisierten westlichen Kirche durch die Bewahrung afrikanischer Emotionen und Entfaltungsmöglichkeiten aufzubrechen. In den Städten dienen sie zuweilen bis heute als „shock absorbers", um den noch ländlich verwurzelten Menschen fern von ihrer Familie geistlichen und psychologischen Halt zu geben. Symbole, Farben, Uniformen und Orden fördern als Erkennungsmerkmale die Zugehörigkeit zu einer auch von der Größe eher familienähnlichen Bewegung (*house congregations*). 1980 existierten allein in Südafrika etwa 3270 AICs, denen 29,3 % der schwarzen Bevölkerung angehörten (OOSTHUIZEN 1985, S. 73). Bis 1991 nahm ihre Bedeutung unter den schwarzen Christen von 40 auf 47 % zu (vgl. ANSPRENGER 1999, S. 33f.). Die größte hierunter, die **Z**ion **C**hristian **C**hurch (ZCC), verdoppelte ihre Zahl zwischen 1980 und 1991 auf etwa 1,5 Mio. Mitglieder (KRITZINGER 1993, S. 248).

Tab. 24: Indikatoren zur Messung von EPMS nach Kongregation (in %)

Maßzahlen	Nicht Kirchenmitglied	Mainline	Pfingstgemeinde	AIC-Apostolisch	AIC-Zionistisch
Anzahl Befragte	20	19	20	10	9
Befragte mit außerehelichen Kindern	55	26	25	60	33
Gehört zur Kirche zum Zeitpunkt außerehelicher Geburt	28	34	14	27	20
Durchschn. Alter zum Zeitpunkt der ersten Geburt	22	23	24	23	20
Schätzung der Mitglieder ohne EPMS	13	29	61	36	19
Habe Kinder mit mehr als einem Elternteil	20	16	5	30	22
Habe Kinder mit mehr als zwei Elternteilen	0	11	0	10	0
Unterstütze den Gebrauch von Kondomen	80	75	55	80	35

Quelle: GARNER (2000, S. 58)

Die Bedeutung christlicher Kirchen für die Ausweitung von AIDS diskutiert GARNER (2000). In einer Untersuchung in Edendale, KwaZulu-Natal, befragte er Angehörige von *mainline churches* (Anglikaner, Methodisten, Presbyterianer, Katholiken), von Pfingstgemeinden und von AICs im Hinblick auf Lebensgeschichte und insbesondere auf ihren außer- und vorehelichen Geschlechtsverkehr. Dabei wird von der These ausgegangen, dass Kirchen durch die Art und Weise ihrer Bibelauslegung und das Gemeindeverständnis in Form unterschiedlich gehandhabter sozialer Kontrolle Einfluss darauf nehmen können, ob sich AIDS ausbreitet oder nicht. Im Ergebnis zeigte sich, dass je konservativ-dogmatischer die Ausrichtung war, desto eher war EPMS (*extra- and pre-marital sex*) begrenzbar (Tab. 24). Die weitgehende Ablehnung von Kondomen seitens der Pfingstgemeindler stellt deshalb kein zusätzliches Sicherheitsrisiko dar. Uneinheitlich wird das Bild bei den konservativen AICs, wo sich christliche und promiskuitive traditionelle Elemente miteinander vermischen. Fazit von GARNER (2000, S. 66) ist, dass wertfreie Aufklärung über AIDS ohne ideologische Indoktrination weitestgehend ineffektiv bleibt. Ähnliche Aussagen treffen GREGSON u.a. (1999) für den ländlichen Raum in Simbabwe. Auch sie belegen, dass Religionszugehörigkeit mit den damit kongruent gehenden sozialen Verhaltensweisen (Scheidung, Heirat, Monogamie, Verhütung, außerehelicher Geschlechtsverkehr) die Mortalität entscheidend beeinflussen kann.

4.3.2 Islam

Anders als im nördlichen Afrika befindet sich der Islam in der südlichen Region rein zahlenmäßig in der Diaspora, wobei sich lokale und ethnische Konzentrationen abzeichnen. Nur etwa 500 000 Personen waren in Südafrika Anfang der 1990er Jahre Muslime. In Botsuana, Namibia, Lesotho und Swasiland waren es jeweils weniger als 20 000, in Sambia 200 000, in Simbabwe 150 000, in Malawi hingegen 1 Mio. und in Mosambik über 4 Mio. (NKRUMAH 1991, S. 94). Wo es sich um kleinere Gruppen handelt, sind es vielfach indische Händlerminoritäten, die im Zuge der Kolonisation als Bürger des britischen Weltreiches nach Afrika kamen (vgl. Kap. 2.2.5). Andere wurden, wie im Falle der holländischen Kapniederlassung, als Sklaven, politische Exilanten, Soldaten oder Arbeiter aus Indien und Ostindien ins Land gebracht, was die sozio-kulturelle, sprachliche und religiöse Diversität ihres Verständnisses von Islam zu erklären vermag (DANGOR 1997, S. 141). Indische Kontraktarbeiter auf den Zuckerrohrfeldern und sog. *passenger Indians*, die als selbstgewählte Emigranten ihr Glück in Südafrika suchten, führten zu einer weiteren räumlichen Konzentration von Muslims im heutigen KwaZulu-Natal, in jüngerer Zeit infolge Verstädterung und Glaubenskonvertierung zusätzlich im Großraum Johannesburg. Dieses Bild zeigt sich auch heute noch, wenn man die Anzahl der muslimischen Einrichtungen nach Provinzen differenziert (Tab. 25). Im Unterschied dazu lagen Malawi und das nördliche Mosambik bereits im Einzugsbereich arabischer Seefahrer und Händler, weshalb die Islamisierung hier weit in die präkoloniale Zeit zurückreicht und ganze ethnolinguistische Bevölkerungsgruppen umfasst (NKRUMAH 1991, S. 94).

Im Gegensatz zu der eher geringen Anzahl von Muslims steht ihre große gesellschaftspolitische Bedeutung. Als wirtschaftlich erfolgreiche Geschäftsleute oder als Bildungseliten, die als Rechtsanwälte oder Ärzte in einflussreichen Berufen tätig sind, haben sie sich be-

Tab. 25: Muslimische Einrichtungen in Südafrika nach Provinzen, 1996

	Masjids/Moscheen	Organisationen	Bildungseinrichtungen
Eastern Cape	21	12	20
Free State	10	6	8
Gauteng	122	128	108
KwaZulu-Natal	116	125	109
Mpumalanga	35	8	22
North West	25	6	19
Northern Cape	4	2	3
Limpopo Province	11	6	11
Western Cape	111	172	108

Quelle: DAVIDS (1996)

reits zu Beginn des 20. Jh. politisch organisiert, um im Falle der Kapprovinz die den *Coloureds* zugestandenen Partizipationsformen auszufüllen. Die Apartheid-Politik und die Zwangsumsiedlung auch von Muslims führten in den 1970er und 1980er Jahren zu einer Radikalisierung des Islam, der einerseits auf der Seite der schwarzen Opposition stand, andererseits aber beeinflusst wurde von den Entwicklungen im Iran und dem Wunsch nach einer umfassenden „Islamischen Revolution". Obwohl sich muslimische Parteien bei den ersten freien Parlamentswahlen 1994 nicht durchsetzen konnten, waren immerhin 23 von 400 Parlamentsmitgliedern (darunter drei Minister) muslimischer Herkunft (NIEHAUS 1998, S. 36). HAEFELE (1998, S. 8) nimmt an, dass sogar mehr als 10 % aller Parlamentarier und Minister Muslims seien. Damit liegt dieser Anteil um ein Fünffaches über dem in der Bevölkerung. Internationale Aufmerksamkeit hat seit 1996 die PAGAD (**P**eople **a**gainst **G**angsterism **a**nd **D**rugs) gewonnen, die sich als eine fundamentalistische islamische Organisation versteht und Volksjustiz propagiert. Ihr Gründungszentrum liegt in den traditionell von *gangs* terrorisierten *Coloured*-Wohngebieten von Kapstadt, in denen sie über die eigentliche muslimische Bevölkerung hinaus Ende der 1990er Jahre bis zu 80 % Zustimmung für ihre Vigilantentätigkeit erfuhr (HAEFELE 1998, S. 10). Die Militanz schreckt auch nicht vor terroristischen Aktivitäten als Bestandteil eines weltweiten *jihad* zurück (vgl. ROUX & NEL 1998).

Bis zur Beendigung des Bürgerkrieges in Mosambik und bis zum Sturz des Banda-Regimes in Malawi war der Islam in den Ländern mit dem größten muslimischen Bevölkerungsanteil sozio-politisch ohne Bedeutung. Das ergab sich zwangsläufig aus der Dominanz der Staatsparteien und ihren umfassenden Kontrollmechanismen. Unberührt davon blieben die Existenz sozialer Netze sowie die Duldung islamischer Lebensformen und Aktivitäten, sofern sie nicht staatsgefährdend waren (KUDER 1988, S. 16). Seit 1994 besitzt Malawi einen muslimischen Präsidenten. Seitdem sind die gesellschaftlichen Spannungen zwischen Muslims und Christen gestiegen:
– Malawi hat diplomatische Kontakte zu mehreren islamischen Ländern aufgenommen.
– Muslims studieren in Saudi-Arabien und anderen islamischen Ländern.
– In vielen Städten sind neue Moscheen gebaut worden.
– *Halaal* geschlachtetes Fleisch ist im Gegensatz zu früher landesweit in den Supermärkten und Hotels zu bekommen (Electronic Mail & Guardian 02.09.1998).

Die Befürchtung, dass es sich hierbei um eine schleichende Islamisierung eines mehrheitlich christlichen Landes handelt, wird auch in Mosambik gesehen. Hier versuchten 1996 die 59 muslimischen Mitglieder des Parlaments (von 250 insgesamt) zunächst vergeblich, islamische Feiertage in den Kalender einzubringen. Offizielle Statistiken, dass nur etwa 20 % der Bevölkerung muslimisch seien, werden eigene Schätzungen von 40–50 % gegenübergestellt, weil zur marxistischen Frelimozeit viele ihre Glaubenszugehörigkeit verschwiegen hätten (Weekly Mail & Guardian 05.05.1996).

4.4 *Gender*

Ein bestimmendes soziales Problem, das erst seit weniger als zwei Jahrzehnten auf der internationalen Agenda steht, ist die sog. *gender*-Frage, die die kulturell begründete Rolle von Männern und Frauen in der Gesellschaft diskutiert. Vor allem werden die sozioökonomischen Beziehungen zwischen Mann und Frau und geschlechtsspezifische soziale und politische Partizipationsformen untersucht (*empowerment*). Die Überwindung der traditionellen Benachteiligung von Frauen in Familie und Beruf kann anhand ausgewählter Indikatoren gemessen werden.

4.4.1 Formen und Ursachen der Benachteiligung von Frauen

Obwohl die Verfassungen aller Staaten im Südlichen Afrika die Diskriminierung nach Geschlecht ausdrücklich verbieten, ist die gesellschaftliche Implementierung dieses Grundsatzes nicht sichergestellt. Frauen besitzen einen dualen Rechtsstatus, der ihnen einerseits dieselben kodifizierten Bürgerrechte wie Männern zugesteht, sie andererseits traditionellen und schriftlich nicht fixierten Sitten und Gebräuchen unterwirft. Diese stehen häufig im Widerspruch zum staatlichen Rechtssystem und begrenzen den Grundsatz der Gleichheit und freiheitlichen Willensbildung von Frauen.

Soziale Ebene: Im Falle von Botsuana nimmt eine Frau, die nach traditionellem Recht geheiratet hat, die Position einer gegenüber dem Mann rechtlich Minderjährigen ein („legal minor"), die keine eigenständige Vertragsfreiheit besitzt und ohne Zustimmung des Mannes nicht vor Gericht erscheinen kann. Unverheiratete Swasi-Frauen können ohne Zustimmung eines männlichen Verwandten keinen Pass beantragen (VINCENT 1999, S. 31). Neuere Gerichtsurteile in Simbabwe befinden „that the nature of African society dictated that women are not equal to men. According to cultural norms women should never be considered adults within the family, but only as a junior male, or teenager'" (Daily Mail & Guardian 07.05.1999). Entgegen früherer Rechtsprechung entfällt damit der Anspruch von Frauen, Land zu erben, wodurch sie zumindest im ländlichen Raum in vollständiger wirtschaftlicher Abhängigkeit vom Mann leben. Noch schlechter stehen nur diejenigen da, die überhaupt keinen Versorger haben. Sexuelle Freizügigkeit – um sich möglicherweise auch aus einer Familienbande zu lösen – wird nur dem Mann und nicht der Frau zugestanden. In Zulu wird der sexuell besonders aktive Mann, von *peer pressure* oder auch von seinen Eltern hierzu ermutigt, in Form eines Kompliments als *isoka* (*playboy, casanova*), eine Frau in vergleichbarer Situation als *isifebe* (Hure) bezeichnet (GARNER 2000, S. 55). Traditionelles Recht am Beispiel der Kalanga in Simbabwe erlaubt es zudem, dass nicht nur der Ehemann, sondern auch der Schwiegervater in der Hochzeitsnacht sexuellen Zugriff auf die Frau hat. Promiskuität, Polygamie und das Recht des Mannes auf Geschlechtsverkehr, nachdem er den Brautpreis (*lobola*) entrichtet hat, machen die Frau anfällig für Infektionskrankheiten (SCHOOFS 2000). Machtlosigkeit zeigt sich auch in der alltäglichen Haushaltsführung. Männer entscheiden über den Kauf von Haushaltsgegenständen und kontrollieren ihre Nutzung. In der Regel werden Radio oder Fernsehen zeitlich vor solchen Geräten gekauft, die die Frau bei der Hausarbeit entlasten könnten. Die Dominanz der Frau liegt eher bei der Entscheidung über die genutzten Energiequellen, sei es Holz, Holzkohle oder Paraffin, weil die Frau über das Holzsammeln, Kochen und Heizen den Tagesrhythmus des Haushalts weitestgehend vorstrukturiert (HOOPER-BOX 1999, S. 18f.).

Weit verbreitet ist auch physische Gewalt, die selbst von vielen Frauen als rechtmäßig eingestuft wird. Mehr als 60 % aller vor dem Harare High Court verhandelten Tötungsdelikte sind als „domestic violence" einzustufen. Vergewaltigungen werden unter Männern als eher minderschwere Gesetzesübertretungen angesehen. Ergebnis ist, dass Südafrika eine der weltweit höchsten Vergewaltigungsziffern aufweist, obwohl Schätzungen der Polizei davon ausgehen, dass weniger als 3 % aller Delikte tatsächlich zur Anzeige kommen (Statistics South Africa 1998, S. 38). In Bulawayo, der zweitgrößten Stadt Simbabwes, wird im Durchschnitt eine Frau pro Tag vergewaltigt. Ein Drittel der Opfer ist hierbei zwischen 1 und 15 Jahren alt (VINCENT 1999, S. 32f.).

Die sozial schwache Position von Frauen ergibt sich auch aus einem niedrigeren Bildungsniveau. Anfang der 1990er Jahre waren in Mosambik nur 21 % der Frauen gegenüber 45 % der Männer alphabetisiert. Auf dem Land waren sogar nur 11 % und in der Stadt 43 % der Frauen lese- und schreibkundig (issa 1996b, S 3). Im Falle von Sambia nahm der Anteil frauengeführter Haushalte ohne Schulbesuch im ländlichen Raum von 67,7 % 1980 sogar auf 75,1 % im Jahre 1990 zu (Republic of Zambia 1996, S. 20). Obwohl die allgemeine Grunderziehung für Jungen und Mädchen in Botsuana annähernd gleich ist, verschlechtert sich das Verhältnis auf der tertiären Bildungsebene wesentlich infolge von Schwangerschaft, Heirat, Arbeiten im Haushalt der Ursprungsfamilie und Kümmern um jüngere Geschwister (issa 1995, S. 2). Die soziale und räumliche Mobilität ist deshalb für viele Frauen eingeschränkt. In Südafrika ist dafür auch die Benachteiligung von Frauen auf dem formellen Wohnungsmarkt verantwortlich, weil sie als alleinerziehende Personen unter 21 Jahren oder als Frauen über 21 ohne Kinder von staatlichen Hausdarlehen ausgeschlossen sind (LOHNERT 2000, S. 67).

Wirtschaftliche Ebene: Entsprechend niedrig ist der Frauenanteil in *white-collar*-Berufen. So betrug der Prozentsatz an Frauen (Anteil der Männer = 100) in leitenden Verwaltungsberufen und Managerposten 1990 nur zwischen 5 % in Malawi, 21 % in Südafrika und als Höchstwert 57 % in Botsuana (SADC 1998b, S. 144). Bessere Chancen bestehen im *blue-collar*-Segment, in dem Frauen gegenüber Männern deutlich aufholen konnten. In Malawi beträgt der Anteil nunmehr 53, in Südafrika 88 und in Botsuana 159 %. Die Gründe liegen in der Art der verarbeitenden Industrie, die in der Lebensmittelbranche, der Verpackungsindustrie und der Textilproduktion „Frauenarbeit" bevorzugt (BAYLIES & WRIGHT 1993 über die Textilindustrie in Lesotho). Im Falle von Mosambik wird jedoch darauf verwiesen, dass im

Zuge der Privatisierung von Firmen bei Entlassungen eher Frauen als Männer betroffen sind, so dass sich die Schere geschlechtlicher Diskrepanz in jüngster Zeit wieder vergrößert hat (issa 1996b, S. 3).

Mehrheitlich arbeiten die Frauen im landwirtschaftlichen Sektor. Ihr Anteil liegt hier bei bis zu 80%, wenn man die Subsistenzproduktion einbezieht. Einerseits wird Feldarbeit in den patriarchalischen Gesellschaften des Südlichen Afrika als typische Frauenarbeit angesehen. Andererseits ist das Leben auf dem Land aufgrund von Wanderarbeit, städtischer Migration, Kriegsfolgen, sozial akzeptierter Promiskuität und höherer Sterblichkeit von Männern stark feminisiert. Schätzungen für Botsuana 1993/94 gehen davon aus, dass etwa 50 % aller ländlichen Haushalte einen weiblichen Vorstand haben. O'LAUGHLIN (1998, S. 20) interpretiert diese Zahl mit einer gestiegenen Emanzipation von Frauen, die es ihnen ermöglicht, Land in eigenem Namen zu erwerben und zu bewirtschaften. In anderen Untersuchungen (DUNBAR MOODIE 1992; MINI 1994; BERGER 1999) wird die ländliche Feminisierung als Konsequenz städtischer Wanderarbeit thematisiert. Aufgrund der nur episodischen oder periodischen Rückkehr ihrer Männer müssen Frauen alle – auch die ursprünglich männlichen – Feldarbeiten erledigen, selbstständig Entscheidungen treffen und eigene Budgetpläne aufstellen. In ihrer Arbeit werden sie von älteren Familienangehörigen und den Kindern unterstützt. Faktisch sind sie damit zum Haushaltsvorstand geworden und degradieren die Position des Mannes zum gelegentlichen Besucher aus der Stadt, dem das traditionelle Selbstwertgefühl des Familienoberhauptes abhanden gekommen ist. Der Verlust dieser Position drückt sich in Entfremdung, familiärer Gewalt und Alkoholismus aus (MUNNIK 1986, S. 112). Sofern Geldtransfers ihrer Männer ausbleiben und diese der Versuchung von „town women" erliegen (DUNBAR MOODIE 1992), müssen Frauen subsistenzwirtschaftliche Arbeiten zwangsläufig kombinieren mit saisonalen Lohntätigkeiten auf „weißen" Farmen, als *domestic servant* oder als *hawker* im ländlichen Raum.

Befragungen in den früheren *homelands* Gazankulu und Lebowa zeigen, dass fast zwei Drittel aller Frauen mit Kindern keine Finanzmittel vom Partner, Expartner oder vom Vater ihrer Kinder erhalten (SENDER & JOHNSTON 1996). Konsequenz ist, dass die Frauen ihren Männern in die Städte nachfolgen, um Arbeit zu suchen, und die Kinder bei der Schwiegermutter oder den Großeltern im ländlichen Raum zurücklassen. Dort gehen sie als wichtige Arbeitskraft verloren und fördern unter Umständen den weiteren Zerfall der Familie, indem sie die Entfremdung von ihrem Mann im städtischen Umfeld besser erkennen, sich selbst neue *boy friends* suchen (DUNBAR MOODIE 1992, S. 121) und eigenständige Haushalte gründen (vgl. Kap. 4.6.2.3). Weil viele dieser ursprünglichen „country wifes" schlecht ausgebildet sind, konzentrieren sie sich in ihren Tätigkeiten auf den informellen Sektor, der ein geringes Startkapital voraussetzt. Früher wurden sie von der weißen Kolonialmacht und nach der Unabhängigkeit von der schwarzen Männerwelt diskriminiert, wenn sie Zugang zum formellen Arbeitsmarkt finden wollten. Ausnahmen existierten dort, wo das sozialistische Frauenbild im Falle von Mosambik, Angola und Simbabwe den Frauen neue Rollen zugestand. Ansonsten füllen die Frauen räumliche Versorgungsnischen in den unterversorgten *townships* und im Umfeld von *hostels* aus, sei es als Verkäuferinnen von Lebensmitteln, als Prostituierte oder als Produzenten von Haushaltswaren (MUNNIK 1986, S. 112).

Politische Ebene: Partizipation und Mitsprache von Frauen in politischen Entscheidungsgremien sind bisher von geringer Bedeutung gewesen (Tab. 26). Mitte der 1990er Jahre waren nur 12,5 % der Parlamentarier in den SADC-Ländern Frauen (SADC 1998b, S. 67). Sind es in Malawi lediglich etwa 6 %, beträgt der Anteil in Mosambik bedingt durch eine Quotenregelung der regierenden Frelimopartei mehr als 25 % (issa 1996b, S. 3). Eine ähnliche Förderung nimmt auch der ANC in Südafrika vor, weshalb beide Länder eine der höchsten Repräsentationen von Frauen im Parlament aufweisen. Der Anteil weiblicher Minister in der SADC-Region lag 1995 jedoch bei nur 6 % (SADC 1998b, S. 57).

4.4.2 Exkurs: Indikatoren

Die Messung von gender-Ungleichheiten erfolgt seitens der SADC mit Hilfe des **G**ender-related **D**evelopment **I**ndex (GDI) und des **G**ender **E**mpowerment **M**easure (GEM). Abgeleitet wird der GDI vom **H**uman **D**evelopment **I**ndex (HDI), der die Lebenserwartung, das Bildungsniveau und das Einkommen im Rahmen eines zwischen 0 und 1 schwankenden Wertes gewichtet und international vergleichbar macht (vgl. Kap. 1.4). Der GDI passt den HDI an, um *gender*-spezifische soziale Ungleichheiten herauszustellen. Der international gebräuchliche GDI wird durch einen SADC-spezifischen ergänzt, der die großen Einkommensunterschiede zwischen Männern und Frauen besonders gewichtet. Der GEM will hingegen messen, in welchem Maße Frauen aktiv teilhaben können am wirtschaftlichen und politischen Leben. Grundlage hierfür sind der Prozentsatz von Frauen im Parlament, unter Verwaltungskräften und Managern, unter Angestellten und Arbeitern sowie der Anteil des Einkommens von Frauen gemessen in Prozent des männlichen Einkommens. Tab. 26 ist zu entnehmen, dass Südafrika überall den höchsten Rang einnimmt, gefolgt von Namibia, Botsuana und Simbabwe. Folgende Probleme stellen sich bei der Interpretation:

– GDI und GEM berücksichtigen keine ethnischen Disparitäten (weiße versus nicht-weiße Frauen), die in Ländern wie Südafrika immer noch stärker wiegen als der *gender*-Gegensatz.
– Die Teilnahme von Frauen (oder von Männern) am politischen Leben beinhaltet keine Aussage über die „Güte" (Mitsprache durch Demokratie) des politischen Systems. Im Falle von Mosambik spiegelt sich der höchste Frauenanteil im Parlament nicht auf unteren Entscheidungsebenen wider, weshalb das Land beim GEM nur den sechsten Rang einnimmt.
– Land-Stadt-Gegensätze sind aus nationalen Kennziffern nicht abzuleiten, so dass die Frage ungeklärt bleibt, ob sich Frauen in den Städten „verbessern".
– Die Indexzahlen machen keine Aussage über das Niveau der Angleichung, das in absoluten Zahlen sehr hoch, aber auch sehr niedrig ausfallen kann.

4.4.3 Reaktionen

Seit Mitte der 1970er Jahre steht *gender* auf der Agenda der Vereinten Nationen an prominenter Stelle. 1979 verabschiedete die Vollversammlung die United Nations **C**onvention on the **E**limination of All Forms of **D**iscrimination **a**gainst **W**omen (CEDAW). Hierin wird Diskriminierung „as any treatment of women that in any way denies or limits their human rights

Tab. 26: *gender*-spezifische Entwicklungsindikatoren, 1995

	GDI	SADC-GDI	GEM	HDI	Alpha-betisierung 1998[1]	Schulbesuch Primärbereich 1997[1]	Studentinnen Tertiärbereich 1994-97[1]	Frauen in Regierung auf allen Ebenen 1998
Angola	0,477	—	—	0,528	—	97	—	11,1
Botsuana	0,631	0,482	0,418	0,679	107	106	87	19,0
Lesotho	0,533	0,451	0,389	0,597	131	118	115	13,3
Malawi	0,379	0,309	0,206	0,407	60	102	42	3,8
Mosambik	0,332	—	0,334	0,374	46	76	31	13,7
Namibia	0,657	0,487	—	0,724	97	106	154	15,1
Sambia	0,448	0,383	0,236	0,473	82	98	39	9,9
Simbabwe	0,634	0,473	0,352	0,679	90	98	41	8,5
Südafrika	0,694	0,565	0,461	0,782	98	100	90	15,6
Swasiland	0,655	—	0,347	0,729	97	102	99	11,9

— = keine Angabe
[1] Angaben in % der männlichen Quote
Quelle: SADC (1998b, S. 46, 56, 58); UNDP (2000, S. 255ff.)

and freedoms" definiert. „This applies to political, economic, social, cultural, civil and any other area of their lives" (zitiert nach SUNDE & GERNTHOLZ 1999, S. 35). Südafrika ratifizierte diese Konvention 1996. CEDAW wurde hier zur Grundlage von NGOs, um *gender*-Gleichheit zu messen und politisches Bewusstsein wie z. B. unter sozial marginalisierten weiblichen Farmarbeitern zu stärken. Eine **C**ommission on **G**ender **E**quality (CGE) wurde eingerichtet, um *gender*-Diskriminierung zu untersuchen und dem Parlament Empfehlungen zu unterbreiten, sofern Gesetzeswerke Frauenangelegenheiten betreffen. Eines der wichtigsten Instrumente ist *affirmative action*, die nicht nur traditionell benachteiligte ethnische Gruppen im öffentlichen und privaten Wirtschaftssektor fördern, sondern auch den Frauenanteil in Politik und Wirtschaft vergrößern soll.

Im Gefolge der Vierten Internationalen Frauenkonferenz in Beijing 1995 reagierten auch andere Länder der Region, um wie im Falle von Lesotho 1996 ein Ministerium für *gender*-Angelegenheiten und in Swasiland 1997 ein Frauenministerium einzurichten. In Mosambik sollte die Frauenquote im Parlament auf 50 % fixiert werden (VINCENT 1999, S. 34). Die unverkrampfte Debatte in Mosambik spiegelt die sozialistische Vergangenheit wider, in der Frauen als gleichberechtigte Teilnehmerinnen des Befreiungskampfes geachtet waren und sich in Massenorganisationen für die herrschende Partei mobilisieren ließen. Obwohl sich das gesellschaftliche Klima seitdem geändert hat, soll die Organisation für Mosambikanische Frauen im Juli 1996 nach eigenen Angaben mehr als 1 Mio. Mitglieder gehabt haben (issa 1996b, S. 4). Zudem sind neue Frauenverbände entstanden, die sich einerseits als Netzwerke lokaler und regionaler Frauenorganisationen verstehen, andererseits einzelne Berufs- oder Religionsgruppen unterstützen, um deren Lebens- und Arbeitsbedingungen, so z. B. für Hunderttausende schwarzer weiblicher Hausangestellter, zu verbessern. Eine hiervon ist die südafrikanische SEWU (**S**elf **E**mployed **W**omens **U**nion), die eine Gewerkschaft nur für Frauen ist, die im informellen Sektor arbeiten. SEWU verfolgt das

Ziel, ihre Mitglieder zu qualifizieren (Verhandlungsgeschick gegenüber Stadträten; Sensibilisierung der eigenen Situation durch politische Bildung) und wirtschaftlich abzusichern (durch Rechtsberatung, Kenntnis über Kreditwege, Forderung nach Sozialleistungen, Fortbildung) (MENNICKEN 2000, S. 32). Darüber hinaus sollen ihre Arbeitsbedingungen und Forderungen zu deren Verbesserung einer breiten Öffentlichkeit bewusst gemacht werden. Obwohl Frauenorganisationen wie Black Sash in Südafrika bereits in den 1950er und 60er Jahren aktiv waren, haben *gender*-Fragen ihren Durchbruch erst seit den 1990er Jahren infolge der Demokratisierung des Südlichen Afrika geschafft. Von dieser Entwicklung wird es auch abhängen, ob eine Emanzipation der Frau wie in westlichen Industrieländern weiter vorankommt oder aber von traditionellem Denken gebremst wird.

4.5 Kriminalität zwischen Erster und Dritter Welt

Als „Public Enemy No 1" hat sich in den letzten Jahren die Kriminalität vor allem in Südafrika ausgebreitet. Untersuchungen von Polizei und Forschungseinrichtungen zeigen sowohl einen rasanten Anstieg fast aller Verbrechensarten als auch die Zunahme der perzipierten Unsicherheit unter der Bevölkerung, unter Touristen und der Geschäftswelt auf. Gründe hierfür liegen erstens in der Liberalisierung und Transformation der südafrikanischen Gesellschaft nach Abschaffung der Apartheid, die neuen Wertesystemen und einer vor allem für die schwarze Bevölkerung unbekannten räumlichen Mobilität zum Durchbruch verhalfen. Augenfällige soziale Gegensätze zwischen „reichen" Weißen und „armen" Schwarzen in Form von Straßenhändlern, Bettlern oder Taxifahrern treten nunmehr auch kleinräumig in ursprünglich weiß deklarierten Wohngebieten auf. Gründe liegen zweitens in der Globalisierung des gesamten Südlichen Afrika. Nach der Demokratisierung und der weitgehenden Befriedung (Ausnahme Angola) zu Beginn der 1990er Jahre sind die Grenzen der Region durchlässiger geworden. Die weltweite Verkehrsvernetzung der Länder hat sich insbesondere über das Transitland Südafrika sprunghaft verbessert. Eine unzureichende Verwaltung trägt verstärkend dazu bei, dass sich Kriminalität länderübergreifend ausdehnt oder in der Region bisher völlig unbekannte Verbrechensmuster entstanden sind. Nachbarländer sind zu Anbaugebieten von Rauschgiften, zu Transit- oder Abnehmerregionen von Diebesgut vor allem aus Südafrika geworden.

4.5.1 Formen und Ausmaß

Sowohl die gegenüber der Polizei angezeigten personenbezogenen Verbrechen als auch sog. Eigentumsdelikte haben in Südafrika seit Mitte der 1970er Jahre teilweise dramatisch zugenommen. Mehr als verdoppelt haben sich die Mordfälle und Vergewaltigungen, mehr als verdreifacht die Hauseinbrüche und beinahe vervierfacht die Autodiebstähle (SAIRR 1997, S. 65 ff.). Auch in Botsuana haben sich Autodiebstähle binnen fünf Jahren zu Beginn der 1990er Jahre verdoppelt (NSEREKO 1997, S. 193). Ähnliche Erfahrungen macht Swasiland, die ehemalige „Oase des Friedens", die seit Ende der 1990er Jahre unter einer Verbrechensspirale leidet. Unklar bleibt, ob vor allem die Statistik selbst diese Entwicklung mit zu verantworten hat. NINA (in: Mail & Guardian 06.12.1995) geht für Südafrika von der These aus, dass zur Apartheid-Zeit die nicht-weiße Bevölkerung aufgrund ihres Misstrauens gegenüber der weißen Polizei viele Verbrechen gar nicht angezeigt hatte. Die neue Bereitschaft hierzu inflationiert nunmehr die Kriminalitätszahlen und fördert die Perzeption wachsender Unsicherheit. Betrachtet man die Zahlen im internationalen Vergleich, liegen die Werte für Autodiebstahl noch immer um ein Mehrfaches unter europäischen und nordamerikanischen Werten. Die Raten für Mord, Vergewaltigung und Raub sind jedoch weltweit mit die höchsten (Daten Interpol 1996/97 in SAIRR 2001, S. 75 f.). Viele der bis Anfang der 1990er Jahre politisch motivierten Morde sind durch Morde mit „kriminellen" Motiven ersetzt worden. Das betrifft auch andere Länder im Südlichen Afrika, die in den 1990er Jahren einen Übergang offiziell legitimierter Gewalt in Form von Bürgerkriegen und repressiven Regierungssystemen hin zu einer „Privatisierung" von Delikten erfahren haben (BLACK 1996). Die ursprüngliche systematische Verletzung von Menschenrechten, von Pressefreiheit und Machtkontrolle ließ es für Länder wie Mosambik oder Angola auch als Illusion erscheinen, eine unabhängige Kriminalitätsstatistik zu führen.

Andere Verbrechen werden vornehmlich im ländlichen Raum als typische „Dritte-Welt-Delikte" mit tribalem oder religiösen Hintergrund verübt. Letztere haben zuweilen einen animistischen Bezug. So werden Menschen Opfer von *muti*-Geisterglauben, denen Körperteile für spirituelle Handlungen entnommen werden (MASIPA & THOM 1997). Vor allem in der Northern Province sind zudem Zauberer- und Hexenverbrennungen weit verbreitet. Zwischen 1990 und 1997 wurden mehr als 587 Personen als sog. *witchcraft* verdächtigt und ermordet (SAIRR 1999, S. 59). Opfer waren zumeist ältere Frauen, die als soziale Last angesehen, in polygamen Ehen von jüngeren Frauen aus Eifersucht bezichtigt oder von *comrades* (politisch militanten Jugendlichen) als Hexen gebrandmarkt wurden, um mit Hilfe ihrer öffentlich inszenierten Ermordung soziale und politische Kontrolle über die Gemeinschaft zu gewinnen (SAIRR 1997, S. 614). Darüber hinaus sind auch solche Personen verdächtig, die sich durch Besitz oder Erfolg von ihrer Umgebung abheben. Dass die Existenz dunkler Zauberkräfte eine große Bedeutung für die meisten Menschen - und zwar quer durch alle Schichten und Altersgruppen - hat, belegt eine südafrikanische Untersuchung, die dem Parlament vorgelegt wurde (Die Zeit 04.01.2001). Ein erhebliches Ausmaß haben auch Viehdiebstähle erreicht. Im Grenzgebiet zu Lesotho resultieren daraus ernsthafte politische und wirtschaftliche Probleme. Vielen ländlichen Haushalten wird hierdurch ihre Lebensgrundlage genommen (KYNOCH & ULICKI 2000).

Die Globalisierung der Region und die Öffnung der Grenzen zu den Nachbarländern haben darüber hinaus neue Formen der Kriminalität entstehen lassen: Menschen- und Waffenschmuggel (letzteres vielfach aus den Beständen früherer Bürgerkriege), das Verschieben und Fälschen von Geld, Waren und Markennamen und vor allem der illegale Drogenhandel sind zu einem weiten Betätigungsfeld national und international agierender Gangstersyndikate geworden. Ende der 1990er Jahre sollen 192 Syndikate (GASTROW 1999; SAIRR 1999, S. 64), nach neuesten Schätzungen „at least 500" in Südafrika tätig gewesen sein (SAIRR 2001, S. 87). Untersuchungen des amerikanischen CIA und FBI gehen davon aus, dass Südafrika hierdurch einen Verlust von mehr als 3,5 Mrd. Euro jährlich an direkten oder indirekten Einnahmen erfährt (Electronic Mail & Guardian 19.12.2000). Nach Berichten des World Economic Forum lag der Organisationsgrad des Verbrechens damit weltweit an dritter Stelle hinter Kolumbien und Russland (Weekly Mail and Guardian 13.02.1998).

Auch die Kriminalität staatlicher oder halbstaatlicher Institutionen (z. B. Bürgerkriegsparteien) boomt: Insbesondere der Diamantenschmuggel dient der Finanzierung von Bürgerkriegen und der zuweilen nur noch rudimentär ausgeübten Staatsmacht (MALAQUIAS 2001). In Ländern wie Angola und der DR Kongo (Zaire) füllen teilweise private Sicherheitsunternehmen, z. B. die in Südafrika beheimateten Executive Outcomes, gegen Bezahlung das Gewaltmonopol des Staates aus (HOWE 1998). Das Ausmaß der Verschleierung im Diamantenhandel belegen die Exportzahlen von Mauritius nach Antwerpen (einer der weltweit größten Diamantenbörsen), die 1998 5400 Karat, 1999 jedoch 242 000 Karat ausmachten, obwohl Mauritius keine großen Förderstätten besitzt (Business Day 07.04.2000). Deshalb muss heute auch Südafrika über die südafrikanisch dominierte **C**entral **S**elling **O**rganization (CSO) internationale Nachweise erbringen, nicht in den Diamantenschmuggel eingebunden zu sein. Über die von US-Kongressabgeordneten forcierte sog. *gemocide* (*gems and genocide*)-Kampagne drohen internationale Sanktionen.

4.5.2 Verteilungsmuster

Lokale Ebene: Konzentriert sich die Schwerkriminalität auf die Metropolen, ist eine weitere Fokussierung von Verbrechensarten gar auf nur wenige Stadtteile zu beobachten. Gebiete wie Hillbrow und Joubert Park in Johannesburg (JACOBSON 1999) oder die Cape Flats in Kapstadt sind zum Synonym für städtischen Verfall und Anarchie geworden, in denen die Perzeption der Unsicherheit sich zu einer Paranoia sowohl für Bewohner als auch für Besucher entwickelt. In anonymen hochverdichteten Wohngebieten konnten sich eigene Subkulturen bilden, die von Glücksspiel, Prostitution und Rauschgifthandel bestimmt werden. Einzelne Häuser sind hier von den Mietern, Squattern oder Eigentümern verbarrikadiert worden, um Polizeirazzien zu verhindern. Als *zone of transition* werden diese Gebiete von der Geschäftswelt und der immer noch von Weißen dominierten *mainstream culture* (z. B. was die Wohnansprüche anbelangt) gemieden, weshalb sie auch in Zukunft keine Revitalisierung oder *gentrification* erfahren werden (vgl. Kap. 4.8.1). Außerhalb Südafrikas hat sich vor allem Lusaka als Zentrum der Autoschieberei etabliert, weil Sambia verkehrsgünstig gleich mit acht Ländern der Region gemeinsame Grenzen hat.

Nationale Ebene: Auch auf Provinzebene sind zumindest in Südafrika Disparitäten zu erkennen (Tab. 27). Doch lassen sie sich nicht, bezogen auf die Gesamtanzahl der Fälle, als Land-Stadt-Gegensatz charakterisieren. Das ländlich geprägte Mpumalanga oder Eastern Cape weisen ähnlich hohe (Erfahrungs-) Kriminalitätswerte auf wie das städtische Gauteng. Differenziert man nach Schadensfällen, sind Viehdiebstähle aber ein ausgesprochen ländliches Delikt und weit verbreitet. Morde und Eigentumsdelikte konzentrieren sich vor allem auf die städtisch geprägten Provinzen wie Western Cape und Gauteng und auf die von Arbeitslosigkeit besonders betroffenen Gebiete (vor allem im Eastern Cape und Mpumalanga; Statistics South Africa 1999).

Globale Ebene: Seit den 1990er Jahren ist Südafrika eingebunden in ein globales Netz des Handels mit Rauschgift und fungiert als Transit- und Zielgebiet dieser Ware. Abb. 21 zeigt das Ausmaß der Verflechtung zu den Ursprungsländern in Südamerika und Asien. Der Schmuggel profitiert von der Anbindung Südafrikas an den weltweiten Luft- und Container-

Tab. 27: Haushalte in den Provinzen der Republik Südafrika, die 1997 Opfer wenigstens eines Verbrechens wurden (in %)

Provinz	Viehdiebstahl eingeschlossen	Viehdiebstahl unberücksichtigt
Eastern Cape	22,4	13,9
Free State	17,9	14,4
Gauteng	23,5	22,3
KwaZulu-Natal	20,3	16,6
Mpumalanga	22,6	18,3
North West	19,8	14,1
Northern Cape	21,3	18,2
Limpopo Province	12,4	7,2
Western Cape	21,6	20,5

Quelle: JÜRGENS (1999, S. 26)

verkehr, von einer gut ausgebauten binnenländischen Transport- und Bankeninfrastruktur, eher laxen Grenzkontrollen und der Korruption. Viele hochqualifizierte Führungs- und Arbeitskräfte sind zudem infolge der politischen und wirtschaftlichen Transformation „freigesetzt" worden, so dass sie sich von *gangs* rekrutieren lassen. Darüber hinaus haben der legale und der illegale Zuzug von Ausländern – allen voran Nigerianern – dazu geführt, dass sich ein Kern von Spezialisten einer weltweit agierenden Mafia in Südafrika etabliert hat, der den Rauschgifthandel vor Ort koordiniert (BAYNHAM 1998b). Zuweilen dienen ausländische Drogen als Tauschobjekte für inländische Produktion (Cannabis) oder als Zahlungsmittel für andere Schmuggelgüter wie Waffen, Elfenbein, Diamanten und Gold, die ähnliche Routen wie das Rauschgift nehmen (OOSTHUYSEN 1998, S. 131).

4.5.3 Opfer und Täter

Untersuchungen in Kapstadt haben ergeben, dass Mord und Totschlag 1994 Haupttodesursache unter der schwarzen Bevölkerungsgruppe, zweithäufigste Ursache unter *Coloureds* und erst neunthäufigste unter der weißen Bevölkerung waren. Mit einem Anteil von 74,4 bzw. 68,1 % an allen Mordfällen in ihrer Bevölkerungsgruppe waren junge männliche Schwarze und *Coloureds* zwischen 15 und 34 Jahren besonders häufig betroffen. Vornehmlich sterben sie durch Schusswaffen. Viele Opfer sind Mitglieder von *gangs*, die im Western Cape traditionell große „soziale" Kontrolle in den *townships* ausüben. Bei Weißen sind unter den Mordopfern vor allem Männer zwischen 35 und 54 und ältere Frauen über 75 Jahre, auf die 30,8 % aller Morde an weißen Frauen entfielen (GILBERT 1996, S. 880). Insgesamt sind Weiße jedoch gemessen an ihrem Bevölkerungsanteil als Opfer von Kriminalität unterrepräsentiert. 1998 wurden lediglich 3,2 % aller Morde an Weißen verübt (bei einem Bevölkerungsanteil von 11 %), jedoch 13,5 % an *Coloureds* (9 % Bevölkerungsanteil) und 80,3 % an Schwarzen (77 % Bevölkerungsanteil). Ähnlich sieht es bei der Täterstruktur aus (SAIRR 2001, S.94), die aber – was die Herkunftsländer anbelangt – in den letzten Jahren analog zum wachsenden Organisationsgrad des Verbrechens internationaler geworden ist. So werden einzelne Syndikate von Westafrikanern, Osteuropäern und Chinesen kontrolliert.

4.5.4 Ursachen

Armut: Im Februar 2001 betrug die Arbeitslosigkeit in Südafrika landesweit 37,0 % (weite Definition) (SAIRR 2001b, S. 213). Hiervon sind die einzelnen Bevölkerungsgruppen sehr unterschiedlich betroffen. Die Arbeitslosigkeit liegt bei Schwarzen und vor allem bei jüngeren Personen zwischen 18 und 24 Jahren sowie bei schwarzen Frauen um ein Vielfaches höher als bei Weißen oder Indern. Begründet wird das mit der immer noch niedrigen Schulbildung vieler Schwarzer als Spätfolge der sog. Bantuerziehung und dem Widerstand gegen das alte Schulsystem („liberation before education"), aber auch mit der Rationalisierung im Bereich unqualifizierter Arbeiten (z. B. Hausangestellte), weil sie durch neue Arbeitsgesetze und Einführung von Mindestlöhnen zu teuer geworden sind. Ein zu niedriges Wirtschaftswachstum, das sich zudem auf die einzelnen Provinzen sehr unterschiedlich verteilt, erlaubt es nicht, die Arbeitslosen in den formellen Arbeitsmarkt zu integrieren. Entsprechend hoch sind Frustration und Hoffnungslosigkeit vieler junger Menschen. Diese Erfahrungen sind keinesfalls auf Südafrika begrenzt, hierfür jedoch am besten dokumentiert. Im Falle von Ländern mit Bürgerkriegsgeschichte (Namibia, Mosambik, Südafrika, Simbabwe) haben sich Personen mit Waffenkenntnissen nach ihrer „Demilitarisierung" häufig in bandenähnlichen Strukturen organisiert, um hierdurch ihren Lebensunterhalt zu bestreiten (VINES 1998).

Soziale Disparitäten: Für Juni 1998 wurde allein im städtischen Raum Südafrikas immer noch ein Fehlbestand von 2,6 Mio. Wohneinheiten geschätzt (SAIRR 1999, S. 166). Obwohl sich die Ausstattung von Wohnungen mit Strom, Wasser, Toilette oder Telefon vor allem für die schwarze Bevölkerung seit Beginn der 1990er Jahre verbessert hat, treten die Unterschiede im Vergleich zu anderen Bevölkerungsgruppen und damit auch der Sozialneid nach der Abschaffung von Mobilitätsbeschränkungen stärker ins Bewusstsein.

Neue Bedürfnisse: Analog zu den Erfahrungen der Transformationsländer Osteuropas haben Demokratisierung und Pluralisierung der Gesellschaft alte Wertesysteme zum Einsturz gebracht. Die zur Apartheid-Zeit staatstragende burisch-puritanische Moral ist abgelöst worden von der „libidinösen Spaßgesellschaft", die eine explosive Zunahme von Korruption, Prostitution und Rauschgiftkonsum nach sich gezogen hat. Ähnliche Erfahrungen hat auch das postsozialistische Mosambik machen müssen (MASSINGUE 1996).

Waffen: Sie sind ohne größere Probleme zu erwerben. Ende der 1990er Jahre gab es in Südafrika etwa 2 Mio. legale Besitzer von etwa 4 Mio. Waffen. Weitere 4 Mio. sind wahrscheinlich illegal aus den benachbarten und früheren Bürgerkriegsländern nach Südafrika gelangt. Ende 1998 waren in Kapstadt Granaten schon für ca. 9 Euro und eine Maschinenpistole vom Typ AK 47 für ca. 200 Euro zu kaufen. Diese Entwicklung forciert die wechselseitige Aufrüstung von Verbrechern und den zur Selbstverteidigung greifenden Bürgern (STEPHEN 1998).

Polizei und Justiz: Die hohe physische Belastung einerseits (in den Jahren 1992–2000 wurden durchschnittlich 205 Polizisten in Südafrika ermordet; SAIRR 2001b, S. 372) und die schlechte Bezahlung andererseits haben zu einer *crime wave* selbst innerhalb des Polizeiapparates in Form von Korruption, Teilnahme an bewaffneten Überfällen und Zusammenarbeit mit der Drogenmafia beigetragen. Ein lückenhaftes Rechtssystem (vor allem die sehr großzügige Gewährung von Kaution) führt dazu, dass von 1000 Verbrechen nur etwa 450 angezeigt, 230 aufgeklärt, 100 vor Gericht verhandelt und 77 Angeklagte verurteilt werden, von denen 33 ihre Strafe im Gefängnis absitzen müssen (YADAV 1998, S. 86).

4.5.5 Konsequenzen und Perspektiven

Weil sich die Perzeption verfestigt hat, dass staatliche Einrichtungen die öffentliche Ordnung nicht mehr garantieren können, haben sich landesweit in verschiedenster Form Selbstjustiz oder private Sicherungssysteme entwickelt, die sich sowohl gegen mutmaßliche Straftäter, zuweilen aber auch gegen Ausländer (illegale Zuwanderer) und Andersdenkende richten. Vigilantenorganisationen wie die islamisch geprägte PAGAD (**P**eople **a**gainst **G**angsterism **and** **D**rugs) vor allem im Western Cape oder *neighbourhood* und *business watches* sind Beispiele für diese privaten Kontrollinstanzen, die nicht zu verwechseln sind mit den gewerblichen Angeboten privater Sicherheit. Dieser in Südafrika boomende Wirtschaftszweig beschäftigte 1998 etwa viermal so viel Personal wie die Polizei (SAIRR 1999, S. 74). Auch in Swasiland werden die Bürger – hier aber in Abstimmung mit der Polizei – im Rahmen einer National Prevention Campaign unter dem Slogan *nawe uliphoyisa* (= Ihr seid alle Polizisten) aufgerufen, Kriminalität an der Basis zu bekämpfen. Als Nachbarschaftspolizisten unterstützen sie die eigentliche Polizei, sind jedoch in den Verdacht geraten, selbst die Gesetze zu beugen (Electronic Mail & Guardian 17.06.1997).

In den 1990er Jahren haben sich an den Stadträndern Südafrikas *gated communities* mit *high-tech*-Videoüberwachungssystemen, Kontrollschleusen und Sicherheitspersonal zu einer typischen baulichen Erscheinung entwickelt (vgl. Kap. 4.8.2.3). Im Gegensatz zur ethnischen Segregation der Apartheid-Zeit zerfallen die Städte nunmehr in Inseln, die unterschiedlich „sicher" und für ihre Klientel unterschiedlich „teuer" sind.

Auch die internationale Wirtschaft hat die öffentliche Sicherheit in Südafrika als eines der entscheidensten Hindernisse für neue Direktinvestitionen und die Sicherung von Arbeitsplätzen sowie soziale Stabilität identifiziert. Für Mitte der 1990er Jahre wurden die Kosten der Kriminalität für das gesamte Land auf etwa US-$ 87 Mio. pro Tag geschätzt (ohne entgangene Investitionen) (GQUBULE 1997, S. 7). Hierunter fallen auch entgangene Einnahmen aus dem internationalen Tourismusgewerbe und der Verlust von hochqualifiziertem (zumeist weißem) Personal infolge von Auswanderung (*brain drain*).

In Zusammenarbeit mit Interpol, ausländischen Geheimdiensten und dem US-amerikanischen FBI soll vor allem die organisierte Kriminalität bekämpft werden. 1998 wurde der Prevention of Organised Crime Act verabschiedet, der eine Verbesserung der Beweisaufnahme und eine deutliche Verschärfung der Strafen vorsieht (SAIRR 1999, S. 48 f.). Ebenfalls 1998 wurde die Grundlage geschaffen für die Gründung einer kommunal verankerten Polizei (im Gegensatz zur nationalen südafrikanischen Polizei), die vor Ort ein Gefühl von Sicherheit und Prävention vermitteln soll. Damit stemmt sich der Staat gegen die Gefahr, mit der Privatisierung oder Informalisierung von Sicherheit und Ordnung sein Machtmonopol vollständig zu verlieren.

4.6 Verstädterung und Verstädterungsdynamik

4.6.1 Indikatoren des Verstädterungsprozesses

Trotz einer raschen Zunahme der Stadtbewohner ist die Verstädterungsquote in Afrika nach wie vor vergleichsweise gering. Noch immer leben fast zwei Drittel der Bevölkerung im ländlichen Raum, die überwiegend von einer landwirtschaftlichen Beschäftigung abhängig sind (vgl. Kap. 3.1.1). Auch klaffen Verstädterung und Urbanisierung im Sinne einer Übernahme städtischer Lebensformen auseinander, so dass häufig von Ruralisierung der Städte oder *rurbanization* gesprochen wird (COQUERY-VIDROVITCH 1991, S. 4): Zum einen halten viele Migranten die Kontakte zum heimatlichen Dorf auch nach einer Abwanderung in die Stadt aus ökonomischen und sozialen Gründen aufrecht, oder die Migration erfolgt „zirkulär", wobei der Wohnstandort zwischen Stadt und Land in mehr oder weniger regelmäßigen Abständen gewechselt wird. Zum anderen bietet die Landwirtschaft für viele Stadtbewohner eine zusätzliche Überlebenssicherung: Nahrungsmittel werden als Geschenke oder Ertrag der eigenen Felder bzw. des Viehbestandes in die Stadt gebracht und dort konsumiert, oder in den randstädtischen Siedlungen wird auf kleinen Flächen Anbau betrieben (*plotgardens*). Oder es werden Kleintiere gehalten, die sowohl zum Eigenbedarf als auch teilweise zur (informellen) Vermarktung dienen (vgl. Kap. 4.8.2.1). Eine solche Ruralisierung kann positiv im Sinne eines Ausgleichs der sozio-kulturellen Unterschiede zwischen Stadt und Land interpretiert werden; sie ist aber gewöhnlich mit der Marginalisierung weiter Bevölkerungskreise und einer erheblichen Verzögerung der von der Modernisierungstheorie unterstellten Detribalisierung verbunden (BÖHM 1995, S. 12).

Im Südlichen Afrika ist die Situation nicht grundsätzlich anders, wenn auch die Unterschiede zwischen den einzelnen Ländern beträchtlich sind. Aufs Ganze gesehen liegt die Verstädterungsquote mit 41,2 % über dem Durchschnitt für ganz Afrika (Tab. 28). Die Extremwerte nehmen Botsuana einerseits und Malawi andererseits ein, wobei im ersten Fall fast drei Viertel der Einwohner in Städten leben, während es im zweiten Fall nur 15 % sind. Allerdings muss hinzugefügt werden, dass alle Indikatoren, die den Stand und die Dynamik des Verstädterungsprozesses beschreiben, nur grobe Anhaltspunkte bieten und allenfalls Tendenzen aufzeigen; denn schon die Definition der „städtischen Bevölkerung" klafft weit auseinander. Während einerseits Einwohnerschwellenwerte zugrunde gelegt werden (z. B. 2000 Einwohner in Angola, 5000 Einwohner in Sambia), sind es andererseits rechtliche oder funktionale Kriterien bzw. eine Kombination aus mehreren Merkmalen (z. B. *district centers*, nicht-landwirtschaftlich Beschäftigte u. a.). Auch die Genauigkeit der Angaben ist kritisch zu hinterfragen. So ist in den Zensusergebnissen der RSA die Zahl der schwarzen Stadtbewohner lange Zeit unterschätzt worden, weil ein Teil der Zuwanderung illegal erfolgte. Noch unsicherer sind naturgemäß die Angaben in den Bürgerkriegsländern Angola und Mosambik: Während in Angola seit 1970 keine Volkszählung mehr stattgefunden hat, ist in Mosambik im Jahre 1997 wieder ein Zensus durchgeführt worden, der jedoch allein aufgrund der schwierigen Zugänglichkeit vieler Gebiete keine exakte Bestandsaufnahme liefern konnte.

Der in vielen Ländern noch immer geringen Verstädterungsquote steht eine ungeheure Dynamik des Verstädterungsprozesses gegenüber. Im letzten Vierteljahrhundert hat die Zahl

Tab. 28: Indikatoren zum Verstädterungsprozess im Südlichen Afrika

	Anteil städtischer Bevölkerung (%)			Wachstumsrate der städtischen Bevölkerung (%)	
	1950	1975	2000	1975-2000	2000-2005
Angola	7,6	17,8	34,2	5,7	4,9
Botsuana	0,3	12,0	50,3	9,2	2,2
Lesotho	1,0	10,8	28,0	6,4	4,6
Malawi	3,5	7,7	24,9	8,0	7,3
Mosambik	2,4	8,6	40,2	9,1	4,1
Namibia	9,4	20,6	30,9	4,3	2,8
Sambia	8,9	34,8	39,6	3,1	2,6
Simbabwe	10,6	19,6	35,3	5,1	2,9
Südafrika	43,1	48,0	50,4	2,2	1,3
Swasiland	1,4	14,0	26,4	5,7	4,0
Südliches Afrika	20,6	29,2	41,2	3,9	2,8
Afrika	14,7	25,2	37,9	4,4	3,7

[1] Städte mit mehr als 750 000 Einwohnern in 1995
[2] Afrika südlich der Sahara
Quelle: UN (2000b); World Bank (2001)

der Stadtbewohner im Jahresdurchschnitt um 4 % zugenommen, was einer Verdopplungszeit von lediglich 17 Jahren entspricht. Auch in der Gegenwart ist nur eine geringfügige Abnahme der Wachstumsgeschwindigkeit zu beobachten. In den meisten Staaten der Region ist die Zuwachsrate der städtischen Bevölkerung noch ungleich höher als der Mittelwert: Abgesehen von Südafrika und Sambia wurde in allen Ländern im Zeitraum zwischen 1975 und 2000 die 4 %-Schwelle überschritten (Tab. 28). Die Beeinflussung der Zuwanderung durch die verschiedenen Formen der *influx control* hat in Südafrika zu einer „künstlichen" Verlangsamung des Städtewachstums geführt. In Sambia dürften die seit Mitte der 1970er Jahre tendenziell rückläufigen Kupferpreise und Maßnahmen zur Verminderung der Landflucht (vgl. RAUCH 1999, S. 274 ff.) zu einer gewissen Abschwächung beigetragen haben (RAKODI 1994, S. 348 f.; POTTS 1995, S. 257).

Die Weltbank hat im Weltentwicklungsbericht 2000 als Besonderheit des afrikanischen Verstädterungsmusters herausgestellt, dass hier die Verstädterung nicht von einem wirtschaftlichen Wachstum begleitet wird. Zwar ist auch in Lateinamerika und Asien die Verstädterung vielfach dem Zuwachs an Beschäftigungsmöglichkeiten vorausgeeilt; nirgendwo hat es aber über einen so langen Zeitraum hinweg eine negative Korrelation zwischen Verstädterung und Prof-Kopf-Einkommen gegeben (Weltbank 2000, S. 158). Die Wachstumsrate des privaten Pro-Kopf-Verbrauchs war auch im Südlichen Afrika zwischen 1980 und 1998 negativ und belief sich auf −1,4 % / J., ein Wert, der sogar noch unter dem Durchschnitt aller Länder Afrikas südlich der Sahara liegt (Tab. 28). Dieses ist nicht nur eine Folge von „falschen Anreizen" (Weltbank 2000, S. 158). Politische Entscheidungen haben die Verbraucher in der Stadt lange Zeit gegenüber den Produzenten auf dem Lande begünstigt, z. B. durch Preisbindungen für Nahrungsmittel, und die meisten Investitionen in die

Anteil städtischer Bevölkerung Agglomerationen[1]	Index of Primacy	Anteil der städt. Bev. in der Hauptstadt (%)	Zugang zu sanitären Einrichtungen (% der städt. Bevölkerung)	Wachstumsrate des privaten Pro-Kopf-Verbrauchs (%)
2000	um 1990/95	1999/2000	1995	1980-98
61	ca. 5	61	71	-9,5
0	2,3	31	91	3,0
0	ca. 10	62	76	0,8
0	1,1	28	82	0,8
38	3,1	38	68	-1,0
0	3,0	38	78	-1,4
45	2,6	45	66	-3,6
43	1,9	43	99	0,4
68	1,1	7	78	-0,1
0	ca. 2	27	-	-
50	-	-	77	-1,4
-	-	30[2]	-	-1,2[2]

Infrastruktur sind städtischen Räumen zugute gekommen, wie der Indikator „Zugang zu sanitären Einrichtungen" in Tab. 28 dokumentiert. Die Lebensbedingungen und wirtschaftlichen Chancen in der Stadt sind deshalb trotz aller Schwierigkeiten ungleich besser als auf dem Land. Zusätzlich hat die Verschlechterung der persönlichen Sicherheit in vielen ländlichen Räumen die Landflucht beschleunigt. Über Jahre hinweg flüchteten Menschen aufgrund der Bürgerkriege in Angola und Mosambik in die Städte, die vergleichsweise sicher waren. Auch in Südafrika haben politische Konflikte namentlich in KwaZulu viele Menschen veranlasst, in die Städte, allen voran nach Durban, zu gehen (SMIT 1998, S. 78). Ebenso sind Naturkatastrophen, wie die „Jahrhundertdürre" zu Beginn der 1990er Jahre und die riesigen Überflutungen in Mosambik im Jahre 2000, häufig letzter Auslöser für ein Verlassen des ländlichen Raumes (POTTS 1995, S. 246 f.). Obwohl gerade im vergleichsweise „wohlhabenden" Botsuana massive Dürrehilfen seit langem üblich sind (vgl. KRÜGER 1997), hatte dies nach den vorliegenden Zahlen allenfalls geringfügige Auswirkungen auf die Bevölkerungsverlagerung vom Land in die Stadt. Auch der Einfluss zurückgehender Einkommensunterschiede zwischen Stadt und Land (POTTS 1995, S. 247 ff.) ist schwer nachweisbar.

Noch ist Afrika kein Kontinent der Millionenstädte. Abgesehen von den großen Ballungsräumen in Südafrika haben im Südlichen Afrika nur wenige Städte die Millionengrenze überschritten, und dies erst in allerjüngster Zeit. Die Statistiken der Vereinten Nationen, auf die hier Bezug genommen wird (UN 2000b), weisen für das Jahr 2000 neun Millionenstädte aus, wenn man Johannesburg mit East Rand, West Rand und Sasolburg zur Metropolitanregion Witwatersrand zusammenfasst (Tab. 29). Die Wachstumsraten dieser Ballungsräume sind teilweise noch höher als die der städtischen Bevölkerung insgesamt. So zählte z. B. Lusaka im Jahre 1950 nur 26.000 Einwohner; es ist insbesondere nach der Unabhängigkeit des Landes enorm angewachsen (RAKODI 1994, S. 346 ff.). Selbst im längerfristigen Durchschnitt überstieg die jährliche Bevölkerungszunahme hier die 10 %-Schwelle (Tab. 29). Auch in der Gegenwart setzt sich das Wachstum der Metropolen ungebrochen fort. Nach Aussagen von KERR & KWELE (2000, S. 1325) ist Gaborone z. Zt. die am schnellsten wachsende Stadt in Afrika.

Abgesehen von Südafrika und Malawi ist die Hauptstadt immer auch die größte Stadt des jeweiligen Landes. In Südafrika hat man im Sinne einer „Machtteilung" zwischen den einzelnen Provinzen und Regionen der damaligen Union von Südafrika schon 1910 die Hauptstadtfunktion auf Pretoria (Regierungssitz) und Kapstadt (Parlament) aufgeteilt und dem wirtschaftlichen Kernraum um Johannesburg keinerlei administrative Funktionen zugewiesen, was sich erst 1995 mit der Verlagerung der Verwaltung der neu geschaffenen Provinz Gauteng von Pretoria nach Johannesburg geändert hat. Ebenso waren in Malawi das wirtschaftliche und politische Zentrum (Blantyre bzw. Zomba) schon immer getrennt; beide Städte liegen jedoch im S des Landes. Es war daher Ziel der 1975 erfolgten Hauptstadtverlagerung nach Lilongwe, die zentralen Landesteile in demographischer und wirtschaftlicher Hinsicht zu stärken (KALUWA 1982; vgl. Kap. 3.6.1.2). Dies ist zumindest teilweise gelungen: Die eindeutige Dominanz Blantyre konnte abgebaut werden (MYBURG & VAN ZYL 1992), auch wenn der wirtschaftliche Schwerpunkt des Landes nach wie vor im S liegt.

Aber selbst wenn man die geschilderten Ausnahmen außer Betracht lässt, kommt der größten Stadt im Allgemeinen keine überragende Rolle im jeweiligen Städtesystem zu. Dies gilt zumindest für demographische Indikatoren. So übersteigt der *index of primacy* (Verhältnis der größten zur zweitgrößten Stadt) nur in zwei Fällen erheblich den der log-Normalverteilung entsprechenden Wert von 2: In Lesotho ist Maseru, obwohl nur knapp 373 000 Einwohner (1999) zählend, mehr als zehnmal so groß wie die nächstfolgende Stadt Teyateyaneng (ROMAYA & BROWN 1999), und in Angola resultiert das starke Übergewicht von Luanda, sofern die Angaben nur annähernd zuverlässig sind, aus den Folgen des Unabhängigkeitskampfes und nachfolgenden Bürgerkrieges. Mit Recht wird deshalb ein Teil der Zuwande-

Tab. 29: Bevölkerungswachstum ausgewählter Städte im Südlichen Afrika

	Einwohner (in 1.000)			Jährliche Wachstumsrate (in %)		
	1950	1975	2000	1950/75	1975/00	2000/05
Luanda	138	669	2677	6,5	5,7	4,5
Maputo	91	528	3025	7,3	7,2	4,1
Kapstadt	618	1339	2993	3,1	3,3	1,1
Durban	486	894	1335	2,5	1,6	0,7
Johannesburg/ Witwatersrand[1]	1771	3302	6765	2,5	2,9	1,6
Port Elizabeth	192	531	1186	4,2	3,3	1,7
Pretoria	275	643	1508	3,5	3,5	1,7
Lusaka	26	385	1640	11,4	6,0	3,5
Harare	84	529	1752	7,6	4,9	3,3

[1] einschließlich East Rand, West Rand und Sasolburg
Quelle: UN (2000b)

Indikatoren des Verstädterungsprozesses 211

rer auch als „refugees to the urban areas" bezeichnet (AMADO, CRUZ & HAKKERT 1994, S. 113). Die *rank-size*-Diagramme der meisten anderen Staaten zeichnen sich eher durch einen Bedeutungsabfall nach einigen wenigen Führungsstädten aus. Insbesondere abseits der Hauptverkehrswege wie der *line of rail* in Sambia sind die Mittelstädte nur schwach entwickelt (HENKEL 1986).

In wirtschaftlicher und politischer Hinsicht ist die Primatstruktur häufig ausgeprägter, als es in den Index-Werten der Tab. 28 zum Ausdruck kommt. In den stark zentralistisch organisierten Staaten fallen alle wichtigen politischen Entscheidungen in der Hauptstadt, und auch die Wirtschaft außerhalb des Agrar- und Bergbausektors ist auf diese konzentriert. Bestes Beispiel dafür ist Namibia, wo die zweitgrößte Siedlung, die im Ovamboland gelegene Doppelstadt Oshakati/Ondangwa, schon zum Zeitpunkt des letzten Zensus (1991) ungefähr ein Drittel der Einwohnerzahl Windhoeks auf sich vereinigte und aufgrund ihres extrem schnellen Wachstums heute nicht mehr weit hinter der Hauptstadt zurückstehen dürfte (vgl. KLIMM, SCHNEIDER & VON HATTEN 1994, S. 63 u. 150). Dennoch bleibt Windhoek mit der Konzentration der wichtigsten sekundär- und tertiärwirtschaftlichen Funktionen, der Staatsbürokratie, der führenden Einrichtungen im Bildungs- und Gesundheitswesen sowie anderer sozialer Dienste eine „klassische Primatstadt" (SIMON 1995). Ähnlich kann im Falle von Botsuana argumentiert werden (KRÜGER 1997, S. 128 ff.). Alle Dezentralisierungsversuche, wie sie z. B. von RAKODI (1994, S. 351 ff.) für Sambia beschrieben werden, hatten meist nur geringen Erfolg.

Die Zunahme der städtischen Bevölkerung lässt sich in drei Komponenten aufgliedern: den natürlichen Zuwachs (Differenz von Geburten und Sterbefällen), Umklassifikationen ländlicher zu städtischen Siedlungen z. B. nach Überschreiten einer bestimmten Einwohnerzahl sowie Wanderungsgewinne. Umklassifikationen haben normalerweise lediglich einen verhältnismäßig geringen Einfluss auf die Verstädterungsquote, so dass bei einer groben Abschätzung nur die Bilanz der natürlichen Bevölkerungsentwicklung und der Wanderungen zu berücksichtigen ist. Genauere Erhebungen über Wanderungsströme innerhalb eines bestimmten Zeitraumes liegen für kein Land im Südlichen Afrika vor; gelegentlich wird im Zensus der Geburtsort oder ein voriger Wohnort erfragt, bzw. Stichprobenerhebungen geben gewisse Anhaltspunkte. Aber auch Angaben zu den Geburten- und Sterberaten einzelner Städte sind im Allgemeinen nicht zu erhalten. Um eine ungefähre Vorstellung vom Wanderungsanteil am Städtewachstum zu gewinnen, kann man die Differenz aus der Wachstumsrate der städtischen Bevölkerung (z. B. zwischen zwei Zensuserhebungen) und dem natürlichen Zuwachs bilden. Letzterer Wert lässt sich annähernd auf der Basis der Geburten- und Sterberaten für das jeweilige Land abschätzen. Selbst wenn davon auszugehen ist, dass die durchschnittlichen Kinderzahlen in den Städten geringer als auf dem Lande sind (vgl. Kap. 4.1.2.2), so wird dies durch die jugendliche Altersstruktur als Folge der Wanderungsselektivität weitgehend kompensiert. Diese Überlegungen führen zu der Aussage, dass im regionalen Mittel knapp 50 % des städtischen Zuwachses aus Wanderungen (einschließlich Umklassifikationen) resultieren. Der Wert deckt sich ungefähr mit der von SINGELMANN (1988) sowie BRUNN & WILLIAMS (1993, S. 298) für Gesamtafrika getroffenen Feststellung.

In einzelnen Ländern ist der Wanderungsanteil ganz sicher zeitweilig sehr viel größer gewesen, wie sich aus Berechnungen für einzelne Städte (z. B. HENKEL 1992 für Lusaka) und den extrem hohen Zuwachsraten der städtischen Bevölkerung in Tab. 29 schließen lässt. Südafrika nimmt aufgrund verschiedener Maßnahmen der *influx control* eine Sonderstellung ein. ZIETSMAN (1988, S. 97) hat berechnet, dass zwischen 1970 und 1980 nur 9,2 % des Bevölkerungsanstiegs in den vier größten *metropolitan areas* auf Wanderungsgewinne zurückgehen. Der Wert dürfte in neuerer Zeit angestiegen sein, was sich allerdings nur indirekt belegen lässt. Nach einer repräsentativen Haushaltsstichprobe aus dem Jahre 1995 weisen von den neun Provinzen Südafrikas nur Gauteng (mit Johannesburg) und Western Cape (mit Kapstadt) nennenswerte Wanderungsgewinne aus. Alle anderen Provinzen sind aufs Ganze gesehen Abwanderungsregionen (KAHIMBAARA 1998). Besonders ausgeprägt ist die Landflucht in den ehemaligen *homelands*; aber auch in Gebieten mit kommerzieller Landwirtschaft hält die Freisetzung und Vertreibung von Arbeitskräften aufgrund von Rationalisierung und Mechanisierung an (WIESE 1999, S. 122).

4.6.2 Land-Stadt-Wanderungen

Massive Bevölkerungsverlagerungen vom Land in die Städte hat es zu bestimmten Zeiten überall auf der Erde gegeben. War davon zunächst die Dynamik der städtischen Entwicklung in den Industriestaaten bestimmt und hat die Landflucht später auch in Lateinamerika entscheidend zum schnellen Städtewachstum beigetragen, so setzte der Verstädterungsprozess in Asien und Afrika mit einer nochmaligen Phasenverschiebung ein. Mit der Hypothese von der „Mobilitätstransformation" hat Zelinsky eine enge Beziehung zwischen gesellschaftlichem Wandel, demographischem Übergang und Mobilitätsverhalten postuliert (vgl. BÄHR 1997, S. 280 ff.) und damit auch den phasenverschobenen Ablauf zwischen einzelnen Großräumen erklärt. Im Modell Zelinskys, das im Wesentlichen auf der europäischen Erfahrung beruht, geht die Auswanderung der Land-Stadt-Wanderung voran; diese wiederum wird von Wanderungen zwischen einzelnen Städten und schließlich von zirkulären Bewegungen wie insbesondere dem Pendeln abgelöst.

Zwar gibt es auch im Südlichen Afrika gewisse Übereinstimmungen mit dem Modell Zelinskys hinsichtlich der Abfolge der vorherrschenden Migrationstypen, jedoch überwiegen regionsspezifische Besonderheiten:

1. Die Mobilitätstransformation ist durch externe Einflüsse eingeleitet worden, bevor sich die „Bevölkerungsschere" zu öffnen begann und der davon ausgehende Bevölkerungsdruck wirksam wurde.
2. Die Wanderungen sind auch später von den Kolonialverwaltungen oder den „weißen" Regierungen stark reglementiert worden, was entscheidende Konsequenzen für die Selektivität nach Geschlecht, Alter und ethnischer Zusammensetzung hatte.
3. Die sozioökonomischen Rahmenbedingungen der Gegenwart und jüngeren Vergangenheit wie insbesondere die lang anhaltende wirtschaftliche Stagnation oder gar Rezession haben dazu beigetragen, dass saisonale oder temporäre Wanderungen, die überall in Afrika mit der Entfaltung städtischer Siedlungen und urbaner Lebensformen eng verbunden sind (VORLAUFER 1984, S. 229), nach wie vor eine große Bedeutung haben und ein Mittel der Überlebenssicherung sind.

4.6.2.1 Auslöser der Migrationen

Der Mangel an Arbeitskräften im Bergbau und in der kommerziellen Landwirtschaft hat die Kolonialverwaltungen schon früh dazu veranlasst, mittels verschiedener Formen direkter und indirekter Gewalt die Mobilitätsbereitschaft der einheimischen Bevölkerung zu steigern. Als wichtigste Maßnahme ist die Erhebung von Kopf- oder Hüttensteuern zu nennen, die um die Wende vom 19. zum 20. Jh. überall eingeführt worden sind (vgl. z. B. SCHULTZ 1983, S. 99 f. für Sambia; SCHAPERA 1947, S. 149 für Betschuanaland). In Ermangelung anderer Möglichkeiten, zu Bargeld zu kommen, blieb nur die Aufnahme einer Lohnarbeit, sei es in der Stadt, im Bergbau oder der marktorientierten Landwirtschaft. Das System der Kontrakt- und Wanderarbeit hat hier seinen Ursprung (vgl. Kap. 3.4.4). Im Laufe der Zeit setzte ein Selbstverstärkungsprozess ein: Der Wunsch, die „Zivilisationsgüter", die man am Arbeitsort kennen gelernt hatte, erwerben zu können, entwickelte sich zu einem wichtigen Wanderungsmotiv. Damit rückte Lohnarbeit immer mehr ins Zentrum des männlichen Sozialprestiges und wurde zum Maßstab für wirtschaftlichen Erfolg. Die Frauen mussten dadurch zusätzliche Belastungen auf sich nehmen, weil zum einen die soziale Sicherung, d. h. die Versorgung der Alten, Kranken und Kinder, vollständig in ihren Aufgabenbereich überging, und sie zum anderen die Landrechte sichern mussten, indem sie allein und ohne männliche Hilfe den Boden bestellten (SCHÄFER 1998, S. 234). Wegen dieser zusätzlichen Absicherung konnten die Löhne niedrig gehalten werden (RAKODI 1995, S. 158).

COLEMAN (1972, S. 43) berichtet, dass in Malawi sehr bald kein äußerer Druck mehr nötig war, um genügend Lohnarbeitskräfte zu finden, sondern im Gegenteil sehr viele Menschen ohne festen Arbeitsvertrag abwanderten, überwiegend in Richtung der Goldminen Südafrikas. Wanderungen in die Städte, die über keine bergbauliche Basis verfügten, traten zum damaligen Zeitpunkt hinter die grenzüberschreitende Wanderarbeit zurück (LIENAU 1981, S. 159). Selbst die Hauptorte der einzelnen Kolonien waren noch recht klein, übten in erster Linie Verwaltungsfunktionen aus und boten allenfalls im Bereich der häuslichen Dienstleistungen gewisse Beschäftigungsmöglichkeiten für ungelernte Kräfte. Alle höherwertigen Berufe waren der weißen Bevölkerung vorbehalten, die deshalb auch einen vergleichsweise hohen Einwohneranteil ausmachte. So zählte z. B. Windhoek noch 1926 weniger als 10 000 Einwohner, davon knapp 40 % weiße (BÄHR 1968, S. 115); noch kleiner war Lusaka im Jahre 1931 mit ca. 2500 Einwohner, davon 20 % Europäer (WOOD in WILLIAMS 1986, S. 171).

4.6.2.2 Wanderungsreglementierungen

Auch abgesehen von der grenzüberschreitenden Wanderarbeit ist die Mobilität des Einzelnen lange Zeit erheblichen Restriktionen unterworfen gewesen. Wanderungsbeschränkungen und -steuerungen sind erst nach Ende der Kolonialzeit aufgehoben worden, in Südafrika erst kurz vor der endgültigen Abschaffung der gesetzlichen Rassentrennung. Während der Apartheid-Periode waren die Reglementierungen ohne Zweifel am einschneidendsten, auch wenn viele Restriktionen bereits auf das 19. Jh. zurückgehen, als die Teilstaaten der späteren Union von Südafrika die Bewegungsfreiheit der einheimischen Bevölkerung innerhalb ihrer Territorien mehr oder weniger stark einschränkten. Als zusammenfassende Bezeichnung für das Bündel aus gesetzlichen und administrativen Maßnahmen, mit denen die Beschäftigung von Nicht-Weißen, insbesondere von Schwarzen, in den Städten reguliert und ihre Mobilität kontrolliert wurde, hat sich der Begriff *influx control* eingebürgert (JEEVES 1995, S. 179; vgl. OGURA 1996). Die Nationalpartei, die 1948 die Macht übernahm, konnte auf Gesetze der Jahre 1937 und 1945 aufbauen. Diese hatten den Zuzug von Schwarzen in die Städte erschwert und die Möglichkeit eröffnet, alle diejenigen auszuweisen, die sich nicht rechtmäßig dort aufhielten. Das Kontrollsystem ist später weiter perfektioniert worden. Das sog. Passgesetz verpflichtete jeden Schwarzen, ein Referenzbuch bei sich zu führen, in das sein rechtlicher Status, die Arbeitserlaubnis sowie der Wohnsitz eingetragen wurden. Wer kein dauerhaftes Wohnrecht in der Stadt hatte, musste sich in dem *homeland*, dem er juristisch zugeordnet war, als Arbeitssuchender registrieren lassen und mindestens einmal pro Jahr dorthin zurückkehren, um die Einschreibung zu erneuern. Gleichzeitig wurden gemäß den Vorgaben des Group Areas Act gemischtrassige Wohngebiete aufgelöst, die Wohnungsbauinvestitionen mehr und mehr auf die *homelands* gelenkt und jede Art von *squatting* mit Gewalt unterbunden. Ein beträchtlicher Teil der Bevölkerungsbewegungen sowohl über größere Distanzen hinweg als auch innerhalb der Städte ist somit als „Zwangswanderung" abgelaufen. Es ist davon auszugehen, dass seit 1960 bis Mitte der 1980er Jahre ca. 3,5 Mio. Menschen meist zwangsweise umgesiedelt worden sind (GAEBE 1988, S. 22). In einzelnen Fällen sind ganze *townships* aus dem „weißen" Gebiet ausgegliedert und einem *homeland* zugeordnet worden (z. B. KwaMashu bei Durban), was die Zahl der grenzüberschreitenden Tagespendler in die großen Städte weiter erhöhte. Um 1980 sollen 800 000 Personen täglich zwischen einem *homeland* und dem „weißen" Südafrika gependelt sein (JEEVES 1995, S. 178). *Coloureds* und Asiaten waren von den Mobilitätsbeschränkungen ebenfalls betroffen, wenn auch nicht in dem Ausmaß und mit verschiedenen lokalen Varianten. So galt z. B. das vom *Volksraad* des Oranje-Freistaates beschlossene Verbot einer asiatischen Einwanderung bis in die jüngere Zeit (JÜRGENS & BÄHR 1996, S. 361). Im Gegensatz dazu sind im Kapland seit jeher *Coloureds* gegenüber anderen nicht-weißen Gruppen bevorzugt worden (Coloured Labour Preference Area), und die Zuwanderung von Schwarzen war dadurch zusätzlich erschwert.

Obwohl die Zahl der Festnahmen wegen Verstoßes gegen die Passgesetze von jährlich gut 200 000 um 1950 auf über 600 000 um 1970 emporschnellte (JEEVES 1995, S. 180), konnte der Zustrom in die Städte nicht vollständig unterbunden werden. Zwar dokumentieren die offiziellen Zahlen eine erhebliche Abschwächung der Wachstumsraten der städtischen Bevölkerung zwischen 1960 und 1990; es ist jedoch davon auszugehen, dass die Zuwanderung zu einem beträchtlichen Teil illegal erfolgte. Allerdings sind die Wanderungsbeschränkungen ganz wesentlich dafür verantwortlich zu machen, dass die Verstädterungsquote der einzelnen ethnischen Gruppen unterschiedlich ist (Tab. 30). Während Weiße, Asiaten und *Coloureds* seit langem weit überwiegend in Städten leben, zählen fast zwei Drittel der Schwarzen nach wie vor zur ländlichen Bevölkerung. Eine letzte Welle der Landflucht von weißen Farmern setzte in den 1970er Jahren ein, als sich die Sicherheitsbedingungen in abgelegenen ländlichen Räumen deutlich verschlechterten (WIESE 1999, S. 122).

Schon in den 1980er Jahren wurde der Bevölkerungsdruck in den *homelands* so hoch, dass eine weitere „Abschottung" der Städte vor der arbeitssuchenden schwarzen Bevölke-

Tab. 30: Verstädterungsquote der verschiedenen Bevölkerungsgruppen in Südafrika, 1904-2001 (in %)[1]

	Asiaten	Weiße	Coloureds	Schwarze	Gesamt
1904	37	53	51	10	23
1921	60	59	52	14	28
1946	73	75	61	24	38
1960	83	83	68	32	46
1970	87	87	74	33	47
1980	90	88	75	32	45
1991	96	91	83	35	48
1995	95	91	84	37	50
2001	98	92	84	45	55

[1] 1904-1991: Zensusergebnisse; 1995: Household Survey; 2001: Labour Force Survey
Quelle: MOSTERT u. a. (1998, S. 199); KAHIMBAARA (1998); SAIRR (2001b, S. 128)

rung nicht mehr durchsetzbar war: 1986 wurde die Anwendung der Passgesetze zunächst ausgesetzt, und wenig später sind sie ganz abgeschafft worden (vgl. OGURA 1996).

Sowohl in Südafrika als auch in den anderen Staaten der Region haben unter den Schwarzen bevorzugt jüngere Männer eine Arbeitserlaubnis in den Städten erhalten, weil man diese als ungelernte Kräfte im Bergbau und in der Industrie benötigte. Dagegen bestanden für Frauen fast nur im Sektor der häuslichen Dienstleistungen gewisse Beschäftigungsmöglichkeiten. Teilweise sind allerdings auch in diesem Bereich männliche Kräfte als Kontraktarbeiter oder Dauerbeschäftigte eingesetzt worden. So gingen z. B. 1946 in Lusaka von der in den *townships* lebenden Bevölkerung nur 59 Frauen, aber 7485 Männer einer Beschäftigung nach (WOOD in WILLIAMS 1986, S. 186), und in Lusaka kamen noch 1960 auf 100 Frauen im Alter von 15–49 Jahren mehr als 150 Männer (AMADO, CRUZ & HAKKERT 1994, S. 116). Bis in die Gegenwart ist die Sexualproportion in den großen Städten meist zugunsten der männlichen Seite verschoben (Lusaka 1980: 106, Lubumbashi 1984: 106, Blantyre 1987: 110, Harare 1992: 108, Gauteng 1996: 104; nach Zensusergebnissen). Abb. 33 verdeutlicht für Harare, dass damit eine altersmäßige Selektivität einherging; erst im Laufe der Zeit hat sich die Altersstruktur der Pyramidenform angenähert. Zu den bemerkenswerten Ausnahmen zählt Lesotho, wo sich seit langem ein hoher Prozentsatz der Männer im arbeitsfähigen Alter als Wanderarbeiter in Südafrika aufhält und *female headed households* eher die Regel als die Ausnahme bilden. Die Migration in die Städte des eigenen Landes wird nicht zuletzt deshalb vom weiblichen Bevölkerungsteil getragen (ROMAYA & BROWN 1999, S. 124). Ähnliches berichten BRYANT, STEPHENS & MACLIVER (1978) für Botsuana, wo bei den Wanderungen nach Gaborone schon in den 1970er Jahren die Frauen dominierten, weil die Bergbauregionen des Landes für sie keine Alternative darstellen. Hier ist umgekehrt der Männerüberschuss außergewöhnlich hoch (KLIMM, SCHNEIDER & VON HATTEN 1994, S. 251).

In den übrigen Staaten der Region gab es bis zum Ende der Kolonialzeit zwar ebenfalls Wanderungsbeschränkungen; diese waren jedoch nur in Namibia und in Simbabwe mit den gesetzlichen Regelungen Südafrikas vergleichbar, und in beiden Staaten galten die Restriktionen verhältnismäßig lange. In Namibia ist insbesondere die Mobilität der im N des Landes lebenden Bevölkerungsgruppen schon zur deutschen Zeit begrenzt oder ganz ver-

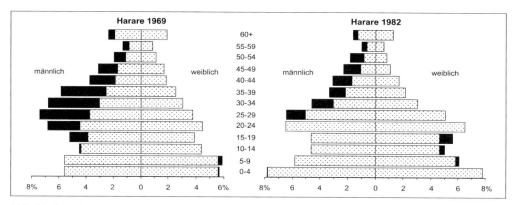

Abb. 33: Bevölkerungspyramide von Harare, 1969 und 1982
Quelle: RAKODI (1995, S. 146)

boten worden (vgl. Kap. 2.2.2); später wurden dann viele Apartheid-Regelungen auf das Mandatsgebiet übertragen, so dass zwar im Einzelnen die gesetzlichen Grundlagen etwas anders waren – so galt z. B. der Group Areas Act nicht; im Ergebnis konnte aber von freien Wanderungsentscheidungen der schwarzen Bevölkerung nicht die Rede sein. Seit 1977 sind einzelne Einschränkungen aufgehoben und das langfristige Wohnrecht der Schwarzen in den Städten anerkannt worden. Zum damaligen Zeitpunkt wurde es möglich, in den *townships* Wohneigentum zu erwerben. Bereits gut zehn Jahre vor der endgültigen Unabhängigkeit (1990) kam dann das Ende der Apartheid-Gesetzgebung (PICKARD-CAMBRIDGE 1988, S. 23).

Auch im heutigen Simbabwe versuchte man schon seit der Jahrhundertwende, die dauerhafte Ansiedlung von Schwarzen in den Städten zu verhindern. Wie im Falle der Minen und der kommerziellen Landwirtschaft sollte der Arbeitskräftebedarf z. B. für *domestic servants* oder ungelernte Industriearbeiter nach Möglichkeit im Rahmen des Kontraktarbeitersystems gedeckt und die Zuwanderung von Familien verhindert werden. Der Industrial Conciliation Act von 1934 beschränkte die Beschäftigung von Schwarzen in der Industrie; der Native Registration Act von 1936 führte ein Registrierungsdokument ein, das nur bei legaler Beschäftigung zu erhalten war, und der Native (Urban Areas) Accomodation and Registration Act von 1946 erweiterte die Regelungen der Native Locations Ordinance aus 1906 und verpflichtete die Städte zur Einrichtung von *townships* und die Arbeitgeber zur Bereitstellung von Unterkunftsmöglichkeiten in *hostels*. Nach dem Vagrancy Act von 1960 waren bei unrechtmäßigem Aufenthalt auch Deportierungen vorgesehen (vgl. MUTAMBIRWA 1988; PICKARD-CAMBRIDGE 1988, S. 8; RAKODI 1995, S. 24 ff.). Jedoch sind die gesetzlichen Regelungen weniger streng als in Südafrika gehandhabt worden, weil sich seit 1970 ein wachsender Arbeitskräftebedarf aufgrund der Emigration von weißen Fachkräften bemerkbar machte. In Harare ist z. B. die weiße Bevölkerung zwischen 1977 und 1981 von 118 300 auf 91 100 zurückgegangen (DAVIES 1986, S. 131), so dass in steigendem Maße die Arbeitsplätze, die bislang mit Weißen besetzt waren, von Schwarzen eingenommen werden konnten. Überdies war eine Kontrolle während des Guerilakrieges faktisch nicht möglich.

Trotz aller Wanderungsreglementierungen hat sich das Verhältnis von schwarzer zu weißer Bevölkerung in den Städten Simbabwes von 1 : 1 (1904) auf 3 : 1 (1960) und 5 : 1 (1980) verschoben (RAKODI 1995, S. 26). Schon die Übergangsregierung unter Bischof Muzorewa hat einige der diskriminierenden Gesetze Ende der 1970er Jahre abgeschafft, und seit der Unabhängigkeit (1980) gibt es keine ethnischen, sondern nur noch ökonomische Wanderungsbeschränkungen.

4.6.2.3 Zirkuläre Migrationen

Bis zur Gegenwart werden die Land-Stadt-Wanderungen in allen Ländern der Region durch ihren zirkulären bzw. semipermanenten Charakter bestimmt, wobei häufig beträchtliche Distanzen zurückgelegt werden. So war Gaborone in 1990/91 sowohl wichtigstes Ziel- als auch wichtigstes Herkunftsgebiet der Binnenwanderungen (VAN DER POST 1995, S. 85), und auch in Sambia stehen den auf die Städte gerichteten Wanderungen starke Gegenströme gegenüber (MIJERE & CHILIVUMBO 1994, S. 160). Vielfach halten selbst diejenigen Migranten, die vor vielen Jahren in die Stadt gekommen sind, die Verbindung zum ländlichen Herkunftsgebiet aufrecht und kehren vorübergehend oder im Alter nach dort oder in eine nah gelegene Kleinstadt zurück (vgl. PEIL in BAKER & AINA 1995). Damit hängt es zusammen, dass Kettenwanderungen (*chain migration*) häufig (vgl. LOHNERT 1999, S. 106 ff.), Etappenwanderungen (*step-wise migration*) dagegen eher selten sind (vgl. KLIMM, SCHNEIDER & VON HATTEN 1994, S. 153; MEARS 1997, S. 607). Was zunächst eine Folge der Restriktionen und der Tradition des Wanderarbeitersystems war, ist später zu einer Form der Überlebenssicherung geworden. Erst in jüngerer Zeit beginnt sich dieses Muster mehr und mehr in Richtung einer dauerhaften Wohnsitzverlagerung zu verändern. Auch führt die Verbesserung der Verkehrsinfrastruktur zur Erweiterung des Einflussbereiches der Städte, und Wanderungen können z. T. durch Pendeln ersetzt werden (TOWNSEND 1997, S. 418).

Aufgrund einer größeren Zahl von Feldstudien sind wir über Haushaltsstrukturen und Familiennetzwerke der Migranten gut unterrichtet. Als Beispiel sei die Untersuchung des Anthropologen TOWNSEND (1997) in einem 45 km westlich von Gaborone liegenden Dorf angeführt, das ca. 5000 Einwohner zählt. Der Begriff „Haushalt" (*lolwapa*) wird bei den Tswana wie auch bei anderen ethnischen Gruppen in einem sehr umfassenden Sinne verstanden und entspricht nicht dem „westlichen Konzept" (vgl. RUSSELL 1993). Die physische Anwesenheit ist nicht notwendig, um Mitglied eines (ländlichen) Haushalts zu sein. Vielmehr zählen dazu sowohl Personen, die im dörflichen Gehöft, in einem dazugehörigen Haus inmitten der landwirtschaftlichen Nutzfläche oder einem entfernteren *cattle post* wohnen, als auch solche, die in die Stadt gezogen sind oder einer Arbeit in den Minen des eigenen Landes bzw. in Südafrika nachgehen. Eine vorübergehende, früher häufig saisonale Abwanderung ist seit langem fester Bestandteil der männlichen „Normalbiographie". Die von TOWNSEND (1997, S. 415 ff.) rekonstruierten Lebensgeschichten belegen, dass viele Tswana zwischen Stadt und Land stehen und in räumlich „gespaltenen" Haushalten leben: So kann der Arbeitsplatz in der Stadt liegen, während die meisten Familienmitglieder im heimatlichen Dorf leben und dort die Anbauflächen bearbeiten und das Vieh an andere Stammesangehörige zur Auftragshaltung (*mafisa*-System) übergeben (SCHAPERA 1947, S. 165). Kinder werden vielfach nicht von ihren Eltern großgezogen, sondern wachsen in einem oder mehreren Haushalten auf. Bei Abwanderung der Eltern in die Stadt verbleiben sie teilweise am Heimatort oder werden im Falle einer Notlage zu Verwandten bzw. Bekannten geschickt, die sich für kürzere oder längere Zeit um sie kümmern (SPIEGEL 1997). Vorübergehende oder auch längerfristige Wanderungen sind in diesem System nicht nur sozial akzeptiert, sondern sie werden von jedem Mann geradezu erwartet. Nur so können Kleidung und andere Konsumgüter, aber auch landwirtschaftliche Geräte gekauft, kann die Ausbildung der Kinder finanziert und der Brautpreis (*lobola*) aufgebracht werden. Wanderungen von Frauen waren hingegen gesellschaftlich unerwünscht; sie beschränkten sich lange Zeit auf verwitwete oder verlassene Frauen, da diese in der Regel über keine Landrechte verfügten und deshalb gezwungen waren, in den Städten ihr Überleben zu sichern, was meist nur im informellen Sektor, vielfach als Prostituierte möglich war. Heute ist der Anteil von Migrantinnen im Steigen begriffen, was einerseits mit den sich verschlechternden Lebensbedingungen auf dem Lande und der Instabilität vieler Ehen zusammenhängt, andererseits auch durch die verbesserte Schulausbildung der Frauen erleichtert wird (DUBE in BAKER & AINA 1995). Die sich verstärkende Abwanderung der weiblichen Familienmitglieder hat teilweise zur Folge, dass nicht mehr genügend Arbeitskräfte auf dem Lande verbleiben, um die Felder zu bestellen und das Vieh zu hüten.

Wie stark noch immer die Verbindungen zwischen städtischen und ländlichen Räumen sind, mag eine Befragung von *low-income households* in Harare (1991) verdeutlichen (RAKODI 1995, S. 168 ff.): 39 % verfügten über Landrechte auch außerhalb der Stadt, wo meistens Nahrungsmittel angebaut wurden, 35 % besaßen Vieh, und 50 % hatten ein eigenes Haus auf dem Lande. Von den übrigen strebten immerhin 62 % an, ein solches zu bauen. Während einerseits die Erträge der dörflichen Felder mit zur Versorgung des städtischen Haushaltsteiles beitragen (vgl. DRAKAKIS-SMITH & KIVELL 1990), werden andererseits mehr oder weniger regelmäßig Rimessen in das heimatliche Dorf geschickt. In der erwähnten Befragung gaben immerhin 25 % an, dies regelmäßig zu tun, und 50 % taten dies, wenn eine solche Hilfe nötig war. Vergleichbare Ergebnisse erbrachte eine Befragung von KRÜGER (1997, S. 211 ff.) in einem Armutsviertel von Gaborone. Die Abhängigkeit vieler ländlicher Familien von Rimessen führt immer dann zu Problemen, wenn diese sich drastisch vermindern oder ganz eingestellt werden. Dies ist insbesondere der Fall, sobald die abgewanderten Männer mit „urban wives" eine zweite Familie gründen (RAKODI 1995, S. 156 f.).

Seit der Unabhängigkeit sind zirkuläre Migrationen tendenziell rückläufig, weil nicht länger juristische Hindernisse eine dauerhafte Wohnsitzverlagerung erschweren. Dadurch ist auch die Familienzusammenführung erleichtert worden. Nach POTTS & MUTAMBIRWA (1990) bleiben insbesondere diejenigen Migranten in der Stadt, die über keine Landrechte verfügen, die als soziale Absicherung dienen könnten. Auch die sich herausbildenden städtischen Eliten sind weniger auf eine Kombination ländlicher und städtischer Ressourcen zur Überlebenssicherung angewiesen; ihre Beziehungen zu den ländlichen Herkunftsgebieten sind daher geringer (RAKODI 1995, S. 159). Viele andere Familien behalten hingegen aus ökonomischen Gründen eine „doppelte Verankerung" bei; das gilt insbesondere in wirtschaftlichen Krisenzeiten (POTTS 2000 für Simbabwe). Dabei besteht die Tendenz, dass Männer längerfristig in der Stadt bleiben und nur bei Arbeitslosigkeit oder im Alter aufs Land zurückkehren, während Frauen aus Mangel an dauerhaften Beschäftigungsmöglichkeiten häufiger nur für eine bestimmte Zeit abwandern.

Die Apartheid-Politik hat ein „Ausbrechen" aus dem System der zirkulären Migration besonders lange verhindert. Noch 1985 hielten sich 1,79 Mio. männliche und 0,44 Mio. weibliche Wanderarbeiter aus den *homelands* im „weißen" Südafrika auf (MOSTERT u. a. 1998, S. 193). Heute gibt es zwar keine gesetzlichen Reglementierungen mehr; der Rückgang der Arbeitsplätze in der formellen Wirtschaft, verbunden mit hoher Arbeitslosigkeit, hat jedoch zur Stabilisierung der Verhältnisse beigetragen. Empirische Erhebungen unter der Armutsbevölkerung in Durban aus Mitte der 1990er Jahre dokumentieren die fortbestehenden Beziehungen zum ländlichen Raum (SMIT 1998): Nur 19 % der Befragten gaben an, keinerlei Kontakte mehr zu haben; bei 32 % beschränkten sich die Kontakte auf gelegentliche Besuche, aber 48 % hatten weiterhin häufige und enge Kontakte, verbunden mit Besuchen im Abstand von weniger als einem Monat. Immerhin wurden 39 % aller Haushalte als *multi-home household* klassifiziert, wobei die ökonomisch aktiven Mitglieder in der Regel in der städtischen, die ökonomisch nicht aktiven in der ländlichen Wohnung lebten. Daraus ergibt sich eine Selektivität nach Alter und Einkommen. Der Vergleich diesbezüglicher Indikatoren für das *township* Umlazi einerseits und den ländlichen Distrikt Ndwedwe (nördlich von Durban) andererseits ist dafür ein sehr aussagekräftiger Beleg (SMIT 1998, S. 79): Während in ersterem Fall 65 % der Bewohner zur erwachsenen Bevölkerung zählen (davon 56 % Männer) und auf einen Einkommensbezieher lediglich 1,1 Abhängige entfallen, macht die erwachsene Bevölkerung im zweiten Fall nur 45 % aus (davon 62 % Frauen), und die Abhängigkeitsrelation beträgt 1 : 6,1.

Da eine grundlegende Veränderung der wirtschaftlichen Rahmenbedingungen nirgendwo im Südlichen Afrika in Sicht ist, werden zirkuläre Migrationen auch in Zukunft ein Element der Überlebenssicherung bleiben. In der wissenschaftlichen Literatur sind alle Wanderungsformen, die nicht als einmaliger Vorgang ablaufen, bislang zu wenig beachtet worden, worauf jüngst MCHUGH (2000) hingewiesen hat. Die angeführten afrikanischen Beispiele sind außerdem ein Beleg dafür, dass das Wanderungsgeschehen zwar durch *push-pull* Faktoren gesteuert wird, wie sie z. B. LABUSCHAGNE & MULLER (1993) zusammenfassend charakterisiert haben, die Reaktionen darauf aber nach kulturellem Hintergrund durchaus unterschiedlich sein können.

4.6.3 Innerstädtische Wanderungen

Die starke Zuwanderung in die Städte, verbunden mit einer Ausdehnung der besiedelten Flächen, häufig in Form von *squatter settlements*, legen die Frage nach den genauen Mechanismen dieses Prozesses nahe. Wo liegt der erste Wohnstandort der Migranten in der Stadt? Welche Rolle spielen innerstädtische Wanderungsbewegungen für das räumliche Städtewachstum? In Beantwortung dieser Fragen ist in neuerer Zeit verschiedentlich versucht worden, die Thesen von TURNER (1968), die dieser schon in den 1960er Jahren an lateinamerikanischen Beispielen entwickelt hatte, auf das Südliche Afrika zu übertragen und dabei auch die Befunde aus anderen afrikanischen Ländern einzubeziehen (vgl. KLIEST & SCHEFFER 1981). Besonderes Interesse haben die Verhältnisse in Johannesburg gefunden: Allein von der Größe her – sowohl bezüglich der Einwohnerzahl als auch der Funktionen und innerstädtischen Differenzierung – ist dies die einzige Stadt, die einen Vergleich mit lateinamerikanischen Metropolen rechtfertigt. Überdies liegt es nahe, danach zu fragen, inwieweit das Ende der Apartheid zu einem Wandel des innerstädtischen Wanderungsmusters geführt hat.

Im TURNER-Modell wird ein zweiphasiger Wanderungsprozess postuliert (vgl. BÄHR 1997, S. 367 f.): Für neu in die Stadt gekommene Migranten aus unteren Sozialschichten spielt die Lage des ersten Wohnstandortes zu möglichen Arbeitsplätzen die entscheidende Rolle. Als „Brückenkopf" in der Stadt werden daher bevorzugt Unterkünfte als Mieter bzw. Untermieter in abgewerteten innerstädtischen Wohnquartieren gewählt. Erst später, wenn eine gewisse Integration in die städtische Wirtschaft gelungen ist, kann der Wunsch nach einer eigenen Wohnung erneut eine Wanderungsentscheidung auslösen, die mangels Alternativen gewöhnlich in die *squatter settlements* am Stadtrand führt. Unter Einsatz der eigenen Arbeitskraft wird die erste behelfsmäßige Hütte allmählich in ein stabileres Haus umgestaltet; aus den *bridgeheaders* sind damit *consolidators* geworden. Dieses einfache Wanderungsmodell ist später in mehrfacher Hinsicht modifiziert worden. Dabei ist sowohl die Erkenntnis berücksichtigt worden, dass sich der erste Wohnstandort der Migranten mit fortschreitendem Städtewachstum immer weiter nach außen verlagert, als auch die Tatsache, dass die freie Wohnstandortwahl in zunehmendem Maße durch *constraints* eingeschränkt ist und auch Landbesetzungen immer schwieriger geworden sind.

Schon KLIEST & SCHEFFER (1981) haben darauf hingewiesen, dass eine Übertragung dieses Modells auf afrikanische Agglomerationen nur bedingt möglich ist. Als Gründe dafür nennen sie zum einen den zirkulären Charakter vieler Migrationen, zum anderen die räumliche Verteilung ethnischer Gruppen im Stadtgebiet, die sowohl die Wahl des ersten Wohnstandortes als auch Richtung und Stärke innerstädtischer Wanderungsbewegungen entscheidend bestimmt. Beide Gesichtspunkte gelten ebenfalls für das Südliche Afrika, wenn auch die tribalistische Viertelsbildung hier weniger ausgeprägt ist als in anderen afrikanischen Staaten (KRÜGER 1997, S. 180). Die lang anhaltenden gesetzlichen Reglementierungen treten zu den vorwiegend ökonomischen *constraints*, wie sie aus anderen Entwicklungskontinenten bekannt sind.

Unsere Kenntnis über innerstädtische Wanderungsbewegungen im Großraum Johannesburg basiert auf umfangreichen Befragungen, die sowohl in Soweto als auch in mehreren informellen Wohngebieten in den Jahren 1997 und 1998 durchgeführt worden sind (GILBERT & CRANKSHAW 1999; STEVENS & RULE 1999). Die Befunde beziehen sich somit in erster Linie auf untere Einkommensgruppen; für Besserverdienende sind die Möglichkeiten bei der Wohnstandortwahl größer und schließen insbesondere die citynahen, ehemals „weißen" *group areas* ein, wo es in jüngerer Zeit punktuell zu Anzeichen des *urban decay* gekommen ist (vgl. Kap. 4.8.1; CRANKSHAW & WHITE 1995; JÜRGENS & GNAD 2000a).

Die oben genannten Steuerungsfaktoren der innerstädtischen Migrationen in afrikanischen Städten treffen in hohem Maße auch für Johannesburg zu. Die in der Kolonialzeit angelegte zirkuläre Migration ist durch die Apartheid-Politik verstärkt worden. Selbst heute hat noch ca. die Hälfte der im Soweto-Survey befragten Familien Kinder, die „zu Hause", d. h. im ländlichen Raum, leben, wenn auch in der Mehrzahl der Fälle der Mann nicht allein, sondern zusammen mit seiner Frau in Johannesburg wohnt. Immerhin ein Drittel der Befragten hat vor, später zum *family home* zurückzukehren.

Ebenso war es lange Zeit Ziel der offiziellen Politik, „Apartheid within Apartheid" (CHRISTO-PHER 1989) zu fördern, d. h. ethnisch möglichst homogene Wohngebiete zu schaffen. Dies ließ sich jedoch auf Dauer nicht durchhalten, so dass später bei der Vergabe der Häuser in den *townships* meist nach dem „first come, first served"-Prinzip verfahren wurde (JÜRGENS 1994, S. 83). Nur die *hostels* waren in der Regel ethnisch sehr homogen zusammengesetzt. Zu einer gewissen ethnischen Clusterbildung haben auch soziale Netzwerke und Kettenwanderungen beigetragen, wie z. B. LOHNERT (1999) an zwei informellen Wohngebieten in Kapstadt gezeigt hat: Nicht nur dass hier ca. 85 % der Bewohner aus ländlichen Gebieten der Provinz Ostkap stammten; knapp die Hälfte dieser Gruppe kam aus nur einem einzigen Distrikt.

Es war von Anbeginn zu erwarten, dass das TURNER-Modell auf Johannesburg nur in modifizierter Form zutrifft. Für Neuzuwanderer aus der schwarzen Bevölkerungsgruppe waren citynahe Wohngebiete bis zur Aufhebung der Apartheid offiziell verschlossen. Auch hatte sich hier, anders als in Lateinamerika, noch kaum ein Abwertungsprozess bemerkbar gemacht, so dass nur bedingt kostengünstiger Wohnraum zur Verfügung stand. Wo immer es slumähnliche Verhältnisse gegeben hat, sind diese mittels *bulldozing* beseitigt und die nicht-weißen Bewohner in die *townships* umgesiedelt worden (vgl. LODGE 1981; JÜRGENS 1991, S. 70 ff.). Auch die größeren Städte außerhalb Südafrikas, die allesamt sehr jung sind, weisen allenfalls kleinflächige innerstädtische Slums auf.

In Übereinstimmung mit TURNER sind Neuzuwanderer, vielfach Einzelpersonen, insoweit *bridgeheaders*, als zuerst eine Unterkunft bei Verwandten bzw. Freunden und Bekannten oder eine Bleibe als Untermieter gesucht wird. Das gilt nicht nur für Johannesburg, sondern auch für andere Städte der Region (vgl. z. B. RAKODI 1995, S. 156 f. für Harare). In der Soweto-Stichprobe sind nur 15 % der Zuwanderer sofort in ein gemietetes (formelles) Haus eingezogen; alle übrigen mussten sich mit anderen, häufig behelfsmäßigen Wohnformen begnügen (Tab. 31). In der jüngsten Kohorte (Zuwanderer 1991–96) spielt die Untervermietung sogar noch eine wesentlich größere Rolle, weil das Angebot an formellem Wohnraum bei weitem nicht mit der gewachsenen Nachfrage Schritt halten konnte. Als südafrikanische Besonderheit haben GILBERT u. a. (1997) herausgestellt, dass Untervermietung hier in der Regel nur die Überlassung – meist ohne Vertrag – einer Hinterhoffläche bedeutet, auf der der spätere Nutzer eine einfache Hütte errichtet, die er z. B. bei Vertreibung oder Umzug in ein *squatter settlement* wieder abreißt, um die Materialien mitzunehmen. Wie groß das Ausmaß dieser Art von Untervermietung ist, geht aus einer Umfrage in sechs größeren Städten hervor, wonach 55 % der Bewohner von formellen *townships* dieser Gruppe zuzurechnen sind. Aber auch in *squatter settlements* nehmen Untervermietungen dieses Typs zu: Die Flächen sind hier allerdings meist sehr klein, und *overcrowding* ist die Regel (GILBERT u. a. 1997, S. 140).

Während der Apartheid-Zeit war die Dynamik der innerstädtischen Wanderungen vergleichsweise gering (GILBERT & CRANKSHAW 1999, S. 2385). Das „Ventil" der Landbesetzung fehlte, alle *squatter settlements* sind gewaltsam aufgelöst und die Bewohner vertrieben oder umgesiedelt worden. Mangels Alternativen waren viele Zuwanderer deshalb gezwungen, *bridgeheaders* zu bleiben. Selbst *backyard shacks* in den Hinterhöfen formeller Siedlungshäuser sind erst seit Mitte der 1970er Jahre mehr und mehr toleriert worden, *squat-*

ting seit den 1990er Jahren (vgl. JÜRGENS & BÄHR 1994). Offiziell abgeschafft wurde der Prevention of Illegal Squatting Act der Apartheid-Ära sogar erst 1998 (WIESE 1999, S. 213). Seitdem ist es eine Straftat, illegale Landbesetzer ohne Gerichtsurteil zu vertreiben. Die Extension of Security of Tenure Bill sieht sogar vor, dass Squatter Siedlungsrechte erwerben, wenn sie länger als ein Jahr auf demselben Grundstück leben.

Tab. 31: Art der ersten Unterkunft von Zuwanderern nach Johannesburg (in %)

	Alle Zuwanderer	Zuwanderer 1991-96
Gemietetes (formelles) Haus	15	7
Wohnung einer anderen Familie	22	15
Hinterhofzimmer oder -hütte	31	43
Zimmer im Hause des Arbeitgebers	9	5
Hostel	18	16
Hüttenviertel	5	14

Quelle: Soweto Survey nach GILBERT & CRANKSHAW (1999, S. 2382)

Die Soweto-Befragung ergab, dass 50 % der Zuwanderer, die zunächst in die Wohnung einer anderen Familie gezogen waren, nach wie vor dort wohnen; im Falle der *hostels* waren es 54 %, im Falle der *backyard shacks* sogar 61 % (GILBERT & CRANKSHAW 1999, S. 2385). Solange die Apartheid bestand, war als zweiter Wanderungsschritt nur der Umzug in ein formelles Siedlungshaus möglich, was aber mangels ausreichenden Angebotes keinesfalls die Regel war. Erst in neuerer Zeit nehmen die von TURNER (1968) beschriebenen Umzüge in *squatter settlements* als Strategie zur Lösung des Wohnproblems zu. Das ergibt sich aus den Befragungsergebnissen von STEVENS & RULE (1999). Danach sind die Bewohner der informellen Wohngebiete ganz überwiegend keine Neuzuwanderer aus dem ländlichen Raum, sondern solche, die bereits über eine gewisse städtische Erfahrung verfügen (Tab. 32). Häufig kommen sie aus der unmittelbaren Nachbarschaft, was sich mit der besseren Information über die Verhältnisse vor Ort erklären lässt. Als Motiv für den Umzug dominiert der Wunsch, beengten Wohnverhältnissen zu entfliehen und zu einer eigenen Wohnung zu kommen, bei den Bewohnern der *hostels* auch die Möglichkeit, jetzt die Familie nachholen zu können.

Allerdings ist nicht zu übersehen, dass es sich bei einem Großteil dieser Umzüge um „Zwangsmigrationen" handelt, z. B. als Folge von Streit und nachfolgender Vertreibung durch Vermieter oder fehlendem Geld für Mietzahlungen. Auch kann man in den meisten Fällen nur sehr bedingt von einer Integration in die städtische Wirtschaft sprechen. Unter den Befragten hatten die Wenigsten einen festen Arbeitsplatz, viele waren arbeitslos. Damit mag es zusammenhängen, dass eine bauliche Konsolidierung auf der Basis von *self-help housing* nur in geringem Umfang stattfindet. In anderen Fällen sind die Erwartungen und Wünsche eher auf Eigentum in einer formellen Siedlung gerichtet, oder der Aufenthalt in der Stadt wird nur als vorübergehend angesehen. Die bauliche Konsolidierung der *backyard shacks* ist nicht nur aufgrund der besonderen Vertragsverhältnisse ausgeschlossen, sondern auch deshalb, weil die Bewohner der formellen Häuser in vielen Fällen keine Eigentümer, sondern Mieter städtischer Gesellschaften sind und deshalb über den Grund und Boden nicht frei verfügen können (GILBERT u. a. 1997, S. 141)

Tab. 32: Wanderungsablauf von Bewohnern informeller Siedlungen in der Provinz Gauteng (in %)

	Geburtsort	Wohnort vor Zuzug
Gleicher Teil von Gauteng	39	81
Anderer Teil von Gauteng	6	4
Nächste angrenzende Provinz	26	10
Andere Provinz bzw. anderes Land	29	5

Quelle: Befragungen in vier informellen Wohngebieten 1997/98 nach STEVENS & RULE (1999, S. 111)

Trotz objektiv schwieriger Lebensbedingungen hat sich nach Auffassung fast aller Befragten die Situation nach dem Umzug verbessert, und 75 % stimmen der Aussage zu, dass es sich in den Städten besser als auf dem Lande leben lässt (STEVENS & RULE 1999, S. 114 f.; vgl. auch LOHNERT 1999, S. 112 ff. für Kapstadt). Negativ bewertet wird lediglich die hohe Kriminalität (vgl. Kap. 4.5). Es ist die Politik der Regierung, mittels Vergabe von Landrechten in *squatter settlements* oder *site-and-service*-Projekten die Eigeninitiative der Bewohner zu fördern und damit zum baulichen Konsolidierungsprozess der Siedlungen beizutragen. Um zu zusätzlichem Einkommen zu gelangen, wird die Tendenz zur Untervermietung eher zunehmen, was wiederum mittel- und langfristig zur Angleichung der innerstädtischen Wanderungsprozesse an das TURNER-Modell führen würde.

4.7 Typologie von Städten im Südlichen Afrika

4.7.1 Kriterien und Hauptgruppen

Es gibt eine größere Anzahl von Versuchen, die Städte Afrikas oder einzelner seiner Teilräume im Sinne des kulturgenetischen Konzeptes zu typisieren und ihre jeweiligen Besonderheiten herauszustellen (vgl. HOFMEISTER 1996). Dabei wird von der These ausgegangen, die BERRY schon 1973 formulierte, dass die Verstädterung in den verschiedenen Weltregionen trotz gewisser Gemeinsamkeiten nicht einem, sondern mehreren Entwicklungspfaden folgt (BERRY 1973, S. XII) und sowohl hinsichtlich der Prozesse als auch der Ergebnisse fundamentale Unterschiede zwischen einzelnen Kulturräumen bestehen. Diese Auffassung steht im Gegensatz zur modernisierungstheoretisch beeinflussten Konvergenz-Hypothese, die auf SCHNORE (1966) zurückgeht und besagt, dass die Städte überall auf der Welt bestimmte Entwicklungsphasen durchlaufen und sich in Richtung eines für alle gleichartigen Spätstadiums entwickeln. Die empirische Beobachtung der Stadtentwicklung in den verschiedenen Großräumen der Erde führte zu einer vermittelnden Position zwischen den gegensätzlichen Auffassungen. Danach wird die Stadtstruktur eines Raumes aus dem Zusammenspiel von varianten (kulturraumspezifischen) und invarianten (kulturraumübergreifenden) Faktoren bestimmt (LICHTENBERGER 1989). Denn universale Prozesse, wie Modernisierung, Urbanisierung oder Globalisierung, rufen unterschiedliche Reaktionen der jeweiligen Gesellschaften hervor, woraus sich wiederum unterschiedliche städtische Formen und räumliche Ordnungen ergeben.

So hat insbesondere der Globalisierungsprozess, den wir seit etwa zwei Jahrzehnten nicht nur im Bereich der Wirtschaft, sondern auch in Politik, Kultur, Information und Wissen erleben, zwar die weltweite Vernetzung gestärkt und damit in hohem Maße auch städtische Strukturen beeinflusst, jedoch nicht so sehr in Richtung auf eine weltweite Homogenisierung und Vereinheitlichung, sondern in Richtung auf lokale Besonderheiten und Spezialitäten („Glokalisierung"). Das liegt daran, dass in dem System weltweiter Arbeitsteilung die einzelnen Großräume, Länder und Städte eine höchst unterschiedliche Position einnehmen und deshalb die „internationalen Räume", die Teile der globalen Gesellschaft sind und einen bestimmten Lebensstil widerspiegeln, ein quantitativ sehr verschiedenes Gewicht haben. Auch die sozialräumliche Differenzierung schreitet unterschiedlich schnell voran und wird in unterschiedlichem Umfang von einer „Fragmentierung" abgelöst. Letztere entsteht dadurch, dass Personengruppen und damit auch städtische Teilräume an die ökonomische, soziale und räumliche Peripherie abgedrängt werden und kaum noch mit der Stadt, zu der sie administrativ gehören, verflochten sind. CASTELLS (1991) hat die Entwicklung mit dem Begriff der „zweigeteilten Stadt" umschrieben; KRÄTKE (1995) spricht von der „vielfach geteilten Stadt" oder „Stadt der Inseln" und meint damit die Tendenz zur sozialen Desintegration der städtischen Gesellschaft und Polarisierung des sozialräumlichen Gefüges.

Man kann also sagen, dass der Globalisierungsprozess sowohl Konvergenzen als auch Divergenzen in der städtischen Entwicklung bewirkt und die jeweilige Stadtstruktur von einem spezifischen Muster dieser Erscheinungen bestimmt wird. Das bedeutet auf der einen Seite, dass eine ähnliche Stellung im Weltsystem, wie es für einzelne Kulturräume im Großen und Ganzen angenommen werden kann, zu ähnlichen Stadtstrukturen führt, es heißt auf der anderen Seite aber auch, dass sich die Unterschiede zwischen den einzelnen Kulturräumen und ebenso innerhalb einzelner Kulturräume verstärken, weil die Einbindung in das System weltweiter Netzwerke nicht für alle Städte in gleichem Maße gilt. Vor allem in den Entwicklungskontinenten Lateinamerika, Asien und Afrika sind im Allgemeinen nur einige wenige „Metropolen" weltweit vernetzt, während die meisten anderen Städte eher lokal verankert sind. Im Extremfall, z. B. wenn die staatliche Ordnung, wie in manchen Teilen Afrikas, vollständig zusammengebrochen ist, weisen sie überhaupt keine überregionalen Beziehungen auf. Wie gering gerade in Afrika die weltweiten Verflechtungen sind, wird u. a. daraus ersichtlich, dass das System der globalen Steuerungszentralen nach FRIEDMANN (1986) nur eine einzige afrikanische Stadt enthält, und zwar Johannesburg, das als „sekundäre Stadt der Semiperipherie" eingeordnet wird.

Grundlegend für die Typisierung von Städten in Afrika ist zunächst die Tatsache, dass Afrika kein einheitlicher „Kulturerdteil" ist, wenn man darunter im Sinne von KOLB (1962) einen Kulturraum subkontinentalen Ausmaßes versteht, der hinsichtlich Sprache, Religion und Rasse bzw. ethnischer Zugehörigkeit vergleichsweise homogen ist. Die traditionelle Untergliederung Afrikas in einen nordafrikanisch-orientalischen und einen (tropisch-) afrikanischen Kulturraum mit einer breiten Übergangszone wird in Bezug auf die Stadtstruktur von HOFMEISTER (1996) dadurch erweitert, dass Südafrika aufgrund der andersartigen Geschichte und Bevölkerungszusammensetzung, vor allem aber wegen der Rassentrennungspolitik als eigenständiger Bereich angesehen wird. Seit den politischen Veränderungen der 1990er Jahre, verbunden mit der Aufgabe des Apartheid-Systems, beginnt sich diese Sonderstellung abzuschwächen. Zwar wirkt in der Post-Apartheid-Stadt Südafrikas das Erbe der Vergangenheit nach; jedoch unterscheiden sich viele Prozesse und Entwicklungen nicht mehr grundsätzlich von denen in anderen Städten der Region.

Die afrikanische Stadt

Ausgangspunkt der weiteren Überlegungen ist die 1983 von O'CONNOR vorgelegte Typologie der (tropisch-) afrikanischen Stadt, wobei die von ihm ausgegliederten Typen in Bezug auf den hier betrachteten Raum abgewandelt und ergänzt werden müssen. Ähnlich wie bei MANSHARD (1970, S. 252 ff.) wird von zwei Extremtypen ausgegangen, zwischen denen die meisten Städte typenmäßig liegen. Auf der einen Seite findet sich die alte afrikanische Stadt, die meist schon in voreuropäischer Zeit bestand und als Lokalmarkt oder Häuptlingssitz traditionelle Funktionen ausübte, für die europäische Kolonisation des 19. und 20. Jh. aber nur wenig Bedeutung hatte. Auf der anderen Seite steht die junge, meist im 19. oder beginnenden 20. Jh. gegründete Kolonialstadt, die ihre Entstehung den Interessen einer europäischen Kolonialmacht verdankt und die in ihrer Struktur in erster Linie von Verwaltungsfunktionen, in Gebieten mit reichen Vorkommen von Bodenschätzen auch von bergbaulichen Aktivitäten geprägt wird. Zu den alten Städten kann man auch die „islamisch-orientalische Stadt" zählen. Dabei handelt es sich allerdings nicht um eine „autochthone Stadt", sondern sie ist erst nach der ersten Jahrtausendwende als Folge der islamisch-arabischen Eroberung größerer Gebiete südlich der Sahara entstanden. Besonders weit nach S reichte der arabische Einfluss entlang der ostafrikanischen Küste; er war hier auch sehr viel älter. So trafen die Portugiesen, als sie sich seit Ende des 15. Jh. an der Küste Mosambiks festsetzten (vgl. Kap. 2.1.2), auf zahlreiche arabische Handelsposten. Diese sind jedoch entweder aufgegeben worden oder in portugiesischen Neugründungen aufgegangen, so dass sie für die neuere Stadtentwicklung keine Bedeutung mehr hatten. Als südlichster Vorposten der arabisch beeinflussten Zone fungierte das im 9. Jh. gegründete Sofala, ca. 50 km südlich des heutigen Beira, das 1505 unter portugiesische Herrschaft kam, im 17. Jh. aber mehr und mehr an Bedeutung verlor (STOCK 1995, S. 194).

Wenn zwei Stadttypen innerhalb derselben Stadt nebeneinander treten, spricht O'CONNOR (1983, S. 37 ff.) von der „dualen Stadt". Diese entwickelt sich häufig in Richtung „Hybridstadt", weil sich die klare räumliche Trennung zwischen den einzelnen Typen mehr und mehr verwischt. Das gilt auch für viele andere Städte, wenn einzelne Strukturelemente überformt werden oder sich neue Formen anlagern und so der ursprüngliche Charakter nur noch schwer zu erkennen ist. Als Sonderfall ließen sich noch die in der Nachkolonialzeit angelegten „neuen Hauptstädte" anführen, die z. T. auf der „grünen Wiese" (Gaborone), z. T. auch in Anlehnung an eine bestehende Stadt (Lilongwe) gegründet worden sind (vgl. Kap. 3.6.1).

4.7.2 Die afrikanische Stadt

Autochthone Großsiedlungen, die zumindest nach ihrer Einwohnerzahl als Städte bezeichnet werden können, haben im Südlichen Afrika eine sehr viel geringere Bedeutung als in Westafrika, wo solche Siedlungsverdichtungen bereits vor der islamisch-arabischen Überformung bestanden. Kontrovers diskutiert wird allerdings, ob diese auch in funktionaler und struktureller Hinsicht der Stadtdefinition genügen. Wegen ihres hohen Bevölkerungsanteils, der von der Landwirtschaft lebt, würde am ehesten die Bezeichnung „Agrostadt" zutreffen (HOFMEISTER 1996, S. 114), die SILITSHENA (1990) für entsprechende Siedlungen in Botsuana verwandt hat (*agro-town*).

Im Südlichen Afrika gibt es nur wenige Hinweise auf größere Reiche mit einem Minimum an staatlicher Zentralgewalt und Organisation sowie Ansätzen einer arbeitsteiligen Gesellschaft, die vor der europäischen Eroberung entstanden sind. Die 1868 von Karl Mauch wiederentdeckten Ruinen von Groß-Simbabwe sind eines der wenigen Beispiele, wo man im Zusammenhang mit einer solchen Reichsbildung auch erste Ansätze einer städtischen Entwicklung vermuten kann. Ausgrabungen von Wohnhäusern und Speichern sowie andere Funde deuten darauf hin, dass dieser Herrschaftssitz von Afrikanern bewohnt war, die einen umfangreichen Handel mit Ostafrika und der arabischen Welt betrieben (SCHNEIDER & WIESE 1983, S. 158). Neueren Forschungen zur Folge soll die Einwohnerzahl bis zu 18 000 Menschen betragen haben, von der nur die Elite innerhalb des ummauerten Gebietes lebte, die große Mehrzahl jedoch in (nicht erhaltenen) Holz- oder Lehmbauten der Umgebung (ANDERSON & RATHBONE 2000, S. 3). Ähnliche Bevölkerungskonzentrationen um Häuptlingssitze mag es auch an anderen Stellen des Südlichen Afrika gegeben haben. Mangels schriftlicher Aufzeichnungen ist unsere Kenntnis darüber aber nur sehr lückenhaft, und eine Siedlungskontinuität bis zur Gegenwart lässt sich meist nicht nachweisen.

Nur im Falle der sog. Tswana-Städte sind autochthone Großsiedlungen genauer untersucht und bis zur ihrer Entstehung zurückverfolgt worden. Der Begriff geht auf den Ethnologen Baumann zurück, der ihn 1940 prägte (vgl. KLIMM, SCHNEIDER & VON HATTEN 1994, S. 248 f.). In einem dünn besiedelten Land wie Botsuana ist das Vorkommen von Großsiedlungen mit mehreren 10 000 Einwohnern besonders erstaunlich. Die Herausbildung dieses Siedlungstyps lässt sich nur aus der Besiedlungsgeschichte des Raumes und der soziologischen Struktur der Tswana erklären. Im 17. und 18. Jh. kamen die Tswana in mehreren Einwanderungswellen in das Gebiet des heutigen Botsuana; sie lebten in großen Gemeinschaften, an deren Spitze jeweils ein Häuptling stand. Die vorher dort siedelnden Völkerschaften sind entweder in die zentrale Kalahari verdrängt oder unterworfen und als „Knechte" (*malata*) in die Tswana-Gesellschaft integriert worden. Zu Beginn des 19. Jh. soll die Tswana-Hauptstadt Latakoo zwischen 5000 und 15 000 Bewohner gezählt haben und damit ebenso groß wie Kapstadt gewesen sein (ANDERSON & RATHBONE 2000, S. 6).

KLIMM (1973), der Anfang der 1970er Jahre die Tswana-Stadt Maun näher untersuchte, hat diese als Großdorf mit reetgedeckten, sehr eng beieinander stehenden Kegeldachhütten beschrieben. Die innere Struktur der Tswana-Städte basiert auf verwandtschaftlichen Beziehungen. Jeweils zwischen 100 bis über 1000 Menschen, die der gleichen patrilinearen, exogamen Gruppe zuzurechnen sind, bilden eine Großfamilie-Gehöfteeinheit (*kgotla*-Viertel). Die Hütten einer solchen *kgotla* ordnen sich um einen kreisförmigen Platz, in dessen Mitte häufig ein schattenspendender Baum steht. Dieser ist Treffpunkt der Bewohner zum Informationsaustausch und zur Meinungsbildung (Abb. 34). Bei steigender Bevölkerungszahl werden weitere Hütten zwischen die bestehenden oder in einer zweiten bzw. dritten Reihe dahinter errichtet. Dadurch ergibt sich insgesamt eine verhältnismäßig unregelmäßige Anordnung, die durch das Fehlen eines fixierten Straßensystems noch unterstrichen wird. Im Laufe der Zeit haben sich die Siedlungen stärker verdichtet, so dass bis zu 3000 Einwohner/km^2 erreicht werden. Aufgrund von traditionellen Verwaltungsfunktionen, von Handwerk und regionalem, gelegentlich sogar überregionalem Handel hatten die größeren Tswana-Städte auch gewisse zentralörtliche Funktionen; die weit überwiegende Mehrzahl der Bevölkerung war jedoch im Agrarsektor tätig.

Die afrikanische Stadt

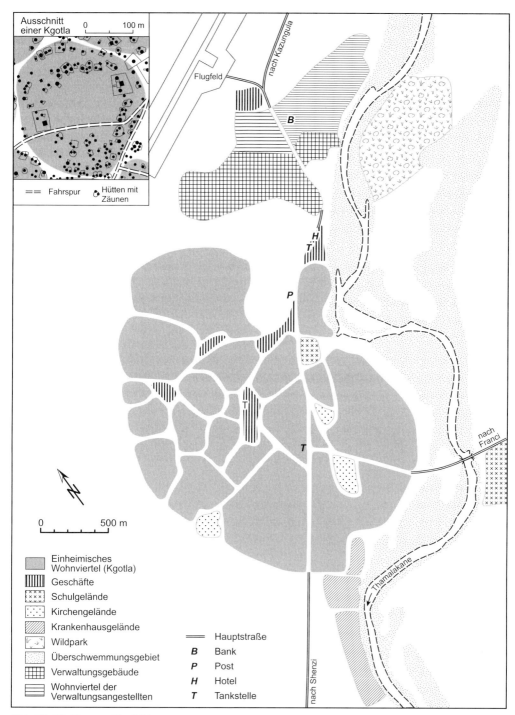

Abb. 34: Die Tswana-Stadt Maun
Quelle: KLIMM, SCHNEIDER & VON HATTEN (1994, S. 250 u. 252)

Die britische Protektoratsmacht hat die gewachsenen Strukturen nur wenig angetastet. Distriktverwaltung und weitere administrative Einrichtungen, Krankenhäuser und Schulen fanden ihren Standort in unmittelbarer Nähe der gewachsenen Siedlungen. Dazu traten gewöhnlich einige Gemischtwarenläden, Tankstellen und ein bescheidenes Hotel. Das hat die zentralörtliche Funktion der Tswana-Städte gestärkt und zu einer differenzierteren inneren Gliederung beigetragen. Weil der europäisch geprägte Stadtteil in aller Regel neben der traditionellen Siedlung angelegt wurde und ursprünglich durch größere Freiflächen von dieser getrennt war, können alle Tswana-Städte heute zum Typ der dualen Stadt gerechnet werden, selbst wenn sich neuerdings die klare Zweiteilung durch den Bau von Straßen und die Neuansiedlung weiterer Geschäfte sowie kleinerer Industrie- und Handwerksbetriebe verwischt hat. Das trifft auch für das von KLIMM (1973) untersuchte Maun zu. Zum damaligen Zeitpunkt zählte die Stadt etwa 10 000 Einwohner; mittlerweile ist diese Zahl auf 43 952 (2001) gewachsen, was zu einer weiteren Verdichtung und Siedlungsexpansion geführt hat. Auch andere Tswana-Städte haben heute 20 000 und mehr Einwohner, so Serowe (2001: 42 283 Einwohner) als Häuptlingssitz des wichtigsten Tswanastammes der Ngwato, Molepolole (54 124 Einwohner), Häuptlingssitz der Kwena, und Mochudi (36 591 Einwohner), Häuptlingssitz der Kgatla. In der amtlichen Statistik Botsuanas werden die Tswana-Städte nach wie vor aufgrund eines zu geringen Beschäftigtenanteils im sekundären und tertiären Sektor als ländliche Siedlungen eingestuft, jedoch sind Überlegungen im Gange, sie aufgrund ihrer zentralörtlichen Funktionen den *primary* bzw. *secondary centers* zuzurechnen (KRÜGER 1997, S. 127f.).

4.7.3 Kolonialstadt und europäische Stadt

Folgt man O'CONNOR (1983, S. 3), so sind Kolonialstädte erst im Zuge der europäischen Eroberung und Inbesitznahme des Kontinents entstanden, selbst wenn sie sich gelegentlich an einheimische Vorläufersiedlungen ohne städtischen Charakter anlehnen. Als Untergruppe wird die „europäische Stadt" eingeführt, die sich nicht nur wie eine Kolonialstadt nach den Interessen der europäischen Kolonialherren entwickelt hat, sondern für Europäer und als Zentrum eines europäischen Siedlungsgebietes angelegt wurde. Eine dauerhafte Ansiedlung von Afrikanern war hier ursprünglich nicht bzw. nur auf Zeit vorgesehen (vgl. HENKEL 1992, S. 32; STOCK 1995, S. 198). Die Übergänge zwischen Kolonialstadt und europäischer Stadt sind naturgemäß fließend. In der Kolonialstadt war gewöhnlich von Anfang an der Anteil der afrikanischen Bevölkerung höher, ihre Wohngebiete nahmen eine größere Fläche ein, und das Verbot einer dauerhaften Ansiedlung der schwarzen Bevölkerung, sofern es je bestand, ist verhältnismäßig früh aufgehoben worden. Quantitative Abgrenzungskriterien sind wenig sinnvoll. Statistische Verzerrungen können sich dadurch ergeben, dass in der Frühzeit der Stadtentwicklung größere Teile der einheimischen Bevölkerung vielfach außerhalb der offiziellen Stadtgrenze lebten und jeden Tag über weite Strecken zu Fuß zur Arbeit kamen, wie es MCCRACKEN (1998, S. 251) für Blantyre berichtet.

Die größeren Städte im Südlichen Afrika sind gewöhnlich kaum mehr als 100 Jahre alt, und ihre Gründung steht in engem Bezug zur kolonialen Eroberung. Die meisten Hafenstädte, wie Luanda (1584), Maputo (1544), Kapstadt (1652), sind zwar in ihrer Erstanlage wesentlich älter; ihre Entwicklung zu Großstädten setzte jedoch erst nach der Wende zum 20. Jh.

Kolonialstadt und europäische Stadt

ein. So zählte Luanda um 1900 lediglich 20 000 Einwohner (AMADO, CRUZ & HAKKERT 1994, S. 106), Lourenço Marques, das spätere Maputo, obwohl 1898 zur Hauptstadt von Portugiesisch-Ostafrika erhoben, 1912 gerade 26 000 Einwohner (JÜRGENS 1996, S. 730). Nur Kapstadt hatte bereits kurz nach der Jahrhundertwende die Schwelle zur Großstadt überschritten (JÜRGENS 1998, S. 213; WILKINSON 2000, S. 196). Auch abgesehen von den Hafenstädten spielte die Verkehrsgunst bei der Standortwahl eine wichtige Rolle. Bulawayo (1893), Salisbury, das spätere Harare (1890), und Lusaka (1913) entstanden in Zusammenhang mit dem Eisenbahnbau und gewannen aus der Verkehrsgunst an Bedeutung. Maseru wurde 1869 in unmittelbarer Nähe zur Grenze nach Südafrika gegründet und verfügt bis heute über den einzigen Eisenbahnanschluss des Landes (vgl. AMBROSE 1993).

Außerdem wurden von der Kolonialmacht meist solche Siedlungsplätze als Sitz der Verwaltung gewählt, die in größerer Meereshöhe lagen und damit ein für Europäer günstigeres Klima aufwiesen; nicht selten waren vorher dort schon eine Missionsstation oder eine Handelsgesellschaft vertreten. Das gilt z. B. für das im Shire-Hochland gelegene Blantyre, das auf eine Missionsstation der Free Church of Scotland von 1876 zurückgeht, der zwei Jahre später die Livingstonia Trading Company folgte. Seit 1892 kamen erste Verwaltungsfunktionen hinzu, die aber bis zur Gegenwart von geringer Bedeutung geblieben sind. Zunächst wurde das 64 km entfernte Zomba, ebenfalls auf einem Plateau gelegen, Hauptort des britischen Protektorates Nyassaland (1891–1964), und die Hauptstadt des unabhängigen Malawi ist 1975 nach Lilongwe verlegt worden (vgl. Kap. 3.6.1.2). Blantyre wuchs später mit Limbe, der 1909 gegründeten Eisenbahnstation an der Linie zum Indischen Ozean zusammen, das seit 1956 auch offiziell Teil von Blantyre ist (MANSHARD 1977, S. 133 f.; ROY 1986, S. 2; MCCRACKEN 1998, S. 227). Auch im knapp 1700 m hohen Windhoek, dessen Gründung gewöhnlich mit dem Beginn des Baus der Feste (1890) gleichgesetzt wird, obwohl hier seit längerem ein Häuptlingssitz bestand, hatte es zuvor bereits zweimal eine Missionsstation gegeben, die sich jedoch aufgrund kriegerischer Auseinandersetzungen nicht halten konnten (BÄHR 1970, S. 41).

Einen gänzlich anderen Entwicklungshintergrund haben die Bergbaustädte, die naturgemäß an die Vorkommen von Bodenschätzen gebunden waren. Bestes Beispiel dafür ist die Städtereihe im Copperbelt, die in Katanga von Kolwezi (1994: 418 000 Einwohner) und Likasi (1994: 299 000 Einwohner) bis Lubumbashi, vor 1966 Elisabethville (2000: ca. 1 Mio. Einwohner), reicht und sich auf sambischer Seite mit Chingola (2002: 151 000 Einwohner), Kitwe (305 000 Einwohner) und Ndola (348 000 Einwohner) fortsetzt. Die meisten dieser Städte sind noch keine 100 Jahre alt, weil zunächst die infrastrukturellen Voraussetzungen für den Abtransport der Erze, Konzentrate oder Raffinerieprodukte (neben Kupfer auch Zink, Blei, Mangan, Kobalt, Uran u. a.) geschaffen werden mussten, bevor mit einer systematischen Ausbeutung der Bodenschätze begonnen werden konnte. Auf kongolesischer Seite wurde Elisabethville erst 1910 gegründet, die anderen Städte sogar noch deutlich später (MANSHARD 1977, S. 122f.). In Sambia entstand die älteste, heute am wenigsten vom Bergbau geprägte Stadt Ndola bereits kurz nach der Jahrhundertwende; die übrigen Städte erst in den 1930er Jahren, als sich der Abbau der Kupfererze in großem Stil durchsetzte (SCHULTZ 1983, S. 256). Auf bergbauliche Aktivitäten zurück gehen auch die Städte des Witwatersrandes mit dem Zentrum Johannesburg (Goldfunde 1886), die Diamantenstadt Kimberley (1867) sowie viele andere weniger bekannte südafrikanische Städte wie Phalaborwa

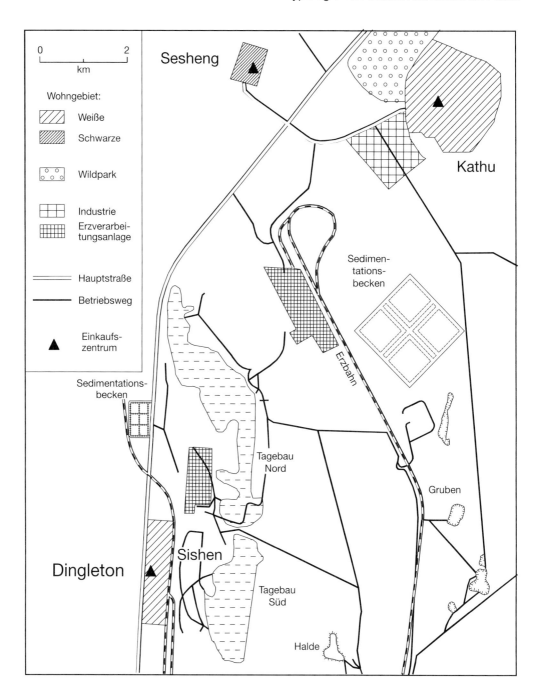

Abb. 35: Die Bergbau-Stadt Sishen
Quelle: SCHNEIDER & WIESE (1983, S. 115)

(1957; Phosphat, Kupfer) oder Sishen (1953; Eisenerz), Tsumeb in Namibia (1908; Kupfer) und in jüngster Zeit die Bergbaustädte Botsuanas wie Selebi-Phikwe (1967; Kupfer) und Orapa (1971; Diamanten).

Während die neueren Bergbauorte meist genau geplante *company towns* sind, die eine auffällige Dreiteilung in die eigentliche Mine, die Aufbereitungs- und Verarbeitungsanlagen und die Wohnbereiche für die verschiedenen Gruppen von Arbeitskräften zeigen (Abb. 35), sind in vielen der älteren Siedlungen die bergbaulichen Aktivitäten aufgegeben worden oder haben an Bedeutung verloren. Einzig Abraumhalden oder Fördertürme weisen dann noch auf den Entstehungshintergrund hin (z. B. Johannesburg, Tsumeb). Im Copperbelt haben sich aus den bergbaulichen Ansätzen meist sog. *twin cities* entwickelt, die aus einer *mining area* (Bergbauanlagen und zugehörige Arbeitersiedlungen) und einer *trading area* (städtisches Geschäftszentrum) bestehen (MANSHARD 1977, S. 127).

Die Kolonialstädte zeichnen sich im Kern durch eine planmäßige Anlage aus, meist mit rechtwinkligem Straßengrundriss. Die Europäer, die als Regierungsbeamte, Militärs, Kaufleute, Manager von Filialen europäischer Firmen, Leiter von technischen Bauwerken wie Staudämmen, Häfen und Eisenbahnlinien ins Land kamen, blieben häufig nur für eine bestimmte Zeit und wurden dann ausgewechselt. Ihre Gesamtzahl war in der Regel nicht sehr groß; aufgrund eines aufwendigeren Wohnstils nahmen die Europäerviertel jedoch große Flächen ein und hatten den Charakter von Gartenstädten aus bungalowartigen Häusern mit kleinen Nebengebäuden für das Hauspersonal. Noch 1946 beschäftigte z. B. in Lusaka ein Europäerhaushalt im Durchschnitt vier, 1956 zwei Afrikaner (GAEBE 1992, S. 23). Das Geschäftszentrum war nur klein bzw. bestand aus vereinzelten Läden für die Grundversorgung, da die Nachfrage nach Waren des gehobenen Bedarfs durch Einkäufe während des Heimaturlaubes gedeckt werden konnte. Die bereits ansässige oder zugewanderte afrikanische Bevölkerung durfte üblicherweise keinen städtischen Grund erwerben; sie war auf das ihr zugewiesene Gelände beschränkt bzw. wohnte außerhalb des Stadtgebietes. Beengte Wohnverhältnisse in den Afrikanervierteln standen daher in krassem Gegensatz zu den von Europäern bewohnten Stadtbereichen (Abb. 37; HOFMEISTER 1996, S. 117). Im Einzelnen gab es freilich erhebliche Unterschiede, was Qualität der Häuser und Infrastruktureinrichtungen in den *townships* angeht. Während z. B. in Blantyre die Wohnbedingungen der schwarzen Bevölkerung noch zur späten Kolonialzeit als extrem ungünstig beschrieben werden, weil es nicht genügend Wohnraum gab und die von der Stadtverwaltung erbauten fensterlosen Hütten über keinerlei sanitäre Einrichtungen verfügten (MCCRACKEN 1998, S. 255), war die Situation in Harare sehr viel besser. Hier bestanden die älteren *township*-Häuser aus drei bis vier Räumen sowie einer Kochstelle und hatten Strom- und Wasseranschluss (POTTS & MUTAMBIRWA 1991, S. 4); einige wenige sehr gut verdienende Schwarze wohnten sogar in luxuriösen Häusern auf Grundstücken, die zwischen 2000 und 4000 m^2 umfassten (SMOUT in KAY & SMOUT 1977, S. 39).

4.7.3.1 Beispiel Lusaka

Alle großen Städte des Südlichen Afrika sind zwar in dem Sinne Kolonialstädte, weil sie erst im Zusammenhang mit der kolonialen Eroberung gegründet wurden; sie tragen jedoch immer auch Merkmale der europäischen Stadt und sind daher in das Kontinuum zwischen Kolonialstadt und europäischer Stadt eher in Richtung letzterer einzuordnen. Für Lusaka, das hier als erstes Beispiel herangezogen wird, sind die oben genannten Kriterien einer europäischen Stadt nur bedingt erfüllt; denn Lusaka war zunächst nicht als Mittelpunkt eines europäischen Farmlandes vorgesehen (vgl. Kap. 2.2.3), und – anders als z. B. in Windhoek oder Harare – war der Anteil der schwarzen Bevölkerung von Anfang an verhältnismäßig hoch.

Abb. 36 zeigt den Grundriss Lusakas im Jahre 1928. Es ist deutlich zu erkennen, dass der Ort als Eisenbahnstation (1905) entstanden ist, denn die Straßen des kleinen *township* (seit 1913) schließen unmittelbar an den Bahnhof an. Die Zahl europäischer Bewohner war zum Zeitpunkt, den die Karte wiedergibt, sehr klein. Sie beschränkte sich auf einige Verwaltungsangestellte (Eisenbahn, Post, Polizei), Ärzte und Krankenschwestern, Geschäftsleute sowie Farmer, die unter Ausnutzung der neuen Eisenbahnverbindung in der Umgebung Mais und Fleisch produzierten (MANSHARD 1977, S. 130f.). Nicht dargestellt ist der Wohnbereich der afrikanischen Bevölkerung (*town compound*), der deutlich von der europäischen Stadt abgesetzt war. Zahlenmäßig waren allerdings die Europäer von Anfang an in der Minderheit. 1928 wird ihre Zahl auf 282 geschätzt, davon waren knapp 60 % Männer. Zum gleichen Zeitpunkt wird die afrikanische Bevölkerung mit 1596 angegeben. Hier war der Männerüberschuss sogar noch größer, wie wir aus den Ergebnissen des ersten Zensus von 1931 wissen (Sexualproportion: 199 Männer auf 100 Frauen; WILLIAMS in WILLIAMS 1986, S. 82). Das hängt damit zusammen, dass – auch aufgrund entsprechender Reglementierungen – vorzugsweise Männer in die Städte zuwanderten (vgl. Kap. 4.6.2). Zwar nahm die Zahl der europäischen Bewohner zu, als die Hauptverwaltung der Kolonie 1931 von Livingstone im Sambesital in das höher gelegene (1265 m) und damit gesündere Lusaka verlagert wurde, das außerdem innerhalb Nord-Rhodesiens eine zentralere Lage besaß. Die Beschäftigtenstatistik wies 1931 immerhin 227 europäische Erwerbstätige auf im Vergleich zu nur 61 im Jahre 1921. Dennoch hat sich das Verhältnis von europäischer zu afrikanischer Bevölkerung, das 1931 ca. 20 : 80 betrug, in der Folgezeit zuungunsten der Europäer entwickelt. Anfang der 1960er Jahre belief es sich nur noch auf ca. 10 : 90, nach der Unabhängigkeit nur noch auf 4 : 96 (1969), und heute ist der Anteil der Europäer verschwindend gering (WOOD in WILLIAMS 1986, S. 171).

Ursprünglich war vorgesehen, Lusaka als Hauptstadt der Kolonie Nord-Rhodesien völlig neu zu gestalten. Dabei hielt man an den Prinzipien fest, die auch die Erstanlage bestimmt hatten (WALDECK 1983, S. 157f.):
– Das neue Regierungsviertel und die Wohnviertel der Europäer sollten das Zentrum der Stadt bilden. Dafür war der Ridgeway, ein überschwemmungssicherer und mikroklimatisch begünstigter Schieferrücken im SE vorgesehen.
– Die Anlage der europäischen Wohngebiete folgte dem Gartenstadtprinzip, wobei allerdings von der schematischen, schachbrettartigen Grundrissgestaltung teilweise abgegangen wurde und statt dessen Kreise, Halbkreise und Diagonalen den Straßenverlauf bestimmten (HENKEL 1985, S. 20). Die sozialen Unterschiede sollten sich in drei verschiedenen Wohndichten manifestieren (Abb. 37).
– Für die Wohnsiedlungen der afrikanischen Bevölkerung waren einzelne Bereiche am äußersten Stadtrand vorgesehen. Dabei wurde darauf geachtet, einen genügend großen

Kolonialstadt und europäische Stadt 233

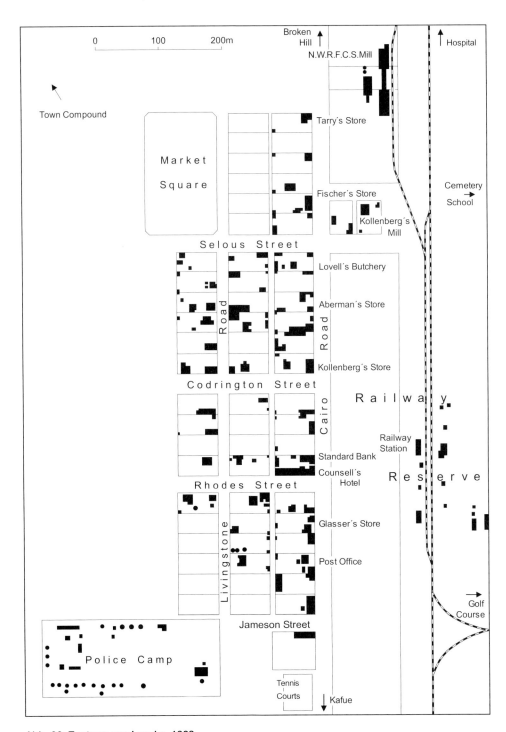

Abb. 36: Zentrum von Lusaka, 1928
Quelle: WILLIAMS (in WILLIAMS 1986, S. 81), ergänzt

Abstand zur „weißen" Stadt in Form eines *cordon sanitaire* aus Freiflächen oder Industrie- und Gewerbegebieten einzuhalten. Mittels restriktiver Gesetze und Verordnungen hoffte man, die Zuwanderung von Schwarzen begrenzen zu können.

Die damaligen Pläne sind nur teilweise verwirklicht worden. 1935 wurde die erst halb fertige Hauptstadt offiziell ihrem Zweck übergeben. Die Auswirkungen der Weltwirtschaftskrise verhinderten insbesondere die Verlagerung des Geschäftsviertels nach E auf den Ridgeway, so dass der CBD, der sich im alten Stadtkern entlang der von einzelnen Hochhäusern gesäumten Cairo Road entwickelt hatte, bis heute vom Regierungsviertel durch die Bahnlinie getrennt ist, was große Verkehrsprobleme verursacht. Auf die Bebauung in den für Afrikaner vorgesehenen Wohngebieten hat man zunächst wenig Einfluss genommen. Viele von ihnen sind als *squatter settlements* entstanden, die sich erst im Laufe der Zeit konsolidiert haben. Vor allem im N der Stadt bildeten sich auf privatem Farmland, das unterteilt und verkauft wurde, sog. *private townships*, die keiner Planung unterlagen und ein Ausufern der Stadt begünstigten. Innerhalb der Stadt errichteten die Behörden lediglich an einzelnen Stellen einfachste Rundhütten zur Unterbringung männlicher Arbeitskräfte; die Zuwanderung von Frauen war bis 1944 verboten. Die Wohnverhältnisse in diesen *compounds* waren außerordentlich beengt; z. T. lebten in jeder Hütte 5–6 Personen. Eines dieser Wohngebiete war Old Kabwata (Abb. 38), das allerdings 1973 wegen Überbelegung abgerissen und mit höherem Standard wieder aufgebaut wurde (WALDECK 1983, S. 158). Erst verhältnismäßig

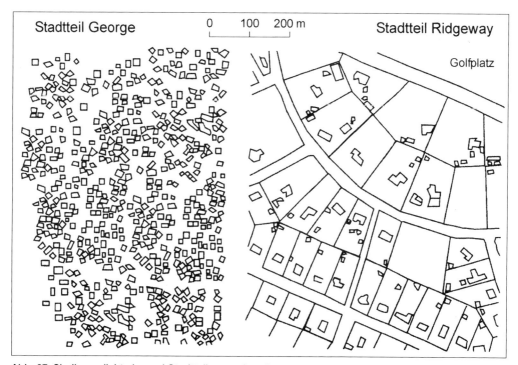

Abb. 37: Siedlungsdichte in zwei Stadtteilen von Lusaka
Quelle: DRESCHER (1998, S. 120)

Kolonialstadt und europäische Stadt

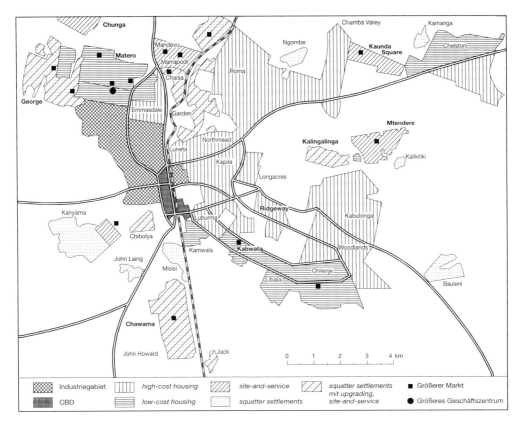

Abb. 38: Funktionale Gliederung von Lusaka
Quelle: HENKEL (in WILLIAMS 1986, S. 228), ergänzt

spät sind Lokalverwaltung und Arbeitgeber verpflichtet worden, die Beschäftigten mit ihren Familien „angemessen" unterzubringen: Der African Housing Act von 1948 schrieb gewisse Mindeststandards für *low-cost housing*-Projekte vor, und die Mieten wurden staatlicherseits festgelegt. Charakteristisch für *townships* dieser Art, wie z. B. Matero, war eine dichte und regelmäßige Bebauung aus kleinen, eingeschossigen Häusern.

Die „koloniale Zwischenschicht" der Inder hat in Lusaka nie eine vergleichbare Bedeutung gehabt wie in ost- und z. T. auch südafrikanischen Städten (vgl. Kap. 2.2.5). In der Mehrzahl sind Inder erst in den 1950er und 1960er Jahren nach Lusaka gekommen. Für 1969 wird ihr Bevölkerungsanteil mit 1,4 % angegeben (WOOD in WILLIAMS 1986, S. 171). Inder wie auch *Coloureds*, die vorwiegend im Handel tätig waren, lebten in kleineren Wohngebieten zwischen dem alten Lusaka um den Bahnhof und dem Verwaltungsviertel auf dem Ridgeway (HENKEL 1985, S. 20).

Die in der Kolonialzeit geschaffene bauliche Struktur und innere Gliederung Lusakas ist bis zur Gegenwart im Stadtgrundriss und der Gestaltung der Wohngebiete zu erkennen. Heute besteht zwar keine rassische Segregation mehr, weil die ehemaligen Wohnbereiche der europäischen Bevölkerung nach der Unabhängigkeit größtenteils von den neuen Eliten übernommen worden sind. Eine ausgeprägte soziale Segregation und der damit einhergehende Gegensatz zwischen dem geplanten und weitläufig angelegten Kern um das Regierungsviertel und den eng bebauten, stark verdichteten Armenvierteln am Stadtrand ist jedoch erhalten geblieben. Das schnelle Bevölkerungswachstum Lusakas, namentlich in den 1960er und den 1970er Jahren (vgl. Tab. 29) auf heute ca. 1,6 Mio. Einwohner (2000), hat zu einer unkontrollierten Flächenexpansion der Stadt geführt. Viele der damals entstandenen *squatter settlements* haben erst sehr viel später im Zuge von *upgrading*-Maßnahmen eine Basisinfrastruktur erhalten. Einzelne Wohngebiete sind auch planmäßig als *site-and-service*-Projekte entwickelt worden, wobei die staatlichen Stellen allenfalls ein *core*-Haus mit sanitärer Basisinfrastruktur zur Verfügung stellten und der weitere Ausbau in Selbsthilfe erfolgte (Abb. 38; vgl. Kap. 4.8.2.2). Dazu zählen das schon Ende der Kolonialzeit entstandene Mtendere sowie Teile von George und Chawama. Bereits in den 1970er Jahren lebten 5 % der Bevölkerung Lusakas in informellen, nicht notwendigerweise illegalen Wohnquartieren, heute mögen es über 80 % sein (DRESCHER 1998, S. 119). In generalisierter Form entspricht damit die Stadtstruktur Lusakas wie diejenige vieler Städte der Dritten Welt dem *reversed Burgess-type*: Nach wie vor leben die wohlhabenderen Schichten verhältnismäßig zentral, und die Armutsgruppen konzentrieren sich auf die Peripherie.

4.7.3.2 Beispiel Harare

Harare, die Hauptstadt Simbabwes, unterscheidet sich in Anlage und innerer Gliederung nicht wesentlich von Lusaka, ihre Struktur ist lediglich noch stärker in Richtung europäischer Stadt verschoben. Von Anfang an war die europäische Bevölkerung sowohl in absoluten Zahlen als auch relativ gesehen sehr viel größer (Tab. 33) und die diesbezüglichen Wohngebiete weiter ausgedehnt (Abb. 39). Diese waren außerordentlich weiträumig angelegt. SMOUT (in KAY & SMOUT 1977, S. 37) gibt für das vornehme Wohngebiet Mt. Pleasant eine durchschnittliche Grundstücksgröße von 4000 m^2 an („ultra low density" nach DAVIES 1986, S. 134); auf 157 freistehende Häuser und 2 Apartment-Blocks kamen 85 Swimmingpools und 23 Tennisplätze. Abgerundet wird das Bild der Oberschichtviertel durch kleinere Nachbarschaftszentren, eine Pferderennbahn und mehrere Golfplätze (SCHNEIDER & WIESE 1983, S. 160).

Es entspricht eher dem Normalfall, dass sich CBD und Verwaltungszentrum im historischen Stadtkern am Fuße des Kopje mit den Ruinen eines 1893 errichteten Forts entwickelten (CHRISTOPHER in KAY & SMOUT 1977, S. 14 ff.). Daran schloss sich entlang der Eisenbahn das Industriegebiet an, in dessen Nähe auch die *townships* der schwarzen Bevölkerung (zuerst 1906 Mbare) und das recht kleine Wohngebiet der Inder lagen. Dadurch war ursprünglich eine sektorale Stadtstruktur kennzeichnend, die – wie die Isolinien der Bodenpreise andeuten (Abb. 39) – sich auch in den Wohngebieten der weißen Bevölkerung fortsetzte. Die hochwertigsten Viertel schlossen sich nördlich an den CBD an, die geringwertigsten grenzten im SE an die *townships* (DAVIES 1986, S. 133 f.). Trotz strikter Trennung der Wohngebiete für die einzelnen Bevölkerungsgruppen war die ethnische Segregation noch bis in die 1960er Jahre deshalb nicht sehr hoch, weil fast ein Drittel der Schwarzen in *servants' quar-*

Kolonialstadt und europäische Stadt

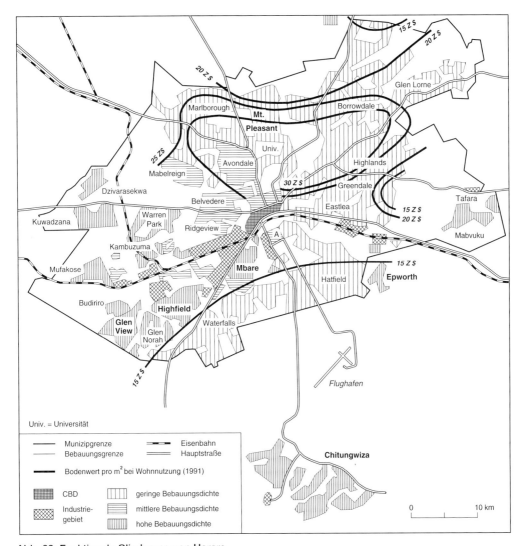

Abb. 39: Funktionale Gliederung von Harare
Quelle: Rakodi (1995, S. 47, 187 u. 202)

ters auf den Grundstücken ihrer (weißen) Arbeitgeber lebten (Kay & Cole in Kay & Smout 1977, S. 45). Erst seit den 1950er Jahren ist die sektorale Struktur von eher kernförmigen Elementen überlagert worden, als am Stadtrand, z. T. jenseits der Stadtgrenze, sowohl neue *townships* angelegt wurden als auch informelle Wohngebiete entstanden. In den jüngeren *township*-Erweiterungen sind die Standards teilweise so abgesenkt worden, dass nur noch ein „ultra low-cost core" (Teedon & Drakakis-Smith 1986, S. 318; vgl. Underwood 1986) erbaut wurde (Glen View, Teile von Chitungwiza). Um die Kosten weiter zu reduzieren, ist dabei auch auf das kubanische Modell der „Baubrigaden" zurückgegriffen worden (Teedon & Drakakis-Smith 1986, S. 320).

Aufgrund einer rigorosen Kontrolle fehlen in Harare ausgedehnte *squatter settlements*. Nur Epworth, ca. 10 km östlich des Stadtzentrums, bildet eine Ausnahme (UNDERWOOD 1986, S. 32 f.). Das Land ist ursprünglich von Cecil Rhodes an den Methodist Mission Trust übertragen worden. Um 1950 hatte die Mission ca. 500 Familien erlaubt, dort ihre Hütten zu errichten, wofür jährliche Abgaben gezahlt werden mussten. Der spätere Verdichtungsprozess durch Unterteilung und Verkauf der Grundstücke, die Errichtung von Anbauten und deren anschließende Vermietung sowie ein zunehmendes *squatting* waren bald nicht mehr zu kontrollieren. Erfolglos ist zu Beginn der 1990er Jahre versucht worden, die illegal hier lebenden Bewohner zu vertreiben und deren Behausungen abzureißen. Aufgrund mehrerer Gerichtsentscheidungen ließ sich nur in wenigen Fällen eine Umsiedlung durchsetzen. 1992 lebten in diesem Gebiet ca. 63 000 Menschen; die Wasserver- und -entsorgung ist unzureichend; *upgrading*-Programme, die seit 1983 diskutiert werden, kommen nicht voran (RAKODI 1995, S. 76f.).

Tab. 33: Bevölkerungsentwicklung von Salisbury/Harare nach ethnischen Gruppen (in 1000)[1]

	Afrikaner	Asiaten u. *Coloureds*	Europäer	Gesamtbev.	Gesamtbev. einschl. Chitungwiza
1911			3,5[2]		
1931			10[2]		
1951			40[2]		
1961/62	216	6	89	310	
1969	267	9	97	373	386
1977	480	12	118	610	
1982[3]	556	14	88	658	849
1992				1121	1458
2000					1752

[1] Zensusergebnisse für 1911, 1931, 1951 (nur *non-Africans*), 1961/62 (unterschiedliche Zeitpunkte für die ethnischen Gruppen), 1969, 1982 und 1992; ansonsten Schätzungen
[2] einschließlich eines geringen Anteils von Asiaten und *Coloureds*
[3] Aufgliederung nach ethnischen Gruppen auf der Basis von Schätzungen für 1981

Quelle: KAY (1970, S. 179); KAY & SMOUT (1977, S. 42 f.); DAVIES (1986, S. 131); RAKODI (1995, S. 144); UN (2000b)

Noch weiter vom alten Stadtkern entfernt (23 km) und bis heute durch unbesiedelte Flächen davon getrennt liegt Chitungwiza, eine „Schlafstadt" für die schwarze Bevölkerung. Vorbild für die Anlage an dieser Stelle war das südafrikanische Modell der Apartheid-Stadt, wo die *townships* von der „weißen" Stadt durch mehr oder weniger breite *buffer zones* getrennt waren. Erste Planungen gehen auf den Beginn der 1950er Jahre zurück (RAKODI 1995, S. 53); die meisten Baumaßnahmen erfolgten jedoch erst in den 1970er und 1980er Jahren. Zwar waren auch die Ansiedlung von Industriebetrieben und die Entwicklung eines Geschäftszentrums geplant; das Angebot an Arbeitsplätzen und die Versorgungsmöglichkeiten sind aber bis heute unzureichend geblieben, so dass die meisten Beschäftigen auspendeln müssen. Trotz großer Anstrengungen hielt auch das Angebot an Wohnraum nicht mit der schnell wachsenden Nachfrage Schritt, so dass es lange Wartelis-

Kolonialstadt und europäische Stadt

ten gab und außerdem in den Hinterhöfen der formellen *township*-Häuser *backyard shacks* errichtet und vermietet wurden. Der letzte Zensus von 1992 erbrachte für Chitungwiza eine Bewohnerzahl von 274 000, was fast 20 % der Einwohner Groß-Harares ausmacht.

Trotz des starken Bevölkerungsanstieges (Tab. 33) entspricht Harare nach wie vor weitgehend dem Typ der europäischen Stadt. Zum einen ist der Anteil der weißen Bevölkerung noch immer beträchtlich, wenn auch aus neuester Zeit keine genaueren Zahlen vorliegen, und die ethnische Segregation hat sich nach der Unabhängigkeit nur langsam abgebaut (vgl. Kap. 4.8.1). Zum anderen ist das Ausmaß informeller Überformung des Stadtkörpers verhältnismäßig gering geblieben, so dass der Kontrast zwischen *low density areas* in Form weitläufiger Villenviertel, durchsetzt mit einzelnen Apartment-Häusern, und *high density areas* in Form regelmäßig angelegter *townships* bis heute prägend geblieben ist: 1987 entfielen auf den ersten Typ ungefähr drei Viertel der städtischen Fläche, aber nur knapp ein Viertel der Bevölkerung. *Squatting* in großem Stil konnte weitgehend verhindert werden, nur Epworth (s. o.) bildet in dieser Hinsicht eine Ausnahme. Die Politik des *bulldozing* ist bis in unsere Tage fortgesetzt worden; die Bewohner von *squatter camps*, die sich in kleinerem Umfang immer wieder gebildet hatten, sind teilweise umgesiedelt, teilweise in ihre ländlichen Herkunftsgebiete zurückgeschickt worden. *Upgrading*-Maßnahmen, die anderswo die Wohnungsbaupolitik entscheidend bestimmten, hat man bislang nicht in Betracht gezogen (Rakodi 1995, S. 230 f.). Aufgrund der wachsenden Nachfrage nach städtischem Wohnraum ließ sich eine gewisse Informalisierung der Bebauung dennoch nicht verhindern; diese äußert sich aber eher in ungenehmigten Anbauten oder der Errichtung von Hütten auf den Hinterhöfen formeller Siedlungshäuser. Ende der 1980er Jahre wurde geschätzt, dass in den *high density areas* etwa 15 % der Bewohner in derartigen Behausungen lebten (Rakodi 1995, S. 231). Heute dürfte der Anteil wesentlich größer sein.

4.7.3.3 Beispiel Maputo

Zwar unterschied sich die Kolonialpolitik der Portugiesen deutlich von der der Engländer (vgl. Kap. 1.3); insbesondere hat es keine gesetzlich fixierte Rassensegregation gegeben. Dennoch sind auch die portugiesischen Gründungen zum Typ der europäischen Stadt zu rechnen. Handel und Verwaltung waren ihre Basis; nur in Einzelfällen nahmen sie auch Funktionen als Mittelpunkt eines europäischen Siedlungsgebietes wahr (vgl. Kap. 2.2.4). Als Folge von Unabhängigkeitskampf und nachfolgenden Bürgerkriegen sind die jüngeren Veränderungen der Stadtstruktur und Bevölkerungszusammensetzung aber wesentlich ausgeprägter als in den bisher diskutierten Beispielen.

Lourenço Marques, das spätere Maputo (seit 1976), das hier exemplarisch näher betrachtet werden soll (vgl. Jürgens 1996), ist insofern als europäische Stadt zu bezeichnen, als
– noch bis nach der Wende zum 20. Jh. die weiße Bevölkerung die Mehrheit stellte (Kuder 1975, S. 314);
– die Zuwanderung der afrikanischen Bevölkerung aufgrund von Passbestimmungen begrenzt war und bevorzugt Männer in die Stadt kamen, so dass die Sexualproportion noch 1960 147 : 100 betrug (Kuder 1975, S. 282);
– die schwarze Bevölkerung gegenüber Weißen, Asiaten und *Coloureds* diskriminiert

wurde und Restriktionen beim Erwerb von Wohneigentum unterlag, was ihre Wohnstandortwahl einschränkte; nur „assimilierte Schwarze", von denen es allerdings Mitte der 1950er Jahre in allen Städten Mosambiks nur 4500 gab, waren offiziell den Portugiesen gleichgestellt (KAY 1983, S. 7);
- die Wohngebiete der afrikanischen Bevölkerung vorwiegend in sog. *suburbios*, d. h. außerhalb der formellen Stadtgrenze, lagen; größtenteils sind die *suburbios* durch nicht genehmigte Parzellierungen entstanden, die schon 1928 einsetzten (JENKINS 2000, S. 208).

Um den weißen Bevölkerungsanteil als Gegengewicht zu den Unabhängigkeitsbestrebungen zu erhöhen, hat der Staat nicht nur die Einwanderung von Portugiesen als Siedler in ländliche Räume gefördert (vgl. Kap. 2.2.4), sondern auch unter der städtischen Arbeiterschicht Lissabons und Portos für eine Immigration in die Städte der afrikanischen Kolonien geworben. Den Einwanderern wurden eine bevorzugte Einstellung und höhere Löhne als im Mutterland versprochen. Im Gegensatz zu den Kolonialbediensteten, die nur einige Jahre blieben, sind die zugewanderten Arbeiter in Maputo sesshaft geworden. Sie brachten ihre Ersparnisse mit, die sie als Sicherheit vorwiegend in Immobilien anlegten (JÜRGENS 1996, S. 732). Nicht zuletzt dadurch wurde in den 1960er Jahren bis Mitte der 1970er Jahre ein Bauboom von Apartment-Gebäuden ausgelöst, der das Gesicht der Villenviertel in der „Zementstadt" veränderte.

Das Ende der portugiesischen Herrschaft überraschte die weißen Bewohner auch deshalb so katastrophenartig, weil das öffentliche und wirtschaftliche Leben der Stadt vom kolonialen Buschkrieg kaum beeinflusst worden war. Innerhalb kurzer Zeit haben 100–200 000 Portugiesen fluchtartig das Land verlassen (JENKINS 2000, S. 209). Tausende von Wohnungen und Häusern standen plötzlich leer; von der sozialistischen Regierung ursprünglich geplante Enteignungen hatten sich von selbst erledigt. Während die meisten Villen von der neuen Parteielite übernommen wurden, hat man teilweise leerstehende Wohnungen der in *shantytowns* lebenden Bevölkerung zugewiesen. Wegen Überbelegung und fehlender Mittel zum Unterhalt sind solche Häuser meist sehr schnell verfallen (GREST 1995, S. 152). Eine ähnliche Entwicklung wird für Luanda berichtet (AMADO, CRUZ & HAKKERT 1994, S. 118).

Die Folgen des Bürgerkrieges, insbesondere die umfangreichen Flüchtlingsströme, die schwierige gesamtwirtschaftliche Lage, aber auch Korruption und Missmanagement haben die Stadtentwicklung in der Phase des Sozialismus bestimmt (JÜRGENS 1996, S. 732). Viele Probleme bestehen allerdings auch nach Abkehr vom Marxismus-Leninismus fort. Noch immer zeigt die Zementstadt Zeichen des baulichen Niedergangs, gibt es einen erheblichen Wohnungsmangel, der sich in ausgedehnten *squatter camps* ausdrückt, ist die Energie- und Wasserversorgung sowie die Müllentsorgung nicht zufriedenstellend gelöst und haben sich die sozialen Disparitäten als Folge der wirtschaftlichen Liberalisierung verstärkt.

Noch wesentlich katastrophaler ist die Situation in Luanda, das hinsichtlich Ursprung und kolonialzeitlicher Struktur mit Maputo vergleichbar ist. Die Stadt ist von Zuwanderungs- und Flüchtlingswellen regelrecht überrollt worden: „The city is no longer urban, the city has become a musseque" (Hüttenviertel), so beschreiben AMADO, CRUZ & HAKKERT (1994, S. 114 ff.) die Situation nach 1974. Der öffentliche Wohnungsbau ist in den 1980er Jahren nahezu vollständig zusammengebrochen, Schul- und Gesundheitswesen liegen am Boden, Krankheiten wie Malaria und Cholera sind auf dem Vormarsch, Busverbindungen gibt es kaum noch. Es wird geschätzt, dass mittlerweile ca. zwei Drittel der Bewohner in Hüttenvierteln leben, die teilweise aus Landbesetzungen, teilweise aus illegalen Parzellierungen hervorgegangen sind. Da die Gefahr einer Vertreibung gering ist, werden große Anstrengungen unternommen, die Wohnbedingungen mittels Selbsthilfe zu verbessern. Der bauliche Konsolidierungsprozess schreitet daher erstaunlich rasch voran.

4.7.4 Die Apartheid-Stadt

4.7.4.1 Grundprinzipien

Nicht alle Städte Südafrikas sind in dem Sinne Kolonialstädte, als ihre Gründung schon zur Kolonialzeit erfolgt ist. Das trifft im Wesentlichen nur für die Städte im engeren Küstenbereich zu. Viele Städte im Landesinneren gehen auf die Zeit des Großen Treks und die Gründung der Burenrepubliken (vgl. Kap. 2.2.1.1) zurück. Auch wenn man erst die Gründung der Union von Südafrika im Jahre 1910 als das formelle Ende der Kolonialzeit ansieht, gibt es zahlreiche Städte, die wesentlich später, vorwiegend in Verbindung mit bergbaulichen und industriellen Aktivitäten entstanden sind. Zumindest alle größeren Städte in Südafrika sind jedoch zum Typ der europäischen Stadt zu rechnen, weil sie ausschließlich den Interessen der weißen Bevölkerung dienten und auch als Wohnstandort in erster Linie für Weiße geplant waren, während andere ethnische Gruppen mehr geduldet als dauerhaft erwünscht waren. Insofern ähnelt ihre räumliche Struktur während der Gründungs- und frühen Entwicklungsphase dem oben beschriebenen Modell der europäischen Stadt.

Demgegenüber wird mit dem Begriff der Apartheid-Stadt auf die Stadtentwicklung seit dem Jahr 1948 abgezielt, als die Apartheid-Politik zur Staatsdoktrin erhoben wurde und die Ideologie einer wohnräumlichen Trennung auf rassischer Grundlage noch sehr viel weitreichender und vollständiger als in der Vergangenheit ihre verfassungsmäßige Verankerung fand (vgl. Kap. 4.2.3). Erste gesetzliche Regelungen zur wohnräumlichen Trennung gehen bereits auf das 19. Jh. zurück. Einerseits ließen Gesundheitsbedenken eine gewisse Distanz zwischen den Wohnvierteln der Europäer und denen der „Eingeborenen" ratsam erscheinen; andererseits sollten dadurch die Dominanzposition der weißen Minorität in Politik und Wirtschaft gestärkt sowie soziale und rassische Vermischung verhindert werden (vgl. CHRISTOPHER 1983). Die Gründung der Union von Südafrika förderte den Austausch kommunaler Erfahrungen zur Segregation und landesweite gesetzliche Angleichungen (BÄHR & JÜRGENS 1990, S. 298). So führte der Native (Urban Areas) Act von 1923 erstmals für ganz Südafrika eine gesetzliche Trennung von Wohngebieten nach Rassenzugehörigkeit ein. Verschiedene Änderungen und Ergänzungen zu diesem Gesetz zeichneten den Weg in die Apartheid vor, die die städtischen Schwarzen noch bis Mitte der 1980er Jahre nur als *temporary sojourners* in der „weißen" Stadt betrachtete. Die nach 1948 implementierten Gesetze betrafen all jene Bereiche, in denen Segregation auf rassischer Grundlage noch nicht bestand oder ältere Gesetze nicht ausreichend Wirkung gezeigt hatten. Ausgangspunkt der sozialräumlichen Neuordnung der Städte waren der Group Areas Act von 1950 mit der Proklamierung rassenbestimmter Wohngebiete auch für Weiße, Asiaten (vornehmlich Inder) und *Coloureds* sowie der Population Registration Act von 1950, der mit der amtlichen Klassifikation der Bevölkerung in Weiße, Schwarze und *Coloureds* (hierunter ursprünglich auch Inder) Segregation durchsetzbar machte. Hinzu kam der Reservation of Separate Amenities Act von 1953, der die sog. *petty apartheid* mit der getrennten Nutzung öffentlicher Einrichtungen einführte.

Die „ideale Apartheid-Stadt" (WESTERN 1981) gliedert sich in verschiedene rassenspezifische Sektoren, die durch *buffer zones* in Form von physischen Barrieren, Verkehrsanlagen, Industriegelände oder unbebauten Landstücken voneinander getrennt sind. Dadurch wird die Eigenständigkeit dieser Gebiete als Planungsziel unterstrichen und ihre Ausstattung mit getrennten Verwaltungs- und Versorgungseinrichtungen erleichtert. Die sehr unterschiedlichen Rechte der einzelnen Bevölkerungsgruppen spiegeln sich in der Flächenausdehnung der jeweiligen Wohngebiete wider. Nach dem Stand von 1991 sind 71 % aller städtischen Flächen der weißen Bevölkerung zugewiesen worden und nur 14 % den Schwarzen. Der Rest von 15 % war für *Coloureds* und Asiaten bestimmt (CHRISTOPHER 1999, S. 301). Während für die „weiße" Stadt eine sozioökonomische Viertelsbildung charakteristisch war, hatte man die *townships* der Schwarzen ursprünglich nach ethnolinguistischen Gesichtspunkten aufgeteilt (vgl. PIRIE 1984). Ein wesentliches Strukturelement stellen die *hostels* dar. Dabei handelt es sich um einfache Sammelunterkünfte für alleinstehende Männer und (seltener) Frauen, die im „weißen" Gebiet arbeiten. Die erbärmlichen Wohnverhältnisse in den überfüllten und oft baufälligen Einheiten sind vielfach kritisiert worden (WIESE 1999, S. 217). Im Zentrum der Apartheid-Stadt lag der („weiße") CBD, dessen Angebot an Waren und Dienstleistungen sich an alle Bevölkerungsgruppen richtete, nicht zuletzt deshalb, weil die *townships* mit Versorgungseinrichtungen aller Art unterausgestattet waren.

Die gewachsene Struktur der südafrikanischen Stadt stimmte in den seltensten Fällen genau mit den ausgewiesenen *group areas* überein (vgl. u. a. MAHARAJ 1997 für Durban; CDE 1998 für Pretoria). Als nicht konform mit der Apartheid-Stadt wurden einerseits zentrumsnah gelegene Enklaven nicht-weißer Bevölkerungsgruppen angesehen, andererseits gemischtrassige Quartiere, die z. T. schon auf die frühe Industrialisierungs- und Verstädterungsphase zurückgehen oder im Laufe der Zeit als Folge von Invasions- und Sukzessionsprozessen entstanden waren. Zur Neuordnung der südafrikanischen Stadt wurde das Mittel der Zwangsumsiedlungen (*forced removals*) angewendet (PLATZKY & WALKER 1985), was häufig unter dem Vorzeichen der Slumsanierung ablief. Davon betroffen waren bis Mitte der 1980er Jahre ca. 125 000 Familien und 2 700 Händler, zumeist *Coloureds* und Asiaten, da die schwarze Bevölkerung schon zuvor fast ausschließlich in *townships* lebte (GAEBE 1988, S. 24). Die Segregationsindizes, die CHRISTOPHER (1999, S. 303) als Medianwert für alle südafrikanischen Städte berechnete, belegen dies (Tab. 34). Allen *disqualified persons* wurde entweder in den *townships* eine Unterkunft zugewiesen, oder sie wurden, sofern sie gegen das Passgesetz (vgl. Kap. 4.6.2.2) verstoßen hatten und sich somit unrechtmäßig in der Stadt aufhielten, in die *homelands* „abgeschoben". Nur für Hausbedienstete galten Sonderregelungen. Ihnen war es erlaubt, außerhalb der *townships* auf den Grundstücken ihrer weißen Arbeitgeber zu wohnen. Das „berühmteste" und bis heute im Stadtgebiet als auffällige Besonderheit hervortretende Beispiel für die gewaltsame Umsetzung des Group Areas Act bildet der District Six in unmittelbarer Nähe der City von Kapstadt. Der Bereich wurde 1966 zum „weißen" Wohngebiet erklärt, 2375 Grundeigentümer

Die Apartheid-Stadt

sind enteignet und 71 000 Bewohner (vorwiegend *Coloureds*) umgesiedelt worden (JÜRGENS 1998, S. 215). Die schwarze Bevölkerung hatte dieses Gebiet größtenteils schon 1901 verlassen müssen (MARKS & BEZZOLI 2000, S. 268). Abgesehen von einzelnen religiösen Einrichtungen wurden alle Gebäude abgerissen; die damals geschaffenen Freiflächen bestehen bis heute fort. Ende 2000 sind die ersten Grundstücke an die ehemaligen Eigentümer zurückgegeben worden (Batho Pele – Bulletin der Botschaft der Republik Südafrika in Deutschland 31.01.2001).

4.7.4.2 Beispiel Johannesburg

Im Modell der Metropolitan Area von Johannesburg (Abb. 40), das die Stadtstruktur zu Beginn der 1980er Jahre wiedergibt (vgl. BÄHR & SCHRÖDER-PATELAY 1982), werden wesentliche Elemente der Apartheid-Stadt sichtbar (vgl. JÜRGENS & BÄHR 1998). Die auffällige Zweiteilung in einen nördlichen und einen südlichen Sektor und die Grundzüge der sozialräumlichen Struktur sind schon in der Gründungszeit angelegt worden. Abraumhalden und Fördertürme aus der Zeit der ersten Goldfunde ziehen sich als breites Band mitten durch die Stadt; dadurch war die heutige Industrieachse vorgezeichnet. Ober- und Mittelschicht wohnten nördlich des Zentrums, während die Arbeitersiedlungen der weißen Unterschicht wie auch die Wohnquartiere der schwarzen Arbeiterschaft im westlichen und südlichen Teil der Stadt in der Nähe der Minenfelder lagen. Im Gegensatz zu den burischen Städten wie z. B. Pretoria bestand eine strenge Trennung nach Rassen damals noch nicht. Der Zustrom einer Afrikaans sprechenden Landbevölkerung (*poor whites*) als Folge des Burenkrieges und der Auflösung der Burenrepubliken, die in eine fremde städtische Umwelt integriert werden mussten, und später die vermehrte Zuwanderung von schwarzer Bevölkerung gaben sowohl Anlass für Schutzmaßnahmen auf dem Arbeitsmarkt (z. B. Einführung von *job reservation*) als auch für die Ausweisung getrennter Wohngebiete. So gehen die Anfänge von Soweto (South Western Townships) und Alexandra wie auch der westlichen *townships* bereits auf die 1920er Jahre zurück (vgl. MANDY 1984, S. 173 ff.). Nach 1948 wandelte sich die *segregation city* endgültig zur *apartheid city* (vgl. auch Tab. 34). Von nun an wurde die räumliche Stadtstruktur zum einen durch Prozesse der sozioökonomischen Viertelsbildung (auf der Seite der Weißen), zum anderen durch die zwangsweise Zuweisung von Wohnquartieren auf ethnischer Basis (auf der Seite der Nicht-Weißen) gesteuert. Das Strukturschema in Abb. 40 lässt die Überlagerung der beiden Bestimmungsfaktoren und die dadurch hervorgerufenen Veränderungen im Stadtgefüge klar erkennen:

1. Die City expandierte nicht nur in vertikale (u. a. Carlton Centre mit 50 Geschossen), sondern auch in horizontale Richtung. Das Wachstum nach N wurde entscheidend durch die Tieferlegung und Überbrückung des Eisenbahngeländes im Jahre 1950 gefördert. Am Rande der City bildete sich eine Mischzone heraus, in der die Wohnfunktion teilweise durch Dienstleistungen, teilweise durch Gewerbe und Leichtindustrie verdrängt wurde (vgl. Kap. 4.8.3.2).
2. Durch den Ausbau des Schnellstraßen- und Stadtautobahnsystems verbesserte sich insbesondere die Anbindung der nördlichen Stadtteile an die City. Damit beschleunigte sich der Suburbanisierungsprozess der weißen Bevölkerung, und es begann die Umformung ehemals ländlicher Gebiete an der nördlichen Peripherie zu Wohnvororten der

244 Typologie von Städten im Südlichen Afrika

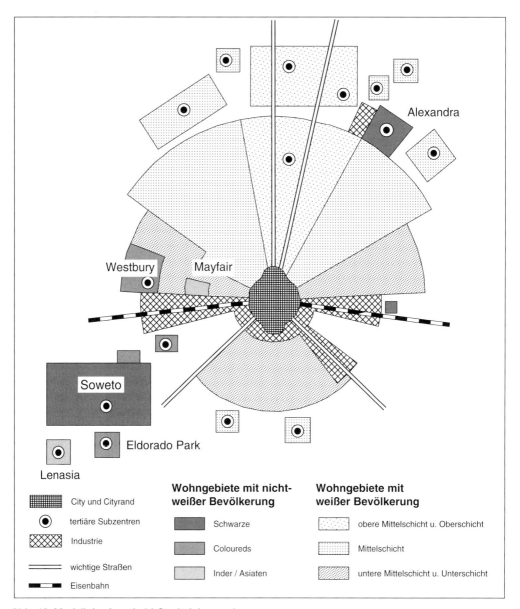

Abb. 40: Modell der Apartheid-Stadt Johannesburg
Quelle: JÜRGENS & BÄHR (1998, S. 6)

Mittel- und Oberschicht. Mit einer gewissen zeitlichen Verzögerung kam es auch zu einer Verlagerung von Handel und Dienstleistungen in die Vororte.

3. Von den Sanierungs- und Umsiedlungsmaßnahmen war in erster Linie der westliche Sektor betroffen. Sämtliche hier lebende Schwarze wurden ab 1953 in das wesentlich erweiterte, von einer unübersehbaren Zahl sog. *matchbox houses* geprägte Soweto

Die Apartheid-Stadt

umgesiedelt, die indische Bevölkerung z. T. nach Lenasia, die *Coloureds* nach Eldorado Park. Nicht nur dass die Menschen dadurch aus ihrer angestammten Umgebung und ihren sozialen Bezügen herausgerissen wurden, auch weitere Wege zum Arbeitsplatz und zu den Versorgungseinrichtungen waren Folgen der *forced removals*.

Angesichts zunehmender demographischer Auseinanderentwicklung von weißer und nichtweißer Bevölkerung, wachsender politischer Emanzipation der schwarzen Bevölkerungsmehrheit und verstärktem internationalen Druck wurde es für die südafrikanische Regierung immer schwieriger, den Führungsanspruch der weißen Bevölkerungsgruppe aufrecht zu erhalten. Nach den Soweto-Unruhen von 1976 sind daher grundlegende politische Reformen eingeleitet worden (Phase der Reform-Apartheid). Diese hatten zum Ziel, international besonders anstößige Formen der Apartheid abzuschaffen sowie die Gesetzespraxis an die wirtschaftlichen und gesellschaftlichen Veränderungen anzupassen, ohne jedoch den Kerngedanken des Apartheid-Konzeptes vollständig aufzugeben. Dies geschah erst nach der Wahl von F. W. de Klerk zum Staatspräsidenten im Jahre 1989. In der ersten Hälfte des Jahres 1991 sind die wichtigsten Säulen der Apartheid-Gesetzgebung gefallen. Damit hatten sich die Rahmenbedingungen der Stadtentwicklung entscheidend geändert, und die Apartheid-Stadt begann sich zur Post-Apartheid-Stadt zu wandeln, in der sich persistente, aus der Vergangenheit ererbte und neue Strukturen überlagern (Abb. 41).

Tab. 34: Segregationsindizes[1] in südafrikanischen Städten (Median), 1951-1996

Jahr	Schwarze	Asiaten	Coloureds	Weiße
1951	69	71	49	75
1960	76	77	54	81
1970	83	87	78	92
1991	91	92	89	95
1991 Johannesburg	88	90	91	90
1996 Johannesburg	84	80	82	86

[1] Schwankungsbreite 0 (keine) – 100 (totale Segregation)
Quelle: CHRISTOPHER (1999, S.303)

4.7.4.3 Die Post-Apartheid-Stadt als Hybridstadt

O'CONNOR (1983, S. 40 f.) spricht von Hybridstadt, wenn sich Elemente verschiedener Stadttypen mischen und eine klare räumliche Trennung nicht mehr gegeben ist. Mit dem Hinweis, dass sich die meisten größeren Städte in diese Richtung entwickeln, ist gemeint, dass kulturraumspezifische Faktoren der Stadtentwicklung von kulturraumübergreifenden überlagert werden. In den meisten Städten begann ein erster Schub der Überformung nach der Unabhängigkeit. Dieser lässt sich stichwortartig wie folgt beschreiben (vgl. STOCK 1995, S. 205 f.):
– Die ethnische Segregation wird mehr und mehr durch eine sozioökonomische ersetzt.
– Die Staatsbürokratie weitet sich aus. Dadurch gewinnt die City neue Funktionen.
– Im Rahmen einer Politik der Importsubstitution wird die Ansiedlung von Industrie und Gewerbe gefördert, und es kommt zu einem, vielfach allerdings nur bescheidenen räumli-

chen Wachstum der entsprechenden Sektoren.
- Der informelle Sektor gewinnt als Beschäftigungsalternative an Bedeutung und prägt insbesondere das Bild der City.
- An der Peripherie werden formelle Wohnsiedlungen durch *squatter settlements* in unterschiedlichem Konsolidierungszustand ergänzt, bzw. formelle und informelle Bebauung mischen sich.
- Die *buffer zones* zwischen einzelnen Stadtteilen oder verschiedenen Städten schwinden, weil sie einer Wohn-, Industrie- oder Dienstleistungsnutzung zugeführt werden.

Zwar reichen einige der genannten Entwicklungslinien auch in Südafrika weiter in die Vergangenheit zurück (vor allem „Aufblähung" der staatlichen Verwaltung zur Durchsetzung der Apartheid, Industrialisierungsbestrebungen und weitreichende Abschottung vom Weltmarkt). Die meisten Prozesse setzten aber erst in der Spät-Apartheid-Zeit ein und verstärkten sich nach der endgültigen Abschaffung der Apartheid. Das Modell der Post-Apartheid-Stadt Johannesburg (Abb. 41) dokumentiert die Entwicklung der Apartheid-Stadt in Richtung Hybridstadt (zur Post-Apartheid-Stadt vgl. BÄHR & JÜRGENS 1993; CHRISTOPHER 1999; DONALDSON & VAN DER MERWE 2000). Ähnliche Prozesse vollziehen sich auch in anderen südafrikanischen Städten, verlaufen aber im Großraum Johannesburg sehr viel schneller als anderswo. Zum einen liegt das daran, dass die Apartheid-Politik überkommene Strukturen eher konservierte und erst stark verzögert auf gesellschaftliche Veränderungen reagierte. So hat man die Mitte der 1980er Jahre unübersehbare informelle Aufweichung ethnisch homogener Wohn- und Gewerbegebiete lediglich mittels nachträglicher gesetzlicher Anpassungen zu legalisieren und in das Apartheid-Konzept zu integrieren versucht. Selbst Ende 1990, als sich das Ende der Apartheid bereits abzeichnete, ist noch an der Umsetzung des Group Areas Act gearbeitet und sind sogar noch neue *group areas* ausgewiesen worden (CHRISTOPHER 1992). Nach Ende der Apartheid sind viele zuvor künstlich verzögerte Entwicklungen sozusagen im „Zeitraffer" abgelaufen. Zum anderen ist der Zuwanderungsdruck im Großraum Johannesburg besonders hoch, nicht nur aufgrund der Aufhebung aller *influx control*-Maßnahmen, sondern auch aufgrund der herausragenden wirtschaftlichen Bedeutung der Region, deren Anziehungskraft über weite Distanzen, ja über die Landesgrenze hinweg reicht.

Unter den Prozessen, die die Apartheid-Stadt überformen, bis zu einem gewissen Grade aber auch in anderen Städten der Region wirksam sind oder in der Vergangenheit wirksam waren, sind vor allem zu nennen (vgl. STOCK 1995, S. 205 f.):

1. Veränderungen der ethnischen Struktur einzelner Viertel oder größerer Stadtbereiche und deren Auswirkungen auf das städtische Umfeld;
2. soziale und wirtschaftliche Probleme und deren stadtstrukturelle Konsequenzen, wie sie sich insbesondere in der Zunahme städtischen Gartenbaus (landwirtschaftliche Nutzflächen inmitten der Stadt), informeller Wohnungsbauaktivitäten und der Abschottung in *gated communities* manifestieren;
3. Wandel der Versorgungsstrukturen wie insbesondere der „Siegeszug" von Einkaufszentren teilweise zu Lasten der traditionellen City und die wachsende Bedeutung von informellem Handel und informellen Dienstleistungen;
4. Belastung der städtischen Infrastruktur und wachsende Umweltprobleme.

Die Apartheid-Stadt 247

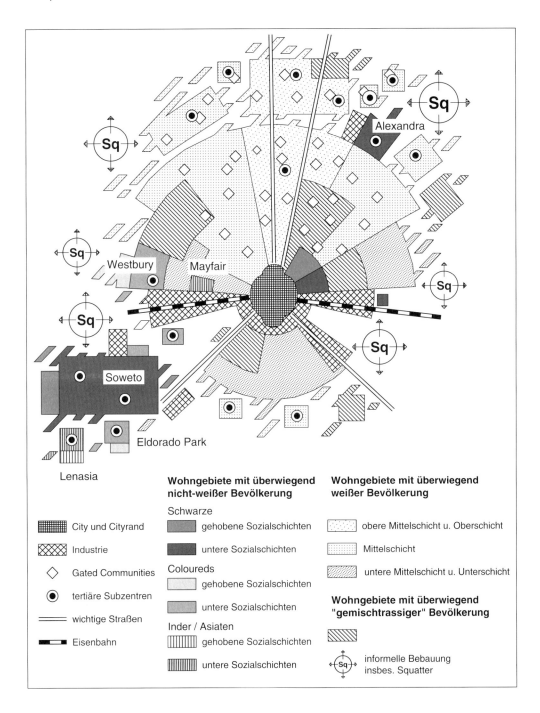

Abb. 41: Modell der Post-Apartheid-Stadt Johannesburg
Quelle: JÜRGENS & BÄHR (1998, S. 55)

Im folgenden Kapitel werden diese Steuerungsfaktoren und Problembereiche des städtischen Strukturwandels an einzelnen Beispielen näher beleuchtet. Dabei wird nicht nur auf die Situation in Südafrika Bezug genommen, sondern versucht, die Spannweite der Entwicklungen in der gesamten Region aufzuzeigen.

4.8 Steuerungsfaktoren und Problembereiche der Stadtentwicklung

4.8.1 Veränderungen der ethnischen Struktur und deren Folgen

Alle größeren Städte im Südlichen Afrika waren bis in die jüngere Vergangenheit durch eine ausgeprägte ethnische Segregation bestimmt und sind es teilweise noch heute. In den meisten Fällen haben Verordnungen und gesetzliche Regelungen der Kolonialmächte bestehende Segregationstendenzen verstärkt, auch wenn die Bestimmungen nicht immer so lückenlos waren und so rigide gehandhabt wurden wie in der Apartheid-Stadt Südafrikas. Mit der Unabhängigkeit der Staaten, z. T. auch schon früher, sind derartige Einschränkungen der Wohnstandortwahl und Gewerbeansiedlung aufgehoben worden. Gleichzeitig kehrten viele Verwaltungsbeamte, aber auch Manager und Repräsentanten von Firmen in ihre Herkunftsländer zurück und wurden durch einheimische Kräfte ersetzt, die in die zuvor der weißen Bevölkerung vorbehaltenen Stadtviertel zogen. Dieser Prozess erstreckte sich gewöhnlich über einen längeren Zeitraum, hat jedoch außerhalb des „weißen" Südens der Region zu keinen größeren Konflikten geführt; denn der Anteil der weißen Bevölkerung war schon zum Zeitpunkt der Unabhängigkeit meist nicht sehr groß und betrug z. B. in Blantyre 1966 lediglich 3 % von 110 000 Einwohnern (McCracken 1998, S. 254) und in Lusaka 1969 4,2 % von 185 000 Einwohnern (Wood in Williams 1986, S. 171). In den portugiesischen Kolonien verließen die Europäer nach dem Rückzug Portugals überstürzt und fluchtartig das Land, so dass sich die Desegregation sozusagen über Nacht einstellte.

Tab. 35: Bevölkerungsentwicklung von Windhoek nach ethnischen Guppen (in 1000)[1]

	Schwarze	*Coloureds*	Weiße	Gesamt-bevölkerung
1908			1,4	
1936	4,3	1,5	4,8	10,7
1946	6,6	1,4	7,0	14,9
1951	9,1	1,2	10,3	20,6
1960	13,9	2,7	19,4	36,1
1970	25,9	8,4	27,3	61,7
1975	33,2	9,1	32,1	74,3
	Katutura[2]	Khomasdal[2]	übriges Windhoek	
1981	44,0	17,4	31,3	92,7
1991	86,6	18,9	41,5	147,1
1999				202,0

[1] 1975 und 1995 Schätzungen; ansonsten Zensusergebnisse
[2] Katutura war ehemals das *township* für die schwarze, Khomasdal für die *Coloured*-Bevölkerung.

Quelle: Bähr (1970, S. 44); Simon (1995, S.142); UN (2000b)

Veränderungen der ethnischen Struktur und deren Folgen

Abgesehen von Südafrika (s. u.) kommt auch den Hauptstädten Simbabwes und Namibias eine gewisse Sonderstellung zu. Zum einen erreichten beide Staaten erst verhältnismäßig spät ihre Unabhängigkeit, nämlich 1980 bzw. 1990; zum anderen war der Anteil der weißen Bevölkerung hier sehr viel größer als in den anderen SADC-Staaten und viele Weiße waren nicht nur vorübergehend, sondern dauerhaft ansässig (Tab. 33 u. 35). Der Desegregationsprozess in diesen Städten hat deshalb auch in der wissenschaftlichen Literatur besondere Aufmerksamkeit erfahren, und es sind daraus Prognosen für die Post-Apartheid-Stadt Südafrikas abgeleitet worden (vgl. SIMON 1986; PICKARD-CAMBRIDGE 1988; CUMMING 1990). In beiden Städten bestanden weitreichende Reglementierungen der Wohnstandortwahl, die in Harare bis in das Jahr 1894 zurückgehen (PICKARD-CAMBRIDGE 1988, S. 8). In Windhoek verbinden sie sich mit der weitgehenden, jedoch nicht vollständigen Übertragung der Apartheid-Gesetze seit den 1920er Jahren (SECKELMANN 2000, S. 47 ff.), auch wenn es Ansätze dazu schon zur deutschen Zeit gegeben hat (erste *location* 1892; SIMON 1988, S. 246). Vollends zur Apartheid-Stadt wurde Windhoek in den 1960er Jahren, als die alte, in der Nähe des Zentrums gelegene *location* aufgelöst und die Bewohner gegen ihren Widerstand nach Katutura (*township* der Schwarzen) einerseits und Khomasdal (*township* der *Coloureds*) andererseits umgesiedelt wurden (vgl. PENDLETON 1974; MELBER 1988, S. 52 ff.).

Die Aufhebung der Restriktionen erfolgte in beiden Ländern nahezu zum gleichen Zeitpunkt: In Simbabwe sind sie von der „Übergangsregierung" im Jahre 1979 veranlasst worden, in Namibia traten entsprechende Gesetze schrittweise in den Jahren 1977–81, also ein Jahrzehnt vor der formellen Unabhängigkeit, in Kraft (vgl. SIMON 1986, S. 293 f.; SECKELMANN 2000, S. 53). Die Desegregation zeigt daher eine Reihe von Gemeinsamkeiten:

1. Bereits vor dem offiziellen Ende der Segregationspolitik ist es zu einer informellen Aufweichung der Bestimmungen gekommen, indem Wohnraum an Angehörige anderer ethnischer Gruppen vermietet oder Häuser und Grundstücke verkauft wurden. Die Makler nahmen das damit verbundene Risiko auf sich, weil sich eine nachträgliche Legalisierung bereits abzeichnete. In Harare hat auch die große Zahl von Leerständen aufgrund der Emigration weißer Fachkräfte das Aufbrechen der ethnischen Segregation gefördert. PICKARD-CAMBRIDGE (1988, S. 11) gibt an, dass zwischen Februar 1978 und Juli 1979 2880 Häuser von Weißen aufgegeben worden sind, von denen allerdings nur 1560 von Afrikanern übernommen wurden.
2. Als „Pioniere" traten in Windhoek vorzugsweise *Coloureds*, z. T. aus dem Kapland zuziehend, auf dem zunächst noch informellen Markt auf. Diese bevorzugten zentral gelegene Wohnstandorte (SIMON 1986, S. 302). In Harare konnte dies nicht beobachtet werden, auch weil die Gruppe der *Coloureds* zahlenmäßig nur klein war und ebenso wie die indische Bevölkerung keinen Einschränkungen bei der Wohnungssuche unterlag (PICKARD-CAMBRIDGE 1988, S. 9). Hier sind es besser verdienende Schwarze gewesen, die als erste die *townships* verlassen haben.
3. Die Desegregation vollzog sich am schnellsten in Wohngebieten, die an die *townships* angrenzten, und solchen, die in der Nähe des CBD lagen. Die Preise für Grundstücke und Häuser und damit auch die Mieten waren z. B. im S Harares bedeutend niedriger als im N (vgl. Abb. 39), so dass sich schwarze Haushalte dort noch am ehesten eine Wohnung leisten konnten. In Windhoek hat vor allem die fortbestehende Segregation im Schul- und Gesundheitswesen die Nachfrage nach Wohnraum in der Nähe der *town-*

ships begünstigt. In citynahe Wohngebiete zogen in beiden Städten bevorzugt alleinstehende *professionals*, für die die Nähe zum Arbeitsplatz wichtig war.

4. Die vornehmsten und damit auch teuersten Wohnviertel behielten ihren „weißen" Charakter sehr viel länger bei. In beiden Städten begann hier der ethnische Wandel erst nach der formellen Unabhängigkeit, als besser bezahlte Stellen im Staatsdienst von Schwarzen eingenommen wurden und eine große Zahl von Botschaftsangehörigen unterzubringen war. Aber selbst 1987 waren in den nördlichen und nordöstlichen Wohnvierteln Harares noch 70 % der Bewohner Weiße, im S dagegen nur 20 % (PICKARD-CAMBRIDGE 1988, S. 11). In Windhoek waren die Veränderungen sogar noch geringer (SIMON 1986, S. 297). Nach Schätzungen betrug hier Mitte der 1980er Jahre der Anteil von Schwarzen und *Coloureds* in ehemals „weißen" *group areas*, abgesehen von Hausbediensteten, nur ca. 8 % (PICKARD-CAMBRIDGE 1988, S. 25). Selbst Mitte der 1990er Jahre bildeten Weiße in allen Wohngebieten außerhalb der *townships* die Mehrheit, sieht man von einzelnen zentrumsnahen Apartment-Blocks ab (SIMON 1995, S. 140).

5. Trotz der vergleichsweise schnellen Auflösung der Segregation in Harare kann man nicht von *white flight* sprechen, jedenfalls nicht in dem Sinne, dass Weiße ihren Wohnstandort innerhalb der Stadt veränderten. Es war eher die Emigration, verbunden mit einer großen Zahl leerstehender Wohnungen und Häuser und ein (vorübergehend) rückläufiges Preisniveau, die zusammen mit der schnellen „Afrikanisierung" der Verwaltung und der Integration in Schulen und Krankenhäusern den Prozess beschleunigte.

6. Eine Abwertung von Wohngebieten im Zuge der Desegregation konnte nicht beobachtet werden. Allenfalls in wenigen Einzelfällen kann von *overcrowding* gesprochen werden, auch weil die Stadtverwaltungen auf die Einhaltung gewisser Standards achteten (PICKARD-CAMBRIDGE 1988, S. 9). Eher ist es aufgrund von Fortzügen zu einem gewissen Abbau von *overcrowding* in den *townships* gekommen.

Für südafrikanische Städte, allen voran Johannesburg, liegt eine Reihe von empirischen Analysen zur Desegregation von Wohngebieten vor, auf deren Basis sich die Frage nach Gemeinsamkeiten und Unterschieden zu den bisher diskutierten Beispielen beantworten lässt (vgl. RULE 1989; JÜRGENS 1991; MORRIS 1994 u. 1999; CRANKSHAW & WHITE 1995; GUILLAUME 1997; BÄHR, JÜRGENS & BOCK 1998). Grundlage der genannten Untersuchungen sind sowohl Befragungen und Expertengespräche als auch Auswertungen von Wohnungs- und Grundstückstransfers, wobei aus den Nachnamen auf die ethnische Zugehörigkeit geschlossen wird.

Die frühe Phase der Desegregation zeigt weitgehende Übereinstimmungen mit den Erfahrungen in Namibia und Simbabwe. Schon vor seiner endgültigen Abschaffung ist der Group Areas Act „durchlöchert" worden. Seit Ende der 1970er Jahre kam es vor allem in Johannesburg (in eingeschränktem Umfang auch in Durban, Kapstadt und Port Elizabeth) zu einem informellen „Einsickern" von Nicht-Weißen in rechtlich als „weiß" proklamierte Wohngebiete. In der südafrikanischen Öffentlichkeit hat sich dafür der Begriff der *grey areas* eingebürgert. Damit sollten sowohl die Veränderung in der rassischen Zusammensetzung der Bevölkerung als auch der illegale bzw. mit Hilfe eines weißen Strohmannes „scheinlegale" Rechtsstatus angesprochen werden. Auslösender Faktor der „Vergrauung" war die sehr unterschiedliche Entwicklung von Angebot und Nachfrage auf den Wohnungsteilmärkten für die weiße und nicht-weiße Bevölkerung. Dem gravierenden Wohnungsmangel in den *townships* stand ein Überangebot in vielen überwiegend citynah gelegenen „weißen" *group areas* gegenüber. Hohe Anonymität und Unkontrollierbarkeit in großen Miets- und Apartment-Häusern, wohlwollende Unterstützung seitens der englischsprachigen Presse, schwacher politischer Widerstand der ansässigen, z. T. überalterten, z. T. hochmobilen Bevölkerung und nicht zuletzt die Verlockung, Wohnraum zu überhöhten Preisen vermieten zu können, förderten den Zuzug nicht-weißer Haushalte. Als „Pioniere" traten vorwiegend junge und alleinstehende Zuziehende auf, vor allem solche, die von außerhalb nach Johannesburg gekommen waren und deshalb auf den Warteliste für ein Haus in den *townships* ganz unten standen. Unter ihnen befanden sich überdurchschnittlich viele Personen aus der Gruppe der Inder und *Coloureds*. Nicht nur aufgrund ihrer sozial ähnlichen oder sogar höheren Position gegenüber der weißen Nachbarschaft, sondern auch wegen ihrer vergleichsweise hellen Hautfarbe wurden sie schon vor Aufhebung der gesetzlichen Beschränkungen als (illegale) Mieter eher geduldet als Schwarze, bzw. sie wurden als Illegale nicht erkannt (*passing for whites*). Erst später folgten auch Schwarze und allgemein Nicht-Weiße niedrigeren sozialen Niveaus.

Am frühesten zeichneten sich Desegregationstendenzen in zentrumsnahen, mittelständischen Wohnquartieren ab, die von mehrgeschossiger Blockbebauung geprägt waren. Weitere Ansatzpunkte waren Wohnviertel in der Nähe der *townships* (vgl. GNAD 2002). Im Falle von Johannesburg lagen diese überwiegend im S des Zentrums und des Bergbau- und Industriegürtels und boten vergleichsweise billigen Wohnraum. Hingegen blieb die Zahl der Schwarzen und *Coloureds*, die in die Villenviertel des N zogen, schon aus ökonomischen Gründen sehr gering. Von *white flight* lässt sich in der Frühphase der Desegregation nicht sprechen. Eher fand ein passiver Ausdünnungsprozess aufgrund der natürlichen Bevölkerungsentwicklung und des innerstädtischen Wohnungswechsels statt. Wegen des anhaltenden Trends zur Suburbanisierung war letzterer in den hochverdichteten citynahen *flatlands* besonders groß, ohne dass der freigewordene Wohnraum – wie noch in den 1950er und 60er Jahren – von europäischen Immigranten nachgefragt wurde. Zurück blieben diejenigen Weißen, die sich einen Umzug finanziell nicht leisten konnten oder die durch schwer verkäuflichen Immobilienbesitz an das Viertel gebunden waren. Darunter befanden sich überdurchschnittlich viele alte Menschen (Abb. 42).

Die Dynamik des ethnischen Wandels zeigt in Johannesburg und abgeschwächt auch in anderen südafrikanischen Ballungszentren Ähnlichkeiten mit dem Invasions-Sukzessionszyklus, wie er für US-amerikanische Städte beschrieben worden ist. Insbesondere heißt dies, dass Gemischtrassigkeit lediglich eine Übergangserscheinung darstellte und auf die Invasions- und Desegregationsphase eine Sukzessions- und Resegregationsphase folgte. In Hillbrow (Johannesburg), einer der Keimzellen des „Vergrauungsprozesses", war der Anteil der schwarzen Bevölkerung schon zu Beginn der 1990er Jahre auf ca. 80 % angestiegen. Damit hatte sich hier ein neues ethnisches Cluster gebildet, das auf angrenzende Wohnbereiche ausstrahlte. Diese *spill over*-Effekte haben die Resegregation in angrenzenden Bereichen verstärkt. So ist im benachbarten Yeoville die Zahl der weißen Bewohner von 7290 (1985) auf 2507 (1998) zurückgegangen und ihr Anteil an der Bevölkerung auf nur noch 16 % gefallen. Die Geschwindigkeit des Umbruchs ist ebenso ein Beleg für den jetzt ablaufenden *white flight* wie die Entwicklung der durchschnittlichen Wohndauer. Diese hat sich bei der weißen Bevölkerung von 7 (1989) auf 17 Jahre (1998) mehr als verdoppelt, während bei der nicht-weißen Bevölkerung im gleichen Zeitraum nur ein geringfügiger Anstieg von 2 auf 3 Jahre zu verzeichnen ist (JÜRGENS & GNAD 2000a).

Seit Ende der 1990er Jahre wird der Sukzessionsprozess im Innenstadtbereich von Johannesburg von einem neuen Zyklus überlagert. Das Ende der Apartheid hat den Anreiz für viele Afrikaner aus West- und Zentralafrika sowie den Nachbarstaaten des Südlichen Afrika erhöht, in die großen südafrikanischen Städte zu kommen, um hier Arbeit zu suchen (HALDENWANG 1996; REITZES 1997). Nach MORRIS (1999, S. 307) leben allein ca. 23 000 Kongolesen und ca. 3000 Nigerianer in Johannesburg; sie konzentrieren sich insbesondere auf die Hochhausquartiere am Rande der City. Da es sich größtenteils um illegale Migranten handelt, die der Gefahr unterliegen, abgeschoben zu werden (vgl. Kap. 4.1.1), sind sie – ähnlich wie die nicht-weißen Südafrikaner zu Beginn der 1980er Jahre – bereit, höhere Mieten zu zahlen, was von vielen Vermietern ausgenutzt wird.

Kontrovers diskutiert wird, ob die ethnischen Cluster innerhalb der ehemaligen „weißen" *group areas* als (neue) Ghettos zu bezeichnen sind. Folgt man MARCUSE (1998) und verwendet die Kategorie „Freiwilligkeit" zur Abgrenzung zwischen Ghetto und Enklave, so sind die *townships* der Apartheid-Zeit ohne Zweifel Ghettos (MARCUSE 1998, S. 189: Ghettos der Ausgebeuteten), während die neuen ethnischen Konzentrationen jedenfalls in einer ersten Entwicklungsphase eher als Enklaven charakterisiert werden können.

Mit dem Invasions- und Sukzessionsprozess geht eine Bevölkerungsverdichtung und (zumindest punktuelle) bauliche Abwertung einher. Nimmt man wiederum Yeoville als Beispiel, so hat sich die Einwohnerzahl zwischen 1985 und 1998 fast verdoppelt, ohne dass es eine nennenswerte Neubautätigkeit gab. Noch stärker als hier ist in den Hochhausquartieren von Hillbrow das Phänomen des *residential blight* unübersehbar. Überhöhte Mieten hatten und haben vielfach eine Überbelegung von Wohnraum zur Folge, was wiederum einen zunehmenden Gebäudeverfall sowie eine Überstrapazierung von Serviceleistungen wie Wasser- und Stromversorgung, Kanalisation, Fahrstühle etc. nach sich zieht. Es sind vorwiegend die stark überbelegten Wohngebäude, in denen die Infrastruktur ganz oder teilweise zusammengebrochen ist. Nach CRANKSHAW & WHITE (1995, S. 635) konnten 1991 aber nur ca. 10 % der Wohnungen als verslumt bezeichnet werden. Vorwiegend lagen sie in solchen Häusern, die schon vor Beginn des Invasionsprozesses nicht den besten baulichen Zustand aufwiesen und dringend einer gründlichen Renovierung bedurft hätten.

Mittlerweile hat sich der Abwertungsprozess weiter fortgesetzt. Es gibt einzelne Beispiele, dass ein Dutzend und mehr Menschen in einem kleinen Apartment leben (The Star 10.02.1997). Teilweise ist die Situation durch fortschreitende (unerlaubte) Untervermietung völlig unübersichtlich geworden. Auch gewaltsame Auseinandersetzungen mit den Mietern kommen häufiger vor, vor allem dann, wenn diese aufgrund baulicher und infrastruktureller Mängel die Zahlungen einstellen und die Wohnungen geräumt werden sollen (Financial Mail 11.07.1997). Ist der bauliche Verfall erst einmal weit fortgeschritten, fällt es zunehmend schwerer, von Banken und anderen Finanzierungsinstitutionen Kredite zu erhalten (*redlining*), was den Abwertungsprozess weiter beschleunigt. Teilweise wird dieser allerdings auch von den Vermietern bewusst in Kauf genommen, um innerhalb einer kurzen Zeitspanne maximale Gewinne zu erzielen.

Veränderungen der ethnischen Struktur und deren Folgen

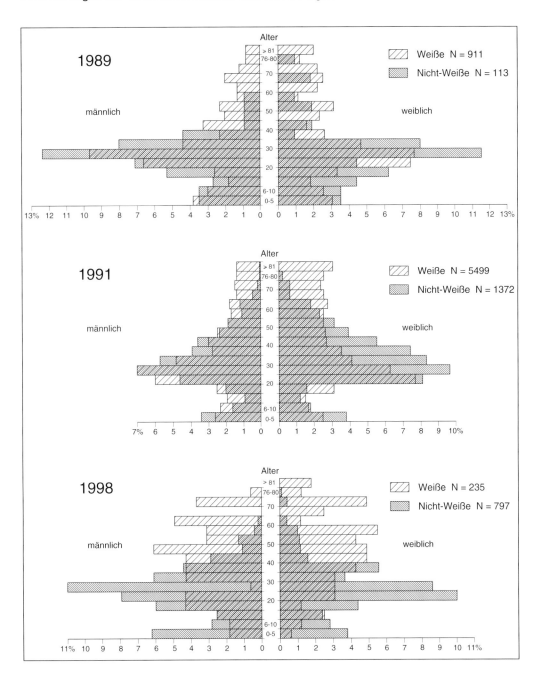

Abb. 42: Bevölkerungspyramiden von Yeoville, Johannesburg, 1989-1998
Quelle: JÜRGENS & GNAD (2000a, S. 86)

Verknüpft ist die bauliche Degradierung mit Erscheinungen des *commercial blight*, wie sie in ganz ähnlicher Form in der City auftreten (vgl. Kap. 4.8.3.2), und einer Ausdehnung des informellen Sektors. Straßenreinigung und Müllabfuhr sind überfordert und stellen ihre Dienste ein, wenn die Gebühren nicht bezahlt werden. Dadurch verstärkt sich der optische Eindruck des Niedergangs (Saturday Argus 30.04.1997).

Zwar haben die Desegregations- und Resegregationsprozesse in den citynahen Wohnvierteln von Johannesburg sowohl in der südafrikanischen Öffentlichkeit als auch in der wissenschaftlichen Literatur große Aufmerksamkeit erfahren; es ist aber nicht zu übersehen, dass Johannesburg bis heute eine hoch segregierte Stadt geblieben ist. CHRISTOPHER (1999) hat auf der Basis von Zensusdistrikten berechnet, dass sich der Segregationsindex für alle ethnischen Gruppen zwischen 1991 und 1996 nur geringfügig vermindert hat; am stärksten war der Rückgang bei der asiatischen und *Coloured*-Bevölkerung (Tab. 34). Heute sind es keine gesetzlichen Regelungen mehr, sondern vorwiegend ökonomische Gründe, die schnellen Veränderungen der ethnischen Viertelsbildung entgegenstehen (BREMNER 2000).

Auch auf der Mikroebene studentischer Wohnheime zeichnet sich bei der Wohnraumbelegung eine ethnische Sukzession ab. Waren die Einrichtungen z. B. der University of the Witwatersrand in den 1980er Jahren zu 90 % von weißen Studenten belegt, hat sich dieses Verhältnis in den 1990er Jahren umgekehrt. Hierfür sind einerseits kulturelle Gegensätze, andererseits die veränderte Vergabepraxis verantwortlich zu machen, Studenten zu bevorzugen, deren beengte Wohnsituation zu Hause kein angemessenes Studium erlaubt. In der Regel handelt es sich hierbei um schwarze Studenten. Zuweilen vermieten diese ihre Zimmer auch weiter, bleiben zu Hause wohnen und betreiben eine gewisse Form von *slum lording* in Studentenwohnheimen. Für die Universitäten in Durban wird geschätzt, dass etwa 5–10 % aller Zimmer betroffen sind, die teils bis zu fünf Studenten aufnehmen (Weekly Mail & Guardian 17.03.2000).

4.8.2 Wirtschaftliche und soziale Probleme und deren stadtstrukturelle Konsequenzen

4.8.2.1 Städtische Landwirtschaft als Ernährungssicherung

In allen Ländern des Südlichen Afrika gehört der größte Teil der städtischen Bevölkerung zur Gruppe der Armen, die ihre Grundbedürfnisse nicht oder nicht in ausreichendem Maße decken können. Zu diesen Grundbedürfnissen zählen sowohl der private lebensnotwendige Minimalbedarf, vor allem Ernährung, Unterkunft, Kleidung, als auch grundlegende öffentliche Dienstleistungen wie einwandfreies Trinkwasser, sanitäre Einrichtungen, Basisgesundheitsversorgung u. a. Von extremer oder absoluter Armut spricht man immer dann, wenn das Überleben direkt gefährdet ist, weil noch nicht einmal die Ernährung sicher gestellt werden kann. Ein Indikator dafür bildet der Anteil der unterernährten Kinder (< 5 Jahre), der in einzelnen Ländern der Region (Malawi, Sambia, Mosambik) auf 25 % und mehr geschätzt wird (Weltbank 2001). Die Schätzungen der Weltbank zum Umfang der Armutsbevölkerung gehen von einer Armutsgrenze von 2 US-$/Tag in Kaufkraftparität aus. Der Anteil der städtischen Bevölkerung unterhalb dieser Schwelle schwankt im Südlichen

Afrika zwischen unter 40 % (Südafrika) und mehr als 90 % (Sambia), wobei noch zu berücksichtigen ist, dass für einzelne Länder, wie insbesondere Angola und Malawi, keine Zahlenwerte genannt werden (Weltbank 2001). Soweit überhaupt Vergleichszahlen vorliegen, ist oft ein Anstieg der Armutsbevölkerung zu konstatieren, so zwischen 1991 und 1996 in Sambia von 57 auf 60 % und in Simbabwe von 38 auf 47 % (nationale Definitionen nach Weltbank 2001, S. 31).

Zwar haben z. B. Bohle & Krüger (1992) und Watts & Bohle (1993) darauf hingewiesen, dass neben der nach wirtschaftlichen Maßstäben gemessenen Armut noch weitere Faktoren für die Gefährdung menschlicher Existenzbedingungen verantwortlich sind und diese mit dem Konzept der „Verwundbarkeit" umschrieben. Anders als in großen Teilen des ländlichen Raumes, auf den sich die geographische Verwundbarkeitsforschung bislang konzentriert, hängt die Überlebenssicherung in den Städten hauptsächlich vom Geldeinkommen ab, weil Subsistenzproduktion und traditionelle Strategien der Existenzsicherung in der Regel keine größere Rolle mehr spielen. Dass dies nicht vollständig zutrifft, zeigen Kleinviehhaltung und *plotgardens* in den Randbereichen vieler Städte. Sie sind ein Beispiel dafür, dass monetäre Einkommen jedenfalls teilweise durch Subsistenzproduktion ergänzt werden. Selbsterzeugtes Gemüse und Obst, Hühner- und Ziegenhaltung dienen sowohl zur Bereicherung des täglichen Speiseplans als auch als Puffer bei Nahrungskrisen und können dann sogar zur alleinigen Versorgungsgrundlage werden (Krüger 1997, S. 209). Nicht immer erfolgt allerdings die Eigenproduktion in der Stadt selbst; häufiger noch tragen Nahrungsmittel oder Tierprodukte aus den Heimatdörfern dazu bei, die Ernährungs- und Einkommenssituation in der Stadt lebender Familienmitglieder zu festigen (zur Strategie der „gespaltenen Haushalte" vgl. Kap. 4.6.2.3).

Die genauesten Informationen zur städtischen Landwirtschaft liegen für Lusaka vor (Jäger & Huckabay in Williams 1986, S. 267 ff.; Drescher 1998, S. 125 ff.). Hier hat der Anbau auf städtischen Flächen eine lange Tradition und ist weit verbreitet, so dass Lusaka auch als „world capital of urban cultivation" bezeichnet wird (Gaebe 1992, S. 25). Sieht man vom kommerziellen Anbau zur Belieferung von Märkten ab, sind zwei Typen der städtischen Agrarproduktion zu unterscheiden:
– Der Anbau in Hausgärten für den Eigenbedarf und allenfalls zur teilweisen Vermarktung (meist mit Bewässerung);
– die Nutzung brachliegender Flächen zum Anbau von Grundnahrungsmitteln (Regenfelder).

Die Hausgärten zeichnen sich durch ihre Nähe zum Haus aus. Durchschnittlich beträgt die Entfernung ca. 10 m. Häufig sind die Gärten sehr klein und umfassen weniger als 20 m^2, im Mittel werden 124 m^2 erreicht. In erster Linie wird Bewässerungsgartenbau betrieben, wobei 72 % des verwendeten Wassers aus der öffentlichen Wasserversorgung stammen, d. h. entweder aus dem eigenen Wasserhahn oder einer gemeinschaftlichen Zapfstelle. Die Beliebtheit bestimmter Anbauprodukte drückt sich in der Häufigkeit ihres Vorkommens aus: Tomaten werden in 74 % der Gärten gezogen, gefolgt von Raps (67 %), Chinakohl (59 %), Zwiebeln (50 %). Andere Produkte sind Mais, Süßkartoffeln, Kohl, Zuckerrohr, Spinat und gelegentlich auch Cannabis (vgl. Abb. 43). Fast die Hälfte der Gartenbesitzer hält daneben noch Kleintiere, vorwiegend Hühner. Wachhunde sind häufig, um sich vor Diebstahl zu schützen. Wenn möglich werden zudem die Gärten „versteckt", z. B. hinter den Häusern, hinter Mauern oder zwischen dichten Hecken.

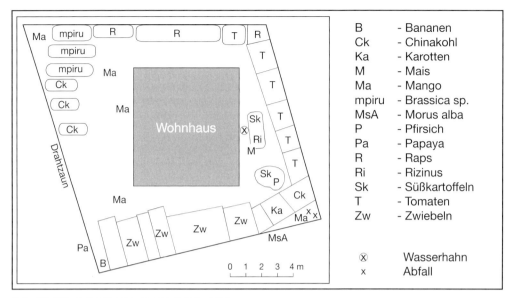

Abb. 43: Beispiel eines Hausgartens in Lusaka
Quelle: Drescher (1998, S. 132)

Der Gartenbau wird in der Regenzeit meist eingestellt; statt dessen wird dann auf Regenfeldern hauptsächlich Mais angebaut. Diese liegen in den seltensten Fällen in unmittelbarer Hausnähe, deshalb werden sie auch als *distant gardens* bezeichnet. Nach den Ausmessungen von Drescher (1998, S. 126) haben sie eine Durchschnittsgröße von etwas über 400 m². Vielfach erfolgt die Nutzung illegal; insbesondere Stadtbereiche, die sich im Eigentum der Öffentlichen Hand befinden wie z. B. das Universitätsgelände, das Gelände eines Krankenhauses oder Bereiche des Stadtflughafens, werden für diesen Anbau von Grundnahrungsmitteln in Anspruch genommen. Selbst wenn die Nutzung als eine Art Gewohnheitsrecht von den Behörden toleriert wird, besteht doch immer die Gefahr einer Vertreibung, insbesondere dann, wenn die Flächen einer anderen Verwendung zugeführt werden sollen. Die Diebstahlgefahr ist hier noch größer als in den Hausgärten; die Felder werden daher zum frühestmöglichen Zeitpunkt abgeerntet.

Hausgärten und Regenfelder stellen ohne Zweifel eine wichtige Ergänzung der Ernährungssicherung dar. Im Vergleich zu den 1950er Jahren hat ihr Stellenwert zugenommen (Gaebe 1992, S. 26). Zwar fehlen genaue quantitative Angaben; aus den Ergebnissen von Befragungen in Lusaka, Kabwe und Ndola, nach denen 50 % der Haushalte einen Teil ihres Gemüses in eigenen Gärten ziehen, lässt sich jedoch auf die große Bedeutung dieser Art von Nahrungsmittelproduktion schließen (Ogle u. a. 1990 zitiert in Drescher 1998, S. 127). Überwiegend widmen sich Frauen derartigen Aktivitäten; ihnen kommt daher eine wichtige Rolle bei der Ernährungssicherung der Familie zu. Wie Untersuchungen von Sanyal (1985) ergeben haben, steht die Risikoabsicherung mittels Eigenproduktion gerade den ärmsten Familien nur in beschränktem Maße zur Verfügung. Da diese Bevölkerungsgruppen meist in stark verdichteten Stadtteilen wohnen, fehlt der Platz für Hausgärten; allenfalls werden in geringem Umfang kleine Gartenflecken um Straßenbäume angelegt oder *strip cultivation* entlang unbefestigter Straßen betrieben. Teilweise werden die fehlenden Möglichkeiten zum Gartenbau durch verstärkten Anbau während der Regenzeit kompensiert.

Bedenklich ist der Anbau immer dann, wenn er entlang vielbefahrener Straßen stattfindet und die Schadstoffbelastung der Produkte sehr hoch ist, wie Stichprobenuntersuchungen ergeben haben (DRESCHER 1998, S. 134). Die daraus abgeleitete Empfehlung, einen Mindestabstand von 30–50 m zur Straße einzuhalten, wird mit Sicherheit kaum befolgt werden. Wird Gartenbau gar auf ehemaligen oder noch genutzten Mülldeponien betrieben, vergrößert sich die Gefahr der Aufnahme von toxischen Substanzen, eine wirksame Kontrolle ist aber auch in solchen Fällen nicht möglich (DRESCHER 1998, S. 137 f.).

Aus anderen Ländern gibt es ebenfalls Berichte über städtischen Gartenbau. So hat KUDER (1975, S. 280) schon in den 1970er Jahren die Selbstversorgungslandwirtschaft am Stadtrand von Maputo beschrieben. RAKODI (1995, S. 171 ff.) schätzt, dass in den *low income areas* von Harare etwa vier Fünftel der Haushalte in mehr oder weniger großem Umfang Hausgärten zum Anbau von Nahrungsmitteln nutzen. Die Voraussetzungen dafür sind allein deshalb sehr günstig, weil die Grundstücke selbst in den Wohngebieten der ärmeren Bevölkerung verhältnismäßig groß sind und die Wasserversorgung unproblematisch ist. Aber auch in Harare sind die ärmsten Schichten, insbesondere Untermieter oder Bewohner von *backyard shacks*, von gartenbaulichen Aktivitäten ausgeschlossen, da ihnen der Zugang zu Boden fehlt. Als Alternative bleibt nur die illegale Nutzung von *vacant land*. Ebenso ist in den Randbereichen von Maseru eine landwirtschaftliche Nutzung auffällig. Dies wird durch die sehr großen Grundstücke ermöglicht, die teilweise das 1990 festgesetzte Minimum von 375 m^2 noch übersteigen (ROMAYA & BROWN 1999, S. 129).

Wesentlich geringere Bedeutung hat der städtische Gartenbau nach den Untersuchungen von KRÜGER (1997, S. 210) in Gaborone. In ehemaligen und noch bestehenden *squatter settlements* wird nur auf 5 bis maximal 10 % der Grundstücke ein bescheidener Anbau betrieben; dafür ist die Kleinviehhaltung eher üblich. Wassermangel und die eher auf der Viehhaltung basierende Tradition der Tswanas werden für diese Sonderstellung verantwortlich gemacht. Auch in Südafrika war der städtische Gartenbau lange Zeit kaum verbreitet, er gewinnt in der Gegenwart vor allem in den informellen Siedlungen an Bedeutung. So ergab eine Untersuchung in Mandela Village nördlich von Pretoria, dass hier 18 von 22 befragten Haushalten Mais anbauten oder Vieh hielten (HALL u. a. 1996).

Von den Regierungen werden die Chancen, die der städtische Gartenbau als ergänzende Überlebenssicherung bietet, durchweg nicht erkannt. Vielmehr wird alles getan, um solche Aktivitäten einzuschränken oder ganz zu verbieten. So berichtet DRESCHER (1998, S. 125), dass selbst in einem Trockenjahr mit extremer Nahrungsmittelknappheit die Stadtverwaltung von Lusaka den Anbau von Mais in den Hausgärten verboten hat. Die offizielle Begründung war, dass der Anbau zur Verbreitung der Malaria beitrüge. Ähnliche Argumente wurden auch in Harare als Rechtfertigung herangezogen, um illegal angelegte Felder zu zerstören (vgl. MBIBA 1994). In Wirklichkeit dürfte der Grund für solche Entscheidungen darin liegen, dass städtische Landwirtschaft dem Bild einer „modernen Stadt" widerspricht. Angesichts der wirtschaftlichen Schwierigkeiten, denen alle Länder des Südlichen

Afrika gegenüberstehen, ist ein Umdenken notwendig: Arbeitslosigkeit und geringe Einkommen werden noch auf absehbare Zeit die Nutzung zusätzlicher Quellen der Existenzsicherung notwendig machen.

4.8.2.2 Informelle Lösungen des Wohnungsproblems

Neben der Ernährungssicherung stellt die Versorgung mit einer angemessenen Wohnung, die zumindest über eine Basisinfrastruktur verfügt, ein zentrales Grundbedürfnis dar. Der Umfang des Wohnungsdefizits ist mangels geeigneter Statistiken schwierig abzuschätzen. Die Angaben von BROCKERHOFF (2000, S. 25), wonach in vielen Ländern mehr als die Hälfte der städtischen Bevölkerung, in Einzelfällen über drei Viertel (Mosambik, Malawi) keine Trinkwasserversorgung in der Wohnung hat, können jedoch die Dimensionen des Wohnungsproblems verdeutlichen (vgl. auch Tab. 36). Seit langem sind ärmere Bevölkerungsgruppen vom „normalen" Wohnungsmarkt weitgehend ausgeschlossen, weil sie nicht über die notwendigen Einkünfte verfügen, um sich zu Marktpreisen eine Wohnung mieten oder kaufen zu können. Aber auch der sog. soziale Wohnungsbau – sei er nun in der Hand staatlicher und halbstaatlicher Gesellschaften oder auf der Basis von Zuschüssen privatwirtschaftlich organisiert – reicht bei weitem nicht aus, um alle bedürftigen Haushalte mit Wohnungen zu versorgen. Lange Zeit ist dies von den Regierungen auch gar nicht angestrebt worden, weil man den Zuzug in die Stadt begrenzen und das Bild einer europäischen Stadt wahren wollte. Die ärmere Bevölkerung ist daher schon seit vielen Jahren auf Selbsthilfe angewiesen.

Diese kann sich zum einen auf die Aneignung von Grund und Boden beziehen, zum anderen auf den Hausbau selbst. Informeller Wohnungsbau soll hier als Oberbegriff für beide Bereiche verwendet werden. In Anlehnung an die international gebräuchliche Terminologie wird unter *squatting* die von staatlicher Seite nicht autorisierte, illegale Nutzung von Grundstücken oder (in selteneren Fällen) von Gebäuden verstanden. Auf den Parzellen werden in der Regel einfache Hütten errichtet, die naturgemäß ebenfalls nicht genehmigt sind und auch den geltenden Baunormen widersprechen. Nicht immer ist *squatting* mit „spontaner" Entstehung von Siedlungen gleichzusetzen, weil die Anlage häufig unter Kontrolle sog. *strongmen* nach ganz bestimmten Regeln erfolgt. Eine Übergangsform zur legalen Bodennutzung bildet das sog. *shack farming*, die vom Bodeneigentümer erlaubte und bewusst verfolgte Vermietung von Grundstücken zum Bau von Hüttenkonstruktionen; man könnte in diesem Fall auch von semilegalen *squatter settlements* sprechen (BÄHR & MERTINS 2000, S. 21). Noch stärker zur legalen Seite verschoben ist die auf traditionellen Nutzungsrechten basierende Landvergabe im Umfeld von Städten, wie sie z. B. für Maseru beschrieben worden ist (ROMAYA & BROWN 1999, S. 127 ff.). Vor dem Land Act von 1979 haben lokale *chiefs* sehr große Grundstücke von z. T. über 1000 m^2 vergeben und damit der Zersiedlung Vorschub geleistet. Diese in geordnete Bahnen zu lenken, stellt bis heute ein großes Problem dar, so dass sich der weitgehend ungeregelte *urban sprawl* fortsetzt.

Vollends legal ist die informelle Bebauung von Grundstücken dann, wenn sie von offizieller Seite reguliert wird, sei es, dass Hinterhofbauten oder Außengebäude (*backyard shacks* und *outbuildings*) genehmigt sind oder freistehende Hütten im Rahmen von *site-and-servi-*

ce- oder *core housing*-Projekten errichtet werden, d. h. staatliche Stellen Grundstücke, gelegentlich mit einer Basisinfrastruktur versehen, zur Verfügung stellen, die anschließende Bebauung aber in Selbsthilfe und somit informell erfolgt. Auch eine Gleichsetzung von *squatting* mit der Verwendung semi-permanenter Baumaterialien wie Pappe, Holz oder Wellblech ist nicht immer gerechtfertigt. Zwar ist dies bei der Entstehung der Siedlung meist der Fall; sowohl illegale als auch legale Hüttenviertel können jedoch im Laufe der Zeit einen baulichen Konsolidierungsprozess durchlaufen und mit einer Basisinfrastruktur ausgestattet werden (*upgrading*). In der Praxis ist eine scharfe Trennung rechtlicher und baustruktureller Begriffsinhalte kaum möglich, zu zahlreich sind die Zwischen- und Übergangsformen. Wenn überhaupt Zahlenwerte zur Verfügung stehen, so beziehen sich diese in der Regel auf den gesamten informellen Wohnbestand (JÜRGENS & BÄHR 1994, S. 150).

Schon zur Zeit der Stadtgründung mischten sich vielfach formelle und informelle Formen des Wohnungsbaus. Die Idee der europäischen Stadt (vgl. Kap. 4.7.3) beinhaltete eine mehr oder weniger strenge Trennung der Wohnviertel nach ethnischen Gesichtspunkten. Der Zuzug afrikanischer Bevölkerung sollte möglichst gering gehalten werden und ihre Unterbringung in speziellen *townships* erfolgen. Diese werden oft als *compounds* oder *locations* bezeichnet, um den Unterschied zum Rechtsbegriff des *township*-Status, der sich auf die Gesamtstadt bezieht, deutlich zu machen (vgl. WILLIAMS in WILLIAMS 1986, S. 74). Frühe *compounds* bestanden oft aus traditionellen Hütten, später setzten sich *matchbox houses* unterschiedlicher Größe durch, ergänzt von *hostels* für alleinstehende Wanderarbeiter. Trotz Reglementierung der Zuwanderung reichte der für die afrikanische Bevölkerung bereitgestellte Wohnraum bei weitem nicht aus. Unzumutbare Wohnbedingungen und eine starke Verdichtung, aber auch eine wachsende informelle Bautätigkeit waren die Folgen. Eine Bestandsaufnahme der afrikanischen Wohnviertel in Lusaka aus dem Jahre 1944 dokumentiert, dass sich schon damals legale und illegale Aneignung von Grund und Boden sowie formelle und informelle Bautätigkeit mischen (COLLINS in WILLIAMS 1986, S. 107 f.). Neben den *local authority locations* wurden sog. *grass compounds* ausgewiesen. Diese waren Teile der offiziellen *locations* und bestanden aus Parzellen, die zum Zwecke des Hausbaus, meist im traditionellen Stil, vermietet wurden. Ähnlich sind die *private locations* entstanden. Auch dabei handelt es sich um eine genehmigte informelle Bebauung, jedoch nicht auf Staats-, sondern auf Privatland. Allerdings lebten auch 1944 schon 19 % der männlichen Erwachsenen (nur darauf bezog sich der damalige Zensus) in *unauthorized settlements*.

Alle Regierungen haben große Anstrengungen unternommen, die Ausweitung von *squatter settlements* einzuschränken. Dies ist in unterschiedlichem Maße gelungen. Einerseits war die Bereitschaft, notfalls auch gewaltsam gegen Landbesetzer vorzugehen, nicht überall vorhanden; andererseits fehlten oft die finanziellen Möglichkeiten, um Ersatzlösungen bereitzustellen. Am entschiedensten ist in Südafrika die Politik der Räumung von *squatter*-Siedlungen verfolgt worden. Schon zwischen 1879 und 1887 erließen die vier territorialen Vorläufer der späteren Unionsprovinzen Anti-Squattergesetze, die mit Gesundheitsrisiken und Verslumung begründet wurden. Die gesetzlichen Möglichkeiten der Slumräumung und der Verhinderung von *squatting* wurden in den 1930er Jahren und insbesondere mit Hilfe des Illegal Squatting Act von 1951 und des Slums Act von 1979 deutlich effektiver gestaltet. *Bulldozing* von *squatter*-Bereichen durch offizielle Stellen, Zwangsumsiedlungen und auch Zwangsräumungen ohne die Bereitstellung alternativer Unterkünfte waren an der Tagesordnung. Abgesehen von ganz wenigen Ausnahmen (z. B. Crossroads bei Kapstadt) gab es deshalb bis Mitte der 1980er Jahre keine großflächigen *squatter*-Siedlungen aus freistehenden Hütten (vgl. PARNELL 1989; CRANKSHAW 1993). Erst nach Aufhebung der Apartheid änderte sich die Situation schlagartig: Bestanden z. B. in der Region Pretoria-Witwatersrand (heute Provinz Gauteng) 1990 erst 47 informelle Siedlungen mit ca. 49 000 Bewohnern, so schnellte diese Zahl bis 1998 auf 180 mit über 1 Mio. Menschen empor (STEVENS & RULE 1999, S. 107). Heute werden alle größeren südafrikanischen Städte von einem Ring aus *squatter settlements* und anderen informellen Vierteln umgeben (vgl. JÜRGENS & BÄHR 1994; GOODLAND 1996).

Mit Südafrika vergleichbar war die Politik in Windhoek und Harare. Noch Mitte der 1980er Jahre verkündete das Zentralkomitee der simbabwischen Regierungspartei eine „operation clean-up". Dabei wurden Squatter als Kriminelle, Vagabunden und Prostituierte diffamiert, ihre Behausungen abgerissen und die Bewohner zunächst in Umerziehungslager gebracht, um sie anschließend aufs Land zurückzuschicken (TEEDON & DRAKAKIS-SMITH 1986, S. 322; RAKODI 1995, S. 230). Bis heute sind großflächige *squatter settlements* in Harare eher selten (vgl. Kap. 4.7.3.2). Ähnliches gilt für Windhoek, wo es noch bis in die 1980er Jahre Räumungen von Hüttenvierteln gegeben hat. Deshalb haben sich viele Menschen illegal auf angrenzenden Farmen niedergelassen, wo sie größere ökologische Schäden verursachen, weil der Busch- und Baumbestand vollständig abgeholzt wird (SIMON 1988, S. 257; ROGERSON 1990, S. 38).

In anderen Ländern werden illegale und semilegale Hüttenviertel weitgehend toleriert und der Konsolidierungsprozess eher unterstützt als behindert. So ist in Lusaka neben *squatter upgrading* als Problemlösung insbesondere das *aided self-help housing* gefördert worden. Erste Ansätze dazu gehen bereits auf die 1960er Jahre zurück. Sie stehen im Einklang mit den Ideen TURNERS (1968), die aus lateinamerikanischen Erfahrungen abgeleitet sind und sich mit dem Konzept der *slums of hope* von STOKES (1962) verbinden. In der Vergabe von Landbesitztiteln und der Unterstützung von *self-help housing* sowie Initiativen zur Aufwertung von Stadtteilen wird der einzig gangbare Weg zur Lösung des Wohnungsproblems in der Dritten Welt gesehen. Diese Politik ist zwar stark kritisiert worden, weil sie notwendige Reformen zugunsten der ärmeren Bevölkerung verhindere und zu ihrer „Selbstausbeutung" führe (vgl. insbesondere BURGESS 1977 und mit Bezug auf Gaborone KERR & KWELE 2000), gleichwohl werden Selbsthilfeprogramme in reiner oder abgewandelter Form seit der Habitat-Konferenz in Vancouver (1975) von vielen nationalen und internationalen Organisationen gefördert. Daran hat sich bis heute nichts geändert, auch wenn seit der Habitat II-Konferenz in Istanbul (1996) mehr Wert auf integrierte und nachhaltige Projekte gelegt wird (BROCKERHOFF 2000, S. 24).

Self-help housing in reiner Form stellen die verschiedenen Typen von *site-and-service schemes* dar, die in allen Ländern der Region in mehr oder weniger großem Umfang zur Anwendung kamen (vgl. AMADO, CRUZ & HACKERT 1994, S. 121 für Luanda; JENKINS 2000, S. 208 für Maputo; ROMAYA & BROWN 1999, S. 128 für Maseru; UNDERWOOD 1986, S. 30 für Harare; SIMON 1995, S. 142 für Windhoek; WILKINSON 2000, S. 198 für Kapstadt). In der einfachsten Variante werden lediglich kleine Parzellen mit individuellem oder gemeinschaftlichem Wasseranschluss und Vorrichtungen zur Abwasserentsorgung vergeben; aus Kostengrün-

Wirtschaftliche und soziale Probleme und deren stadtstrukturelle Konsequenzen 261

den haben häufig nur wenige Grundstücke Straßenanschluss, die übrigen sind lediglich auf Fußwegen erreichbar. Schon zur gehobenen Variante zählen *core houses* mit einem Sanitärraum. Der Übergang zu Einfachstlösungen des formellen Siedlungsbaus, die nur aus einer Einzimmerunterkunft bestehen können, sind somit fließend.

In Lusaka kamen derartige Programme vorwiegend im Jahrzehnt zwischen 1965 und 1975 in großem Stile zur Anwendung. Ziel war es, Squatter in diese Viertel umzusiedeln und weitere Landbesetzungen nach Möglichkeit zu verhindern. In Mtendere sind über 3000 „Wohnlösungen" der verschiedenen Varianten implementiert worden, in Chunga über 1000 und in Kaunda Square fast 2000 (vgl. Abb. 38). Ursprünglich sollten die Standardparzellen 324 m² umfassen, später hat man diese Fläche fast halbiert. Auch erhielten immer weniger Häuser einen direkten Straßenanschluss (RAKODI in WILLIAMS 1986, S. 192 ff.). Ob Projekte dieser Art, die es z. B. auch in Harare gab (vgl. RAKODI 1995, S. 221 ff.), ein Erfolg waren, wird kontrovers diskutiert. Zwar ist es gelungen, eine große Anzahl ärmerer Haushalte mit Wohnraum zu versorgen; kritisiert wird allerdings die isolierte Lage der Viertel fernab jeder Beschäftigungs- und Versorgungsmöglichkeiten und die mangelhafte Anbindung an den öffentlichen Personenverkehr, was in Richtung einer Fragmentierung der städtischen Gesellschaft wirkt. Auch die aus Kostengründen reduzierten Gründstücksgrößen verhinderten die Akzeptanz, weil Erweiterungsbauten (z. B. zur Untervermietung) und die Anlage von Hausgärten dadurch stark eingeschränkt waren (RAKODI in WILLIAMS 1986, S. 194). Vor allem ist es aber nicht gelungen, *squatting* und informelle Bebauung an anderen Stellen zu verhindern. Fast die Hälfte der in Lusaka zwischen 1964 und 1973 neu errichteten Wohnungen ist ohne Genehmigung der Behörden entstanden (RAKODI in WILLIAMS 1986, S. 195). Wie in anderen Ländern auch setzte sich in Sambia die Erkenntnis durch, dass die Bereitstellung selbst einfachster Wohnlösungen für die schnell wachsende städtische Bevölkerung die Finanzkraft der Öffentlichen Hand bei weitem überfordern würde (HENKEL 1992, S. 35). Nicht Umsiedlung von Squattern war nunmehr das Ziel, sondern (rechtliche) Anerkennung bestehender Siedlungen und deren Aufwertung (*upgrading*).

Als Beispiel kann das Lusaka Squatter Upgrading and Sites and Services Project der Weltbank dienen, das Mitte der 1970er Jahre eingeleitet wurde. Ein Weltbankkredit sollte die Voraussetzungen schaffen, um die bevölkerungsreichsten informellen Wohngebiete von zusammen ca. 135 000 Einwohnern schrittweise aufzuwerten (WALDECK 1983 u. 1990). Das Projekt beinhaltete u. a. die folgenden Maßnahmen:
– Schaffung von Rechtssicherheit mittels Vergabe längerfristiger Landbesitztitel (Pacht);
– infrastrukturelle Verbesserung größtenteils in Eigenarbeit (Wasserversorgung, Straßenbeleuchtung);
– Bau von Gemeinschaftseinrichtungen (Primarschule, Gesundheitszentren);
– Bereitstellung von Bauparzellen, insbesondere in sog. *overspill areas* für Bewohner, die wegen des Baus von Infrastruktureinrichtungen umgesiedelt werden mussten.

Auf den ersten Blick sind die Erfolge des Projektes beachtlich: Knapp 20 000 Grundstücke der informellen Wohnbereiche konnten infrastrukturell versorgt und ca. 5000 Haushalte auf neuen Parzellen angesiedelt werden. Wie in vielen vergleichbaren Programmen traten aber auch räumliche Verdrängungsprozesse und soziale Umschichtungen auf. Wenn man weiß, dass ca. 40 % der vom Projekt betroffenen Haushalte zuvor ohne Ausgaben für Miete oder

Abgaben am Rande der Existenz lebten, kann man verstehen, dass sich ihre wirtschaftliche Lage aufgrund der nunmehrigen monatlichen Belastungen eher verschlechtert hat und sie häufig gezwungen waren, das Gebiet zu verlassen, obwohl sie an den Selbsthilfearbeiten beteiligt waren und somit ihren Beitrag zur Aufwertung der Siedlung geleistet hatten. Auch in jüngeren Projekten konnten Verdrängungsprozesse nicht immer verhindert werden, selbst wenn die Förderung wirtschaftlicher Aktivitäten und Einkommensverbesserungen für die Bewohner als Teilziele aufgenommen worden sind, z. B. im Kalingalinga-Projekt, das der Aufwertung des ältesten und ärmsten informellen Wohngebietes von Lusaka diente und von der deutschen GTZ unterstützt worden ist (WALDECK 1990, S. 56). In Südafrika wird die Verweigerung der Rückzahlung eines Darlehens vielfach als legale Maßnahme angesehen und als Kompensation für erlittenes Unrecht während der Apartheid betrachtet (WIESE 1999, S. 210).

Beachtliche Erfolge haben gewöhnlich *bottom-up* Strategien, weil dabei eine intensive Bewohnerbeteiligung an Planung und Realisierung gegeben ist. Ein Beispiel dafür hat SECKELMANN (1998, S. 226f.) mit dem Saamstaan-Projekt (Afrikaans für Zusammenstehen) in Windhoek beschrieben. Allerdings ist die Zahl der Begünstigten bei Vorhaben dieser Art meist klein, der Betreuungsaufwand jedoch groß, so dass derartige Projekte eher die Ausnahme als die Regel bleiben werden.

Größere *upgrading*-Projekte stehen fast immer vor dem Problem, dass bauliche und infrastrukturelle Verbesserungsmaßnahmen mit einer „Entdichtung" einhergehen müssen, solche Umsiedlungen jedoch auf großen Widerstand stoßen. Ein Beispiel dafür bildet das *township* Alexandra im NE von Johannesburg, wo ca. 150 000 Bewohner auf 4,6 km^2 größtenteils in informellen Behausungen leben. Nach den zur Zeit diskutierten *upgrading*-Programmen müsste etwa die Hälfte der Bewohner das Viertel verlassen und anderswo angesiedelt werden. Gegen eine Ausweitung des *township* wehrt sich insbesondere die Bevölkerung der angrenzenden wohlhabenden Wohngebiete (BEALL, CRANKSHAW & PARNELL 2000, S. 389; vgl. Abb. 41).

Lange bevor vermehrt über „große Lösungen" des Wohnungsproblems nachgedacht wurde, ist Selbsthilfe auf der Mikroebene des einzelnen Grundstücks sowohl im Falle formeller *townships* als auch semilegaler Parzellierungen nicht nur geduldet, sondern es ist sogar dazu ermuntert worden. Zwei Prozesse sind darunter zu verstehen (vgl. BÄHR & MERTINS 2000, S. 21): Zum einen werden Parzellen geteilt, um einen Hütten- bzw. Hausbau auf den Teilstücken zu ermöglichen, sei es, dass der Grund und Boden (informell) verkauft oder verpachtet wird oder dass darauf einfache Unterkünfte zum Zwecke der Vermietung errichtet werden. Zum anderen werden sowohl Hütten als auch formelle Siedlungshäuser durch Anbauten oder Aufstockungen erweitert, um den zusätzlichen Wohnraum vermieten zu können. Selbst in Ländern, die das Entstehen von *squatter settlements* lange Zeit mit Gewalt verhindert haben, sind derartige Aktivitäten meist geduldet worden. So berichtet RAKODI (1995, S. 70), dass in einzelnen *low-cost housing areas* Harares zwischen drei und sechs *shacks* pro Grundstück gezählt worden sind. Die verhältnismäßig großen Grundstücke ermöglichten diese weitreichende Unterteilung. In Highfield, einem ehemaligen schwarzen *township* in Harare (vgl. Abb. 39), ist etwa die Hälfte der „Wohnungen" illegal entstanden. Von der Bevölkerung, die sich 1990 auf 100 000 Einwohner belief, lebte ca. ein

Drittel zur Untermiete, davon wiederum zwei Drittel in nicht genehmigten *outbuildings*. Auf die ganze Stadt bezogen, betrug bereits 1987 der in *outbuildings* wohnende Bevölkerungsteil fast 20 %. Eingerechnet sind dabei die Unterkünfte für Hausbedienstete (RAKODI 1995, S. 200). *Overcrowding* ist in solchen Siedlungen weit verbreitet (POTTS & MUTAMBIRWA 1991, S. 19).

Aber nicht nur *townships* sind durch Verdichtungsprozesse dieser Art überformt worden; ähnliches trifft auch für *site-and-service*-Projekte zu. Dafür kann wiederum ein Beispiel aus Harare herangezogen werden. In Glen View sind in den späten 1970er Jahren ca. 7000 Parzellen von je 200 m² vergeben worden. Eine Bestandsaufnahme aus dem Jahre 1984 zeigt den fortschreitenden Verdichtungsprozess: Über die Hälfte der Parzellen wiesen Häuser mit sieben oder mehr Räumen auf, nur 13 % hatten weniger als vier Zimmer. Deutlich wird aber auch, dass der Konsolidierungsprozess sozial selektiv abläuft; denn ein Teil der Begünstigten lebte nach wie vor in Behelfsunterkünften und konnte somit durch die Vermietung von Wohnraum keine zusätzlichen Einkünfte erzielen (RAKODI 1995, S. 221).

Auch in Südafrika und in Namibia setzte die „schleichende" und auf den ersten Blick nicht sichtbare Überformung der *townships* lange vor dem offiziellen Ende der Apartheid ein. Einzelpersonen und Familien, vor allem solche, die von außerhalb in die großen Städte zuzogen und deshalb auf den Wartelisten für Wohnraum ganz unten standen, bemühten sich um eine Bleibe als Untermieter. Für die *townships* typisch wurden zu jener Zeit die unübersichtlichen und versteckten Hinterhofbebauungen der *backyard shacks* (vgl. CRANKSHAW, GILBERT & MORRIS 2000 für Soweto). In einigen Vierteln waren schon um 1990 bis zu 100 % aller Grundstücke mit Hinterhofbebauungen belegt, die bis zu 12 Einheiten ausmachen konnten (JÜRGENS & BÄHR 1994, S. 154). Aber auch innerhalb der Häuser wurden andere Personen zumindest vorübergehend aufgenommen (vgl. Kap. 4.6.3; SAPIRE 1992). Nur so lässt sich die unglaubliche Verdichtung in einzelnen *townships* erklären. So ist z. B. Langa, 12 km südöstlich der City von Kapstadt, 1927 für 850 Personen erbaut worden; 1989 wurden 16 500 Bewohner gezählt, und heute sollen hier 80–100 000 Menschen leben (JÜRGENS 1998, S. 215). In einzelnen Sektoren der Windhoeker *townships* Khomasdal und Katutura wurden schon Mitte der 1980er Jahre deutlich mehr als 10 Personen pro Zwei-Zimmer-Haus gezählt (ROGERSON 1990, S. 39 f.).

Zieht man die Wohnfläche/Person als Indikator für *overcrowding* heran, wie es die Weltbank (World Bank 2000) tut, so sind davon insbesondere einzelne Städte in Malawi und Lusaka mit Werten von unter 7 m² betroffen. Kritisch ist die Situation auch in Blantyre und Harare (um 8 m²), während die Flächenknappheit in anderen Städten der Region z. T. deutlich weniger weit fortgeschritten ist. Wie Befragungen von LOHNERT (1999, S. 110) in zwei informellen Wohngebieten Kapstadts ergeben haben, wird *overcrowding* von den Betroffenen aber nur als Problem minderen Ranges angesehen. Für viele Familien ist die Untervermietung oder die Bereitstellung von Land zum Hüttenbau zu einer lebensnotwendigen Einnahmequelle geworden. Aber auch von staatlicher Seite wird dies nicht ungern gesehen, weil dadurch der Wohnungsmarkt entlastet wird und sich finanzielle Probleme bei Mieterhöhungen oder anderweitigen Forderungen direkt und persönlich regeln. Nicht zuletzt deshalb sind auch die zuvor von staatlichen Stellen erbauten *matchbox houses* seit 1986 zum Verkauf angeboten worden (in Namibia seit 1981).

Zusammenfassend lässt sich feststellen, dass alle bisherigen Programme zur Verbesserung der Wohnraumsituation für ärmere Bevölkerungsschichten lediglich kurativen Charakter haben, sei es, dass Squatter umgesiedelt werden oder *upgrading* bestehender Siedlungen gefördert wird. Trotz der Selbsthilfe sind derartige Programme mittel- und langfristig kaum finanzierbar. Das gilt zumal für die ärmsten Länder der Region und angesichts der Tatsache, dass der Druck auf die Städte weiter zunehmen wird (vgl. Kap. 4.6). Daraus ist zu folgern, dass die Stadtplanung verstärkt zu präventiven Maßnahmen übergehen und in die weitere informelle Siedlungsentwicklung eingreifen muss. Diskutiert wird die Ausweisung öffentlicher *reception areas* – so wie z. B. in Windhoek erprobt (SIMON 1988, S. 253) – oder die erlaubte Parzellierung privater Flächen an geeigneten Standorten, wobei solche Flächen vorher mit einer physischen Mindestinfrastruktur versehen werden müssten. Die Realisierung solcher Vorschläge setzt aber parallel ein restriktives Einschreiten bei illegalen Besetzungen voraus, um damit zu signalisieren, dass eine längerfristige und sichere Ansiedlung nur auf den „Präventivflächen" möglich ist (BÄHR & MERTINS 2000, S. 26). Es ist jedoch zu befürchten, dass solche Konzepte in der Praxis kaum durchführbar sein werden. Mangelnde Finanzmittel, fehlende Flächenkontrolle, aber auch politische Rücksichtnahme werden verhindern, dass sich die Wohnungspolitik grundlegend ändert und abgestimmte, längerfristige Strategien zur Anwendung kommen.

4.8.2.3 *Gated communities*

Überall im Südlichen Afrika nehmen die gesellschaftlichen Spannungen zu. Hohe Arbeitslosigkeit und sich verschärfende soziale Disparitäten haben Gewalt und Kriminalität als „Problemlösungsstrategie" Vorschub geleistet (vgl. Kap. 4.5). In Südafrika kommt hinzu, dass seit Aufhebung der Apartheid die „weißen" Wohngebiete nicht mehr länger von der Masse der armen und zumeist schwarzen Bevölkerung abgeschottet sind, weil sich die *buffer zones* zwischen den einzelnen Sektoren der Apartheid-Stadt aufzulösen beginnen. Die sozialen Kontraste zwischen „reichen" Weißen und „armen" Schwarzen treten daher heute sehr viel augenfälliger in Erscheinung. Die wachsende Bereitschaft, sich notfalls mit Gewalt das zu holen, auf das man einen Anspruch zu haben glaubt, hängt aber auch mit der Verkümmerung des Rechtsempfindens und der „Kultur der Gewalt" zusammen, die sich während der Apartheid-Zeit in den *townships* herausgebildet hat (vgl. VOGELMAN & LEWIS 1993). Wenn Diebstahl vielfach als *affirmative shopping* bezeichnet wird, so unterstreicht dies das mangelnde Unrechtsbewusstsein. Nach Abschaffung der alten repressiven Ordnung ist ein Vakuum entstanden, das mit einem Autoritätsverlust staatlicher Institutionen einhergeht. Korruption und schlecht ausgerüstete Polizei erschweren zusätzlich die Verbrechensbekämpfung.

Als Reaktion darauf sind in den vornehmen Wohngebieten der großen Städte bauliche Sicherheitsmaßnahmen und Alarmanlagen mit entsprechenden Hinweisschildern schon seit längerem weit verbreitet. „Beinahe jedes Haus gleicht ... einer Festung. Doppelte Mauern mit Stacheldraht, scharfe Hunde und Sicherheitsbeamte bewachen die Häuser und Gärten", so beschreibt KAINBACHER (1995, S. 236) die Situation in Windhoek. Es hat den Anschein, dass die „Paranoia" der Unsicherheit mit entsprechenden Reaktionen in den ehemaligen Apartheid-Staaten besonders groß ist. Genauere länderübergreifende Statistiken gibt es dazu allerdings nicht. Kleinräumig betrachtet liegen die Zentren hoher Kriminalität nicht, wie man vermuten könnte, in den wohlhabenden Wohngebieten der weißen Bevölkerungsgruppe, auch wenn dort die Angst besonders groß ist, sondern in den sozialen Problemzonen, wie sich aus den Kartendarstellungen für Kapstadt bei OSMANOVIC (1999, S. 181) ersehen lässt.

In Südafrika spielen Sicherheitsfragen neuerdings auch für die Wohnstandortwahl eine immer größere Rolle. Wer es sich leisten kann, zieht in ummauerte, Tag und Nacht bewachte Viertel (*gated communities*), die man in dieser Form bis Ende der 1980er Jahre nicht kannte und die es in anderen Ländern der Region bis heute nicht oder nur selten gibt. In Anlehnung an die im US-amerikanischen Kontext entstandene Begriffsbildung (BLAKELY & SNYDER 1997) wird der Aspekt *gated* verstanden als eine physisch manifeste Abgrenzung in Form von Zäunen, Mauern und bewachten Kontrollpunkten, die nicht nur die Lobby eines Wohngebäudes mit Hilfe eines Türstehers, sondern auch Straßen, Grünflächen und Spielplätze gegenüber der „Außenwelt" abgrenzen und kontrollieren sollen. Der Aspekt *community* betont die Einbindung der Bewohner in ein soziales Netzwerk, und zwar nicht so sehr in dem Sinne, dass sich Nachbarn emotional gut verstehen, sondern dass „Kontrolle" der Nachbarschaft in Form von Verhaltensrichtlinien und Organisationsstrukturen garantiert wird.

Die neue Wohnform der *gated communities* oder *security villages*, wie man sie in Südafrika meist nennt, ist von wissenschaftlicher Seite noch kaum untersucht worden. Lediglich für den Raum Johannesburg liegt eine Studie vor, die auf der Grundlage eigener Befragungen Aussagen zur Bevölkerungs- und Sozialstruktur der Bewohner, zu ihren Zuzugsmotiven und ihrer Zufriedenheit macht (JÜRGENS & GNAD 2000b). Danach wurden in Johannesburg 1987 erstmals Grundstücke in einem von Beginn an ummauerten Wohngebiet angeboten. Fourways Gardens im traditionell „weißen" N von Johannesburg umfasst 913 Grundstücke, auf denen standardisierte Wohnungen in Form sog. *cluster*-Häuser (Reihenhäuser), aber auch individuell entworfene Wohneinheiten zu finden sind. Die Anlage wird von einer 2,4 m hohen Mauer umgeben, auf der ein elektrischer Zaun installiert ist. Die Siedlung ist nur durch ein bewachtes Tor zu erreichen. Alle Häuser sind in ein zentral computerisiertes Sicherheitssystem eingebunden. Weitere Wohngebiete folgten, von denen einige als *golf estates* eine Kombination von Lebensstil und Sicherheit anbieten und den *upper-market* bedienen. Vielfach handelt es sich um Themensiedlungen, die mit mediterranen Baustoffen, einer entsprechenden Architektur und spektakulären Hanglagen bevorzugt einen südeuropäischen Lebensstil versprechen.

Insbesondere seit der ersten demokratischen Wahl von 1994 nahm das Interesse an *security villages* deutlich zu. Diejenigen, die es sich leisten können, ziehen sich in eine neue „Wagenburg" zurück. „Crime drives the market" ist das Fazit von Analysten. Als Nachfrager treten nicht mehr nur die *upper-class*, sondern auch Angehörige der weißen und aufstrebenden schwarzen Mittelschicht auf. In älteren Wohngebieten werden *gated communities* dadurch geschaffen, dass ganze Viertel durch Straßenblockaden vom Durchgangsverkehr abgesperrt und damit sicherer gemacht werden (Abb. 44). Die Baumaßnahmen erfolgten zuweilen illegal und wurden aus Umlagen der Nachbarschaft finanziert. *Road closures* existieren als „bemannte" Straßensperren mit Schlagbäumen oder als massive Metallzäune, die Straßen zu Sackgassen umfunktionieren. Mehr als 200 Straßen sind Anfang 1998 im N und E von Johannesburg von dieser Entwicklung betroffen gewesen, deren Abzäunung mit Hilfe des Road Closures Act im Nachhinein legalisiert werden soll.

Die beiden von JÜRGENS & GNAD (2000b) näher untersuchten *gated communities* Forestdale und Santa Cruz sind auf Käufer der Mittelschicht ausgerichtet und umfassen jeweils ca. 60 Wohneinheiten. In beiden Fällen handelt es sich um gemischtrassige Wohnquartiere, die aber ethnisch sehr unterschiedlich dominiert werden, zum einen von der weißen (86 %), zum anderen von der schwarzen (68 %) Bevölkerung. Als Hauptgrund für den Zuzug wird von mehr als der Hälfte der befragten Haushalte der Sicherheitsaspekt der Wohnanlagen betont. Dafür wird in Kauf genommen, dass sich die durchschnittliche Anzahl von Wohnräumen gegenüber dem vorherigen Standort meist verringert hat. In der Regel bewohnten die Haushalte zuvor Einzelhäuser im Großraum Gauteng. Auch nicht-weiße Käufer oder

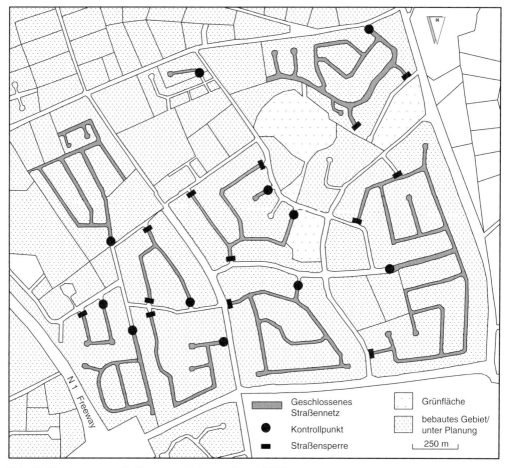

Abb. 44: Straßensperren in Fourways, Johannesburg, 1999
Quelle: JÜRGENS & GNAD (2000b, S. 201)

Mieter zogen mehrheitlich bereits aus anderen „weißen" Gebieten zu und nicht aus den *townships*.

Verbessert hat sich das Ausmaß der Kriminalität. In Forestdale sind bei einer durchschnittlichen Wohndauer von drei Jahren nur sechs Haushalte von Kriminalität betroffen gewesen, in Santa Cruz bei einer Wohndauer von etwa anderthalb Jahren kein einziger. Viele der meist jungen Familien haben kleine Kinder, die abgeschirmt von Verbrechen auf den Privatstraßen spielen können. Dennoch gibt es auch Kritik. Von den Anwohnern wird hauptsächlich die hohe Baudichte bemängelt, weil sie dem Charakter und dem Prestige des Umfeldes entgegensteht und vorhandene Immobilien damit entwertet. Innerhalb der Anlagen wird „lack of privacy" aufgrund der Hellhörigkeit der Häuser und der engen Bebauung als Nachteil empfunden. Insbesondere in Santa Cruz gibt es Beschwerden Weißer gegenüber schwarzen Nachbarn aufgrund eines anderen Lebensstils. Zumindest eine weiße Partei will daraufhin ausziehen und das Haus vermieten. Diese Praxis ist bereits weit verbreitet, denn in 20 von 54 Fällen bezahlen die Haushalte in Santa Cruz Miete.

Innerhalb eines Jahrzehnts sind *gated communities* prägend für das Bild vieler Außenbereiche von Johannesburg geworden. Überdies bestimmt diese Wohnform landesweit die Entwicklung von Wohnungs- und Hauspreisen, die sich am Ausmaß von Sicherheitsvorkehrungen ausrichten. Insbesondere in *prestige communities*, wo Sicherheit und Lebensstil einander ergänzen, haben sich die Grundstücks- und Hauspreise vervielfacht. Vor allem für die weiße und schwarze Mittelschicht, für Ersteigentümer von Immobilien und für *single*-Haushalte, die dem *urban blight* und den Etagenwohnungen der Innenstädte entfliehen, werden *gated communities* zur wichtigsten Wohnalternative in *desirable areas*.

Kann Kriminalität hierdurch eingedämmt werden? Nach Errichtung von Straßenblockaden soll die Kriminalität in der Johannesburger Vorstadt Sandton um 70–80 % zurückgegangen sein (Business Day 06.07.1998). Positive Erfahrungen zeichnen sich auch in Forestdale und Santa Cruz ab. Unklar bleibt, ob die soziale Segregation in diesen Anlagen ergänzt oder überlagert wird von einer neuen Form rassischer Segregation, die sich anhand von unterschiedlichen Preisniveaus und Images einzelner Wohngebiete einstellt. Die beobachteten Veränderungen in Forestdale und Santa Cruz schließen nicht aus, dass sich die verschiedenen ethnischen Gruppen ihre jeweils „eigenen" *gated communities* schaffen und so die Auflösung der Stadt in einzelne „Inseln", die wenig miteinander vernetzt sind, fortschreitet.

4.8.3 Wandel der Versorgungsstrukturen

4.8.3.1 City und Einkaufszentren

Von Citybildung im Sinne einer räumlichen Konzentration von höherrangigem Einzelhandel und anderen tertiären Funktionen, begleitet von einer Abnahme der Wohnbevölkerung, kann man in vielen Städten des Südlichen Afrika nicht sprechen. Das gilt selbst für diejenigen Städte, die nach ihrer Einwohnerzahl die Schwelle zur Großstadt bei weitem überschritten haben. Dafür sind im Wesentlichen zwei sich überlagernde Faktoren verantwortlich:

1. Die Kaufkraft der Bevölkerung ist niedrig; ein spezialisiertes Angebot stößt daher auf eine geringe Nachfrage. Nur in Städten mit einer größeren weißen Minderheit existiert eine breite Mittelschicht, die neben den politischen und wirtschaftlichen Eliten gehobene Güter und Dienstleistungen nachfragt.
2. Als ergänzende Möglichkeit der Bedarfsdeckung gibt es überall größere Märkte, deren Entstehung allerdings nicht – wie z. B. in Westafrika – auf die vorkoloniale Zeit zurückgeht, sondern die erst in der Kolonialzeit oder sogar noch später planmäßig angelegt wurden oder sich informell gebildet haben (HENKEL 1985). Ihr Angebot ist in erster Linie auf ärmere Bevölkerungsschichten ausgerichtet. Hinzu tritt der informelle Sektor, der auch Kleinstmengen anbietet und häufig günstiger kalkulieren kann, weil keine Kosten für Miete, Abgaben und Steuern anfallen.

Südafrika bildet nicht nur deshalb einen Sonderfall, weil der weiße, kaufkräftige Bevölkerungsteil gerade in den Städten besonders hoch ist, sondern auch weil die Wohnbereiche der schwarzen Bevölkerung als Folge der Apartheid-Politik bewusst mit Versorgungs- und Dienstleistungseinrichtungen unterausgestattet waren und so Kaufkraft von den *townships* in den (weißen) CBD gelenkt wurde. Vor allem der CBD-Mantel entwickelte sich vielfach zu einer Ersatz-City für schwarze Berufspendler. Untersuchungen von Ende der 1960er Jahre belegen, dass im Falle von Pretoria ca. 72 % der Kaufkraft von zwei „schwarzen" *townships* in die „weiße" Stadt abflossen. Nicht nur das unzureichende Angebot in den *townships* förderte die Bereitschaft, sich im „weißen" CBD zu versorgen, sondern auch dessen größere Warenvielfalt, ein niedrigeres Preisniveau und die kleinräumige Kopplung von Arbeit und Einkaufen (LUCAS 1974, S. 178 ff.).

Erst in der Spät-Apartheid-Phase zeichneten sich Veränderungen der Rahmenbedingungen ab: 1984 wurde die Rassentrennung im gewerblichen Bereich durch die Einrichtung sog. *free trading areas* liberalisiert. Damit sollte Gewerbetreibenden aus anderen ethnischen Gruppen die Möglichkeit gegeben werden, auch in den „weißen" CBDs Läden zu eröffnen bzw. Geschäfte, die sie zuvor mit Hilfe weißer Strohmänner getätigt hatten, zu legalisieren (JÜRGENS & BÄHR 1992). Ende der 1980er Jahre erfolgte eine weitgehende Deregulierung des informellen Sektors, der trotz aller Verbote und Razzien auch zuvor nie ganz aus der Innenstadt verdrängt werden konnte (ROGERSON & BEAVON 1985). Nach dem offiziellen Ende der Apartheid gewannen die *townships* als Investitionsstandort an Interesse, und die Verbreiterung ihrer ökonomischen Basis ist von der Politik gezielt gefördert worden, wenn auch der Nachholbedarf bis heute nicht vollständig ausgeglichen werden konnte.

In anderen Städten der Region ist zwar die Trennung der Wohngebiete nach rassischen Gesichtspunkten sehr viel früher aufgehoben worden; gleichwohl wirkt auch hier das Erbe der europäischen Stadt nach. So waren die zentralen Geschäftsbereiche ursprünglich auf den Bedarf der Europäer ausgerichtet, und die schwarze Bevölkerung wurde auf „Geschäftszentren zweiter Klasse" verwiesen. Wenn Einheimische z. B. in Lusaka in einem Laden auf der Cairo Road einkaufen wollten, durften sie ihn bis 1954 nicht betreten, sondern wurden durch eine Luke bedient (HENKEL 1985, S. 21). Benachteiligt war die einheimische Bevölkerung auch dadurch, dass die *high density areas* bis heute wesentlich schlechter mit Versorgungseinrichtungen aller Art ausgestattet sind als die *low density areas* und selbst viele Güter des täglichen Bedarfs nicht in fußläufiger Entfernung erworben werden können. Dies

Wandel der Versorungsstrukturen

wiegt umso schwerer, als der weitaus größte Teil der hier lebenden Haushalte weder über Auto noch Kühlschrank verfügt und deshalb Vorratseinkäufe nur begrenzt möglich sind (Rakodi 1995, S. 52 f.).

Quantitative Angaben zur Citybildung, zu ihrer Abgrenzung und inneren Differenzierung liegen nur ganz vereinzelt vor und beziehen sich häufig auf einen weiter zurückliegenden Zeitpunkt (vgl. z. B. Smout in Kay & Smout 1977, S. 57 ff. für Harare; Wood in Williams 1986, S. 210 ff. für Lusaka). Dabei orientiert man sich meist an CBD-Kriterien der US-amerikanischen Literatur. Die Begriffe City und CBD werden deshalb im Folgenden synonym verwandt. Aus den wenigen genaueren Analysen und zahlreichen Einzelbeobachtungen lassen sich folgende Aussagen treffen, wobei die Metropolen in Südafrika aufgrund ihrer Sonderstellung zunächst ausgeklammert bleiben:

1. Überall hat sich die City im historischen Kern entlang von lediglich ein oder zwei Straßen entwickelt und nimmt insgesamt eine vergleichsweise kleine Fläche ein. Bis heute bildet z. B. in Windhoek die Independence Avenue, die ehemalige Kaiserstraße, in Lusaka die Cairo Road und in Harare die First Street das Herz des zentralen Geschäfts- und Dienstleistungsbereiches. In Harare lag dieser allerdings zur Zeit der Stadtgründung weiter im W am Fuß des Kopje und hat sich erst seit den 1940er Jahren nach E verlagert (Rakodi 1995, S. 62).
2. Der schachbrettartige Grundriss weist auf die planmäßige Anlage der Städte hin. Zum Teil waren die Straßen von Anfang an recht breit und mit Bürgersteigen versehen, z. T. sind sie nachträglich verbreitert worden. So wird die „Zementstadt" Maputos durch breite, parallel verlaufende und baumbestandene Avenidas charakterisiert, von denen eine an einem großen Platz mit Rathaus und Kathedrale endet (Kuder 1975, S. 279). Nach den Berechnungen von Smout (in Kay & Smout 1977, S. 60) entfallen in Harare allein 45 % der Fläche des CBD auf Straßen. In Lusaka ist die Cairo Road in den 1950er Jahren in eine baumbestandene Allee mit jeweils zwei Fahrspuren verbreitert worden (vgl. Abb. 36; Wood in Williams 1986, S. 211). Größere Fußgängerzonen gibt es nur ganz vereinzelt; erwähnenswert sind die Umgestaltung der First Street in Harare im Jahre 1974 (Rakodi 1995, S. 79) und die neuen Fußgängerstraßen östlich der Independence Avenue in Windhoek (Klimm, Schneider & von Hatten 1994, S. 158 f.).
3. Eine geschlossene Bebauung der zentralen Straßenblocks erfolgte häufig erst nach der Unabhängigkeit, als die Hauptstädte neue Funktionen gewannen und insbesondere vermehrt Büroraum nachgefragt wurde. Für Lusaka lässt sich die zeitliche Entwicklung und die über lange Zeit hinweg geringe Dynamik der City genauer rekonstruieren (Wood in Williams 1986, S. 210 f.): 1930 waren erst vier Blocks vollständig bebaut, und selbst 1965 gab es im CBD noch einzelne Bebauungslücken. Das hängt auch damit zusammen, dass viele Verwaltungsfunktionen sich auf das im Rahmen der neuen Hauptstadtplanung entstandene Regierungsviertel östlich des alten Zentrums konzentrieren (vgl. Kap. 4.7.3.1). Dadurch ist der CBD in eine extrem randliche Lage gerückt. Nach W endet die Bebauung nur wenige Straßen später, und nach E verhindert die Bahnlinie eine Erweiterung, die deshalb vorwiegend in Nord-Süd-Richtung erfolgt (vgl. Abb. 38). Das Regierungsviertel, das meist nicht zum CBD gerechnet wird, ist auch in anderen Städten vom zentralen Geschäftsbereich getrennt (Bähr 1970, S. 52 für Windhoek; Smout in Kay & Smout 1977, S. 68 für Harare).

4. Aus der Ferne wird die Silhouette der größeren Städte von Hochhäusern bestimmt, die den Bereich der City markieren. Bei näherem Hinsehen ist jedoch erkennbar, dass von einer mehr oder weniger flächenhaften Hochhausüberbauung keine Rede sein kann. Gewöhnlich gibt es nur einige wenige Häuser, die zehn Stockwerke überschreiten. Diese mischen sich mit niedrigeren Gebäuden, die häufig sogar nur ebenerdig sind und in ihrem Baustil auf die frühe Kolonialzeit hinweisen. Wiederum mag Lusaka als Beispiel dienen: Hier wurde erst 1950 ein Gebäude mit drei Geschossen errichtet, und Hochhäuser im engeren Sinne des Wortes sind erst in den 1970er Jahren entstanden, davon ein Gebäude mit 22 Geschossen (WOOD in WILLIAMS 1986, S. 214). Auch in Harare ist die Bausubstanz sehr gemischt; die meisten höheren Bauten im „internationalen Stil" stammen aus den ersten Jahren nach der Unabhängigkeit (RAKODI 1995, S. 64). Um 1970 war nur in neun Blocks der CBD-Height Index (Gesamtnutzfläche in Bezug auf Nutzfläche im Erdgeschoss) von drei überschritten (SMOUT in KAY & SMOUT 1977, S. 59). Noch später ist die bauliche Umgestaltung des Zentrums von Windhoek zu datieren. Viele der modernen Geschäfts- und Bürohochhäuser gehen erst auf die Zeit nach der Unabhängigkeit ab 1990 zurück (KLIMM, SCHNEIDER & VON HATTEN 1994, S. 158 f.).
5. Handel und Dienstleistungen bestimmen die Nutzungsstruktur der City; die Büronutzung konnte erst in neuerer Zeit an Bedeutung gewinnen (WOOD in WILLIAMS 1986, S. 219). Für Harare hat SMOUT (in KAY & SMOUT 1977, S. 62) eine genauerer Berechnung durchgeführt: Danach machten in den 1970er Jahren Einzelhandel und Dienstleistungen 44 % der CBD-Fläche aus, die Büronutzung 28 %; ebenfalls 28 % wurden als nicht cityrelevant eingestuft. Darin eingeschlossen waren 5 % Wohnnutzung. Diese dürfte in anderen Städten bis heute wesentlich größer sein, nicht nur im Randbereich der City, sondern auch in ihrem Kern, wo insbesondere ein Teil der oberen Stockwerke noch als Wohnraum dient.
6. Eine Untergliederung der City in einzelne spezialisierte Viertel ist allenfalls in Ansätzen zu beobachten. Wohl aber lässt sich zwischen Citykern und Citymantel unterscheiden: In den Randbereichen konzentriert sich insbesondere der Großhandel, kommen häufiger Gewerbebetriebe vor wie z. B. Reparaturwerkstätten und ist auch die Wohnnutzung größer, wie die Kartierungen von WOOD (in WILLIAMS 1986, S. 213 ff.) für Lusaka und SMOUT (in KAY & SMOUT 1977, S. 64 ff.) für Harare zeigen.
7. Stationäre Geschäfte und Dienstleistungseinrichtungen überwiegen. Der informelle Sektor tritt weniger deutlich als in anderen Stadtbereichen in Erscheinung. Das liegt daran, dass bis heute mittels Kontrolle oder Vergabe von Lizenzen informelle Angebote nach Möglichkeit ferngehalten bzw. zahlenmäßig begrenzt werden, um auch optisch das Bild einer modernen Stadt zu vermitteln (vgl. z. B. RAKODI 1995, S. 65 für Harare). Gelegentlich wird dabei sehr rigide verfahren: 1999 wurden etwa 1000 Straßenhändler aus dem zentralen Bereich des CBD von Lusaka vertrieben; für sie sind 50 über die gesamte Stadt verteilte Marktplätze eingerichtet worden (Daily Mail & Guardian 23.06.1999). Wenn größere Marktgebiete in unmittelbarer Nähe der City oder sogar innerhalb des Citymantels liegen, häuft sich hier das Angebot von Straßenhändlern und konzentrieren sich Geschäfte, die auf den Bedarf ärmerer Bevölkerungsgruppen ausgerichtet sind (WOOD in WILLIAMS 1986, S. 219). Der größte Markt Lusakas, Luburma, unweit des City gelegen, umfasste in den 1980er Jahren immerhin 652 Stände; insgesamt wurde die Zahl der Händler auf den Märkten der Stadt zum damaligen Zeitpunkt auf mehr als 8000 geschätzt (HENKEL 1985, S. 31). Ein großer Teil dieser Aktivitäten wird al-

lerdings von den Behörden als illegal betrachtet; er wäre also dem informellen Sektor zuzurechnen. Noch weit stärker informalisiert ist der Handel in Maseru, weil die Gebäudeinfrastruktur des Zentrums durch Plünderung und Brandschatzung während des kurzen Bürgerkrieges Ende 1998 und der Intervention der SADC-Truppen weitgehend zerstört worden ist.

8. Größere Einkaufszentren auf der „grünen Wiese" bilden nur ganz vereinzelt eine Konkurrenz zur City. Zwar gibt es in den hochwertigen Wohnbereichen und eingeschränkt auch in den „offiziellen" Wohngebieten unterer Einkommensklassen schon seit langem kleinere Nachbarschaftszentren; diese sind jedoch zumeist auf Einkäufe des täglichen Bedarfs ausgerichtet. Nach einer Bestandsaufnahme von SMOUT (in KAY & SMOUT 1977, S. 72 ff.) lag ihre Zahl in den *low density areas* Harares schon zu Beginn der 1970er Jahre bei mehr als 80, in den *high density areas* noch 1981 dagegen nur bei 38 (RAKODI 1995, S. 72), obwohl hier der weitaus größte Teil der Bevölkerung lebte. Kundenbefragungen zeigten, dass das Angebot dieser Zentren ganz überwiegend den täglichen Bedarf abdeckte. So wurden Kleidung und Schuhe damals noch zu mehr als 90 % in der City eingekauft (SMOUT in KAY & SMOUT 1977, S. 77). In Lusaka und anderen Städten der Region ist die Zahl der sekundären Geschäftszentren schon immer sehr viel kleiner als in Harare gewesen; die meisten bestanden nur aus wenigen Verkaufseinheiten (Lebensmittel, Metzgerei, Apotheke, Tankstelle; vgl. HENKEL 1985, S. 23). Erst in den 1980er und 1990er Jahren erreichte der „Siegeszug" der Einkaufszentren, von Südafrika ausgehend, auch die kleineren Länder der Region. In Swasiland öffneten 1992 die ersten Shopping Center in der Wirtschaftsmetropole Manzini. Damit konnte der Einkaufstourismus nach Südafrika eingedämmt werden (THOMPSON 1995, S. 36). Andere Zentren entstanden in Harare (u. a. Westgate mit 30 000 m² Verkaufsfläche), Gaborone und Windhoek. 1997 ist ein großflächiges Shopping Center an der Peripherie der „Zementstadt" in Maputo eröffnet worden. Etwa 30 Geschäfte, darunter viele Filialisten südafrikanischer Firmen, bieten hier ihre Waren und Dienstleistungen an. Einkaufmagnet ist das SB-Warenhaus Shoprite, das US-$ 10 Mio. in das gesamte Projekt investiert hat. Die Vielzahl der Waren und preisgünstige Angebote sind landesweit einmalig und bedrohen die kleinen, im Aufbau befindlichen Geschäfte der Innenstadt, schaffen aber auch begehrte Arbeitsplätze im formellen Sektor (MILLER 2001). Noch später, erst Ende 1999, wurde in Lusaka das erste Einkaufszentrum von Sambia eingeweiht. Im Gegensatz zu Südafrika steht noch nicht das sog. *shoppertainment* im Vordergrund, d. h. die Verbindung von Shoppen, spektakulärer Architektur und Veranstaltungen (The Mercury 16.11.1999), sondern das profane Einkaufen.

Die City der südafrikanischen Metropolen lässt sich nur bedingt mit den zentralen Geschäftsbereichen anderer Städte der Region vergleichen. Von den genannten Strukturmerkmalen treffen nur wenige zu, bzw. sie charakterisieren lediglich einen historischen Zustand. Zwar hat sich auch in Südafrika der CBD der großen Städte im historischen Kern entwickelt und weist einen schachbrettartigen Grundriss auf; er erstreckt sich jedoch auf einer sehr viel größeren Fläche, und Hochhausüberbauung sowie innere Differenzierung sind weiter fortgeschritten. Vor allem aber ist die City seit langem einer starken Konkurrenz von großen Einkaufszentren mit spezialisiertem, hochwertigen Angebot ausgesetzt (vgl. Kap. 3.3.3.2), und es droht ihr ein zunehmender Bedeutungsverlust. Dieser hat in Johannesburg bereits zu einem auffälligen *urban blight* geführt (vgl. Kap. 4.8.3.2); Ansätze dazu sind auch in Durban zu bemerken, während sie in Kapstadt noch kaum auftreten. Als Sitz des südafrikanischen Parlaments weist Kapstadt seit Jahrzehnten einen festen Mieterstamm für Büroflächen und Hotelzimmer auf, und die Nachfrage nach innerstädtischen Apartments und Penthouse-Wohnungen ist beachtlich (JÜRGENS 1998, S. 214 f.). Das große Revitalisierungsprojekt um den alten Hafen mit einer Fülle von Einkaufs- und Vergnügungseinrichtungen (Victoria und Alfred Waterfront) schließt zwar räumlich nicht direkt an die City an, hat aber den zentralen Stadtbereich gestärkt (WILKINSON 2000, S. 198).

4.8.3.2 Beispiel: Aufstieg und Niedergang der City von Johannesburg

Die Ursprünge von Johannesburg gehen auf drei schon 1886 eingerichtete Goldgräbercamps zurück, von denen zwei in unmittelbarer Nähe der heutigen City lagen (vgl. Abb. 2 in BÄHR & SCHRÖDER-PATELAY 1982, S. 492). Wenig später entwarf de Villiers einen ersten Stadtplan mit einem schachbrettartig angelegten Straßennetz. Der neuen Stadt fehlte zunächst ein ausgeprägter Mittelpunkt; statt dessen gab es mehrere *squares*, auf denen Markt abgehalten und Handel getrieben wurde. Um einen dieser Plätze, den Market Square, bildeten sich in der Folgezeit die Anfänge der City heraus. Hier wurden die wichtigsten öffentlichen Gebäude errichtet (z. B. City Hall, Public Library, Post); in den südlich angrenzenden Blocks entstanden die ersten Banken und die Börse; das Hauptgeschäftsviertel entwickelte sich zwischen City Hall (1906–13) und Supreme Court (1910 auf dem Church Square erbaut). Im Laufe der Zeit wurde die Wohnfunktion aus den zentralen Stadtbereichen mehr und mehr verdrängt; Einzelhandel und Büronutzung dominierten den CBD, der ca. 220 ha umfasste (MANDY 1984, S. 249). Der Randbereich war von Großhandel, Industrie sowie kleineren Zentren für indische und chinesische Gewerbetreibende bestimmt (Abb. 45).

Die wachsende Bedeutung Johannesburgs als multifunktionales Wirtschaftszentrum spiegelt sich in einer mehrfachen baulichen Umstrukturierung der City wider: Ältere Häuser wurden abgerissen und durch höhere Bauten ersetzt. Noch bis in die 1950er Jahre standen jedoch die engen Straßen, der kleinteilige Zuschnitt der einzelnen Baublocks, die schmalen Grundstücke und eine Begrenzung der Bauhöhe sowohl einer repräsentativen Gestaltung einzelner Hochhäuser als auch der Ausweisung großer zusammenhängender Büroflächen entgegen. Die Flächenreserven waren während der Boomzeiten in den 1930er Jahren und nach dem Zweiten Weltkrieg weitgehend ausgeschöpft worden. Als Reaktion darauf wurden die Planungsrichtlinien und Baubestimmungen um 1960 geändert. Seitdem konnte höher gebaut werden, wenn das Gebäude mindestens 2,7 m von den Bürgersteigen zurückversetzt war, und zwar umso höher, je mehr Freifläche auf Straßenniveau ausgewiesen wurde (MANDY 1984, S. 65). Im Ergebnis entstand eine große Zahl sog. Superblocks, die ein ganzes Straßenviereck oder mehrere, z. T. durch Überbauung oder Überbrückung der Straßen, in Anspruch nahmen. Das erste Gebäude dieser Art war das 16-stöckige Edura-House von 1961 (Abb. 45); es folgte das 26 Stockwerke hohe Standard Bank Centre, bei dem 74 % der Grundfläche als offene *plaza* gestaltet waren (BEAVON 1998a, S. 4). Zum neuen Wahrzeichen der City wurde schließlich das Carlton Centre, eine Kombination aus Hotel, Shopping Center und Büroflächen, dessen 50-geschossiger Büroturm mit Aussichtsplattform 202 m hoch reicht, und das insgesamt eine nutzbare Fläche von 325 000 m^2 aufweist (BEAVON 1998a, S. 6).

Wandel der Versorungsstrukturen 273

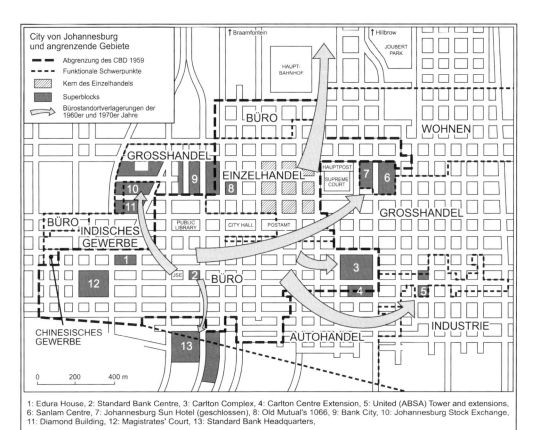

Abb. 45: City von Johannesburg und angrenzende Gebiete
Quelle: BEAVON (1998a u. b), ergänzt

Die Hoffnungen, die man in die Eröffnung des Carlton Centre gesetzt hatte, haben sich allerdings nicht erfüllt. Schon zum Eröffnungszeitpunkt (1971) gab es Vermietungsschwierigkeiten, weil die Suburbanisierung der kaufkräftigen Bevölkerungsschichten weit fortgeschritten war (MANDY 1984, S. 70). Als Folge davon hatte sich zwischen 1959 und Mitte der 1970er Jahre das Verteilungsmuster des Einzelhandels entscheidend verändert. Gab es 1959 in den nördlichen Vororten nur einige wenige Standorte mit einer größeren Zahl von Läden, so wurden in einer Bestandsaufnahme von 1975/76 mehr als 100 Cluster gezählt, an deren Spitze Randburg mit 264 und Rosebank mit 227 Betrieben standen (BEAVON 1998a, S. 9). Dass sich das Carlton Centre nicht zum „neuen Herz" des CBD entwickelte, lag auch daran, dass die Grundstückspreise in der Umgebung steil anstiegen und Land aus spekulativen Gründen zurückgehalten wurde. Die Johannesburger Börse, die ebenfalls nach Erweiterungsmöglichkeiten suchte und ursprünglich in die Nähe des Carlton Centre ziehen wollte, entschloss sich daher, 1969 in das etwas „heruntergekommene" Cityrandgebiet von Newtown zu gehen. Nach Fertigstellung der neuen Börse (1978) siedelten sich in der Umgebung weitere Finanzinstitutionen an, ohne dass allerdings eine vollständige Aufwertung dieses Bereiches gelungen wäre.

Parallel zur Umstrukturierung innerhalb des CBD kam es zu dessen Erweiterung nach N. Die Tieferlegung der Gleise und der Bau eines neuen, unterirdischen Hauptbahnhofes hatten die Voraussetzungen dafür geschaffen. Vorreiter war diesmal die städtische Verwaltung, die auf einem 7,5 ha großen Gelände in Braamfontein ein Civic Centre errichten ließ, das 1972 bezugsfertig war. Weitere staatliche und halbstaatliche Gesellschaften sowie große Firmen folgten (Eskom, South African Breweries). Hatte Braamfontein 1950 nur knapp 500 m^2 Bürofläche, so waren es Ende der 1960er Jahre fast 300 000 m^2 (BEAVON 1998a, S. 2). Der dadurch eingeleitete „Trek to the North" (BEAVON 1998b) hat sich in den folgenden Jahren und insbesondere nach der Energiekrise von 1973 verstärkt, auch weil die „Glaspaläste" der City hohe Energiekosten verursachten. Außerhalb des CBD waren genügend preisgünstige Flächen vorhanden, die man mit weniger großem Aufwand bebauen und kostengünstiger betreiben konnte. Die Standard Bank, die erst 1970 einen 26-stöckigen Tower im CBD bezogen hatte, trug solchen Überlegungen als erstes größeres Unternehmen Rechnung und bebaute in den 1980er Jahren einen Superblock, der im S an den CBD angrenzt. Sie schuf hier eine 5-geschossige Büronutzung mit Arbeitsplätzen für ca. 7000 Personen. Später wurden bevorzugt Bürostandorte in den vornehmen und damit prestigeträchtigeren nördlichen Vororten gewählt. Zu Beginn der 1980er Jahre entstanden hier erstmals deutlich mehr Büroflächen als im CBD (BEAVON 1998b, S. 14). Als die First National Bank 1995 ihre neue Zentrale im CBD bezog, war es deshalb bereits sehr schwierig geworden, allen neu geschaffenen Büroraum auch zu vermieten.

Mit der Einweihung der letzten Superblocks war der Höhepunkt der Cityentwicklung bereits überschritten. Der Einzelhandel, der schon zuvor unter der Bevölkerungssuburbanisierung zu leiden hatte, verlor jetzt zusätzlich dadurch an Kunden, dass die neuen großen Bürokomplexe zu weit von den Hauptgeschäftsstraßen entfernt lagen, um Kopplungseinkäufe vor und nach der Arbeit oder in der Mittagspause zu tätigen. Nach TOMLINSON (1999, S. 1659) ist das Gebiet zwischen Carlton Centre im E und Börse im W zweimal so groß wie die City of London. Die weiten Wege machten sich auch deshalb nachteilig bemerkbar, weil ein U-Bahn-Netz fehlte und das Bussystem wenig leistungsfähig war. Auf den eigenen Pkw wurde mangels Parkflächen nur ungern zurückgegriffen. Hinzu kam, dass die Zahl der im CBD beschäftigten Weißen kontinuierlich abnahm. Lag das Verhältnis zwischen weißen und schwarzen Angestellten 1960 noch bei 7 : 1, so hatte es sich bis 1970 auf 2 : 1 vermindert und beträgt heute etwa 1 : 1 (TOMLINSON 1999, S. 1661). Ebenfalls rückläufig war die Wohnbevölkerung im Cityrandgebiet und in den daran angrenzenden Bereichen. So wurden das Gebiet um den Joubert Park (Abb. 45) wie auch das sich nördlich anschließende Hillbrow zu Keimzellen des Vergrauungsprozesses (vgl. Kap. 4.8.1).

Wenn sich auch der Niedergang der City bereits seit längerem abzeichnete, so hat sich dieser Prozess seit den 1990er Jahren erheblich beschleunigt, und er wird von vielfältigen Erscheinungen des *urban blight* begleitet. Vor allem fünf Einflussgrößen sind dabei wirksam:

1. In den meisten citynahen Wohngebieten ist die weiße Bevölkerung auf eine zahlenmäßig unbedeutende Minderheit zusammengeschrumpft, die außerdem stark überaltert ist (vgl. Abb. 42). Die kaufkräftigen Bevölkerungsschichten leben mittlerweile ausnahmslos in den Vororten. Damit ändern sich auch Käuferschichten und deren Präferenzen.

Wandel der Versorungsstrukturen

2. Während der Apartheid-Zeit waren die *townships* (bewusst) nur unzureichend mit Versorgungseinrichtungen ausgestattet worden, so dass die dortige Bevölkerung ihren Bedarf überwiegend in der City decken musste. Das ist heute nur noch eingeschränkt der Fall.
3. Als Folge hoher Arbeitslosigkeit sind insbesondere viele Schwarze darauf angewiesen, ein Auskommen im informellen Sektor zu suchen. Dieser hat sich daher innerhalb weniger Jahre enorm ausgeweitet, und er bestimmt heute in zunehmendem Maße das Wirtschaftsleben der City.
4. In der Perzeption vieler weißer, aber auch nicht-weißer Südafrikaner gilt die City von Johannesburg als besonders unsicher. Die Verbindung von „crime and grime" verstärkt diese Wahrnehmung noch. Deshalb werden die hier gelegenen Geschäfte und Büros nicht mehr gern aufgesucht, und auch für die Beschäftigten hat der Standort seine Vorteile verloren.
5. Für viele Unternehmen ist eine Verlagerung an den Stadtrand, wo sich z. T. *edge city*-artige Strukturen herausbilden (z. B. Midrand, internationaler Flughafen), weit prestigeträchtiger als ein Verbleiben im Zentrum.

Der Umstrukturierungsprozess auf der Angebotsseite drückt sich darin aus, dass viele traditionsreiche Geschäfte und Kaufhäuser, vor allem Spezialgeschäfte mit einem hochwertigen Angebot (Juweliere, extravagante Modehäuser, Herrenausstatter) die City verlassen und ihren Kunden in die Vororte folgen oder, wenn sie bleiben, ihr Warenangebot auf die neuen Käufergruppen – und das sind heute vornehmlich Schwarze mit niedrigem oder allenfalls mittlerem Einkommen – abstimmen. Viele Läden bieten hauptsächlich Billigprodukte an wie z. B. einfache Textilien, Plastikgeschirr, *second hand*-Waren. Nach einer Erhebung des großen Immobilienmaklers J. H. Isaacs aus dem Jahre 1995 entfielen fast 50 % der Geschäfte im CBD auf Textilien und Schuhe sowie 20 % auf Lebensmittel. Weil mittlerweile auch Touristen aus Übersee die City von Johannesburg meiden, fehlt eine weitere kaufkräftige Gruppe, was nur teilweise durch die gestiegene Anzahl von Besuchern aus anderen afrikanischen Ländern kompensiert werden kann. Schon 1993 stellte das 5-Sterne-Hotel Johannesburg Sun (Abb. 45) den Betrieb ein, weil in den umliegenden Straßen vermehrt Gäste überfallen oder ausgeraubt worden waren. Die Nachfolgenutzung durch die Holiday-Inn-Gruppe hatte nicht lange Bestand; 1998 gab dieser Betreiber ebenfalls auf. Noch schwerer wiegt, dass im gleichen Jahr auch das letzte und besonders prestigeträchtige 5-Sterne-Hotel im Carlton Centre seine Pforten schloss (BEAVON 1998a, S. 18). Zwar ist Johannesburg nach wie vor die bedeutendste Messestadt im gesamten SADC-Raum (WIESE 1999, S. 223) und von allen afrikanischen Städten am engsten mit der Weltwirtschaft vernetzt; die dadurch ausgelösten Besucherströme kommen jedoch immer weniger der City zugute.

Nach Einschätzung von Fachleuten werden sich zwar die Veränderungen des Warenangebotes fortsetzen, es wird aber nicht zu größeren und längeren Leerständen kommen. Als Grund wird zum einen die gewachsene Kaufkraft der in Städten lebenden schwarzen Bevölkerung angeführt, deren durchschnittliches (reales) Haushaltseinkommen sich zwischen 1990 und 1995 immerhin um 140% erhöhte, während es bei den Weißen leicht zurückging (SAIRR 1999). Zum anderen wird darauf verwiesen, dass der CBD für viele *township*-Bewohner noch auf absehbare Zeit der wichtigste „Einkaufsmagnet" bleiben wird. Fortschreiten dürfte allerdings der Bedeutungsverlust der City innerhalb des innerstädtischen Standortgefüges. „The central city is no longer the metropolitan CBD", stellt TOMLINSON (1999, S. 1655) fest. Das relative Gewicht des CBD gemessen an der gesamten Verkaufsfläche der Stadt hat sich seit 1959 von gut 70 % (einschließlich Braamfontein) auf allenfalls noch 25 % im Jahre 1997 vermindert (Beavon 1998a, S. 9 u. 16). Dafür ist nicht nur die Suburbanisierung der Bevölkerung verantwortlich. Die großen Einkaufszentren an der Peripherie gewinnen auch dadurch an Attraktivität, dass sie bessere Parkmöglichkeiten bieten, die Kriminalität leichter zu kontrollieren ist und „Belästigungen" durch den informellen Sektor auf den privaten Flächen nicht geduldet werden.

In den Hauptgeschäftsstraßen der City wurden die Obergeschosse häufig von Anwaltskanzleien und Arztpraxen genutzt. Schon in den 1980er Jahren war es immer schwieriger geworden, bei Freiwerden der Räumlichkeiten einen Nachmieter zu finden. Vor allem Ärzte orientierten sich in ihrer Standortwahl vollständig um und ließen sich bevorzugt um Krankenhäuser und Privatkliniken außerhalb des CBD nieder, weil die zahlungskräftigen Privatpatienten nicht länger bereit waren, eine Praxis im Zentrum aufzusuchen (BEAVON 1998a, S. 15).

Noch wesentlich dramatischer verläuft der Wandel in der Büronutzung. Nicht zuletzt als Folge von gestiegener Kriminalität und Unsicherheit – in nur 12 Monaten von Mitte 1994 bis Mitte 1995 sind in *downtown* und angrenzenden Gebieten über 14 000 Personen wegen schwerer Verbrechen festgenommen worden (BEAVON 1998b) – ist der City-Standort für viele Unternehmen unattraktiv geworden. Gewöhnlich verlagern sie ihren Hauptsitz zwar noch nicht vollständig aus dem Johannesburger Raum, weichen aber bevorzugt auf die nördlichen Vororte und den Midrand aus. Von den in Johannesburg ansässigen größten südafrikanischen Firmen (65 der 100 größten) war es zwischen 1982 und 1994 immerhin mehr als ein Viertel (C. M. ROGERSON 1996, S. 572 f.). Auch die Johannesburger Börse hat im Jahre 2001 den CBD verlassen und sich in Sandton am nördlichen Stadtrand angesiedelt. Ebenso wird das letzte noch verbliebene Konsulat, nämlich das der USA, den City-Standort aufgeben. Während die Nachfrage nach Büroflächen an dezentralen Standorten boomt, ist sie im CBD-Bereich deutlich zurückgegangen. Hohe Leerstände und ein fallendes Preisniveau sind eine unmittelbare Folge davon. Zum Teil decken die Einnahmen gar nicht mehr die laufenden Ausgaben für Steuern und andere Abgaben, Reinigungs- und Sicherheitsdienste (J. ROGERSON 1996, S. 76f.). Viele Gebäude werden deshalb (vorübergehend) überhaupt nicht genutzt, sind versiegelt und werden von privaten Sicherheitsdiensten bewacht, um sie vor Besetzungen durch Obdachlose zu schützen, die in großer Zahl in den innerstädtischen Parks, auf Straßen oder im Bahnhof leben. Mitte 1998 erreichte die Leerstandsquote über 25 %, in einzelnen Gebäuden war sie noch weit höher, z. B. im IBM-Gebäude 100 %, im Diamond Building 73 % und im Carlton Office Tower 54 % (BEAVON 1998a, S. 16). Das Preisniveau und damit der Wert der Immobilien hat sich innerhalb von nur vier Jahren halbiert (Financial Mail 07.02.1997).

Eine gewisse, aber nur vorübergehende Nachfrage löste die Entscheidung der neu geschaffenen Provinz Gauteng aus, ihre Verwaltungsdienststellen auf den CBD von Johannesburg zu konzentrieren (J. ROGERSON 1996, S. 78). Innerhalb von nur sieben Monaten konnte der Umzug von Pretoria nach Johannesburg realisiert werden. Seitdem arbeiten zusätzlich 2000 staatliche Angestellte im CBD (The Star 31.07.1996). Dennoch sind die Mieten für Büroflächen in Spitzenlagen um mehr als 50 % unter diejenigen des „neuen" CBD in Sandton gefallen. Mittlerweile weist Sandton fast zwei Drittel der Bürofläche des gesamten CBD auf, und von den an der Johannesburger Börse registrierten Firmen hatten 1998 bereits 82 ihren Besitz in Sandton und nur noch 128 im CBD (BEAVON 1998a, S. 18). In einzelnen Branchen ist die „Flucht aus der City" noch weit größer: Von den 7 größten Wirtschaftsprüfern sind nur noch 3 in der City ansässig (1994), 12 Jahre vorher waren es noch alle 7; von den 15 führenden Werbeagenturen hat heute keine mehr einen CBD-Standort, 1981 dagegen noch 7 (TOMLINSON 1999, S. 1660).

Das Vakuum, das durch die Verlagerung überwiegend von Weißen geführter Geschäfte und Firmen entstanden ist, konnte wenigstens teilweise von neu gegründeten Klein- und Kleinstbetrieben schwarzer Unternehmer aufgefüllt werden, wenn auch der Anteil Schwarzer an der Gesamtzahl der Mieter im CBD selbst Mitte der 1990er Jahre noch unter 20 % lag (ROGERSON & ROGERSON 1997, S. 94). Jedoch gibt es Beispiele dafür, dass einzelne Gebäude ihr „ethnisches Profil" innerhalb weniger Jahre vollständig geändert haben und davon - ähnlich wie für den Wohnsektor beschrieben (vgl. Kap. 4.8.1) – ein block- bzw. hausweiser Diffusionsprozess ausgeht. Insgesamt sehen ROGERSON & ROGERSON (1997) ihre These von der City als „incubator" für neue Unternehmen im Eigentum von Schwarzen bestätigt. Noch beschränkt sich die Nachfrage allerdings auf weniger exklusive Lagen, wobei die dort frei werdenden Flächen bei der Neuvermietung oftmals in eine größere Zahl von Einheiten aufgeteilt werden.

Begleitet werden die Trends im formellen Wirtschaftssektor von einer enormen Ausdehnung des informellen Sektors. Dabei handelt es sich nicht nur um Händler im engeren Sinne, sondern auch um Schuster, Friseure und Betreiber von Garküchen, die auf den Straßen ihre Arbeit verrichten. Für ganz Johannesburg wird 1994 von ca. 15 000 *hawkers* gesprochen im Vergleich zu ca. 300 Anfang der 1980er Jahre. Bis 1997 soll deren Zahl auf mehr als 20 000 angestiegen sein. Damit zeichnet sich aber eine Sättigung dieses Marktes ab.

Oft sind formeller und informeller Sektor kaum auseinanderzuhalten, weil sich im Citybereich zahlreiche Märkte (z. T. als Flohmärkte) etabliert haben, die in nicht unbeträchtlichem Umfang von Inhabern normaler Ladengeschäfte beschickt werden (J. ROGERSON 1995, S. 167). Auch gibt es mittlerweile eine ganze Reihe fest installierter Stände, verbunden mit Lagermöglichkeiten, Waschgelegenheiten und Toiletten. In solchen Fällen wird mit Recht von „formal informal traders" gesprochen (The Star 17.10.1997), weil Abgaben für die Bereitstellung der Infrastruktur bezahlen werden müssen. Mit Hilfe neuer *by-laws* versucht man, die informellen Aktivitäten zwar nicht einzuschränken, aber doch in geordnete Bahnen zu lenken. Ob sich derartige Regelungen durchsetzen lassen, darf allerdings eher bezweifelt werden. Auch Großlieferanten werden Lobbyarbeit leisten, um die Regulierungen des informellen Sektors zu bremsen: So erzielt der Großmarkt von Johannesburg allein ein Viertel seines Jahresumsatzes über das Geschäft mit Straßenhändlern (Financial Mail 25.07.1997).

Um eine weitere Abwertung des CBD und die damit verbundene Fragmentierung des Geschäftslebens zu verhindern, bedarf es sowohl kurz- als auch längerfristiger Revitalisierungsprogramme. Kurzfristig geht es vor allem darum, die Sicherheit und insbesondere das

Sicherheitsempfinden für Kunden und Beschäftigte zu erhöhen. Längerfristig muss Ersatz für den bereits eingetretenen Funktionsverlust geschaffen werden. Zwar werden immer wieder neue Vorschläge und Ideen diskutiert, ihre Konkretisierung stößt jedoch auf große Schwierigkeiten. Zum einen ist es nicht leicht, finanzkräftige Investoren zu finden, die an die Zukunft des CBD glauben; zum anderen werden planerische Eingriffe durch die Zersplitterung der Zuständigkeiten, ausgelöst durch die Aufgliederung der Stadt in vier *metropolitan substructures*, erschwert. Die Gemeindereform 2000/01 auf der Grundlage des Municipal Demarcation Act of 1998 soll dieses Problem in Zukunft ausräumen. In Gauteng reduziert sich die Anzahl der *local municipalities* von 51 auf 15. Während Optimisten hoffen, dass eine Wiederbelebung der City gelingt, wagen Pessimisten die Vorhersage, dass in zehn Jahren der CBD ein reines Wohngebiet mit „ground-floor shopping" sein wird (The Star 17.10.1997). Nur wenige gehen allerdings so weit wie TOMLINSON (1999, S. 1673 ff.), der den Strukturwandel der City weniger als Problem, sondern als Chance für die Entwicklung eines wahren „African business centre" sieht und dafür plädiert, den Prozess nicht umkehren zu wollen, sondern die endogenen Potenziale zu stärken. Damit dieser Wandel auch finanziell abgesichert ist, zielt die Stadtverwaltung mit dem Konzept „iGoli 2002" auf eine umfassende Privatisierung ihrer Dienstleistungen. Absehbar ergeben sich hierdurch Kostensteigerungen und neue soziale Konflikte.

4.8.4 Belastung der städtischen Infrastruktur und Umweltprobleme

4.8.4.1 Verkehrsprobleme

Die Verkehrsprobleme in den Städten des Südlichen Afrika sind anderer Art als diejenigen der Industriestaaten, aber auch vieler Schwellenländer. Abgesehen von Südafrika ist der Motorisierungsgrad außerordentlich gering (vgl. Kap. 4.8.4.2), so dass Staus und Überlastungen des Straßennetzes nur an wenigen neuralgischen Punkten oder zur *rush hour* eine Rolle spielen. Auch eine Konkurrenzsituation zwischen Straße und Schiene ist nicht gegeben, weil nur in Südafrika ein schienengebundenes innerstädtisches Verkehrsnetz existiert. Dieses war und ist in erster Linie auf die Anbindung der *townships* ausgerichtet und nicht flächendeckend ausgebaut. Insbesondere für den Pendlertransport spielt es bis heute aber eine wichtige Rolle. Immerhin haben die Pendlerzüge Südafrikas im Jahre 1997/98 fast 500 Mio. Passagiere befördert (SAIRR 1999, S. 196). Bis 2006 soll ein Hochgeschwindigkeitszug in Betrieb genommen werden, der Johannesburg, Pretoria und den Internationalen Flughafen von Johannesburg verbindet (SAIRR 2001, S. 356)

Nicht nur die geringe Verbreitung des privaten Pkw verweist die überwiegende Mehrzahl der Bevölkerung auf den ÖPNV, sondern auch die weitflächige Stadtanlage: *Buffer zones* zwischen den ursprünglich nach ethnischen Kriterien angelegten Wohngebieten und der flächenverbrauchende *urban sprawl* erschweren das Zurücklegen der Wege zu Fuß oder mit dem Fahrrad. Überdies haben die Regierungen dem Fußgänger- und Radfahrverkehr niemals größere Beachtung geschenkt. So ist 1969 in Salisbury noch über ein Fünftel der *township*-Bewohner mit dem Fahrrad zur Arbeit gefahren (HARDWICK in KAY & SMOUT 1977, S. 99); bis 1983, als eine neuerliche Bestandsaufnahme zum *modal split* erfolgte, ist der Anteil auf nahezu null zurückgegangen (RAKODI 1995, S. 80). Ebenso wenig sind nennenswerte Bemühungen zu verzeichnen, den Fußgängern „das Leben zu erleichtern". Obwohl viele Menschen aus finanziellen Gründen zu Fuß zur Arbeit gehen müssen, selbst wenn die Wege weit sind, und erst recht alle anderen Besorgungen zu Fuß erledigen, gibt es außerhalb des CBD kaum Bürgersteige. Fußgänger müssen die staubigen Straßenränder benutzen und werden durch den (oft wenig rücksichtsvollen) Autoverkehr gefährdet. Bezeichnend für die Planung einer „autogerechten Stadt", obwohl das Gros der Bürger keine Autos besitzt, ist der Lusaka Development Plan von 1979, der ein (nur z. T. realisiertes) Autobahn- und Schnellstraßensystem vorsah, während Fußgänger und Fahrradfahrer in den Planungen gar nicht vorkamen (BLANKHART in WILLIAMS 1986, S. 265). Auch der Master-Plan für Lilongwe ging davon aus, dass in absehbarer Zeit jede Familie ein eigenes Auto besitzen würde; entsprechend weitflächig ist die Anlage der Stadt (vgl. Kap. 3.6.1.2).

Zu den weiten Wegen, die aus der ererbten Stadtstruktur resultieren, kommt der Zwang, das Wohngebiet für die meisten der täglichen Aktivitäten verlassen zu müssen. Fast alle *townships* und erst recht die *squatter settlements* sind unzureichend mit Versorgungseinrichtungen ausgestattet. Ebenso fehlen Arbeitsplätze; diese liegen in der Mehrzahl im CBD oder in den Industriezonen. Deshalb ist das Straßennetz überwiegend radial ausgerichtet, und Querverbindungen sind erschwert.

Vor allem in den Städten mit einer nennenswerten weißen Minderheit (Südafrika, Simbabwe, Namibia) ist das Verkehrssystem bis heute „gespalten", weil sich die Verkehrspolitik lange Zeit ausschließlich an den Interessen der wohlhabenderen weißen Bevölkerung orientiert hatte. In den hochwertigen Wohngebieten existiert praktisch kein ÖPNV, und dieser würde sich aufgrund der geringen Nachfrage und der niedrigen Bevölkerungsdichte auch gar nicht lohnen. Alle Wege werden deshalb mit dem eigenen Pkw zurückgelegt, was aufgrund großzügig ausgebauter Straßen oder Stadtautobahnen (insbesondere in den südafrikanischen Metropolen) leicht möglich ist. Dagegen ist die Autoverbreitung in den *high density areas* und den *squatter settlements* verschwindend gering, und die Bewohner sind vollständig vom ÖPNV abhängig. HARDWICK (in KAY & SMOUT 1977, S. 96) berichtet, dass bereits 1969 in den „weißen" Vororten im NE von Salisbury 90 % und mehr der Pendler den eigenen Pkw benutzten, was schon damals Parkprobleme in der City und einen großen Flächenverbrauch für die Anlage von Parkplätzen hervorrief. In diesen Wohngebieten wurden zwei Autos pro Haushalt gezählt. Hingegen gab es in allen *townships* der Stadt zusammen nur 2810 Kfz auf 181 680 Bewohner. Gut zwei Drittel der Pendler, vor allem aus citynahen *townships*, gelangten per Fahrrad oder zu Fuß zur Arbeit, etwa ein Drittel mit dem Bus. Dieser Gegensatz hat sich bis heute erhalten. Mitte der 1980er Jahre kamen in den *high density areas* 38 Kfz auf 1000 Einwohner, in den *low density areas* jedoch 400. Entsprechend unterschiedlich ist der *modal split*: Aus Kostengründen versuchen viele Menschen, die in einigermaßen erreichbarer Entfernung zu den Arbeitsplätzen wohnen, zu Fuß zu gehen. Das erklärt den erstaunlich hohen Fußgängeranteil. Dieser betrug 1983 in Harare auf die ganze Stadt bezogen 17 %, in den *high density areas* 45 % (RAKODI 1995, S. 80); der gleiche Wert wird auch für eine Stichprobe aus fünf *squatter settlements* in Lusaka angegeben (BLANKHART in WILLIAMS 1986, S. 262).

Lange Zeit basierte der ÖPNV nahezu ausschließlich auf Bussen staatlicher oder halbstaatlicher Gesellschaften, und die Beförderungspreise waren subventioniert. Schon in den

1970er Jahren wurde in allen Städten die unzureichende Kapazität der Busse beklagt, was in den *peak hours* zu langen Wartezeiten führte, weil die Busse überfüllt waren. Die erwähnte Bestandsaufnahme für Salisbury von 1969 weist aus, dass im Pendelverkehr Wegezeiten von jeweils 1 Std. für den Hin- und Rückweg nicht ungewöhnlich waren (HARDWICK in KAY & SMOUT 1977, S. 100). Die Situation hat sich noch dadurch verschärft, dass sich in den 1970er und 1980er Jahren die Bautätigkeit für ärmere Bevölkerungsgruppen auf Chitungwiza, 23 km vom CBD entfernt (vgl. Kap. 4.4.3.2), konzentrierte. Von hier aus war die Mehrzahl der Pendler pro Strecke mehr als 75 Min. unterwegs (RAKODI 1995, S. 78 ff.).

Erschwerend kam hier wie in anderen Städten hinzu, dass eine wenig günstige Wirtschaftsentwicklung die Ausweitung des ÖPNV entsprechend dem Bevölkerungsanstieg verhinderte. In Lusaka nahm z. B. die Einwohnerzahl zwischen 1973 und 1980 um ca. 50 % zu, der Busbestand der United Bus Company of Zambia war dagegen rückläufig, und mangels Ersatzteilen waren viele Busse nicht einsatzbereit oder in einem beklagenswerten Zustand (BLANKHART in WILLIAMS 1986, S. 262). Die Abnutzung ist durch die mangelhafte Unterhaltung des Straßennetzes und den Betrieb auf nicht geteerten Straßen noch verstärkt worden. Auch zwischen 1980 und 1987 blieben die Ausgaben für den öffentlichen Busverkehr trotz zunehmender Nachfrage ungefähr konstant. Die Einnahmesituation der Gesellschaft verschlechterte sich zusätzlich durch die unzureichend an die Inflation angepassten Preise, so dass notwendige Investitionen unterblieben (MIJERE & CHILIVUMBO 1994, S. 169).

Die nicht gedeckte Nachfrage machten sich private Taxis zunutze, die zunächst meist illegal operierten. In Salisbury verkehrten in Stoßzeiten bereits Ende der 1960er Jahre zahlreiche *pirate taxis*. Erst 1983 sind sie teilweise legalisiert worden, blieben jedoch auf einzelne Routen beschränkt (RAKODI 1995, S. 81). In Lusaka waren zwar Minibus- und Taxilizenzen schon früher zu erhalten, dennoch wird die Zahl der *pirate taxis* für Mitte der 1980er Jahre mit ca. 300–500 angegeben. Darüber hinaus fuhren viele legale Taxiunternehmer nicht auf den Routen, für die sie eine Lizenz hatten, sondern konzentrierten sich auf besonders profitable Strecken (BLANKHART in WILLIAMS 1986, S. 264).

Auch in Südafrika hat sich schon seit den 1970er Jahren das Minitaxi-Gewerbe auf Kosten des Busverkehrs ausgeweitet. Einen entscheidenden Entwicklungsschub erhielt das private Transportwesen in den 1990er Jahren, als es überall zur wirtschaftlichen Liberalisierung und zur Reduzierung von Subventionen für den ÖPNV kam. Die Einschränkungen, denen private Anbieter bis dahin noch unterlagen, sind heute weitgehend weggefallen. Im August 2000 verkehrten in Südafrika legal 126 000 Minibus-Taxis; mindestens die gleiche Zahl soll zusätzlich ohne Erlaubnis fahren (SAIRR 2001, S. 208). Schnellere Reisezeiten und flexiblere Fahrtrouten als bei Bussen begründen den Erfolg dieses Transportmittels, dessen Umsätze allein in Südafrika auf US-$ 2,5–3,5 Mrd. pro Jahr geschätzt werden (Daily Mail & Guardian 04.02.2000). Hohe Profitraten haben aber auch dazu beigetragen, dass das Minitaxi-Gewerbe mafiose Strukturen angenommen hat, um einträgliche Fahrtrouten vor Konkurrenz zu schützen (BANK 1990). In Kapstadt kamen Taxis schon 1991 auf einen Anteil von 12 % am *public transport* im Pendlerverkehr (WILKINSON 2000, S. 201 f.), und von den 790 000 Personen, die täglich in die Innenstadt von Johannesburg pendeln, benutzen etwa 40 % ein Taxi (TOMLINSON 1999, S. 1659). Der Anteil wird weiter steigen, weil die Subventionen auf Bahn- und Busbetrieb nicht aufrecht erhalten bleiben können. In den 1980er Jah-

Belastung der städtischen Infrastruktur und Umweltprobleme 281

ren erwirtschafteten die South African Transport Services, die den Schienenverkehr im Witwatersrand-Bereich betreiben, nur ein Viertel der Unkosten aus dem Fahrscheinverkauf (MANDY 1984, S.338). Die Bilanz war vor allem deswegen so schlecht, weil die *townships* gemäß dem Konzept der Apartheid-Stadt sehr weit von den Arbeitsstätten entfernt lagen. Noch 1996 waren die Buspreise auf der Strecke zwischen Bloemfontein und dem *township* Botshabelo zu 64 % subventioniert; trotzdem benutzten schon 17 %, am Wochenende sogar 21 % der Pendler ein Taxi (TOMLINSON & KRIGE 1997, S. 698).

Auch in Ländern wie Mosambik haben semi-private Anbieter an Bedeutung gewonnen. Weil der staatliche ÖPNV unter Ersatzteilmangel leidet, waren im September 1997 in Beira nur 3 Omnibusse und 1 Minibus, in Maputo nur 45 Busse fahrbereit. Dafür existierten aber in Maputo 980 und in Beira 430 *semi-collectivos* (OSTHEIMER 1997, S. 30). Entgegen den *high tech*-Minitaxis Südafrikas handelt es sich hierbei um *pick-ups*, die Fahrlizenzen zum Passagier- und Frachttransport auf vorgegebenen Linien zu fixierten Preisen haben, von denen allerdings ab und zu abgewichen wird. Aber auch in Mosambik tauchen immer häufiger die Toyota-Minibus-Taxis auf, die zu über 90 % den südafrikanischen Taxismarkt bestimmen (Daily Mail & Guardian 04.02.2000).

4.8.4.2 Umweltbelastungen

Noch ist die Umweltbelastung in den Städten des Südlichen Afrika vergleichsweise gering; sie tritt eher kleinräumig-punktuell, dort aber sehr konzentriert auf. Das liegt vor allem daran, dass viele Städte zwar schnell an Bevölkerung zunehmen, aber meist noch nicht zu den Millionen- oder gar Megastädten zählen (vgl. Kap. 4.6.1). Aufs Ganze gesehen ist auch die Bevölkerungsdichte nicht sehr hoch, so dass sich Schadstoffe über eine größere Fläche verteilen. Für die meisten Stadtbewohner ist der Besitz eines eigenen Autos mehr Wunschtraum als Realität, wodurch eine entscheidende Quelle der Luftverschmutzung reduziert ist. Nur in Südafrika erreicht die Motorisierungsquote mit 134 Kfz je 1000 Personen ein mit lateinamerikanischen und asiatischen Schwellenländern vergleichbares Niveau (z. B. Mexiko 144, Malaysia 172); die meisten anderen Staaten bleiben mit Werten unter 30 deutlich dahinter zurück (z. B. Mosambik 1, Malawi 5, Sambia 23). Das ist ein wesentlicher Grund dafür, dass ganz Afrika südlich der Sahara nur für 2,1 % der weltweiten Kohlendioxidemissionen verantwortlich ist, wovon allein 64 % auf Südafrika entfallen (Werte für 1997; nach World Bank 2001). Abgesehen von den Zentren des Bergbaus gibt es nicht einige wenige Verursacher von Umweltverschmutzung, sondern die Emissionen haben in der Regel sehr viele Quellen, die sich insgesamt aber durchaus zu beträchtlichen Mengen aufsummieren können. Gemäß Weltbankstatistiken werden die von der WHO empfohlenen Grenzwerte der Luftbelastung für SO_2 und NO_2 von 50 Mikrogramm/m³ in Johannesburg und Kapstadt nur in einem Fall überschritten (Werte für 1995; nach Weltbank 2000). Bei SO_2 sind die Verhältnisse in den beiden Städten mit 19 bzw. 21 Mikrogramm/m³ eher mit Berlin (18) als mit Mexiko-Stadt (74) oder gar Peking (90) vergleichbar. Etwas ungünstiger ist die Lage hinsichtlich der NO_2-Belastung: Johannesburg bleibt mit 31 Mikrogramm/m³ auch dabei unter dem genannten Schwellenwert. In Kapstadt (72) wird dieser zwar überschritten, aber die Spitzenbelastungen von Mexiko-Stadt und Peking ($\geq$ 120) werden längst nicht erreicht (zum Vergleich: Berlin 26, New York 79). Für Städte anderer Länder fehlen genauere Informationen.

Die Umweltbelastungen der Städte resultieren in erster Linie aus der Armut der Bevölkerung, die zu einem unangepassten Verhalten zwingt. Die sehr ungleiche räumliche Verteilung von ökologischen Problemen ist ein Erbe der ursprünglich nach ethnischen Kriterien differenzierten Städte (vgl. Kap. 4.7.3). „Schwarze" Wohngebiete finden sich häufiger in mikroklimatisch ungünstigen topographischen Lagen oder auf schlechtem Baugrund; zuweilen weisen sie auch ungesunde Baumaterialien auf, vor allem aber konzentriert sich hier die Armutsbevölkerung.

Unzureichende Ressourcen sind auch für städtische und staatliche Verwaltungen kennzeichnend. Es fehlt an Geld, um entscheidende Quellen der Umweltbelastung beseitigen zu können. Insbesondere die Installation von Abwassersystemen und die sachgerechte Deponierung von Haus- und Industriemüll sind mit hohen Kosten verbunden und übersteigen deshalb die Möglichkeiten der meisten Städte. Auch die Umweltplanung steckt fast überall noch in den Anfängen. Gelegentlich werden zwar Umweltaspekte in Stadtentwicklungs- oder Master-Plänen aufgenommen; die Verwirklichung der vorgeschlagenen Maßnahmen bleibt aber ungewiss, und eine wirksame Kontrolle von Schutzbestimmungen kann nicht gewährleistet werden. So sind z. B. im Master-Plan für Harare Pufferzonen entlang von Flüssen und um ökologisch wertvolle Gebiete vorgesehen, es werden die Standorte von Mülldeponien fixiert, und es soll ein „anti-pollution green belt" geschaffen werden (RAKODI 1995, S. 90 ff.). Selbst im Falle des noch vergleichsweise wohlhabenden Harare ist eine Umsetzung solcher Vorschläge mehr als fraglich, zumal über die Finanzierungsmöglichkeiten keine Aussagen getroffen werden.

Tab. 36: Infrastrukturausstattung ausgewählter Städte, 1993 (in % der Haushalte)

Stadt	Zugang zu Trinkwasser	Anschluss an Kanalisation	Regelmäßige Müllabfuhr
Blantyre	80	8	20
Gaborone	100	33	98
Harare	97	93	100
Kinshasa	70	3	0
Lilongwe	80	12	./.
Lusaka	60	36	./.
Maputo	73	23	37
Windhoek	98	75	93

./. = keine Angabe
Quelle: World Bank (2000)

Besonders groß sind die Umweltbelastungen immer dann, wenn Umweltprobleme, die aus wirtschaftlichem „Fortschritt" resultieren, sich mit solchen einer Dritte-Welt-Situation verbinden, wie es vor allem in den Städten Südafrikas der Fall ist (WIESE 1999, S. 61 ff.). Einerseits wird die Ausweitung des Bergbaus und die Ansiedlung von Industrie mit einer erheblichen Umweltbeeinträchtigung, ja Umweltzerstörung „bezahlt", indem Flüsse durch Abwässer stark geschädigt, Böden durch Rückstände vergiftet und die Luft durch Abgase belastet wird. Andererseits ist in den Armutsgebieten die Entsorgung von Abwasser und Müll unzureichend, führt der Holzeinschlag für Brenn- und Bauzwecke zur Vegetationsvernichtung, wird der Boden durch Kleingewerbe vergiftet und der Bodenerosion durch Fußwege und Trampelpfade Vorschub geleistet.

Meist ist es nicht möglich, die Umweltbelastungen zu quantifizieren, weil ein systematisches Überwachungsnetz fehlt. Wenn im Folgenden die wichtigsten Quellen von Umweltbelastungen durchmustert werden, so lassen sich dazu nur selten verallgemeinerungsfähige und vergleichbare Aussagen treffen. Fallbeispiele vermögen jedoch Richtung und Ausmaß der Probleme zu beschreiben.

Luftverschmutzung: Weil Elektrizität als Licht-, Wärme- und Kochquelle nicht der Regelfall oder einfach zu teuer ist, ist der Kohleofen noch immer weit verbreitet. Mitte der 1990er Jahre lag der Kohlepreis am Beispiel Soweto bei nur einem Sechstel des Strompreises (STEWART 1998, S. 23). Strom wird nur für kleinere Kochplatten, Radio und Fernsehen benötigt. Ansonsten bevorzugt man als Energie- und Lichtquellen Paraffin und Kerzen. Im Gegensatz zum formellen Wohnungsbau haben viele *shacks* überhaupt keinen Stromanschluss, oder Strom lässt sich nur in Form von *pre-paid cards* abrufen. Ständige Untersuchungen zur Luftqualität werden seit 1991 vom **S**oweto **A**ir **M**onitoring Project (SAM) vorgenommen, die belegen, dass insbesondere Kohleasche, Schwefel und Schwermetalle die Luft übermäßig stark belasten. Die höchsten Konzentrationen von Schwefeldioxid und Stickoxiden als wichtigste Bestandteile des „sauren Regens" ergeben sich im Winter bei niedrigen Windgeschwindigkeiten und Inversionswetterlagen. Dann vermischen sich die unzähligen Herdfeuer, das Verbrennen von Müll und der aufgewirbelte Staub zu einem dichten Smog. In den Jahren 1992-95 wurden die Standardluftgrenzwerte Südafrikas durchschnittlich an jedem sechsten Tag, diejenigen der USA an jedem vierten Tag überschritten (STEWART 1998, S. 24).

Besonders hohe Schwefelbelastungen der Luft findet man im East Rand, wo sich Kohleindustrie und Kohlekraftwerke konzentrieren. Anfang der 1990er Jahre betrug die Luftverschmutzung durch Schwefeldioxid und Staubpartikel hier das Sechsfache der Belastungen in der ehemaligen DDR (WIESE 1999, S. 65). Hinzu kommen Kohlebrände, die unterirdisch zuweilen seit mehreren Jahrzehnten schwelen und infolge der Abgase Boden und Vegetation oberirdisch absterben lassen (SAMAYENDE & HARRIS 1999, S. 14). Ein ähnlich großes Problem stellen die vier Ölraffinerien Südafrikas dar, deren täglicher Ausstoß von Schwefeldioxiden bis zu 82 t beträgt, wohingegen eine typische skandinavische Raffinerie bis zu 2 t pro Tag an die Luft abgibt. Zwei der vier Raffinerien befinden sich in Durban und grenzen an indische und *Coloured*-Wohngebiete. Die nächstgelegenen ehemals „weißen" Wohngebiete sind aufgrund ihrer höheren topographischen Lage von den Abgasen weniger betroffen. Erkrankungen der Atemwege sind im Umfeld der Anlagen weit verbreitet. In der Nähe von Sasolburg liegt die kleinste der vier Ölraffinerien. Zur Zeit stößt sie 65 t Schwefeldioxid pro Tag aus. Eine geplante Kapazitätsausweitung von 22 % hätte einen Ausstoß von 78 t SO_2 zur Folge gehabt. Einsprüche von Umweltschützern verpflichten den Betreiber erstmals dazu, die Emissionen bis 2007 auf 32 t pro Tag zu senken (Weekly Mail & Guardian 02.06.2000). Bis August 2000 besaß Südafrika kein Gesetz, das Normen für die Reinheit der Luft festlegte (Weekly Mail & Guardian 25.08.2000). Zudem gibt es keine Labors im Land, die vom South African Bureau of Standards zertifiziert wären, Luftbelastungen zu untersuchen. Südafrikanische Energieproduzenten, die die Verschmutzungsstandards selbst setzen und bisher nur ihrer eigenen Kontrolle unterliegen, verzichteten deshalb bisher trotz des Einbaus von Staubfiltern in ihren Kohlekraftwerken auf den Einbau teurer Entschwefelungsanlagen (BASKIN 1993, S. 24).

Bei Anwendung effizienterer und kostengünstiger (Herd-)Technologien könnte das Kochen und Heizen energiesparender durchgeführt und der Rauchausstoß mittels Nutzung „sauberer" Kohle verringert werden. Wenn Holzkohle und Feuerholz, die in Sambia noch ca. 90 % der privaten Energieaufwendung ausmachen, durch verdichtete Kohlebriketts ersetzt werden, können gleichzeitig die weitere Abholzung des Baumbestandes und der zunehmende Verlust an Biodiversität bekämpft werden (KIGOTHO 1999, S. 8).

Wasser und Abwasser: Dabei stellt sich ein doppeltes Problem: Zum einen ist es schwierig, alle Stadtbereiche an entsprechende Netze anzuschließen, zum anderen geht es um die Qualität der Ver- und Entsorgung. Internationale Vergleichsstatistiken weisen den Städten im Südlichen Afrika mittlere Rangplätze zu. So schwankt der städtische Bevölkerungsanteil, der Zugang zu sanitären Einrichtungen hat, zwischen Werten von 40 % und weniger (Angola, Sambia) bis zu mehr als 90 % (Botsuana, Simbabwe; Weltbank 2001). Noch ungünstiger sind die Verhältnisse z. B. in der DR Kongo (Zaire) (23 %). Das Bild ändert sich nicht wesentlich, wenn einzelne Städte betrachtet werden (Tab. 36). In den großen Städten gibt es im Allgemeinen eine öffentliche Wasserversorgung, die den größten Teil der städtischen Fläche abdeckt. Das besagt allerdings nicht, dass jedes Haus bzw. jede Wohnung über einen individuellen Wasseranschluss verfügt; teilweise muss das Wasser noch von entfernteren Zapfstellen geholt werden. Nicht angeschlossen an die öffentliche Versorgung sind periphere Zonen, die ihren Bedarf z. T. über eigene Brunnen decken, oder *squatter settlements* in den ersten Jahren nach ihrer Entstehung. Teilweise sind diese, wie z. B. in Lusaka bis Anfang der 1970er Jahre, auch bewusst nicht bedient worden („no supply policy" nach CHEATLE in WILLIAMS 1986, S. 253), um Landbesetzungsaktivitäten nicht zu ermutigen. Der Ausbruch einer Cholera-Epidemie (1973/74) zwang die Stadtverwaltung jedoch zum Umdenken.

Heute gehört eine öffentliche Wasserversorgung zu allen Programmen des *squatter upgrading*, und selbst bescheidene *site-and-service schemes* sehen öffentliche Wasseranschlüsse vor. Nicht bewährt hat sich dabei die Wasserzuführung in Form offener Kanäle, wie sie in den frühen 1980er Jahren in Teilbereichen Maputos gebaut worden sind. Zunehmend werden die Kanäle zur Abwasser- und Müllentsorgung zweckentfremdet, was große gesundheitliche Gefahren in sich birgt (JENKINS 2000, S. 215). Obwohl das Wasser normalerweise stark gechlort wird, entspricht die Qualität nicht den internationalen Standards. Das liegt auch daran, dass die Einzugsgebiete des Grundwassers häufig verschmutzt sind und es entweder keine Grundwasserschutzgebiete gibt oder eine Überwachung nicht gewährleistet ist. Meist hat der Ausbau der Versorgungssysteme nicht mit dem schnellen Bevölkerungsanstieg Schritt gehalten. So ist in Lusaka die Kapazität immer noch auf eine Bevölkerungszahl von 200–300 000 Menschen angelegt, obwohl die Stadt mittlerweile ein Vielfaches an Einwohnern zählt (DRESCHER 1998, S. 122). Eine Modernisierung der Anlagen wird auch dadurch erschwert, dass keine kostendeckenden Preise verlangt werden können, Rechnungen nicht bezahlt werden und ein großer Teil des Wassers illegal abgezapft wird.

Wesentlich größer sind die Probleme hinsichtlich der Abwasserentsorgung, weil die Kosten für ein öffentliches Kanalisationssystem und die Behandlung der Abwässer sehr viel höher liegen. Die weitflächige Stadtanlage erschwert entsprechende Projekte zusätzlich. Einer Karte bei CHEATLE (in WILLIAMS 1986, S. 256) ist zu entnehmen, dass Anfang der 1980er

Belastung der städtischen Infrastruktur und Umweltprobleme

Jahre weniger als die Hälfte der städtischen Fläche Lusakas an die Kanalisation angeschlossen war. Das auf die frühen 1950er Jahre zurückgehende System ist zudem völlig überlastet. In vielen anderen Städten ist die Situation noch wesentlich unbefriedigender, insbesondere in den lange Zeit von Bürgerkrieg betroffenen Staaten Angola und Mosambik, aber auch in zahlreichen Klein- und Mittelstädten. In Maputo gibt es selbst in großen Teilen der „konsolidierten städtischen Fläche" keine Kanalisation; die Entsorgung erfolgt mittels Tanks, die jedoch entweder nur unregelmäßig geleert werden oder gar nicht mehr funktionieren (JENKINS 2000, S. 215). In Maseru sind nach ROMAYA & BROWN (1999, S. 130) nur 8 % der Haushalte an die Kanalisation angeschlossen, ebenso in Blantyre, was jedoch noch über dem Wert für Kinshasa liegt (Tab. 36). Insbesondere in jüngeren *squatter settlements* gibt es allenfalls einfache Latrinen mit entsprechender Nitratanreicherung im Boden, und die Abwässer werden ungeklärt den Vorflutern zugeleitet.

Selbst in Südafrika sind daher die Flüsse im Umkreis großer Verdichtungsräume „tot" und die Küstengewässer in der Nähe von Kapstadt oder Durban teilweise extrem belastet, so dass ökologisch wertvolle Lagunen zerstört werden (WIESE 1999, S. 64). So war beispielsweise die Wasserverschmutzung durch Bakterien 1997 in der False Bay bei Kapstadt so stark, dass Gesundheitswarnungen und Badeverbote ausgesprochen werden mussten (OSMANOVIC 1999, S. 207). Trotz allem sind die Verhältnisse in den Städten Südafrikas und Simbabwes aufs Ganze gesehen sehr viel besser als in der übrigen Region. RAKODI (1995, S. 61) berichtet, dass das Kanalisationssystem Harares seit den 1930er Jahren ständig ausgeweitet wurde und den größten Teil der Stadtfläche abdeckt (vgl. Tab. 36); 85 % des verbrauchten Wassers können sogar recycelt werden. Angesichts der starken Bevölkerungszunahme fällt es jedoch hier wie auch in anderen Städten schwer, den Standard zu halten, zumal eine Umlage der Kosten bei ärmeren Bevölkerungsgruppen nicht möglich und durchsetzbar ist.

Müllproblem: Mit Bezug auf Sambia hat DRESCHER (1998, S. 134) festgestellt, dass Müllaufkommen und Müllentsorgung zunehmend auseinander klaffen. Veränderte Konsumgewohnheiten und die Möglichkeit, importierte Güter zu erwerben, haben sowohl die Menge des Müllaufkommens als auch die Art des Mülls entscheidend beeinflusst. Die durchschnittliche Müllmenge pro Kopf und Tag wird für Lusaka mit 0,8–1,02 kg angegeben und ist damit nicht wesentlich niedriger als in Deutschland. Aufgrund der schwierigen wirtschaftlichen Situation des Landes hat die Müllbeseitigung damit nicht Schritt halten können. DRESCHER (1998, S. 135) schätzt, dass nur ca. 10 % des Müllaufkommens gesammelt und abgeführt werden. In anderen Städten ist der entsorgte Anteil zwar größer (Tab. 36); überall gilt jedoch, dass dort, wo die formelle Stadt endet, keine kommunale Müllabfuhr existiert. Müll wird dann wild abgelagert (vgl. Abb. 46) oder verbrannt, was nicht nur Geruchsbelästigungen nach sich zieht, sondern auch zur Luftverschmutzung und Grundwasserverseuchung beiträgt.

Der soziale Status der Wohngebiete beeinflusst sowohl die Menge als auch die Art des anfallenden Mülls. 1986/87 entfielen in Harare 45 % des Mülls auf nur etwa ein Drittel der Bevölkerung in gering verdichteten Wohngebieten (RAKODI 1995, S. 61). Tab. 37 zeigt die Zusammensetzung von Hausmüll nach Wohnstatus im Großraum Johannesburg; sie macht zugleich die unterschiedlichen Recyclingpotenziale deutlich.

Tab. 37: Hausmüllaufkommen im Großraum Johannesburg (in %)

Müllkomponente	„reiche" Gebiete	informelle Gebiete
Nahrung und Gemüsereste	35	20
Papier/Pappe	26	13
Glas	10	2
Plastik	6	7
Dosen	4	3
Nichtorganische Materialien	6	54
Andere Materialien	13	1

Quelle: Greater Johannesburg Metropolitan Council (2000, S. 111)

Zumindest in Südafrika und Simbabwe sind Ansätze von Müllrecycling zu erkennen. In Hillbrow, Johannesburg, oder im *township* Mamelodi bei Pretoria wird weggeworfenes Glas gesammelt und als informeller Einkommenserwerb genutzt. Am Rande von Maputo bauen die Menschen ihre Hütten in der Nähe von Deponien und gehen dort als „Wiederverwerter" ihrer Arbeit nach. Größten Anteil am Recycleglas nehmen jedoch Pfandflaschen ein; in Südafrika waren es Mitte der 1990er Jahre etwa 43 % (HOSKING 2000, S. 7). Auch in anderen Ländern der Region – zuweilen als Ausdruck von Rohstoffmangel – ist das Pfandflaschensystem die Regel. Für Käufer besteht teilweise die Notwendigkeit, beim Kauf einer neuen Flasche eine leere abzugeben. Im Gegensatz zu Deutschland, wo der Anteil an Mehrwegflaschen bis 1999 auf unter 70 % gefallen ist, vermeldete South African Breweries Port Elizabeth für November 1996 einen Mehrweganteil von 90 % für Bier und Coca Cola South Africa einen Glasmehrweganteil von 57 %. Bis zu 30mal können diese Flaschen wiederverwertet werden (HOSKING 2000, S. 7 f.). In großem Stil wird Glas von der seit 1986 bestehenden Glass Recycling Association gesammelt. Hierfür wurden in 115 südafrikanischen Städten 1490 Glassammelstellen eingerichtet, von denen das Material – häufig Bruchglas – zur Wiederaufbereitung abtransportiert wird. Dennoch bleiben 35 % des jährlichen Ausstoßes von 125 000 t Glasverpackung unbehandelt. Kosten, die von der Allgemeinheit zu tragen sind, entstehen auch bei der Säuberung von Straßen, Flussläufen und Stränden. Etwa 730 Personen waren allein in Port Elizabeth hierfür eingestellt (HOSKING 2000, S. 12 f.).

Vom Erbe der Apartheid, die faktisch keine Umweltgesetze kannte, profitieren bis heute internationale Investoren, wenn es um die kostengünstige Behandlung bzw. Ablagerung von Abfällen geht. Südafrika und Mosambik bieten sich zuweilen sogar als Zielländer für internationalen „Mülltourismus" an (SIWITZA 1995). So plante eine dänische Firma, Pestizide nahe Maputo in einer stillgelegten Zementfabrik zu verbrennen. Das Vorhaben einer südafrikanischen Firma, Hausmüll aus New York über Walfischbucht nach Namibia einzuführen, um diesen zu verstromen, wurde von der dortigen Regierung zurückgewiesen (BURLING 1998). Deponien sind hochgradig gefährlich, weil sie weder abgedichtet sind noch einen Mindestabstand zu Siedlungen einhalten; Sondermüll wird normalerweise nicht getrennt gesammelt und unbehandelt abgelagert. In Maputo gibt es z. B. nur eine einzige Deponie, und auch dort erfolgen die Ablagerungen völlig unorganisiert und ohne jede Kontrolle (JENKINS 2000, S. 215). Die Deponie von Umlazi, die 75 % des Mülls der Stadt Durban aufnahm, musste aufgrund der Gefahr von Sickerwasser geschlossen werden (KRAUSE 1996, S. 36). Über die Gefährlichkeit der Deponien weiß die Bevölkerung meist nicht Bescheid.

Belastung der städtischen Infrastruktur und Umweltprobleme 287

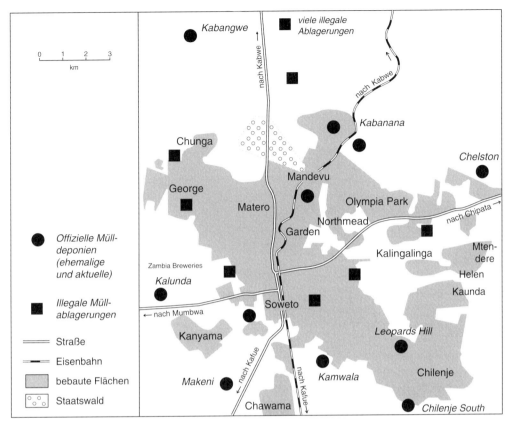

Abb. 46: Mülldeponien und illegale Müllablagerungen in Lusaka und Umgebung
Quelle: DRESCHER (1998, S. 135)

Materialbelastungen: Beim Abbau von Rohstoffen und bei deren Verarbeitung wurden in der Vergangenheit internationale Sicherheitsmaßstäbe häufig nicht eingehalten. Bekanntestes Beispiel ist die südafrikanische Asbestindustrie. Ende der 1970er Jahre war Südafrika drittgrößter Asbestproduzent der Welt. Etwa 22 000 Arbeiter waren in diesem Bereich beschäftigt. Bis 1999 ging die Zahl auf 250 zurück. Zwischen 1977 und 1998 wurden mehr als 10 000 Arbeiter für asbestbezogene Erkrankungen finanziell entschädigt, was jedoch nicht das ganze Ausmaß des Problems zeigt. Denn viele andere Personen wurden gar nicht untersucht oder kannten ihre Rechte nicht. Ende der 1990er Jahre verklagten einzelne Opfer den englischen Mutterkonzern der ehemaligen Asbestminen auf Kompensation (KISTING 1999). Asbest wurde häufig im *low-cost housing* eingesetzt. In etwa 70 % derartiger Häuser in Soweto wurden Asbestmaterialien in den Dächern verbaut. Asbest ist ein kostengünstiges und hitzebeständiges Material, das seit mehr als 40 Jahren verarbeitet wird. Wenige der Häuser haben eingezogene Decken, so dass das Dach und somit der Asbest unabgeschirmt bleibt. Die Alterung des Materials erhöht die Gefahren für die Bevölkerung. Untersuchungen von 1995 ergaben, dass die Asbestbelastung der Innenluft einiger Häuser beinahe zehnmal höher lag als die zulässigen Richtwerte. Von Regierungsseite werden diese Werte hingegen angezweifelt (Weekly Mail & Guardian 17.10.1997).

Perspektiven: Sowohl das wachsende internationale Interesse an Umweltfragen als auch die Demokratisierung von Ländern im Südlichen Afrika, die allen Menschen das Recht zugesteht, in einer gesunden und sauberen Umwelt zu leben, haben verschiedenste Projekte zu einer „nachhaltigen" Entwicklung ausgelöst. Beispiele auf internationaler Ebene sind:

– „Resource Cities": Es handelt sich um ein USAID-Projekt, das Partnerschaften zwischen US- und internationalen Städten, hierunter auch Lusaka und Johannesburg, vermittelt. Ausgetauscht werden Erfahrungen zum Müllmanagement, was Aufkaufverfahren (Altpapier) oder die Sensibilisierung der Bevölkerung für ein „richtiges" Abfallverhalten anbelangt (PORTER 2000).
– Sustainable Cities Programme: Finanziell unterstützt von UNDP, UNCHS Habitat und UNEP werden im Südlichen Afrika Lusaka, Nampula und Maputo gefördert, um stadtplanerische Prozesse wirtschaftlich effizient, sozial ausgeglichen und „nachhaltig" umzusetzen (http://www.unchs.org/scp/cities).
– **C**ities **E**nvironment **R**eport **o**n the **I**nternet (CEROI): Das Projekt wird – finanziert von UNEP und der norwegischen Regierung – auf der Grundlage der lokalen Agenda 21 durchgeführt. Diese passt sich in ihren lokalen Besonderheiten den allgemeinen Vorgaben der globalen Agenda 21 des UN-Erdgipfels vom Juni 1992 an, in der beschlossen wurde, weltweit die ökologischen, sozialen und wirtschaftlichen Ressourcen „nachhaltig" zu sichern. Ziel von CEROI ist es, Umweltinformationen transparent zu machen, privaten und öffentlichen Entscheidungsträgern zur Verfügung zu stellen und der Diskussion um Nachhaltigkeit im Internet ein breites Forum zu geben. An dem Projekt beteiligt sind Kapstadt, Durban, Johannesburg und Pretoria (http://www.johannesburg.csoe.co.za).

Beispiele auf nationaler Ebene sind:
– In Südafrika wurde zwischen 1997 und 1999 eine National Waste Management Strategy entwickelt, um das Müllaufkommen zu reduzieren, Fragen der öffentlichen Gesundheit besser Rechnung zu tragen, eine gewisse Müllbehandlung auch in abgelegenen Gebieten sicherzustellen und ihre Umsetzung mit anderen Programmen und Initiativen zu koordinieren (*integrated waste management*; JOUBERT 1999).
– Erst seit Mitte der 1970er Jahre erkennen die lokalen Behörden in Botsuana die Notwendigkeit, eine kommunale Müllsammlung einzuführen. Zu diesem Zeitpunkt ging es jedoch noch weniger um eine Aufbereitung, sondern darum, den Müll „weit entfernt" wegzuwerfen. In den 1980er Jahren wurden der Keep Botswana Clean Day eingeführt und das nationale Anti Litter Committee gegründet. 1996 verabschiedete die Regierung schließlich eine Waste Management Policy and Strategy, um Abfall in folgender Hierarchie zu behandeln: „reduction, reuse, recycling, treatment, disposal" (MATSOGA 1999).
– Aufgrund der wirtschaftlichen Isolation Rhodesiens in den 1960er Jahren und der sich hieraus ergebenden Materialengpässe entwickelte sich ein ausgereiftes Recycling-System, woran das Environment 2000 **R**ecycling & **A**nti-Litter **P**rogramme (RAP) von 1995 anknüpfen möchte. In Zusammenarbeit mit der Industrie sind in über 100 Schulen Rückgabezentren für Papier, Plastik und Dosen eingerichtet worden. Damit verdienen sich die Schulen ein wenig Geld, und die Kinder können zu Hause das Müllverhalten ihrer Eltern beeinflussen (MUREVANHEMA 1999).

4.9 Leben auf dem Land

4.9.1 Nutzungseinschränkung durch Landdegradation

Menschliche Eingriffe in labile Ökosysteme haben in großen Teilen des Südlichen Afrika verheerende Folgen gehabt und zu einer Einschränkung der agrarischen Nutzungsmöglichkeiten geführt. Eine solche Reduzierung des natürlichen Potenzials ist um so schwerwiegender, als ihr eine schnell wachsende Bevölkerung gegenübersteht (vgl. Kap. 4.1). Bereits in den 1930er Jahren ist die Bodenerosion als „Geißel Afrikas" beschrieben worden (STOCKING in ADAMS, GOUDIE & ORME 1996, S. 326), und auch die Diskussion um ein „Austrocknen" Afrikas ist schon wesentlich älter als der seit den 1960er Jahren geprägte Begriff der Desertifikation (vgl. JÄGER 1954, S. 99 ff.; zum Begriff MENSCHING 1993, S. 361ff.). Die Kenntnisse über Ablauf und Ursachen derartiger Vorgänge sind hingegen erst in jüngerer Zeit gewachsen. Deshalb hütet man sich heute vor eindimensionalen Erklärungen, wie sie früher üblich waren. Zwar werden nachteilige Veränderungen der natürlichen Ressourcen meist durch eine unangepasste Landnutzung ausgelöst; dies ist jedoch nur zu verstehen und gegebenenfalls zu verändern, wenn man die natürlichen Bedingungen im Sinne einer „Politischen Ökologie", d. h. vor dem Hintergrund der gesellschaftlichen und politischen Verhältnisse analysiert (KRINGS 1999). So haben BOSERUP (1981) und andere an vielen Beispielen gezeigt, dass zunehmender Bevölkerungsdruck nicht unbedingt zu einer Überbeanspruchung des Naturpotenzials führen muss, sondern durchaus auch technologischer Fortschritt und Verbesserung der Landbewirtschaftung die Folge sein können. Überdies ist eine unangepasste Landnutzung vielfach das Ergebnis sozialer Veränderungen, wodurch z. B. das Wissen um traditionelle Nutzungsstrategien schwindet (vgl. KINLUND 1996 für das nordöstliche Botsuana) oder diese sich nicht mehr als wirksam genug erweisen (vgl. SANDER, BOLLIG & SCHULTE 1998 für das Siedlungsgebiet der Himba in Namibia). In Botsuana haben auch die umfangreichen Dürrehilfsprogramme dazu beigetragen, dass man sich mehr auf staatliche Eingriffe verlässt und so die traditionellen Sicherungsmechanismen verloren gehen (KRÜGER 1997, S. 106 ff.).

Bodenerosion und Desertifikation lassen sich in das umfassendere Konzept der Landdegradation als „Prozess der Verminderung oder Zerstörung der für die Ernährung des Menschen wichtigen natürlichen Grundlagen auch durch eine nicht standortgerechte Nutzung" (MÄCKEL 2000, S. 34) einordnen. NELSON (1988, S. 2) und WARREN (in ADAMS, GOUDIE & ORME 1996, S. 348) definieren Desertifikation (in weiterem Sinne) als Landdegradation in ariden, semiariden und subhumiden Gebieten, die auf ein komplexes Ursachenbündel aus natürlichen und gesellschaftlichen Faktoren zurückzuführen ist. Die dadurch eingetretene Reduzierung des Produktionspotenzials kann nur sehr schwer, wenn überhaupt, rückgängig gemacht werden. Die Landdegradation kann man in Bodendegradation (Bodenzerstörung; vgl. Abb. 47 und Kap. 4.9.1.2) und Vegetationsdegradation einteilen. Letztere betrifft insbesondere die Miombo-Trockenwälder, die sich als breiter Gürtel von Tansania und dem nördlichen Mosambik über Malawi und Sambia bis Simbabwe und Angola erstrecken. Nach GEIST (1998) sind allein zwischen 1990 und 1995 ca. 2,1 Mio. ha Waldfläche zerstört worden; nach Satellitenbildauswertungen aus dem S Malawis beträgt die jährliche Rate der Waldvernichtung 1,8 % (HUDAK & WESSMAN 2000). Dafür ist in hohem Maße die Ausweitung des kommerziellen Tabakanbaus verantwortlich (Rodung für Äcker, Holzbedarf für Tabaktrocknung).

In anderen Regionen ist die Vegetationsdegradation oft weniger gut sichtbar. Mit der Umwandlung von der Natur- zur Kulturlandschaft ist aber überall ein Verlust an natürlichen Pflanzengesellschaften und an Biodiversität einhergegangen, wie MEADOWS (1998) für das südwestliche Kapland gezeigt hat. Den Bedingungen des mediterranen Winterregenklimas entspricht hier die artenreiche Strauchvegetation des *fynbos*. Im Kern der *fynbos*-Vegetation werden auf einer Fläche von 46 000 km² mehr als 7000 Pflanzenarten vermutet (MEADOWS 1998, S. 316). Abseits der Gebirge sind mittlerweile deutlich mehr als 50 % dieser natürlichen Vegetation zerstört. Viele Pflanzenarten sind bereits unwiederbringlich verloren (ca. 15 %) oder vom Aussterben bedroht. Rodungen zur Ausweitung der Landwirtschaft und das Städtewachstum sind dafür in erster Linie verantwortlich. So ist die einzigartige Flora der Kaphalbinsel, die in die höchste Biodiversitätsklasse eingeordnet wird, insbesondere durch die rasche Ausbreitung von *squatter settlements* und *low-cost housing* Projekten bedroht. In den Cape Flats sollen bereis 94 % der ursprünglichen Vegetation vernichtet sein (LOHNERT 1999, S. 102). Weit verbreitet ist auch die Landdegradation als Folge des Eindringens fremder Baumarten, vor allem aus Australien. Selbst in Naturschutzgebieten hat sich die Vegetationszusammensetzung durch die Invasion nicht-heimischer Spezies nachhaltig verändert.

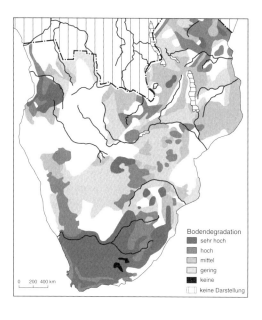

Abb. 47: Ausmaß der Bodendegradation im Südlichen Afrika
Quelle: HEINE (1998, S. 246)

4.9.1.1 Landdegradation in Trockenräumen

Die *dry-land degradation* unterscheidet sich von der Landdegradation in anderen Klimazonen dadurch, dass Winderosion und Versalzung (*dry-land salinity*; vgl. FLÜGEL 1991) bei der Schädigung der Böden eine größere Rolle spielen und die Gefahr der völligen Vegetationszerstörung, verbunden mit der Ausbreitung wüstenähnlicher Verhältnisse, größer ist. Dies wiederum trägt zur Beschleunigung anderer Degradationsprozesse bei: Sowohl die Erosion durch Wind als auch durch fließendes Wasser gewinnen dadurch eine größere Dynamik.

Es ist ein Kennzeichen aller Trockengebiete, dass die Niederschlagsschwankungen sehr hoch sind (vgl. Kap. 1.2.2). Eine Abfolge von feuchteren und trockeneren Perioden ist daher nicht ungewöhnlich; sie kann anhand meteorologischer Daten und nicht-quantifizierender Berichte bis Mitte des 19. Jh. und z. T. auch noch weiter zurückverfolgt werden (Abb. 48). So zitiert KRÜGER (1997, S. 106) verschiedene Quellen, die für Botsuana das Auftreten von Hungersnöten im Jahr 1876 sowie um 1890 und 1920 dokumentieren. Besonders verheerende Dürrejahre mit entsprechenden Viehverlusten, Missernten und Wirtschaftskrisen hat es nahezu überall im Südlichen Afrika 1933 / 34, zu Beginn der 1950er und Ende der 1960er Jahre sowie in den frühen 1980er Jahren gegeben. Die größte Dürre des letzten Jahrhunderts trat zwischen 1991 und 1995 auf. Sie hatte auch deshalb so verheerende Folgen für die Selbstversorgung der Region mit Nahrungsmitteln und die Gewinnung hydroelektrischer Energie, weil schon in den 1980er Jahren zu wenig Regen gefallen war. Ob und inwieweit der gegenwärtige Anstieg von Dürrejahren mit natürlichen Entwicklungen oder menschlichen Eingriffen in das Ökosystem erklärt werden kann, wird kontrovers diskutiert. Fest steht, dass es Zusammenhänge zwischen dem Auftreten von Dürren und ENSO (**E**l **N**iño / **S**outhern **O**scillation)-Ereignissen bzw. positiven Temperaturanomalien des Agulhas-Stroms gibt. Diese können bis zu einem gewissen Grade für Vorhersagen genutzt werden (HEINE 1998, S. 246 ff.).

Analysen zur Variabilität der Niederschläge seit Beginn meteorologischer Beobachtungen, wie sie z. B. von TYSON (1981) vorgenommen worden sind, haben darüber hinaus den Nachweis einer gewissen Regelmäßigkeit im Wechsel von feuchteren und trockeneren Phasen erbracht; ein eindeutiger Trend in Richtung einer fortschreitenden „Austrocknung" des südafrikanischen Subkontinents ließ sich aber nicht belegen (vgl. TYSON 1986). Für die Sommerregengebiete betragen die ermittelten periodischen Oszillationen ca. 18 Jahre (16–20 Jahre; vgl. TYSON 1991). Diese sind für 20–30% der Niederschläge verantwortlich (HEINE 1988, S. 9). Jahre mit überdurchschnittlichen Niederschlägen begünstigen sowohl eine Überstockung mit Vieh als auch eine Ausdehnung des Ackerbaus in dafür nicht geeignete Räume; damit ist die Wahrscheinlichkeit groß, dass während der Dürrephasen die Naturausstattung überbeansprucht wird und Desertifikationsprozesse einsetzen.

Als Dürre (*drought*) kann man nach WARREN (in ADAMS, GOUDIE & ORME 1996, S. 343) eine Trockenperiode bezeichnen, die zwar zu einer Schädigung des Ökosystems – und damit einhergehend meist auch des ökonomischen Systems – führt, die jedoch nicht dauerhaft ist, sondern eine spätere Erholung ermöglicht. Bewusst werden keine Zeiträume genannt, und das Niederschlagsdefizit wird nicht quantifiziert, weil die einzelnen Ökosysteme in unterschiedlicher Weise an Dürreverhältnisse angepasst sind und nicht nur die Höhe, sondern auch die Verteilung der Niederschläge von Bedeutung sind. Erst wenn die Schädigung des Ökosystems so weit fortgeschritten ist, dass eine Regeneration nicht mehr stattfinden kann, sollte man von Desertifikation im Sinne einer dauerhaften *dry-land degradation* sprechen. Inwieweit dadurch ein Selbstverstärkungseffekt einsetzt, indem das Fehlen einer geschlossenen Bodenbedeckung eine Verminderung der Niederschläge bedingt, ist empirisch noch nicht sicher nachgewiesen (WARREN in ADAMS, GOUDIE & ORME 1996, S. 349). Mit

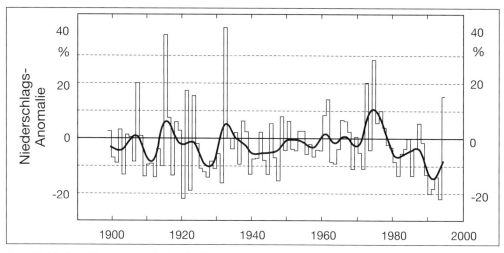

Abb. 48: Niederschlagstrends für das Südliche Afrika
Quelle: HEINE (1998, S. 248)

Hilfe der Auswertung von Satellitenbildern sind Langzeitbeobachtungen zur Ausweitung vegetationsloser Flächen erleichtert worden. Damit wurden die Voraussetzungen geschaffen, derartige Zusammenhänge besser zu überprüfen (vgl. WHITE, WILKINSON & LULLA 1998; BOTHA & FOUCHÉ 2000).

Die einheimischen Völker haben eine ganze Reihe von Strategien und Verhaltensweisen entwickelt, um „mit der Dürre zu leben". Bei den Herero in Namibia zählt dazu bis heute eine möglichst große räumliche Streuung des Viehbestandes, indem z. B. Außenposten unterhalten oder Teile des Viehs an Verwandte oder Vertrauenspersonen übergeben werden, die an anderen Orten siedeln. Während der Dürre wird überdies versucht, mit den Herden in Gebiete mit besseren Regenfällen zu „treken"; jedoch mangelt es heute häufig an Hirten, weil die jungen Männer in die Städte abgewandert sind. Auch die vorübergehende Aufnahme einer Lohnarbeit oder der Verkauf von Tieren können dazu dienen, Nahrungsmittelengpässe zu vermeiden und mittels Futterzukauf das Überleben der verbliebenen Herde zu sichern (RAO & STAHL 2000).

Ein ähnlich angepasstes Landnutzungssystem beschreibt KRÜGER (in KRÜGER, RAKELMANN & SCHIERHOLZ 2000, S. 34 ff.) für Botsuana: Die Felder liegen meist in einigen Kilometern Abstand von den ländlichen Siedlungen, sind sehr groß und über ein weites Areal verteilt. Dadurch wird zum einen die Wahrscheinlichkeit gesteigert, dass wenigstens einige Felder ausreichende Niederschläge erhalten; zum anderen wird vermieden, dass die wachsenden Siedlungen wertvolles Ackerland vernichten. Rinderherden werden in noch größerer Entfernung von den Dörfern gehalten, so dass umherziehendes Vieh die Felder nicht abweiden oder durch Huftritt zerstören kann. Außerdem lassen sich auf diese Weise für den Ackerbau ungeeignete Regionen in Wert setzen. Die Verlagerung ganzer Siedlungen einschließlich der Felder und *cattle posts* bei sich abzeichnender Krisensituation wird hingegen heute nicht mehr praktiziert und ist schon von der Kolonialverwaltung unterbunden worden.

Die Lage der Gebiete mit unterschiedlichen Graden der Desertifikationsgefährdung lässt die engen Beziehungen zwischen der Niederschlagsvariabilität und den potenziellen Desertifikationsprozessen deutlich hervortreten. Danach sind ganz Namibia und Botsuana gefährdet, aber auch das südliche Angola, Teile von Simbabwe, Sambia und Mosambik sowie der gesamte trockenere Westen Südafrikas. Es ist allerdings nicht gesagt, dass es in diesen Gebieten zu einem „Vorrücken" von Wüsten bzw. wüstenähnlichen Verhältnissen kommt. Eine solche These ist erstmals von ACOCKS (1953) geäußert worden, der das Modell einer nach Osten expandierenden Karoo entwickelt hat.

Mit Karoo wird der Trockenraum im SW Südafrikas bezeichnet, der eine Fläche von über 400 000 km^2 umfasst und den Übergangsbereich zwischen Winter- und Sommerregengebiet ausmacht. Trotz der ariden und semiariden Verhältnisse ist das Gebiet seit Mitte des 19. Jh. geschlossen besiedelt und in Farmen aufgeteilt worden, die seit 1912 eingezäunt sein müssen (DEAN u. a. 1995, S. 251). Überwiegend werden Woll- und Fleischschafe, früher auch Karakulschafe gehalten. Weil in Dürrezeiten schon seit langem keine Möglichkeiten mehr bestehen, mit den Viehherden auf ungenutzte Areale außerhalb des eigenen Farmgeländes auszuweichen, machen sich weiträumige Schädigungen der Vegetation bemerkbar. Die Prozesse gleichen denen, die WALTER bereits 1940/41 für die Farmzone des heutigen Namibia beschrieben hat: Selektive Beweidung führt zur Verminderung mehrjähriger zugunsten einjähriger und nährstoffreicherer zugunsten nährstoffärmerer Gräser sowie zur Ausbreitung trockenresistenter, toxischer und nicht schmackhafter Arten. Als Folge der „Standweide" kommt es in der Umgebung der Wasserstellen, um die sich die Viehherden konzentrieren, zu einer vollständigen oder teilweisen Zerstörung der Vegetationsdecke. Die übermäßige Nutzung der Grasvegetation kann darüber hinaus das natürliche Gleichgewicht zwischen Gräsern und Büschen stören und damit einer „Verbuschung" Vorschub leisten. Schon zu Beginn der 1980er Jahre waren in Namibia dadurch ca. 8 Mio. ha einer normalen Beweidung entzogen (LESER 1982, S. 114); HALBACH (2000, S. 22) beziffert die durch Verbuschung nachhaltig geschädigten Flächen auf bis zu 10 Mio. ha. In jüngerer Zeit nehmen die verbuschten Flächen auch in der Kalahari-Region Botsuanas stark zu. Allerdings kann man hier noch nicht von Landdegradation sprechen, weil die Veränderungen nicht so weit fortgeschritten sind, als dass sie nicht mehr reversibel wären (DOUGILL, THOMAS & HEATHWAITE 1999).

Für die Karoo ist belegt, dass die Tragkraft der Naturweiden aufgrund der beschriebenen Prozesse erheblich zurückgegangen und die Bodenerosion weit verbreitet ist. In ihrem westlichen Teil haben sich sogar wüstenähnliche Verhältnisse eingestellt (DEAN u. a. 1995, S. 251 f.). ACOCKS (1953) geht davon aus, dass sich diese „Wüsten" in den Bereich der noch vorhandenen, wenn auch geschädigten semiariden Karoo-Vegetation ausbreiten und diese wiederum nach N und E vorrückt. Er wagt sogar die Voraussage, dass ohne Veränderung der Beweidungspraktiken der größte Teil im Jahre 2050 von semiarider Vegetation bedeckt sein wird. Jüngere Untersuchungen, die von DEAN u. a. (1995) kritisch gewürdigt werden, lassen Zweifel an einer so pessimistischen Vision aufkommen. Danach lassen sich aus längerfristigen Feldbeobachtungen, die naturgemäß nur an wenigen Stellen durchgeführt werden konnten, keine Belege für die These ACOCKS erbringen. Entsprechende Befunde aus anderen Teilen Afrikas haben BINNS (1990) sogar dazu veranlasst, im Titel eines Aufsatzes die Frage zu stellen: „Is desertification a myth?". Eine endgültige Antwort darauf wird erst dann möglich sein, wenn die Ergebnisse systematischer Monitoring-Programme vorliegen. Fest steht aber schon jetzt, dass der Auslöser der Landdegradation nicht in den quasi periodischen Trockenperioden, sondern in anthropogenen Faktoren, in diesem Fall einer Überstockung mit Vieh, zu suchen ist. Wenn die These von einer expandierenden Karoo aller Voraussicht nach nicht oder nur abgeschwächt zutrifft, so liegt das auch daran, dass die Bestockungszahlen im längerfristigen Vergleich um ca. 50 % reduziert worden sind (DEAN & MACDONALD 1994) und die Einführung der „Umtriebsweide" einen schonenderen Umgang mit den natürlichen Ressourcen ermöglicht hat. Das aber heißt, „wenn die wirtschaftlichen Entwicklungsstrategien der Klimavariabilität angepasst werden, wird es in Zukunft zwar Dürren, aber keine Dürrekatastrophen geben" (HEINE 1988, S. 12).

4.9.1.2 Bodenerosion

Unter den verschiedenen Formen der Landdegradation hat die Bodenerosion wohl die schwerwiegendsten Folgen. Die durch menschliche Eingriffe verursachte und über das natürliche Ausmaß hinausgehende Abtragung von Bodenmaterial ist in allen Teilen des Südlichen Afrika weit verbreitet (Tab. 38). In Gebirgsländern ist die Gefahr besonders groß, dass sich ein begonnener Degradationsprozess beschleunigt und verstärkt, weil hier aufgrund der Steilheit des Reliefs alle Abtragungsvorgänge sehr viel schneller verlaufen. Flächenspülung und die rasche Zunahme von Erosionsrunsen (*gullies*) und -schluchten (*dongas*) haben nicht nur in Bergregionen zu einer erheblichen Verminderung und Schädigung landwirtschaftlich genutzter Flächen geführt. Die Degradation verstärkt sich noch dadurch, dass mit der Erosion eine Auswaschung von organischem Material und von Nährstoffen einhergeht, wie Vergleichsmessungen an erodierten und nicht-erodierten Profilen ergeben haben. Zusätzlich tritt als Folge des größeren oberflächigen Abflusses ein „Verlust an Niederschlagswasser" ein. STOCKING (in ADAMS, GOUDIE & ORME 1996, S. 334) hat versucht, das Ausmaß der Schädigung monetär abzuschätzen; er kommt in einzelnen ackerbaulich genutzten Räumen Simbabwes auf Werte bis zu US-$ 245 pro ha und Jahr. Allein durch Konturpflügen (*contour ploughing*) lassen sich diese auf unter US-$ 20 reduzieren. Hochgerechnet auf das ganze Land entsprechen die mit der Bodenerosion verbundenen Wertverluste sowohl in Simbabwe als auch in Malawi ca. 3 % des Bruttoinlandsproduktes.

Saisonalität und Variabilität der Regenfälle begünstigen die Bodenerosion; dadurch wird die Wahrscheinlichkeit erhöht, dass Niederschlagsereignisse mit hoher Intensität auftreten, die vielfach auf eine nicht oder nur wenig durch Vegetation geschützte Oberfläche treffen, so dass die abtragungsfördernde Aufschlagkraft der Regentropfen (*rain splash*) wirksam werden kann. Bei Starkregen ist die Erosion des Oberbodens im subtropischen Südafrika größer als in den wechselfeuchten Tropen der äquatorialen Bereiche (HEINE 1988, S. 13).

Das durch Rinnen- und Rillenspülung, Bodenkriechen und Erdrutsche abgetragene Material wird in Lösung oder Suspension über Flüsse sowie äolisch den Sedimentationsbecken zugeführt. Nach Schätzungen werden von der Gesamtfläche Südafrikas pro Jahr zwischen 360 und 450 Mio. t Bodenmaterial abgetragen; das entspricht einem Verlust von ca. 3,5 t/ha/Jahr (SCHIEBER 1983, S. 1; BECKEDAHL 1998, S. 13). In Lesotho, das als extrem erosionsgefährdet gilt, sind in den letzten 150 Jahren ca. 7 % des ackerfähigen Landes unwiederbringlich vernichtet worden. Die immensen Mengen an Schwebstoffen, die die Flüsse führen, gefährden zugleich die neuen Staudammprojekte (vgl. Kap. 3.5.1), weil die Becken sehr bald mit Sedimentationsfracht gefüllt sein werden (LAGÉAT 1999). Es gibt viele weitere Beispiele für gemessene Erosionswerte, sei es über einen längeren Zeitraum oder nach Starkniederschlagsereignissen. Die Schwankungsbreite ist dabei allerdings sehr hoch (BECKEDAHL 1998, S. 13). Maximalwerte aus Simbabwe und der Ciskei belaufen sich auf mehr als 100t/ha/Jahr (STOCKING in ADAMS, GOUDIE & ORME 1996, S. 331); sie übersteigen damit die höchsten in Mitteleuropa gemessenen Daten um ein Vielfaches (WIESE 1997, S. 63). Unter den Bestimmungsfaktoren der Bodenerosion spielen der Grad der Vegetationsbedeckung, die Hangneigung und die Höhe der jährlichen Niederschläge die größte Rolle. Es wäre allerdings verfehlt, aus einzelnen Extremwerten weitreichende Verallgemeinerungen abzuleiten. STOCKING (in ADAMS, GOUDIE & ORME 1996, S. 328) zitiert großräumige Vergleichsuntersuchungen, wonach die Abtragungsraten in Afrika eher unterdurchschnittlich sind. Das mag daran liegen, dass einerseits hoch aufragende Gebirge mit entsprechend steilen Hängen weitgehend fehlen und andererseits die Intensität der Landbewirtschaftung vielfach noch nicht sehr groß ist.

Tab. 38: Beispiele für Bodendegradation im Südlichen Afrika

Region	Typ der Degradation	Hauptgrund	Stärke[1]	Ausdehnung[2]
Angola (Zentralregion)	Erosion durch Wasser: Verlust des Oberbodens	Abholzung	3	3
Botsuana (östliche Zone mit Ackerbau)	Erosion durch Wasser: Verlust des Oberbodens	Landwirtschaft	2	1
Lesotho	Erosion durch Wasser: Verlust des Oberbodens	Überweidung	2–3	1–3
Namibia (bei Windhoek)	Erosion durch Wasser: Verlust des Oberbodens	Überweidung	2	1
Sambia (*highveld* der Zentralprov.)	Physikalische Degradation: Verdichtung und Verkrustung	Landwirtschaft	2	1
Simbabwe (*middleveld*)	Erosion durch Wasser: Verlust des Oberbodens	Landwirtschaft/ Überweidung	2	2
Südafrika (Karoo)	Erosion durch Wasser: Verlust des Oberbodens	Überweidung	3	3
Südafrika (südl. Transvaal)	Physikalische Degradation: Verdichtung etc.	Überweidung	3	1
Südafrika (westl. Transvaal/Freistaat)	Physikalische Degradation: Verdichtung etc.	Überweidung	3	3

[1] 1 = leicht   2 = gemäßigt   3 = stark
[2] 1 = 10–25 %   2 = 25–50 %   3 = 50–100 % des Gebietes betroffen
Quelle: STOCKING (in ADAMS, GOUDIE & ORME 1996, S. 329)

Im Allgemeinen kann man nicht zwischen der „Normalabtragung" und der „anthropogen beschleunigten Abtragung" unterscheiden. In historischer Perspektive lässt sich jedoch ein Zusammenhang zwischen Fehl- bzw. Übernutzung der natürlichen Ressourcen und einer Beschleunigung der Bodenerosion erkennen, wie ihn z. B. BRUNOTTE & SANDER (2000) für das Becken von Opuwo, Namibia, dokumentiert haben. In Südafrika hat die Bodenerosion nach HEINE (1988, S. 13) erst seit Ende des 19. Jh., vor allem aber zwischen den Weltkriegen als Folge einer raschen Ausdehnung der Anbau- und Weidegebiete stark zugenommen. Dabei haben Monokulturen, wie die des Weizens im südwestlichen Kapland und des Mais im *highveld*, den Prozess besonders begünstigt. Südafrika hatte damals den Ruf, das am stärksten erodierte Land der Erde zu sein. Als Reaktion darauf sind von staatlicher Seite mittels gesetzlicher Regelungen wie dem Soil Conservation Act (1946) Gegenmaßnahmen eingeleitet worden, die auch einen gewissen Erfolg hatten. Hierzu zählen sowohl technische Maßnahmen – wie die Anlage von Konturstreifen und Windschutzhecken, Konturpflügen, Bachverbauungen etc. – als auch ökonomische Veränderungen (z. B. Umtriebsweiden, Reduzierung der Bestockungszahlen bei gleichzeitiger Verbesserung der Qualität des Viehbestandes, Gewährung von Krediten und Zuschüssen), so dass heute mindestens 60 % der erosionsanfälligen Flächen geschützt sind (WIESE 1999, S. 72). In den dicht besiedelten ehemaligen *homelands* ist die Bodenerosion allerdings nach wie vor weit verbreitet (vgl. WATSON 1996). Auch für Simbabwe weisen statistische Analysen auf eine enge Korrelation zwischen Bodenerosion und Bevölkerungsdichte hin (WHITLOW & CAMPBELL 1989). Es besteht die Gefahr, dass sich die erodierten Flächen als Folge des Landumverteilungsprogramms wieder ausdehnen, wenn bei der Aufsiedlung der Großfarmen zu kleine und damit nicht lebensfähige Betriebe geschaffen werden.

Unter den Auslösern der Bodenzerstörung steht die Überweidung bei weitem an erster Stelle. Im gesamten Südlichen Afrika sind dadurch 44 Mio. ha (15 % des Agrarlandes) geschädigt. Übernutzung von Ackerland und Ausdehnung der Ackerflächen auf marginale Standorte sind zusammen mit Brenn- und Bauholzgewinnung sowie anderen Formen der Entwaldung für die Degradation von weiteren 4,8 Mio. ha verantwortlich (sadec-brief 4/94). Dieses sind jedoch nur die vordergründigen Ursachen. Meist zwingt Armut die Menschen dazu, ihr Land überzustrapazieren und längerfristige Überlegungen hinter aktuellen Bedürfnissen zurückzustellen, selbst wenn dadurch ein verhängnisvoller Kreislauf einsetzt. Wenn z. B. in Malawi schon Mitte der 1980er Jahre mehr als die Hälfte der ländlichen Haushalte Betriebsflächen von weniger als 1 ha und ein knappes Viertel sogar von weniger als 0,5 ha bewirtschafteten (ERHARD 1994, S. 184), dann ist es kein Wunder, dass Brachzeiten verkürzt, Brachflächen verkleinert, die letzten Waldreserven vernichtet und Marginalräume (z. B. steile Hänge) unter Kultur genommen werden, was zu empfindlichen Ertragseinbußen führt und den Degradationsprozess weiter beschleunigt. Für diese „Entwicklungsfalle" macht ERHARD im Wesentlichen die Strategie des exportorientierten Wachstums und die einseitige Förderung der agraren Großbetriebe (insbesondere Tabakplantagen) verantwortlich, die mittels Umverteilung des kleinbäuerlichen Mehrproduktes zugunsten der Großfarmen finanziert worden ist. Wie die Ergebnisse zahlreicher Experimente zeigen, könnten sich die Erträge im kleinbäuerlichen Maisanbau allein aufgrund einer effektiveren Beratung zumindest verdoppeln; damit ließe sich die gravierende Unterversorgung großer Bevölkerungsteile beseitigen (ERHARD 1994, S. 272).

Stärker noch als in Malawi haben in den anderen Ländern des Südlichen Afrika die koloniale Erschließung und großflächige Landaufteilung (vgl. Kap. 2.2) einen entscheidenden Einfluss auf die Übernutzung einzelner Räume und damit auch das Fortschreiten der Bodenerosion. Wenn sich heute z. B. die Erosionsschäden in Südafrika in besonderem Maße auf die dichter besiedelten ehemaligen *homelands* konzentrieren und im Bereich des ehemaligen „weißen" Farmlandes weniger häufig auftreten, so wird man dies nicht nur aus unangepassten Landnutzungsformen einerseits und besser angepassten andererseits ableiten können. Auch die stärkere Bevölkerungszunahme in ersteren Gebieten ist für sich allein genommen noch keine ausreichende Erklärung. Nur vor dem Hintergrund der Apartheid-Politik und den davon ausgehenden Benachteiligungen bei den Verfügungsrechten über Land und bei der Verteilung der Agrarsubventionen wird verständlich, dass in vielen ehemaligen *homelands* auch ursprünglich wertvolle Agrarflächen weitgehend verödet sind. Mit Vertretern der „Politischen Ökologie" ist aus diesem und anderen Beispielen zu folgern, dass Umweltdegradation und darunter auch die Bodenerosion in erster Linie ein gesellschaftliches Problem darstellen und alle Erklärungsansätze, die dies nicht zur Kenntnis nehmen, zu kurz greifen (vgl. BLAIKIE 1985).

Die Degradation der natürlichen Umwelt muss also „in einem Netzwerk sozio-politischer Bezüge verankert werden, die von der Handlungslogik auf der Haushaltsebene bis zu übergreifenden wirtschaftlich-politischen Einflussgrößen reichen" (GEIST 1992, S. 287). Diese Erkenntnisse sind auch bei der Entwicklung und Anwendung von Gegenmaßnahmen, wie den verschiedenen Formen der Bodenkonservierung, zu beachten. Diese werden immer dann keinen Erfolg haben und allenfalls zu einer räumlichen Verlagerung des Problems führen, wenn dadurch die Lebensgrundlagen der betroffenen Bevölkerung eingeschränkt oder gar vernichtet werden. Befragungen haben ergeben, dass eine fortschreitende Bodenerosion oft fatalistisch als „Naturereignis" hingenommen wird und nicht zu den zentralen Problemen im täglichen Überlebenskampf zählt (vgl. BRINCATE & HANVEY 1996). Nach BLAIKIE (1985, S. 147 ff.) setzt die Bekämpfung der Bodenerosion soziale Veränderungen voraus, nicht unbedingt im Sinne sozialistischer Utopien, wohl aber im Sinne einer Veränderung der Machtverhältnisse zugunsten benachteiligter Gruppen. Da dies kurz- und mittelfristig kaum zu erreichen sein wird, werden Landdegradation und insbesondere die Bodenerosion noch lange ein zentrales Problem in den armen Ländern der Dritten Welt bleiben.

4.9.2 Ernährungssicherung

Viele wirtschaftliche und soziale Probleme der Region resultieren aus der Wachstumslücke zwischen Bevölkerungsanstieg und Nahrungsmittelproduktion, die zwischen den 1960er und 1990er Jahren immer größer geworden ist. Pro Kopf nahm die Nahrungsmittelerzeugung in diesem Zeitraum in Afrika südlich der Sahara um fast 25 % ab (LINARES in MIDDLETON 1997, Vol. 1, S. 20). Die Ausfälle mussten ersetzt werden durch steigende Importe, wovon hauptsächlich Südafrika profitierte, durch abnehmende Exporte infolge höheren Eigenverbrauchs oder durch Verschlechterung der zugeführten Kalorienzahlen. Als Ursache identifizierte der sog. Berg-Report der Weltbank 1981 hohe Steuern, unzureichende Preise für *cash crops* von staatlich kontrollierten Aufkaufstellen und hohe Zollschranken, die keine Wettbewerbsanreize für die Landwirtschaft beinhalteten. Wurde die Nahrungsmittelproduktion 1991 in der EU zu 49 % und in den USA zu 30 % subventioniert, besteuerten sog. *low income countries* ihre Produkte im Durchschnitt bis zu 25 %, wodurch importiertes Getreide auf lokalen Märkten teilweise billiger war als selbst erzeugtes (RAUCH, HAAS & LOHNERT 1996, S. 43). Hinzu kamen aber auch anhaltende Dürreperioden, die das Südliche Afrika in den 1980er Jahren betrafen (vgl. Kap. 4.9.1.1), und kriegerische Auseinandersetzungen, die weite Anbauflächen verwüsteten. Zwischenzeitliche Fortschritte wurden damit zuweilen wieder zunichte gemacht.

Neben dieser makroanalytischen Betrachtung beschäftigt sich die Nahrungskrisenforschung in mikroanalytischen Fallstudien mit der Frage, welche Personengruppen bei der Sicherstellung ihrer Nahrungsbedürfnisse besonders gefährdet sind (*vulnerability*) und welche Strategien sie anwenden, diese Gefahren zu vermeiden oder darauf zu reagieren (*coping strategy*) (RAUCH, HAAS & LOHNERT 1996, S. 48). Insbesondere die Art der Produktionssysteme ist entscheidend für die Ernährungssicherung kleinbäuerlicher Haushalte. Weil die Ertragsrisiken zunehmen, je größer die Anbauspezialisierung ist, werden im Falle der Kaonde im NW Sambias Feldfrüchte und Anbausysteme so kombiniert, dass mit Hilfe relativ dürreresistenter Nahrungsmittel und Vorratshaltung eine Hungerperiode überbrückt werden kann. Unter den Anbausystemen existieren zeitlich parallel sowohl traditionelle Formen der Brandrodung mit langen Brachen und teilweise zusätzlichem Verbrennen von gesammelten Sträuchern, Ästen und Baumrinden zur Nährstoffanreicherung (*chitemene*; MANSHARD 1988, S. 42) als auch neuere Formen intensiveren Anbaus, die die unterschiedlichen Antworten der Kaonde auf lokale Umweltbedingungen sind. Damit einher gehen verschiedene Bearbeitungstechniken und Anbauintensitäten, die um so höher werden, je näher die Felder zur Siedlung liegen (JOHNSON 1994). Untersuchungen von TEKÜLVE (1997) beziehen sich ebenfalls auf den NW Sambias und stellen den Subsistenz- oder den semikommerziellen Charakter der unterschiedlichen Landnutzungssysteme heraus, wobei Maniok typischerweise von Frauen und Mais bevorzugt von Männern bearbeitet wird. Im Vergleich von 1980/81 zu 1987/88 konnten Maisproduzenten ihr Einkommen sogar deutlicher verbessern als Industriearbeiter. Dass dieser kommerzielle Erfolg nur auf der Grundlage staatlicher Subventionen und infrastruktureller Hilfen (Kredite, Beratungsstellen) zustande kam, zeigte sich nach der Liberalisierung des Wirtschaftssystems Anfang der 1990er Jahre. Die viel zu teure Maisproduktion nahm gegenüber dem traditionellen Maniok-System deutlich ab. Zudem gewannen Erdnuss und Batate als Einkommensquelle an Bedeutung. Bei der Ausdehnung ihrer Anbauflächen wurden dem Mais-System Produktionsmethoden entlehnt, die ursprünglich auf diesen Bereich beschränkt waren, nämlich der Anbau als Monokultur oder die Benutzung des Ochsenpfluges (TEKÜLVE 1997, S. 140). Aus Profitdenken wird dadurch jedoch die risikomindernde Diversifizierung von traditionellen und marktorientierten Anbaufrüchten als eine Kombination von Subsistenz und Bargelderwirtschaftung zum Zukauf von Nahrungsmitteln aufgegeben.

Eine ganz besondere Form der Ernährungssicherung wird von ILLGNER & NEL (2000) anhand des Sammelns und der Aufbereitung von Mopane-Raupen beschrieben. Diese müssen in zeitaufwendiger Handarbeit und saisonal über das Jahr begrenzt (Dezember/Januar und März/April) vor allem von Frauen und Kindern gesucht und schließlich durch Kochen, Salzen und Trocknen haltbar gemacht werden. Detaillierte lokale und traditionelle Kenntnisse, wann und wo man die Raupen findet, sind hierfür notwendig. Die Raupen werden als billige Proteinquelle entweder selbst gegessen, oder sie werden auf dem Dorfmarkt oder an Zwischenhändler verkauft. Mopane lassen sich als Appetithappen, Snack oder in Form eines Eintopfes mit Gemüse servieren. Untersuchungen in Botsuana zeigen, dass die Sammler zum ärmsten Teil der ländlichen Bevölkerung gehören. Für 95 % der Befragten ist das Sammeln von Raupen Haupteinnahmequelle, um Lebensmittel oder die Schulausbildung zu bezahlen. Auch der formelle Sektor profitiert von der Verarbeitung der Mopane-Raupen, die eingedost und sogar exportiert werden (ILLGNER & NEL 2000, S. 349).

Ganz andere Probleme der Bewirtschaftung und Ernährungssicherung diskutiert MONANA (1998) für ein Dorf im früheren *homeland* Ciskei. Dessen Sozialstruktur zeichnet sich dadurch aus, dass als Ergebnis von Wanderarbeit mehr Frauen als Männer Haushaltsvorstände sind. Diese müssen insbesondere für schwere Hackarbeiten Arbeitskräfte von außerhalb des eigenen Haushalts finden. Bei Absentismus der eigentlichen Landbesitzer existiert das System des sog. *sharecropping*: Ein Partner bringt das Land ein, der andere führt die Bearbeitung durch, und anschließend wird die Ernte geteilt. Als Ergänzung zur Feldbestellung besitzt die Hälfte aller Haushalte kleinere Gemüsegärten, die vor allem mangels Arbeitskraft nur zeitweise bestellt werden. Dabei ist weniger die absolute Zahl potenzieller Arbeitskräfte ein limitierender Faktor, sondern „a shortage of effective and motivated labour" (MONANA 1998, S. 162). Viele junge Männer und Frauen verlassen das Dorf, um Arbeit in den Städten zu finden (vgl. Kap. 4.6.2.3). Kommen sie jedoch als Arbeitslose in das Dorf zurück, kehren sie nicht zur Landarbeit zurück, sondern bevorzugen andere Tätigkeiten. Für Swasiland wird geschätzt, dass aufgrund von Tradition oder Migration Frauen und Kinder etwa 70 % der landwirtschaftlichen Arbeiten verrichten müssen (KEREGERO, DLAMINI & KEREGERO 2000, S. 127). Trotz der Rückkehr von Männern ist damit nicht zwangsläufig eine Arbeitsentlastung für Frauen verbunden. Im Falle von Melani, Ciskei, haben Dürre, politische Unruhen und eine chaotische Verwaltung, die keine Nachweise hat, welchem Bauern welches Land gehört, dazu geführt, dass die Gemeinde in eine tiefe Apathie gestoßen worden ist und die Landwirtschaft kollabiert. Entsprechend wichtig werden andere informelle Einnahmequellen, sei es in Form von Kleinhandel, Autoreparatur, Tischlerarbeiten, Frisörgewerbe, Geldleihen, Sammeln von Feuerholz usw.

Dass eine Kompensation abnehmender Bodenfruchtbarkeit durch Ausdehnung der Ackerflächen nicht unproblematisch ist, haben KNEIPP & SCHWENZFEIER (1988, S. 382) für Simbabwe gezeigt. Eine solche Strategie zieht nach sich, dass für die vermehrte Zahl von Feldern in Streulage immer größere Rinderherden gehalten werden müssen, um den Bedarf an Zugtieren und Dung zu decken. Ziel sollte es eher sein, die Anbaumethoden zu verbessern und die Feldbearbeitung mittels einer effizienteren Nutzung von Rindermist intensiver zu gestalten. Durchbrochen werden muss die traditionelle Verhaltensweise, Vieh als Symbol für Reichtum zu akkumulieren, weil dadurch Überweidung, Viehtritt und Bodenerosion gefördert werden. Die „Sparkassenfunktion" des Viehbestandes sollte durch ein ländliches Sparkassenwesen und private Sparclubs (*stokvels*) überflüssig gemacht werden. Unter den Vorzeichen zunehmender Landbegrenzung und schnell wachsender Bevölkerung verliert die traditionelle Risikostreuung mittels großer Kopfzahl der Herden ihren Sinn.

4.9.3 Feuerholzproblematik

Eines der größten Probleme auf dem Land ist die Frage der Energieversorgung für Produktionsvorgänge und Haushaltsführung. Traditionell ist Holz die wichtigste Energiequelle für das Beheizen von Hütten und das Kochen von Mahlzeiten. Einerseits ist Holz fast überall frei sammelbar, andererseits kostet die verwendete Herdtechnologie (drei Steine) nahezu nichts (ERHARD 1994, S. 121). Deshalb spielen kommerzielle Alternativen wie Elektrizität (diese vor allem in den Städten aufgrund besserer infrastruktureller Anschlüsse), Paraffin, Kohle oder Holz von Brennstoffpflanzungen bisher kaum eine Rolle. Im Gegensatz zum städtischen Raum (2–6 %) betrug der Anteil von Brennholz am Energieverbrauch im ländlichen Bereich Mitte der 1980er Jahre in Ländern wie Lesotho, Botsuana oder Simbabwe weit über 90 %. Das mag sich in Zukunft dramatisch ändern, weil einerseits die Verstädterung rasch voranschreitet und andererseits der jährliche Holzbedarf, der Anfang der 1990er Jahre in den Entwicklungsländern pro Kopf und Jahr bei ca. 1,5 t Trockenholz lag und um etwa 2–3 % anstieg, nicht länger gedeckt werden kann (GIESSNER & MAYER-LEIXNER 1995, S. 127). Zwischen 1981 und 1990 nahm der Anteil natürlicher Wälder im Südlichen Afrika pro Jahr um 0,84 %, in Malawi sogar um 1,31 % ab (WALKER in MIDDLETON 1997, Bd. 2, S. 159). Obwohl der Zeitaufwand und die Transportentfernungen auf der Suche nach dem knapper werdenden Gut Brennholz zunehmen, weil immer mehr Menschen Holz benötigen und die Waldflächen zudem durch die Ausdehnung von Agrarland kleiner werden, bleibt Brennholz der einzig bezahlbare *low tech*-Energieträger. Gesammeltes und zugekauftes Brennholz von ländlichen Haushalten in Malawi ist immer noch etwa 1000mal günstiger als das aus staatlichen Brennholzpflanzungen stammende Angebot (ERHARD 1994, S. 122). Damit sind die staatlichen Möglichkeiten mehr als begrenzt, den Holzeinschlag zu reduzieren und eine weitere Desertifikation und Umweltzerstörung zu verhindern.

Die Brennholzkrise wird anhand sehr unterschiedlicher Problemfelder diskutiert:
In Südafrika existieren Untersuchungen (DYER 1996), welche Hölzer von der lokalen Bevölkerung als Brennholz präferiert werden und ob sich diese Hölzer in ihrem Brennwert als effizient erweisen. Anfang der 1990er Jahre wurde eine entsprechende Stichprobe in ländlichen Gemeinden von acht ehemaligen *homelands* erhoben. Sie belegt, dass das Holz aus sehr unterschiedlichen Quellen wie Anpflanzungen, Windschutzhecken und Straßenbäumen stammt, erfasst aber nicht die Art der Holzsammlung, sei es in Form des Baumfällens, des Absägens von Ästen oder der Ernte abgestorbenen Holzes. Antworten hierauf könnten zeigen, wie stark die Vegetation beim Holzsammeln zerstört wird. Analysiert wird hingegen, ob es sich um einheimische oder eingeführte Arten handelt. Erstere wachsen häufig langsamer und sollten als Qualitätsholz nicht unbedingt zur Verfeuerung eingesetzt werden. Landgemeinden sollten darüber informiert werden, welcher alternativen Nutzung (als Bauholz oder zur Möbelproduktion) sie diese Hölzer zuführen können (DYER 1996). Ziel ist es, ein Management lokaler Feuerholzressourcen aufzubauen, was die Kenntnis von Holzqualitäten und deren effizientere wirtschaftliche Nutzung sowie den Baumschutz anbelangt. Mit Hilfe der Verarbeitung von Hochqualitätshölzern, z. B. als Souvenirs im touristischen Bereich, können neue Arbeitsplätze geschaffen werden.

Für Malawi diskutiert ERHARD (1994, S. 123) das Problem der Selbstversorgung mit Brennholz. Unterschiedliche Berechnungen gehen davon aus, dass eine Familie bis zu 1000

Bäume anpflanzen müsste, um ihren Brennholzkonsum mittels des durchschnittlichen jährlichen Zuwachs abzudecken. Aufgrund von Landknappheit müssten aber dann der landwirtschaftlichen Nutzfläche Bereiche für Aufforstungen entzogen werden. Weil die Kosten für den Feuerholzzukauf immer noch niedriger liegen als die absehbaren Ernteeinschnitte, sind kleinbäuerliche Pflanzungen wirtschaftlich unattraktiv. Die künstliche Verteuerung des Holzpreises über Steuern, wie es ERHARD vorschlägt (1994, S. 125), ist zumindest in der Theorie ein probates Mittel. Damit ist aber erheblicher sozialer Sprengstoff verbunden, weil ein Großteil der Bevölkerung nicht dafür sensibilisiert ist, dass Brennholz in naher Zukunft kein freies Gut mehr sein wird.

Es stellt sich die Frage, welche alternativen Energiequellen für Heizung, Beleuchtung, traditionelles Bierbrauen, Warmwasseraufbereitung und Kochen eingesetzt werden können. Zu nennen sind Holzkohle, Kerosin und Paraffin, Elektrizität und Biogas, wobei viele dieser Quellen aus rein finanziellen Erwägungen unrealistisch erscheinen. So war Holzkohle Anfang der 1990er Jahre in Malawi doppelt so teuer wie Holz. Im Vergleich mit anderen ländlichen Räumen sind jedoch gewaltige Disparitäten zu erkennen: HOOPER-BOX (1999) diskutiert für Südafrika anhand der Beispiele Duncan Village im Eastern Cape und Mabibi in KwaZulu-Natal, welche Bedeutung Paraffin einerseits und Batterien zur Nutzung von Haushaltsgeräten andererseits haben. Das zeugt von einem recht gehobenen Ausstattungsgrad, der in anderen Ländern der Region noch gänzlich unbekannt ist. Paraffin wird insbesondere von Frauen dem Feuerholz vorgezogen, weil es das zeitaufwendige Holzsammeln und die Holzaufbereitung überflüssig macht und so mehr Zeit für Feldarbeiten und andere Tätigkeiten, die zum Verdienst von Bargeld führen können, zur Verfügung steht. Darüber hinaus wird die Rolle der Frau als Haushälterin und Mutter durch die Kontrolle der genutzten Energien gestärkt. Paraffin wird von der lokalen Bevölkerung als „women's fuel" betrachtet, wodurch die Frage, welche alternativen Energiequellen sinnvoll sind, eine *gender*-spezifische Antwort erhält: So sind es hauptsächlich Frauen, die Haushaltstätigkeiten durchführen und den Umfang der von ihnen benötigten Energie am besten abschätzen können. Ähnlich steht es um die Einführung effizienterer Herdtechniken, die vor allem von den ländlichen Frauen angenommen werden müssen. Im Gegensatz dazu werden Batterien in ihrer Nutzung und Anschaffung eher von Männern kontrolliert, die sie überwiegend für den Gebrauch von Radios und Fernsehern einsetzen. Sofern Frauen von dieser Energiequelle profitieren, handelt es sich zumeist um die Nutzung von Küchengeräten oder Staubsaugern, die von Männern angeschafft worden sind.

Langfristig bewirkt die Brennstoffkrise, dass Energiesparmaßnahmen ergriffen werden müssen. Diese werden die ohnehin minimale medizinische und hygienische Eigenvorsorge wie das Abkochen von Trinkwasser und die Aufbereitung von Mahlzeiten noch weiter absenken, die Nutzung von Feuer als Licht- und Wärmequelle einschränken und die allgemeinen Lebenshaltungskosten beim Einkauf von Waren und Dienstleistungen steigen lassen (GIESSNER & MAYER-LEIXNER 1995, S. 141).

4.9.4 Landfrage und Landknappheit

Große Gemeinsamkeiten haben die Länder der Region bei der sog. Landfrage. Aus kolonialer Zeit ergibt sich eine immense Ungleichverteilung an Grund und Boden, die in den früheren Siedlerkolonien Südafrika, Namibia und Simbabwe bis heute nachwirkt. Häufig handelte es sich hierbei nicht nur um sehr großzügig zugeschnittene Farmen, sondern auch um die edaphisch, klimatisch oder verkehrstechnisch am günstigsten gelegenen Regionen, die von Weißen bis heute kontrolliert werden. Nach der politischen Unabhängigkeit bzw. der Abschaffung der Apartheid wurde die koloniale Landverteilung als Ausdruck der Unterdrückung und Enteignung der schwarzen Bevölkerung in Frage gestellt. Sie sollte – wenn möglich – durch Landreformen umgekehrt werden. Damit wollen die schwarzen Mehrheitsregierungen einer „historischen Gerechtigkeit" entsprechen, der Mehrheitsbevölkerung auch die Kontrolle über den Grund und Boden zu übertragen. Die Landfrage erhält eine moralische und ideologische Dimension und wird zum Symbol afrikanischer Identität, von Würde und Selbstrespekt sowie der Befreiung von europäischer Bevormundung (vgl. MELBER 2000, S. 24). Die Landreform wird aber auch als eine Strategie der Armutsbekämpfung verstanden, um den Bevölkerungsdruck in den ehemaligen *homelands* Südafrikas und Namibias sowie den Stammesländereien Simbabwes abzubauen. Als Entlohnung für eigene politische Klientelgruppen instrumentalisieren Regierungen und Staatsparteien zuweilen das Problem der Landumverteilung. In Fällen wie Angola und Mosambik beinhaltet die Diskussion um Landrestitution nach der Liberalisierung ihrer Wirtschaftsordnung auch die mögliche Re-Europäisierung, d. h. Rückübertragung an oder Rückkauf landwirtschaftlicher Nutzflächen durch Weiße oder aber auch die Vergabe von Landkonzessionen durch den Staat für einen bestimmten Zeitraum (afrika süd (4) 1996, S. 31).

Tonangebend insbesondere im rhetorischen Kampf um eine Landreform ist seit Jahren der simbabwische Präsident Robert Mugabe. 1980 wurde noch im sog. Lancaster House Agreement festgelegt, dass für die ersten zehn Jahre nach der Unabhängigkeit eine Landumverteilung nur auf freiwilliger Basis erfolgen könne. Finanziell unterstützt von der britischen Regierung, kaufte der Staat Land auf. Etwa 52 000 Familien wurden hierauf umgesiedelt. Nach Auslaufen der alten Verfassung 1990 änderte sich das Prozedere, das nunmehr Zwangsverkäufe privaten Landes vorsah, ohne dass hierfür eine Kompensation in jedem Falle angeboten wurde (BOWYER-BOWER & STONEMAN 2000, S. 2). Seit Mitte der 1990er Jahre unterlegt Mugabe die Auseinandersetzung mit einem rassistischen Unterton und fordert nicht mehr nur die Zwangsenteignung, sondern auch die gezielte Vertreibung weißer Farmer. Letztere sind in der Regel kommerzielle Großfarmer, die zu einem ganz wesentlichen Teil an der Erwirtschaftung von Devisen beteiligt und Arbeitgeber von fast 1 Mio. Landarbeitern samt Familien sind. Diese leben in einfachen Unterkünften auf den Farmen und sind traditionell in eine patriarchalische Abhängigkeit vom Farmer eingebunden, würden aber von einer Landumverteilung an 162 000 Familien, wie sie die Politik fordert (PALMER 2000, S. 18), nicht profitieren können. Von den etwa 4500 kommerziellen Großbetrieben sollen etwa 3000 ohne Kompensation enteignet werden und (zumindest in der Theorie) nach Aufteilung in Kleinparzellen an landlose Bürgerkriegsveteranen verteilt werden. Als Grund für die entschädigungslose Enteignung wird angeführt, dass etwa zwei Drittel der Bodenfläche von Großfarmen Ende der 1990er Jahre brach lagen (afrika süd (4) 2000, S. 31). Die Erfahrungen früherer Bodenreformen zeigen jedoch, dass nicht etwa nur

Landfrage und Landknappheit 303

landlose Kleinbauern, die sich nach ihrer Umsiedlung einkommensmäßig verbessern konnten (KINSEY 2000, S. 115), sondern auch eine schwarze Nomenklatura aus Regierung, Partei und Parlament von der Landumverteilung profitiert hat. Denn unter den 4500 Großfarmern befinden sich etwa 700 schwarze Simbabwer, die sich als eine neue Landklasse etabliert haben, ähnlich wie einzelne weiße Farmer Absentismus betreiben und die Farmen als Wochenendhäuser nutzen. Auch sie sind eher gegen eine neue Landreform eingestellt, weil sie nach der ursprünglichen Enteignungsliste von 1997 und deren Kriterien (u. a. Mehrfachbesitzer, Spekulationsland, ungenutztes oder mindergenutztes Land) selbst von Enteignung betroffen wären (17 % aller vorgesehenen Flächen; afrika süd (4) 2000, S. 31). Erschwerend in der Diskussion kommt hinzu, dass die Regierung Simbabwes Großbritannien als frühere Kolonialmacht auffordert, Kompensationen an weiße Farmer zu entrichten. Dies lässt sich kaum rechtfertigen, weil seit der Unabhängigkeit bereits 70 % aller privaten Betriebe auf dem freien Markt verkauft worden sind, ohne dass der simbabwische Staat ein eigenes Kaufinteresse gezeigt hätte. Ein kolonialer Hintergrund weißer Eigentümer besteht nur noch im seltensten Fall. Damit zeigt sich deutlich, dass die Landreform ausschließlich von ideologischen Motiven gesteuert ist, um sich große Landflächen entgegen den Vorgaben der eigenen Rechtsprechung anzueignen und die Wahlentscheidung der Landbevölkerung bei den Parlamentswahlen 2000 mit populistischen Gesten zu beeinflussen. Diese Vorgehensweise ist aber auch das Ergebnis eines gescheiterten Strukturanpassungsprogramms, das ausgelöst wurde von fallenden Rohstoffpreisen und sinkenden Steuer-/Staatseinnahmen, das aber extreme Arbeitslosigkeit und einen starken Anstieg absoluter Armut (auf 63,3 % der Gesamtbevölkerung) nicht verhindern konnte (CHATTOPADHYAY 2000, S. 14). Die Landreform wurde für Mugabe deshalb zu einem letzten politischen und sozialen Ventil, die eigene Machtbasis zu stabilisieren, obwohl die kommerzielle Landwirtschaft und die begleitende verarbeitende Industrie damit systematisch geschädigt werden.

Die Entwicklungen in Simbabwe strahlen auf die Diskussion in Namibia aus. Auch hier versucht die Politik, Landumverteilung als ein Instrument zur Armutsbekämpfung einzusetzen. WERNER (2000) arbeitet jedoch einen fundamentalen Unterschied zur Situation in Simbabwe heraus: Flächen, die für eine Bodenreform in Frage kämen und aus dem Potenzial der etwa 6000 Großbetriebe in Händen von ca. 4300 fast ausschließlich weißen Farmern stammen könnten, zeichnen sich durch geringen jährlichen Niederschlag, hohe Variabilität und Dürregefahr aus. Sie sind nur für extensive Viehzucht geeignet, so dass eine Parzellierung und gleichzeitige Intensivierung der landwirtschaftlichen Produktion unrealistisch erscheint. Das niederschlagsreichste und fruchtbarste im N und NE des Landes gelegene Land befindet sich seit eh und je in Händen autochthoner Stämme, die von der deutschen Kolonialmacht in ihrem traditionellen Recht auf Grund und Boden bestätigt worden sind. Sehr viel leichter fiel die Vertreibung von Hirtenvölkern wie Herero, Nama und Damara, so dass sich die Großbetriebe auf das Gebiet südlich des 19. Breitengrades beschränken. In diesem Zusammenhang fragt WERNER (2000, S. 11), wie zentral die Landfrage für die Politik wirklich ist, wenn die wichtigste Wählerklientel der Regierungspartei, die Ovambo, niemals enteignet wurde und die Hirtenvölker eher der Opposition zuneigen. Diese Konstellation könnte allerdings hilfreich sein, der Landfrage die populistische Rhetorik zu nehmen. Zwischen 1990 und 2000 sind nur 3400 schwarze Familien bei einer Gesamtbevölkerung von knapp 2 Mio. auf 92 ehemals kommerziell betriebenen Farmen angesiedelt worden (nach UN-IRIN 14.12.2000).

Ein anderes Problem der Agrarreform liegt in der Zuweisung von Landrechten in Kommunalgebieten, wo *chiefs* traditionell das Land verwalten und Familien zur Nutzung zur Verfügung stellen, ohne dass es hierdurch zu Privateigentum wird. Doch einige kommunale (Groß-) Bauern, die bestimmte Flächen gewohnheitsmäßig bewirtschaften, behandeln das Land bereits wie Privateigentum und zäunen es ein oder erheben Pachtgebühren bei Nutzungsabtretung. Ein neues Gesetz soll die traditionellen Führer in ihrem Bodenzuweisungsrecht stärken und die Umzäunungspraxis in Zukunft, aber nicht rückwirkend, unterbinden. Politische Allianzen zwischen traditionellen Führern und reichen Bauern lassen es fraglich erscheinen, ob auch kleinere Bauern von der neuen Gesetzgebung profitieren werden (WERNER 2000, S. 12).

In Südafrika setzte die Debatte um eine Landreform am spätesten ein. Bei den Verhandlungen zu einer neuen Verfassung 1994 hatten Garantien zum Eigentumsschutz für die weiße Bevölkerung höchste Priorität. Diese sind in eingeschränkter Form auch gesetzlich verankert worden. Für die neue Regierung blieb eine Landreform jedoch zentrales Anliegen. Das Programm der ländlichen Entwicklung, das sich aus den Zielsetzungen des **R**econstruction and **D**evelopment **P**rogramme (RDP) und Empfehlungen des Rural Construction Programme der Weltbank ableitete, basiert auf drei Säulen: die Rückübertragung von Landrechten (*restitution*), die Umverteilung von Land (*redistribution*) zugunsten bisher Benachteiligter und die Anerkennung von Besitz- und Nutzungsrechten von Landarbeitern auf kommerziellen Farmen (*land tenure reform*; MÖLLERS 2000, S. 25). Der Restitution of Land Rights Act von 1994 sieht vor, dass diejenigen, die seit 1913 von ihrem Land vertrieben worden sind, einen Anspruch auf Entschädigung geltend machen können, die sowohl in Form einer Rückübertragung als auch anderweitig erfolgen kann. Ansprüche mussten bis Dezember 1998 bei der Land Claims Commission eingereicht werden. Von 67 000 Anträgen konnten bis März 2001 ca. 18 % entschieden werden (SAIRR 2001b, S.352). Hierbei handelt es sich um eher einfach gelagerte Fälle, z. B. um Dorfgemeinschaften, die als *black spots* im Rahmen der territorialen Konsolidierung von *homelands* zwangsumgesiedelt worden waren.

Ein Beispiel dafür, dass die Regulierung sehr langwierig sein kann, ist der von BROWN u.a. (1998, S. 69 ff.) dokumentierte Putfontein-Fall etwa 40 km westlich von Ventersdorp in der Nordwest-Provinz. Ansprüche auf die Putfontein-Farmen wurden von der Batloung-Gemeinde vorgetragen, die in den späten 1970er Jahren umgesiedelt worden und ursprünglicher Eigentümer (etwa seit den 1880er Jahren) von 4139 ha Kommunalland und 4711 ha Privatland war. Identifiziert als ein isoliert gelegener *black spot*, wurde das Land vom südafrikanischen Staat enteignet und die Bevölkerung (mehr als 6000 Personen) auf verschiedene neue Gemeinden im *homeland* Bophuthatswana verteilt. Die finanziellen Kompensationen z. B. für Hauseigentum waren minimal. In den 1980er Jahren wurde das umstrittene Land dann vom Staat an 15 Farmer verkauft, wodurch sich die von den Batloung erstmals 1992 vorgetragenen Restitutionsansprüche nicht mehr allein an den Staat richten konnten. Weil es das Ziel der Politik ist, Kompensation für die schwarze Bevölkerung nur durch Gegenkompensation für die weißen Farmer zu lösen, musste unter Einschaltung des Land Claims Court und des Land Affairs Board eine Bodenschätzung der Farmen erfolgen. Darüber verstrichen mehrere Jahre, so dass 1997 nur noch etwa 50 % der Batloung bereit waren, nach Putfontein zurückzukehren, was den ursprünglichen Stamm aber weiter zerteilen würde.

Landfrage und Landknappheit 305

Entsprechend groß ist zuweilen die Frustration der betroffenen Bevölkerung, wenn sie in rechtsstaatlichen Verfahren bis zu ein Jahrzehnt auf einen Bescheid warten muss. Deswegen bietet sich eine andere Lösung der Kompensation in Form alternativer Landzuweisung an, die jedoch gleichermaßen Begrenzungen beinhaltet. So ist der südafrikanische Staat Eigentümer von etwa 20 % der gesamten Landfläche, von der jedoch nur etwa 5–7 % für eine Umverteilung in Frage kommen (Daily Mail & Guardian 02.08.2000). Ziel war es, zwischen 1994 und 2000 etwa 30 % des landwirtschaftlichen Bodens umzuverteilen; verteilt worden sind tatsächlich nur 2 % (SAIRR 2001b, S. 352). Vielfältige Hindernisse wie die langwierige Dokumentation von Landbesitz und Enteignungen seit 1913 sowie fehlende Finanzmittel, um Land zu Marktpreisen aufzukaufen, haben den Fortgang der Umverteilung erschwert. Deshalb hat sich die Zielrichtung der Landreform seit 1996 geändert: Im Rahmen der GEAR-Strategie soll der gesellschaftliche Umbau vorwiegend durch den angestrebten Wirtschaftsaufschwung finanziert werden (MÖLLERS 2000, S. 27), weshalb die Landpolitik nicht mehr als Maßnahme der Armutsbekämpfung, sondern zur Förderung einer schwarzen kommerziellen Farmerschicht verstanden wird. Kritiker gehen davon aus, dass etwa 20–30 000 aufstrebende kommerzielle schwarze Farmer, d. h. nur ca. 2 % aller ländlichen Haushalte, von dem neuen Konzept profitieren können. Nach Regierungsangaben soll sich die Situation aber über die nächsten 15–20 Jahre deutlich verbessern, wenn der Staat ca. 2 Mio. ha an 70 000 schwarze Farmer verteilen will (SAIRR-Fast Facts (1) 2001, S. 2). Ein anderes schwerwiegendes Problem der Landreform ist eine mögliche Retribalisierung; denn kommunales Land darf auch in das Eigentum sog. *tribes* übergehen, in denen *chiefs* nach traditionellem Recht das Sagen haben, Landnutzungsrechte vergeben und sich wie Grundherren verhalten (COUSINS 2000, S. 30). Der Staat entzieht sich so seiner Verantwortung gegenüber Mitgliedern der *community*.

Die Transformationsgesellschaften in Angola und Mosambik zielen seit Ende der 1980er bzw. Anfang der 1990er Jahre darauf, nationalisierten Boden zu reprivatisieren. Quoten sollen hierbei verhindern, dass Ausländer einzelne Produktionszweige dominieren könnten. Das Bodenrecht der „neuen" *freehold farmer* würden neben dem traditionellen kommunalen Landrecht existieren. „In principle, no one can 'own' land here ... there is no real history of individual land ownership in the country areas" (Mozambique...1998, S. 7). Eine Restitution ist von portugiesischen Alteigentümern für Mosambik gefordert worden. Die fast vollständige Zerstörung des Alteigentums durch Kollektivierung und Bürgerkrieg beschränken diese Ansprüche jedoch eher auf die Städte. Die „Afrikanisierung" vieler Gesellschaften nach ihrer Unabhängigkeit in den 1960er und 1970er Jahren hat in Ländern wie Botsuana, Sambia, Malawi und Swasiland weniger zu einer Bodenreform für Kleinbauern beigetragen, als die zur Kolonialzeit ausgelegten *freehold farms* von europäischen an schwarzafrikanische Eigentümer übertragen. Im Falle Botsuanas ist festzustellen, dass sich das Management dieser Farmen verschlechtert hat. „This is partly a result of the change in ownership of farms from the more experienced and commercially-oriented white farmers to the traditional Batswana farmers" (SILITSHENA & MCLEOD 1998, S. 127).

Vornehmlich in Südafrika entziehen sich weiße Farmer diesen politischen und gesellschaftlichen Spannungen durch Auswanderung, um sich in den Nachbarstaaten eine neue Existenz aufzubauen. Weniger bedeutsam als die Anzahl der betroffenen und in der Regel burischstämmigen Farmer ist das politische und wirtschaftliche Signal, das sie setzen. Kritiker verweisen auf eine neue Form von Landkolonialismus, weil – wie im Falle Mosambik – Konzessionen von mehreren 100 000 ha Land an Privatgesellschaften vergeben wurden (CHOSSUDOVSKY 1997a, S. 10 f.; HALBACH & RÖHM 1998, S. 94), die weitestgehend nationaler Kontrolle entzogen sind. Von einem Apartheid-Export ist bereits die Rede (CHOSSUDOVSKY 1997b, S. 3), weil die innerhalb oder am Rande der Konzessionsgebiete lebende einheimische Bevölkerung sog. unkultiviertes, zur eigenen Ernährungssicherung aber „genutztes" Land abtreten muss. Den Konzessionären dient man sich dann als neues Landproletariat an. Fernziel der Großfarmer soll ein „Nahrungsmittelkorridor" von Farmen und Plantagen sein, der sich von Angola bis Mosambik erstreckt. Die jeweiligen Regierungen versprechen sich mittelfristig eine kapitalintensive Landbewirtschaftung, die von den Managementqualitäten der weißen Farmer profitiert, Arbeitsplätze vor Ort schafft und den Exportsektor stärkt. Größtes Problem auch in der Zukunft bleibt jedoch das instabile innenpolitische Klima vieler Länder, die das Leben und das Eigentum der weißen Farmer nicht sichern können (The Star 23.10.1997).

4.9.5 Lokaler Anbau – globale Abhängigkeit

Die kommerzielle Landwirtschaft ist in fast allen Ländern des Südlichen Afrika ein ganz entscheidender Devisenbringer (vgl. Kap. 3.1.1). Eingebunden in internationale Märkte und seit kolonialer Zeit abhängig von den Nachfrageentwicklungen in den Industrie- bzw. früheren Mutterländern, schwankt der wirtschaftliche Erfolg binnen kurzer Perioden beträchtlich. Können große Plantagen und Pflanzungen, die den Anbau von *cash crops* traditionell dominieren, diese Markteinbrüche über *economies of scale* noch eher verkraften, kämpfen klein- und mittelständische kommerzielle Bauern dann um das Überleben.

Alle hinreichend humiden Länder der Region haben sich im Laufe des 19. und 20. Jh. auf den Anbau von Plantagenprodukten spezialisiert. In Swasiland entstand seit 1956 eine Zuckerindustrie, die 1994 mit 11 % der wichtigste Arbeitgeber im formellen Sektor war und das Land zum zweitgrößten Zuckerexporteur Afrikas machte (vgl. Kap. 3.1.4.3). In ihrer Eigentumsstruktur – 89 % der Zuckerrohrproduktion wurden 1990 von den zehn größten Herstellern kontrolliert – steht die Zuckerindustrie als klassisches Beispiel „of a capital-intensive agri-industrial complex founded by external capital within a colonial system" (TERRY 1997, S. 199), dem neben dem Zuckerrohranbau auch weiterverarbeitende Betriebe angehören. Angepflanzt wird der Zucker auf großen *estates*, die bewässert werden müssen, weil die jährlichen Niederschläge von 500–700 mm deutlich unter den 2000 mm liegen, die für den Zuckerrohranbau notwendig sind. Entsprechend hohe Investitionen ergeben sich für Wasserleitungen, aber auch für Lager- und Transportkapazitäten, die Kleinbauern nicht tätigen können. Seit den 1990er Jahren – ähnliche Entwicklungen gibt es auch in Südafrika – drängen sie jedoch vermehrt auf den Markt und profitieren dabei von einer Politik der Afrikanisierung („assist a greater participation by Swazis"; zitiert nach TERRY 1997, S. 203) bzw. finanziellen Unterstützungen, wie sie aus dem RDP-Programm Südafrikas herrühren. Die Anbauflächen einzelner Kleinbauern betragen zuweilen nur 1 ha, die Ernte wird jedoch in Form von *associations* gemeinsam vermarktet.

Alle Zuckerrohrproduzenten sind von der ihnen zugewiesenen Produktionsquote abhängig. Deren Zuteilung erfordert einen hohen Verwaltungsaufwand und schreckt vor allem weniger gut ausgebildete Bauern ab. Dass viele swasische Kleinbauern auf traditionellem Land dieses Risiko dennoch eingehen, hängt von den gestiegenen Zuckerquoten Swasilands auf dem EU-Markt ab, die 1995 von 120 000 auf 170 000 t angehoben wurden. Dadurch konnten die Einzelquoten der *estates* konstant gehalten werden, so dass diese keinen politischen Druck ausübten, den kleinbäuerlichen Anbau zu behindern. Die Ausweitung der Exportzahlen ist jedoch nur bis 2001 garantiert. Die Marktentwicklungen sind auch deshalb schwer vorhersehbar, weil Südafrika als ursprünglich wichtiger Abnehmer von Swasi-Zucker seine Zuckerproduktion zur Zeit selbst ausbaut und die Weltmarktpreise in den 1990er Jahren vor allem nach Beendigung der Kuba / COMECON-Handelsverträge, wodurch die Zuckermenge auf dem freien Markt um 20 % angestiegen ist, deutlich zurückgingen. Trotz dieser ungewissen Zukunft ergeben sich positive wirtschaftliche und soziale Effekte: Überdurchschnittlich viele Frauen sind als Kleinbauern im Zuckerrohranbau tätig. Mitte der 1990er Jahre sind es in Südafrika 65 % gewesen. Sie stimmen in den *associations* gleichberechtigt mit ihren männlichen Kollegen ab und verbessern dadurch ihren gesellschaftlichen Status. Es entstehen neue lokale Arbeitsplätze, von denen viele jedoch zeitlich begrenzt bleiben. Überdies ist die Bezahlung schlechter als auf den *estates*, die ihren Arbeitern darüber hinaus Sozialleistungen wie Schulen, Wohnungen und Hospitäler anbieten können (TERRY 1997, S. 206).

Die Plantagenwirtschaft von Malawi wird bereits seit fast einem Jahrhundert betrieben und konzentriert sich vor allem auf den Tabakanbau. Nicht nur Boden- und Klimabedingungen haben dies begünstigt, sondern auch die von Europäern eingeführten Regelungen, Afrikaner mittels Kopf- und Hüttensteuern zur Lohnarbeit auf den Plantagen zu zwingen. Eine Alternative hierzu stellte das *thangata*-System dar, das Kleinbauern als Gegenleistung für die Überlassung eines Landstücks verpflichtete, dem Plantagenbesitzer ihre Arbeitskraft zur Verfügung zu stellen oder aber im noch heute existierenden *visiting tenant system* Marktfrüchte dem Landeigentümer zu festgelegten Preisen zu verkaufen (ERHARD 1994, S. 19). Dennoch waren die Plantagen selbst in der Hochzeit des Kolonialismus niemals die wichtigsten Produzenten von Exportfrüchten: Bereits 1929 produzierten Kleinbauern 63 % des Tabaks. Insbesondere die hohe Bevölkerungsdichte des früheren Nyassaland mag erklären, dass der Landbesitz europäischer Siedler 1964 bei nur 2 % der gesamten Landfläche lag. Entgegen der Praxis in Swasiland wurde eine Kleinbauernproduktion von *cash crops* bereits ab den 1920er Jahren gezielt gefördert, obwohl dadurch ein Interessenkonflikt mit den *estates* um Boden- und Arbeitsressourcen aufbrach. Letztere konnten durchsetzen, dass Burleytabak als besonders hochwertige Sorte ab 1967 nur auf den Plantagen angebaut werden durfte, weil Kleinbauern aufgrund technischer Probleme die Qualitätskriterien angeblich nicht einhalten können (ERHARD 1994, S. 223). Seit 1991 / 92 werden Burleylizenzen auch an Kleinbauern vergeben. An die Auktionshallen dürfen nur lizensierte Produzenten liefern, denen im Falle von Burleytabak gewisse Quoten zustehen. Weil Direktlieferungen an die Auktionshallen – unter Umgehung der staatlichen Vermarktungsorganisation kleinbäuerlicher Produkte – einen Umfang von mehr als 2 t haben müssen, schließen sich Kleinbauern zu *farmer clubs* zusammen (ERHARD 1994, S. 245). Der Vermarktungserfolg basierte ab den 1960er Jahren von dem internationalen Handelsboykott gegen Rhodesien nach der UDI und dem zollfreien Zugang malawischen Tabaks in die EG infolge der Lomé-Konvention von 1973. Es ergeben sich aber große Probleme aufgrund stark schwankender Weltmarktpreise und der Ausbreitung von Antiraucherkampagnen in vielen

Industrieländern, denen sich Ende der 1990er Jahre auch Südafrika anschloss, das eine umfassende Antirauchergesetzgebung erlassen hat.

So exportiert Simbabwe etwa 90 % seiner Tabakproduktion und ist deshalb von Verbraucherschutzmaßnahmen besonders betroffen. Weniger als 1000 Personen sind in der inländischen Weiterverarbeitung tätig (NYOKA 1997, S. 18), jedoch hängen 7 % der Bevölkerung in ihrem Lebensunterhalt von der Tabakindustrie ab (ZÜNDORF 2000, S. 43). Das Produktionssystem des Virginia-Tabaks hat eine duale Struktur, in der hauptsächlich von weißen Farmern kontrollierte Großbetriebe auf durchschnittlich 40–50 ha Land schwarze Kleinbauern mit einer Anbaufläche von 1,3–2,5 ha gegenüberstehen. Seit den 1990er Jahren ist die Anzahl der Kleinbetriebe von 194 (1990) auf 5000 (1998) sprunghaft angestiegen. Weil die Durchschnittserträge in kg/ha bei den Kleinbauern aufgrund ungünstiger Böden und fehlenden Kapitals (für Maschinen, Melioration u. a.) um das Zweieinhalb bis Dreifache unter denen der Großbetriebe liegen und die Preise auf dem Weltmarkt starken Schwankungen ausgesetzt sind, arbeiten die *small scale growers* am Rande der Armut. Die Fluktuation der Preise hängt nicht nur von der Erntequalität ab, sondern auch von der Nachfragemacht multinational agierender Rohtabakhandelsunternehmen, die ein Oligopol von drei weltweit tätigen Handelskonzernen bilden und den Weltmarkt unter sich aufteilen. Dem stellen die Produzenten eine korporatistische Institution gegenüber, die als Tobacco Marketing Board oberste Instanz eines nationalen Vermarktungssystems ist. In ihm sind alle Interessengruppen der Tabakwirtschaft und die Regierung vertreten. Auch die Kleinbauern haben Stimmrecht und fordern eine Indigenisierung der Tabakwirtschaft, von der man jedoch nicht weiß, wie sie von den Weltmarktakteuren aufgenommen wird. Beim kleinbäuerlichen Anbau ergeben sich zudem schwerwiegende ökologische Probleme, die aus der mineralischen Auslaugung des Bodens resultieren, der nicht angemessen gedüngt werden kann, und aus der unkontrollierten Abholzung von Brennholz zur Trocknung des Tabaks. Es besteht deshalb die Gefahr schnell fortschreitender Entwaldung, wie sie auch anderswo im Südlichen Afrika beobachtet wird (GEIST 1999); in der Diskussion um die Afrikanisierung der Landwirtschaft in Simbabwe hat sie bisher jedoch kaum Beachtung gefunden (ZÜNDORF 2000, S. 44).

Als Beispiel für einen global agierenden Agrokonzern mag Outspan International dienen, der die südafrikanische Zitrus-*filière* seit Jahrzehnten kontrolliert und nicht nur die Exporte für mehr als 1200 weiße Pflanzer in Südafrika, sondern auch für Farmer in Simbabwe, Mosambik, Swasiland und für indigene Bauern aus Entwicklungsprojekten ehemaliger südafrikanischer *homelands* abwickelt. Obwohl Outspan nur etwa 7 % aller weltweiten Zitrusexporte kontrolliert, dominiert die Gesellschaft den Handel auf der südlichen Halbkugel zu 50 % (MATHER 1999, S. 62). Zitrusfrüchte werden im Südlichen Afrika auf mehr als 44 000 ha angebaut. Hierfür sind häufig umfangreiche Bewässerungsanlagen erforderlich. Aufgrund der hohen Arbeitsintensität sind auf den Farmen mehr als 100 000 ständige Arbeitskräfte, von denen viele mit ihren Familien in einfachsten Verhältnissen leben und für ihre Arbeit Niedrigstlöhne und Naturalien erhalten, und eine große Zahl von Saisonarbeitern beschäftigt. Bei letzteren handelt es sich in Südafrika zuweilen um illegal eingereiste Personen aus Nachbarländern, die damit der doppelten Gefahr ausgesetzt sind, in ihrer Arbeitskraft ausgebeutet und jederzeit in ihr Heimatland abgeschoben zu werden.

Outspan profitierte davon, dass es vom Citrus Board, einer staatlichen Regulierungsbehörde für den südafrikanischen Zitrusmarkt, 1940 zur zentralen Agentur für Überseever-

trieb und -marketing südafrikanischer Zitrusfrüchte benannt wurde. Insbesondere mit der Einführung eines einheitlichen Labels „Outspan", das eine Vielfalt unterschiedlicher lokaler Markennamen und Qualitäten ablöste, war es der Agentur möglich, sowohl Plantagenbesitzer als auch kleinere Farmer in ein national organisiertes Produktionsnetz (*citrus chain*) zu integrieren. Ursprünglich unterschiedliche *filières*, die z. B. auch ihre eigene Verpackung vornahmen, verschwanden. Die Abhängigkeit vom Weltmarkt, von Mitkonkurrenten und sich verändernden Kundenwünschen wurde zentral von Outspan beobachtet. Fehlschläge trafen aber die gesamte Industrie, weil die Zitrusfrucht trotz sehr unterschiedlicher Anbauherkunft unter der gemeinsamen Vermarktung zu einem „nationalen" Produkt geworden war (MATHER 1999, S. 63). Insbesondere in den 1970er und 1980er Jahren, als in einigen westlichen Industrieländern Boykottaktionen gegen südafrikanische Produkte angestrengt wurden, rächte sich diese Entwicklung. Früchte und Fruchtkonserven bekamen zuweilen andere Herkunftsnachweise. In den 1990er Jahren konnte Outspan aufgrund der veränderten politischen Situation stark expandieren. Sowohl der Kauf von Hafenanlagen in Maputo, um Produkte aus dem östlichen Bereich des Südlichen Afrika kostengünstiger als über Durban zu verschiffen, als auch die zunehmenden Exporte nach Europa (hier aber immer häufiger im Wettbewerb mit EU-Produkten, wenn es sich nicht um außersaisonale Früchte handelt) und Fernost belegen diesen Trend. Begünstigt wurde der Aufschwung dadurch, dass sich Outspan 1994 von einer Zentralen Kooperative zu einer privaten Gesellschaft umwandelte, um nicht mehr nur die Kontrollfunktion für den Export südafrikanischer Früchte auszuüben, sondern zum *global player* dieses Marktes aufzusteigen. Die wirtschaftliche und soziale Bedeutung von Outspan in Südafrika ist bis heute immens. Outspan
- fördert den Bau von Schulen, Kindergärten, medizinischen Einrichtungen, Wohnhäusern und Bewässerungsanlagen;
- unterstützt Schulungsaktionen, um den Farmern z. B. neue Gesetzesmaßnahmen zu erklären;
- fördert sog. *emerging farmers*, das sind aufstrebende klein- und mittelständische schwarze Farmer in einem ursprünglich von Weißen dominierten Wirtschaftszweig, mit Hilfe von Krediten, Infrastruktur und Kenntnissen;
- kontrolliert Anbausysteme und -produkte gemäß einer globalen Vermarktungsstrategie.

4.9.6 De-Agrarisierung und rurale Industrie

Neben den klassischen bäuerlichen Produktionsbereichen wie Hausarbeit, Viehzucht und Ackerbau, Handwerk und Bierbrauen werden andere Einkommensquellen wie Lohnarbeit im landwirtschaftlichen Sektor, Dienstleistungen im nichtlandwirtschaftlichen Bereich sowie staatliche und familiäre Zuwendungen immer wichtiger. Diese ersetzen die ursprünglichen bäuerlichen Grundlagen der Reproduktion oder aber werden mit diesen kombiniert (SCHIERHOLZ 1989, S. 99). In der Regel handelt es sich nicht um eine bewusste Abkehr vom Land, sondern De-Agrarisierung ist eher Ausdruck von Verarmung, Landlosigkeit und Vertreibung. Dahinter können sowohl umweltbedingte (Dürreereignisse) als auch gesellschaftspolitische Gründe stehen (Bürgerkrieg, Landreform, Apartheid), weshalb neue Einkommensquellen erschlossen werden müssen, um Bargeld zu erwirtschaften. Eine Basissicherung an Naturalien aus subsistenzwirtschaftlichem Anbau entfällt entweder ganz oder ist unzureichend.

Im Bereich der Lohnarbeit haben sich indigene Kleinbauern an der Peripherie weißer Siedlerkolonien seit mehr als 100 Jahren als Wanderarbeiter angeboten (vgl. Kap. 3.4.4). Aufgrund repressiver Gesetzgebungen sind sie von den Kolonialverwaltungen häufig in dieses System gepresst worden. Insbesondere Nyassaland wurde zu einem Arbeitskräftereservoir benachbarter Regionen, weshalb die dortigen Plantagenbesitzer administrative Kontrollen aus Furcht vor Arbeitsengpässen, die Zielländer jedoch eine Förderung des Wanderarbeitersystems durchsetzen wollten (ERHARD 1994, S. 21). Zumeist handelte es sich um Minen- und Industriearbeiter, Farmarbeiter und Hausangestellte, die zu einer Feminisierung der Herkunftsgebiete und ihrer Landwirtschaft beitrugen. Geldrückflüsse in die Dörfer wurden – wie in Botsuana (SCHIERHOLZ 1989, S. 100) – zum Kauf von Rindern oder aber zum Erwerb einfacher zivilisatorischer Güter (Radio, Fernsehen, Kühlschrank) eingesetzt (HOOPER-BOX 1999, S. 18). Haushalte von Wanderarbeitern verbinden somit städtische und ländliche Lebensweisen, indem sie sich die Statussymbole beider „Welten" anschaffen, wobei das soziale Ansehen auf dem Lande trotz der Überstockungsprobleme noch immer um so höher ist, je mehr Rinder man besitzt (DÜVEL & AFFUL 1996). Zwar hat die internationale Wanderarbeit in den letzten Jahrzehnten stark an Bedeutung verloren, jedoch ist an ihre Stelle eine nationale Migration getreten.

Die dauerhafte oder vorübergehende Arbeit in der Stadt ermöglicht es ursprünglich ländlichen Haushaltsmitgliedern, auch weiterhin Geldeinkünfte – z. B. für Investitionen in der Landwirtschaft – zu erzielen (vgl. Kap. 4.6.2.3). Ähnlich wie Lohnarbeit bietet die Selbstständigkeit zumeist im informellen Sektor, sei es als Ladenbesitzer, Wunderheiler oder als Betreiber einer *shebeen* (Alkoholausschank), die Chance, sich aus der alleinigen Abhängigkeit von der Landwirtschaft zu lösen. Die Investitionen für Bars oder Geschäftseinrichtungen stammen in der Regel von Rimessen aus der Wanderarbeit, die in diesen Fällen groß genug waren, um sich auf nichtlandwirtschaftliche Tätigkeiten im ländlichen Raum spezialisieren zu können. GAIDZANWA (1997, S. 160) zitiert eine Erhebung von 1989 in Simbabwe unter 759 ländlichen Haushalten, wonach ein Fünftel unter ihnen Löhne oder sonstige Geldeinnahmen als wichtige Einkommensquelle angab. Damit kann die Unsicherheit von Einnahmen aus einer einzigen Bezugsquelle abgeschwächt werden. In der GEMINI-Erhebung von 1994 für Simbabwe (vgl. Tab. 17) zeigte sich, dass die zahlenmäßige Zunahme von Klein- und Kleinstunternehmen im ländlichen Raum (7,1 %) höher war als in städtischen Gebieten (3,6 %). Die Profite der kleinen Firmen schwanken aber extrem und sind insbesondere dann gefährdet, wenn aufgrund der verarbeiteten Produkte ein zu enger Bezug zur Landwirtschaft besteht. Dürregefahren einerseits und die Konsequenzen staatlicher Strukturanpassung andererseits, die landwirtschaftliche Produkte verteuern, schlagen bei Korbflechtern, Bäckern, Bierbrauern oder Viehhändlern negativ zu Buche. Häufig handelt es sich bei den ausgewählten Aktivitäten um Arbeiten, die keine größeren Investitionen benötigen und *gender*-spezifisch besetzt sind („typische" Frauen- bzw. Männerarbeiten).

Ein Beispiel ist die Bienenzucht, die auch bei Landarmut betrieben werden kann und nur geringes Eigenkapital erfordert. Aus lokalen Materialien werden Bienenkörbe gebaut, die von wilden Schwärmen genutzt werden (ILLGNER, NEL & ROBERTSON 1998, S. 355). Es liegt im Interesse der Züchter, die lokale nektar- und pollenproduzierende Vegetation vor Rodungen zu schützen. Bienenzucht kann daher auch einen Beitrag zur nachhaltigen Entwicklung leisten. Spätestens bei der Vermarktung sind kooperative Strukturen notwendig, um gewisse

De-Agrarisierung und rurale Industrie 311

Qualitäts- und Verpackungsstandards zu wahren oder den Transport des Honigs zum Verbraucher zu organisieren. Traditionell wird die Bienenzucht eher von Männern betrieben, doch in Sambia und Simbabwe wird dieser Erwerbszweig immer häufiger von Frauen dominiert, die einen eigenen Haushalt führen. Im Allgemeinen ist die Fluktuation der Betriebe groß (GAIDZANWA 1997, S. 161). Das Problem, dass zu viele Unternehmer in diesen Bereich drängen und damit ein Überangebot entsteht, wird weitestgehend verdrängt. Es steht im Einklang mit traditionellen Wertvorstellungen, dass man über andere nicht schlecht spricht und dass der Wohlstand der Gruppe über dem des Individuums steht. Erfolg hat man nur dann, wenn man besser ist als alle anderen (TELLEGEN 1997, Kap. 5.4).

Als eine letzte Erwerbsquelle sind staatliche Zuwendungen zu nennen, die in ihren Konsequenzen vor allem für Botsuana diskutiert worden sind. Damit ist das Land allerdings eine Ausnahme, ist es doch einer der reichsten Staaten der Region und kann entsprechende Finanzmittel zur Verfügung stellen. Um das Dürrerisiko und damit den Ausfall monetärer Einkommen zu vermindern, existieren staatliche Hilfsprogramme, die sowohl die Ausgabe kostenloser Nahrungsmittel als auch das Angebot entlohnter Arbeit während der regenlosen Zeit umfassen. Letztere zieht positive Einkommenseffekte für die lokale Mantelbevölkerung wie Ladenbesitzer usw. nach sich. Die Tatsache, dass diese Form der Sozialhilfe aber immer häufiger von der Regierungspartei politisch instrumentalisiert wird, um bei Wahlen Erfolg zu haben, fördert die Abhängigkeit der Bevölkerung von Hilfsleistungen und den Verlust bzw. das Vergessen eigener Mechanismen und Strategien zur Existenzsicherung (KRÜGER in KRÜGER, RAKELMANN & SCHIERHOLZ 2000, S. 38).

5 Die Region Südliches Afrika nach Ende der Apartheid

5.1 Imageentwicklung Afrikas und der Region

Die 1990er Jahre standen nach der Beendigung des Ost-West-Konfliktes, der sich in verschiedenen Stellvertreterkriegen niedergeschlagen hatte, und der Abschaffung des Apartheid-Systems vor der Hoffnung, dass Demokratie und Prosperität die Zukunft des afrikanischen Kontinents bestimmen könnten. Leitfiguren wie Nelson Mandela förderten in der internationalen Gemeinschaft das Image, dass Afrika geistig und politisch zusammenwachsen würde, wie z. B. im sog. Pan-Afrikanischen Parlament, das aus Vertretern aller nationalen Parlamente bestehen soll, um über ethnische und rassische Grenzen hinweg plural, demokratisch und versöhnlich gesellschaftliche Lösungen zu finden. Von der „Wiedergeburt" Afrikas, aber auch von der „Afrikanisierung" Afrikas wurde gesprochen, um sich nach der politischen Emanzipation von weißen Minderheiten auch in den Bereichen Wirtschaft, Bildung und Kultur von „europäischen" Einflüssen zu befreien. Eine Indigenisierung der Gesellschaft (RAFTOPOULOS 1996) wurde im Südlichen Afrika so verstanden, dass der Austausch politischer Eliten mit der Entmachtung traditioneller und vor allem weißer wirtschaftlicher und sozialer Eliten einhergehen müsse. Wortführer ist der simbabwische Präsident Mugabe, der mit seiner Politik der Landenteignung gegenüber Weißen diesem Ziel näher gekommen ist und entschiedene Sympathien namentlich unter schwarzafrikanischen Intellektuellen und Panafrikanisten aus Namibia und Südafrika gewinnt. Die historische Schuld von Europäern an der Armut Afrikas aus Kolonialisierung und Versklavung hat die African World Reparations and Repatriation Truth Commission auf US-$ 777 Trillionen zu berechnen versucht. Diese zuweilen eingeforderte Kollektivschuld von Weißen gegenüber dem afrikanischen Kontinent spiegelt sich auch in der Forderung des südafrikanischen ANC wider, dass sich die weiße Bevölkerung im Rahmen einer Deklaration für das System der Apartheid entschuldigen müsse (Business Day 12.12.2000).

In der internationalen Presse wurde die Indigenisierung Afrikas, was die Internalisierung / Kontinentalisierung bewaffneter Konflikte wie in der DR Kongo (Zaire) sowie die Identifizierung des AIDS-Virus als anglo-amerikanisches Komplott einschließt, verheerend aufgenommen (ANKOMAH 2000). Ende des 20. Jh. ist Afrika wieder zum „hopeless continent" (The Economist 13.-19.05.2000) geworden bzw. zum „Kontinent in Flammen" (Die Zeit 18.05.2000), wobei die Staaten des Südlichen Afrika im afrikanischen Vergleich noch vergleichsweise „funktionsfähig" erscheinen (vgl. Abb. 17). Die Gefahr, dass Demokratisierung in Ländern wie Südafrika, Malawi, Sambia oder Mosambik in eine Re-Ethnisierung, d. h. in eine wahltechnisch legitimierte Vorherrschaft einer Bevölkerungsgruppe mündet, die ausschließlich Klientelpolitik betreibt und damit gewalttätige Konflikte auslöst, ist keinesfalls gebannt.

5.2 Wirtschaftliche Bedeutung

Im Vergleich zu allen anderen Handelszusammenschlüssen Afrikas weist die SADC in den letzten Jahren das größte Wachstum und Handelsvolumen auf. Die Organisation profitiert vor allem von der Einbindung der Republik Südafrika seit Mitte der 1990er Jahre (Tab. 39).

Tab. 39: Exportaufkommen in regionalen Handelsblöcken (in Mio. US-$)

Handelsblock	1970	1980	1990	1995	1998
EU	76 451	456 857	981 260	1 259 699	1 076 512
NAFTA	22 078	102 218	226 273	394 472	521 649
COMESA	412	616	963	1 184	1 516
SADC	**76**	**96**	**930**	**3 744**	**4 540**
ASEAN	1 360	12 238	27 196	77 910	67 756
MERCOSUR	451	3 424	4 127	14 199	20 352
Quelle: World Bank (2000, S. 326)					

Von diesem Land gehen vielfältige Direktinvestitionen und Bankkredite in die Nachbarstaaten, wie z. B. nach Lesotho für das Lesotho-Wasserprojekt oder nach Mosambik im Rahmen der Entwicklung des Maputo-Korridors (Tab. 40).

Südafrika ist mit seinen eigenen multinationalen Konzernen zur Speerspitze der Globalisierung auf dem afrikanischen Kontinent geworden. Damit sind jedoch die Probleme Armut, Krankheit und Krieg keinesfalls beseitigt, weshalb sich viele afrikanische Länder fragen, welcher Vorteil ihnen die Konvertierung zum Kapitalismus im Rahmen der Afrostrojka eingebracht hat. Eher sehen sie die Globalisierung als eine Verlängerung der ungleichen Weltordnung von Kolonialismus und Imperialismus mit anderen Mitteln, deren wichtigster Verbündeter in der Region Südafrika ist. Dementsprechend werden ihre politischen und wirtschaftlichen Vertreter zuweilen als neue Imperialisten der einzigen Supermacht Afrikas gebrandmarkt (NEVIN 2000b). Ihre Politik bestimmt, welcher Staat Afrikas eine genügend funktionale Bedeutung für die südafrikanische Volkswirtschaft gewinnen kann, sei es durch die Einbindung über Korridorprojekte oder Wasserpipelines, als Tourismusziel oder als Bergbauinsel. Dabei handelt Südafrika im ureigensten Interesse, um die hohe Arbeitslosigkeit unter der eigenen Bevölkerung zu senken, agiert aber in *global village*-Konzepten (*high tech*-Telekommunikation, Industriecluster, internationales Management), obwohl in den Nachbarländern noch nicht einmal die Grundbedürfnisse gedeckt werden können. Hier besinnt man sich eher darauf, dass „Africa's future lies in its traditions", um selbstverantwortlich und nachhaltig zu handeln: Das post-koloniale System per se bleibt fremdartig und ist in seiner Grundstruktur ausbeuterisch, weil es nur kleinen inländischen Eliten als Brückenköpfen ausländischer Metropolen Vorteile verschafft. Die Dependenztheorie der 1960er und 1970er Jahre erfährt in Afrika unter den Bedingungen der Globalisierung eine Wiederauferstehung (Daily Mail & Guardian 26.10.2000).

Groß sind deshalb die Verbitterung und der Wettbewerb zwischen einzelnen Ländern, z. B. zwischen Simbabwe und Südafrika, welcher Weg der richtige sei, nicht nur das eigene Land, sondern Afrika insgesamt zu entwickeln. So zielt Robert Mugabe darauf, mittels der Verteilung von Boden „Afrika den Afrikanern" zurückzugeben. Ideologie bekommt hier ein größeres Gewicht als volkswirtschaftliche Ratio, die in anderen Ländern der Region wie Malawi oder Sambia von Weltbank und IWF über Preisliberalisierung, Privatisierung und Beschäftigtenabbau eingefordert wird. Die moralische Verpflichtung zur Hilfe, die die Länder Afrikas gegenüber Südafrika aufgrund ihrer jahrzehntelangen Unterstützung des Apartheid-Kampfes geltend machen, ist von südafrikanischer Seite zuweilen nur in einem Spagat zwischen Pragmatismus und radikaler Rhetorik einzulösen.

Im weltweiten Vergleich der Handelsblöcke ist die SADC weiterhin eine zu vernachlässigende Größe (Tab. 39). Abgesehen von rohstoffintensiven Produkten auf agrarischer und bergbaulicher Basis ist die internationale Wettbewerbsfähigkeit nach wie vor gering (VALENTINE & KRASNIK 2000). Abb. 49 zeigt, wie das Investitionsrisiko von internationalen Consulting-Agenturen für die Region bewertet wird. Dabei schlägt insbesondere die politische Unsicherheit in Simbabwe zu Buche, aber auch das hohe Sicherheitsrisiko für Investoren in Südafrika, ganz zu schweigen von den Risiken, wie sie für die Bürgerkriegsländer Angola und DR Kongo (Zaire) eingeschätzt werden. In einer Expertise „Global Trends 2015" kommt die Clinton-Administration zu folgendem Ausblick, die die Vision einer „African Renaissance" und einer „United States of Africa" verwirft: „SA and Nigeria, the continent's largest economies, will remain the dominant powers in the region. But their ability to function as economic locomotives and stabilisers will be constrained by large unmet domestic demands for resources to stimulate employment, growth and social services, including dealing with AIDS. Even a robust SA will not exert a strong pull on its partners in the SADC. The SA economy will be more closely tied to its relationship with the larger global economy than with sub-Saharan Africa" (Business Day 20.12.2000).

Tab. 40: Finanzzuflüsse und Finanzhilfen, Durchschnitt 1998/99

	Finanzhilfen (in % BSP) 1998	Private Kapitalzuflüsse (in Mio. US-$)	Ausländische Direktinvestitionen (in Mio. US-$)
Angola	8,2	1207	1416
Botsuana	2,3	64	66
DR Kongo	2,0	1	1
Lesotho	6,2	225	214
Malawi	24,4	42	31
Mosambik	28,2	292	301
Namibia	5,7	./.	57
Südafrika	0,4	2658	963
Swasiland	./.	./.	./.
Sambia	11,0	96	118
Simbabwe	4,7	−74	68

Quelle: World Bank (2000, S. 342 f.); World Bank (2001, S. 238 f.)

5.3 Fortbestand der Unterentwicklung?

KAPPEL (1999) unterscheidet zwischen vier Erklärungsansätzen für die anhaltende Unterentwicklung Afrikas:
1. Krieg, Korruption und Klientelismus;
2. sog. Inflexibilitäten, die auf interne wirtschaftliche Ursachen wie staatlich fixierte Wechselkurse und Wettbewerbsbeschränkungen verweisen;
3. externe Schocks, die aus außenwirtschaftlichen Restriktionen wie Wechselkursschwankungen und Nachfrageveränderungen auf dem Weltmarkt resultieren;

Fortbestand der Unterentwicklung 315

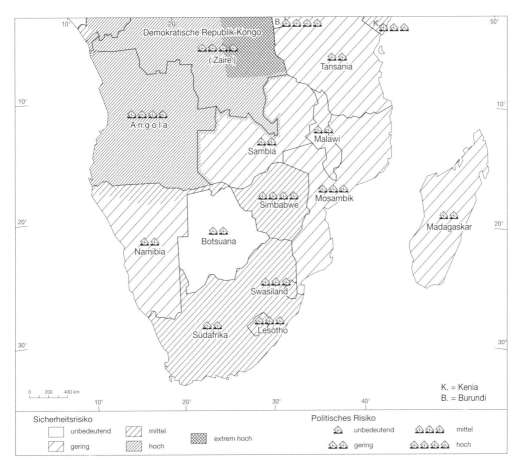

Abb. 49: Investitionsrisiken im Südlichen Afrika
Quelle: WILLIAMS (2001, S. 16)

4. Staatsversagen, das sich mangels politisch-wirtschaftlicher Effizienz, Transparenz und Verantwortungsbewußtseins der Eliten ergibt, die eine Partizipation breiter Bevölkerungsschichten traditionell eher zu verhindern versuchen.

Auf der wirtschaftlichen Ebene wird mit Hilfe von Wirtschaftsreformen, die zur Voraussetzung internationaler Kredite werden können, Privatisierung, Liberalisierung und Deregulierung von Märkten versucht, zu einer effizienteren Ressourcenallokation als in der Vergangenheit zu gelangen – auch auf Kosten steigender Lebenshaltungskosten, zunehmender Arbeitslosigkeit und sozialer Polarisierung.

Auf der politischen Ebene sollen *good governance*-Programme wie in Mosambik, Malawi, Südafrika und Swasiland dazu beitragen, politische, wirtschaftliche und soziale Prioritäten in einem breiten gesellschaftlichen Konsens abzustimmen, in dem auch die ärmsten und verwundbarsten Bevölkerungsgruppen gehört werden. Diese Institutionalisierung demokratischer Elemente bis auf die unterste räumliche und soziale Ebene wäre in einigen afrikanischen Ländern geradezu revolutionär; sie kollidiert jedoch häufig mit der Macht, die in den Händen traditioneller und stammesherrschaftlicher Eliten liegt. Insbesondere die Dezentralisierung von Regierungsgewalt, um damit lokale Probleme auch lokal besser lösen zu können, unterliegt der Gefahr, dass sich der Staat infolge von Regionalismus zugleich re-ethnisieren und desintegrieren könnte.

Auf der sozialen und demographischen Ebene sind die Konsequenzen aus der AIDS-Katastrophe (SHELL 2000) noch gar nicht absehbar. Systematisch zerfallen dabei in den nächsten Jahrzehnten soziale familiäre Sicherungssysteme, die von staatlicher Seite mangels ausreichender Finanzmittel nicht ausgefüllt werden können. In einem Schreckensszenario der amerikanischen CIA werden die Länder der Region nicht nur auf die produktivsten Altersjahrgänge verzichten müssen, sondern sie werden auch von Kinder(waisen)armeen (wie in den Bürgerkriegen Westafrikas bereits geschehen) in ihrer staatlichen Integrität herausgefordert.

5.4 Ausblick

Die bisher geführte Diskussion hat deutlich gemacht, dass die Länder der Region in vielfältiger Weise funktional miteinander vernetzt sind, wobei die Republik Südafrika das unangefochtene politisch-militärische und wirtschaftlich-soziale Zentrum bildet. Letztere hat es verstanden, nach Abschaffung der Apartheid die traditionelle Hegemonialfunktion über ihre Nachbarstaaten auch auf andere Länder der Region auszudehnen. Damit sind jedoch weder Frieden und Demokratie noch wirtschaftliche Prosperität für das Südliche Afrika gesichert. LE PÈRE (2000) diskutiert fünf Szenarien, welche Antriebskräfte die Region in Zukunft steuern könnten.

Konflikt: Die Region zerfällt in Inseln. Die relativ wohlhabenden und sicheren Bereiche befinden sich im äußersten S und werden umgeben von einem „Krisenbogen", der von Angola und DR Kongo (Zaire) über Sambia und Malawi bis nach Mosambik reicht. Entweder handelt es sich dabei um Staaten mit schwachen Regierungen oder um solche, deren Staatsautorität vollständig zusammengebrochen ist. Anstelle von Regierungsverantwortlichen kontrollieren Führer einzelner Ethnien oder Söldnergruppen kleinere Territorien oder einträgliche wirtschaftliche (in der Regel Bergbau-) Ressourcen, mit denen sie ihren *low intensive warfare* gegen andere Gruppen und gegen die eigene Bevölkerung finanzieren. Zumeist handelt es sich bei den Bergbauinseln um die letzten Reste einer formellen Wirtschaftsstruktur, die in die wirtschaftlichen Beziehungen zur Metropole Südafrika, wo die zuweilen global agierenden Bergbaukonglomerate ihre Zentrale haben, „ungleich und ausbeuterisch" eingebunden sind. Ansonsten sind sowohl das Wirtschaftsleben im Krisengürtel als auch dessen Handelsbeziehungen zur Metropole fast vollständig informalisiert. Krankheiten und Dürrekatastrophen verstärken die Migration in die südlicheren Länder, die sich mit baulichen (Elektrozäune) und polizeilichen Maßnahmen (Deportationen) dagegen zu wappnen versuchen.

Ausblick

Autorität: Die Länder werden von kleinen Eliten beherrscht, die die Staatskontrolle zu privaten Gewinnen missbrauchen. Sie nutzen ihre Autorität, um sich territoriale Inseln des Wohlstands zu sichern. Zugleich verarmt der Großteil der Bevölkerung, der weitestgehend im informellen Sektor überleben muss. Die Region selbst ist als Staatenkonstellation stabil, weil sich die Regierungen auf ein Prinzip der gegenseitigen Nichteinmischung verständigt haben.

Selbsthilfe: Der Staat ist ineffektiv und wird in seinen Funktionen von einer „informellen Parallelgesellschaft außerhalb der Reichweite des Staates" ersetzt. Die Menschen agieren in Eigenhilfe, um zu überleben. Gemeinschaften organisieren und identifizieren sich auf lokaler Ebene. Traditionelle, zuweilen archaische Sanktionsmechanismen gewinnen (wieder) an Bedeutung, wodurch sowohl Konflikte als auch Kriminalität begrenzt werden. Die gesellschaftliche Fragmentierung nach Regionen oder Ethnien führt aber dazu, dass die regionale Integration gering bleibt.

Markt: Die Wirtschaft wird gekennzeichnet von Liberalisierung und Privatisierung. Der Staat „verabschiedet" sich von Funktionen, die zumindest bisher noch ein Niedrigstmaß an sozialen Leistungen, z. B. in Form von Preissubventionen für Grundnahrungsmittel, boten. Zuweilen entwickelt sich ein „Räuberkapitalismus", der nur einigen Eliten – häufig auf Kosten der Umwelt – die Möglichkeit einräumt, reich zu werden und hierüber an politischen Entscheidungsprozessen teilzuhaben. Die Mehrheit der Bevölkerung überlebt weiterhin im informellen Sektor.

Renaissance: Die Regierungen lassen sich von der Vision einer „wechselseitigen, nutzbringenden Zusammenarbeit" der einzelnen Länder leiten. Auf der Grundlage eines günstigen wirtschaftlichen Wachstums wird nicht nur eine wirtschaftliche, sondern auch eine politische Integration demokratisch regierter Staaten angestrebt. Die Bevölkerung entwickelt auf dieser Grundlage eine regionale Identität, die sowohl ethnisch-lokale als auch nationale Besonderheiten zu überwinden hilft.

Welches Szenario sich auch durchsetzt, die Region wird bereits heute von einem Mix dieser Perspektiven geprägt. Der Zerfall von Ländern wie Angola und DR Kongo (Zaire) – ein Indiz hierfür ist die Ermordung des kongolesischen Präsidenten Kabila im Januar 2001 – oder die politische Demagogie in Simbabwe spiegeln die Szenarien Konflikt und Autorität wider. Die großen und sich noch vertiefenden sozialen Ungleichheiten machen deutlich, dass nur kleine Eliten von den neuen liberalen Marktmechanismen der 1990er Jahre profitieren konnten. So hat sich innerhalb der schwarzen Bevölkerungsgruppe Südafrikas der Gini-Koeffizient, der das Ausmaß sozialer Ungleichheit zum Ausdruck bringt, innerhalb von 10 Jahren von 0,35 (1990) auf 0,67 (1999) beinahe verdoppelt (GILIOMEE 2001, S. 26). Ein Großteil der Bevölkerung versucht, die komplizierter werdende Welt durch alte Traditionen wie Geisterglauben begreifbar zu machen. Hexerei wird zu einem Element der Selbsthilfe, wo staatliche Institutionen keine Lösungen mehr anbieten können. Wie der gesamte Kontinent befindet sich das Südliche Afrika in einem Spagat zwischen mittelalterlich anmutenden Denkmustern und postmoderner Einbindung in globale Netzwerke. Entscheidend wird insbesondere sein, welche wirtschaftliche und politische Wertschätzung das Südliche Afrika von anderen Regionen der Welt erfahren wird, die als positives Regulativ auf die Entwicklung von Demokratie und sozialer Marktwirtschaft wirken könnten.

Literatur

ABSA-Bank (Amalgamated Banks of South Africa) (Hrsg.) (1995): Southern Africa: an economic profile. Halfway House.
Acocks, J. P. H. (1953): Veld types of South Africa. In: Memoirs of the Botanical Survey of South Africa 28, S.1–192.
Adams, W. M.; Goudie, A. S. & A. R. Orme (Hrsg.) (1996): The physical geography of Africa. Oxford (Oxford Regional Environments).
Addison, G. (1998): The deeper meaning of gold. In: Leadership 17 (2), S. 48–59.
Africa Institute of South Africa (Hrsg.) (1998): Africa at a glance: facts and figures 1997/8. Pretoria.
Ahmed, Z.; Heller, V. & K. Hughes (1999): South Africa's hotel industry. In: Cornell Hotel and Restaurant Administration Quarterly (Febr.), S. 74–85.
Ahwireng-Obeng, F. & P. J. McGowan (1998): Partner or hegemon? South Africa in Africa. Part One. In: Journal of Contemporary African Studies 16 (2), S. 5–38.
Alexander, J. & J. McGregor (2000): Wildlife and politics: CAMPFIRE in Zimbabwe. In: Development and Change 31 (3), S. 605–627.
Allen, H. (2000): Conservation & development: living with elephants in southern Africa. In: Geography Review 13 (5), S. 2–5.
Amado, F. R.; Cruz, F. & R. Hakkert (1994): Angola. In: Tarver, J. D. (Hrsg.): Urbanization in Africa: a handbook. Westport/Conn., S. 105–124.
Ambrose, D. (1993): Maseru: an illustrated history. Morija, Lesotho.
Anderson, D. M. & R. Rathbone (Hrsg.) (2000): Africa's urban past. Oxford.
Ankomah, B. (2000): Reporting Africa: in the name of national Interest. In: New African (July/Aug.), S. 16–24.
Ansprenger, F. (1999): Politische Geschichte Afrikas im 20. Jahrhundert. 3. Aufl. München (Beck'sche Reihe 468).
Arbeitsbeziehungen im Umbruch (1999): in: sadec-brief 1 (Beilage der Zeitschrift afrika süd) (vier Seiten).
Arkin, A. J.; Maggyar, K. P. & G. J. Pillay (1989): The Indian South Africans. Pinetown.
Aryeetey-Attoh, S. (Hrsg.) (1997): Geography of sub-Saharan Africa. Prentice Hall/N.J.
Atkins, S. & A. Terry (1998): The changing role of sugar as a vehicle for economic development within southern Africa. In: Simon, D. (Hrsg.): South Africa in southern Africa. Oxford, S. 129–145.

Bagachwa, M. D. & F. Stewart (1992): Rural industries and rural linkages in SubSaharan Africa: a survey. In: Stewart, F. u. a. (Hrsg.): Alternative development strategies in SubSaharan Africa. London, S. 145–184.
Bähr, J. (1968): Kulturgeographische Wandlungen in der Farmzone Südwestafrikas. Bonn (Bonner Geographische Abhandlungen 40).
Bähr, J. (1970): Windhoek: eine stadtgeographische Skizze. In: Erdkunde 34 (1), S. 39–59.
Bähr, J. (1981): Veränderungen in der Farmwirtschaft Südwestafrikas / Namibias zwischen 1965 und 1980. In: Erdkunde 35 (4), S. 274–289.
Bähr, J. (1989): Deutsche Farmer in Südwestafrika/Namibia. In: Rother, K. (Hrsg.): Europäische Ethnien im ländlichen Raum der Neuen Welt. Passau, S. 99–111 (Passauer Schriften zur Geographie 7).

BÄHR, J. (1997): Bevölkerungsgeographie: Verteilung und Dynamik der Bevölkerung in globaler, nationaler und regionaler Sicht. 3. Aufl. Stuttgart (UTB 1249).

BÄHR, J. & U. JÜRGENS (1990): Auflösung der Apartheid-Stadt? Fallbeispiele aus Johannesburg, Durban und Port Elizabeth. In: Erdkunde 44 (4), S. 297–312.

BÄHR, J. & U. JÜRGENS (1993): Die südafrikanische Stadt. Von der Spät-Apartheid- zur Post-Apartheid-Stadt. In: Geographische Rundschau 45 (7/8), S. 410–419.

BÄHR, J. & U. JÜRGENS (1995): Bevölkerungsdruck und Wanderungen in Malawi. In: LEISCH, H. (Hrsg.): Perspektiven der Entwicklungsländerforschung. Festschrift für Hans Hecklau. Trier, S. 53–69 (Trierer Geographische Studien 11).

BÄHR, J. & U. JÜRGENS (Hrsg.) (2000): Transformationsprozesse im Südlichen Afrika – Konsequenzen für Gesellschaft und Natur. Kiel (Kieler Geographische Schriften 104).

BÄHR, J.; JÜRGENS, U. & S. BOCK (1998): Auflösung der Segregation in der Post-Apartheid-Stadt? – Diskutiert anhand kleinräumiger Wohnungsmarktanalysen im Großraum Johannesburg. In: Petermanns Geographische Mitteilungen 142 (1), S. 3–18.

BÄHR, J. &. J. KÖHLI (1988): Lesotho: Entwicklungsmerkmale einer abhängigen Wirtschaft. In: Geographische Rundschau 40 (12), S. 30–37.

BÄHR, J. & G. MERTINS (2000): Marginalviertel in Großstädten der Dritten Welt. In: Geographische Rundschau 52 (7/8), S. 19–26.

BÄHR, J. & A. SCHRÖDER-PATELAY (1982): Die südafrikanische Großstadt: ihre funktional- und sozialräumliche Struktur am Beispiel der „Metropolitan Area Johannesburg". In: Geographische Rundschau 34 (11), S. 489–497.

BAKER, J. & T. A. AINA (Hrsg.) (1995): The migration experience in Africa. Uppsala.

BAKER, J. (1997): Trophy hunting as a sustainable use of wildlife resources in southern and eastern Africa. In: Journal of Sustainable Tourism 5 (4), S. 306–321.

BALLARD, S. (1997): South Africa handbook. Bath.

BANK, L. (1990): The making of the QwaQwa 'mafia'? Patronage and protection in the migrant taxi business. In: African Studies 49 (1), S. 71–93.

BARBER, J. (1999): South Africa in the twentieth century: a political history – in search of a nation state. Oxford (History of the Contemporary World).

BARKER, W. E. (1949): Apartheid – the only solution. In: Journal of Racial Affairs 1 (1), S. 24–38.

BARNARD, W. S. (2000): „Cheaper the fences": the functional evolution of the lower Orange River boundary. In: Die Erde 131 (3), S. 205–220.

BARNES, J. & R. KAPLINSKY (2000): Globalization and the death of the local firm? The automobile components sector in South Africa. In: Regional Studies 34 (9), S. 797–812.

BARRACLOUGH, C. (1998): Trouble in Lusaka. In: Institutional Investor 23 (12), S. 47–55.

BASKIN, J. (1993): An urban environmental agenda. In: New Ground 12, S. 22–24.

BAYART, J. u. a. (1999): From kleptocracy to the felonious state? In: BAYART, J. u. a. (Hrsg.): The criminalization of the state in Africa. Oxford, S. 1–31.

BAYLIES, C. & C. WRIGHT (1993): Female labour in the textile and clothing industry of Lesotho. In: African Affairs 92 (369), S. 577–591.

BAYNHAM, S. (1998a): Southern Africa's role. In: South African Institute of International Affairs (Hrsg.): The illegal drug trade in southern Africa. Johannesburg, S. 103–119.

BAYNHAM, S. (1998b): The Nigerian nexus. In: South African Institute of International Affairs (Hrsg.): The illegal drug trade in southern Africa. Johannesburg, S. 89–101.

BEALL, J.; CRANKSHAW, O. & S. PARNELL (2000): The causes of unemployment in post-apart-

heid Johannesburg and the livelihood strategies of the poor. In: Tijdschrift voor Economische en Sociale Geografie 91 (4), S. 379–396.
BEAVON, K. (1998a): Nearer my mall to thee: the decline of the Johannesburg Central Business District and the emergence of the neo-apartheid city. Johannesburg (University of the Witwatersrand. Institute for Advanced Social Research. Seminar Paper 442).
BEAVON, K. (1998b): Johannesburg: 112 years of division from segregation to post-apartheid community or neo-apartheid city. Johannesburg (unveröff. Manuskript).
BECKEDAHL, H. R. (1998): Subsurface soil erosion phenomena in South Africa. Gotha (Petermanns Geographische Mitteilungen Ergänzungsheft 290).
BECKER, F. & B. BUTZIN (1998): Namibia zwischen Transformation, regionaler Integration und Weltwirtschaft. In: Geographische Rundschau 50 (4), S. 218–222.
BERGER, L. (1997): Der „weiße Elefant" erwacht. In: afrika süd (3), S. 27–28.
BERGER, I. (1999): Women in East and southern Africa. In: BERGER, I. & E. F. WHITE (Hrsg.): Women in sub-Saharan Africa. Bloomington, S. 5–62.
BERRY, B. J. L. (1973): The human consequences of urbanization: divergent paths in the urban experience of the twentieth century. New York.
BESLER, H. (1972): Klimaverhältnisse und klimageomorphologische Zonierung der zentralen Namib (Südwestafrika). Stuttgart (Stuttgarter Geographische Studien 83).
BESLER, H. u. a. (1994): Geomorphogenese und Paläoklima Namibias: eine Problemskizze. In: Die Erde 125 (2), S. 139–165.
BEST, A. (1970): Gaberone: problems and prospects of a new capital. In: Geographical Review 60 (1), S. 1–14.
BHORAT, H. (2000): The impact of trade and structural changes on sectoral employment in South Africa. In: Development Southern Africa 17 (3), S. 437–466.
BIDDLECOM, A. E. & B. M. FAPOHUNDA (1998): Covert contraceptive use: prevalence, motivations, and consequences. In: Studies in Family Planning 29 (4), S. 360–372.
BINNS, T. (1990): Is desertification a myth? In: Geography 75 (2), S. 106–113.
BINNS, T. & E. NEL (2001): Gold loses its shine: decline and response in the South African goldfields. In: Geography 86 (3), S. 255–260.
BINSWANGER, H. P. & K. DEININGER (1993): South Africa`s land policy: the legacy of history and current options. In: World Development 21 (9), S. 1451–1475.
BIRKELAND, N. M. (2000): Forced migration and deslocados in the Huambo Province, Angola. In: Norsk Geografisk Tidsskrift 54 (3), S. 110–115.
BIRKENHAUER, J. (1991): The great escarpment of southern Africa and its coastal forelands: a re-appraisal. München (Münchener Geographische Abhandlungen B 11).
BLACK, J. K. (1996): The privatization of crime in southern Africa. (http://www.zmag.org/zmag/articles).
BLAIKIE, P. (1985): The political economy of soil erosion in developing countries. Harlow.
BLAKELY, E. & M. SNYDER (1997): Fortress America: gated communities in the United States. Washington/D. C.
BLÜMEL, W. D.; HÜSER, K. & B. EITEL (2000): Landschaftsveränderungen in der Namib: Klimawandel oder Variabilität? In: Geographische Rundschau 52 (9), S. 17–23.
BÖHM, H. (1995): Wanderungsbewegungen in Afrika. In: Geographie und Schule 17 (94), S. 7–14.
BOHLE, H.-G. & F. KRÜGER (1992): Perspektiven geographischer Nahrungskrisenforschung. In: Die Erde 123 (4), S. 257–266.

BOLLERHEY, T. (2000): Afrika auf der digitalen Autobahn. In: Afrika-Post (3), S. II–IV.
BOND, P. (1999): Mit Gear ins Abseits? In: afrika süd (3), S. 23–25.
BORCHERT, G. (1961): Cela – ein Entwicklungszentrum im Hochland von Angola. In: Erdkunde 15 (4), S. 295–306.
BOSERUP, E. (1981): Population and technology. Oxford.
BOSHIER, A. & P. BEAUMONT (1972): Mining in southern Africa and the emergence of modern man. In: Optima 22 (1), S. 2–12.
BOTHA, J. H. & P. S. FOUCHÉ (2000): An assessment of land degradation in the Northern Province from satellite remote sensing and community perception. In: South African Geographical Journal 82 (2), S. 70–79.
BOWMAN, L.; BRATTON, M. & R. MURAPA (1983): Zimbabwe and South Africa: dependency, destabilization and liberation. In: CALLAGHY, T. M. (Hrsg.): South Africa in southern Africa. New York, S. 323–354.
BOWYER-BOWER, T. & C. STONEMAN (Hrsg.) (2000): Land reform in Zimbabwe: constraints and prospects. Aldershot (SOAS Studies in Development Geography).
BOWYER-BOWER, T. & C. STONEMAN (2000): Land reform's constraints and prospects: policies, perspectives and ideologies in Zimbabwe today. In: BOWYER-BOWER, T. & C. STONEMAN (Hrsg.): Land reform in Zimbabwe: constraints and prospects. Aldershot, S. 1–14 (SOAS Studies in Development Geography).
BREMNER, L. J. (2000): Post-apartheid urban geography: a case study of Greater Johannesburg's rapid land change development programme. In: Development Southern Africa 17 (1), S. 87–104.
BRINCATE, T. A. & P. M. HANVEY (1996): Perceptions and attitudes towards soil erosion in the Madebe Community, Northwest Province. In: South African Geographical Journal 78 (2), S. 75–82.
BROCKERHOFF, M. P. (2000): An urbanizing world. Population Bulletin 55 (3). Washington/D. C.
BROWN, A. W. & H. R. BARRETT (2001): The geography of health education in the context of the HIV/AIDS pandemic in southern Africa. In: Geography 86 (1), S. 23–36.
BROWN, M. u.a. (1998): Land restitution in South Africa: a long way home. Cape Town.
BRUNN, S. D. & J. F. WILLIAMS (1993): Cities of the world: world regional urban development. New York.
BRUNOTTE, E. & H. SANDER (2000): Bodenerosion in lößartigen Sedimenten Nordnamibias (Becken von Opuwo) hervorgerufen durch Gullybildung und Mikropedimentation. In: Zeitschrift für Geomorphologie 44 (2), S. 249–267.
BRYANT, C.; STEPHENS, B. & S. MACLIVER (1978): Rural to urban migration: some data from Botswana. In: African Studies Review 21 (2), S. 85–99.
BRYCESON, D. (1997): De-agrarianisation in sub-Saharan Africa: acknowledging the inevitable. In: BRYCESON, D. & V. JAMAL (Hrsg.): Farewell to farms. Aldershot, S. 3–20.
BURDETTE, M. (1990): Industrial development in Zambia, Zimbabwe and Malawi: the primacy of politics. In: KONCZACKI, Z. u. a. (Hrsg.): Studies in the economic history of southern Africa Vol. 1. London, S. 75–126.
BURGESS, R. (1977): Self - help housing: a new imperialist strategy? A critique of the Turner school. In: Antipode 9 (2), S. 50–59.
BURLING, K. (1998): Namibia rejects import of New York waste. (http://www.africanwildlife.org/current/import.html).
Business in Africa (2000): Internet tollkit. In: Business in Africa (June), S. 45–48.

BUTLER, D. & V. BENTLEY (Hrsg.) (1999): Major companies of Africa south of the Sahara 1999. London.

CALDWELL, J. C. (1982): Theory of fertility decline. London.
CALDWELL, J. C. (2000): Rethinking the African AIDS epidemic. In: Population and Development Review 26 (1), S. 117–135.
CALDWELL, J. C. & P. CALDWELL (1993): The South African fertility decline. In: Population and Development Review 19 (2), S. 225–262.
CALLINICOS, L. (1987): Working life 1886–1940: a people's history of South Africa Vol. 2. Braamfontein.
CARGILL, J.; BROWN, A. & S. SEGAL (1998): Money-bee with a sting in its tail. In: Siyaya (1), S. 18–21.
CARR, J. (1998): Africa rings in the changes. In: African Business (June), S. 34-35.
CARRUTHERS, J. (1989): Creating a national park, 1910 to 1926. In: Journal of Southern African Studies 15 (2), S. 188–216.
CASTELLS, M. (1991): Die zweigeteilte Stadt: Arm und Reich in den Staaten Lateinamerikas, der USA und Europas. In: SCHABERT, T. (Hrsg.): Die Welt der Stadt. München, S. 199–216.
CDE (Centre for Development and Enterprise) (Hrsg.) (1998): Pretoria: from Apartheid's model city to a rising African star? Johannesburg (CDE Research 8).
CHADWICK, D. & C. JOHNS (1996): A place for parks in the new South Africa. In: National Geographic 190 (1), S. 2–41.
CHANDA, R. (1997): Towards a geography of infectious and parasitic diseases in Botswana. In: Botswana Notes and Records 29, S. 93–103.
CHAPMAN, D. (1993): Apartheid and elephants: the Kruger National Park in a new South Africa. Ithaca/N. Y. (Staff Paper 94–02. Dept. of Agricultural, Resource, and Managerial Economics Cornell University).
CHATTOPADHYAY, R. (2000): Hunger im Überfluss: Strukturanpassung, Verelendung und Ernährungsunsicherheit in Simbabwe. In: afrika süd (5), S. 13–15.
CHERRY, J. (1994): Development, conflict and politics of ethnicity in South Africa's transition to democracy. In: Third World Quarterly 15 (4), S. 613–632.
CHOSSUDOVSKY, M. (1995): „Exporting Apartheid" to sub-Saharan Africa. In: Labour, Capital and Society 28 (2), S. 128–145.
CHOSSUDOVSKY, M. (1997a): Die Buren kommen. In: afrika süd (2), S. 8–11.
CHOSSUDOVSKY, M. (1997b): Exporting apartheid to Mozambique and beyond. In: Southern Africa Report 12 (2), S. 3–6.
CHRISTOPHER, A. J. (1982): South Africa. London.
CHRISTOPHER, A. J. (1983): From Flint to Soweto: reflections on the colonial origins of the apartheid city. In: Area 15 (2), S. 93–114.
CHRISTOPHER, A. J. (1989): Apartheid within apartheid: an assessment of official intra-black segregation on the Witwatersrand, South Africa. In: Professional Geographer 41 (3), S. 328–336.
CHRISTOPHER, A. J. (1992): The final phase of urban apartheid zoning in South Africa, 1990/1. In: South African Geographical Journal 74 (1), S. 29–34.
CHRISTOPHER, A. J. (1994): The atlas of apartheid. Johannesburg.
CHRISTOPHER, A. J. (1999): Towards the post-apartheid city. In: L'Espace géographique 28 (4), S. 300–308.

CILLIERS, J. (1997): L'Afrique australe en quête de stabilité. In: Afrique contemporaine, Numéro spécial, S. 79–89.
COCK, J. (1998): The legacy of weapons: the proliferation of light weapons in southern Africa. In: ROTBERG, R. & G. MILLS (Hrsg.): War and peace in southern Africa. Washington/D.C., S. 89–121.
COCKERTON, C. M. (1996): Less a barrier, more a line: the migration of Bechuanaland women to South Africa, 1850–1930. In: Journal of Historical Geography 22 (3), S. 291–307.
COETZEE, G. (1994): A water giant awakens. In: RSA Review 7 (1), S. 47–54.
COLEMAN, G. (1972): International labour migration from Malawi, 1875–1966. In: Journal of Social Science 2, S. 31–46.
COQUERY-VIDROVITCH, C. (1991): The process of urbanization in Africa: from the origins to the beginning of independence. In: African Studies Review 34 (1), S. 1–98.
COUSINS, B. (2000): Am Scheidewege: wem nützt die neue Landreform? In: afrika süd (4), S. 28–30.
COWLEY, J. (1985): Mafikeng to Mmabatho: village to capital city. In: Proceedings Geographical Association of Zimbabwe 16, S. 44–58.
CRAIG, J. (2001): Putting privatisation into practice: the case of Zambia Consolidated Copper Mines Limited. In: Journal of Modern African Studies 39 (3), S. 389–410.
CRANKSHAW, O. (1993): Squatting, apartheid and urbanisation on the southern Witwatersrand. In: African Affairs 92, S. 31–51.
CRANKSHAW, O. & C. WHITE (1995): Racial desegregation and inner city decay in Johannesburg. In: International Journal of Urban and Regional Research 19 (4), S. 622–638.
CRANKSHAW, O.; GILBERT, A. & A. MORRIS (2000): Backyard Soweto. In: International Journal of Urban and Regional Research 24 (4), S. 841–857.
CROSS, T. (1994): Afrikaner nationalism, Anglo American and Iscor: the formation of the Highveld Steel & Vanadium Corporation, 1960–70. In: Business History 36 (3), S. 81–99.
CROUCHER, S. (1998): South Africa's illegal aliens: constructing national boundaries in a post-apartheid state. In: Ethnic and Racial Studies 21 (4), S. 639–660.
CRUSH, J. (1995): Cheap gold: mine labour in southern Africa. In: COHEN, R. (Hrsg.): The Cambridge survey of world migration. Cambridge, S. 172–177.
CRUSH, J. (1999): Fortress South Africa and the deconstruction of apartheid's migration regime. In: Geoforum 30 (1), S. 1–11.
CRUSH, J. u. a. (1991): South Africa's labour empire: a history of Black migrancy to the gold mines. Cape Town.
CRUSH, J. & W. JAMES (Hrsg.) (1995): Crossing boundaries: mine migrancy in a democratic South Africa. Cape Town.
CRUSH, J. & W. RICHMOND (2000): The brain gain and legal immigration to post-apartheid South Africa. In: Africa Insight 30 (2), S. 21–30.
CRUSH, J. & P. WELLINGS (1983): The southern African pleasure periphery, 1966–83. In: Journal of Modern African Studies 21 (4), S. 673–698.
CUMMING, S. (1990): Post-colonial urban residential change in Zimbabwe: a case study. In: POTTER, R. B. & A. T. SALAU (Hrsg.): Cities and development in the Third World. London, S. 32–50.
CUNNINGHAM, A. (1991): The herbal medicine trade: resource depletion and environmental management for a 'hidden economy'. In: PRESTON-WHYTE, E. & C. ROGERSON (Hrsg.): South Africa's informal economy. Cape Town, S. 196–206.

DANGOR, S. (1997): The expression of Islam in South Africa. In: Journal of Muslim Minority Affairs 17 (1), S. 141–151.
DANIEL, M. L. (2000): The demographic impact of HIV/AIDS in Sub-Saharan Africa. In: Geography 85 (1), S. 46–55.
DAS GUPTA, A. (1997): Indians in Africa: past, present and future. In: Africa Quarterly 37 (1/2), S. 59–76.
DAVIDS, M. (1996): Directory of Muslim institutions and mosques in South Africa 1997. Maraisburg.
DAVIES, D. H. (1986): Harare, Zimbabwe: origins, development and post-colonial change. In: African Urban Quarterly 1 (2), S. 131–138.
DAVIES, R. & J. HEAD (1995): The future of mine migrancy in the context of broader trends in migration in southern Africa. In: Journal of Southern African Studies 21 (3), S. 439–450.
DAVIES, R. J. (1981): The spatial formation of the South African city. In: GeoJournal Supplementary Issue 2, S. 59–72.
DEAN, W. R. J. & I. A. W. MACDONALD (1994): Historical changes in stocking rates of domestic livestock as a measure of semi-arid and arid rangeland degradation in the Cape Province, South Africa. In: Journal of Arid Environments 26 (3), S. 281–298.
DEAN, W. R. J. u. a. (1995): Desertification in the semi-arid Karoo, South Africa: review and reassessment. In: Journal of Arid Environments 30 (3), S. 247–264.
DEMHARDT, I. J. (1997): Deutsche Kolonialgrenzen in Afrika: historisch-geographische Untersuchungen ausgewählter Grenzräume von Deutsch-Südwestafrika und Deutsch-Ostafrika. Hildesheim (Historische Texte und Studien 16).
DIESFELD, H. J. (1997): Malaria auf dem Vormarsch? Die Epidemiologie der Malaria, 100 Jahre nach der Aufklärung ihrer Übertragung. In: Geographische Rundschau 49 (4), S. 232–239.
DILGER, H. u.a. (2001): AIDS in Africa: broadening the perspectives on research and policymaking. In: Afrika Spectrum 36 (1) (special issue).
DIOP, I. (2000): A tale of misery in the rainbow nation. In: West Africa 4241, S. 9–10.
DONALDSON, S. E. & I. J. VAN DER MERWE (2000): Urban restructuring during transition: a model for South African urban development in the 21st century. In: Africa Insight 30 (1), S. 45–57.
DOTSON, F. & L. O. DOTSON (1968): The Indian minority of Zambia, Rhodesia and Malawi. New Haven/Conn.
DOUGILL, A. J.; THOMAS, D. S. G. & A. L. HEATHWAITE (1999): Environmental change in the Kalahari: integrated land degradation studies for nonequilibrium dryland environments. In: Annals of the Association of American Geographers 89 (3), S. 420–442.
DRAKAKIS-SMITH, D. (1992): Strategies for meeting basic food needs in Harare. In: BAKER, J. & P. O. PEDERSEN (Hrsg.): The rural-urban interface in Africa. Uppsala, S. 258–283.
DRAKAKIS-SMITH, D. & P. KIVELL (1990): Urban food distribution and household consumption: a study of Harare. In: PADDISON, R. & J. A. DAWSON (Hrsg.): Retailing environments in developing countries. London, S. 156–180.
DRESCHER, A. (1998): Sambia. Gotha (Perthes Länderprofile).
DRUMMOND, J. & S. PARNELL (1991): Mafikeng-Mmabatho. In: LEMON, A. (Hrsg.): Homes apart: South Africa's segregated cities. London, S. 162–173.

DÜNCKMANN, F. (1999): Naturschutz und kleinbäuerliche Landnutzung im Rahmen Nachhaltiger Entwicklung: Untersuchungen zu regionalen und lokalen Auswirkungen von umweltbezogenen Maßnahmen im Vale do Ribeira, Brasilien. Kiel (Kieler Geographische Schriften 101).

DÜVEL, G. H. & D. B. AFFUL (1996): Sociocultural constraints on sustainable cattle production in some communal areas of South Africa. In: Development Southern Africa 13 (3), S. 429–440.

DUFFY, R. (1997): The environmental challenge to the nation-state: superparks and national parks policy in Zimbabwe. In: Journal of Southern African Studies 23 (3), S. 441–451.

DUNBAR MOODIE, T. (1992): Town women and country wifes: migrant labour, family politics and housing preferences at Vaal Reefs Mine. In: Labour, Capital and Society 25 (1), S. 116–132.

DU PRÉ, R. H. (1997): One nation, many Afrikaners: the identity crisis of „brown" Afrikaners in the new South Africa. In: Journal for Contemporary History 22 (1), S. 81–97.

DYER, S. (1996): Fuelwoods used in rural South Africa. In: Development Southern Africa 13 (3), S. 485–494.

EISELEN, W. W. M. (1948): The meaning of apartheid. In: Race Relations 15 (3), S. 69–86.

EITEL, B. (1996): Neotektonische Leitlinien in Namibia: Epirogenese und Bruchtektonik östlich der Großen Randstufe. In: Die Erde 127 (2), S. 113–126.

ELLENBERG, L. (1999): Wildtier-Bewirtschaftung in Afrika. In: SCHULTZ, H.-D. (Hrsg.): Quodlibet geographicum. Berlin, S. 25–40 (Berliner geographische Arbeiten 90).

ERHARD, A. (1994): Malawi: Agrarstruktur und Unterentwicklung. Innsbruck (Innsbrucker Geographische Studien 22).

Eskom (ca. 1991): People's power – a special report on Eskom's electricity for All Vision Programme. Johannesburg.

Eskom (1997): Cahora Bassa project. In: Vector Electrical Engineering (April), S. 4–8.

ESTERHUYSEN, P. (Hrsg.) (1994): South Africa in sub-equatorial Africa: economic interaction. Pretoria.

Europa Publ. Ltd. (Hrsg.) (1998): Africa South of the Sahara 28th edition. London (Ausgabe 1999).

Europa Publ. Ltd. (Hrsg.) (1999): Africa South of the Sahara 29th edition. London (Ausgabe 2000).

EVANS, R. (1996): Growing pains (Gaborone). In: BBC Focus on Africa 7 (3), S. 54–56.

FAO (Food and Agricultural Organization) (1998): Food supply situation and crop prospects in Sub-Saharan Africa. Global information and early warning system on food and agriculture 3/1998. (http://www.fao.org).

FERREIRA, S. (1999): Crime: a threat to tourism in South Africa. In: Tourism Geographies 1 (3), S. 313–324.

FERREIRA, S. & A. HARMSE (1999): The social carrying capacity of Kruger National Park, South Africa: policy and practice. In: Tourism Geographies 1 (3), S. 325–342.

FLÜGEL, W.-A. (1991): Wasserwirtschaft und Probleme der „Dryland Salinity" in der Republik Südafrika. In: Geographische Rundschau 43 (6), S. 374–383.

FORSTER, P. G. (2000): Prostitution in Malawi and the HIV/AIDS risk. In: Nordic Journal of African Studies 9 (1), S. 16–19.

Fox, R. & A. Lemon (2000): Consolidating South Africa's new democracy: geographical dimensions of party support in the 1999 election. In: Tijdschrift voor Economische en Sociale Geografie 91 (4), S. 347–360.

Fox, R. & K. Rowntree (Hrsg.) (2000): The geography of South Africa in a changing world. Oxford.

Friedmann, J. (1986): The world city hypothesis. In: Development and Change 17 (1), S. 69–83.

Fues, T. (1983): Der Industriesektor in Lesotho. In: Afrika Spectrum 18 (1), S. 71–86.

Futter, M. & L. Wood (1997a): Foreign tourists in South Africa. In: Indicator SA 14 (2), S. 54–57.

Futter, M. & L. Wood (1997b): Domestic tourism in South Africa. In: Indicator SA 14 (2), S. 58–63.

Gaebe, W. (1988): Umsiedlungen in Südafrika. In: Geogr. Rundschau 40 (12), S. 22–29.

Gaebe, W. (1992): Wirtschaftliche Probleme der Städte Schwarzafrikas am Beispiel von Lusaka, Sambia. In: Zeitschrift für Wirtschaftsgeographie 36 (1/2), S. 21–31.

Gaidzanwa, R. (1997): Non-farm activities and gender in Zimbabwe. In: Bryceson, D. & V. Jamal (Hrsg.): Farewell to farms. Aldershot, S. 157–166.

Gaisie, S. K. (1998): Fertility transition in Botswana. In: Journal of Contemporary African Studies 16 (2), S. 277–296.

Garner, R. C. (2000): Safe sects? Dynamic religion and AIDS in South Africa. In: Journal of Modern African Studies 38 (1), S. 41–69.

Gastrow, P. (1999): Main trends in the development of South Africa's organised crime. In: African Security Review 8 (6), S. 58–69.

Geist, H. (1986): Subsistenzwirtschaft und Weltmarktproduktion in einer peripheren Region Malawis. In: Zeitschrift für Wirtschaftsgeographie 30 (3/4), S. 27–51.

Geist, H. (1992): Die orthodoxe und politisch-ökologische Sichtweise von Umweltdegradierung. In: Die Erde 123 (4), S. 283–295.

Geist, H. (1998): Tropenwaldzerstörung durch Tabak: eine These erörtert am Beispiel afrikanischer Miombowälder. In: Geographische Rundschau 50 (5), S. 283–290.

Geist, H. (1999): Soil mining and societal responses: the case of tobacco in eastern Miombo highlands. In: Lohnert, B. & H. Geist (Hrsg.): Coping with changing environments. Aldershot, S. 119–148.

Gibb, R. (1991): Imposing dependence: South Africa's manipulation of regional railways. In: Transport Reviews 11 (1), S. 19–39.

Gibb, R. A. (1998): Flexible integration in the „new" southern Africa. In: South African Geographical Journal 80 (1), S. 43–51.

Giessner, K. & G. Mayer-Leixner (1995): Die Feuerholzproblematik in den Subsahara-Staaten Schwarzafrikas. In: Leisch, H. (Hrsg.): Perspektiven der Entwicklungsländerforschung. Festschrift für Hans Hecklau. Trier, S. 125–144 (Trierer Geographische Studien 11).

Gilbert, A. & O. Crankshaw (1999): Comparing South African and Latin American experience: migration and housing mobility in Soweto. In: Urban Studies 36 (13), S. 2375–2400.

Gilbert, A. u. a. (1997): Low-income rental housing: are South African cities different? In: Environment and Urbanization 9 (1), S. 133–147.

GILBERT, L. (1996): Urban violence and health: South Africa 1995. In: Social Science and Medicine 43 (5), S. 873–886.
GILIOMEE, H. (2001): „Grandpa, what did you do during apartheid?" In: Frontiers of Freedom 27, S. 25–30.
GLEASON, D. & S. LIBERA (1995): Wachstum braucht Wasser. In: afrika süd (5), S. 32–33.
GNAD, M. (2002): Desegregation und neue Segregation in Johannesburg nach dem Ende der Apartheid. Kiel (Kieler Geographische Schriften 105).
GOEBEL, C. (1999): Am Ende des Regenbogens: Einwanderung, Fremdenfeindlichkeit und Nation-Building in Südafrika. Frankfurt/M.
GOLIBER, T. J. (1989): Africa's expanding population: old problems, new policies. Population Bulletin 44 (3). Washington/D. C.
GOLIBER, T. J. (1997): Population and reproductive health in Sub-Saharan Africa. Population Bulletin 52 (4). Washington/D. C.
GONÇALVES, F. (2000): The ivory war: to trade or not to trade. In: Southern African Political and Economic Monthly (April), S. 5–6.
GOOD, K. (1999): The state and extreme poverty in Botswana: the san and destitutes. In: Journal of Modern African Studies 37 (2), S. 185–205.
GOODLAND, R. (1996): The housing challenge in South Africa. In: Urban Studies 33 (9), S. 1629–1645.
GOOSEN, H. (1987): Die südafrikanischen Nationalparks: Stolz der Nation. In: Südafrikanisches Panorama 174, S. 3–15.
GORDON, R. J. (1978): Variations in migration rates: the Ovambo case. In: Journal of Southern African Affairs 3 (3), S. 261–294.
GORDON, R. & A. BANNISTER (1985): Nationalparks in Südafrika. Hannover.
GOUDIE, S.; KHAN, F. & D. KILIAN (1999): Transforming tourism: black empowerment, heritage and identity beyond apartheid. In: South African Geographical Journal 81 (1), S. 22–31.
GQUBULE, D. (1997): The hidden cost of crime. In: Southern African Economist (Febr.), S. 7–9.
GRAAFF, J. DE (1986): The present state of urbanisation in the South African homelands and some future scenarios. Stellenbosch (University of Stellenbosch – Department of Sociology Occ. Paper 11).
Greater Johannesburg Metropolitan Council (2000): Johannesburg – state of the environment. Johannesburg.
GREGSON, S. u. a. (1999): Apostles and Zionists: the influence of religion on demographic change in rural Zimbabwe. In: Population Studies 53 (2), S. 179–193.
GREST, J. (1995): Urban management, local government reform and the democratisation process in Mozambique: Maputo City 1975–1990. In: Journal of Southern African Studies 21 (1), S. 147–164.
GRONEMEYER, R. (Hrsg.) (1991): Der faule Neger. Reinbek.
GROVE, A. T. (1978): Africa. 3. Aufl. Oxford.
GRÜTTER, D. K. (1990): Illustrierte Geschichte Südafrikas. Herford.
GUILKEY, D. K. (1997): Fertility transition in Zimbabwe: determinants of contraceptive use and method choice. In: Population Studies 51 (2), S. 173–189.
GUILLAUME, D. (1997): Du blanc au noir ... essai sur une nouvelle ségrégation dans le centre de Johannesburg. In: L'Espace géographique 26 (1), S. 21–33.

HAEFELE, B. W. (1998): Islamic fundamentalism and Pagad: an internal security issue for South Africa? In: Crime and Conflict (11), S. 8–12.

HALBACH, A. (1975): Industrielle Dezentralisierung in Südafrika. In: ifo-schnelldienst 28 (29), S. 15–22.

HALBACH, A. J. (1988): Südafrika und seine Homelands: Strukturen und Probleme der „Getrennten Entwicklung". München (Afrika Studien 113).

HALBACH, A. J. (2000): Namibia: Wirtschaft, Politik und Gesellschaft nach 10 Jahren Unabhängigkeit. München.

HALBACH, A. J. & T. RÖHM (1998): Das neue Südafrika: Wachstumsimpulse für den schwarzen Kontinent? München (Afrika Studien 126).

HALDENWANG, B. B. (1996): International migration: a case study of South Africa. In: Development Southern Africa 13 (6), S. 829–845.

HALL, P. u. a. (1996): The cart before the horse: housing and development in Mandela Village. In: Indicator SA 13 (4), S. 67–72.

HANLON, J. (1999): Power without responsibility: the World Bank and Mozambican cashew nuts. (http://www.al6.org/resources/cashew.txt).

HANSEN, K. (1989): Distant companions: employers and their servants in Zambia. Ithaca/N. Y.

HARRISON, M. S. J. (1983): Rain day frequency and mean daily rainfall intensity as determinants of total rainfall over the eastern Orange Free State. In: Journal of Climatology 3 (1), S. 35–45.

HARRISON, P. & A. TODES (1996): The development corridor route: new highways or old byways? In: Indicator SA 13 (3), S. 70–75.

HATTINGH, P. (1994): A capital choice. In: Indicator SA 11 (3), S. 33–36.

HAWKINS, T. (1998): Southern Africa: trade, investment, industrialization, competitiveness and growth. In: World Economic Forum (Hrsg.): The African Competitiveness Report 1998. Genf, S. 54–60.

HEINE, K. (1988): Klimavariabilität und Bodenerosion in Südafrika. In: Geographische Rundschau 40 (12), S. 6–14.

HEINE, K. (1998): Klimawandel und Desertifikation im südlichen Afrika: ein Blick in die Zukunft. In: Geographische Rundschau 50 (4), S. 245–250.

HENKEL, R. (1985): Innerstädtische Zentralorte in einer Stadt der Dritten Welt: das Beispiel Lusaka (Zambia). In: Zeitschrift für Wirtschaftsgeographie 29 (1), S.19–37.

HENKEL, R. (1986): Nationale Städtesysteme im östlichen und südlichen Afrika: eine Analyse mit Hilfe der Rang-Größe-Regel. In: Zeitschrift für Wirtschaftsgeographie 30 (3/4), S. 14–26.

HENKEL, R. (1992): Bevölkerungswachstum, Wanderungsströme und Mobilität in Lusaka: jüngste Veränderungen und innerstädtische Differenzierung. In: Zeitschrift für Wirtschaftsgeographie 36 (1/2), S. 32–48.

HILLER, H. (2000): Mega-events, urban boosterism and growth strategies: an analysis of the objectives and legitimations of the Cape Town 2004 Olympic bid. In: International Journal of Urban and Regional Research 24 (2), S. 439–458.

HODGE, J. (1998): The Midrand area: an emerging high-technology cluster? In: Development Southern Africa 15 (5), S. 851–873.

HOFMEISTER, B. (1996): Die Stadtstruktur: ihre Ausprägung in den verschiedenen Kulturräumen der Erde. 3. Aufl. Darmstadt (Erträge der Forschung 132).

HOLDEN, M. (1998): Southern African economic integration. In: The World Economy 21 (4), S. 457–469.
HOLZNER, L. (1972): Entwicklung, Verteilung und Charakter der verarbeitenden Industrie in Süd Afrika. In: Geographische Zeitschrift 60 (2), S. 181–218.
HOOPER-BOX, C. (1999): Cooking, cleaning, energy & gender. In: Land & Rural Digest (May/June), S. 18–19.
HORTON, C. (1999): Made in SADC. In: SA Labour Bulletin 23 (1), S. 47–50.
HOSKING, S. (2000): Exploring the case for increasing glass recycling through regulation. Pretoria.
HOWE, H. (1998): Private security forces and African stability: the case of Executive Outcomes. In: Journal of Modern African Studies 36 (2), S. 307–331.
HUDAK, A. T. & C. A. WESSMAN (2000): Deforestation in Mwanza District, Malawi, from 1981 to 1992, as determined from Landsat MSS imagery. In: Applied Geography 20 (2), S. 155–175.
HUGON, P. (1997): L'Afrique du Sud et l'intégration régionale: la lumière des théories du nouveau régionalisme. In: Afrique contemporaine 184, S. 116–125.
HÜSER, K.; BLÜMEL, W. D. & B. EITEL (1998): Landschafts- und Klimageschichte des südwestlichen Afrika. In: Geographische Rundschau 50 (4), S. 238–244.
HÜSER, K. u. a. (2001): Namibia: eine Landschaftskunde in Bildern. Göttingen (Edition Namibia 5)
HÜTZ, F. (1994): Altkleiderexporte: Caritas oder Kommerz? In: afrika süd (4), S. 35–37.
HUTCHISON, C. S. (1983): Economic deposits and their tectonic setting. London.

ILLGNER, P.; NEL, E. & M. ROBERTSON (1998): Beekeeping and local self-reliance in rural southern Africa. In: Geographical Review 88 (3), S. 349–362.
ILLGNER, P. & E. NEL (2000): The geography of edible insects in sub-Saharan Africa: a study of the Mopane caterpillar. In: Geographical Journal 166 (4), S. 336–351.
ISERT, A. (1997): Die Homeland-Politik in Südafrika: die Entwicklung und Kontrolle der territorialen, demographischen, politischen und ökonomischen Ressourcen der Großen Apartheid zwischen 1950 und 1990. Frankfurt/M. (Berliner Studien zur Politik in Afrika 12).
ISHAQ, A.: On the global digital divide. In: Finance and Development 38 (3), S. 44–47.
ISHEMO, S. L. (1995): Forced labour and migration in Portugal's African colonies. In: COHEN, R. (Hrsg.): The Cambridge survey of world migration. Cambridge, S. 162–165.
issa (Informationsstelle für das südliche Afrika e.V.) (Hrsg.) (1994): Problemfeld Wasser. In: afrika süd (5) – Beilage sadec-brief (Beilage der Zeitschrift afrika süd) (4 Seiten).
issa (Informationsstelle für das südliche Afrika e.V.) (Hrsg.) (1995): Die Lage der Frauen in Botswana. sadec-brief 4 (Beilage der Zeitschrift afrika süd) (4 Seiten).
issa (Informationsstelle für das südliche Afrika e.V.) (Hrsg.) (1996a): Die Lage der Frauen. sadec-brief 1 (Beilage der Zeitschrift afrika süd) (4 Seiten).
issa (Informationsstelle für das südliche Afrika e.V.) (Hrsg.) (1996b): Die Lage der Frauen in Mosambik. sadec-brief 4 (Beilage der Zeitschrift afrika süd) (4 Seiten).
issa (Informationsstelle für das südliche Afrika e.V.) (Hrsg.) (1998): Industrie und regionale Integration. sadec-brief 2 (Beilage der Zeitschrift afrika süd) (4 Seiten).

JACKSON, S. P. (1951): Climates in southern Africa. In: South African Geographical Journal 33, S. 17–38.
JACOBSON, C. (1999): 'Crime and grime' city. In: Siyaya (5), S. 38–43.
JÄGER, F. (1954): Afrika: Ein geographischer Überblick. Berlin (2 Bände).
JEEVES, A. H. (1995): Migrant labour and the state under apartheid, 1948–1989. In: COHEN, R. (Hrsg.): The Cambridge survey of world migration. Cambridge, S. 178–182.
JENKINS, P. (2000): City profile: Maputo. In: Cities 17 (3), S. 207–218.
JENSEN, M. (2000): African internet status (May 2000). (http://www3.wn.apc.org/africa/afstat.htm).
JESSEN, O. (1943): Die Randschwellen der Kontinente. Gotha (Petermanns Geographische Mitteilungen Ergänzungsheft 241).
JOHNSON, P. C. (1994): Ecology and change in the agricultural system of the Kaonde of northwestern Zambia. In: Singapore Journal of Tropical Geography 15 (1), S. 1–16.
JOHNSTON, D. (1996): The state and development: an analysis of agricultural policy in Lesotho, 1970–1993. In: Journal of Southern African Studies 22 (1), S. 119–137.
JOUBERT, T. (1999): Development of a national waste management strategy for South Africa. Vortrag vom 25.10.1999. (http://www.globesa.org).
JOURDAN, P. (1998): Spatial Development Initiatives (SDIs): the official view. In: Development Southern Africa 15 (5), S. 717–725.
JOYCE, P. (1987): Sun City. Cape Town.
JÜRGENS, U. (1991): Gemischtrassige Wohngebiete in südafrikanischen Städten. Kiel (Kieler Geographische Schriften 82).
JÜRGENS, U. (1994): Bekkersdal, West Rand: Black population and settlement growth in a South African township. In: Petermanns Geographische Mitteilungen 138 (2), S. 67–76.
JÜRGENS, U. (1996): Maputo: Renaissance der Hauptstadt Moçambiques. In: Geographische Rundschau 48 (12), S. 730–736.
JÜRGENS, U. (1998): Kapstadt: Entwicklungspotentiale und -hemmnisse im „neuen" Südafrika. In: Geographische Rundschau 50 (4), S. 211–217.
JÜRGENS, U. (1999): Alte und neue Disparitäten in Südafrika. In: Geographie und Schule 21 (121), S. 20–29.
JÜRGENS, U. & J. BÄHR (1992): Die Öffnung südafrikanischer Innenstädte für nicht-weiße Unternehmer. In: Zeitschrift für Wirtschaftsgeographie 36 (3), S. 175–184.
JÜRGENS, U. & J. BÄHR (1994): Squatter und informelle Wohnbereiche in südafrikanischen Städten. In: DOMRÖS, M. & W. KLAER (Hrsg.): Festschrift für Erdmann Gormsen zum 65. Geburtstag. Mainz, S. 149–166 (Mainzer Geographische Studien 40).
JÜRGENS, U. & J. BÄHR (1996): Inder in Südafrika. In: Geographische Rundschau 48 (6), S. 358–365.
JÜRGENS, U. & J. BÄHR (1998): Johannesburg: stadtgeographische Transformationsprozesse nach dem Ende der Apartheid. Kiel (Kieler Arbeitspapiere zur Landeskunde und Raumordnung 38).
JÜRGENS, U. & M. GNAD (2000a): Ghettobildung in der Innenstadt von Johannesburg? Das Beispiel Yeoville. In: BÄHR, J. & U. JÜRGENS (Hrsg.): Transformationsprozesse im Südlichen Afrika – Konsequenzen für Gesellschaft und Natur. Kiel, S. 79–98 (Kieler Geographische Schriften 104).
JÜRGENS, U. & M. GNAD (2000b): Gated communities in Südafrika: Untersuchungen im Großraum Johannesburg. In: Erdkunde 54 (3), S. 198–207.

KAHIMBAARA, J. A. (1998): Migration to the urban areas of Gauteng and Western Cape, South Africa, according to the October household survey of 1995. Proceedings of the 21st SCORUS Conference June 1998 (unveröff. Vortragsmanuskript).

KAINBACHER, P. (1995): Windhoek: Entwicklung vom Dorf zur Hauptstadt Namibias. In: Mitteilungen der Namibia Wissenschaftlichen Gesellschaft 36 (3/4), S. 33–36.

KAINBACHER, P. (1997): Entwicklungs- und Umstrukturierungsprozesse im Tourismussektor Namibias. In: Journal für Entwicklungspolitik 13 (1), S. 99–114.

KALIPENI, E. (1997): Population pressure, social change, culture and Malawi's pattern of fertility transition. In: African Studies Review 40 (2), S. 173–208.

KALUWA, B. M. (1982): Performance of new capitals as regional economic policy measures: a case study of Lilongwe in Malawi. In: Journal of Social Science 9, S. 67–86.

KAPPEL, R. (1999): Die anhaltende Unterentwicklung Afrikas. In: Internationale Politik und Gesellschaft (1), S. 38–55.

KAPUCINSKI, R. (1988): Another day of life. London.

Karakul Breeders' Society of Namibia (Hrsg.) (2000): Year Book 2000. Windhoek.

KAUFMAN, C. E. (2000): Reproductive control in apartheid South Africa? In: Population Studies 54 (1), S. 105–114.

KAY, G. (1970): Rhodesia: a human geography. London.

KAY, G. (1983): Maputo: capital of Mozambique. In: Proceedings of the Geographical Association of Zimbabwe 14, S. 1–17.

KAY, G. & M. SMOUT (Hrsg.) (1977): Salisbury: a geographical survey of the capital of Rhodesia. London.

KEMPTON, D. R. & R. L. DU PREEZ (1997): Namibian-De Beers state-firm relations: cooperation and conflict. In: Journal of Southern African Studies 23 (4), S. 585–613.

KEREGERO, K.; DLAMINI, B. & M. KEREGERO (2000): Gender disparities in agriculture in Swaziland. In: FORSTER, P. & B. NSIBANDE (Hrsg.): Swaziland: contemporary social and economic issues. Aldershot, S. 122–145.

KERR, D. & N. KWELE (2000): Capital accumulation and the political reproduction of the urban housing problem in Botswana. In: Urban Studies 37 (8), S. 1313–1344.

Kessel Feinstein Consulting (Hrsg.) (1996): Tourism talk southern Africa. Johannesburg.

KHOSA, M. (1994): Whose land is it anyway? In: Indicator SA 12 (1), S. 50–56.

KIEM, C. G. (1993): Die indische Händlerminorität in Ostafrika. In: Sociologus 43 (2), S. 146–167.

KIGOTHO, W. (1999): A way to cut charcoal pollution. In: The Courier 173, S. 8.

KIM, S.; CROMPTON, J. & C. BOTHA (2000): Responding to competition: a strategy for Sun/Lost City, South Africa. In: Tourism Management 21 (1), S. 33–41.

KING, L. C. (1963): South African scenery. Edinburgh.

KING, L. C. (1978): The geomorphology of central and southern Africa. In: WERGER, M. J. A. (Hrsg.): Biogeography and ecology of southern Africa. Den Haag, S. 3–17.

KINLUND, P. (1996): Does land degradation matter? Perspective on environmental change in north eastern Botswana. Stockholm.

KINSEY, B. H. (2000): The implications of land reform for rural welfare. In: BOWYER-BOWER, T. & C. STONEMAN (Hrsg.): Land reform in Zimbabwe: constraints and prospects. Aldershot, S. 103–118 (SOAS Studies in Development Geography).

KISTING, S. (1999): Asbestos – the problem and the challenges facing South Africa. In: Indicator SA 16 (1), S. 75–81.

KLIEST, T. J. & H. R. SCHEFFER (1981): John Turner's theory of intra-urban mobility and the African reality: examples from east and west Africa. In: Tijdschrift voor Economische en Sociale Geografie 72 (5), S. 258–265.
KLIMM, E. (1973): Maun: Entwicklung und Struktur einer „Tswanastadt". In: KAYSER, K. & W. WETZEL (Hrsg.): Städte-Märkte-Zentren: Beiträge zur vergleichenden stadtgeographischen Forschung in Afrika. Köln, S. 119–153 (Kölner Geographische Arbeiten, Sonderfolge 5).
KLIMM, E.; SCHNEIDER, K.-G. & B. WIESE (1980): Das südliche Afrika I: Republik Südafrika – Swasiland – Lesotho. Darmstadt (Wissenschaftliche Länderkunden 17).
KLIMM, E.; SCHNEIDER, K.-G. & S. VON HATTEN (1994): Das südliche Africa II: Namibia – Botswana. Darmstadt (Wissenschaftliche Länderkunden 39).
KNEIPP, W. & R. SCHWENZFEIER (1988): Ökobauer oder Sozialhilfeempfänger? Entwicklungstendenzen des Kleinbauernsektors in Zimbabwe. In: FIEGE, K. & L. RAMALHO (Hrsg.): Agrarkrisen. Saarbrücken, S. 355–392.
KOCH, E. (1998): 'Nature has the power to heal old wounds`: war, peace & changing patterns of conservation in southern Africa. In: SIMON, D. (Hrsg.): South Africa in southern Africa. Oxford, S. 54–71.
KOLB, A. (1962): Die Geographie und die Kulturerdteile. In: Hermann von Wißmann-Festschrift. Tübingen, S. 367–405.
KRÄTKE, S. (1995): Stadt-Raum-Ökonomie: Einführung in aktuelle Problemfelder der Stadtökonomie und Wirtschaftsgeographie. Basel (Stadtforschung aktuell 53).
KRAUSE, H. (1996): Mensch und Müll. In: afrika süd (6), S. 36–37.
KRINGS, T. (1992): Die Bedeutung autochthonen Agrarwissens für die Ernährungssicherung in den Ländern Tropisch Afrikas. In: Geographische Rundschau 44 (2), S. 88–93.
KRINGS, T. (1999): Editorial: Ziele und Forschungsfragen der Politischen Ökologie. In: Zeitschrift für Wirtschaftsgeographie 43 (3/4), S. 129–130.
KRITZINGER, J. J. (1993): The numbers game: independent churches. In: Africa Insight 23 (4), S. 246–249.
KRUG, W. (1999): Wildtierbewirtschaftung und Biodiversitätsschutz im südlichen Afrika. In: Geographische Rundschau 51 (5), S. 263–268.
KRÜGER, F. (1997): Urbanisierung und Verwundbarkeit in Botswana: Existenzsicherung und Anfälligkeit städtischer Bevölkerungsgruppen in Gaborone. Pfaffenweiler (Sozialökonomische Prozesse in Asien und Afrika 1).
KRÜGER, F.; RAKELMANN, G. & P. SCHIERHOLZ (Hrsg.) (2000): Botswana: Alltagswelten im Umbruch. Münster (Afrikanische Studien 14).
KUDER, M. (1971): Angola: eine geographische, soziale und wirtschaftliche Landeskunde. Darmstadt (Wissenschaftliche Länderkunden 6).
KUDER, M. (1975): Moçambique: eine geographische, soziale und wirtschaftliche Landeskunde. Darmstadt (Wissenschaftliche Länderkunden 10).
KUDER, M. (1988): Der Islam in Moçambique. In: DASP (Deutsche Gesellschaft für die Afrikanischen Staaten Portugiesischer Sprache)-Hefte 13, S. 13–16.
KUDER, M. & W. J. G. MÖHLIG (Hrsg.) (1994): Angola: Naturraum, Wirtschaft, Bevölkerung, Kultur, Zeitgeschichte und Entwicklungsperspektiven. München (Afrika Studien 122).
KUNDA, A. (2001): Trading places. In: BBC Focus on Africa 12 (1), S. 36–37.
KYNOCH, G. & T. ULICKI (2000): „It is like the time of Difaqane": the impact of stock theft and violence in southern Lesotho. In: Journal of Contemporary African Studies 18 (2), S. 179–206.

LABUSCHAGNE, G. S. & M. E. MULLER (1993): Population and migration in southern Africa in the 1990s. In: Politikon 20 (1), S. 47–54.

LADO, C. (1999): Environmental resources, population and sustainability: evidence from Zimbabwe. In: Singapore Journal of Tropical Geography 20 (2), S. 148–168.

LAGÉAT, Y. (1999): L'Érosion des sols au Lésotho. In: Les Cahiers d'Outre-Mer 52 (205), S. 3–22.

LAMPING, H. (1996) : Tourismusstrukturen in Namibia : Gästefarmen – Jagdfarmen – Lodges – Rastlager. Frankfurt/M. (Frankfurter Wirtschafts- und Sozialgeographische Schriften 69).

LANGE, G.-M.; BARNES, J. I. & D. J. MOTINGA (1998): Cattle numbers, biomass, productivity and land degradation in the commercial farming sector of Namibia, 1915–1995. In: Development Southern Africa 15 (4), S. 555–572.

LAUER, W.; RAFIQPOOR, M. D. & P. FRANKENBERG (1996): Die Klimate der Erde: eine Klassifikation auf ökophysiologischer Grundlage der realen Vegetation. In: Erdkunde 50 (4), S. 275–300.

LECLERC-MADLALA, S. (1997): „Die Geißel unserer Generation": Junge Südafrikaner in Natal riskieren bewußt, AIDS zu verbreiten. In: Der Überblick 33 (4), S. 39–42.

LEISCH, H. (Hrsg.) (1995): Perspektiven der Entwicklungsländerforschung. Festschrift für Hans Hecklau. Trier (Trierer Geographische Studien 11).

LE PÈRE, G. (2000): Szenarien für das Südliche Afrika. In: sadec-brief 2 (Beilage der Zeitschrift afrika süd) (4 Seiten).

LEISTNER, E. (1993): Migration of high-level African manpower to South Africa. In: Africa Insight 23 (4), S. 219–224.

LEISTNER, G. & P. SMIT (1969): Swaziland: resources and development. Pretoria.

LEMON, A. (2000): South Africa's relations with the European Union since the end of apartheid. In: Tijdschrift voor Economische en Sociale Geografie 91 (4), S. 451–457.

LESER, H. (1982): Namibia. Stuttgart (Klett Länderprofile).

LICHTENBERGER, E. (1989): Stadtentwicklung in Europa und Nordamerika: kritische Anmerkungen zur Konvergenztheorie. In: HEYER, R. & M. HOMMEL (Hrsg.): Stadt und Kulturraum. Peter Schöller zum Gedenken. Paderborn, S. 113–129 (Bochumer Geographische Arbeiten 50).

LIEBENBERG, B. J. (1988): Hertzog in power, 1924–1939. In: MULLER, C. (Hrsg.): 500 years: a history of South Africa. Pretoria, S. 412–441.

LIEDHOLM, C. & D. MEAD (1998): The dynamic role of micro and small enterprises in southern Africa. In: PETERSSON, L. (Hrsg.): Post-apartheid southern Africa. London, S. 125–144.

LIENAU, C. (1981): Malawi: Geographie eines unterentwickelten Landes. Darmstadt (Wissenschaftliche Länderkunden 20).

Lilongwe becomes the capital of Malawi (1975). In: This is Malawi 5 (1), S. 7–8.

LIPTON, M. (1980): Men of two worlds. In: Optima 29 (2/3), S. 72–192.

LLOYD, C. B.; KAUFMAN, C. E. & P. HEWETT (2000): The spread of primary schooling in sub-Saharan Africa: implications for fertility change. In: Population and Development Review 26 (3), S. 483–515.

LODGE, T. (1981): The destruction of Sophiatown. In: Journal of Modern African Studies 19 (1), S. 107–132.

LOHNERT, B. (1999): Debating vulnerability, environment and housing: the case of rural-urban migrants in Cape Town, South Africa. In: LOHNERT, B. & H. GEIST (Hrsg.): Coping with changing environments. Aldershot, S. 97–117.

LOHNERT, B. (2000): Die Wohnungskrise im Post-Apartheid Südafrika: politische Instrumente und soziale Realität, das Beispiel Kapstadt. In: BÄHR, J. & U. JÜRGENS (Hrsg.): Transformationsprozesse im Südlichen Afrika – Konsequenzen für Gesellschaft und Natur. Kiel, S. 63–78 (Kieler Geographische Schriften 104).

Longman (Pty) Ltd. (Hrsg.) (1999): Secondary school atlas. Cape Town.

LUANSI, L. (1998): Vor offenem Krieg. In: afrika süd (6), S. 19 u. 22.

LUCAS, G. (1974): Shopping facilities for Africans in white areas. In: South African Journal of Economics 42 (2), S. 177–189.

LUIG, U. (1999): Naturschutz im Widerstreit der Interessen im südlichen Afrika. In: MEYER, G. & A. THIMM (Hrsg.): Naturräume in der Dritten Welt. Mainz, S. 11–35 (Interdisziplinärer Arbeitskreis Dritte Welt Veröff. Bd. 13).

LUTZ, W. (Hrsg.) (1994): The future population of the world. London.

MACGREGOR, J. (1989): The paradoxes of wildlife conservation in Africa. In: Africa Insight 19 (4), S. 201–212.

MACHEKE, C. & C. CAMPBELL (1998): Perceptions of HIV/AIDS on a Johannesburg gold mine. In: South African Journal of Psychology 28 (3), S. 146–153.

MÄCKEL, R. (2000): Probleme der Landdegradierung in den Dornsavannen der tropischen Trockengebiete. In: Geographische Rundschau 52 (10), S. 34–39.

MAGARDIE, K. (2000): Victims of xenophobia. In: BBC Focus on Africa 11 (4), S. 28–30.

MAHARAJ, B. (1997): Apartheid, urban segregation, and the local state: Durban and the Group Areas Act in South Africa. In: Urban Geography 18 (2), S. 135–154.

MALAQUIAS, A. (2001): Diamonds are a guerilla's best friend : the impact of illicit wealth on insurgency strategy. In: Third World Quarterly 22 (3), S. 311–325.

Malawi Government (1991): Malawi population and housing census 1987 Vol. 1. Zomba.

MANDY, N. (1984): A city divided: Johannesburg and Soweto. Johannesburg.

MANSHARD, W. (1970): Afrika – südlich der Sahara. Frankfurt/M. (Fischer Länderkunde 5).

MANSHARD, W. (1977): Die Städte des tropischen Afrika. Berlin (Urbanisierung der Erde 1).

MANSHARD, W. (1986): Die neuen Hauptstädte Tropisch-Afrikas. In: Zeitschrift für Wirtschaftsgeographie 30 (3/4), S. 1–13.

MANSHARD, W. (1988): Entwicklungsprobleme in den Agrarräumen des Tropischen Afrika. Darmstadt.

Map Studio (o. J.): Sun City Magaliesberg 1 : 200.000 (plus Ausschnittskarte Sun City ohne Maßstab). Rivonia.

MARCUS, T. (1997): Interpreting the risks of AIDS: a case study of long-distance truck drivers. In: Development Southern Africa 14 (3), S. 425–445.

MARCUSE, P. (1998): Ethnische Enklaven und rassische Ghettos in der postfordistischen Stadt. In: HEITMEYER, W.; DOLLASE, P. & O. BACKES (Hrsg.): Die Krise der Städte. Frankfurt/M., S. 176–193 (Edition Suhrkamp 2036).

MARKS, R. & M. BEZZOLI (2000): The urbanism of District Six, Cape Town. In: ANDERSON, D. M. & R. RATHBONE (Hrsg.): Africa's urban past. Oxford, S. 262–282.

MASIPA, M. & A. THOM (1997): Muti-killings horror grows. In: The Star (Johannesburg) vom 21.01.1997.

MASSINGA, A. (1996): Zwischen Teufel und tiefblauem Meer. In: afrika süd (5), S. 33–35.

MASSINGUE, M. (1996): Mozambique: riding on a crime wave. In: Southern African Political and Economic Monthly 10 (2), S. 12–13.

MATHER, C. (1999): Agro-commodity chains, market power and territory: re-regulating South African citrus exports in the 1990s. In: Geoforum 30 (1), S. 61–70.

MATHER, C. (2000): Foreign migrants in export agriculture: Mozambican labour in the Mpumalanga lowveld, South Africa. In: Tijdschrift voor Economische en Sociale Geografie 91 (4), S. 426–436.

MATLOSA, K. (1998): Changing socio-economic setting of the highlands regions as a result of the Lesotho Highlands Water Project. In: Transformation 37, S. 29–45.

MATSOGA, V. T. C. (1999): The evolution of waste in Botswana. Vortrag vom 25.10.1999. (http://www.globesa.org).

MATTES, R.; CRUSH, J. & W. RICHMOND (2000): The brain gain and legal immigration to post-apartheid South Africa. In: Africa Insight 30 (2), S. 21–30.

MATZNETTER, J. (1962): Das Problem der Arbeitskraft in Afrika am Beispiel der Kontraktarbeiter der Plantagen von São Tomé und der Minen des Witwatersrandes. In: Mitteilungen der Österreichischen Geographischen Gesellschaft 104, S. 76–108.

MATZNETTER, J. (1965): Portugiesische Kolonisationstypen am Beispiel von Südwest-Angola. In: Tagungsberichte und wissenschaftliche Abhandlungen Deutscher Geographentag Bochum. Wiesbaden, S. 263–275.

MAYER, M. J. & R. H. THOMAS (1997): Trade integration in the southern African development community: prospects and problems. In: Development Southern Africa 14 (3), S. 327–353.

MAYER, P. (1961): Townsmen or tribesmen. Cape Town.

MBIBA, B. (1994): Institutional responses to uncontrolled urban cultivation in Harare: prohibitive or accommodative. In: Environment and Urbanisation 6 (1), S. 188–202.

MCCLINTOCK, H. (1992): Widening the role of physical planning in Africa: the experience of the National Physical Development Plan in Malawi. In: Third World Planning Review 14 (1), S. 75–97.

MCCRACKEN, J. (1998): Blantyre transformed: class, conflict and nationalism in urban Malawi. In: Journal of African History 39 (2), S. 247–269.

MCDADE, B. E. (1997): Industry, business enterprises, and entrepreneurship in the development process. In: ARYEETEY-ATTOH, S. (Hrsg.): The geography of sub-Saharan Africa. Prentice Hall/N.J., S. 325–344.

MCDONALD, D. A. (1998): Hear no housing, see no housing: immigration and homelessness in the new South Africa. In: Cities 15 (6), S. 449–462.

MCDONALD, D. A. (Hrsg.) (2000): On borders: perspectives on international migration in southern Africa. Kingston/Ontario.

MCGOWAN, P. J. & F. AHWIRENG-OBENG (1998): Partner or hegemon? South Africa in Africa. Part Two. In: Journal of Contemporary African Studies 16 (2), S. 165–195.

MCHUGH, K. E. (2000): Inside, outside, upside down, backward, forward, round and round: a case for ethnographic studies in migration. In: Progress in Human Geography 24 (1), S. 71–89.

MCINTYRE, C. (1996): Guide to Zambia. Chalfont St. Peter, Bucks.

MEADOWS, M. E. (1998): The nature, extent and significance of land degradation in the Mediterranean-climate region of South Africa. In: Petermanns Geographische Mitteilungen 142 (5/6), S. 303–320.

MEADOWS, M. E. (2001): The role of quaternary environmental change in the evolution of landscape: case studies from southern Africa. In: Catena 42 (1), S. 39–57.

MEARS, R. R. (1997): Rural-urban migration or urbanization in South Africa. In: South African Journal of Economics 65 (4), S. 595–614.

MEEKERS, D. & G. AHMED (1999): Pregnancy-related school dropouts in Botswana. In: Population Studies 53 (2), S. 195–209.

MELBER, H. (1985): Namibia: the German roots of apartheid. In: Race & Class 27 (1), S. 63–77.

MELBER, H. (1988): Katutura: Alltag im Ghetto. Bonn (Edition südliches afrika 24).

MELBER, H. (2000): Landfrage im Südlichen Afrika. In: afrika süd (4), S. 23–24.

MENNICKEN, D. (2000): Selbst ist die Frau: wie sich Frauen organisieren, die im informellen Sektor Südafrikas arbeiten. In: DGB Bildungswerk u. a. (Hrsg.): Schattenwirtschaft und Gewerkschaften. Duisburg, S. 31–36.

MENSCHING, H. G. (1993): Die globale Desertifikation als Umweltproblem. In: Geographische Rundschau 45 (6), S. 360–365.

MEYER, J. B. (1998): Exode des compétences en Afrique du Sud? In: Politique Africaine 69, S. 118–125.

MEYNS, P. (1997): Angola: der dritte Anlauf zum Frieden. In: BETZ, J. & S. BRÜNE (Hrsg.): Jahrbuch Dritte Welt 1998. München, S. 113–131.

MEYNS, P. (2000): Konflikt und Entwicklung im Südlichen Afrika. Opladen (Grundwissen Politik 27).

MICHEL, R. (1989): Formen der Interdependenz und Zusammenarbeit im südlichen Afrika. 3. Aufl. München.

MIDDLETON, J. (Hrsg.) (1997): Encyclopedia of Africa south of the Sahara. New York (4 Bände).

MIJERE, N. J. & A. CHILIVUMBO (1994): Rural-urban migration and urbanization in Zambia during the colonial and postcolonial periods. In: KALIPENI, E. (Hrsg.): Population growth and environmental degradation in southern Africa. Boulder/Col., S. 147–176.

MILAZI, D. (1995): Emigration dynamics in southern Africa. In: International Migration 33 (3), S. 521–553.

MILAZI, D. (1998): Migration within the context of poverty and landlessness in southern Africa. In: APPLEYARD, R. (Hrsg.): Emigration dynamics in developing countries Vol. 1: Subsaharan Africa. Aldershot, S. 145–164.

MILES, M. (1998): Housing and domestic work in women's coping strategies: evidence from Swaziland. In: LARSSON, A. u. a. (Hrsg.): Changing gender relations in southern Africa. Roma, Lesotho, S. 184–205.

MILES, M. (2000): Urbanisation in Swaziland: a post-independence assessment of its implications on the changing role of women. In: Urban Forum 11 (1), S. 103–118.

MILLER, D. (2001): Privileg zu niedrigem Standard: die Arbeit bei Shoprite-Maputo. In: afrika süd (1), S. 30–32.

MINI, S. (1994): Gender relations of production in the eastern Cape and the restructuring of rural apartheid. In: Africa Insight 24 (4), S. 269–280.

MISSER, F. (1990): Unitaland economy is on a wartime footing. In: African Business (Oct.), S. 21–23.

MITCHELL, J. (1998): The Maputo Development Corridor: a case study of the SDI process in Mpumalanga. In: Development Southern Africa 15 (5), S. 757–769.

MKHUMA, Z. (1999): Eating away at township shops. In: Enterprise 136, S. 26–35.
MLIA, J. (1982): Spatial aspects of national development policy in Malawi. In: WILLIAMS, G. & A. WOOD (Hrsg.): Geographical perspectives on development in southern Africa. Lusaka, S. 225–238 (Papers from the Regional Conference of the Commonwealth Geographic Bureau Lusaka).
MÖLLERS, H. (2000): Warten auf Landreform. In: afrika süd (4), S. 25–27.
MOLEBATSI, C. (1996): Towards a sustainable city: Gaborone, Botswana. In: Ambio 25 (2), S. 126–133.
MONANA, C. W. (1998): The virtual collapse of agriculture in a former Ciskei community. In: Africa Insight 28 (3/4), S. 160–166.
MOON, B. P. & G. F. DARDIS (Hrsg.) (1988): The geomorphology of southern Africa. Johannesburg.
MORRIS, A. (1994): The desegregation of Hillbrow, Johannesburg, 1972–82. In: Urban Studies 31 (6), S.821–834.
MORRIS, A. (1998): „Our fellow Africans make our lives hell": the lives of Congolese and Nigerians living in Johannesburg. In: Ethnic and Racial Studies 21 (6), S. 1116–1136.
MORRIS, A. (1999): Bleakness and light: inner-city transition in Hillbrow, Johannesburg. Johannesburg.
MORRISSEY, D. (1999): Sugar: the sweet taste of success. In: The Courier 174, S. 47–48.
MOSTERT, W. P. u. a. (1998): Demography: textbook for the South African student. Pretoria.
MOUNTAIN, A. (1990): Paradise under pressure. Johannesburg.
MOYO, S. & D. TEVERA (2000): The environmental security agenda in southern Africa. In: Southern African Political and Economic Monthly 13 (4), S. 50–54.
Mozambique... (1998): Mozambique: land of opportunity? In: The Courier 168, S. 6–8.
MUNNIK, M. (1986): The status of African women. In: Africa Insight 16 (2), S. 109–113.
MUPEDZISWA, R. (1999): Bruised and battered: the struggles of older female informal traders in urban areas of Zimbabwe since the economic reforms. In: Southern African Journal of Gerontology 8 (1), S. 9–13.
MUREVANHEMA, E. (1999): Recycling and re-using in Zimbabwe. Vortrag vom 25.10.1999. (http://www.globesa.org).
MURRAY, C. (1981): Families divided: the impact of migrant labour in Lesotho. Cambridge.
MUSAMBACHIME, M. (1999): Privatisation of state-owned enterprises in Zambia: 1992–1998. In: Africanus 29 (1), S. 5–32.
MUTAMBIRWA, C. C. (1988): Changing patterns of African rural-urban migration and urbanization in Zimbabwe. IGU Commission on Population Geography. Sydney (unveröff. Manuskript).
MWASE, N. (1987): Zambia, the TAZARA and the alternative outlets to the sea. In: Transport Reviews 7 (3), S. 191–206.
MYBURG, D. & J. VAN ZYL (1992): Size relationships in the urban system of Malawi. In: Africa Insight 22 (2), S. 128–133.

NAIDOO, M. & T. BWALYA (1995): A secondary geography of Zambia. Harlow.
NASOU & HarperCollins Publ. (Hrsg.) (1997): My eerste atlas. Cape Town.
NAUDÉ, W. (1998): SMMEs and economic development in South Africa. In: Africa Insight 28 (3/4), S. 133–145.
NEL, J. (1996): Lodges and lions: Kariba's other options. In: Getaway (Oct.), S. 36–53 u. 167.

NEL, E. & P. ILLGNER (2001): Tapping Lesotho's 'white gold'. In: Geography 86 (2), S. 163–167.
NELSON, R. (1988): Dryland management: the 'desertification' problem. Washington/D. C. (World Bank – Environment Department Working Paper 8).
NEVIN, T. (2000a): SADC takes the plunge into free trade. In: African Business (Sept.), S. 10–13.
NEVIN, T. (2000b): The globalisation debate: what's in it for Africa? In: African Business (Oct.), S. 8–10.
NEWITT, M. (1995): A history of Mozambique. Johannesburg.
NIEHAUS, I. (1998): Vielfalt und Einheit: muslimische Gemeinschaften in Südafrika. In: afrika süd (1), S. 33–34 u. 36.
NIEMANN, S. (2000): Wasserversorgung und Wasserverwendung in Namibia: Nutzungstraditionen als Grundlage eines nachhaltigen Ressourcenverbrauches im ehemaligen Ovamboland. Hamburg (Hamburger Beiträge zur Afrika-Kunde 61).
NIEMEIER, G. (1966): Die moderne Bauernkolonisation in Angola und Moçambique und das portugiesische Kolonialproblem. In: Geographische Rundschau 18 (10), S. 367–376.
NIEUWOUDT, W. L. & C. D. FAIRLAMB (1990): An economic analysis of human fertility in Kwazulu, Southern Africa. In: South African Journal of Economics 58 (3), S. 357–363.
NKRUMAH, G. G. (1991): Islam in southern Africa. In: Review of African Political Economy (52), S. 94–97.
NOHLEN, D. & F. NUSCHELER (Hrsg.) (1993): Handbuch der Dritten Welt Bd. 5: Ostafrika und Südafrika. Bonn.
NORDAS, H. K. (1996): South African manufacturing industries: catching up or falling behind? In: Journal of Development Studies 32 (5), S. 715–733.
NORTHRUP, N. (1986): The migrations of Yao and Kololo into southern Malawi: aspects of migrations in nineteenth century Africa. In: International Journal of African Historical Studies 19 (1), S. 59–75.
NOTKOLA, V; TIMAEUS, I. M. & H. SIISKONEN (2000): Mortality transition in the Ovamboland region of Namibia, 1930–1990. In: Population Studies 54 (2), S. 153–167.
NSEREKO, D. (1997): When crime crosses borders: a southern African perspective. In: Journal of African Law 41 (2), S. 192–200.
NÜSSER, M. (2001): Ressourcennutzung und externe Eingriffe im peripheren Gebirgsland Lesotho. In: Geographische Rundschau 53 (12), S. 30–36.
NYOKA, S. (1997): Can SADC survive the anti-smoking wave? In: Southern African Economist (Oct.), S. 17–18.
NZUZI, L. (1999): Les guerres au Congo-Kinshasa et la destruction du Parc National des Virunga. In: Acta Geographica 171 (4), S. 50–62.

O. V. (1984): Diamond trading over fifty years. In: Optima 32 (1), S. 38–48.
O. V. (1998): Entrepreneurs in action. In: The Courier 168, S. 17–19.
O. V. (1999a): Arbeitsbeziehungen: neue Rolle der Sozialpartner. sadec-brief 2 (Beilage der Zeitschrift afrika süd) (4 Seiten).
O. V. (1999b): Arbeitsbeziehungen im Umbruch. sadec-brief 1 (Beilage der Zeitschrift afrika süd) (4 Seiten).
OBERHAUSER, A. (1993): Semiperipheral industrialization in the global economy: transition in the South African automobile industry. In: Geoforum 24 (2), S. 99–114.

OBIA, G. C. (1997): Agricultural development in sub-Saharan Africa. In: ARYEETEY-ATTOH, S. (Hrsg.): The geography of sub-Saharan Africa. Prentice Hall/N.J., S. 286–324.

OBST, E. & K. KAYSER (1949): Die Große Randstufe auf der Ostseite Südafrikas und ihr Vorland: ein Beitrag zur Geschichte der jungen Heraushebung des Subkontinents. Hannover.

O'CONNOR, A. (1983): The African city. London.

ÖBERG, S. (1994): Spatial and economic factors in future south-north migration. In: LUTZ, W. (Hrsg.): The future population of the world. London, S. 361–385.

OGURA, M. (1996): Urbanization and apartheid in South Africa: influx control and their abolition. In: Developing Economies 34 (4), S. 402–423.

OKUJENI, C. D. & K. L. WALSH (1997): Goldprospektion in Zimbabwe. In: TU International – Zeitschrift für ausländische Absolventen der Technischen Universität Berlin 36/37, S. 23–25.

O'LAUGHLIN, B. (1998): Missing men? The debate over rural poverty and women-headed households in southern Africa. In: Journal of Peasant Studies 25 (2), S. 1–48.

OLSHANSKY, S. J. u. a. (1997): Infectious diseases: new and ancient threats to world health. Population Bulletin 52 (2). Washington/D. C.

OLUWASANMI, D. (2000): World Cup 2006: the case for Africa. In: New African 385, S. 49–50.

OOSTHUIZEN, G. C. (1985): The Africa independent churches' centenary. In: Africa Insight 15 (2), S. 70–80.

OOSTHUYSEN, G. (1998): South Africa in the global drug network. In: South African Institute of International Affairs (Hrsg.): The illegal drug trade in southern Africa. Johannesburg, S. 121–134.

OPPENHEIMER, K. (1977): Lilongwe: national capital city of Malawi. In: GREEN, N. (Hrsg.): Planning and development in southern Africa. Stellenbosch, S. 83–87.

OSEI-HWEDIE, B. (1998): The role of ethnicity in multi-party politics in Malawi and Zambia. In: Journal of Contemporary African Studies 16 (2), S. 227–247.

OSMANOVIC, A. (1999): Zur Möglichkeit einer nachhaltigen Regionalentwicklung unter Transformationsbedingungen. Fallbeispiel: Western Cape/Südafrika. Münster (Schriftenreihe der Stipendiatinnen und Stipendiaten der Friedrich-Ebert-Stiftung 2).

OSMANOVIC, A. (2000): „New Economic Geography": Globalisierungsdebatte und Geographie. In: Die Erde 131 (3), S. 241–257.

OSTHEIMER, A. (1997): Soziale und wirtschaftliche Folgen der Privatisierungen im Transportwesen Mosambiks. Universität Kiel – Projektbericht. Kiel (unveröff.).

OUCHO. J. (2000): Skilled immigrants to Botswana. In: Africa Insight 30 (2), S. 56–64.

PAFFEN, K. (1950): Die naturräumliche Gliederung Südafrikas. In: Erdkunde 4 (1/2), S. 94–97.

PALMER, R. (2000): Mugabe's 'land grab' in regional perspective. In: BOWYER-BOWER, T. & C. STONEMAN (Hrsg.): Land reform in Zimbabwe: constraints and prospects. Aldershot, S. 15–23 (SOAS Studies in Development Geography).

PANSEGRAU, E. & W. BERG (1997): Nationalparks in Südafrika. Augsburg.

PAPE, J. (1993): Still serving the tea: domestic workers in Zimbabwe 1980–90. In: Journal of Southern African Studies 19 (3), S. 387–404.

PARNELL, S. (1986): From Mafeking to Mafikeng: the transformation of a South African town. In: GeoJournal 12 (2), S. 203–210.

PARNELL, S. (1989): Shaping a racially divided society: state housing policy in South Africa, 1920–50. In: Environment and Planning C 7 (3), S. 261–272.

PARSONS, N. (1993): A new history of southern Africa. 2. Aufl. London.
PARTRIDGE, T. C. u.a. (1993): Priorities for urban expansion within the PWV metropolitan region: the primacy of geotechnical constraints. In: South African Geographical Journal 75 (1), S. 9–13.
PARTRIDGE, T. C. & R. R. MAUD (1987): Geomorphic evolution of southern Africa since the mesozoic. In: South African Journal of Geology 90 (2), S. 179–208.
PASSARGE, S. (1908): Südafrika: eine Landes-, Volks- und Wirtschaftskunde. Leipzig.
PEDERSEN, P. (1997): Rural diversification in Zimbabwe. In: BRYCESON, D. & V. JAMAL (Hrsg.): Farewell to farms. Aldershot, S. 167–184.
PENDLETON, W. C. (1974): Katutura: a place where we do not stay. San Diego.
PÉROUSE DE MONTCLOS, M.-A. (1999) : Immigration et montée de la xénophobie en Afrique du Sud : le cas des Mozambicains et l'exemple du township d'Alexandra. In: L'Espace géographique 28 (2), S. 126–134.
PETTERS, S. W. (1991): Regional geology of Africa. Berlin (Lecture notes in earth sciences 40).
PFAFF, D. (1988): The capital cities of Africa with special reference to new capitals planned for the continent. In: Africa Insight 18 (4), S. 187–196.
PHILIPPI, T. (1993): Ortsentwicklung in Namibia: Prozesse, Bestimmungsfaktoren, Perspektiven. Stuttgart (Stuttgarter Geographische Studien 120).
PICKARD-CAMBRIDGE, C. (1988): Sharing the cities: residential desegregation in Harare, Windhoek and Mafikeng. Johannesburg.
PINNOCK, D. (1996): Superparks – the impossible dream? In: Getaway 8 (8), S. 88–97 u. 161.
PIRIE, G. H. (1984): Ethno-linguistic zoning in South African black townships. In: Area 16 (4), S. 291–298.
PIRIE, G. H. (1985): Toward an historical geography of missions in nineteenth century southern Africa. In: South African Geographical Journal 67 (1), S. 14–30.
PISANI, A. DU (1992): Von Verzweiflung zu Hoffnung: Wirtschaft und Politik im südlichen Afrika. In: Der Überblick 28 (1), S. 5–9.
PLATZKY, L. & C. WALKER (1985): The surplus people: forced removals in South Africa. Johannesburg.
POGGIOLINI, D. (2000): The laying of SA's link to world. In: Engineering News (14.–20.07.2000), S. 7.
Population Reference Bureau (Hrsg.) (versch. Jahre): World Population Data Sheet.
PORTER, C. (2000): „Resource cities" partner for progress. In: Global Issues (March). (http://www.usinfo.state.gov/journals).
POTTS, D. (1985): Capital relocation in Africa: the case of Lilongwe in Malawi. In: Geographical Journal 151 (2), S. 182–196.
POTTS, D. (1995): Shall we go home? Increasing urban poverty in African cities and migration processes. In: Geographical Journal 161 (3), S. 245–264.
POTTS, D. (2000): Urban unemployment and migrants in Africa: evidence from Harare 1985–1994. In: Development and Change 31 (4), S. 879–910.
POTTS, D. & C. C. MUTAMBIRWA (1990): Rural-urban linkages in contemporary Harare: why migrants need their land. In: Journal of Southern African Studies 16 (4), S. 677–697.
POTTS, D. & C. C. MUTAMBIRWA (1991): High-density housing in Harare: commodification and overcrowding. In: Third World Planning Review 13 (1), S. 1–26.
ProjectPro (Hrsg.) (1998): Taking a gamble – Caesars. In: ProjectPro 8 (4), S. 12–17.

PROTHERO, R. M. (2000): Health hazards and wetness in tropical Africa. In: Geography 85 (4), S. 335–344.

RAFTOPOULOS, B. (1996): Der Kampf um Kontrolle: zur Debatte um eine Indigenisierungspolitik in Simbabwe. In: afrika süd (5), S. 28–30.
RAKODI, C. (1994): Zambia. In: TARVER, J. D. (Hrsg.): Urbanization in Africa. Westport/Conn., S. 342–361.
RAKODI, C. (1995): Harare: inheriting a settler-colonial city: change or continuity? Chichester (World Cities Series).
RANGER, T. (1989): Whose heritage? The case of the Matobo National Park. In: Journal of Southern African Studies 15 (2), S. 217–249.
RAO, A. & U. STAHL (2000): Leben mit der Dürre: eine vergleichende Untersuchung in Rajasthan (Indien) und Otjozondjupa (Namibia). In: Geographische Rundschau 52 (9), S. 38–45.
RASSOOL, C. & L. WITZ (1996): South Africa: a world in one country. In: Cahiers d'Études africaines 36 (3), S. 335–371.
RAUCH, T. (1999): Oberziel „Abwanderung verringert": die Mißachtung von Migrationsstrategien durch die Entwicklungspolitik. In: JANZEN, J. (Hrsg.): Räumliche Mobilität und Existenzsicherung. Berlin, S. 271–287 (Abhandlungen Anthropogeographie. Institut für Geographische Wissenschaften Freie Universität Berlin 60).
RAUCH, T.; HAAS, A. & B. LOHNERT (1996): Ernährungssicherheit in ländlichen Regionen des tropischen Afrikas zwischen Weltmarkt, nationaler Agrarpolitik und den Sicherungsstrategien der Landbevölkerung. In: Peripherie 16 (63), S. 33–72.
Reader's Digest Association South Africa (Hrsg.) (1994): Illustrated atlas of southern Africa. Cape Town.
Reed Travel Group Ltd. (Hrsg.): OAG flight guide worldwide. Dunstable (Ausgaben November 1998, Juli 2000 und März 2002).
RFIN, P. (1998): Sugar production in southern Africa. In: Zuckerindustrie 123 (6), S. 423–427.
REITZES, M. (1997): Strangers truer than fiction: the social and economic impact of migrants on the Johannesburg inner city. Johannesburg (Social Policy Series: Research Report 60).
Republic of South Africa (1996): Cabinet agreement on the Cape Town 2004 Olympic bid. Pressemitteilung v. 06.06.1996. Cape Town.
Republic of Zambia (Hrsg.) (1996): Gender statistics report. Lusaka.
REYNOLDS, A. (Hrsg.) (1999): Election '99 South Africa: from Mandela to Mbeki. Oxford.
ROBERTS, A. (1996): Golden ghettos. In: Personal Wealth (Third Quarter), S. 36–38.
ROGERS, A. W. (1921): Geological survey and its aims; and a discussion of the origin of the great escarpment. In: Proceedings of the Geological Society of South Africa, S. 25–28.
ROGERS, D. (1996): The wild road to Kariba. In: Getaway (Nov.), S. 50–59 u. 154–155.
ROGERSON, C. M. (1990): Aspects of urban management in Windhoek, Namibia. In: Urban Forum 1 (1), S. 29–47.
ROGERSON, C. M. (1993a): Japan's hidden involvement in South African manufacturing. In: GeoJournal 30 (1), S. 99–107.
ROGERSON, C. M. (1993b): Industrial subcontracting and home-work in South Africa: policy issues from the international experience. In: Africa Insight 23 (1), S. 47–54.

Rogerson, C. M. (1996): Dispersion within concentration: the changing location of corporate headquarter offices in South Africa. In: Development Southern Africa 13 (4), S. 567–579.
Rogerson, C. M. (1997): African immigrant entrepreneurs and Johannesburg's changing inner city. In: Africa Insight 27 (4), S. 265–273.
Rogerson, C. M. (1998): High-technology clusters and infrastructure development: international and South African experiences. In: Development Southern Africa 15 (5), S. 875–905.
Rogerson, C. M. (2002): Spatial development initiatives in South Africa: elements, evolution and evaluation. In: Geography 87 (1), S. 38–48.
Rogerson, C. M. & K. Beavon (1985): A tradition of repression: the street traders of Johannesburg. In: Bromley, R. (Hrsg.): Planning for small enterprises in Third World cities. Oxford, S. 233–245.
Rogerson, C. M. & J. Rogerson (1997): The changing post-apartheid city: emergent Black-owned small enterprises in Johannesburg. In: Urban Studies 34 (1), S. 85–103.
Rogerson, C. M. & J. Rogerson (1999): Industrial change in a developing metropolis: the Witwatersrand 1980–1994. In: Geoforum 30 (1), S. 85–99.
Rogerson, J. (1995): The changing face of retailing in the South African city: the case of inner-city Johannesburg. In: Africa Insight 25 (3), S. 163–171.
Rogerson, J. (1996): The geography of property in inner-city Johannesburg. In: GeoJournal 39 (1), S. 73–79.
Romaya, S. & A. Brown (1999): City profile: Maseru, Lesotho. In: Cities 16 (2), S. 123–133.
Rosendahl, B. R.; Kilembe, E. & K. Kaczmarick (1992): Comparison of the Tanganyika, Malawi, Rukwa and Turkana rift zones from analyses of seismic reflection data. In: Tectonophysics 213 (1/2), S. 235–256.
Roux, C. J. B. le & H. W. Nel (1998): Radical islamic fundamentalism in South Africa: an exploratory study. In: Journal for Contemporary History 23 (2), S. 1–24.
Roy, D. B. (1986): The city of Blantyre: history in the making. In: Focus on Malawi 103, S. 2–3.
Rule, S. P. (1989): The emergence of a racially mixed residential suburb in Johannesburg: demise of the Apartheid city? In: Geographical Journal 155 (2), S. 196–203.
Rule, S. P. (1994): A second-phase diaspora: South African migration to Australia. In: Geoforum 25 (1), S. 33–39.
Rule, S. P. (1998): Ethnischer Regionalismus und politische Wahlen im südlichen Afrika. In: Geographische Rundschau 50 (4), S. 198–202.
Rule, S. & C. Sibanyoni (2000): The social impact of gambling in South Africa. Pretoria.
Russell, M. (1993): Are households universal? On misunderstanding domestic groups in Swaziland. In: Development and Change 24 (4), S. 755–785.
Rust, U. (1989): (Paläo-)Klima und Relief: das Reliefgefüge der südwestafrikanischen Namibwüste (Kunene bis 27° s. B.). München (Münchener Geographische Abhandlungen B 7).

SADC (Southern African Development Community) (Hrsg.) (1998a): Official SADC trade, industry and investment review. Gaborone.
SADC (Southern African Development Community) (Hrsg.) (1998b): SADC regional human development report 1998. Harare.

SAIRR (South African Institute of Race Relations) (Hrsg.) (1990): Race Relations Survey 1989/1990. Johannesburg.
SAIRR (South African Institute of Race Relations) (Hrsg.) (1997): South Africa Survey 1996/1997. Johannesburg.
SAIRR (South African Institute of Race Relations) (Hrsg.) (1998): South Africa Survey 1997/1998. Johannesburg.
SAIRR (South African Institute of Race Relations) (Hrsg.) (1999): South Africa Survey 1999/2000. Johannesburg.
SAIRR (South African Institute of Race Relations) (Hrsg.) (2001a): South Africa Survey 2000/2001. Johannesburg.
SAIRR (South African Institute of Race Relations) (Hrsg.) (2001b): South Africa Survey 2001/2002. Johannesburg.
SAMAYENDE, S. & S. HARRIS (1999): Armageddon in Witbank. In: Land & Rural Digest (May/June), S. 14–15.
SANDER, H.; BOLLIG, M. & A. SCHULTE (1998): Himba paradise lost: stability, degradation and pastoralist management of the Omuhongo Bassin (Namibia). In: Die Erde 129 (4), S. 301–315.
SÄNGER, H. (1988): Vergletscherung der Kap-Ketten im Pleistozän. Berlin (Berliner geographische Studien 26).
SANYAL, B. (1985): Urban agriculture: who cultivates and why? A case study of Lusaka, Zambia. In: Food and Nutrition Bulletin 7 (3), S. 15–24.
SAPIRE, H. (1992): Politics and protest in shack settlements of the Pretoria-Witwatersrand – Vereeniging region, South Africa, 1980–1990. In: Journal of Southern African Studies 18 (3), S. 670–697.
SAPOA (South African Property Owners' Association) (Hrsg.) (1999): Shopping centre directory 1999. Sandton.
SAUNDERS, R. (1999): Foreign investment trends in SADC. In: SA Yearbook of International Affairs 1999/2000, S. 251–257.
SCANNELL, T. (1993): Gold in South Africa. Cape Town.
SCHÄFER, R. (1998): Gender und Migration im südlichen Afrika: das Fallbeispiel Zimbabwe. In: Journal für Entwicklungspolitik 14 (3), S. 231–243.
SCHADOMSKY, L. (1997): Wer gewinnt, wenn Kapstadt gewinnt? In: afrika süd (1), S. 14–15.
SCHAMP, E. W. (1993): Microenterprises, markets and economic transformation in African rural regions. In: GRUBER, G. u. a. (Hrsg.): African small-scale industries in rural and urban environments: challenges for development. Frankfurt, S. 1–16 (Frankfurter Wirtschafts- und Sozialgeographische Schriften 63).
SCHAPERA, I. (1947): Migrant labour and tribal life: a study of conditions in the Bechuanaland protectorate. London.
SCHIEBER, M. (1983): Bodenerosion in Südafrika: vergleichende Untersuchungen zur Erodierbarkeit subtropischer Böden und zu Erosivität der Niederschläge im Sommerregengebiet Südafrikas. Gießen (Gießener Geographische Schriften 51).
SCHIERHOLZ, P. (1989): Bauern im Transformationsprozeß. Saarbrücken.
SCHIFFERS, H. (1967): Afrika. 8. Aufl. München. (Harms Handbuch der Erdkunde).
SCHMIDT-KALLERT, E. (2000): Bodenrechtliche Konflikte an der Grenze zwischen Plantagen und bäuerlichem Land: eine Fallstudie aus Malawi. In: Geographische Zeitschrift 88 (3/4), S. 161–176.

SCHNEIDER, K. G. (1977): Die Inder: eine Minorität in der Republik Südafrika. In: Geostudien 1, S. 1–70.

SCHNEIDER, K. G. & B. WIESE (1983): Die Städte des südlichen Afrika. Berlin (Urbanisierung der Erde 2).

SCHNORE, L. F. (1966): On the spatial structure of cities in the two Americas. In: HAUSER, P. M. & L. F. SCHNORE (Hrsg.): The study of urbanization. New York, S. 347–398.

SCHOOFS, M. (2000): Der Tod und das andere Geschlecht. In: Der Überblick 36 (3), S. 31–37.

SCHRÖDER, S. (1994): Bergbau in Simbabwe. sadec-brief 2 (Beilage der Zeitschrift afrika süd) (4 Seiten).

SCHULTZ, H.-D. (Hrsg.) (1999): Quodlibet geographicum. Berlin (Berliner geographische Arbeiten 90).

SCHULTZ, J. (1983): Zambia. Darmstadt (Wissenschaftliche Länderkunden 23).

SCHULTZE, A. (1988): Klimakarten der Erde. In: Geographie heute 61 (Beilage).

SCHWEICKERT, R. (1996): Regional integration in eastern and southern Africa. In: Africa Insight 26 (1), S. 48–56.

SCOONES, I. (1997): Landscapes, fields and soils: understanding the history of soil fertility management in southern Zimbabwe. In: Journal of Southern African Studies 23 (4), S. 615–634.

SCRIBA, G. & G. LISLERUD (1997): Lutheran missions and churches in South Africa. In: ELPHICK, R. & R. DAVENPORT (Hrsg.): Christianity in South Africa. Oxford, S. 173–194.

Sechaba Consultants (Hrsg.) (1997): Riding the tiger: Lesotho miners and permanent residence in South Afrika. Cape Town (Migration Policy Series 2).

SECKELMANN, A. (1998): Probleme ehemaliger „Townships" heute: das Beispiel des Windhoeker Nordens. Geographische Rundschau 50 (4), S. 223–228.

SECKELMANN, A. (2000): Siedlungsentwicklung im unabhängigen Namibia: Transformationsprozesse in Klein- und Mittelzentren der Farmzone. Hamburg (Hamburger Beiträge zur Afrika-Kunde 60).

SEEDAT, M. (1966): Der kapitalistische Sektor in der Landwirtschaft Südafrikas. In: Wissenschaftliche Beiträge des Instituts für Ökonomik der Entwicklungsländer an der Hochschule für Ökonomie Berlin (4), S. 50–72.

SEIFFERT, B. (1997): „Der Staudamm nützt nur der Regierung – nicht uns!": Geschichte und Auswirkungen des Lesotho Hochland Wasserbauprojektes. Berlin.

SENDER, J. & D. JOHNSTON (1996): Some poor and invisible women: farm labourers in South Africa. In: Development Southern Africa 13 (1), S. 3–16.

SHANTZ, H. L. (1940): Agricultural regions of Africa. Part II: vegetation and potential productivity of the land. In: Economic Geography 16 (4), S. 341–389.

SHARP, J. (1988): Ethnic group and nation: the apartheid vision in South Africa. In: BOONZAIER, E. & J. SHARP (Hrsg.): South African keywords. Cape Town, S. 79–99.

SHAW, M. & A. LOUW (1997): The violence of alcohol: crime in Northern Cape. In: Indicator Crime & Conflict (9), S. 6–10.

SHELL, R. (2000): Halfway to the holocaust: the economic, demographic and social implications of the AIDS pandemic to the year 2010 in the southern African region. Johannesburg, S. 7–27 (Konrad-Adenauer-Stiftung Johannesburg – Occasional Papers (June)).

Shuter & Shooter (Hrsg.) (1995): Shuters-Macmillan new secondary school atlas for South Africa. Pietermaritzburg.

SIDAWAY, J. D. (1998): The (geo)politics of regional integration: the example of the Southern African Development Community. In: Environment and Planning D 16 (5), S. 549–576.

SILITSHENA, R. (1990): The Tswana agro-town and rural economy in Botswana. In: BAKER, J. (Hrsg.): Small town Africa: studies in rural urban interaction. Uppsala, S. 35–50.

SILITSHENA, R. & G. MCLEOD (1998): Botswana: a physical, social and economic geography. Gaborone.

SIMENSEN, J. (1987): Religious change as transaction: the Norwegian mission to Zululand, South Africa 1850–1906. In: PETERSEN, K. (Hrsg.): Religion, development and African identity. Uppsala, S. 85–102.

SIMKINS, C. & E. VAN HEYNINGEN (1989): Fertility, mortality and migration in the Cape Colony, 1891–1904. In: International Journal of African Historical Studies 22 (1), S. 79–111.

SIMON, D. (1986): Desegregation in Namibia: the demise of urban apartheid? In: Geoforum 17 (2), S. 289–307.

SIMON, D. (1988): Urban squatting, low-income housing, and politics in Namibia on the eve of independence. In: OBUDHO, R. A. & C. C. MHLANGA (Hrsg.): Slum and squatter settlement in sub-Saharan Africa. New York, S. 245–260.

SIMON, D. (1995): City profile: Windhoek. In: Cities 12 (3), S. 139–147.

SIMON, D. (Hrsg.) (1998): South Africa in southern Africa: reconfiguring the region. Oxford.

SINGELMANN, J. (1988): Verstädterung, Wanderung und Beschäftigung in Entwicklungsländern. In: STEINMANN, G.; ZIMMERMANN, K. F. & G. HEILIG (Hrsg.): Probleme und Chancen demographischer Entwicklung in der Dritten Welt. Berlin, S. 171–190.

SIWITZA, A. (1995): Ein bitteres Erbe der Apartheid. In: afrika süd (4), S. 35–37.

SKINNER, G. (1995): The South African shopping centre industry. Vortrag zur Jahrestagung des ICSC (International Council of Shopping Centers) in Wien im Frühjahr 1995 (unveröff. Manuskript).

SMIT, W. (1998): The rural linkages of urban households in Durban, South Africa. In: Environment and Urbanization 10 (1), S. 77–87.

Soweto Spaza (Hrsg.) (1997): Soweto: the complete township guide. Johannesburg.

SPANOUDES, R. (1989): Patterns and processes of cafe retailing in Johannesburg since 1893. MA thesis (Faculty of Arts) University of the Witwatersrand. Johannesburg (unveröff.).

SPIEGEL, A. D. (1997): Using clanship, making kinship: the dynamics of reciprocity in Khayelitsha, Cape Town. In: African Anthropology 4 (2), S. 37–76.

STANFORD, M. (1991): Mining the dunes. In: New Ground (4), S. 17–19.

Statistics South Africa (Hrsg.) (1998): Women and men in South Africa. Pretoria.

Statistics South Africa (Hrsg.) (1999): Victims of crime. Pretoria.

Statistics South Africa (Hrsg.) (2000): Stats in brief 2000. Pretoria.

Statistisches Bundesamt (Hrsg.) (versch. Jgg.): Länderberichte zu den Ländern im Südlichen Afrika. Wiesbaden.

STEPHEN, J. (1998): In the line of fire. In: The Big Issue (Ausgabe Cape Town) 2 (15), S. 10–13.

STEVENS, L. & S. RULE (1999): Moving to an informal settlement: the Gauteng experience. In: South African Geographical Journal 81 (3), S. 107–118.

STEWART, P. (1998): Air pollution and coal usage in Soweto. In: Africanus 28 (1), S. 20–30.

STICH, A. (1997): Der Krieg bringt die Seuche zurück: In Angola hat sich die fast besiegte Schlafkrankheit erneut ausgebreitet. In: Der Überblick 30 (4), S. 20–22.

STOCK, R. (1995): Africa south of the Sahara: a geographical interpretation. New York.

STOKES, C. J. (1962): A theory of slums. In: Land Economics 38 (3), S. 187–197.
STORPER, M. (1997): The regional world: territorial development in a global economy. New York.
STUBBS, E. (1955): Tightening coils: an essay on segregation. In: Journal of Racial Affairs 7 (1/2), S. 1–13.
Südafrikanische Botschaft (Hrsg.) (1993): Atlas südliches Afrika. Bonn.
SUHR, M. (1998): Joint venture von Safari-Unternehmern und Dorfbewohnern. In: DED-Brief (1), S. 40–41.
SUNDE, J. & L. GERNTHOLZ (1999): 'Die man is die dak, die vrou is die vloer': lobbying for women farmworkers' rights. In: Agenda 42, S. 33–38.
SWATUK, L. (1997): Zusammenarbeit am Sambesi. In: afrika süd (4), S. 35–37.

TAPELA, B. & P. OMARA-OJUNGU (1999): Towards bridging the gap between wildlife conservation and rural development in post-apartheid South Africa: the case of the Makuleke community and the Kruger National Park. In: South African Geographical Journal 81 (3), S. 148–155.
TAYLOR, J. (1982): Changing patterns of labour supply to the South African gold mines. In: Tijdschrift voor Economische en Sociale Geografie 73 (4), S. 213–220.
TEEDON, P. & D. DRAKAKIS-SMITH (1986): Urbanization and socialism in Zimbabwe: the case of low-cost urban housing. In: Geoforum 17 (2), S. 309–324.
TEKÜLVE, M. (1997): Krise, Strukturanpassung und bäuerliche Strategien in Kabompo/Sambia. Berlin (Abhandlungen Anthropogeographie. Institut für Geographische Wissenschaften Freie Universität Berlin 58).
TELLEGEN, N. (1997): Rural enterprises in Malawi: necessity or opportunity? Aldershot.
TERRY, A. (1997): Extending participation in the Swaziland sugar industry to small-scale growers: patterns and prospects. In: Singapore Journal of Tropical Geography 18 (2), S. 196–209.
THOMAS, W. H. (1980): Südafrikas Colouredbevölkerung: wirtschaftliche, soziale und politische Entwicklung. Hamburg (Arbeiten aus dem Institut für Afrika-Kunde 20).
THOMPSON, C. (1995): Swaziland Business Year Book 1995. Mbabane.
THOMPSON, R. u. a. (1997): The Matola malaria project: a temporal and spatial study of malaria transmission and disease in a suburban area of Maputo, Mozambique. In: American Journal of Tropical Medicine and Hygiene 54 (5), S. 550–559.
TOMLINSON, R. (1999): From exclusion to inclusion: rethinking Johannesburg's central city. In: Environment and Planning A 31 (9), S. 1655–1678.
TOMLINSON, R. & S. KRIGE (1997): Botshabelo: coping with the consequences of urban apartheid. In: International Journal of Urban and Regional Research 21 (4), S. 691–705.
TØRRES, L. (1998): Labour markets in southern Africa. Oslo.
TOWNSEND, N. W. (1997): Men, migration and households in Botswana: an exploration of connections over time and space. In: Journal of Southern African Studies 23 (3), S. 405–420.
TROLL, C. & K. PAFFEN (1964): Karte der Jahreszeiten-Klimate der Erde. In: Erdkunde 18 (1), S. 5–28.
TURNER, J. (1968): Housing priorities, settlement patterns and urban development in modernizing countries. In: Journal of the American Institute of Planners 34 (6), S. 354–363.

TURTON, B. & C. MUTAMBIRWA (1996): Air transport services and the expansion of international tourism in Zimbabwe. In: Tourism Management 17 (6), S. 453–462.
TVEDTEN, I. (1997): Angola: struggle for peace and reconstruction. Nations of the modern worlds: Africa. Boulder/Col.
TYSON, P. D. (1981): Climate and desertification in southern Africa. In: GeoJournal Supplement 2, S. 3–10.
TYSON, P. D. (1986): Climatic change and variability in southern Africa. Cape Town.
TYSON, P. D. (1991): Climatic change in southern Africa: past and present conditions and possible future scenarios. In: Climatic Change 18 (2/3), S. 241–258.
TYSON, P. D. (1999): Late-quaternary and holocene palaeoclimates of southern Africa: a synthesis. In: South African Journal of Geology 102 (4), S. 335–349.

UN (United Nations) (Hrsg.) (1997): World investment report 1997. New York.
UN (United Nations) (Hrsg.) (1998): World population monitoring, 1998. Health and mortality: Selected aspects (draft). New York.
UN (United Nations) (Hrsg.) (2000a): World population monitoring 2000. Population, gender and development (draft). New York.
UN (United Nations) (Hrsg.) (2000b): World urbanization prospects. The 1999 revision: data tables and highlights. New York.
UNAIDS & WHO (World Health Organization) (1998): Report on the global HIV/AIDS epidemic: June 1998. Genf.
UNAIDS (United Nations AIDS Programme) & WHO (World Health Organization) (1999): AIDS Epidemic Update: December 1999. Genf.
UNDP (United Nations Development Programme) (1999): Human development report 1999. New York.
UNDP (United Nations Development Programme) (2000): Human development report 2000. New York.
UNDP (United Nations Development Programme) (2001): Human development report 2001. New York.
UNDERWOOD, G. C. (1986): Zimbabwe's urban low cost housing areas: a planner's perspective. In: African Urban Quarterly 2 (1), S. 24–36.
UNEP (United Nations Environment Programme) (2000): GEO-2000: global environment outlook. (http://www.unep.org/GEO2000).

VAIL, L. (1975): The making of an imperial slum: Nyasaland and its railways, 1895–1935. In: Journal of African History 16 (1), S. 89–112.
VALENTINE, N. & G. KRASNIK (2000): SADC trade with the rest of the world. Winning export sectors and revealed comparative advantage ratios. In: South African Journal of Economics 68 (2), S. 266–285.
VAN DEN BOOM, D. (1998): Zögerliche Regionalkooperation in Afrika. In: BETZ, J. & S. BRÜNE (Hrsg.): Jahrbuch Dritte Welt 1999. München, S. 173–182.
VAN DER POST, C. (1995): Internal migration. In: Central Statistics Office (Hrsg.): 1991 population and housing census dissemination seminar 1–4 May, 1995. Gaborone, S. 83–93.
VAN DER WESTHUIZEN, J. (1998): South Africa's emergence as a middle power. In: Third World Quarterly 19 (3), S. 435–455.

VAN ONSELEN, C. (1976): Chibaro: African mine labour in southern Rhodesia: 1900–1933. London.
VAN WYK, J. (1998): Towards water security in southern Africa. In: African Security Review 7 (2), S. 59–68.
VENTER, C. (1998): Drug abuse and drug smuggling in South Africa. In: ROTBERG, R. & G. MILLS (Hrsg.): War and peace in southern Africa. Washington/D. C., S. 184–202.
VIEREGGE, P. (1998): Partizipative Tourismusentwicklung im ländlichen Raum als Chance der Wirtschaftspolitik Südafrikas. Münster.
VILLIERS, B. DE (1999): Land claims & national parks: the Makuleke experience. Pretoria.
VINCENT, L. (1999): Women, security and human rights in southern Africa. In: Conflict Trends (5), S. 30–34.
VINES, A. (1998): The struggle continues: light weapon destruction in Mozambique. (http://www.basicint.org/bpaper25.htm).
VLETTER, F. DE (1998): Sons of Mozambique: Mozambican miners in post-apartheid South Africa. Cape Town (Migration Policy Series 8).
VOGELMAN, L. & S. LEWIS (1993): Illusion der Stärke: Jugendbanden, Vergewaltigungen und die Kultur der Gewalt in Südafrika. In: Der Überblick 29 (2), S. 39–42.
VON BARATTA, M. (Hrsg.) (2001): Der Fischer Weltalmanach 2002. Frankfurt/M.
VORLAUFER, K. (1984): Wanderungen zwischen ländlicher Peripherie und großstädtischen Zentralräumen in Afrika: eine migrationstheoretische und empirische Studie am Beispiel Nairobi. In: Zeitschrift für Wirtschaftsgeographie 28 (3/4), S. 229–261.

WAIBEL, L. (1922): Winterregen in Deutsch-Südwest-Afrika. Hamburg (Hamburgische Universität, Abhandlungen aus dem Gebiet der Auslandskunde, Bd. 9 (Reihe C, Bd. 4)).
WAIBEL, L. (1933): Die Treckburen als Lebensform. In: WAIBEL, L. (Hrsg.): Probleme der Landwirtschaftsgeographie. Breslau, S. 32–46 (Wirtschaftsgeographische Abhandlungen 1).
WAITES, B. (2000): The Lesotho Highlands Water Project. In: Geography 85 (4), S. 369–374.
WALDECK, W. (1983): Lusaka: Determinanten der Stadtentwicklung. In: Afrika Spectrum 18 (2), S. 157–170.
WALDECK, W. (1990): Stadtentwicklung in Afrika: das Beispiel Lusaka. In: Praxis Geographie 20 (7/8), S. 39–40 u. 53–56.
WALLER, P. (1986): Raumgestaltung in Malawi im Spannungsfeld zwischen Entwicklungs- und Regionalpolitik. In: Geographische Zeitschrift 74 (3), S. 186–191.
WALLER, P. (1988): Das Verkehrssystem im südlichen Afrika: Kann die Abhängigkeit von Südafrika abgebaut werden? In: Geographische Rundschau 40 (12), S. 44–49.
WALTER, H. (1940/41): Die Farmwirtschaft in Deutsch-Südwestafrika. Ihre biologischen Grundlagen. Berlin (4 Bände).
WARDROP, J. (1998): Soweto, syndicates, and „doing business". In: ROTBERG, R. & G. MILLS (Hrsg.): War and peace in southern Africa. Washington/D. C., S. 45–63.
WATSON, H. K. (1996): Short and long-term influences on soil erosion of settlement by peasant farmers in KwaZulu/Natal. In: South African Geographical Journal 78 (1), S. 1–6.
WATSON, V. (1994): Housing policy, sub-letting and the urban poor: evidence from Cape Town. In: Urban Forum 5 (2), S. 27–43.
WATTS, M. & H.-G. BOHLE (1993): The space of vulnerability: the causal structure of hunger and famine. In: Progress in Human Geography 17 (1), S. 43–67.

WEAVER, D. & K. ELLIOTT (1996): Spatial patterns and problems in contemporary Namibian tourism. In: The Geographical Journal 162 (2), S. 205–217.

WEBER, P. (1970): Agrarkolonisation in Mittel-Moçambique: landwirtschaftliche Erschließungsmaßnahmen in kombinierter Projektstruktur als raumplanerisches Modell in Entwicklungsländern. In: Raumforschung und Raumordnung 28 (3), S. 118–126.

WEIGEND, G. G. (1985): German settlement pattern in Namibia. In: Geographical Review 75 (2), S. 156–169.

WEIGT, E. (1955): Europäer in Ostafrika: Klimabedingungen und Wirtschaftsgrundlagen. Köln (Kölner Geographische Arbeiten 6/7).

WEISCHET, W. & W. ENDLICHER (2000): Regionale Klimatologie. Teil 2: Die Alte Welt. Stuttgart (Teubner Studienbücher der Geographie).

WELLINGS, P. & A. BLACK (1986): Industrial decentralization under Apartheid: the relocation of industry to the South African periphery. In: World Development 14 (1), S. 1–38.

WELLINGTON, J. H. (1946): A physiographic regional classification of South Africa. In: South African Geographical Journal 28, S. 64–86.

WELLINGTON, J. H. (1955): Southern Africa: a geographical study. Cambridge (2 Bände)

Weltbank (Hrsg.) (1999): Entwicklung durch Wissen. Frankfurt/M. (Weltentwicklungsbericht 1998/99).

Weltbank (Hrsg.) (2000): Globalisierung und Lokalisierung: Neue Wege im entwicklungspolitischen Denken. Frankfurt/M. (Weltentwicklungsbericht 1999/2000).

Weltbank (Hrsg.) (2001): Bekämpfung der Armut. Bonn. (Weltentwicklungsbericht 2000/2001)

WELLMER, G. (2000): SADC zwischen regionaler Integration und reziprokem Freihandel mit der Europäischen Union. Bielefeld.

WENZEL, H.-J. (1998): Transformationsprozesse und Unterentwicklung in Mosambik. In: Geographische Rundschau 50 (4), S. 230–237.

WERNER, W. (1993): A brief history of land dispossession in Namibia. In: Journal of Southern African Studies 19 (1), S. 135–146.

WERNER, W. (2000): Machtkontrolle und Armutsbekämpfung: Landfrage in Namibia. In: afrika süd (5), S. 9–12.

WESS, W. (1999): Engpaß in Cahora Bassa. In: DASP (Deutsche Gesellschaft für die Afrikanischen Staaten Portugiesischer Sprache)-Reihe 78, S. 5–9.

Westermann Schulbuchverlag (Hrsg.) (1996): Diercke Weltatlas. Braunschweig.

Westermann Verlag (Hrsg.) (1973): Westermann Lexikon der Geographie (4 Bände). Braunschweig (Nachdruck 1982 des Zweiburgen Verlags Weinheim).

WESTERN, J. (1981): Outcast Cape Town. London.

WEYL, U. (1980): Labour migration in Malawi as a barrier to development. Diss. Osnabrück.

WHITE, L. G.; WILKINSON, M. J. & K. LULLA (1998): Rapid devegetation around rural ghettos in northeastern South Africa. In: GeoCarto International 13 (4), S. 43–46.

WHITLOW, J. R. & B. M. CAMPBELL (1989): Factors influencing erosion in Zimbabwe: a statistical analysis. In: Journal of Environment Management 29 (1), S. 17–29.

WIESE, B. (1997): Afrika: Ressourcen, Wirtschaft, Entwicklung. Stuttgart (Teubner Studienbücher der Geographie Regional).

WIESE, B. (1999): Südafrika mit Lesotho und Swasiland. Gotha (Perthes Länderprofile).

WILD, V. (1991): Black competition or White resentment? African retailers in Salisbury 1935–1953. In: Journal of Southern African Studies 17 (2), S. 177–190.

WILKINSON, P. (2000): City profile: Cape Town. In: Cities 17 (3), S. 195–205.
WILLIAMS, G. J. (Hrsg.) (1986): Lusaka and its environs: a geographical study of a planned capital city in tropical Africa. Lusaka.
WILLIAMS, G. u. a. (1998): Liberalizing markets and reforming land in South Africa. In: Journal of Contemporary African Studies 16 (1), S. 65–94.
WILLIAMS, S. (2001): Where to invest and where not to. In: African Business (Febr.), S. 16–18.
WIRTHMANN, A. (2000): Zur Reliefbildung in den feuchten Tropen: geomorphologische und geoökologische Aspekte. In: Geographische Rundschau 52 (10), S. 48–55.
World Bank (Hrsg.) (1996): African development indicators 1996. Washington/D. C.
World Bank (Hrsg.) (1998): African development indicators 1998/99. Washington/D. C.
World Bank (Hrsg.) (2000): World development indicators 2000. Washington/D. C.
World Bank (Hrsg.) (2001): Building institutions for markets. Oxford (World Development Report 2002).
World Bank (Hrsg.) (2002): World development indicators 2002. Washington/D. C.
WTO (World Tourism Organization) (1998): Tourism market trends Africa 1988–1997. Madrid.
WTO (World Tourism Organization) (2001): Tourism market trends Africa 2001. Madrid.

YADAV, S. (1998): Crime, economy and governance in the new South Africa. In: Africa Quarterly 38 (4), S. 79–100.

ZACARIAS, A. (1998): SADC: from a system to community of security? In: African Security Review 7 (6), S. 44–61.
ZIETSMAN, H. L. (1988): Regional patterns of migration in the Republic of South Africa (1975–1980). In: South African Geographical Journal 70 (2), S. 85–99.
ZINYAMA, L. (1990): Retail sector response to changing markets in Zimbabwe: some geographical perspectives. In: Geographical Journal of Zimbabwe 21, S. 32–49.
ZINYAMA, L. & R. WHITLOW (1986): Changing patterns of population distribution in Zimbabwe. In: GeoJournal 13 (4), S. 365–384.
ZLOTNIK, H. (1998): International migration 1965–96: an overview. In: Population and Development Review 24 (3), S. 429–468.
ZÜNDORF, L. (2000): Exportorientierte Tabakwirtschaft in Zimbabwe. In: Zeitschrift für Wirtschaftsgeographie 44 (1), S. 41–49.

Sonstige Informationsquellen

African Business, London
African Connexion, Johannesburg
Afrika-Post, Bonn
Batho Pele, Berlin
BiB-Nachrichten, Wiesbaden
Business Day, Johannesburg
Cape Argus, Kapstadt
Daily Mail & Guardian, Johannesburg
Die Tageszeitung, Berlin

Die Zeit, Hamburg
Financial Mail, Johannesburg
Frankfurter Allgemeine Zeitung, Frankfurt/M.
Independent Online, Johannesburg
Mail & Guardian, Johannesburg
New York Times, New York
Population Today, Washington/D. C.
Pretoria News, Pretoria
RSA 2000, Bonn/Berlin
Saturday Argus, Kapstadt
Süddeutsche Zeitung, München
Sunday Tribune, Durban
The Economist, London
The Mercury, Durban
The Star, Johannesburg
The Sunday Independent, Johannesburg
The Times of Zambia, Lusaka
Weekly Mail & Guardian, Johannesburg
Welt am Sonntag, Hamburg

Register

A
AIDS 176 ff., 184, 194, 316
ANC 61 ff.
Angola 26, 29 ff., 42, 54 f., 58 ff., 74 ff., 109, 126, 305
Apartheid 46 ff., 58, 95, 114 ff., 181 f., 187 f., 213 ff., 221 f, 241 ff.
Arbeitsbeziehungen 70 ff., 98 ff., 121, 136 ff., 197 ff., 302 ff.
Armut 205, 208 ff., 217 ff., 254 ff., 282 ff., 298 ff.
Asiaten 55 ff., 188, 241 f.
Automobilindustrie 95 ff.

B
Bantu 26, 39 ff.
Benguela Strom 19
Bergbau 33 ff., 81 ff., 99, 122 ff., 136 ff., 213 ff., 229 ff., 243, 316
Beschäftigung 98, 102 f., 114, 164
Betschuanaland, s. Botsuana
Bevölkerung 153 ff., 173 ff., 196 ff., 207 ff., 232, 236, 248 ff., 253 f.
Bildung 183, 197, 205
Blantyre 210, 229 ff., 248
Bloemfontein 151, 281
Böden 66 f., 294 ff.
Bodenschätze 89 ff., 136 ff., 170 f., 229 ff.
border industry 96, 103 f.
Botsuana 53 f., 78, 85, 117 ff., 127, 162, 165, 196, 201, 288, 305

C
cash crops 68, 74 ff., 306 ff.
Cashew 77
Coloureds 57, 181 f., 188, 195, 204, 214, 241 ff., 249 f.
Common Market for Eastern and Southern Africa (COMESA) 10 ff., 133 f., 149
Common Monetary Area (CMA) 10 f.

D
Desertifikation 289 ff.
Diamanten 46, 82 ff., 91 ff., 122, 203
Dienstleistungen 104 ff., 121, 268 ff.
domestic servants 105, 121, 198
DR Kongo 31, 36 ff., 62, 91 ff., 186
Durban 219, 272, 286
Dürre 73, 209, 291 ff.

E
Einkaufszentren, s. Shopping Center
Einzelhandel 109 ff., 267 ff., 272 ff.
Eisenbahn 35, 53, 87 f., 122 ff., 148 f., 278
Elfenbein 171 f.
empowerment 98, 102 f., 114, 164
Energie 128 ff., 141 ff., 145 ff., 197, 300 f.
Entwicklungskorridore 104, 127 f., 149 f., 171, 306
Ernährung 297 ff.
Erosion 145, 289 f., 294 ff.
Ethnien 26 ff., 30, 111, 184 ff., 248 ff., 274 ff.
Export, s. wirtschaftliche Verflechtungen
export processing zone 88, 98

F
Familienplanung 181 ff.
Fertilität 175, 181 ff., 211
Flüchtlinge 60, 173
Frauen-s. *gender*
Frontstaaten 10, 31, 59

G
Gaborone 154 ff., 217 f., 257
game farming 80, 165
gated communities 206, 246, 264 ff.
Geburten-s. Fertilität
gender 80 f., 105, 121, 183, 196 ff., 215, 218, 298 f., 301
Geologie 12 ff., 89 ff.
Geschichte 26 ff., 39 ff., 84 ff., 115 ff., 122 ff., 136 ff., 187 f., 190 ff., 225 ff., 241 ff., 272 ff.
Gold 46, 82 ff., 89 ff., 122, 243
Gondwana 15 ff.
Großer Trek 43 ff.
Großfarmer 69 ff., 302 ff.

H
Harare 215 f., 236 ff., 249 f., 257, 262 f., 270 f., 279 f., 285
Holländisch-Ostindische Kompanie 26, 42
homelands 30, 46 ff., 53, 96, 103 f., 118, 140, 156, 167 ff., 187 f., 198, 214 ff., 242, 296 f., 299, 302 ff.

I
Import, s. wirtschaftliche Verflechtungen
Inder 55 ff., 181, 194, 235, 251
Industrie 81 ff., 95 ff., 134 f., 287, 310
informeller Sektor 83, 100 ff., 105, 111 ff., 198, 275 ff., 298 f., 317
Islam 194 ff.

J
Johannesburg 219 ff., 243 ff., 251 ff., 265 ff., 271 ff., 283 f.

K
Kaffee 74 ff.
Kapkolonie 26, 42 ff.
Kapstadt 151 f., 242 f., 263, 280, 285
Kasinos 117 ff., 167 ff.
Kleinbauern 68 ff., 302 ff., 306 ff.
Klima 19 ff., 66, 291 ff.
Kohle 91 f.
Krankheiten 67 f., 84, 176 f., 241
Krieg 26 ff., 43 ff., 57 ff., 75 f., 87 f., 100, 126 f., 146 ff., 187, 316 f.
Kriminalität 101, 112 ff., 144, 195, 201 ff., 264 ff., 275 ff.
Krüger-Nationalpark 161 ff.
Kupfer 84 ff., 91 ff., 122, 148 f.

L
Landdegradation 289 ff., 300 f.
Landfrage 30, 37, 47 ff., 52, 80, 302 ff.
Landreform, s. Landfrage
Landwirtschaft 65 ff., 137, 143 f., 198, 207, 213 ff., 254 ff., 291 ff., 297 ff., 302 ff., 309 ff.
Lesotho 49, 97 f., 103, 117 ff., 138 f., 142 ff., 294 f.
Lilongwe 152 ff., 210, 229, 279

Luanda 228 f.
Lusaka 209 f., 213, 215, 231 ff., 248, 255 ff., 260 f, 269 ff., 279 f., 285 ff.

M
Mafikeng 156
Malawi 53 f., 56 f., 127, 137 ff., 186, 213, 296 f., 300 f., 307 f.
Manzini 271
Maputo 228 f., 239 ff., 269, 281, 309
Maseru 210, 271
Maun 226 ff.
Migration, s. Wanderungen
Mission 45, 190 ff., 229
Mmabatho 154 ff.
Morphologie 12 ff., 66
Mortalität 175 ff., 204, 211
Mosambik 26, 29 ff., 42, 54 f., 58 ff., 77, 102 f., 115 f., 123 ff., 128, 137 f., 146 ff., 149 f., 305 f.

N
Namibia 58, 78 ff., 91 ff., 126 f., 186, 303 f.
Nationalparks 115 ff., 119, 160 ff.
Niederschläge 19 ff., 291 ff.
Nyassaland, s. Malawi

O
Ökologie 170 ff., 281 ff., 289 ff.
ÖPNV 278 ff.

P
Port Elizabeth 95 ff., 109
Pretoria 96 ff., 151 f., 210, 260, 268, 286

R
Randstufe 14 ff., 20, 24
Religion 190 ff., 202, 317
Rhodesien 26 ff., 49 ff., 53 f., 57, 84 f., 116, 137, 145 f., 288
Rumpfflächen 17 f.

S
Salisbury, s. Harare
Sambia 53, 57, 91 ff., 116, 127, 145 f., 148 f., 186, 298

Santa Lucia 170 f.
shifting cultivation 69
Shopping Center 109 ff., 268 ff., 273
Simbabwe 59, 76, 91, 103, 105, 121, 127, 162, 197, 302 f., 308, 310, 313 f.
Sishen 230 f.
Southern African Customs Union (SACU) 10 f., 133
Southern African Development Community (SADC) 10 ff., 31 ff., 132 ff., 312 ff.
Soweto 58, 101, 108 ff., 220 ff., 243 ff., 283 ff.
Sport 158 ff.
Squatter 110, 219 ff., 234 ff., 258 ff., 284 f.
Stadt 151 ff., 158 f., 178 ff., 203, 207 ff., 223 ff.
Staudämme 14, 144 ff.
Sterblichkeit, s. Mortalität
Südwestafrika 28 ff., 45, 49 ff.
Sun City 167 ff.
sustainability 80 f., 164 ff.
Swasiland 49, 76 f., 117 ff., 121, 306 f.

T
Tabak 76 ff., 307 f.
Taxis 278 ff.
Telekommunikation 130 ff.
Textilindustrie 97 f.
Tourismus 114 ff., 134, 146, 150, 158 ff., 167 ff., 275
township 50, 110, 153, 215 f., 231 ff., 236 ff., 242 ff., 259 ff., 275

U
Umwelt, s. Ökologie
Unabhängigkeit 29, 57 ff.

V
Vegetation 19 ff., 67 f., 290
Verbuschung 293
Verkehr 35, 53, 114 ff., 122 ff., 148 ff., 164, 278 ff., 281
Verstädterung 207 ff.
Viehzucht 78 ff., 293 ff.

W
Wahlen 61 ff., 188 f.
Wanderarbeit 32, 85, 136 ff., 144, 174, 198, 310
Wanderungen 40, 55 ff., 136 ff., 143 f., 173 ff., 179, 206, 208, 211 ff., 232, 240, 246
Wasser 66, 141 ff.
Windhoek 211, 213, 229, 248 f., 260 ff.
Wirtschaftliche Verflechtungen 32 ff., 132 ff., 149 f., 312 ff.

X
Xenophobie 189 f.

Z
Zentralität 109 ff.
Zitrusfrüchte 308 f.
Zucker 76 f., 306 f.

Perthes Länderprofile

Eine Reihe moderner geographischer Länderkunden, die
- das einzelne Land unter den wesentlichen fachlichen Aspekten erschließen;
- die Bedeutung geoökologischer Gesichtspunkte berücksichtigen;
- aufgrund der zielgerichteten Strukturierung des Stoffes und der Konzentration auf das Wesentliche praktikable Nachschlagewerke sind;
- somit für Lehrer, Dozenten und Studenten aller raumbezogen arbeitenden Fachbereiche sowie jeden an Landeskunde interessierten Leser von hoher Bedeutung sind!

Heinrich Lamping: **Australien**
2., vollständig überarb. Aufl. 1999,
248 S., 3-623-00687-4

Karl Eckart (Hrsg.): **Deutschland**
1. Aufl. 2000, 456 Seiten, 3-623-00690-4

Fred Scholz (Hrsg.):**Die kleinen Golfstaaten**
2., vollständig überarb. Aufl. 1999, 304 S., 3-623-00695-5

Ekkehard Militz: **Finnland**
1. Aufl. 2002, 280 S., 3-623-00698-x

Heinz Heineberg: **Großbritannien**
2., vollständig überarb. Aufl. 1997, 416 S., 3 623-00669-6

Dirk Bronger: **Indien**
1. Aufl. 1996, 526 S., 3-623-00667-X

Erdmann Gormsen: **Mexiko**
1. Aufl. 1995, 368 S., 3-623-00668-8

Felix Jülg: **Österreich**
1. Aufl. 2001, 328 S., 3-623-00666-1

Axel Drescher: **Sambia**
1. Aufl. 1998, 198 S., 3-623-00686-6

Hans Karl Barth und Konrad Schliephake: **Saudi Arabien**
1. Aufl. 1998, 248 S., 3-623-00689-0

Bernd Wiese: **Südafrika (mit Lesotho und Swasiland)**
1. Aufl. 1999, 360 S., 3-623-00694-7

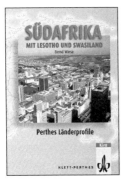

Roland Hahn: **USA**
2. überarbeitete und erweiterte Auflage 2002, 501 S.
mit beiliegender CD-ROM, 3-623-00678-5

Perthes Länderprofile der Deutschen Bundesländer

Jörg Maier (Hrsg.): **Bayern**
1. Aufl. 1998, 296 S., 3-623-00692-0

Konrad Scherf und Hans Viehrig (Hrsg.): **Berlin und Brandenburg**
1. Aufl. 1995, 480 S., 3-623-00671-8

Ilse Möller: **Hamburg**
2., vollständig überarb. Aufl. 1999, 304 S.,
3-623-00697-1

Bodo Freund: **Hessen**
1. Aufl. 2002, 375 S., 3-623-00670-x

Wolfgang Weiß (Hrsg.): **Mecklenburg-Vorpommern**
1. Aufl. 1996, 240 S., 3-623-00685-5

Ewald Gläßer, Martin W. Schmied und Claus-Peter Woitschützke:
Nordrhein-Westfalen
2., vollständig überarb. Aufl. 1997, 424 S., 3-623-00691-2

Hartmut Kowalke (Hrsg.): **Sachsen**
1. Aufl. 2000, 376 S., 3-623-00672-6

Eckart Oelke (Hrsg.): **Sachsen-Anhalt**
1. Aufl. 1997, 424 S., 3-623-00673-4

Perthes Regionalprofile:

Sibirien/Norbert Wein
1. Aufl. 1999, 248 S., 3-623-00693-9

Perthes GeographieKolleg

Das Klima der Städte
Fritz Fezer: 1. Auflage 1995, 199 Seiten, 3-623-00841-9

Das Wasser der Erde
Joachim Marcinek und Erhard Rosenkranz: 2. Auflage 1996, 328 Seiten, 3-623-00836-2

Naturressourcen der Erde und ihre Nutzung
Heiner Barsch und Klaus Bürger: 2. Auflage 1996, 296 Seiten, 3-623-00838-9

Geographie der Erholung und des Tourismus
Bruno Benthien: 1. Auflage 1997, 192 Seiten, 3-623-00845-1

Allgemeine Agrargeographie
Adolf Arnold: 1. Auflage 1997, 248 Seiten, 3-623-00846-X

Lehrbuch der Allgemeinen Physischen Geographie
Manfred Hendl und Herbert Liedtke (Hrsg.): 3. Auflage 1997, 867 Seiten, 3-623-00839-7

Wirtschaftsgeographie Deutschlands
Elmar Kulke (Hrsg.): 1. Auflage 1998, 563 Seiten, 3-623-00837-0

Agrargeographie Deutschlands
Karl Eckart: 1. Auflage 1998, 440 Seiten, 3-623-00832-X

Umweltplanung und -bewertung
C. Poschmann, C. Riebenstahl und E. Schmidt-Kallert:
1. Auflage 1998, 152 Seiten, 3-623-00847-8

Landschaftsentwicklung in Mitteleuropa
Hans-Rudolf Bork u.a.: 1. Auflage 1998, 328 Seiten, 3-623-00849-4

Geographisch denken und wissenschaftlich arbeiten
Axel Borsdorf: 1. Auflage 1999, 160 Seiten, 3-623-00649-1

Arbeitsmethoden in Physiogeographie und Geoökologie
Heiner Barsch, Konrad Billwitz, Hans-Rudolf Bork (Hrsg.):
1. Auflage 2000, 616 Seiten, 3-623-00848-6

Allgemeine Industriegeographie
Jörg Maier und Rainer Beck: 1. Auflage 2000, 295 Seiten,
3-623-00851-6

Stadtgeographie
Klaus Zehner: 1. Auflage 2001, 240 Seiten, 3-623-00855-9

Vegetationszonen der Erde
Michael Richter: 1. Auflage 2001, 416 Seiten, 3-623-00859-1

Physische Geographie Deutschlands
Herbert Liedtke und Joachim Marcinek (Hrsg.): 3. Auflage 2002, 788 Seiten, 3-623-00860-5

Geographie heute – für die Welt von morgen
Von Eckart Ehlers und Hartmut Leser (Hrsg.): 1. Auflage 2002, 3-623-00830-3

Spuren suchen – Landschaften entdecken

Eine neue Reihe geographischer und geologischer Exkursionsführer mit

- farbigem Leitsystem
- ausklappbarer Legende
- grafischen Suchhilfen
- Übersichtskarten des Exkursionsgebietes
- Routenkarten mit Exkursionspunkten
- zahlreichen Farbfotos, Grafiken und einem umfangreichen Register

Mittelsachsen – Geologische Exkursionen
Ulrich Sebastian
1. Aufl. 2001, 191 S., 3-623-00640-8
Nordseeküste – Exkursionen zwischen Nordfriesland und Dithmarschen
Gregor C. Falk, Dirk Lehmann (Hrsg.)
1. Aufl. 2002, 280 S., 3-623-00636-x
Thüringen – Geographische Exkursionen
Peter Sedlacek
1. Aufl. 2002, 328 S., 3-623-00637-8

Haack TaschenAtlanten

Haack TaschenAtlas Erde
Aktualisierte Ausgabe 2002, 264 Seiten
3-623-00034-5

Haack FlaggenAtlas Erde
Aktualisierte Ausgabe 2001, 216 Seiten
3-623-46132-6

Haack TaschenAtlas Weltgeschichte
1. Auflage 2002, 276 Seiten
3-623-00010-8

Bildanhang

Foto 1: Elim-Dünen bei Sesriem (Namibia)
Weite Teile im Westen des Südlichen Afrika werden von Trockenräumen bestimmt. Die Namib-Wüste, zu denen die Elim-Dünen gehören, erstreckt sich küstenparallel zum vorgelagerten kalten Benguela-Strom des Atlantik. Im Hintergrund ist die Große Randstufe zu erkennen.

Foto 2: Ruacana (Grenzgebiet Namibia/Angola)
Der Ruacana, Grenzfluss zwischen Namibia und Angola, hat sich tief in die westliche Randschwelle eingeschnitten. Unter Ausnutzung seines Gefälles befindet sich hier einer der größten Staudämme der Region, um Energie aus Wasserkraft zu gewinnen.

Foto 3: Dornensavanne in der Regenzeit bei Wilhelmstal (Namibia)
Periodisch wird die Trockenzeit von Regenzeiten unterbrochen, die zum Aufblühen einer vielfältigen, aber niedrigen Vegetationsdecke führen.

Foto 4: Malawi-See (Malawi)
Der Malawi-See liegt in einer tektonischen Bruchzone, die zur Entstehung der ostafrikanischen Seenkette beigetragen hat. Die immergrüne Vegetation zeigt an, dass sich der Malawi-See im Bereich der inneren Tropen befindet.

Foto 5: Markwe Caves (Zimbabwe)
Hinweise auf frühe menschliche Besiedlungen und kulturelle Hinterlassenschaften finden sich in Höhlenbildern, die von Buschmännern (San) gezeichnet wurden.

Foto 6: Revolutionsmuseum Maputo (Mosambik)
Der Kampf um politische Unabhängigkeit wird in einem Wandbild verherrlicht, das den mosambikanischen Guerilla-Führer Samora Machel inmitten seiner Soldaten und der jubelnden Bevölkerung von Maputo zeigt.

Foto 7: Great Zimbabwe Ruins (Zimbabwe)
Eine der mächtigsten megalithischen und stadtähnlichen Anlagen liegt in Zimbabwe. Die Ruinen sind das Machtzentrum eines vorgeschichtlichen schwarzafrikanischen Reiches gewesen, noch lange bevor weiße Kolonisten die Region in Besitz nahmen.

Foto 8: Reiterdenkmal in Windhoek (Namibia)
Weite Teile des Südlichen Afrika sind seit Ende des 19. Jh. von weißem Kolonialismus geprägt worden. Militärische Erfolge gegen die einheimische Bevölkerung wurden in Form von Standbildern verewigt, die wie in Namibia auch die Unabhängigkeit überlebt haben.

Foto 9: Weinberge bei Franschhoek (Western Cape Südafrika)
Das Gebiet um Franschhoek in der Provinz Western Cape wird kulturlandschaftlich von Weinanbau geprägt, der im 17. Jh. vor allem von französischen Hugenotten ins Land gebracht wurde.

Foto 10: Zuckerrohrernte bei St Lucia (KwaZulu-Natal Südafrika)
Sowohl infolge höherer Niederschläge als auch mit Hilfe von Bewässerungsanlagen wird in KwaZulu-Natal auf großen Plantagen Zuckerrohranbau betrieben. Das Rohr wird abgebrannt geerntet und traditionell sehr arbeitsintensiv den Zuckermühlen zugeführt.

Foto 11: Teepflücker (Malawi)
Der kommerzielle Agrarsektor Malawis wird unter anderem von Teeplantagen bestimmt. Eingeführt wurde der Teeanbau von britischen Pflanzern. Auch nach der Unabhängigkeit Malawis hat sich die Eigentumsstruktur der Plantagen kaum verändert.

Foto 12: Subsistenzlandwirtschaft nördlich Maseru (Lesotho)
Weite Teile des Südlichen Afrika sind von Subsistenzlandwirtschaft geprägt, die sich durch den Anbau auf Kleinstflächen und extensive Tierhaltung auszeichnet.

Foto 13: Kohlekraftwerk im Vaal-Dreieck (Gauteng Südafrika)
Embargodrohungen gegen Südafrika zur Zeit der Apartheid führten dazu, dass das Land seine Energieproduktion weitestgehend autark gestalten wollte. Mit Hilfe des Ausbaus von Kohlekraftwerken und Kohleverflüssigungsanlagen sollte dieses Ziel erreicht werden.

Foto 14: Blick vom Carlton Centre auf Goldabraumhalden (Johannesburg Südafrika)
Zentralen Anstoß für die Industrialisierung Südafrikas im 19. Jh. gab der Goldbergbau im Umfeld von Johannesburg. 100 Jahre später zeugen nur noch die zurückgebliebenen Abraumhalden vom frühen Goldboom.

Foto 15: Kohleabbau in Mpumalanga (Südafrika)
Großflächiger Abbau von Steinkohle im Tagebau stellt die wichtigste Energiequelle für Südafrika dar. Damit verbunden sind aber auch große Umweltprobleme, weil die Kohle bis in jüngste Zeit ohne Umweltauflagen verstromt worden ist.

Foto 16: ISCOR-Stahlwerk Pretoria (Südafrika)
Als Symbol des Burensozialismus steht das ISCOR-Stahlwerk bei Pretoria, mit dem nicht nur eine Importsubstitutions-, sondern auch eine Beschäftigungspolitik zugunsten armer Weißer betrieben wurde.

Foto 17: Shopping Center und Verkaufsstände in Gaborone (Botsuana)
In den Städten vermischen sich formelle und informelle Geschäftsstrukturen. Vor dem Supermarkt einer südafrikanischen Handelskette haben informelle Händler ihr Angebot ausgebreitet.

Foto 18: Indian Market in Durban (Südafrika)
Hier konzentrieren sich hunderte von informellen Händlern – ein Großteil weiblich – und bieten eine Vielfalt an Waren und Dienstleistungen vor allem für die schwarze Bevölkerung an. Verkehrlich angeschlossen ist der Markt an den Bahnhof und an die Haltestellen von Minitaxis.

Foto 19: Markt in Lilongwe (Malawi)
Der Markt wird geprägt von Handwerkern, die ihre Waren hier sowohl anfertigen als auch verkaufen. Zugleich ist der Markt ein beliebtes touristisches Ziel.

Foto 20: Zentralbahnhof von Johannesburg (Südafrika)
Die gelbgrauen Vorortzüge in die schwarzen *townships* sind neben den Minitaxis die wichtigste Pendleralternative im ÖPNV Südafrikas. Die Züge fahren in kurzen Intervallen und ihre Tickets sind vergleichsweise preisgünstig.

Foto 21: Bahnhof in Windhoek (Namibia)
Die großflächigen Länder der Region sind erst durch die Eisenbahn erschlossen worden. Vom kolonialzeitlichen Erbe zeugen alte Bahnhofsgebäude.

Foto 22: Eselskarren bei Gaborone (Botsuana)
Wo auf dem platten Land kein ÖPNV-Anschluss mehr existiert, dienen Eselskarren dazu, Menschen und Güter zu transportieren.

Foto 23: Gariep-Staudamm (Free State / Eastern Cape Südafrika)
Weite Teile Südafrikas sind von natürlicher Trockenheit gekennzeichnet. Deshalb sind als Trinkwasserreservoir und als Quelle für Bewässerungsfeldbau der kommerziellen Landwirtschaft große Staudämme gebaut worden.

Foto 24: Kariba-Staudamm (Sambia)
Zur Erzeugung hydroelektrischer Energie entstand noch zur Kolonialzeit der Kariba-Staudamm an der heutigen Grenze zwischen Sambia und Simbabwe.

Foto 25: Etoschapfanne (Namibia)
Magneten des internationalen Tourismus sind Tierparks wie die Etoschapfanne. Eine vielfältige Fauna lädt zur Tierbeobachtung insbesondere zur Trockenzeit ein, wenn die Vegetation ihre Blätter verliert.

Foto 26: Künstliche Badelandschaft in Sun City (North West-Province Südafrika)
Sun City wurde im früheren *homeland* Bophuthatswana inmitten einer Wüstenlandschaft als Kasino-, Hotel- und Badekomplex angelegt.

Foto 27: Rassentrennung in Südafrika zur Zeit der Apartheid (Johannesburg)
Bis in die 1980er Jahre war Südafrika von der „Kleinen Apartheid" bestimmt, die Nicht-Weiße gegenüber Weißen bei der Nutzung von öffentlichen Einrichtungen diskriminierte.

Foto 28: Hindu-Tempel in Lenasia (Johannesburg Südafrika)
Die religiöse Vielfalt spiegelt zugleich die ethnische Differenzierung Südafrikas wider. Viele Angehörige der indischen Bevölkerungsgruppe sind Hindus.

Foto 29: Jazzkonzert am Zoo Lake Johannesburg (Südafrika)
Nach Abschaffung der Apartheid ist es das Ziel der neuen Regierung gewesen, die multirassische sog. Regenbogengesellschaft zu propagieren. Kulturelle Ereignisse wie ein Jazzkonzert führen Personen unterschiedlicher Hautfarbe friedlich zusammen.

Foto 30: AIDS-Warnung in Lusaka (Sambia)
Die Ausbreitung von AIDS im Südlichen Afrika hat zu Aufklärungskampagnen geführt, um über Gefahren der Krankheit zu informieren und Verhaltensweisen zu ändern.

Foto 31: Squatter-Siedlung in Soweto (Südafrika)
Johannesburg zieht als Wirtschaftszentrum viele Menschen an, denen kein angemessener Wohnraum zur Verfügung gestellt werden kann. Viele leben nur in informellen Siedlungen, die umfangreiche hygienische Probleme aufweisen.

Foto 32: Luftbild Soweto (Südafrika)
Soweto ist eine Konzentration von *townships* im Südwesten Johannesburgs, die für die schwarze Bevölkerung zur Zeit der Apartheid angelegt worden sind.

Foto 33: Blick auf die City von Kapstadt (Südafrika)
Die Skyline von Kapstadt verdeutlicht den europäischen Charakter der Metropolen Südafrikas. Als Wirtschafts- und Kulturzentren stehen sie den *townships* in schroffem Gegensatz gegenüber.

Foto 34: Eisenbahn und Skyline der Cairo Road von Lusaka (Sambia)
Der CBD von Lusaka zeichnet sich durch seinen *strip*-Charakter entlang der Eisenbahnlinie aus. Höhere Gebäude von bis zu zehn Geschossen sind eher die Ausnahme.

Foto 35: Landwirtschaftlicher Anbau in Vorgärten von Maputo (Mosambik)
Landwirtschaftlicher Anbau wird auch innerhalb der Städte betrieben und breitet sich zuweilen noch aus. Die Ruralisierung von Städten wie Maputo schreitet voran.

Foto 36: Holzkohlemeiler (Malawi)
Traditionelle Energiegewinnung erfolgt über das Sammeln von Feuerholz und deren Verarbeitung zu Holzkohle in Meilern.

Foto 37: Dorf bei Dedza (Malawi)
Die traditionelle Siedlung in Form von Strohhütten und kleinen Speichern mit angrenzendem Feldbau prägt weite Bereiche Malawis, wo der Großteil der Bevölkerung noch immer ländlich und nicht städtisch ist.

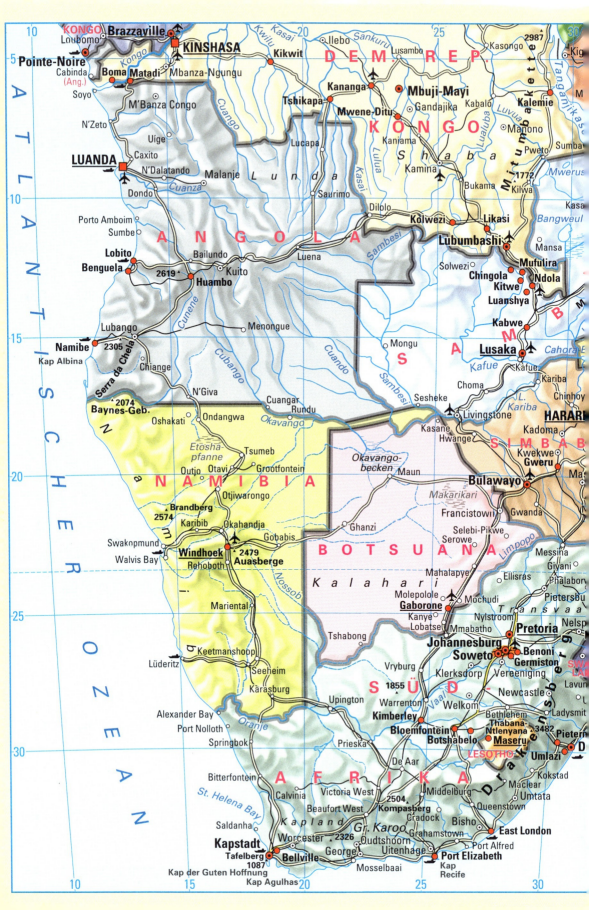